1950年	1956年	1958年	1961年	1984年	1988年	2001年	2005年
浙江省绍兴专区萧山县坎山区交通乡·凤凰乡	浙江省萧山县坎山区交通乡	浙江省宁波专区萧山县坎山人民公社交通管理区	浙江省杭州专区萧山县衙前人民公社	浙江省杭州市萧山县蜀山区	浙江省杭州市萧山县城南区衙前乡	浙江省杭州市萧山市城南区衙前镇	浙江省杭州市萧山区衙前镇
第七村 第十村	交一高级社 交三高级社	交通生产大队	凤凰生产大队 交通生产大队 卫家生产大队	凤凰村 交通村 卫家村	凤凰村 交通村 卫家村	凤凰村 交通村 卫家村	凤凰村

西曹自然村
傅家自然村
童墅自然村
卫家自然村
新屋自然村

凤凰村当代荣誉

- 1985年　萧山县文明村
- 1990年　萧山市标兵村
- 1995年　萧山市50强村
- 2008年　萧山区生态村
- 2012年　萧山区森林村庄
- 2012年　萧山区美丽乡村精品村
- 2014年　萧山区最清洁村庄
- 2000年　杭州市文明村
- 2004年　杭州市园林绿化村
- 2006年　杭州市四星级民主法治村
- 2007年　杭州市社会主义新农村建设标兵村
- 2010年　杭州市农村社区服务中心示范型
- 2013年　杭州市文化示范村
- 2014年　杭州市十大美丽家园
- 2005年　浙江省文明村
- 2006年　浙江省全面小康建设示范村
- 2006年　浙江省村务公开民主管理示范村
- 2008年　浙江省民主法治村
- 2009年　浙江省农村基层党风廉政建设示范村
- 2011年　浙江省生态文化基地
- 2014年　浙江省模范集体
- 2016年　浙江省先进基层党组织
- 2006年　全国敬老模范村
- 2011年　全国文明村
- 2018年　全国民主法治示范村

浙江省杭州市萧山区衙前镇凤凰村志编纂委员会 编

凤凰村志

Phoenix Village Chronicles

莫艳梅 主编·总纂

上册

中国社会科学出版社

掌上凤凰村志

图书在版编目(CIP)数据

凤凰村志：全2册/莫艳梅主编．—北京：中国社会科学出版社，2019.6
ISBN 978-7-5203-4361-9

Ⅰ.①凤…　Ⅱ.①莫…　Ⅲ.①村史—萧山区　Ⅳ.①K295.55

中国版本图书馆CIP数据核字(2019)第081896号

出 版 人	赵剑英
责任编辑	喻　苗
责任校对	胡新芳
责任印制	王　超

出　　版	中国社会科学出版社
社　　址	北京鼓楼西大街甲158号
邮　　编	100720
网　　址	http://www.csspw.cn
发 行 部	010-84083685
门 市 部	010-84029450
经　　销	新华书店及其他书店
印刷装订	北京君升印刷有限公司
版　　次	2019年6月第1版
印　　次	2019年6月第1次印刷
开　　本	880×1230　1/16
印　　张	88.75
字　　数	2310千字
定　　价	888.00元(全二册)

凡购买中国社会科学出版社图书,如有质量问题请与本社营销中心联系调换
电话:010-84083683
版权所有　侵权必究

图 0001　凤凰村村徽（2017年10月31日，范方斌摄）

图 0002　凤凰村全景（2018年4月30日，傅展学摄）

图 0002

凤凰村志 上册
PHOENIX VILLAGE CHRONICLES

图 0003　萧绍运河穿村而过（2018年10月4日，徐国红摄）
图 0004　运河沿岸景观（2018年10月4日，徐国红摄）
图 0005　运河边的凤凰民居（2012年8月26日，童健飞摄）
图 0006　运河边的老街新貌（2018年5月11日，徐国红摄）

图0006

图0007　运河边的老街（2016年4月9日，徐国红摄）
图0008　运河边的老屋（2016年3月18日，徐国红摄）
图0009　运河边的古桥（2007年7月1日，徐国红摄）

图0008

图0009

图 0010　凤凰山景观（2018年10月7日，徐国红摄）
图 0011　凤凰山上的梅花鹿园（2017年5月，许健摄）

图0012　凤凰山度假村（2009年8月19日，徐国红摄）
图0013　凤凰村茶园（2008年4月26日，徐国红摄）
图0014　凤凰村苗木基地（2009年7月13日，徐国红摄）

图 0015　狮子石（2018年9月27日，徐国红摄于凤凰村）
图 0016　大樟树（2018年9月30日，徐国红摄于凤凰村）

图 0016

图 0017

图 0018

图 0019

图 0020

| 图 0017 | 凤凰村秋色（2017年11月11日，来疆摄）
| 图 0018 | 凤凰村夜景（2011年9月1日，傅展学摄）
| 图 0019 | 凤凰村夜景（2018年10月13日，王杨琳摄）
| 图 0020 | 凤凰娱乐中心夜景（2010年1月22日，傅展学摄）
| 图 0021 | 凤凰村门牌（2013年10月28日，沃琦摄）
| 图 0022 | 凤凰村辖内的外来人口居住区
　　　　——创业新村社区（2011年5月6日，傅展学摄）
| 图 0023 | 创业新村社区外景（2010年4月3日，傅展学摄）
| 图 0024 | 凤凰村新鑫花园小区（2018年4月15日，沃琦摄）

图0025　凤凰工业园（2011年5月6日，傅展学摄）

图0026　2008年8月10日杭州凤凰纺织有限公司（石成匡提供）

图0027　浙江恒逸石化有限公司自动包装线（2018年5月16日，陈妙荣摄）

图0028　杭州宏峰纺织集团产品（2013年1月29日，傅展学摄）

图0029　杭州美恒纺织有限公司产品（2013年1月29日，傅展学摄）

图0030　杭州凤谊纺织有限公司生产车间（2013年1月29日，傅展学摄）

图0026

图0027

图0029

图0030

图 0031

图 0032

图 0033

图0031　2010年3月11日凤凰村民和学生们在凤凰山上义务植树（傅展学摄）

图0032　2013年11月20日凤凰村文化长廊（翁洪霞提供）

图0033　2010年4月30日凤凰村民清洁卫生活动（肖仲光摄）

图0034　凤凰村民健身活动（2010年4月3日，傅展学摄）

图0035　凤凰村境内的衙前镇初级中学（原萧山区第三高级中学）和红色衙前展览馆（2011年9月14日，傅展学摄）

图0036 凤凰村自1986年以来每年表彰优秀学生（2016年8月16日，范方斌摄）

图0037 2009年9月30日美国加州大学伯克利分校的凤凰村学生沃梦怡（左四）在旧金山唐人街参加中国国庆60周年升旗典礼（凤凰村委会提供）

图0038 2012年10月17日衙前镇第四届全民运动会，凤凰村囊括男子、女子团体登山第一名（毕迪摄）

| 图0039 | 凤凰村民的休闲生活（2008年8月6日，徐国红摄）
| 图0040 | 2010年12月30日凤凰广场投入使用（傅展学摄）
| 图0041 | 2010年10月16日凤凰村老龄艺术团庆祝第23个老人节文艺晚会表演（傅展学摄）
| 图0042 | 2012年10月17日凤凰村腰鼓队表演（傅展学摄）

图 0043　凤凰村新盛游泳场（2013年7月7日，范方斌摄）
图 0044　孩子们戏水的乐园（2013年7月7日，范方斌摄）

图0045　凤凰山上欢乐的孩子们（2009年11月14日，徐国红摄）
图0046　凤凰村里心系中国梦的孩子们（2015年11月18日，徐国红摄）

| 图0047 | 2011年3月17日凤凰村党委班子与村民展望美好规划（傅展学摄）
| 图0048 | 2011年3月5日凤凰村换届选举计票（傅展学摄）
| 图0049 | 2011年1月6日凤凰村党委书记胡岳法（右一）获浙江新农村建设带头人金牛奖（毕迪摄）
| 图0050 | 2011年1月6日胡岳法获浙江省新农村建设带头人金牛奖并接受采访（毕迪摄）
| 图0051 | 2015年11月8日中央电视台《焦点访谈》栏目组采访凤凰村党委书记胡岳法（徐国红摄）

图 0049

图 0050

图 0051

图0052

图0053

图0054

图 0052　2010年1月8日凤凰村民领到股份分红（傅展学摄）
图 0053　2014年5月28日凤凰村民领到《凤凰股金权证》乐呵呵（傅展学摄）
图 0054　凤凰村民免费领取粮油（2013年3月28日，傅展学摄）
图 0055　2014年1月17日凤凰村迎新春团拜会，418位老人喜领红包（傅展学摄）
图 0056　2014年1月17日凤凰村举行首届"最美家庭"表彰会（傅展学摄）

26

图0057

图0058

图0059

图0057 衙前农民运动纪念馆（2011年7月14日，傅展学摄）
图0058 2011年9月27日纪念衙前农民运动90周年——红色衙前展览馆开馆仪式（傅展学摄）
图0059 2016年9月27日纪念衙前农民运动95周年暨纪念馆新馆揭牌仪式（范方斌摄）
图0060 萧绍运河边的衙前农民协会旧址——老东岳庙（萧山区政府地方志办公室提供）
图0061 迁建到凤凰山上的新东岳庙（2007年6月26日，徐国红摄）

图 0062

图 0063

| 图0062 | 衙前农村小学校旧址——沈定一故居（2016年3月24日，李莫微摄）
| 图0063 | 衙前农村小学校旧址——沈定一故居（2016年3月24日，李莫微摄）
| 图0064 | 杭州十大名木——民国12年（1923）沈定一从苏联带回栽种的罗汉松树苗，今苍翠茂盛（2017年4月28日，李莫微摄于沈定一故居内）
| 图0065 | 李成虎故居（2009年9月3日，傅展学摄）
| 图0066 | 沈受谦进士碑（2016年3月24日，李莫微摄于沈定一故居前）
| 图0067 | 李成虎墓（2006年9月26日，柳田兴摄）

图0068 外国人参观衙前镇凤凰村
（2018年8月19日，徐国红摄）

图0069 2013年4月2日凤凰村党员集队前往李成虎烈士墓敬献花圈（沃琦摄）

图0070 2018年3月30日凤凰村党员到李成虎烈士墓祭扫活动时合影（徐志清摄）

图0071 瑞雪丰年（2018年1月10日，陈妙荣摄）

图0072 凤凰村委会办公大楼
（2018年5月23日，陈妙荣摄）

图 0071

图 0072

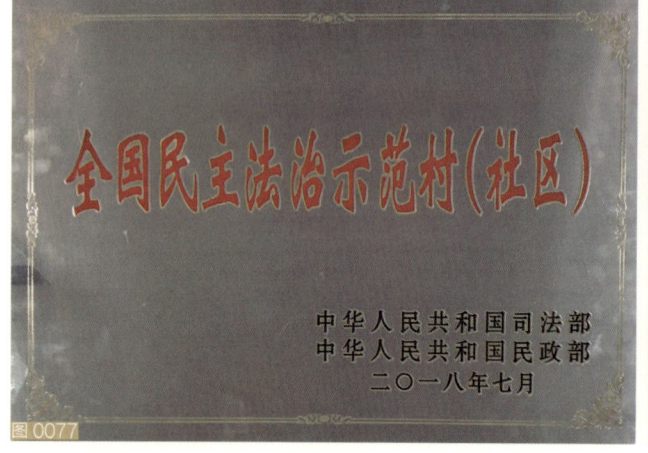

图0073　2011年12月凤凰村被评为"全国文明村"
图0074　2006年10月凤凰村被评为"全国敬老模范村"
图0075　2014年1月凤凰村被评为"浙江省模范集体"
图0076　2006年1月凤凰村被评为浙江省"全面小康建设示范村"
图0077　2018年7月凤凰村被评为"全国民主法治示范村"
图0078　2007年凤凰村被评为"二〇〇六年度杭州市社会主义新农村建设标兵村"

凤凰村在中国的位置

图0079　凤凰村在中国的位置

凤凰村在浙江省的位置

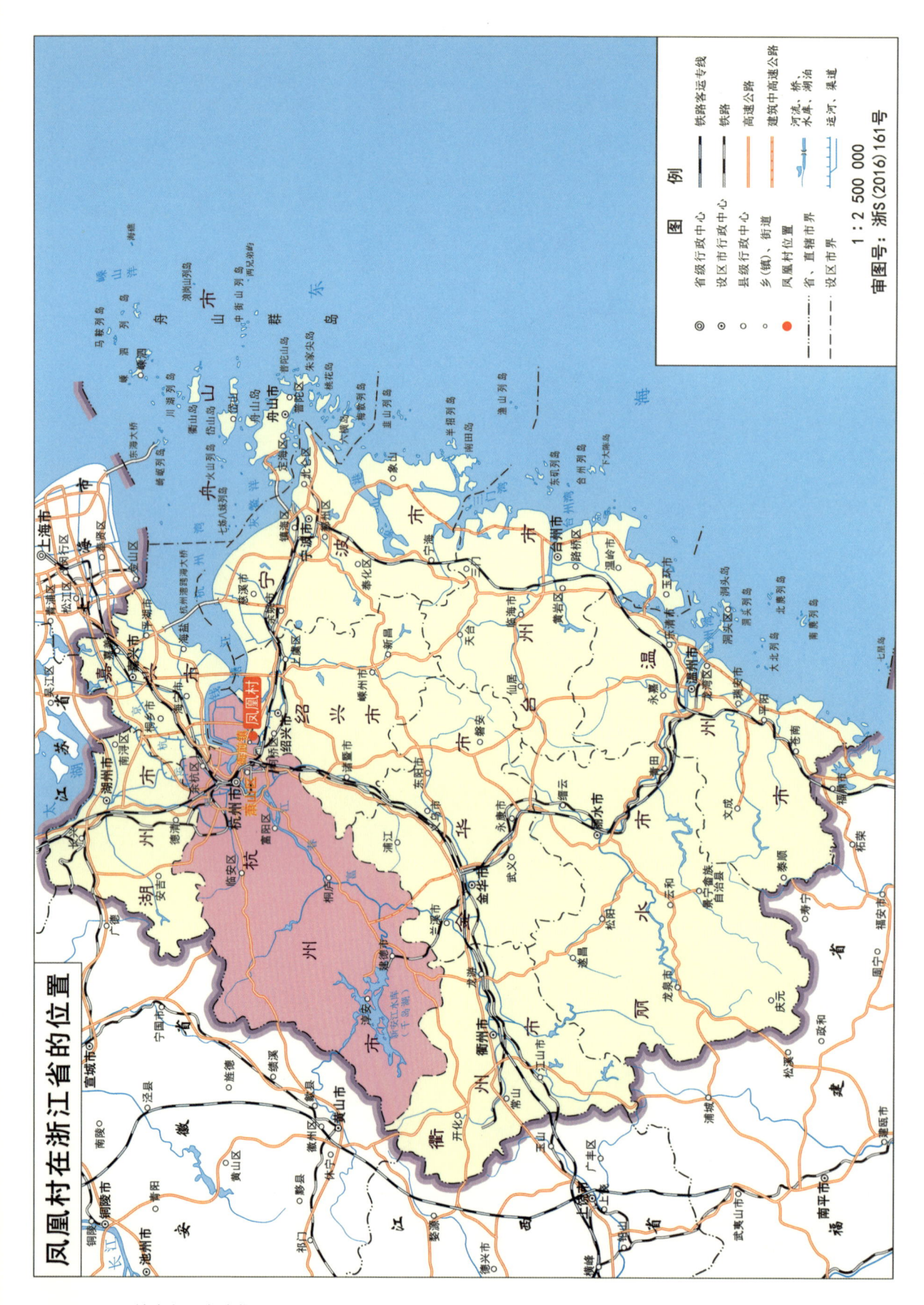

图0080　凤凰村在浙江省的位置

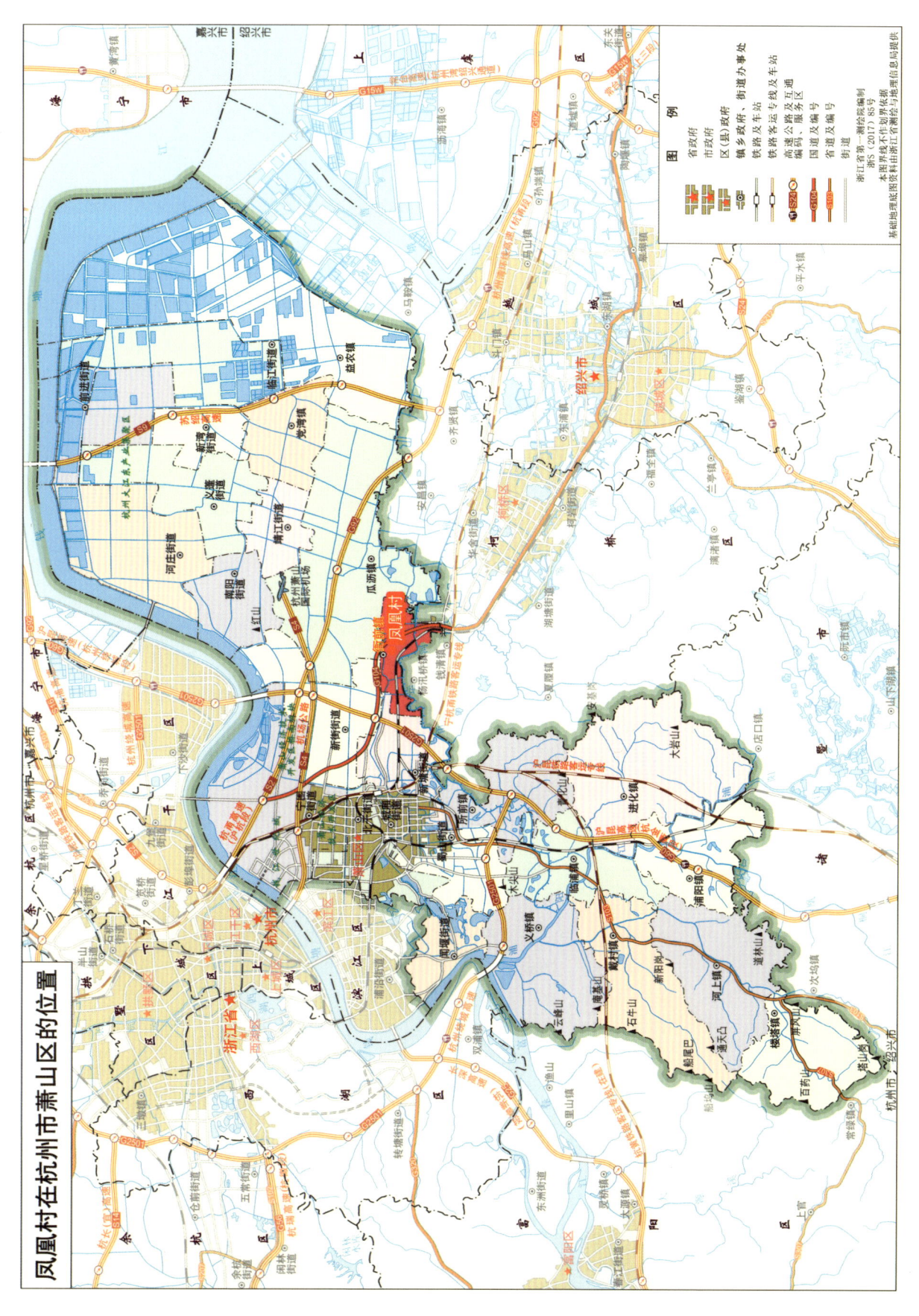

图0081 凤凰村在杭州市萧山区的位置

凤凰村平面示意图

图 0082　凤凰村平面示意图

《凤凰村志》编纂委员会

顾　　问　沈迪云　施海勇
主　　任　胡岳法
副 主 任　傅柏松　莫艳梅
委　　员　胡岳法　沃关良　傅柏松　莫艳梅　陈妙荣

《凤凰村志》编纂委员会办公室

主　　任　傅柏松
副 主 任　陈妙荣
成　　员　傅柏松　陈妙荣　沃琦　张彩琴　唐荣法
　　　　　徐建根　卫东　曹行舟　胡和法

《凤凰村志》编辑部

主　　编　莫艳梅
副 主 编　冯蓬年　金雄波
总　　纂　莫艳梅

序

村志是中国地方志的组成部分，古已有之，层出不穷。新中国成立以来，党中央、国务院高度重视包括村志编纂在内的地方志工作，出台重要文件。2015年8月，国务院办公厅印发《全国地方志事业发展规划纲要（2015—2020年）》指出："指导有条件的乡镇（街道）、村（社区）做好志书编纂工作。"2017年5月，中共中央办公厅、国务院办公厅印发《国家"十三五"时期文化发展改革规划纲要》提出："完成省、市、县三级地方志书出版工作。开展旧志整理和部分有条件的镇志、村志编纂。"此时全国范围内镇、村志累计出版5000多部，村志编纂迎来一个崭新的时期。

杭州市萧山区衙前镇凤凰村是杭州市社会主义新农村建设标兵村，浙江省全面小康建设示范村，全国文明村，有着悠久的历史，光荣的革命传统，敢为人先的创新精神。为了把村庄历史文化记录下来，并且传承下去，也为了增强村民创造历史的光荣感和自豪感，激励后人自强不息，凤凰村党委、村委会决定创修村志、创建村史馆，这无疑是明智之举。可以说，功在当代，利在千秋。

修志贵在得人。在省、市、县三级地方志编修中，形成了党委领导、政府主持、地方志工作机构组织实施的工作体制。当代村级组织无专门地方志工作机构，无专业修志人员，大多为自发修志，聘请退休教师和热心人编纂，有的没有经过业务培训指导，有的没有邀请专家评议审查，村志质量参差不齐。凤凰村聘请杭州市萧山区政府地方志办公室的莫艳梅副研究员担任村志主编，由村志编纂委员会办公室配合村志编辑部收集资料，萧山区政府地方志办公室支持资助做好凤凰村口述历史、社会课题调查工作，这不失为一种可取的编纂架构。莫艳梅同志是中国地方志专家，修志经验十分丰富，方志理论研究成果丰硕，是复合型编研人才。国务院《地方志工作条例》就有规定："编纂地方志应当吸收有关方面的专家、学者参加。"选好主编，专家学者参加修志，是提高地方志书质量的有力保证，也是今后村志编纂的一个可取方向。莫艳梅同志不图酬劳，热爱修志事业，不辞辛劳勤奋笔耕，仅用2年时间就奉献出这部200多万字的村志，实为中国地方志事业的又一幸事。

村志不同于省、市、县志。村落是中国乡土社会的基本单位，血缘关系、地缘关系是农民联系的主要纽带。不少村志除了记载村庄状况、民情民俗以外，还专门记载家谱世系，反映这一关系。村志也因此变得有温度，不仅有历史的温度，留存着代代赓续的记忆，还有血亲的温度，传递着乡情、乡愁和乡思。凤凰村历史上未见有家谱，这次首编村志，特地开展村内姓氏源流普查、户主身世及家庭成员普查，并在一户一个基本情况表的基础上，配以一户一张全家照，每户写一句最想说的话，录入村志中。这是个不错的创意，体现了村志的"村民性"，使村民产生实实在在的根源感、存在感和归属感，无论人走多远，离开多久，也不会忘记自己来自哪里，乡情、乡愁和乡思也留在了那里。同时，这也为观察民情、民意、民愿提供了一个窗口。

传统的志书，资料来源于档案文献。有的资料奇缺，有的相对完备但缺乏鲜活性、原创性。《凤凰村志》主编难能可贵的是，在编纂过程中开展较大规模的社会课题调查和口述历史活动，获取鲜活的第一手资料。富裕起来的村民在想什么？此调研成果入志达10万字。村庄是如何发展变迁的？村民生活和个人奋斗史、生命史是怎样的？老百姓口述史入志达20万字。这不仅深化了村志的内容，增强了志书的资料性、著述性和原创性，还为地方志书的体例创新做了有益的尝试。

凤凰村不同凡响，《凤凰村志》全方位记载村域自然、政治、经济、文化、社会的历史和现状，亮点纷呈。在全面建设小康社会的进程中，看到又一部全面小康建设示范村的村志问世并将发挥积极作用，是一件令人欣喜的事。在中国传统村落数量锐减的今天，看到又一部留存乡村记忆、抢救乡村历史文化的村志问世，是一件值得庆幸的事。在中国地方志事业转型升级的时期，看到一个个方志人不断进取，开拓创新，无私奉献出一部又一部精品佳志，是一件令人骄傲的事。真心希望全国地方志齐头并进，在新时代新的历史条件下，为全面建设小康社会、助推实现中国梦发挥强大"志"力。

是为序。

巴兆祥

2018年10月

（作者系复旦大学历史系教授，博士生导师，中国地方志学会学术委员会委员）

凤凰村志

编纂说明

一、继承和发扬修志优秀传统，注重志书内容和形式的创新。

二、特设"衙前农民运动"编，突出反映在全国具有重要影响的史事、人物。

三、村内没有姓氏宗谱，撰写"姓氏""户主与家庭成员"时，特地开展了村内姓氏源流普查、户主身世及家庭成员普查，让村民寻根问祖、厘清自己的来历，增强实实在在的根源感、存在感和归属感。

四、使用社会调查的方法，广泛开展社会调查，调查成果独立成编入志。

五、注重口述历史的方法，对文献资料起补充、印证和鉴别作用，口述历史成果独立成编入志。

六、注重图片资料的存史价值，入志图片一般注明人、事、地及拍摄时间，并署拍摄者或照片提供单位名。

七、全志图（含照片）、表序号均采用通码，如"图1203""表778"分别表示此图、表为全志的第1203幅图、第778个表。文字表采用横竖线表式，数字统计表采用三横一竖线表式，左右两边均呈开口状，最外边两条横线为粗线，表头下边之横线为细线。文字表力求界线分明，数字统计表力求整洁美观。

八、语言文字以中国社会科学院语言研究所词典编辑室编《现代汉语词典》（第6版）为准，对古代人名、地名、书名、篇名及古籍文句，容易引起误解的则保留繁体字或异体字。

九、除引用原文（含社会调查、口述历史）外，均以第三人称记述史实。人名直书其姓名，必要时冠以职务职称。地名以现行标准地名为准。如使用历史地名，于每个条目首次出现时括注现行地名。各个历史时期的党派、团体、组织、机构、职务等均以当时名称为准。对于称谓过长而又频繁使用者，于首次出现时使用全称并同时括注简称，之后使用简称。除已注明时间的行政区划名称外，"省""市""区""镇""村"分别指"浙江省""杭州市""萧山区""衙前镇""凤凰村"。

十、凡清及以前的朝代，采用历史纪年，用汉字书写，括注公元纪年；1912年1月1日中华民国成立至1949年5月5日（不含5月5日）萧山解放采用民国纪年，用阿拉伯数字书写；同一纪年在同段文字中首次出现时括注公元纪年（"人物"编在各人物传略或简介中首次出现时括注公元纪年），其后省略；1949年5月5日起，以公元纪年，用阿拉伯数字书写。"××年代"专指"20世纪××年代"。

十一、数字用法执行中华人民共和国国家标准《出版物上数字用法的规定》（GB/T15835－2011）。

十二、计量单位执行中华人民共和国国家标准《量和单位》（GB3100—3102－93）。为尊重历史原貌，个别情况沿用市制单位，如涉及土地指标（如土地面积、耕地面积）、农业经济指标（如种植面积、亩产）等仍采用习惯使用的计量单位"亩"。在记述自然环境、交通、村区建设、经济等内容时有"亩"与"平方米"并用的情况。

十三、标点符号执行中华人民共和国国家标准《标点符号用法》（GB/T15834－2011）。年份起讫时间，表示数值的范围，中间统一用一字线"—"而不用波浪线"～"。

凡 例

一、以马克思列宁主义、毛泽东思想、邓小平理论、"三个代表"重要思想、科学发展观、习近平新时代中国特色社会主义思想为指导，全面、客观、系统地记述凤凰村自然、经济、政治、文化和社会的历史与现状，旨在存史、育人、资政。

二、贯通古今，详今明古，上限尽量追溯至事物发端，下限一般断至2016年，有的根据需要下延至2018年。

三、记述范围，以2005年6月合并村前的交通村、凤凰村、卫家村和调整后的新凤凰村为记述范围。2005年6月以前，除已注明村级组织名称外，"凤凰地区"指今凤凰村域。

四、采用述、记、志、传、图、表、录、注、索引等体裁，以志体为主。注重社会调查、口述历史，注重第一手资料，使用规范的现代语体文记述。

五、横排门类，纵叙史实。志前设"总述""大事记""大事纪略"。分志设编、章、节、目4个层次，共18编，依次为"村庄""姓氏""人物""村民访谈""凤凰村民未来期待调查""筲前农民运动""村政""村区建设""农业""工业 建筑业""商业 服务业""村级经济 收益分配""村民生活""教育 卫生""文化 体育""艺文""风俗""文献"编。志末设"索引""参考文献""后记"。

六、人物记述采用人物传、人物表和"以事系人"等形式，收录有重大影响、有突出贡献、有代表性的已故与在世的凤凰村人和对凤凰村有重大影响的人物。生不立传，立传人物以卒年为序排列。

七、资料来源于档案、图书、报刊、实地调查、口述历史、部门资料等，均经核实准确后载入。引用资料注明出处。

八、所需历史数据，采用村档案、企业单位档案保存的数据。

凤凰村志

总 目

上 册

序
凡例
编纂说明
总述 ………………………………………………… 1
大事记 ……………………………………………… 7
大事纪略 …………………………………………… 37
第一编　村庄 ……………………………………… 41
　　第一章　建置 ………………………………… 43
　　第二章　区位 ………………………………… 50
　　第三章　人口 ………………………………… 52
　　第四章　自然环境 …………………………… 65
第二编　姓氏 ……………………………………… 77
　　第一章　凤凰村姓氏 ………………………… 79
　　第二章　凤凰片姓氏 ………………………… 83
　　第三章　交通片姓氏 ………………………… 260
　　第四章　卫家片姓氏 ………………………… 399
第三编　人物 ……………………………………… 485
　　第一章　人物传 ……………………………… 487
　　第二章　人物表 ……………………………… 496
第四编　村民访谈 ………………………………… 509
　　第一章　现任村党委书记、村委会主任访谈 … 513
　　第二章　20世纪20—40年代村民访谈 ……… 534
　　第三章　20世纪50—70年代村民访谈 ……… 597
　　第四章　20世纪80年代村民访谈 …………… 662
　　第五章　外来人员访谈 ……………………… 682
第五编　凤凰村民未来期待调查 ………………… 707
　　第一章　问题的提出 ………………………… 709
　　第二章　凤凰村民七大未来期待 …………… 712
　　第三章　民之所望　施政所向 ……………… 747

凤凰村志
总　目

下　册

第六编　衙前农民运动……………………………………803
　第一章　衙前农民运动兴起……………………………805
　第二章　军阀镇压………………………………………813
　第三章　衙前农民运动胜迹……………………………815
　第四章　衙前农民运动纪念活动………………………819
　第五章　衙前农民运动纪念设施………………………821
　第六章　衙前农民运动研究状况………………………824
第七编　村政………………………………………………835
　第一章　自治组织………………………………………837
　第二章　中国共产党……………………………………851
　第三章　群众组织………………………………………857
　第四章　村务管理………………………………………862
　第五章　民兵优抚………………………………………880
　第六章　创业新村社区…………………………………885
第八编　村区建设…………………………………………891
　第一章　交通设施………………………………………893
　第二章　供水排污………………………………………901
　第三章　供电供气………………………………………903
　第四章　信息传媒………………………………………906
　第五章　村办公场所……………………………………910
　第六章　村庄建设………………………………………912
第九编　农业………………………………………………921
　第一章　生产关系变革…………………………………925
　第二章　耕地……………………………………………935
　第三章　种植业…………………………………………940
　第四章　养殖业…………………………………………950
　第五章　林业……………………………………………957
　第六章　水利……………………………………………962
　第七章　农机具…………………………………………965

凤凰村志 总目

- 第十编　工业　建筑业 …… 971
  - 第一章　工业行业 …… 975
  - 第二章　工业园区 …… 980
  - 第三章　企业 …… 982
  - 第四章　企业信息化 …… 1002
  - 第五章　产品　商标 …… 1007
- 第十一编　商业　服务业 …… 1015
  - 第一章　商业网点 …… 1019
  - 第二章　服务业 …… 1026
  - 第三章　物业服务 …… 1031
  - 第四章　金融 …… 1034
- 第十二编　村级经济　收益分配 …… 1039
  - 第一章　村级经济 …… 1041
  - 第二章　收益分配 …… 1050
  - 第三章　缴纳国家税款　投资固定资产 …… 1060
- 第十三编　村民生活 …… 1065
  - 第一章　商品供应　粮油分配 …… 1067
  - 第二章　村民收入 …… 1074
  - 第三章　村民消费 …… 1082
  - 第四章　村民保障 …… 1091
- 第十四编　教育　卫生 …… 1101
  - 第一章　教育 …… 1103
  - 第二章　教育网络 …… 1112
  - 第三章　卫生 …… 1114
  - 第四章　计划生育 …… 1120
- 第十五编　文化　体育 …… 1125
  - 第一章　文化 …… 1127
  - 第二章　体育 …… 1138
- 第十六编　艺文 …… 1143
  - 第一章　沈定一的著述 …… 1145

凤凰村志
总 目

　　第二章　其他诗词楹联选录 …………………… 1185
　　第三章　新闻报道 ………………………………… 1192
第十七编　风俗 ……………………………………………… 1209
　　第一章　岁时习俗 ………………………………… 1211
　　第二章　生产习俗 ………………………………… 1217
　　第三章　生活习俗 ………………………………… 1219
　　第四章　婚嫁习俗 ………………………………… 1227
　　第五章　丧葬习俗 ………………………………… 1231
　　第六章　信仰习俗 ………………………………… 1234
　　第七章　时尚 ……………………………………… 1237
　　第八章　方言 ……………………………………… 1239
第十八编　文献 ……………………………………………… 1251
　　一、集体荣誉 ……………………………………… 1253
　　二、组织机构及人员配置 ………………………… 1258
　　三、村规民约 ……………………………………… 1264
　　四、经济联合社章程 ……………………………… 1295
　　五、凤凰村村歌 …………………………………… 1304
　　六、衙前镇1977—2017年党政负责人名录 …… 1305
索引 …………………………………………………………… 1306
　　图照索引 …………………………………………… 1306
　　表格索引 …………………………………………… 1340
参考文献 ……………………………………………………… 1361
后记 …………………………………………………………… 1364

目录

凤凰村志

上册

序
凡 例
编纂说明
总 述 1
大事记 7
 晋 9
 唐 9
 宋 9
 元 9
 明 10
 清 10
 中华民国(1912—1949) 11
 中华人民共和国(1949.10—2017.12) 15
大事纪略 37
 凤凰山抗击战 39
 创建全国文明村 39
 凤凰村与台湾南投县鹿谷乡两村结对交流 39

第一编 村庄 41
 概 述 42
第一章 建置 43
 概 况 43
 第一节 村名由来 44
  凤凰村 44
  交通村 44
  卫家村 44
 第二节 隶属沿革 44
 第三节 自然村落 48
  西曹自然村 48
  傅家自然村 49
  童墅自然村 49

		卫家自然村	49
		新屋自然村	49
第二章	区位		50
	概　况		50
	第一节	自然地理区位	50
	第二节	交通地理区位	50
	第三节	经济地理区位	51
第三章	人口		52
	概　况		52
	第一节	人口数量	53
	第二节	人口变动	54
		出生死亡	54
		迁入迁出	56
		下乡知青	57
		外来人口	58
	第三节	人口结构	58
		性别结构	58
		老年人口	59
		劳动力结构	61
		家庭规模	64
第四章	自然环境		65
	概　况		65
	第一节	地质	65
	第二节	地貌	66
	第三节	山岭	66
		凤凰山	66
		洛思山	67
		龟山	68
		其他	68
	第四节	河流	68

　　　　萧绍运河（官河） …………………………………………………… 68
　　　　凤凰河 ………………………………………………………………… 69
　　　　童墅河 ………………………………………………………………… 69
　　　　傅家河 ………………………………………………………………… 69
　　第五节　池塘 ……………………………………………………………… 69
　　　　溇浜 …………………………………………………………………… 69
　　　　湖池 …………………………………………………………………… 69
　　　　堤塘 …………………………………………………………………… 70
　　第六节　气候 ……………………………………………………………… 70
　　　　四季 …………………………………………………………………… 70
　　　　气温 …………………………………………………………………… 71
　　　　降水 …………………………………………………………………… 71
　　　　日照 …………………………………………………………………… 71
　　　　风 ……………………………………………………………………… 71
　　　　霜雪 …………………………………………………………………… 71
　　第七节　土壤 ……………………………………………………………… 72
　　　　水稻土类 ……………………………………………………………… 72
　　　　红壤土类 ……………………………………………………………… 72
　　　　盐土类 ………………………………………………………………… 72
　　第八节　植被 ……………………………………………………………… 72
　　第九节　野生动植物 ……………………………………………………… 73
　　　　野生动物 ……………………………………………………………… 73
　　　　野生植物 ……………………………………………………………… 73
　　第十节　灾异 ……………………………………………………………… 74

第二编　姓氏 ……………………………………………………………………… 77
　　概　述 ……………………………………………………………………… 78
第一章　凤凰村姓氏 ……………………………………………………………… 79
　　概　况 ……………………………………………………………………… 79
　　第一节　数量 ……………………………………………………………… 79
　　第二节　结构 ……………………………………………………………… 80

第三节	源流	81
	周氏	81
	傅氏	81
	卫氏	81
	陈氏	81
	项氏	82
	唐氏	82
	蔡氏	82

第二章　凤凰片姓氏　83
　　概　况　83
　　第一节　数量　83
　　第二节　结构　84
　　第三节　户主与家庭成员　85
　　　　第一村民小组　85
　　　　第二村民小组　120
　　　　第三村民小组　160
　　　　第四村民小组　184
　　　　第五村民小组　216

第三章　交通片姓氏　260
　　概　况　260
　　第一节　数量　260
　　第二节　结构　261
　　第三节　户主与家庭成员　262
　　　　第一村民小组　262
　　　　第二村民小组　298
　　　　第三村民小组　326
　　　　第四村民小组　344
　　　　第五村民小组　362
　　　　第六村民小组　382

第四章　卫家片姓氏　399
　　概　况　399
　　第一节　数量　399

第二节	结构	400
第三节	户主与家庭成员	400
	第一村民小组	400
	第二村民小组	422
	第三村民小组	442
	第四村民小组	462

第三编 人物 485

  概　述 486

第一章　人物传 487

  概　况 487

    沈受谦 487
    李成虎 488
    陈晋生 489
    沈定一 489
    单夏兰 492
    沈剑龙 492
    杨之华 493
    王华芬 494
    傅金洋 494
    胡欢刚 495

第二章　人物表 496

  概　况 496

    凤凰村村干部名录 496
    凤凰村荣获杭州市萧山区（市、县）级以上表彰名录 496
    凤凰村硕士生名录 499
    凤凰村大学本科生名录 500
    凤凰村参加中国人民解放军名录 504

第四编　村民访谈 509

  概　述 510

第一章　现任村党委书记、村委会主任访谈 513

一、我当村干部40多年——胡岳法访谈 ················· 513
  27岁当大队长,1992年当书记至今 ················· 513
  推进农业集约化 ················· 514
  第一步棋:创办全省第一个联营加油站 ················· 514
  第二步棋:创办综合大市场 ················· 515
  第三步棋:组建股份制公司 ················· 516
  与时俱进,深化改革 ················· 517
  建立村级三大保障 ················· 518
  赢得好口碑 ················· 519
  也有很多辛酸苦辣 ················· 521
  生活有规律,妻子很贤惠 ················· 523

二、我当村干部20年——沃关良访谈 ················· 526
  19岁当兵 ················· 526
  从驾驶员到村主任 ················· 527
  经济发展历程 ················· 528
  村庄事务管理 ················· 529
  关键是诚信,办事公正 ················· 531
  要让老百姓得到实惠 ················· 532
  婚姻家庭生活 ················· 533

第二章 20世纪20—40年代村民访谈 ················· 534

一、从日军枪口下逃生,日子由苦过到甜——卫松根访谈 ················· 534
  日本人毁了我的家园 ················· 534
  从苦日子到好日子 ················· 535

二、共产党真是好——傅小虎访谈 ················· 538
  那时的人跟蚂蚁一样,命很容易就没了 ················· 538
  放过牛,承包过土地,对现在生活满意 ················· 539

三、我对现在的生活很满意——卫仁水访谈 ················· 541
  新中国成立前的事 ················· 541
  新中国成立后的事 ················· 542
  还好我们和凤凰村合并了 ················· 543

四、我今年83岁了,身体健朗——沃阿毛访谈 ················· 546
  身世 ················· 546

见闻 …………………………………………………………… 547
　　　家庭 …………………………………………………………… 549

五、我的亲见亲历——卫永泉访谈 ………………………………… 551
　　　亲见国民党退逃 ……………………………………………… 551
　　　有一个划过来的地主人很好 ………………………………… 552
　　　在集体企业工作过 …………………………………………… 552
　　　现在是最好的社会 …………………………………………… 553

六、生活与时代的印记——唐先根访谈 …………………………… 555
　　　因家穷失学，新中国成立后学会计 ………………………… 555
　　　初级社到改革开放的印记 …………………………………… 556
　　　结婚时没有家具，现在生活满意 …………………………… 559

七、那个时候跟现在都大不一样——卫张泉访谈 ………………… 561
　　　那个时候的病，现在是不太会死人的 ……………………… 561
　　　那个时候连树皮草根都吃，现在大米食油免费拿 ………… 562
　　　那时候欠学费老是被留下，现在交学费只要写一句 ……… 565
　　　从搞建筑到开织布厂 ………………………………………… 566
　　　现在的村民生活和年轻人观念 ……………………………… 568

八、希望做过的能得到承认——潘冬英访谈 ……………………… 570
　　　我是爷爷奶奶抚养长大的 …………………………………… 570
　　　16岁参加民兵，做过十多年妇女主任 ……………………… 571
　　　19岁结婚，过去吃了多少苦啊 ……………………………… 572
　　　年代不一样，风俗不一样 …………………………………… 574

九、我不用他们管，我自己一个人很活络——徐阿秋访谈 ……… 577
　　　这些房契山契是我婆婆传给我的 …………………………… 577
　　　孙子说奶奶在整个中国都不会迷路的 ……………………… 578
　　　健康长寿的秘诀就是乐观开心多动动 ……………………… 580

十、村里发展经济大多是我在提建议——胡和法访谈 …………… 582
　　　出身雇农，当过村办企业厂长 ……………………………… 582
　　　条件改善，五个小孩在国外读书 …………………………… 584

十一、我的人生经历——曹行舟访谈 ……………………………… 586
　　　工农兵、教师都当过 ………………………………………… 586

为人夫为人父都不容易	587
三村合并是成功的	588
当了三届的股东代表	589
十二、东岳庙迁建情况——周岳根访谈	592
十三、人与人之间要和谐相处——钱关潮访谈	595

第三章 20世纪50—70年代村民访谈 ... 597

一、村里的换届选举、股份分红以及福利待遇——张彩琴访谈	597
今年的换届选举	597
凤凰股份经济联合社	599
村民福利待遇	602
家庭生活状况	603
二、过去的生活跟现在没得比——唐关仁访谈	605
在生产队的日子	605
改革开放后的日子	607
三、我们与上一代不一样,与下一代又不一样——项国安访谈	609
当小组长与小队长不一样	609
打工做生意赚钱都不容易	611
村里变化太大,与我们小时候完全不一样	612
家庭生活与消费观念的变迁	613
四、挣到钱了还要舍得花钱——卫子仁访谈	616
家族企业由小到大	616
孙子是香港户口	618
村务监督与热心公益	618
家庭生活及老年消费	620
五、办个小厂赚点利息就好——傅华明访谈	623
从生产队员到村主任	623
家庭作坊年收入百万	625
六、办厂起家顺利,多读点书就更好了——陆惠祥访谈	628
办厂起家	628
发展感悟	630
村民生活	632
七、从赤脚医生到私营企业主——卫纪士访谈	634

  因为生疟疾要当赤脚医生 ·············· 634
  当时村里只有我一个赤脚医生 ············ 635
  办厂创业经历及体会 ················ 636
  个人与村未来发展的看法 ·············· 639

 八、从赤脚医生到私营企业主——周志根访谈 ······ 641
  从小没有干过农活 ················· 641
  15岁当赤脚医生 ·················· 642
  26岁开始办厂 ··················· 643

 九、从民兵连长到开拖拉机搞运输——周柏夫访谈 ···· 645
  当兵回来当民兵连长 ················ 645
  开拖拉机搞运输收入高了 ·············· 646

 十、我在市场办工作20年——徐幼琴访谈 ········ 648

 十一、在筁前范围内我这种十全十美的人家不多——邵东根访谈 ···· 650
  从大围垦到小生意 ················· 650
  一家十个人算满意了 ················ 652
  十年没看病不是吹牛皮 ··············· 654

 十二、30年间造了3次房子——陈长根访谈 ······· 655
  1984年、1994年、2009年3次造房 ·········· 655
  我们在村里的水平算很一般的 ············ 655

 十三、我很喜欢戏曲这一行——徐建根访谈 ······· 658
  成长经历 ····················· 658
  戏曲爱好 ····················· 659
  家庭生活 ····················· 660

第四章 20世纪80年代村民访谈 ·············· 662

 一、我的成长经历——沃琦访谈 ············ 662
  学生记忆 ····················· 662
  工作6年 ····················· 663
  家庭消费 ····················· 664
  老辈观念 ····················· 666
  未来期许 ····················· 667

 二、大学毕业后在凤凰工作安家——翁洪霞访谈 ···· 668
  大学毕业后回村工作 ················ 668

  老公跟我在凤凰安家 669

三、我的教学生涯——陈立访谈 671
  当体育教师4年 671
  有许多心得感悟 672
  游泳教龄长达10年 673
  家庭生活消费 676

四、如果没有村里照顾，我们无法完成学业——汪洁霞访谈 678
  家里遭遇很多变故 678
  村里对我们非常照顾 679
  教学感悟与生活期望 680

第五章　外来人员访谈 682

一、外来办厂发展较好，就是文体活动少了——陈楚儿访谈 682
  外来办厂得到村里支持 682
  想扩大厂房购买宅基地 684
  希望村里多开展文体活动 685

二、外来经商的经历可以写一本自传了——乐桂兰访谈 688
  初做裁缝后做餐饮 688
  租金涨幅难以承受 689
  配料独特生意红火 690
  养孩子我是失败了 692
  喜欢这里，想成为这里的村民 693

三、有吸引我们的，我们才会留下来——李桂发访谈 695
  从开服装店到开超市 695
  在凤凰买了房子没迁户口 697
  生意好坏要看人缘 698
  如果给我们一些好的福利的话，我们会选在这里发展 699

四、外来务工算是成功的，能成为凤凰村村民就更好了——刘继平访谈 701
  从保安到和事佬 701
  当选为居委会委员 702
  外地人没有被看不起 703
  希望能成为凤凰村村民 704

第五编　凤凰村民未来期待调查 …………………………………… 707
第一章　问题的提出 ……………………………………………………… 709
　一、研究背景及意义 ……………………………………………………… 709
　二、个案背景及调查基本情况 …………………………………………… 709
第二章　凤凰村民七大未来期待 ………………………………………… 712
　一、村民望更富：盼发展农村经济，增收致富 ………………………… 712
　　（一）致富之路多途径 …………………………………………………… 712
　　（二）影响收入多因性 …………………………………………………… 714
　　（三）消费观念特殊性 …………………………………………………… 714
　二、村民求真知：盼丰富文化生活，尊知重教 ………………………… 716
　　（一）意识到文化水平对经济发展的制约 …………………………… 716
　　（二）趋向于尊知重教 …………………………………………………… 717
　　（三）肯定传统文化的学习意义 ……………………………………… 718
　　（四）希望丰富休闲文化 ……………………………………………… 719
　三、村民期乡美：盼建成三美乡村，绿色文明 ………………………… 721
　　（一）盼村容更整洁，实现生态美 ……………………………………… 721
　　（二）盼生产更绿色，实现生产美 ……………………………………… 722
　　（三）盼乡风更文明，实现生活美 ……………………………………… 722
　四、村民希安稳：盼完善保障保险，后顾无忧 ………………………… 725
　　（一）盼老有所养，病有所医 …………………………………………… 725
　　（二）盼医有所保，贫有所助 …………………………………………… 727
　五、村民求和顺：盼家庭安居乐业，顺其自然 ………………………… 729
　　（一）家庭观念强，望优生优育 ………………………………………… 729
　　（二）乡土观念重，望发扬光大 ………………………………………… 730
　　（三）知足常乐心，望顺其自然 ………………………………………… 731
　六、村民愿参政：盼政府更民主公正，执行力强 ……………………… 733
　　（一）盼农民地位不断提高 …………………………………………… 733
　　（二）盼地方政府工作加强 …………………………………………… 734
　　（三）盼村领导班子勇挑重担 ………………………………………… 735
　七、村民谋发展：由顺从守旧走向主动追求，但仍保守惧变 ………… 738
　　（一）盼普及农村网络化，融入智慧城市 …………………………… 738
　　（二）盼金融理财有规划，守财走向生财 …………………………… 741

(三)盼推进新型城镇化,互惠一体共进 …………………………………… 743
第三章　民之所望　施政所向 ……………………………………………………… 747
一、村民对美好生活的向往 …………………………………………………………… 747
二、对策思考 …………………………………………………………………………… 750
　　(一)三级联动,推进"三美三化"建设 ………………………………………… 750
　　(二)引导合作,推动"三位一体"改革 ………………………………………… 750
　　(三)共建共享,提升公共服务水平 …………………………………………… 751
　　(四)精准帮扶,完善社会保障制度 …………………………………………… 752
　　(五)提高素质,加快培育现代农民 …………………………………………… 752
　　(六)责任明晰,抓好基层组织党建 …………………………………………… 753
　　附录一　萧山区衙前镇凤凰村村民未来期待调查问卷 …………………… 754
　　附录二　萧山区衙前镇凤凰村村民未来期待访谈提纲 …………………… 757
　　附录三　萧山区衙前镇凤凰村村民未来期待访谈记录 …………………… 757
　　附录四　萧山区衙前镇凤凰村党委书记胡岳法访谈录 …………………… 796

凤凰村志 上册
总 述

凤凰村，因凤凰山而名。凤凰山，因形似卧凤而得名。凤凰山森林公园，是杭州市萧山区5个森林公园之一，现正在开发凤凰山旅游景区。世界文化遗产——大运河的组成部分，浙东运河穿越凤凰村境内2500米。古时航运商贸发达，东往绍兴，西去钱塘，有大航船、小划船，还有夜航船。晚上，河面上倒映着夜航船的灯光，隐隐约约，闪闪烁烁，宛如流动的璀璨的珍珠，与天上的星星一样好看。在村境内的老东岳庙（衙前农民协会旧址）前，至今保存着一段40米左右的古纤道，为萧山区文物保护单位。横跨运河的数座桥梁，则是运河上画龙点睛之处，景色美，故事也多。桥梁的两岸，店铺林立，行人如织，水乡小镇风情十足。民国时期沈定一诗："锁岸高桥石洞深，山村小市两边陈"，说的就是大洞桥边的小街情景。

水、陆、空交通便捷。距杭州钱江六桥（下沙大桥）10千米，距杭州火车南站10千米，距杭州萧山国际机场8千米。104国道穿村而过。穿越村内的公路干线共有6条，公交线路6条，设有5个停靠站。车来人往，昼夜不息。是杭州市与绍兴市发展主轴上的重要节点。人们西往浙江省会杭州市20千米路程，至杭州市萧山区14千米路程，南至绍兴市柯桥区10千米路程。区位优势得天独厚，山水相依，四通八达，非常适合投资创业与居住休闲。

早在北宋以前，凤凰先民就在这里生存谋发展。村域先后隶属萧山县凤仪乡、龙泉乡、定一乡、凤凰乡、交通乡、坎山人民公社、衙前人民公社、衙前乡、衙前镇等。1961年，成立凤凰生产大队、交通生产大队、卫家生产大队。1984年，分别改名为凤凰村、交通村、卫家村。2005年，三村合并为杭州市萧山区衙前镇凤凰村。至2016年，凤凰村有2.44平方千米，西曹、傅家、童墅、卫家、新屋5个自然村，15个村民小组，另有1个创业新村社区。户籍人口581户、2204人。外来人口10573人。

这是一片具有革命历史的红色热土，是中国现代农民运动的发祥地。[①] 民国10年（1921）9月，中国共产党早期党员沈定一在家乡衙前村组织和发动衙前农民运动，开创了中国共产党历史上的4个第一：党领导的第一次农民运动、第一个农民协会、第一个农民革命性纲领文件、第一所农民免费教育的农村小学校。虽然衙前农民运动最终被镇压了，但它在中国革命历史上占有重要地位，其旧址、纪念馆成为浙江省文物保护单位、浙江省爱国主义教育基地、杭州市红色旅游景点。2013年起，凤凰村全体党员每年清明节集队前往李成虎烈士墓敬献花圈，祭奠革命先烈，重温入党誓词，立志继承和发扬党的优良革命传统。

这是一方创业创新、奋发向上的金色沃土。改革开放后，凤凰涅槃，浴火重生，由穷村变成萧山区经济强村。过去以传统农业为主，大面积种植水稻、大小麦、络麻、油菜和蔬菜等，同时利用依山傍水的条件种植林木果树和茶树，饲养耕牛、鸡鸭、养鱼捕鱼等。实行家庭联产承包责任制后，逐步推行适度规模经营、村集体经营和农业大户经营，机械化操作取代了传统农具，大大提高了农业生产效率。工商业方面，民国时期，沈定一在衙前村创办了浙江省第一个农村信用社，挑花边成为农村妇女传统的手工业技艺。20世纪60年代后，传统家庭手工业发展为村（大队）办集体企业。1985年，凤凰村与浙江省石油公司萧山县公司联营创办省内第一家联营加油站。1996年，在凤凰村建造萧山衙前消费品综合市场和萧山轻纺坯布市场。2000年，实现由农业村向工业村的转变，个体私营经济占据主导地位。2007年，建设凤凰工业园（后定名浙江省中小企业创业基地），

---

① 资料来源：成汉昌：《中国现代农民运动最早发生于何时何地？》，《教学与研究》1980年第4期。杨福茂等：《中国现代农民运动的先声——浙江萧山衙前农民斗争概述》，《杭州大学学报（哲学社会科学版）》1980年第4期。中共中央党史研究室：《中国共产党历史》第一卷（1921—1949）上册，中共党史出版社2002年9月版，第95—96页。

至2016年，入园工业企业达14家。村境内总计有工业企业68家，其中规模以上工业企业8家，浙江恒逸集团有限公司在全国工商联发布的"2016中国民营企业500强"中居第28位。轻纺工业总产值达789.95亿元，五金机械工业总产值达6918万元，分别占村境内工业总产值790.64亿元的99.91%、0.09%。专业市场2家，街道门店各类经营户399家。从事第二、第三产业的农村劳动力人数合计占全部农村劳动力人数的98.82%。

从数字看发展。2016年，凤凰村经济总收入从2006年的150600万元增加到504033万元，年均增长20.02%，其中农业总产值1377万元，占全村经济总收入的0.27%；工业总产值490423万元，建筑业总产值4285万元，合计494708万元，占全村经济总收入的98.15%；运输业总产值720万元，商业餐饮业总产值4260万元，服务业总产值480万元，其他2488万元，合计7948万元，占全村经济总收入的1.58%。村民人均纯收入从2006年的15082元增加到49555元，年均增长13.29%。村级可用资金4423.93万元，人均可用资金20072.28元。凤凰村资产总额35948.46万元，固定资产净值27539万元。萧山区农业和农村工作办公室统计数据显示：凤凰村村级经营性收入、村级可用资金、村民人均纯收入均名列全区各村（社区）第一。[①]

农民富才是真的富。凤凰村在发展经济的同时，建立起与村经济发展水平相适应的民生投入和保障机制，实现村民基本生活、医疗、养老三大村级保障。即免费向村民供应米、油、天然气；村民就医可报销72%的门诊费和95%的住院费；50—59周岁女性由村集体发放助养金，对全村60周岁以上老人每人每月发放1660—1910元不等的养老金。2016年，凤凰村用于村民基本生活、医疗、养老三大保障开支达1445.17万元，人均6557元。村民集体福利连续多年排名萧山各村（社区）第一。富裕起来的村民，如今住的是排屋、高楼洋房，开的是小轿车（私家车户均1辆以上）。白天辛勤工作，傍晚或到凤凰广场跳广场舞，或到凤凰山上徒步健身。不少村民自发组团到国内外旅游。每到节假日，举家逛商场、购物、休闲、消费，更是成为时尚。

崇尚教育、"最美"与敬老。1986年开始，凤凰村每年对考上重点高中和大学本科的优秀学生进行表彰，分别发给奖学金500元和1000元。当时的1000元对于村民来说可是"巨款"啊！如今奖学金分别提高到了1000元和2000元，32年累计表彰优秀学生348人，发放奖学金28.7万元，有15名优秀学生考上国内外名校研究生。在凤凰村的影响下，衙前镇11个村中已有9个村先后出台了表彰优秀学生的规定。2014年开始，凤凰村每年评选并表彰"最美家庭"10户。"最美"的条件是家庭生活美、居室环境美、心灵健康美、公益慈善美、道德风尚美等。如今凤凰村先后有50户家庭被评选为"最美家庭"。集体慰问老人、为百岁老人做寿则始于21世纪初，即每年春节、中秋节、重阳节3个传统节日，给每位60周岁以上老人发放慰问品和现金，每年举行老年人迎新春团拜会并发红包。凤凰村老年活动中心和凤凰老龄艺术团组织的系列活动让老人们笑口常开。

和谐温馨的外来人口家园。外来务工人员是本土人口的4倍多。因而建立了杭州市首个外来人

[①] 2016年，杭州市萧山区421个村级组织村级经营性收入12.62亿元，村均299.78万元；年经营性收入1000万元以上的村有20个，50万至70万元的有101个，30万至50万元的有80个，30万元以下的有44个；经营性收入最高的衙前凤凰村达到4178.46万元，是萧山区收入最低的村（1.77万元）的2361倍。是年，凤凰村实现村级可用资金达4424万元，名列第一。2017年，杭州市萧山区421个村级组织村级经营性收入13.48亿元，村均320.20万元；年经营性收入1000万元以上的村有24个，50万至70万元的有101个，30万至50万元的有71个，30万元以下的有32个；经营性收入最高的衙前凤凰村达到4406.06万元，是萧山区收入最低的村（2.11万元）的2088倍。是年，凤凰村实现村级可用资金达4536万元，村民人均纯收入54518元，均名列第一。

口集中居住社区——创业新村社区。凤凰蓝领驿站，则是远近闻名的外来务工人员之家。这里聚居着2000多名蓝领职工，有法制教育基地，有职工培训学校，有电子书屋，有图书室，有娱乐中心，有健身公园。社区实行高档次配套，社区化管理，小区化服务，居民自治，变"外来客"为"自家人"，共存共荣，亲如一家。同一片沃土，同一个家园，前景无限好。

  凤凰村的创业创新发展得到各方的关注与肯定。先后被评为全国文明村、全国敬老模范村、全国民主法治示范村、浙江省全面小康建设示范村、浙江省模范集体、浙江省先进基层党组织、浙江省农村基层党风廉政建设示范村、浙江省村务公开民主管理示范村、浙江省生态文化基地、杭州市文化示范村、杭州市社会主义新农村建设标兵村、杭州市农村连锁经营发展工作先进单位、杭州市"庭院整洁"工作示范村、杭州市农村社区服务中心示范型、杭州市平安农机示范村、萧山区美丽乡村精品村、萧山区森林村庄、萧山区生态村、萧山区创建"平安家庭"示范村、萧山区最清洁村庄、军民共建文化示范村等。中央电视台《焦点访谈》栏目、《人民日报》、《中国纪检监察报》、《浙江日报》、《杭州日报》、《萧山日报》等先后对凤凰村进行了报道。当前，凤凰村正按照"提前建成高水平全国小康社会"目标，建设"美丽文明"新凤凰。

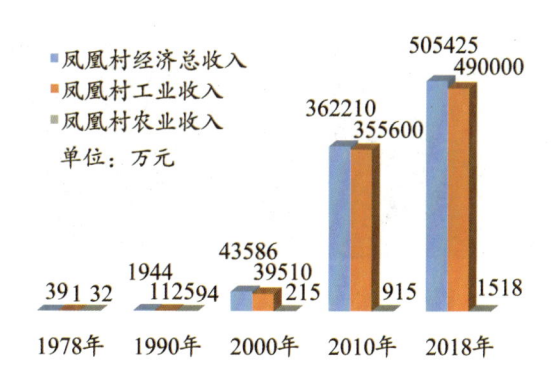

图0083 1978—2018年几个年份凤凰村经济总收入与工农业收入情况（1978年、1990年、2000年数据包括交通村、卫家村数据，农业包括种植业、林业、牧业、渔业）

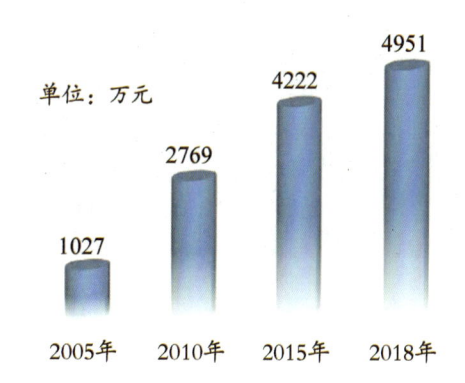

图0084 2005—2018年几个年份凤凰村可用资金情况

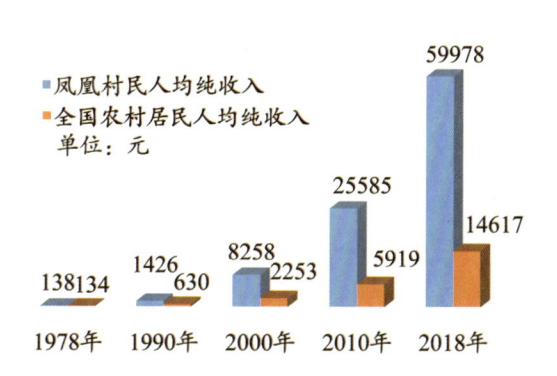

图0085 1978—2018年几个年份凤凰村与全国农村居民人均纯收入情况

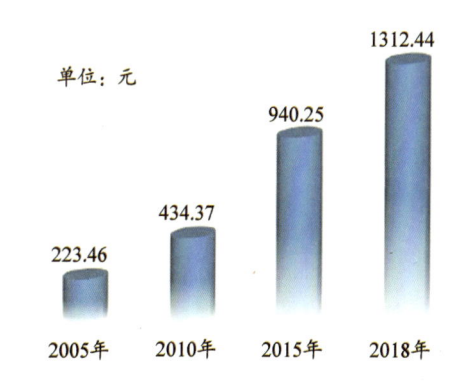

图0086 2005—2018年几个年份凤凰村民人均分红股金情况

图 0087　凤凰村晨曦（2018年4月8日，陈妙荣摄）

| 凤凰村志 | 上册 |
大事记

晋

西晋永嘉元年（307）

会稽内史贺循（260—319）主持凿通自会稽郡城西郭至萧山西兴之运河，运河经过凤凰地区2500米左右。

唐

光启二年（886）

镇东军节度使钱镠派其弟钱爽驻守双童（古白鹤桥，今凤凰村境内）。

宋

北宋初年

有卫氏从诸暨迁来，定居于凤凰地区境北洛思山之阳，子孙繁衍，聚族而成自然村落，至今历40余代。

太平兴国三年（978）

萧山县属越州，领15乡、110里，凤凰地区属凤仪乡之白鹤里、童市里。宋嘉泰《会稽志·八县》（卷十二）记载：萧山县"凤仪乡，在县东四十里，管里十六：白鹤里、义里、新田里、瓜历里、章浦里、中义里、园里、坎山里、童市里、路西里、佳浦里、周里、塘头里、丁里、翔凤里、长巷里。"这是凤凰地区属凤仪乡白鹤里、童墅（市）里的最早记录。时，凤仪乡政权所在地白鹤寺亦在凤凰地区境内。

绍兴元年（1131）

改越州为绍兴府，萧山县属之，凤凰地区仍属凤仪乡白鹤里、童墅里。

绍兴十五年（1145）

白鹤接待院改名资利寺。宋嘉泰《会稽志·寺院》（卷八）记载：萧山县"资利院，在县东三十里。旧系白鹤接待院。绍兴十五年，僧请于府乞以回向资利院旧额归焉。"

嘉定十四年（1221）

朝廷疏浚萧绍运河西兴至钱清段（凤凰地区居其中）。宋宝庆《会稽续志·水·山阴萧山运河》（卷四）记载："运河自萧山县西兴六十里至钱清堰，渡堰，迤逦至府城，凡一百五里。自西兴至钱清一带为潮泥淤塞，深仅二三尺，舟楫往来，不胜紫浣盘剥之劳。嘉定十四年，郡守汪纲申闻朝廷，乞行开浚。除本府自备工役钱米外，蒙朝廷支拨米三千石，度牒七道，计钱五千六百贯，添助支遣通计一万三千贯。于是河流通济，舟楫无阻，人皆便之。"

元

至元十六年（1279）

改绍兴府为绍兴路，萧山县属之，领24都、157图。改凤仪乡为第二十三都（第十图）、第二十四都（第十四图），凤凰地区分属第二十三都第一图童墅里、第三图白鹤里。

明

洪武二十二年（1389）

北海塘损坏，修筑长山至龛山塘计40余里。清康熙《萧山县志·水利》记载："明洪武二十二年，捍海塘坏，咸潮涌入，害民禾稼，直抵县城。知县王国器奏闻，命工部主事张杰同司道督修，易土以石。令衢、严输桩木，本府八县输丁夫。本县办石板、石条，自长山至龛山塘成，计四十余里。"后，明洪武三十二年（1399）、正统七年（1442）、成化七年（1471）、弘治八年（1495）等，江潮坏堤，多次修筑北海塘。

成化年间（1465—1487）

修筑毕公塘。《明史·魏骥传》记载："（魏）骥倡修螺山、石岩、毕公诸塘堰，捍江潮，兴湖利，乡人赖之。"魏骥是萧山城厢人，南京吏部尚书，明景泰初因年老辞官回乡。毕公塘在凤凰地区附近毕公桥处不远。

重建长山闸、坎山闸。明嘉靖《萧山县志·堤堰》记载："治东北二十里，曰长山闸。东北御海，西南节由化、由夏二乡之水。三十里曰龛山闸，东北御海，西南节凤仪、里仁二乡之水，岁涝并以出诸乡之水，东北入于海。二闸并成化间郡守戴琥建。今长山闸，岁久不葺，秋潮渐进；龛山闸，居民筑塞，亦就废。"时，凤凰地区仍属凤仪乡。

嘉靖十八年（1539）

兴建白鹤铺，时萧山县内兴建6个递铺，白鹤铺为其一，在凤凰地区境内。明嘉靖《萧山县志·邮铺》记载："治仪门之东曰总铺。嘉靖十八年，郡判周表署县事肇建。距治东八里，曰十里铺；二十里曰新林铺；三十里曰白鹤铺，抵山阴界。距治西二里曰凤堰铺；十里曰沙岸铺。迫西兴关，凡铺曰急递铺。铺各有厅，有厢，有邮亭，有外门。有司兵，有铺长，司吏一人领之。"明初高启（"吴中四杰"之一）有《早过萧山历白鹤柯桥诸邮》诗。

隆庆年间（1567—1572）

修筑北海塘。明万历《萧山县志·列传》记载："许承周，昆山人。以戊辰进士令萧山。廉敏明肃，豪奸屏迹。筑北海塘，遏潮啮，凤仪诸乡赖之。"时凤凰地区属凤仪乡。后，万历三十四年（1606）、万历四十一年（1613）、崇祯元年（1628）、崇祯九年（1636），因江潮坏堤，多次修筑北海塘。清乾隆《萧山县志·水利》记载："崇祯九年，县令顾棻议建石塘二百余丈，申请各宪，着里仁、凤仪二乡共二十五里岁修海塘。"

万历年间（1573—1620）

兴建白鹤铺桥。明万历《萧山县志·津梁》记载："在白鹤铺前，曰白鹤铺桥。唐李绅诗：'未见双童白鹤桥。'后钱镠以钱爽守双童。万历间，施良贵助修。"时，白鹤铺桥在凤凰地区境内。

清

康熙三年（1664）

修筑因海啸损坏的北海塘。清乾隆《萧山县志·水利下》记载："八月初三日，海啸，塘坍二百余丈，田庐漂没。邑令徐则敏于要患处筑石塘一百丈。里仁、凤仪二乡每里派筑四丈。"清康熙九年（1670），塘复坏，又建石塘。

乾隆十四年（1749）

朝廷专门派军政官兵管理北海塘。清乾隆《萧山县志·水利下》记载："乾隆十四年，部议奏拨兵备道标把总一员，外委一员，带兵丁一百八名来萧驻扎，专管一带海塘，以备堵筑抢修，地方之事不预。西兴牛坞荡头建堡房三间，西兴官仓基建营房一十八间，外委驻扎。钱家塘埠建堡房三间，富家搭建堡房三间，转塘头建堡房三间，新林周建堡房三间，新发庄建堡房三间，龛山塘内建堡房三间，龛山塘北建营房七十二间，把总驻扎。西瓜沥建堡房三间。"时，新林周、新发庄、龛山塘、西瓜沥等均在凤凰地区周边。

乾隆三十五年（1770）

七月，飓风暴雨，海水陡涨，北海塘圮，居民淹没者无数。县令组织修筑石塘50余丈。后，清道光十四年（1834）、同治三年（1864）、同治四年（1865）、光绪元年（1875）、光绪十五年（1889）、光绪二十年（1894）、光绪二十二年（1896）、光绪二十五年（1899）、光绪二十八年（1902）、光绪三十三年（1907）、宣统二年（1910）、宣统三年（1911）等，多次维修北海塘。

嘉庆十四年（1809）

僧敬三与徒应律募资，重建资利寺于凤凰山北麓，亦称白鹤寺。协办大学士汤金钊（萧山城厢人）《重建资利寺碑记》记载："萧山治东三十里凤凰山麓有寺焉，建自宋绍兴十五年，名曰资利。因在白鹤浦，亦称白鹤寺。岁月既深，栋宇遂圮，寺僧云散，宝相山颓。龛山、鹤浦两镇绅耆，集谋兴复。嘉庆十四年秋，公请高僧敬三与其徒应律来住兹寺，仔肩修葺，先发己资，后行叩募，虔心整饬。重建大殿方丈及两庑禅寮，云堂香积，美奂美轮，莲座金身，庄严具备。铸洪钟，冒法鼓，山门径路，焕然一新。"

同治七年（1868）

沈受谦中进士。初为主事工部营缮司行走，后迁任福建德化县知县，调补台湾县知县，升任永春知州、直隶知州等。在台湾期间，兴建文昌阁、蓬壶书院等，造福民众。清光绪十六年（1890），荣归故里，遂在凤凰地区运河北岸新建府第。

光绪三十二年（1906）

萧山县各地建邮局，递铺相应取消。

宣统二年（1910）

萧山县重新划为1区28乡，凤凰地区境内有傅家村、童墅村、衙前西曹、卫家村等村落，均隶属龙泉乡。

中华民国（1912—1949）

民国元年（1912）

5月8日，村人沈定一在上海组织中华民国公民急进党，并当选为掌理（总负责人）。

11月，绍兴商人俞襄周等人创办绍萧越安轮船有限公司，于翌年正式开航，此为萧绍运河上首次通行轮船，途经凤凰地区。沈仲清出资建造一个轮船码头供轮船停靠，便利乘客上下。此码头地基至今还在。

民国 5 年（1916）

8 月，孙中山、胡汉民乘越安轮船公司轮船去绍兴，经过衙前凤凰地区。

9 月，沈定一当选为浙江省议会议长。

民国 8 年（1919）

6 月，沈定一与戴季陶在上海创办《星期评论》。翌年 6 月因故停刊。

秋，意大利欧式花边万缕丝传入坎山、衙前，本地始有花边业。

民国 9 年（1920）

7 月，诸暨籍人俞秀松受沈定一邀请，寓居衙前沈定一家，共同探讨农民运动大计。

8 月，沈定一参与上海共产主义小组的创建，为中共早期党员。

12 月 21 日，沈定一在上海《民国日报》副刊《觉悟》上发表长诗《十五娘》，是中国现代文学史上第一首白话叙事诗。

民国 10 年（1921）

2 月 13 日，沈定一在广州创办的《劳动与妇女》杂志第一期出版。4 月因故停刊。

4 月，沈定一从广州回到衙前家中，邀请刘大白、宣中华、徐白民、唐公宪等革命知识分子到衙前，一面筹办农村小学，一面组织发动农民运动。

4—5 月，因坎山、瓜沥一带粮商任意抬高米价，农民十分气愤，沈定一因势利导组织农民开展打米店的斗争，迫使粮商恢复原价。

8—9 月，沈定一在衙前、坎山等地发表《谁是你底朋友》《农民自决》等演讲，主张废止私有财产，鼓动农民团结起来，开展反封建剥削斗争。周边二三十村民众数千人听演讲。

9 月 26 日，衙前农村小学正式成立，同时发表《衙前农村小学校宣言》。

9 月 27 日，沈定一等组织发起的衙前农民协会在凤凰地区境内东岳庙宣告成立，李成虎、陈晋生等 6 名农民当选为农民协会委员。会议发布由沈定一起草的《衙前农民协会宣言》《衙前农民协会章程》，实行"三折还租"，推动萧绍各地农民协会建立，标志着衙前农民运动的全面掀起。

12 月 18 日，萧绍各地农民协会代表到东岳庙参加联合大会。浙军第三旅旅长、绍兴戒严司令盛开第派兵镇压，农民协会委员陈晋生等 3 人被捕，3 名委员被打伤。

12 月 27 日，农民协会委员李成虎被萧山便衣警察逮捕，关押在萧山监狱。

12 月，军阀政府下令解散衙前农民协会，并继续逮捕会员。

民国 11 年（1922）

1 月 24 日，李成虎在狱中被凌虐致死。沈定一主持安葬李成虎遗体于凤凰山，并亲书墓碑碑文。沈定一之子沈剑龙为李成虎画像。

2 月，陈晋生在绍兴狱中遭毒打致重病，被保释出狱，当月病逝。沈定一出资安葬陈晋生遗体于凤凰山，并亲书墓碑碑文。

5 月 1 日，衙前农村小学教师、社会主义青年团团员徐白民、唐公宪、王贯三等组织开展萧山境内最早的纪念五一国际劳动节活动。

8 月 11 日，东乡教育会改选，选举沈定一为会长，宣中华任教育会总干事。沈提出"以教育改造萧山东乡"的口号。

10 月，因萧山 3 次大水，受灾严重，民不聊生。省议员沈定一除派员调查全县灾情外，还在坎山一带遍贴传单，将当年自家应收地租款一律免除。

民国 12 年（1923）

3 月 24 日，沈定一等组织东乡春赈工赈委员会，分调查、筹募、散放、运输、监工、会计、文牍、庶务 8 部，各部设正副主任。

4 月，沈定一的二哥沈仲清在坎山开设贫民寄养所，凡灾民、贫民均可投所寄养。5 月寄养所停办。

8 月 16 日，沈定一参加孙逸仙博士代表团赴苏联考察，同行者有蒋介石、王登云、张太雷。11 月底回国。

9 月 29 日，社会主义青年团杭州地方委员会改选，在衙前农村小学的团员被划为第三支部。是年底又进行改组，在衙前农村小学校的团员被划为第五支部，为社会主义青年团萧山衙前支部，这是萧山县第一个团组织。

12 月，中共中央领导人邓中夏在《中国青年》刊物上连续发表《论农民运动》等文章，给衙前农民运动高度评价。

民国 13 年（1924）

1 月，沈定一以个人身份参加国民党后，受中共中央指派和孙中山指定出席国民党全国第一次代表大会。孙中山亲自起草名单，圈定毛泽东、沈定一、瞿秋白等为国民党中央执行委员会候补委员。

4 月 10 日，凤凰山麓白鹤寺附近发现一个大洞，内有瓷瓶 3 个，其色黄，形若小西瓜，有西花纹，上有"建宁元年"（168）等字样。消息见民国 13 年 4 月 13 日上海《民国日报》第 7 版。

4 月 13 日，国民党衙前区分部成立，沈仲清、孔雪雄、钱义璋为委员，钱义璋为常务委员。

5 月 1 日，社会主义青年团萧山衙前支部、国民党衙前区分部和衙前农村小学联合发起纪念五一节的活动。青年团员在傅家自然村集合农民发表演讲，国民党分部成员在运河边向过往船只散发传单，小学生们则负旗游行，唱劳动歌。

12 月，社会主义青年团萧山衙前支部通过上海《民国日报》，向全国农民发出拥护孙中山召开国民会议的主张。

是年，沈定一发起成立衙前村信用合作社，每户农户交 1 元作股金入股，推举金如涛、李张保（李成虎之子）、卫炳荣 3 人组成委员会，金如涛为主任委员。这是浙江省第一个农村信用合作社，也是全国第一个农村信用合作社。于民国 24 年（1935）停办。

民国 14 年（1925）

1 月，沈定一以正式代表身份参加在上海召开的中国共产党第四次全国代表大会。

5 月，在中国国民党一届三中全会上，沈定一附和戴季陶的"纯正的三民主义"，反对国共合作。

7 月 5—7 日，沈定一在衙前家中召开国民党浙江临时省党部执行委员会全体会议，史称"衙前会议"，国民党中央执行委员戴季陶出席指导。

是年，沈定一等目睹钱江坍淤无常，灾情惨重，电请浙江省政府当局救济。省拨款 6 万元，兴筑北塘护塘工程。省款不敷，由熟地业主负担治江公债，每亩 1 元 4 角，始得建成。

民国 15 年（1926）

3 月 1 日，萧绍公路全线建成通车，是凤凰地区首次通汽车。

12月，军阀孙传芳所属陆军第一师师长陈仪，率部由宁波开赴前线作战，经萧山时宣布倒戈，改编为国民革命军第十九军，陈仪任军长，设司令部于凤凰地区境内。翌年1月，被孙传芳击败，十九军撤离萧山。

民国16年（1927）

3月，衙前妇女协会在凤凰地区境内的东岳庙成立，提出"妇女解放万岁"等口号。会长王华芬。

3月，沈定一再次在家乡发起组织衙前农民协会，会员多达2800人。沈定一任会长，副会长金如涛、卫丙贤。农民协会没收东岳庙庙产为经费，改庙堂为中山堂作会址。在衙前农民协会带动下，东乡先后成立20个农民协会，发展会员3万余人，开展二五减租斗争。

民国17年（1928）

2月6日，沈定一在自家的衙前农村小学校成立衙前村试办自治筹备会。

3月，沈定一呈请浙江省政府及钱塘江工程局救济，用乱石建挑水坝，计费35万元，省拨三分之一，地方筹三分之二。翌年6月动工，采赭山长山之石填入江中，有两条获得成功。

6月8日，沈定一发起成立萧山东乡自治会，其区域范围：东南至绍县，北至钱江中流，西至本县附廓之东阳桥大路，西南至大通桥与南乡为界。下辖衙前、钱清、瓜沥、长巷、仁化、坎山、南阳、西仓、靖江、头蓬、赭山、义盛、新湾、党湾、蜀山15个村自治会。自治会驻地在凤凰地区境内。

8月28日，沈定一在衙前车站被刺身亡。葬凤凰山，张静江书写碑文"沈定一先生之墓"。在沈定一被难处建纪念碑，戴季陶书写"沈定一先生被难处"字样。

是年，沈遇刺后，东乡自治会派蒋剑农、陆元屿、王华芬向浙江省政府民政厅请求续办。厅长朱家骅批准试办一年，由县拨补助经费。

民国19年（1930）

2月4日，凌晨2时，王步（航坞）山附近发生地震，延续三四分钟，尤以坎山一带为最，波及衙前凤凰地区。

8月25日，风雨成灾，多地受难，群情惶恐。

民国20年（1931）

是年，衙前农村小学更名为定一小学。

民国24年（1935）

是年，衙前至瓜沥、头蓬县道建成，途经凤凰地区，通客、货、人力车。

民国26年（1937）

7月，抗日战争爆发。萧山县政府征集民工，在各地修筑防御工事。时至今日，凤凰山上掩体遗痕依稀可见。

民国27年（1938）

3月30—31日，日本侵略军飞机分批轰炸坎山、瓜沥等处，殃及凤凰地区。自省会杭州上年底沦陷后，一江之隔的萧山成为抗日最前线，迭遭日军飞机空袭，私立定一小学停办。

民国29年（1940）

1月22日，日军冒大雪偷渡钱塘江，入侵萧山，占领县城，翌日中国驻军全线溃退。日军东犯衙前、坎山，使用毒气弹。

1月24日，中国军队全面反击，两翼推进，右翼守钱清、螺山一带，对峙衙前。28日，激战甚烈，日军使用大量毒气弹。

2月17日（正月初十），日军用装甲车等重武器，向坚守在航坞山、洛思山的中国军队猛攻，国民党军队某部第八支队几乎全部阵亡。日军占领衙前后，烧杀抢掠，百姓死伤70余人。凤凰山麓之白鹤寺及东乡图书馆遭日寇焚毁，卫家村被毁民房300余间。后中国军队组织大部队反击，航坞山、坎山、衙前一带日军全部撤回萧山县城。

民国30年（1941）

4月，日军在萧山集结10余万兵力，发起宁绍战役。6日，日军先头部队侵占衙前、钱清一带，向绍兴进犯。衙前、钱清、坎山、绍兴相继沦陷。

是年，大旱，官河多处断流见底。

民国34年（1945）

8月15日，日本宣布无条件投降。国民党萧山县政府回驻县城，衙前的敌伪统治机构随之撤销。

民国35年（1946）

9月，定一小学复课。

民国36年（1947）

2月，成立渔庄乡合作社，开展存、放、汇款业务。业务区域为衙前地区，含凤凰地区。理事会主席王华芬，监事会主席王金生。

3月，全县乡镇编并，划为12个镇24个乡，衙前乡与云英乡合并为渔庄乡，乡公所仍驻凤凰地区境内，乡下辖23保，凤凰地区分别属第十四、第十七、第二十保。

民国37年（1948）

6月，撤渔庄乡，建定一乡，王华芬为乡长。翌年2月核准辞职。

民国38年（1949）

5月5日，萧山解放，建立人民政权。5月底，中共萧山县委成立，废除保甲制，全县设8区、12镇、24乡。凤凰地区属坎山区定一乡。

中华人民共和国（1949.10—2017.12）

1949年

11月30日，衙前正式建立乡、村人民政权，成立基层农民协会、农会小组。

1950年

6月，撤销定一乡，分设凤凰乡、交通乡，凤凰地区分属坎山区凤凰乡第十村（今凤凰村凤凰片、卫家片）、交通乡第七村（今凤凰村交通片）。

12月，开展土地改革运动，分宣传教育、划分阶级、整顿组织、没收分配地主土地财产等几个阶段。至翌年5月，衙前地区土地改革基本结束。交通乡划定地主12户，半地主式富农2户，富农28户。凤凰乡划定地主18户，半地主式富农12户，富农13户。

1951年

6月，坎山区交通乡、凤凰乡整籍（户籍）工作开始，9月结束。

10月，坎山区供销社在官河北街莫家平房内建衙前供销站。

11月，沈定一与王华芬之长子沈文信在苏南军区文工团立三等功。

是年，掀起参加中国人民志愿军热潮。凤凰地区青年沈文成（沈定一与王华芬之幼子）报名参加抗美援朝，1954年因负伤复员回到家乡，后到宁夏支边。

1952年

3月，各乡召开会议，开展爱国增产竞赛活动，修订爱国公约，计划实施到户。

12月1日，萧山县第二届二次各界人民代表会议决议：拆除沈定一被难处纪念碑。

1953年

国家实行粮食统购统销政策。1985年，取消粮食统购统销，实行合同定购。

1954年

1月初，萧山县委副书记杨玉坤、坎山区委胡祖浩率农业合作化工作组进驻交通乡傅家自然村。至2月，以傅金浩、傅岳先为领导的胜利初级社成立，揭开衙前合作化运动的序幕。

4月，各乡召开互助合作代表会议，农业互助组激增。凤凰乡互助组达54个。

5月上旬，连续3次大雨，造成内涝。下旬，连降大雨。凤凰地区水稻秧田、春花田、棉花、络麻受损严重。

7月8日下午，交通乡第七村（今凤凰村交通片）发生火灾，烧毁3家住房2间，起火原因为一唐姓人家做灯引发。

1955年

12月，衙前境内初级农业生产合作社已达81个，其中交通乡25个，凤凰乡19个。傅家自然村为胜利初级农业生产合作社，西曹自然村为胜健初级农业生产合作社。时，村、社并存。

1956年

7月，乡人民政府改称为乡人民委员会。凤凰乡、交通乡合并为交通乡，凤凰地区分别属交一（今凤凰村交通片）高级社、交三（今凤凰村凤凰片、卫家片）高级社。

8月1日，12号台风过境，村庄地淹房坍，树倒人伤，东岳庙一侧数十吨重石牌坊轰然倒塌，村庄损失惨重。

8月，衙前中学在凤凰山南麓建成开学。初定名为萧山第三初级中学。1994年更名为浙江省萧山市第三高级中学。

1957年

中国新民主主义青年团改称为中国共产主义青年团，民主妇女联合会改名为妇女联合会。

1958年

1—2月，全村开展以"除四害、讲卫生"为中心的爱国卫生运动。

9月，全县撤销区、乡，设17个大人民公社，实现工、农、商、学、兵五位一体，政社合一。凤凰地区属坎山人民公社交通管理区交通生产大队。

1959年

6月，交通管理区进行土地普查，清丈全部耕地面积。

6月，衙前第一批支援宁夏人员离境，支援内地建设。1960年凤凰地区青年潘小春、1962年沈中良（沈定一的孙子）赴宁夏支援内地建设。

1960 年

4 月 13 日，浙江省委检查团、萧山坎山检查小组对交通生产大队进行重点检查，树立标兵，推广先进，保证"双超"（超面积、超产量）运动深入持久开展。

11 月 5—6 日，传达《中共中央关于农村人民公社当前政策问题的紧急指标信》（简称十二条），落实县委提出的八点措施，交通乡管理区开始清算"一平二调"等工作。

1961 年

1 月，为解决粮食困难，凤凰地区村民上山采集榆树根与皮、葛根、蕉藕等食用，许多人营养不良，患浮肿病。

7 月，调整公社规模，撤销管理区，恢复区建制，全县设 6 区、3 镇、59 个人民公社。衙前人民公社从坎山人民公社析出，凤凰地区境内设凤凰生产大队、交通生产大队、卫家生产大队，分别下辖 7 个生产队、4 个生产队、4 个生产队，均隶属蜀山区衙前人民公社。1964 年 5 月，撤销蜀山区，衙前人民公社归县直属。

12 月 8 日，逐步实行以生产小队为基本核算单位和按劳分配加照顾政策。

1962 年

12 月 15 日，衙前人民公社五类分子统计表显示，凤凰生产大队有地主 2 名、富农 5 名、伪职 1 名，交通生产大队有地主 1 名、富农 2 名、反革命 2 名、伪职 2 名，卫家生产大队有富农 2 名、伪职 1 名。

1963 年

9 月，12 号、13 号台风相继袭击萧山，河水倒灌，村庄损失严重。

是年，凤凰生产大队下辖 6 个生产队，队队通电。交通生产大队下辖 4 个生产队，有 2 个生产队通电。卫家生产大队下辖 4 个生产队尚未通电。

1964 年

2 月，连续降雪 9 天，冰雪封道，公路交通中断，耕牛被冻死。

是年，凤凰生产大队创办凤凰石料厂，为中华人民共和国成立后首家凤凰企业。

是年，凤凰生产大队、交通生产大队、卫家生产大队共辖 14 个生产队，队队通电。

1965 年

3 月 1 日，社教（四清）工作队进驻衙前人民公社，各生产大队"四清"运动开始。7 月结束。

8 月 30 日，萧山县社教工作团办公室编《萧山社教简报 70》刊登《衙前公社凤凰大队落实四大民主》一文，称凤凰大队在社教运动过程中，落实了政治民主、生产民主、财务民主、军事民主。

1966 年

凤凰、交通、卫家 3 个生产大队的总收入分别为 88114 元、80611 元、57270 元，农民人均收入分别为 82 元、94 元、109 元。

1968 年

3 月，衙前人民公社革命委员会成立，凤凰、交通、卫家 3 个生产大队管理委员会均改称为生产大队革命领导小组。1978 年 10 月，废除大队革命领导小组，恢复大队管理委员会。

1969 年

10月，李成虎烈士墓在农业学大寨开山造地中被毁。

11月30日，凤凰、交通、卫家3个生产大队组织社员参加由萧山县革命委员会组织的69丘五万二千亩围垦。以后，3个生产大队共分得围垦土地142亩，其中凤凰76亩，交通50亩，卫家16亩。

是年，凤凰生产大队落实上海籍投亲靠友知识青年4人。

1970 年

6月，衙前街道居民青年开始下放插队落户。到1972年，共插队24名，其中凤凰生产大队插队落户6人（女2人）。

11月底，组织社员2次参加军民联合围海涂10万亩，至翌年1月，适逢风雪，艰苦异常。

是年，凤凰生产大队创办粮食加工厂。

1971 年

是年，提出实现"晚"（晚婚年龄男25岁、女23岁）、"稀"（两个孩子间隔4—6岁半）、"少"（每对夫妇不超过两个孩子）目标。

是年，凤凰生产大队建立山林队，专业人员8人。翌年，增加到13人。

1973 年

5月，萧山县知识青年上山下乡领导小组成立，各公社也相继成立知识青年上山下乡领导小组，各生产大队成立知识青年管理小组，掀起城镇知识青年上山下乡又一个高潮。至1977年，凤凰、交通、卫家3个生产大队共接收知识青年101人，其中女45人。

1974 年

2月16日，萧山城南区委在城厢镇人民广场召开批林批孔誓师大会，凤凰、交通、卫家3个生产大队每户派1人参加。

是年，凤凰生产大队创办衙前街道综合厂，1978年更名为萧山电器五金二厂。

1975 年

4月，衙前人民公社建立电影放映队，由凤凰村村民沃引泉负责，在全社范围内轮流放映电影。

1976 年

9月9日，毛泽东主席在北京逝世。衙前人民公社设灵堂吊唁，全体党员、生产大队长、生产队长等一律佩戴黑纱，排队进场沉痛悼念。

10月，江青反革命集团（"四人帮"）被粉碎，干部群众参加公社党委组织的集会游行，声讨"四人帮"反革命罪行。

1977 年

1月1—5日，连降大雪，积雪深度达20厘米，气温降至零下15℃。经济作物严重受损，家庭停电。

4月14日，萧山东片地区遭特大暴风袭击，风力在12级上下，由西向东，来势迅猛，夹有冰雹、雷暴，冰雹大的如鸡蛋。凤凰地区房屋受损，庄稼被毁，人畜受伤，灾情严重。

1978 年

5月，拆除凤凰山南麓的瑞初庵，划地基给衙前中学建造教学用房。

12月，衙前人民公社在凤凰地区建文化中心（站）。

1979 年

12 月，县委、县政府在城厢镇召开农村促富大会，各生产大队贯彻会议精神，发展社队企业。

是年，贯彻执行中共中央《关于地主富农分子摘帽问题和地富子女成份问题的决定》，在凤凰地区境内的沈剑云（沈定一之子）、沈七一（沈仲清之子）等摘去"四类分子"的帽子，子女改变成分。

1980 年

9 月，各生产大队开始实行联产承包制。

9 月，提倡一对夫妇只生一个孩子。

1981 年

是年，《浙江学刊》第 3 期发表杨福茂、王作仁《沈玄庐思想初探》一文。

1982 年

11 月，凤凰、交通、卫家 3 个生产大队分别与社员订立农业生产责任承包合同，实行包干到户，有效期 3 年。

1983 年

4 月，在全省党史资料征集工作会议上，确定"1921 年衙前农民运动"为萧山 1983 年党史征集专题内容之一。

4 月，衙前农民协会旧址东岳庙等被列为萧山县文物保护单位。

7 月，重建万安桥为公路桥。

9 月 27 日，萧山县人民政府下发《关于重建李成虎烈士陵墓问题的批复》（萧政发（83）77 号）。12 月 28 日，李成虎烈士墓奠基仪式在凤凰山举行。1984 年建成。同年 10 月 24 日，在凤凰山李成虎烈士墓前举行遗骨安葬仪式，省市党史资料征集研究委员会及萧山县委、县政府、县政协有关领导参加，同时参加仪式的还有衙前人民公社干部、学校师生代表等 300 多人。

1984 年

1 月 17—21 日，连降大雪，房屋倒塌，高压线断路，电线杆、广播线杆折断，汽车停驶。

4 月，改变政社合一体制，衙前人民公社改名为衙前乡，凤凰、交通、卫家 3 个生产大队分别改名为衙前乡凤凰村、交通村、卫家村，下设村民小组。

7 月，衙前乡政府决定，在萧绍、萧党公路东侧、乡政府所在地西侧的凤凰村土地上建设"衙前集镇"，新街道长 180 米，宽 40 米，面积为 7200 平方米。

7 月，经浙江省交通厅工程管理局批准，在萧山公路杭温线 36 千米处建造衙前柏油路保养大班房（道班房），征用卫家村土地 2.9 亩。

7 月，浙江省杭甬微波工程办公室在凤凰山南坡建微波通信中继站，征用凤凰村土地 8.289 亩。

9 月，经中国人民银行总行派员实地考察，认为民国 13 年（1924）创建的衙前村信用合作社为全国第一个革命金融机构。

10 月，经萧山县计委和县供销社批准，在衙前新建之街镇区内，新建商业网点 460 平方米，征地 3.6 亩。

11 月 1 日，村民委员会正式启用新印鉴，原有生产大队管理委员会印章作废。

是年，向农民发放《承包土地使用证》。

是年，凤凰村村务工作者胡和法被评为杭州市乡镇企业优秀供销员、萧山县办厂能人。

1985 年

4月30日，衙前改为建制镇，凤凰地区3个村相应为衙前镇凤凰村、衙前镇交通村、衙前镇卫家村。

5月13日，中国地方志协会副会长董一博一行参观衙前农民协会旧址和李成虎烈士墓。

6月，凤凰村与萧山商业局石油公司联合投资创办的全省第一家联营加油站——萧山市衙前加油站开业。

6月，卫家村的卫张泉、蔡观荣等村民开始安装住宅电话。

12月10—11日，连降大雪，省道、国道交通一度中断。

是年，凤凰村被评为萧山市文明村。

1986 年

4月10—11日，暴雨、冰雹，农田受淹，春花歉收。

6月，开始发放居民身份证。

8月，凤凰村开始实行奖学金制度，沈永军等首批考入重点高中的学生受到奖励。至2016年，凤凰村连续31年奖励优秀学子。

11月，衙前镇政府将天瑞庵、凤凰桥、沈家桥、毕公桥、陈晋生墓、沈定一墓、沈定一纪念塔、塘头庙定为镇级文物点。这些文物点大多在凤凰村境内。

11月底，萧山县委、县政府组织城南、城北、瓜沥、义蓬4个区43个乡镇海涂围垦5.2万亩。凤凰地区3村组织民工参加首期工程。翌年1月，组织民工参加第二期工程。此后分得围垦土地340亩，其中凤凰村192亩，交通村72亩，卫家村76亩。

是年，凤凰村胡岳法被评为萧山县中共优秀党员。

1987 年

4月5日，萧山县委、县人大、县政府、县政协领导到凤凰山祭扫李成虎烈士墓。

9月10—12日，受北方冷空气侵袭和12号台风环流影响，凤凰地区普降大雨，运河水位迅速上涨，农田受淹。

10月，浙江省委党史资料征集研究委员会、萧山县委党史资料征集研究委员会编纂的《衙前农民运动》一书由中共党史资料出版社出版。1988年9月28日，在衙前镇举行赠送《衙前农民运动》一书仪式，并向李成虎烈士墓敬献花圈。1990年，《衙前农民运动》一书获浙江省党史科研优秀成果一等奖。

是年，凤凰村曹水根被评为萧山县优秀党员，胡和法被评为萧山县工业先进生产工作者。

1988 年

1月1日，萧山撤县设市，为县级市，村隶属关系不变。

1月28日，李成虎烈士墓被省民政厅列为浙江省第一批重点烈士纪念建筑物保护单位。

8月8日，7号台风于凌晨2时30分袭击凤凰地区，最大风力11级，暴雨成灾。

1989 年

7月，萧山市人民政府划定市级文保单位衙前农民运动协会旧址的保护范围，宣布此范围为建设控制地带。

12月12日，省政府公布衙前农民协会旧址为第三批浙江省文物保护单位。

是年，凤凰村党支部被评为杭州市先进党组织，村党支部委员、村主任胡岳法被选为萧山市第十届人民代表大会代表、杭州市第五届党代会代表。

是年，凤凰村胡岳法、卫家村卫月兴被评为萧山市优秀党员。凤凰村务工作者胡和法被评为萧山市工业战线先进工作者。卫家村村务工作者卫志浩被评为萧山市农业战线先进工作者。

1990 年

4 月，衙前镇开展土地使用权确权发证工作，至 8 月底结束。

8 月 31 日，15 号台风袭击凤凰地区，最大风力超过 12 级，特大暴雨，经济损失惨重。

是年，萧山市文物管理委员会对东岳庙北台门重新修葺，内设李成虎革命史陈列馆。

1991 年

3 月 14 日，萧山市城南区的市人大代表视察官河沿岸砌石护岸情况。

9 月 23—27 日，"纪念衙前农民运动 70 周年学术研讨会"在萧山举行，来自浙江、湖北、湖南等省市的 40 余名专家、学者参加会议。

是年，各村建立经济合作社组织，凤凰村、交通村、卫家村的社长分别是曹水根、潘生根、卫小根。

1992 年

4 月，凤凰村与萧山商业局石油公司联营开设的第二家萧山市凤凰加油站开业，地点在翔凤路西。

12 月，经萧山市编制办公室批准，撤销衙前交通管理站，建立萧山公安局交通警察大队衙前中队，地址在凤凰村境内。

是年，凤凰村被评为 1992 年度萧山市标兵村，至 2000 年，持续 9 年保持这一荣誉。

1993 年

1 月，放开售粮价格，停用粮票。

6 月，镇办企业杭州恒逸印染公司在交通村 104 国道南侧建成投产。翌年 10 月，恒逸集团正式建成，成为《中华人民共和国公司法》颁布后浙江省首批省级企业集团。

是年，萧山城乡建设综合开发总公司与浙江省乡镇经济联合发展中心联合开发的凤凰山东北麓凤凰山庄别墅群动工兴建。

是年，凤凰村购买 1 台 15000 元的电脑，用于办公。

1994 年

1 月，凤凰地区开通程控电话。6 月，萧山与杭州电话网联网后，凤凰地区电话号码升至 7 位数。10 月，实行全程全网大程控，交通村、凤凰村、卫家村电话通信全面实现自动化、程控化、数字化。

8 月 1 日，萧山市供销贸易中心在凤凰地区设立的衙前商场（连锁商场）开业，首开全市连锁商场之先河。

9 月，萧山市委党史研究室编纂的《沈玄庐其人》一书由成都科技大学出版社出版。

12 月，萧山市自来水"西水东调"工程完成，凤凰地区村民开始用上清洁卫生的自来水。

是年，中国银行衙前分理处、中国农业银行衙前分理处在凤凰地区相继设立，并开通全国电子联行系统，中国农业银行率先在境内使用自动柜员机（ATM）。

是年，凤凰村、交通村、卫家村被评为 1994 年度萧山市标兵村。凤凰村、交通村被评为 1994

年度萧山市 50 强村。

1995 年

4 月 11 日，衙前农民运动协会旧址、李成虎墓被萧山市委办公室、市政府办公室确定为萧山市首批爱国主义教育基地。

5 月，衙前镇确定首批村教育点名单，凤凰村、卫家村入列，迎接本月 22—26 日浙江省人民政府"双基"（基本普及九年制义务教育，基本扫除青壮年文盲）验收组验收。

7 月，美国斯坦福大学教授萧邦奇撰写的《血路——革命中国中的沈定一（玄庐）传奇》一书由美国加州大学出版社出版，当年获得美国列文森图书奖中的优秀史学著作奖。中文译本由周武彪翻译，2010 年 9 月由江苏人民出版社出版。

11 月，恒逸集团被农业部批准为国家级乡镇企业集团。

是年，凤凰村、交通村、卫家村村民开始改用第一代数字移动手机。1997 年开始使用第二代数字移动手机，1999 年开始使用小灵通，2008—2013 年先后使用第三代、第四代移动手机。

1996 年

5 月 10 日，凤凰地区境内的东岳庙被萧山市政府办公室确定为萧山市保留寺庙。

8 月，实施第二轮家庭联产承包责任制。1999 年 8 月，完善家庭联产承包责任制，至 9 月 3 日颁发土地承包权证结束。

10 月 18 日，浙江省政协秘书长李青率队来衙前，考察衙前农民运动情况。

12 月，经萧山市政府批准，萧山市轻纺坯布市场组建，并在凤凰村境内动工。凤凰村投资 1400 万元，与衙前农贸市场联建，于翌年 10 月开业经营。于 2010 年 8 月被萧山区政府商务局评选为十大品质市场。

是年，实行"两田制"，不分组与组之界限，取消专业会计，由村总会计负责。

1997 年

1 月，组建杭州萧山凤谊纺织有限公司。2002 年更名为杭州凤谊纺织有限公司，注册资本 1000 万元。

5 月，凤凰村、交通村、卫家村成立殡葬改革领导小组，以村主任为组长。

9 月，为解决自来水压力不足的矛盾，自坎山镇八大村至凤凰加油站铺设 600 毫米供水管。

10 月 18—19 日，萧山市政协文史研究室、萧山市委党史研究室、衙前镇党委联合举办浙江早期革命者与衙前农民运动学术研讨会。

11 月，凤凰现代农业示范园区开始建设。至翌年 5 月基本完成园区硬件建设。

是年，位于凤凰山南麓的衙前农民运动纪念馆动工兴建，翌年初落成。该馆占地面积 1000 平方米，建筑面积 250 平方米。

是年，凤凰村胡岳法被评为杭州市"小康示范村"先进党支部书记、萧山市劳动模范。方正被评为萧山市优秀党员。

1998 年

4 月 5 日，萧山北干山烈士陵园竣工，纪念农运先驱李成虎等一大批革命烈士。

5 月 12 日，衙前镇政府与萧山市文物管理委员会在衙前农运纪念馆内召开关于委托浙江省博物馆设计《衙前农民运动纪念馆布展方案》的研讨会。

8 月 11 日，衙前镇政府专题讨论开发凤凰山公园事宜。

8月31日,衙前镇党委、镇政府召开村务公开工作座谈会,各村书记、会计、联村干部参加会议。其后,村务公开全面铺开。

1999年

3月15日,衙前镇政府制定《衙前镇"三沿五区"内迁坟平坟工作实施方案》,规定凤凰山及镇范围、镇境内104国道两侧的所有坟墓必须在4月10日前迁移完毕。

6月9日,设在交通村内、占地300亩的萧山纺织工业园区通过浙江省计划委员会立项。

6月24日,《衙前农民运动纪念馆布展方案》由省博物馆设计完成,29日经专家审定通过。

是日,衙前镇举办基层干部现代化教育培训班,各村党支部、村委会、村经济合作社组成人员参加培训,为期2天。

7月1日晚,萧山电视台播放反映衙前农运的地方党史系列片《农运先声》。

9月25日,衙前农民运动纪念馆正式开馆,薄一波题写馆名,中国革命博物馆馆长夏燕、中央党史研究室副主任陈威、杭州市委组织部部长王建满、萧山市市长林振国等领导出席开馆仪式。

10月1日上午8时,在衙前镇文化中心广场举行升国旗仪式,衙前镇机关干部、各村三委班子、企事业单位领导及学校师生参加。

2000年

12月,投资105万元的凤凰山盘山公路建成。该公路宽5米,总长1.23千米。

是年,村内26户个体、私营企业、农户自发结合,组建凤凰纺织股份公司。

是年,凤凰村被评为杭州市文明村,开全镇之先河。沃关良被评为萧山市2000年度十佳敬老服务先进个人。

2001年

1月,凤凰山森林公园被萧山市农业局批准为萧山市级森林公园。

2月2日,国务院批复同意撤销县级萧山市,设立杭州市萧山区。3月25日起,称杭州市萧山区。村隶属关系不变。

4月4日,萧山区四套领导班子和群众近200人在凤凰山李成虎烈士陵园隆重举行悼念革命先烈活动。

8月1日,衙前镇人民政府编辑的《农运先声——纪念衙前农民运动八十周年诗词集》一书由大连出版社出版发行。

9月24日,衙前农民协会、衙前农村小学、李成虎故居修复,对外开放。薄一波为衙前农村小学校题名。

9月25日,举行衙前农民运动纪念馆开馆仪式。

9月27日,纪念衙前农民运动80周年大会隆重举行,中央、省、市领导和省内外专家梁平波、李传华、邵维正、顾树森、杨晓彤等参加会议。

11月2日,浙江省省长柴松岳、副省长叶荣宝考察恒逸集团。

11月12日,交通村直接民主选举产生第五届村民委员会组成人员。

是年,因萧山区内公路扩建需要,重建成虎桥。

2002年

6月3日,中共恒逸集团委员会成立。

6月7日，中央书记处书记、中组部部长曾庆红考察恒逸集团。

9月，凤凰村成立便民服务室。

11月，衙前镇会计结算中心成立，实行"村级零招待"，全面推行村会计代理制度和财务电算化工作。

12月12日，凤凰村通过萧山区级卫生村验收。

是年，凤凰村全面推进社保覆盖，多名职工参加社会基本养老保险，农村合作医疗覆盖率在98%以上。

2003年

4月下旬，各村全力做好"非典"防治工作，确保人民群众身体健康和生命安全。

7月25日，最高气温达到42.2℃，刷新萧山50年来的日最高气温纪录。

10月1日，萧山区新型农村合作医疗制度正式实施。

10月15日，萧山区"非典"预防和控制预案全面实施。

2004年

4月2日，萧山区委、区政府下达《关于统筹城乡发展促进农民增收的若干意见》。

7月13日，杭州市园林文物局公布凤凰山农协墓葬群（沈定一墓旧址、沈仲清墓、陆元屿墓）、古毕公桥、衙前老街、北海塘为杭州市文物保护点。

10月26日，衙前农民运动纪念馆被浙江省委、省政府命名为"浙江省爱国主义教育基地"。该基地包括衙前农村小学校旧址、衙前农民协会旧址、李成虎烈士墓、成虎故居4处衙前农民运动遗址。

2005年

1月，凤凰村被浙江省委、省政府评为"文明村"。

2月16日，萧山区委、区政府向工业销售收入超50亿元的恒逸集团赠匾祝贺。

6月，交通、凤凰、卫家三村合并，统称为凤凰村。

9月11日，凤凰村遭15号台风"卡努"袭击，晚稻受淹严重。

9月，凤凰村被浙江省村务公开和民主管理工作领导小组评为"浙江省村务公开民主管理示范村"。衙前农民运动系列文物遗址被共青团浙江省委、浙江省旅游局列为浙江省青少年红色之旅经典景区。

2006年

1月，凤凰村特困救助基金和特困救助协会成立。全村100多名党员干部和企业共捐款24万元。

1月，凤凰村被浙江省委、省政府评为"全面小康建设示范村"。

3月14日，《萧山日报》"2006萧山百村行"活动拉开序幕，首批记者进入凤凰村采访。

3月20日，杭州市委常委、萧山区委书记王金财，萧山区委常委、组织部部长陈晨，率领区级有关部门负责人调研新农村建设工作，下午在凤凰村召开座谈会。

4月18日，凤凰村授予浙江宏峰纺织有限公司董事长兼总经理李泽洪"凤凰村荣誉村民"并赠牌匾。

5月1日，萧山农民免费健康体检开始。

6月1日，萧山70周岁以上农村老人每月可领取60元生活补助金，开杭州地区之先河。

6月15日，衙前镇邀请区旅游、建设、文化、土管、农办、党史等有关部门的领导和专家10余人，就凤凰山公园开发规划进行研究和商讨。

6月，衙前农民运动纪念馆被省委组织部命名为浙江省党员教育培训基地。

8月2日，杭州各县市区农办主任考察凤凰村新农村建设情况。

10月，凤凰村被全国老龄工作委员会办公室授予"全国敬老模范村居"荣誉称号。

2007年

1月7日，萧山区政府首次组织企业退休人员免费体检，凤凰村数名企业退休人员参加体检。

1月18日，凤凰村党委书记胡岳法应邀参加全省社会主义新农村建设主题教育村级领头雁网上宣讲节目录制活动。胡岳法宣讲的题目是《敢为人先 创业不息》。

2月，恒逸公司承担的"年产20万吨聚酯四釜流程工艺和装备研发暨国产化聚酯装置系列化"项目，获得2006年度国家科学技术进步二等奖，为萧山区民营企业获得的最高科技奖项。

4月，恒逸"南岸明珠杯·十大歌手"大奖赛在衙前镇文化中心隆重举行，自此拉开了历时2个月的恒逸集团首届企业文化节序幕。

7月22日，傍晚，强雷暴导致衙前境内的多处电力设施出现跳闸、短路等故障，凤凰村境内多户电表跳闸或被烧坏。

8月2日，气温达40℃，连续高温17天，仅次于1980年7月连续高温20天的纪录，平了1960年7月的纪录。

是年，凤凰村被评选为萧山区"品质萧山·十大和美之地"，12月29日举行颁奖典礼。组织此次评选活动的单位是萧山区委宣传部、萧山广播电视台、萧山日报社。

2008年

1月29日，连降大雪，当日雪量为30年所罕见。凤凰村党委、村委会召开紧急会议，安排清除积雪恢复生产工作。

2月2日，积雪达27厘米，成为萧山自1954年有气象记录以来最大的一场雪，农作物大面积受灾，干部分片到自然村，组织村民抗灾自救。

7月，萧山区重点综合整治官河（一期）工程开工，实行清淤、截污纳管、护岸、绿化景观建设等。

7月，萧山与杭州主城区实现公交一体化，村村通公交，村境内增设至3个站点。

8月30日，位于凤凰村境之恒逸仁和实验学校（民工子弟学校）启用。

9月25日，衙前镇第三届全民运动会比赛项目之一的登山比赛举行。来自各村、社区和企事业单位的103名健儿攀登航坞山。凤凰村选手包揽村组团体总分第一名，男子、女子个人冠军。

10月6日，为期3天的凤凰村庆祝浙江省第21个老人节专场越剧演出在文化礼堂举行，村民们在家门口欣赏了6场喜闻乐见的越剧演出。

是年，完成凤凰山亮灯工程。

是年，凤凰村被评为浙江省民主法治村。

是年，凤凰村股份经济合作社投资建设的凤凰工业园被浙江省中小企业局、浙江省乡镇企业局定为"浙江省中小企业创业基地"。

2009年

3月，凤凰村被浙江省纪律检查委员会、浙江省农村基层党风廉政建设领导小组命名为"农村基层党风廉政建设示范村"。

4月8日，萧山区内楼塔镇党委书记、镇长率各村支书、主任一行30余人到凤凰村参观学习。

4月，衙前的衙前农民运动纪念馆、恒逸集团、东南网架和凤凰村4家单位被萧山区委外宣办命名为"萧山对外形象基地"。

5月初，浙江金洋纺织首届职工文化节举行，为期近两个月，有技术比武、体育竞赛2大类10多个项目的比赛，该公司200多人次报名参加。

5月，凤凰村党委入选杭州市首批基层党建工作"100示范群"。

6月11日，浙江省副省长茅临生、杭州市副市长何关新一行考察凤凰村工业园和凤凰村新农村建设工作。

7月30日，在"杭州市农村基层组织建设暨联百乡结千村帮万户"工作会议上，凤凰村党委书记胡岳法代表全市农村基层组织作经验交流发言。

10月，凤凰村党委书记胡岳法的事迹被载入浙江省委深入学习实践科学发展观活动领导小组办公室编写的《科学发展路上的领头人》一书。

11月27日，凤凰村农贸市场升级改造工程通过萧山区贸易局、工商萧山分局、萧山区财政局验收。

12月2日，浙江省委常委、组织部部长斯鑫良莅凤凰村考察工作。

12月28日，萧山区衙前学前教育集团成立，下辖衙前中心幼儿园和凤凰幼儿园。

2010年

4月22日，萧山区首个以外来民工为主体的创业新村社区挂牌成立。

9月21日，浙江省委常委、省纪委书记任泽民一行莅萧山区调研创先争优活动，实地考察衙前镇凤凰村，并召开座谈会听取村党委书记胡岳法的相关情况汇报。

10月27日，浙江省政协主席周国富实地察看凤凰村新农村建设成果。

11月，凤凰村与浙江省总工会人事国际支部结成党工共建创先争优对子。

12月7日，浙江省委常委、杭州市委书记黄坤明莅浙江恒逸集团有限公司调研。

是年，凤凰村党委书记胡岳法获2010年度浙江新农村建设带头人"金牛奖"，被浙江省委授予"2006—2010年度浙江省法制宣传教育先进个人"荣誉称号。

2011年

3月8日，浙江省委副秘书长、省委办公厅主任潘家玮考察凤凰创业新村社区和恒逸集团。

4月21日，中共中央书记处书记、中纪委副书记何勇一行视察凤凰村村务监督委员会工作。

4月27日，凤凰山东岳庙观音殿工地发现一东汉砖石墓，这是迄今为止萧山发现的规模最大的东汉砖石墓穴。

5月8日，由解放军报社社长孙晓青将军带队的"红色足迹万里行"采访团莅衙前实地采访衙前农民运动纪念馆等"红色文化"。

6月8日，北京市通州区信访局领导莅凤凰村参观学习凤凰村预防化解群众矛盾先进经验。

7月5日，浙江省委常委、副省长葛慧君参观萧山凤凰法制教育基地。

8月2日，萧山区首个以新萧山人为主体的创业新村计划生育协会成立。

8月，凤凰村村民邵江飞自费征集讴歌衙前风物风貌和以衙前农民运动为题材的"书、画、印"作品90幅，向衙前农民运动90周年献礼。

9月27日，红色衙前展览馆举行开馆仪式，杭州市委副书记王金财与中国中共党史学会常务副会长谷安林共同为展览馆揭牌。

是日，纪念衙前农民运动90周年学术研讨会在萧山举行，中国中共党史学会常务副会长谷安林，解放军后勤指挥学院教授邵维正少将，中国人民大学、复旦大学等知名院校的专家学者参加会议。

10月，凤凰村被浙江省生态文化协会命名为"浙江省生态文化基地"。

12月，凤凰村被中央精神文明建设指导委员会授予"全国文明村"称号。红色衙前展览馆被命名为浙江省廉政文化教育基地。

是年，凤凰村网站系统开始建立。翌年，万村联网门户网站和凤凰村政府网网站建成。

是年，恒逸集团入围"2011中国民营企业500强"，居第27位，为萧山区第一；入围"中国民营企业制造业500强"，居第16位，为萧山区第一。

2012年

2月24日，凤凰村党委书记胡岳法作为来自基层的先进模范代表，入选中共杭州市第十一次代表大会主席团。

5月3日，浙江省委组织部张建民处长一行莅凤凰村调研创先争优工作。

5月11日，新华社、《浙江日报》、浙江卫视、浙江在线等中央、省市10家媒体聚焦凤凰村，深入凤凰村、创业新村社区、凤凰工业园区等实地采访。

7月3日，浙江省委书记、省人大常委会主任赵洪祝考察调研恒逸集团。

7月，凤凰村党委被浙江省委授予"创先学优先进基层党组织"称号。

8月17日，海南省三亚市育才镇考察团一行莅凤凰村考察新农村建设工作。

9月13日，浙江省综治办副主任徐樟清一行莅创业新村社区调研。

10月26日，凤凰村组队参加镇"幸福衙前"第四届全民运动会暨第三届文化艺术节。

11月9日，凤凰村档案工作通过全国社会主义新农村建设档案工作示范点验收合格。

是年，凤凰村被浙江省委组织部评为浙江省双强（党建强、发展强）百佳行政村。

2013年

1月22日，新疆阿克苏喀拉塔勒镇党政代表团考察创业新村社区、凤凰工业园、红色衙前展览馆。

3月7日，富阳市委副书记、政法委书记华德法带队考察萧山流动人口服务管理和社会矛盾大调解体系建设工作，并考察创业新村社区。

3月19日，凤凰村举行美丽文明凤凰建设年活动动员会。

3月29日，杭州警备区政委顾玉龙一行莅衙前镇凤凰村考察军民共建情况。

4月23日，浙江省军区政治部副主任周嘉爱率检查组一行莅衙前镇凤凰村检查指导军民共建文化示范村建设工作。

6月21日，杭州市委常委、萧山区委书记俞东来莅凤凰村调研，并参观新落成的凤凰花园和即将运营的新盛游泳池。

7月8日，萧山副区长赵文虎参加凤凰村美丽乡村建设成果汇报暨新盛游泳池启用仪式。

9月23日，全市最美基层干部座谈会在杭州召开，凤凰村党委书记胡岳法作为最美典型五位代表之一发言。

9月29日，杭州市人大常委会组织部分常委会组成人员和市人大代表莅萧山视察美丽乡村建设情况，并视察创业新村社区。

10月19日，新中国衙前农村小学第一届高小毕业生（1950—1955年2个班级28名五五届高小毕业生）召开首次同学会，由项维清、项金夫、胡和法、唐法根等组织，共有17人参会。

10月20日，杭州电视台生活频道《我的美丽家园》栏目，以电视展播形式，呈现了衙前凤凰村的发展变化和村民的幸福生活。

11月21日，杭州市委常委、组织部部长张仲灿一行参观凤凰区域化党员服务中心、凤凰村新农居等。

2014年

1月6日，经萧山区文明办、区城乡一体办和区妇联联合考核评定，凤凰村被评为萧山区十佳"最清洁村庄"。

1月20日，凤凰村获由杭州市农业和农村工作办公室、杭州市精神文明建设委员会、杭州电视台等8个部门联合发起评选的"2013杭州市十大美丽家园"称号。

1月23日，村民（股东）代表大会确定：修改《村规民约》、建造凤凰文化广场与凤凰宾馆，其中《村规民约》修改或新增内容是：村民股本金短期改长期，增加学生奖学金，每年评选10户最美家庭，每年向老年村民拜年、发红包。

2月21日，杭州市政协主席、杭州市联系萧山群众路线教育实践活动领导叶明到凤凰村实地指导群众路线教育实践活动，杭州市委常委、萧山区委书记俞东来等陪同。

3月，萧山区纪委报送的《风范——萧山区衙前镇凤凰村党委书记胡岳法的勤廉故事》获杭州市评比一等奖。

4月，凤凰村被授予浙江省劳动模范集体荣誉称号。

5月28日，凤凰村股份经济联合社发放股金权证，将21377万元总授权股金确权至578户家庭，共2041名股东。这是萧山首次明确股东股金的终生持有权和继承权。

6月22日，联合国教科文组织第三十八届大会宣布，由隋唐大运河、京杭大运河和浙东运河组成的中国大运河项目成功入选世界文化遗产名录。浙东运河，又称萧绍运河、官河，在萧山境内绵延21.6千米，流经衙前镇凤凰村。

7月7日，浙江省委副书记王辉忠一行莅凤凰村新农居、创业新村社区考察新农村建设和区域化党建服务等情况，并召开座谈会，听取基层干部的意见建议。

7月24日，浙江省省长李强一行莅恒逸集团聚合物公司调研。

8月22日，萧山区委副书记许岳荣莅凤凰村调研，全程指导农业支部专题组织生活会。

8月27日，绍兴市钱清镇、杨汛桥镇、福全镇考察团莅凤凰村考察该村股份制改革情况。

9月2日,中国企业联合会、中国企业家联合会发布"2014中国企业500强"榜单,恒逸集团连续10年跻身中国企业500强,以年度工业销售收入780.6579亿元名列第167位。

9月3日,凤凰村召开村务人员爱岗敬业动员会议,全体村务人员及退休留用干部与会。

9月20日,国家环境保护部对萧山区国家级生态区建设工作进行技术评估,实地检查凤凰村农村生活污水纳管、农村综合环境情况。

9月28—30日,凤凰村老龄会为全村老人举办为期3天的越剧演出,庆祝浙江省第27个"老人节"。

9月30日,全国首个烈士纪念日,衙前镇举行烈士公祭活动暨向李成虎烈士纪念碑敬献花篮仪式。

10月11日(农历九月十八),举行凤凰山观音殿开光仪式。

10月14日,萧山召开全区农村生活污水治理推进工作现场会,各镇街党委(党工委)书记和分管副镇长以及各职能部门负责人实地考察凤凰村农村生活污水治理设施建设工程现场。

11月14日,凤凰村建立萧山首个外来流动党支部与计划生育协会——安徽阜阳市颍泉区驻杭州市萧山区流动人口计划生育服务联络站、中共颍泉区伍明镇驻萧山区流动支部委员会、中共颍泉区伍明镇驻萧山区流动人口计划生育协会。

2015年

1月14日,萧山区所前镇中层以上干部及村书记、主任60余人莅凤凰村考察新农村建设情况。

1月20日,凤凰村召开2014年度中小企业工作总结会议,共有60余家企业参加。

1月27日,凤凰村举行第二届"最美家庭"表彰暨老年村民迎新春团拜会,向村里440多名老年人分发红包,恭贺新年。

2月2日,中国共产党衙前镇第十一届代表大会第五次会议召开,凤凰村胡岳法、傅柏松、方正等党代表参加会议。

2月12日,杭州市人大常委会副主任、市总工会主席郑荣胜率队莅创业新村社区走访慰问外来务工人员。

4月3日,凤凰村组织全体党员结队前往李成虎烈士墓,敬献花圈,开展"不忘历史,重温誓词,争做先锋党员"活动。

4月3日,萧山区农村工作会议召开,胡岳法代表凤凰村在会上作典型发言。

5月22日,凤凰村干部胡岳法、方正、周建新一行莅临浦拜访已耄耋之年的谢承天、瞿静芳老师。谢老师夫妇54年前是胡岳法小学的班主任和任课老师。

5月24日,东阳市考察团一行莅衙前镇凤凰村考察新农村建设。

5月29日,陕西省西安市未央区谭家街道党委一行莅衙前凤凰蓝领驿站学习调研。

6月13日,凤凰村召开全体村民(股东)代表大会,提出建设社会名村和生活品质之村。

7月9日,凤凰生态文化园招商项目启动。

7月10日,经公众投票和专家评审,凤凰村沈定一故居内的罗汉松入选杭州最美古树名单。该树树龄90余年,是沈定一于民国12年(1923)赴苏联考察时带回来的树苗栽种的。

8月初,湖北省委组织部副部长蔚盛斌率考察组一行考察凤凰村基层党建及新农村建设情况。

8月5日，凤凰村召开全体村民（股东）代表大会，传达学习农村村民住宅超面积部分有偿使用工作的会议精神。

8月26日，浙江省治水办调研官河萧山出断面整治工作，现场查看官河萧山出断面水质检测点、凤凰村农村生活污水治理、凤凰村工业污水治理等情况。

9月1日，凤凰村巾帼志愿者与青年志愿者24名对村庄道路、村民庭院进行大清扫。

9月24日，萧山区妇联组织下属各机关、镇街、企事业单位等妇联成员走进红色衙前，重温红色历史，接受革命教育。妇女读书会成员参观凤凰村新农村建设及创业新村社区。

9月25日，凤凰村召开党员大会，观看《党建好声音》，进行先锋指数考评，通过自评、互评的方式，共评议出14名先锋党员。

9月，衙前镇第四届文化艺术节举行。9月2日上午，登山比赛首开鸣枪，凤凰村组队参加比赛。25日下午，举行闭幕式暨浙江电视台流动大舞台文艺演出。

10月19日，甘肃省张掖市高台县纪委书记关志强一行考察凤凰村村民办事服务中心。

10月22日，戴村镇镇党委书记孙建平、镇长夏利明率镇村干部读书会成员参观凤凰村。

11月7日，杭州杂技总团"你点我送"文艺会演走进凤凰村文化礼堂，为凤凰村民带来一场视觉盛宴。

11月8日，中央宣讲团成员、中国社会科学院党组成员、副院长蔡昉调研凤凰村旧村改造与凤凰新村建设等工作。

11月8日，中央电视台《焦点访谈》栏目组走进凤凰村，并对凤凰村党委书记胡岳法进行访谈。该访谈节目于16日晚在中央电视台《焦点访谈》栏目播出。

12月29日，凤凰村召开维稳、和美协调员会议，全村32位老党员被聘为村维稳、和美协调员。

12月30日，《萧山区衙前凤凰山区块旅游开发规划》通过专家组评审。

2016年

1月12日，凤凰村召开"提前建成高水平全面小康社会动员暨第三届最美家庭表彰大会"，表彰最美家庭、最美巡防队员、最美媳妇以及最美老干部。

2月14日，正月初七，春节后首日上班，浙江省委常委、杭州市委书记赵一德与市委常委许勤华一行在萧山区委书记俞东来、衙前镇委书记俞沈江等陪同下冒着严寒莅凤凰村开展新春下基层调研活动，调研新农村建设工作。

3月8日，衙前镇专题研究凤凰山景区官河段成虎桥以东区块改造工作座谈会召开。

3月14日，新塘街道街村干部一行80余人莅衙前镇凤凰村考察新农村建设情况。

3月25日，凤凰村全体党员在党委书记胡岳法带领下，结队前往李成虎烈士墓敬献花圈，向烈士鞠躬默哀，并在衙前农民运动纪念馆前重温入党宣誓。

4月8日，杭州市老干部局一行40余人莅凤凰村考察新农村建设情况。

4月19日，凤凰村召开协调会，商讨成虎桥以东老集镇区块改造项目，移动、电信、华数等各运营商负责人参加会议，衙前镇领导俞沈江、章国友等出席会议并提出下阶段工作要求。

4月22日，瑞安市纪委一行莅凤凰村学习考察党风廉政建设工作。

5月5日，凤凰村召开成虎桥以东新农村建设观光项目方案研讨会。镇领导俞沈江要求凤凰村在推进该项工作上既要"讲好老故事",更要"建好新农村",围绕"三个一"发挥红色衙前溢出效应最大化,即要围绕一馆四点、一河六景、一街两侧做好各项改造工作。

6月25日,凤凰村三委班子和全体村务人员参加镇举办的G20峰会安保"红袖章"平安巡防志愿者网格员培训班培训活动。

7月25日,凤凰村党员参加衙前镇开展的"喜迎峰会 环境提质"暨清理"牛皮癣"志愿服务活动。

8月16日,凤凰村举行第31届优秀学生表彰会。

9月20日,萧山区科协联合农学会、医学会、反邪教协会等10多个部门在衙前镇老文化中心广场(凤凰村境内)开展科普下乡活动。

9月27日,衙前纪念农民运动95周年暨迎国庆大合唱活动在衙前农民运动纪念馆前广场上举行,凤凰村组队参加迎国庆大合唱活动。

10月7日,凤凰村党委书记胡岳法参加杭州赴台湾基层交流团访问台湾,为期7天。10月9日,胡岳法代表凤凰村与台湾南投县鹿谷乡广兴村、和雅村签订结对交流协议书。

是年,萧山区421个村级组织,凤凰村集体经营性收入4178.46万元,村级可用资金4424万元,村民人均纯收入49555元,均位居榜首。

2017年

1月9日,杭州市党代会重点课题调研组莅凤凰村开展调研工作。

1月12日,凤凰股份经济联合社进行2016年度股东分红。全村2042名股东共分红利2132142元。

1月17日,凤凰村举行小城镇环境综合整治动员暨第四届"凤凰最美家庭"表彰大会,10户最美家庭受到表彰。

1月19日,凤凰村党委下发《关于成立〈凤凰村志〉编纂委员会的通知》(凤委〔2017〕3号),明确胡岳法为《凤凰村志》编纂委员会主任,傅柏松、莫艳梅为《凤凰村志》编纂委员会副主任。编纂委员会下设办公室、编辑部,傅柏松为办公室主任,莫艳梅为编辑部主编。

2月7日,凤凰村召开"发扬凤凰班子优良作风,做一名廉政有为的好干部"作风建设会议。

2月21日,衙前镇村建办联合城管等部门对凤凰村、毕公桥社区等存在消防安全隐患的出租房进行集中拆除,拆除出租房20多户、面积500余平方米。

2月22日,浙江省副省长熊建平莅衙前调研消灭劣五类水整治工作。

2月24—27日,凤凰村党委书记胡岳法参加中国共产党杭州市第十二次代表大会。

3月2日,中国社会科学院当代中国研究所社会史研究室主任、研究员、博士生导师李文一行2人莅衙前镇凤凰村调研。

3月3日,衙前镇召开官河一期整治动员大会。官河南北两侧近2000米长度范围(包括运河凤凰村段),涉及12家企业和1个老街地段,划入一期拆除违建整治工程,计划于6月底完成拆后利用以及官河衙前段全线清淤工程。

3月14日,杭州市人大副主任吴春莲一行莅凤凰村开展"联百乡结千村访万户"蹲点调研活动。

3月17日，衙前镇计划生育协会青春健康俱乐部赴创业新村社区开展"洁美家园"志愿者活动，有50余名少年儿童和家长参加。

3月25日，凤凰村举行全体党员重温入党宣誓活动。在村党委书记胡岳法带领下，全体党员集队前往李成虎烈士墓，敬献花圈，庄重宣誓。

4月6日，胡岳法、沃关良、傅柏松、傅建松、沈云海、周建兴当选为凤凰村新一届党委委员。

4月26日，凤凰村召开衙前消费品综合市场出租户消防安全工作会议，提出要杜绝三合一出租、乱搭乱建、层层转租等现象发生，确保市场经营安全有序。

5月5日，凤凰村村委会、村务监督委员会换届选举完成。

5月21日，以特拉维夫记协秘书长约瑟夫·巴摩哈为团长的以色列新闻代表团一行6人莅衙前凤凰村考察。

6月5—6日，凤凰村村民参加一年一度的衙前镇卫生院体检。

6月9日，《萧山日报》第5版刊登《〈凤凰村志〉引入"口述历史"新形式》一文。

6月13日，凤凰村召开三套班子扩大会议，传达学习衙前镇"两学一做"学习教育常态化制度化工作会议精神。

6月21日，萧山区道教活动场所"文明敬香"现场推进会在东岳庙举行。

7月5日，《萧山日报》第2版刊登《凤凰村党委：强村富民"美丽凤凰"展翅飞》一文。

7月23日，凤凰村暑期假日学校在村文化礼堂开课，来自村域范围内的外来务工人员子女、留守儿童、困难户家庭子女共计30余名学生参加。

8月18日，凤凰村第32届优秀学生表彰大会在衙前农民运动纪念馆举行。

8月23日，台湾南投县鹿谷乡代表团一行30多人莅凤凰村考察。

8月，全国工商联公布以企业营业收入总额为参考指标发布的"2017中国民营企业500强"名单，浙江恒逸集团有限公司以752.03亿元列榜单第42位。

9月10日，在2017中国500强企业高峰论坛上，中国企业联合会、中国企业家协会连续第16次向社会发布"中国企业500强"名单。浙江恒逸集团有限公司居第200位。

9月15日，凤凰村召开由全村36名老党员和老干部参加的老党员工作汇报会，村党委书记胡岳法汇报工作情况和凤凰今后目标任务，衙前镇党委书记俞沈江及联村干部参加会议。

10月9—10日，凤凰村村务人员分两批赴杭州浙江大学附属邵逸夫医院体检。

10月26日，中国社会科学院当代中国研究所社会史研究室副主任、研究员、硕士生导师姚力一行2人莅衙前镇凤凰村调研。

10月28日，农历九月初九，为庆祝老人节，邀请绍兴嵊州地方越剧团莅凤凰村演出，至11月1日，历时5天。

10月30日，莫艳梅《富裕起来的村民在想什么——〈凤凰村志〉社会课题调查实践探索》论文在中国地方志学会方志学研究会上交流。（2018年10月31日，莫艳梅《地方志主业转型升级的实践与启示——以浙江〈凤凰村志〉为例》论文在第八届中国地方志学术年会上交流）

是年，萧山区421个村级组织，凤凰村集体经营性收入4408.06万元，村级可用资金4536万元，村民人均纯收入54518元，均位居榜首。

图0088 2011年4月21日，中共中央书记处书记、中纪委副书记何勇（前排左四）、浙江省委书记赵洪祝（前排左三）、浙江省委副书记、省长吕祖善（前排左二）、杭州市委书记黄坤明（前排左一）等一行莅萧山考察凤凰村（傅展学摄）

图0089 2015年11月8日，中央宣讲团成员、中国社会科学院党组成员、副院长蔡昉（前排右三）考察凤凰村（徐国红摄）

图0090 2010年10月27日，浙江省政协主席周国富（右二）考察凤凰村（翁洪霞摄）

图0091 2010年9月21日，浙江省委常委、省纪委书记任泽民（右二）考察凤凰村（傅展学摄）

图0092 2014年7月7日，浙江省委副书记、政法委书记王辉忠（前左）莅凤凰村考察新农村建设（凤凰村委会提供）

图0093 2011年7月5日，浙江省委常委、副省长葛慧君（中）考察创业新村（翁洪霞摄）

图0094　2009年6月11日，浙江省省委常委、副省长茅临生（前排右二）考察凤凰工业园（傅展学摄）

图0095　2017年2月22日，浙江省副省长熊建平考察官河衙前凤凰段截污纳管工作（郑承峰摄）

图0096　2013年4月23日，浙江省军区政治部副主任周嘉爱（前排右二）莅凤凰村考察军民共建工作（凤凰村委会提供）

图0097　2016年2月14日，浙江省委常委、杭州市委书记赵一德（前排左一）考察凤凰村（郑承峰摄）

图0098　2013年4月27日，杭州市人大常委会主任王金财（前排左二）考察凤凰村（凤凰村委会提供）

图0099　2017年3月2日，中国社会科学院当代中国研究所社会史研究室主任李文（左三）莅凤凰村调研（沃琦摄）

图0100　2012年5月11日，新华社等新闻单位莅凤凰村采访（毕迪摄）

图0101　2012年5月11日，中央、省市新闻媒体到凤凰村采访（凤凰村委会提供）

图0102　2017年5月21日，以色列新闻代表团考察访问凤凰村（华兴桥摄）

图0103　2017年8月23日，台湾南投县鹿谷乡代表团考察访问凤凰村（华兴桥摄）

图0104　2016年3月8日，衙前镇村领导走访老街居民（徐国红摄）

图0105　2011年11月12日，浙江省新农村建设带头人金牛奖启动仪式在凤凰山下举行（傅展学摄）

凤凰村志 上册
大事纪略

凤凰山抗击战

1937年7月7日，抗日战争爆发。12月24日，浙江省会杭州沦陷。1940年1月22日凌晨，天下着大雪，日军在萧山盈丰乡六百亩头偷渡得逞。次日，萧山县城沦陷。日军集中数万兵力向县城以南、以东地区进犯。2月17日凌晨，日军分水陆两路向驻守在凤凰山的国民党军左右夹击，突然袭击。霎时间，凤凰山一带枪炮齐鸣，火光冲天。浙江抗敌自卫总队第八支队历经10多个小时抵抗，终因武器装备落后，寡不敌众，死伤官兵数千。傍晚，国民党军队打算从傅家自然村会缘桥过西小江向绍兴岭江撤退，由于会缘桥已被日军炸毁，部队继而往西打算过杨汛桥退出，可杨汛桥的石梁也已被日军炸毁，部队只得爬鱼箔过江，淹死冻死无数。另一余部由卫家自然村卫金法爹等带路经村境翻莫家岭过大义太雷桥往绍兴新甸方向撤走。日军占领了衙前。

这次战斗，从凌晨到傍晚，大火燃烧了12个多小时，衙前镇街上的米店、药店、茶店、杂货店及凤凰一带300余间房子化为灰烬，近百名百姓在战火中丧身，仅卫家自然村就有三分之二的房子被烧，近30人死于枪炮和大火之中。战斗结束，凤凰一带百姓将无数阵亡的国民党官兵埋葬入土。

创建全国文明村

2005—2010年，凤凰村先后被评为浙江省文明村、浙江省全面小康建设示范村、浙江省民主法治村、全国敬老模范村等。2011年，凤凰村成立创建全国文明村领导小组，决定申报并创建国家级文明村。在过去5年累计投入新农村建设资金1.45亿元的基础上，2011年又投入5620万元，完善公共设施建设。是年6月，对《衙前镇凤凰村村规民约》进行修改，提升村民基本生活、养老、医疗三大保障，其中生活方面：村民粮食、食油、天然气免费供应，具体为每人每月大米10公斤，附贴现金15元，每人每年食油3公斤，面粉1公斤，糯米1公斤，天然气补贴120元；养老方面：每人每月可从村集体领取500—1000元助养金，在传统中秋节、重阳节、春节时，每人还可领取慰问品和现金；医疗方面：村民就医有72%的门诊报销和98%的大病住院报销。坚持助学、奖学、帮困制度，关心外来人口。至2011年底，凤凰村全年用于福利开支达950万元，加上天然气投入400万元，共计1350万元，年度股本分红138万元；全年工业产值实现39.8亿元，村级可用资金实现3030万元，村民人均纯收入30316元。村里有老年活动中心2个，有腰鼓队、舞扇队、戏迷队、太极拳队等文艺队伍，健身公园7个，篮球场1个，大型游泳池在建。2011年12月20日，在全国精神文明建设工作表彰大会上，凤凰村被授予"全国文明村镇"称号，为萧山区第一个全国文明村。

凤凰村与台湾南投县鹿谷乡两村结对交流

2016年10月7—13日，凤凰村党委书记胡岳法参加杭州赴台湾基层交流团访问台湾，代表凤凰村与台湾南投县鹿谷乡广兴村、和雅村签订结对交流协议。双方表示今后要在社区建设、人员往来、文化交流、信息互动等方面加强合作交流，优势互补，从而促进两地共同发展。2016年11月10日，台湾南投县鹿谷乡青年交流团共13人参访凤凰村。2017年8月23日，台湾南投县鹿谷乡交流团共31人参访凤凰村，听取凤凰村基本情况介绍，对凤凰村在新农村建设、环境综合整治、坚持共享发展、今后发展目标等方面表示肯定，希望两地通过多种形式加强交流。

图0106　2016年10月9日，胡岳法参加的杭州市赴台湾基层交流团在台湾南投县鹿谷乡内湖小学参观并与该校师生合影（凤凰村委会提供）

|凤凰村志|上册|

第一编　村庄

第一章　建置
第二章　区位
第三章　人口
第四章　自然环境

概　述

　　凤凰村位于浙江省杭州市萧山区中东部，钱塘江南岸萧绍平原中部。春秋战国时为越国地。秦汉时属会稽郡余暨县〔三国吴黄武初年改名永兴县、唐天宝元年（742）改名萧山县〕。唐宋以后，先后属会稽郡、越州、义胜军（镇东军）、绍兴府、绍兴路、会稽道、浙江省属绍兴行政督察区、绍兴专区、宁波专区、杭州市之萧山县。1988年1月1日，萧山县改名萧山市（县级）。2001年3月25日，萧山市改名杭州市萧山区。1958年，为坎山人民公社交通管理区交通生产队。2016年，杭州市萧山区总面积1420平方千米，辖14个街道、12个镇、411个村、176个社区，户籍人口375777户、1275928人。衙前镇凤凰村区域面积2.44平方千米，辖15个村民小组，1个创业新村社区，农村居民581户、2204人。先后被评为杭州市萧山区生态村、森林村庄、美丽乡村精品村、美丽乡村示范村等。

图0107　凤凰村全貌（2018年4月，傅展学摄）

第一章 建置

概 况

　　北宋时，凤凰地区属萧山县凤仪乡白鹤里、童市里（童墅里）。至清末，分属萧山县龙泉乡童墅、西曹、傅家、卫家等自然村落。民国时期，先后属萧山县龙泉乡、衙前乡、衙南乡、云英乡、定一乡等。新中国成立后，先后属萧山县定一乡、凤凰乡、交通乡、坎山人民公社、衙前人民公社、衙前乡、衙前镇等。1984年，凤凰村、交通村、卫家村由1961年成立的凤凰生产大队、交通生产大队、卫家生产大队改名而来。2005年，三村合并为凤凰村。2016年，凤凰村境内有西曹、童墅、傅家、卫家、新屋5个自然村，1个创业新村社区，习惯上称三村合并前的凤凰村、交通村、卫家村为今凤凰村之凤凰片（中片，5个村民小组）、交通片（南片，6个村民小组）、卫家片（北片，4个村民小组）。

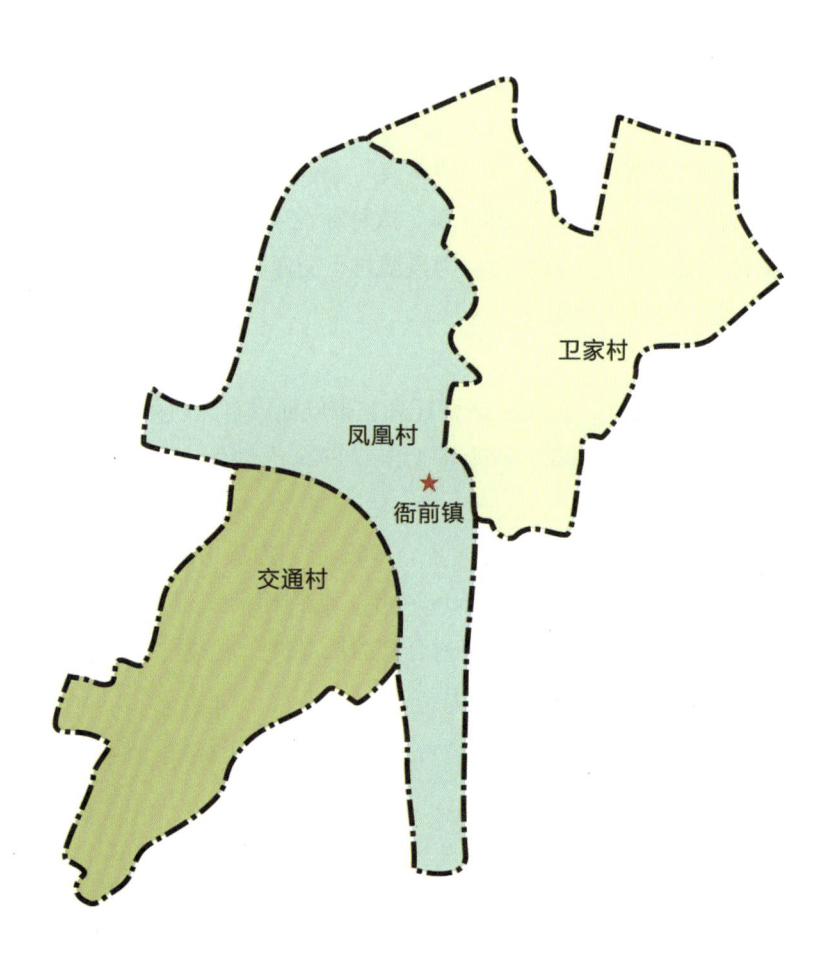

图0108　凤凰村、交通村、卫家村区划图（2004年）

第一节　村名由来

凤凰村

村名源自山名，山名源自鸟名，村境内因山形似凤凰而名凤凰山。明嘉靖《萧山县志·萧山县境之图》标有"凤凰山"地名。该县志《地理志·山川》载有凤凰山的方位、别称以及传说："凤凰山，去县东三十里。郡志又云慈孤山。石崖之间有望夫石，上红下绿。阴雨望之，俨如妇形。世传其夫溺于海，登山瞻忆，因化为石。"

凤凰作为乡村名，出现在新中国成立初期。1950年，撤销定一乡，为凤凰乡第十村。1956年并入交通乡。1958年，为坎山人民公社交通管理区交通生产大队。1961年，因村庄背靠凤凰山而设凤凰生产大队，属衙前人民公社。1984年，改称衙前乡凤凰村。1985年，为衙前镇凤凰村。2004年，衙前镇政府驻地从凤凰村搬迁到新发王村（2005年新发王村并入衙前村）。2005年，衙前镇凤凰村、交通村、卫家村合并为凤凰村。凤凰村名沿用至今。

今凤凰村中片、南片、北片，分别为三村合并前的凤凰村域、交通村域、卫家村域，村民习惯上称之为凤凰片、交通片、卫家片。

交通村

由傅家自然村、童墅自然村组成，因傅家自然村北靠104国道，地处萧绍公路中段，村口在民国时就建有长途汽车站，又有公路支线由此拐北直达瓜沥、义蓬等地，处于交通咽喉之地，故取名交通村。

1950年，撤销定一乡，为交通乡第七村。1958年，为坎山人民公社交通管理区交通生产大队。1961年，为衙前人民公社交通生产大队。1984年，改称衙前乡交通村。1985年，为衙前镇交通村。2005年，衙前镇凤凰村、交通村、卫家村合并为凤凰村，交通村名停用。

今凤凰村南片为原交通村域，又称为交通片。

卫家村

由卫姓聚居而得名。北宋初期，卫氏从诸暨迁来，聚族而成自然村落。民国24年（1935）《萧山县志·田赋·今册各都图庄号》记载，清雍正七年（1729），为第二十三都第五图卫家庄。清宣统二年（1910），为龙泉乡卫家村。

1950年，属凤凰乡。1956年后，并入交通乡。1958年，为坎山人民公社交通管理区交通生产队。1961年，为衙前人民公社卫家生产大队。1984年，改称衙前乡卫家村。1985年，为衙前镇卫家村。2005年，衙前镇凤凰村、交通村、卫家村合并为凤凰村，卫家村名停用。

今凤凰村北片为原卫家村域，又称为卫家片。

第二节　隶属沿革

北宋太平兴国三年（978），萧山县设15乡、110里。南宋嘉泰《会稽志》载凤仪乡下辖16里，凤凰地区属之，为凤仪乡之白鹤里、童市（墅）里。凤仪乡政权所在地白鹤寺亦在凤凰地区境内。此为村境辖属之最早记载，亦为萧山县境范围之最早文字记载。

元至元十六年（1279），萧山县领24都、157图，改凤仪乡为第二十三都（第十图）、第二十

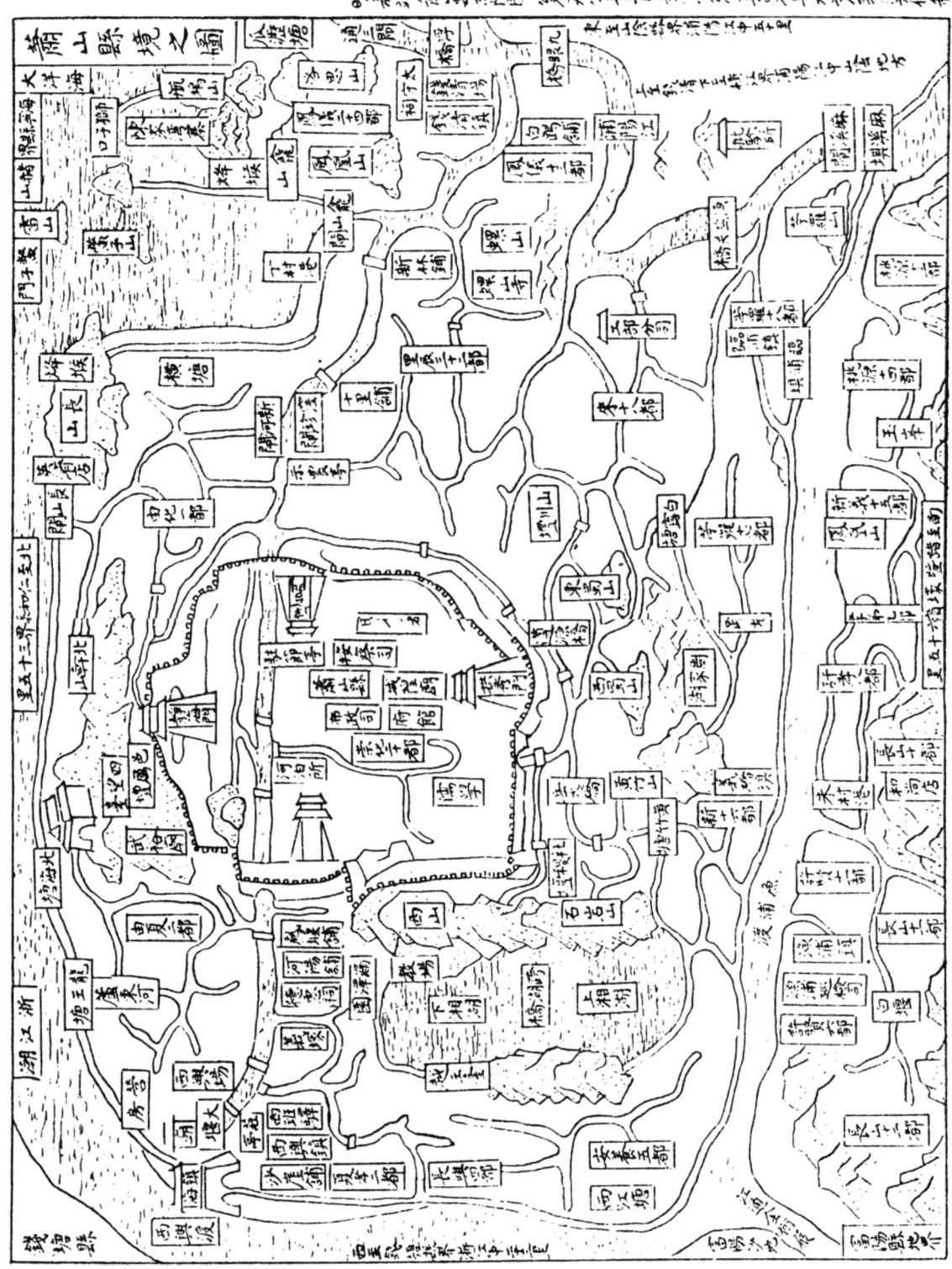

图0109　明代萧山县境之图（明嘉靖《萧山县志》），时凤凰地区属凤仪二十三都

四都（第十四图），凤凰地区分属第二十三都第一图童墅里、第三图白鹤里。

明至清末，沿袭元制，都、图略有调整。清雍正七年（1729），凤凰地区为第二十三都第一图童墅庄、第二图白鹤庄、第四图衙前庄、第五图卫家庄。

清宣统二年（1910），萧山县划为1区28乡，凤凰地区分属龙泉乡傅家村（第二十三都第一图)、童墅村(第二十三都第一图)、衙前西曹(第二十三都第四图)、卫家村(第二十三都第五图)等自然村落。

民国初,沿袭清制。民国17年(1928),公布县组织法,推行村、里制度,东乡试行地方自治。村、里和自治会同为基层组织,职能相同。萧山县共编有9区、18里、134个村和联合村以及15个自治会,凤凰地区属第七区衙前村自治会,为东乡自治中心所在地。

民国19年(1930),村、里、自治会改编为乡镇。至民国21年(1932),萧山县为7区、30镇、159乡,凤凰地区分属第五区衙前乡(西曹、卫家)、衙南乡(童墅、傅家)。

民国23年(1934),推行保甲制。民国28年(1939),萧山县设3区、7镇、37乡、997保、9935甲,凤凰地区各保各甲隶属衙前区衙前乡第五保、第十三保、第十八保、第十九保。

民国30年(1941),实行新县制,调整乡镇编制。时值抗日战争期间,萧山县52个乡镇中,被日军侵占的有16个乡,包括凤凰地区所在之衙前乡及云英乡等。

民国36年(1947),实行乡镇编并,全县划为12镇24乡,衙前乡与云英乡合并为渔庄乡,乡公所驻凤凰地区境内,乡下辖23保,凤凰地区分别属第十四保、第十七保、第二十保。

民国37年(1948),撤销渔庄乡,恢复云英乡,新建定一乡,凤凰地区属定一乡第七保、第十保。

1949年5月,萧山县解放,废除保甲制,凤凰地区属坎山区定一乡。

1950年,撤销定一乡,萧山县划分为10区、10镇、110乡,凤凰地区属坎山区凤凰乡第十村(今凤凰村凤凰片、卫家片)、交通乡第七村(今凤凰村交通片)。

1954年初,坎山区交通乡傅家自然村率先成立胜利初级社,西曹自然村为胜健初级社。时,村、社并存。

1956年,实行乡镇编并,萧山县划为11区、3镇、48乡。坎山区凤凰乡、交通乡合并为交通乡,下辖12个高级社。凤凰地区分别属交一(今凤凰村交通片)、交三(今凤凰村凤凰片、卫家片)高级社。时,合作社代替村行政功能。

1958年,实行人民公社化,萧山县改编为17个人民公社,凤凰地区属坎山人民公社交通管理区。

1961年,调整公社规模,撤销管理区,衙前人民公社由坎山人民公社析出,萧山县设6区、3镇、59个人民公社,凤凰地区之凤凰生产大队、交通生产大队、卫家生产大队隶属蜀山区衙前人民公社。此后,虽区乡规模、管理体制几经变动,凤凰地区内3个生产大队之名未变。

1965年,省委派工作组到基层农村开展"四清"(清政治、清经济、清思想、清组织)运动,各生产大队成立贫下中农协会,协助"四清"工作组开展工作,曾经一度出现"一切权力归贫协"的局面。是年,撤销蜀山区,衙前人民公社为县直属。萧山县为2区、8镇、58个人民公社,凤凰生产大队、交通生产大队、卫家生产大队隶属衙前人民公社。

1966年,"文化大革命"开始,生产大队管理委员会被迫中止工作。1968年,各公社成立革命委员会,各生产大队管理委员会改称大队革命领导小组。

1971年,调整公社规模,萧山县为6区、3镇、54个人民公社,凤凰生产大队、交通生产大队、卫家生产大队隶属城南区衙前人民公社。

1977年,撤销大队革命领导小组,恢复生产大队管理委员会名称。

1984年,改变政社合一体制,恢复乡村建制,萧山县有6区、3镇、64乡、787村、76居民区，凤凰村、交通村、卫家村隶属城南区衙前乡。

1985年，衙前乡改为衙前镇，凤凰地区相应为衙前镇凤凰村、衙前镇交通村、衙前镇卫家村。

1992年，撤区、扩镇、并乡，衙前镇域扩大。

2005年，调整村规模，衙前镇内凤凰村、交通村、卫家村合并为凤凰村。

2016年，凤凰村之凤凰片（中片）、交通片（南片）、卫家片（北片）共有15个村民小组和1个创业新村社区，农村居民581户、2204人。

表001　秦汉至2016年凤凰村域隶属沿革情况

时间	政区名	乡镇村数	村域所在乡镇名	村域名
秦汉	会稽郡余暨县	—	—	—
三国吴黄武初年	改余暨县为永兴县	—	—	—
唐天宝元年（742）	改永兴县为萧山县	—	—	—
宋太平兴国三年（978）	越州萧山县	15乡110里	凤仪乡	白鹤里、童墅里
元至元十六年（1279）	绍兴路萧山县	24都157图	第二十三都	第一图童墅里、第三图白鹤里
清雍正七年（1729）	绍兴府萧山县	24都120庄	第二十三都	第一图童墅庄、第二图白鹤庄、第四图衙前庄、第五图卫家庄
清宣统二年（1910）	绍兴府萧山县	1区28乡	龙泉乡（第二十三都）	童墅村（第一图）、傅家村（第一图）、衙前西曹（第四图）、卫家村（第五图）
民国18年（1929）	浙江省萧山县	9区18里134村15村自治会	东乡地方自治第七区	衙前村
民国28年（1939）	浙江省萧山县	3区7镇37乡997保9935甲	衙前区衙前乡	第五保、第十三保、第十八保、第十九保
民国37年（1948）	浙江省萧山县	1区12镇24乡480保6545甲	定一乡	第七保、第十保
1950年	浙江省绍兴专区萧山县	10区10镇110乡	坎山区凤凰乡、交通乡	第七村、第十村
1956年	浙江省萧山县	11区3镇48乡	坎山区交通乡	交一高级社、交三高级社
1958年	浙江省宁波专区萧山县	17个人民公社112管理区	坎山人民公社交通管理区	交通生产大队
1961年	浙江省杭州市萧山县	6区3镇59个人民公社735生产大队	蜀山区衙前人民公社	凤凰生产大队、交通生产大队、卫家生产大队
1984年	杭州市萧山县	6区3镇64乡787村76居民区	城南区衙前乡	凤凰村、交通村、卫家村
1985年	杭州市萧山县	6区24镇43乡797村77居民区	城南区衙前镇	凤凰村、交通村、卫家村
1988年	杭州市萧山市	6区24镇43乡797村79居民区	城南区衙前镇	凤凰村、交通村、卫家村

续表

时间	政区名	乡镇村数	村域所在乡镇名	村域名
1992 年	杭州市萧山市	27 镇 4 乡 797 村 87 居民区	衙前镇	凤凰村、交通村、卫家村
2001 年	杭州市萧山区	22 镇 4 街道 739 村 155 居民区	衙前镇	凤凰村、交通村、卫家村
2005 年	杭州市萧山区	22 镇 4 街道 411 村 103 社区	衙前镇	凤凰村
2016 年	杭州市萧山区	12 镇 14 街道 411 村 176 社区	衙前镇	凤凰村

注：萧山在秦汉时期，名余暨县，属会稽郡。三国吴黄武初改名永兴县，仍属会稽郡。唐天宝元年（742）改称萧山县，历经宋、元、明、清、民国，萧山先后为会稽郡、越州、义胜军（镇东军）、绍兴府、绍兴路、会稽道属县。1949 年 5 月，萧山解放，为浙江省直属县；6 月，划归浙江省第十专区（后称绍兴专区）。1952 年 1 月，复为省直属县。1957 年 8 月，隶属于宁波专区。1959 年 1 月，改属杭州市。1988 年 1 月 1 日，改称萧山市。2001 年 3 月 25 日撤市设区，为杭州市萧山区。

第三节 自然村落

西曹自然村

位于凤凰村中部。因位于衙前之西，又以曹氏为主，故名西曹。清宣统二年（1910），萧山县重新划为 1 区 28 乡，龙泉乡有衙前西曹、傅家村、童墅村、卫家村等村落。

民国 10 年（1921），西曹是衙前农民运动中心，东岳庙是农民协会办公与开会之地，西曹贫苦农民大多参加了农民协会，农民领袖李成虎是西曹村民。今衙前农民运动胜迹之一——李成虎故居，坐落在西曹官河（古运河）边。

图 0110 西曹自然村民居（2018 年 10 月 24 日，陈妙荣摄）

傅家自然村

位于凤凰村西南部。居民以傅氏为主。南宋时，傅氏从山阴迁至诸暨直埠，传至十一世千二公时，为避战乱，又从直埠迁至衙前，在此聚族成傅家自然村落。清宣统二年（1910）有龙泉乡傅家村落。民国时期，村口有沈定一被难处纪念碑，1953年被毁。

童墅自然村

位于凤凰村西南部。童墅（童市）历史悠久。据南宋嘉泰《会稽志》记载，北宋太平兴国三年（978）时，已有凤仪乡童市里。元至元十六年（1279）时，为二十三都童墅里。清宣统二年（1910）时，有龙泉乡童墅村落。

境内原有童湖。明嘉靖《萧山县志》记载："童湖。去县东四十里。绍定间，资利寺僧义作田一顷一十余亩。"民国24年（1935）《萧山县志》记载："童湖。旧志：童湖，绍定间，资利寺僧议作田一顷一十余亩。按湖址即今之童墅村。旧志云：资利寺在龛山，今查寺在衙前，即今之白鹤寺。"今湖已不存在。

图0111　傅家自然村民居（2018年7月10日，陈妙荣摄）

民国10年（1921），衙前农民协会六个委员之一的陈晋生，为童墅村民。

卫家自然村

位于凤凰村东北部。北宋初年，有卫氏从诸暨迁来萧山，定居于衙前东北之航坞山南脉洛思山之阳，子孙繁衍，聚族成卫家自然村落，至今历40余世。清雍正七年（1729），属第二十三都第五图卫家庄。民国《萧山县志稿·疆域·村落》有卫家村村名记载。

卫家村落环境复杂，历史上是兵家必争之地。民国29年（1940）2月，国民党在卫家、衙前一带驻军防守，抗击日军，曾发生著名的凤凰山大战。民国10年（1921）衙前农民运动期间，该村落村民大多参加农民协会，时农民协会组长是卫家自然村民卫丙贤。

图0112　卫家自然村民居（2011年5月6日，傅玉刚摄）

境北洛思山有民国17年（1928）为纪念孙中山逝世3周年建立的"中山林纪念表"（钢筋混凝土建成）。境内古迹有古刹白鹤寺、土地庙（已搬迁重建至凤凰山北）、童稚庙（遗迹尚存）、水獭桥等。

新屋自然村

位于凤凰村东部。民国30年（1941）正月，因为日本侵略军轰炸，房屋倒塌，原住民大多逃离。新屋的居民为抗日战争胜利后新建及后搬迁而来，故名。

第二章 区位

概 况

凤凰村位于北纬30°09′51″，东经120°24′11″的交叉点上。地理位置优越，区位优势独特。地处钱塘江南岸，水、陆、空交通便捷，104国道横贯境内，大运河穿村而过，生态环境较好。北近浙江省会杭州市，南邻绍兴市中国轻纺城，境内纺织工业发达，红色旅游资源优势得天独厚，是居住、创业、休闲的好地方。

第一节 自然地理区位

凤凰村地处钱塘江南岸，萧绍平原中端，杭州市萧山区中东部。

西距萧山城区14千米，距衙前镇政府驻地1千米，北与萧山东部重镇瓜沥镇（凤升村、沿塘村）交界，东、南、西分别与衙前镇山南富村、四翔村、项漾村接壤。

地势由东北向西南倾斜。北部是山丘，凤凰山、洛思山两山耸峙，苍松翠柏，古朴清幽。中部有萧绍运河穿境而过，南部有西小江透迤东去，两水之间为水网河谷平原，水系发达，水资源丰富，航运灌溉便利。河谷平原土壤肥沃，多属通透性好的青紫土，适宜种植水稻等粮食作物。

处在亚热带气候带北缘，为大陆和海洋气候交替控制区域，属典型的亚热带季风气候，四季分明，气候湿润温暖，雨量充沛，阳光充足。

域内山水相宜、绿化率高，生态环境良好，为人民安居乐业提供了有利条件。

第二节 交通地理区位

凤凰村交通区位优势明显，水、陆、空运输发达，交通便捷。

距杭州萧山国际机场8千米，距杭州火车南站10千米，距钱塘江六桥10千米，距杭甬高速公路瓜沥出入口5.5千米，距杭州绕城高速公路萧山东出入口6千米。

萧绍运河穿村而过，水路客运曾是远路乡村间运输的主力。104国道穿境而过，穿越境内的公路干线共计6条、主要道路31条，有6条公交线路在村内设有5个停靠站，车来人往，昼夜不息。

历史上，村境之洛思山是吴越分界线，村内凤凰山与洛思山对峙，与东之航坞山、北之钱塘江，军事上为关津、要冲之处，历来为兵家必争之地。

今凤凰村距浙江省会杭州市20千米，距杭州市国际博览中心（G20主会场）18千米，距绍兴市35千米，距绍兴市柯桥区10千米，距柯桥区杨汛桥镇、钱清镇均是4千米，是交通枢纽重地。

第三节 经济地理区位

凤凰村位于杭州市与绍兴市发展主轴上的中间节点。历史上萧山隶属绍兴府（古会稽郡、越州），1959年后改属杭州市。改革开放以来，萧山经济和社会快速发展，国内生产总值、工业总产值等主要经济指标实绩居浙江省县（市、区）级首位，2001年全国百强县市第七名，2012年全国百强区第三名。萧山区衙前镇是中国化纤名镇、国家钢结构产业化基地、国家装配式建筑产业基地，2015年浙江省工业强镇第八名。

凤凰村毗邻柯桥中国轻纺城，村境内又有萧山纺织工业园区、凤凰工业园区和全国民营企业500强之一的浙江恒逸集团等，全村共有工业企业87家，专业市场3个，联营加油站3个，2016年实现村级可用资金达4424万元，村民人均收入49555元，村级可用资金、村民集体福利连续多年排名萧山各村（社区）第一。

经济发展水平较高，经济区位优势得天独厚。2016年始，实施凤凰山区块旅游开发规划，建设"一心一带三园"（红色旅游体验中心，运河文化休闲带，美丽乡村养生休闲园、新农民新生活风情园、绿色生态工业旅游园）旅游空间，将其培育成全国红色旅游示范基地，是年实现接待游客量2万多人次。

图0113　位于凤凰村境内的原衙前镇人民政府、今交通警察大队衙前执勤中队办公场所（2018年5月11日，徐国红摄）

第三章　人口

概　况

萧山有户籍记载始见于晋代。晋太康间（280—289），全县有2333户。清朝时人口记载较为翔实。乾隆十四年（1749），全县有46461户、209343人。清宣统二年（1910），凤凰地区属龙泉乡（含衙前、钱清、瓜沥等地），为龙泉乡之傅家村、童墅村、卫家村、西曹村等。时，龙泉乡有31285人。民国17年（1928）2月，沈定一建立的衙前村自治筹备会开展户口普查，50个普查员用10天时间查清了衙前村自治区域16平方英里面积上有2490户、10355人。[①] 时，凤凰地区属衙前村。民国37年（1948），定一乡有3411户、8971人，时凤凰地区隶属定一乡。

1951年，交通乡、凤凰乡有2544户、9475人，时凤凰地区分属交通乡、凤凰乡。

1961年，凤凰生产大队、交通生产大队、卫家生产大队成立，时凤凰生产大队有159户、536人，交通生产大队有111户、420人，卫家生产大队有51户、248人。

1964年第二次全国人口普查，衙前人民公社有1742户、8025人，凤凰地区共有312户、1364人，其中凤凰生产大队146户、609人，交通生产大队111户、468人，卫家生产大队55户、287人。

1970年，凤凰地区共有356户、1602人，其中凤凰生产大队157户、713人，交通生产大队133户、547人，卫家生产大队66户、342人。

1982年第三次全国人口普查，凤凰地区（交通生产大队、凤凰生产大队、卫家生产大队）共有432户、1712人。1990年第四次全国人口普查，凤凰地区（交通村、凤凰村、卫家村）共有582户、1791人。2000年第五次全国人口普查，凤凰地区（交通村、凤凰村、卫家村）共有584户、2012人。2010年，凤凰村全境（交通片、凤凰片、卫家片）共有590户、2118人。

至2016年底，萧山区户籍人口375777户、1275928人。衙前镇户籍人口6780户、26133人。凤凰村户籍人口581户、2204人。外来人口10573人，其中登记10553人，发证20人。

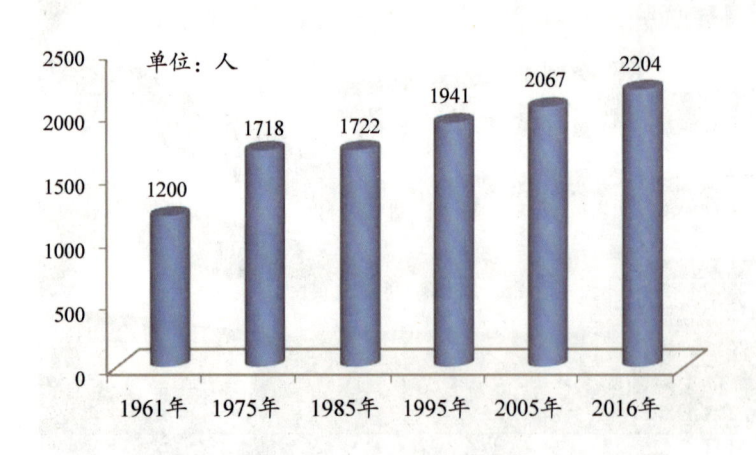

图0114　1961—2016年凤凰地区几个年份人口发展情况

---

① 孔雪雄：《东乡自治始末》，第387—388页。

第一节　人口数量

1961—2004 年 43 年间，凤凰地区户籍人口从 328 户 1200 人增加到 582 户 1791 人。2005 年，凤凰村户籍人口 598 户 2067 人。2016 年，凤凰村户籍人口 581 户 2204 人（含挂靠人口）。

表002　1961—2004 年凤凰村、交通村、卫家村人口情况

年份	凤凰村 户数（户）	凤凰村 人口（人）	交通村 户数（户）	交通村 人口（人）	卫家村 户数（户）	卫家村 人口（人）	年份	凤凰村 户数（户）	凤凰村 人口（人）	交通村 户数（户）	交通村 人口（人）	卫家村 户数（户）	卫家村 人口（人）
1961	159	536	118	420	51	244	1983	197	756	144	566	102	394
1962	147	561	113	434	53	263	1984	205	752	142	566	105	397
1963	151	586	112	451	55	273	1985	209	754	142	572	105	396
1964	146	609	111	468	55	287	1986	230	761	158	573	115	399
1965	174	638	110	490	55	298	1987	241	761	169	581	118	403
1966	147	657	111	499	58	304	1988	252	769	174	596	120	404
1967	150	663	111	503	58	310	1989	280	779	174	595	125	404
1968	150	678	112	511	58	321	1990	280	782	178	603	124	406
1969	155	705	123	534	62	336	1991	247	797	178	619	123	417
1970	155	713	133	547	66	342	1992	252	814	178	629	123	416
1971	159	727	132	552	69	354	1993	258	830	178	636	126	429
1972	159	737	128	553	66	352	1994	261	845	178	641	127	436
1973	162	747	126	554	69	358	1995	252	859	195	652	119	430
1974	174	764	124	551	71	360	1996	257	859	183	659	119	435
1975	177	797	125	547	74	374	1997	257	875	201	660	119	442
1976	187	781	137	556	81	375	1998	257	891	202	658	119	441
1977	191	794	138	571	82	374	1999	260	893	201	657	122	441
1978	191	791	142	574	85	380	2000	261	891	202	668	121	440
1979	178	770	127	554	92	387	2001	261	909	202	672	122	441
1980	173	770	130	559	93	391	2002	268	914	202	668	123	438
1981	188	761	121	560	92	388	2003	257	895	208	665	122	435
1982	189	753	143	568	100	391	2004	257	898	208	666	120	442

表003　2005—2016 年凤凰村人口情况

年份	户数（户）	人口（人）	男（人）	女（人）	性别比	非农人口	年份	户数（户）	人口（人）	男（人）	女（人）	性别比	非农人口
2005	598	2067	1017	1050	96.9	68	2011	586	2115	1036	1079	96.0	306
2006	598	2076	1024	1054	97.2	202	2012	584	2129	1041	1088	95.7	315
2007	597	2085	1018	1061	95.9	283	2013	583	2146	1044	1102	94.7	608
2008	595	2086	1022	1064	96.1	285	2014	582	2155	1046	1109	94.3	621
2009	593	2098	1037	1061	97.7	286	2015	583	2170	1055	1115	94.6	619
2010	590	2118	1042	1076	96.8	294	2016	581	2204	1078	1126	95.7	621

注：①2006 年，内地土地征用，农转非 134 人，故 2006 年非农人口多至 202 人。

②2013 年，围垦土地集体征用，农转非 283 人，故 2013 年非农人口多至 608 人。

第二节 人口变动

出生死亡

1972年，凤凰生产大队出生19人，死亡2人；交通生产大队出生10人，死亡1人；卫家生产大队出生6人，死亡1人。合计凤凰地区出生人口35人，出生率21.32‰；死亡人口4人，死亡率2.44‰；人口增长31人，增长率18.88‰。

1975年，凤凰生产大队出生11人，死亡0人；交通生产大队出生4人，死亡5人；卫家生产大队出生13人，死亡2人。合计凤凰地区出生人口28人，出生率16.30‰；死亡人口7人，死亡率4.07‰；人口增长21人，增长率12.22‰。

1980年，凤凰生产大队出生10人，死亡5人；交通生产大队出生5人，死亡4人；卫家生产大队出生6人，死亡3人。合计凤凰地区出生人口21人，出生率12.21‰；死亡人口12人，死亡率6.98‰；人口增长9人，增长率5.23‰。

1985年，凤凰村出生6人，死亡2人；交通村出生5人，死亡0人；卫家村出生2人，死亡0人。合计凤凰地区出生人口13人，出生率7.55‰；死亡人口2人，死亡率1.16‰；人口增长11人，增长率6.39‰。

1990年，凤凰地区出生人口32人，出生率17.87‰；死亡人口14人，死亡率7.82‰；人口增长18人，增长率10.05‰。

2000年，凤凰地区出生人口24人，出生率11.93‰；死亡人口14人，死亡率6.96‰；人口增长10人，增长率4.97‰。

2005年三村合并，凤凰村出生人口20人，出生率降到9.68‰；死亡人口10人，死亡率降到4.84‰；人口增长10人，增长率降到4.84‰。

2010年，凤凰村出生人口24人，出生率11.33‰；死亡人口12人，死亡率5.67‰；人口增长12人，增长率5.67‰。

2016年，凤凰村出生人口42人，出生率上升到19.06‰，比萧山区人口出生率11.79‰高

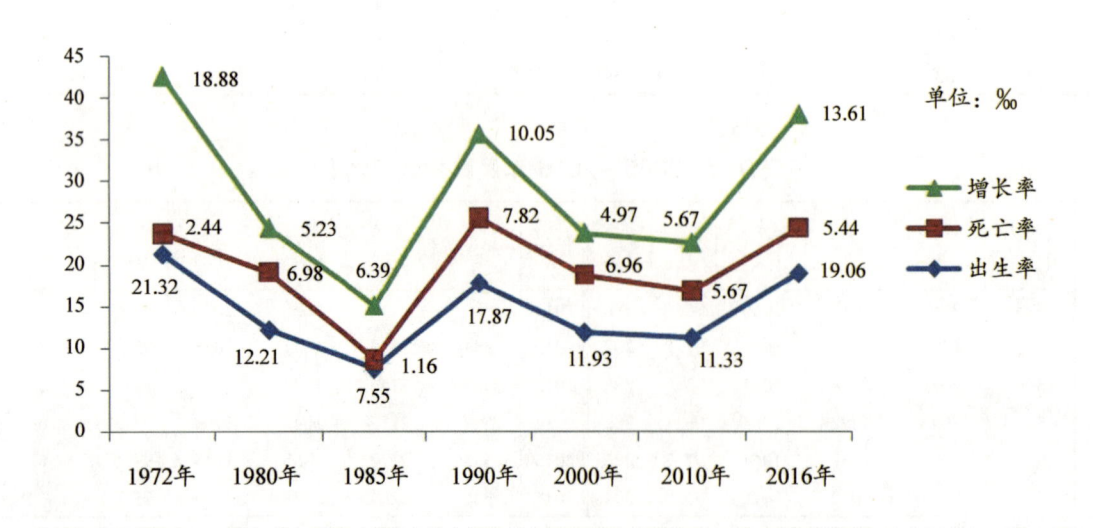

图0115 1972—2016年凤凰地区几个年份人口出生率、死亡率、增长率

7.27‰，比衙前镇人口出生率12.03‰高7.03‰。死亡人口12人，死亡率5.44‰，比萧山区人口死亡率5.38‰高0.06‰，比衙前镇人口死亡率6.15‰低0.71‰。人口增长30人，增长率上升到13.61‰，比萧山区人口自然增长率6.44‰高7.17‰，比衙前镇人口自然增长率5.88‰高7.73‰。

2016年，因全面二胎政策的实施，凤凰村人口出生率、人口自然增长率均呈上升趋势，且高于萧山区、衙前镇的人口出生率、人口自然增长率。

表004　1972—2004年凤凰村、交通村、卫家村人口变动情况

单位：人

年份	凤凰村				交通村				卫家村			
	出生死亡		迁入迁出		出生死亡		迁入迁出		出生死亡		迁入迁出	
	出生	死亡	迁入	迁出	出生	死亡	迁入	迁出	出生	死亡	迁入	迁出
1972	19	2	1	2	10	1	0	1	6	1	0	2
1974	15	6	3	3	10	6	0	7	4	4	1	2
1975	11	0	22	3	4	5	5	8	13	2	8	5
1976	4	1	1	1	7	4	8	3	5	1	2	4
1977	6	3	0	8	10	2	9	2	1	0	0	2
1978	6	2	6	12	9	4	4	6	4	0	5	3
1979	3	3	2	23	7	6	2	23	6	0	14	9
1980	10	5	7	11	5	4	5	1	6	3	4	11
1981	10	3	4	15	10	6	7	10	4	2	5	6
1982	12	4	2	9	10	5	8	5	5	0	3	8
1983	7	3	3	4	8	4	4	7	4	2	3	4
1984	6	2	3	9	4	4	3	3	7	2	3	3
1985	6	2	5	8	5	0	3	2	2	0	0	6
1986	4	3	5	1	5	2	3	2	4	0	2	0
1987	17	2	1	2	11	2	2	3	5	2	0	2
1988	9	3	5	5	10	3	7	5	4	0	6	2
1989	11	3	3	3	11	7	3	6	7	2	1	5
1990	13	7	3	5	14	5	1	3	5	2	0	0
1991	19	5	6	1	19	9	5	0	9	1	1	1
1992	12	3	10	2	7	4	4	1	6	0	1	1
1993	13	3	6	1	11	6	3	2	12	0	2	2
1994	17	4	9	5	11	5	2	3	2	2	0	1
1995	14	6	6	3	11	3	6	2	9	1	1	3
1996	9	3	9	15	5	3	14	9	7	2	15	14
1997	17	5	9	5	9	5	9	9	6	3	5	5
1998	7	6	7	5	8	5	2	7	5	1	2	8
1999	15	5	7	5	8	5	4	8	3	4	1	0
2000	11	9	7	5	6	3	12	4	0	2	0	3
2001	9	4	11	8	7	5	6	4	6	5	3	3
2002	10	3	8	9	3	6	2	12	4	1	2	8
2003	6	7	9	6	3	2	15	15	4	5	2	4
2004	15	8	5	1	3	3	4	1	7	4	1	2

注：①1972—1995年人口迁入迁出，不含衙前镇内转移；②1973年数据缺失。

表005 2005—2016年凤凰村人口变动情况

单位：人

年份	出生 人数	出生 男	出生 女	死亡	迁入	迁出	年份	出生 人数	出生 男	出生 女	死亡	迁入	迁出
2005	20	11	9	10	25	2	2011	11	4	7	14	7	2
2006	15	7	8	7	13	12	2012	14	7	7	13	20	6
2007	19	9	10	17	10	6	2013	18	11	7	18	18	8
2008	13	8	5	11	9	4	2014	25	14	11	18	22	15
2009	18	12	6	14	19	3	2015	17	9	8	10	15	3
2010	24	12	12	10	10	2	2016	42	24	18	12	7	7

迁入迁出

1972年，凤凰生产大队迁入1人，迁出2人；交通生产大队迁入0人，迁出1人；卫家生产大队迁入0人，迁出2人。合计凤凰地区迁入1人，迁出5人。

1975年，凤凰生产大队迁入22人，迁出3人；交通生产大队迁入5人，迁出8人；卫家生产大队迁入8人，迁出5人。合计凤凰地区迁入35人，迁出16人。

1980年，凤凰生产大队迁入7人，迁出12人；交通生产大队迁入5人，迁出1人；卫家生产大队迁入4人，迁出11人。合计凤凰地区迁入16人，迁出24人。

1985年，凤凰村迁入5人（县内迁入2人，省外迁入3人），迁出8人（迁往县内5人，迁往省内3人）；交通村迁入3人（省内迁入1人，省外迁入2人），迁出2人（迁往县内1人，迁往省内1人）；卫家村迁入0人，迁出6人（迁往县内6人）。合计凤凰地区迁入8人，迁出16人。

1990年，凤凰村迁入3人（省内迁入），迁出5人（迁往省内4人，迁往省外1人）；交通村迁入1人（省外迁入），迁出3人（迁往省内2人，迁往省外1人）；卫家村迁入0人，迁出0人。合计凤凰地区迁入4人，迁出8人。

1995年，凤凰村迁入5人（萧山市内迁入4人，省外迁入1人），迁出3人（迁往萧山市内1人，迁往省外2人）；交通村迁入4人（萧山市内迁入2人，省外迁入2人），迁出2人（迁往萧山市内1人，迁往省外1人）；卫家村迁入1人（萧山市内迁入），迁出3人（迁往萧山市内2人，迁往省外1人）。合计凤凰地区迁入10人，迁出8人。

2000年，凤凰村迁入7人，迁出5人；交通村迁入12人，迁出4人；卫家村迁入4人，迁出3人。合计凤凰地区迁入人口23人，迁出人口12人。人口迁入、迁出的形式主要有婚迁、参军等。据《1982—2000年省外人员在衙前镇安家落户调查表》（《衙前镇志》第196页）统计，1982—2000年，浙江省外人员到凤凰地区（凤凰村、交通村、卫家村）安家落户的有24人，其中广西8人、江西6人、四川4人、湖南4人、安徽1人、河南1人。凤凰村12人，其中11人为女性，1人为男性入赘，共生育子女11人。交通村9人，均为女性，共生育子女10人。卫家村3人，均为女性，共生育子女3人。至2016年，凤凰地区累计有86名青年光荣入伍。

2005年三村合并，凤凰村迁入25人，迁出2人。随着凤凰村经济的发展和村民收入福利的提高，从外地迁入的人口增多。2008年6月，《衙前镇凤凰村村规民约》对人口迁入、迁出作出新规定：嫁入本村纯农户的女方户口可以迁入，女方属于非农户的只能增加挂靠户口。纯农户生育的凭出生证增加该户人口，非农户出生的只能增加挂靠户口。纯农户家庭只生女小孩的允许招一名上门女婿，招进来的女婿原家庭属于农业户的可以迁入本村，如属于非农户的不能迁入本村。离村出嫁的女性和做进舍女婿的一律按结婚登记日开始减少该户纯农户人口。在未迁户口前属于挂靠的行政户口，迁出后取消挂靠行政户口。

2006—2015年，浙江省外人员到凤凰村安家落户的有20人，其中广西4人、江西4人、湖南3人、安徽3人、江苏2人、河南3人、福建1人。至2015年12月，凤凰村累计外地迁入580人，其中浙江省外迁入47人，杭州市外（省内）迁入57人，萧山区外（杭州市内）迁入89人，衙前镇外（萧山区内）迁入242人，衙前镇内迁入145人。有壮族、土家族、苗族3个少数民族计6人。

2016年，凤凰村迁入7人（镇内迁入6人，镇外省内迁入1人），迁出7人（迁往村外镇内3人，迁往镇外省内4人）。有壮族4人、土家族2人。

表006　2015年12月凤凰村人口结构情况

单位：人

区域	总人口	汉族	少数民族	原住民	外地迁入	外地迁入人口原地域分布				
						村外镇内	镇外区内	区外市内	市外省内	省外迁入
交通片	714	711	3	525	189	46	78	32	18	15
凤凰片	1005	1003	2	738	267	70	116	33	26	22
卫家片	451	450	1	327	124	29	48	24	13	10
合　计	2170	2164	6	1590	580	145	242	89	57	47

下乡知青

20世纪50年代初，凤凰地区有年轻人响应政府号召到宁夏支边。如沈中良、潘小春等。

有个别城镇居民插队到凤凰地区支农的，有苏州等地城镇户口女子婚嫁到凤凰地区的。后随着知青政策的落实和放宽，这些人列入了知青范畴，享受知青同等待遇，成为最早到凤凰地区落户的知识青年。

1964年，凤凰地区主要是接收县内城镇户口的初高中毕业生。当时国民经济滞后，青年离开学校到城镇就业比较困难。知青到农村插队落户，向贫下中农学习，"接受再教育"。

1968年，党中央再次提出知识青年上山下乡的号召，掀起城镇知识青年上山下乡运动高潮。当时在萧山三中和衙前人民公社初中求学的初中、高中生全部下到农村。1973年5月，萧山县知识青年上山下乡领导小组建立，各公社也相继建立知识青年上山下乡领导小组，各生产大队建立相应的知识青年管理小组。

自1961年至1978年，凤凰、交通、卫家3个生产大队共接收知识青年101人，其中女45人。

根据政策，下乡到凤凰地区知识青年的粮油，第一年由国家统销供应，每月成品粮20公斤。下半年下乡的供应到第二年早稻分配止，随后靠个人的劳动，与社员群众享受同等待遇。

当时下到农村的城镇知识青年，有插队落户的，有投亲靠友的，有到边疆去的，有下乡集体安置的，有集中安置到农场的。对于插队下乡的知青，国家发给一定的安置费。1973年以前，每人补助 200—250 元。1973 年以后，每人补助 465 元（含建房补助、生活补助、合作医疗金等），并按人拨给木材 0.5 立方米，平瓦 400 张，9×5 红砖 4000 块等建筑材料。生产大队、生产队负责给下乡知青建造简易住房，一般为 15—20 平方米，以红瓦平房为主。多为单门独户，也有联建成排的。凤凰村在衙前农村小学内为下乡知青盖起一排平屋。接收落户的主要是杭州市袜厂的知青。为此，杭州袜厂还派专人支援凤凰村创办袜厂，如光明袜厂、前进校办袜厂等，在一定程度上促进了队办企业的发展。杭州市机械局采取厂社挂钩形式，帮助衙前人民公社创办针织厂，帮助凤凰生产大队等创办五金厂，为乡镇企业的发展打下了基础。

1975 年始，部分知青陆续招工回城。未招工的则安排在社队企业。1978 年后，绝大多数知识青年招工回城，户口迁回原籍，恢复城镇户口。少数留在农村的知识青年（主要原因是婚嫁），可将非农户口转让给农业户口的子女，办理户粮对迁，取消自己的知青身份，安排子女到工矿企业工作。至 1978 年，知识青年上山下乡运动结束。

表 007　1961—1978 年凤凰生产大队、交通生产大队、卫家生产大队接收知识青年情况

单位：人

生产大队	接收知青人数	女	原户籍地					文化程度				安置情况				
			城厢	本社	外社	杭州	外省	高中	初中	小学	初识	招工	社办企业	参军	升学	转迁	困退
凤凰	49	20	1	17	2	20	9	14	24	8	3	33	7	1	4	3	1
交通	39	16	1	13	3	17	5	13	14	9	3	29	3	0	4	1	2
卫家	13	9	0	10	0	3	0	0	8	4	1	10	2	0	0	0	1
合计	101	45	2	40	4	40	14	27	46	21	7	72	12	1	6	5	3

外来人口

20 世纪 90 年代后，随着凤凰地区经济的发展，人口流动呈快速增长态势。据 2011 年 5 月统计，凤凰村人口 2115 人，外来人口却有 7000 多人。至 2016 年 12 月，外来人口增加到 10573 人，是凤凰村户籍人口 2204 人的 4.80 倍。有 80 多家企业在凤凰村落地生根。凤凰村每 7 户人家中就有 1 户办有企业，吸收大量外来民工。

第三节　人口结构

性别结构

旧社会重男轻女，人口男女性别比例失调。清宣统二年（1910），凤凰地区所在龙泉乡人口男 16268 人、女 15017 人，性别比为 108.3。民国 17 年（1928）7 月，沈定一建立的东乡自治会开展户口调查，40 个调查员用 20 天调查完毕，全乡 15 个村有 51525 户、246689 人，其中男 133112 人、女 113577 人，性别比为 117.2，高出性别比 95—105 的正常范围。

新中国成立后，男女平等，社会稳定，人口性别比渐趋平衡。1961 年，凤凰生产大队有 536 人，其中男 250 人，女 286 人。交通生产大队有 420 人，其中男 215 人，女 205 人。卫家生产大队有 243 人，其中男 126 人，女 118 人。合计凤凰地区共有 1200 人，其中男 591 人，女 609 人，性别比为 97.04，属于性别比 95—105 的正常范围。

1975年，凤凰生产大队有797人，其中男398人，女399人。交通生产大队有547人，其中男287人，女260人。卫家生产大队有374人，其中男188人，女186人。合计凤凰地区共有1718人，其中男873人，女845人，性别比为103.31，属于性别比95—105的正常范围。

20世纪80年代后，凤凰地区男女人口从男多女少向男少女多变化。1985年，凤凰生产大队有754人，其中男364人，女390人。交通生产大队有572人，其中男289人，女283人。卫家生产大队有396人，其中男193人，女203人。合计凤凰地区共有1722人，其中男846人，女876人，性别比为96.6，属于性别比95—105的正常范围。

1995年，凤凰村有859人，其中男415人，女444人。交通村有652人，其中男326人，女326人。卫家村有430人，其中男218人，女212人。合计凤凰地区共有1941人，其中男959人，女982人，性别比为97.7，属于性别比95—105的正常范围。

2000年，凤凰村有891人，其中男424人，女467人。交通村有668人，其中男334人，女334人。卫家村有440人，其中男212人，女228人。合计凤凰地区共有1999人，其中男970人，女1029人，性别比为94.3，低于性别比95—105的正常范围。

2005—2015年，凤凰村性别比在94.3—97.7，仍然呈男少女多的现象。其中2013年、2014年、2015年，男女性别比分别为94.7、94.3、94.6，低于95—105的正常范围。

2016年，凤凰村有2204人，其中男1078人，女1126人，性别比为95.7，属于95—105的正常范围。

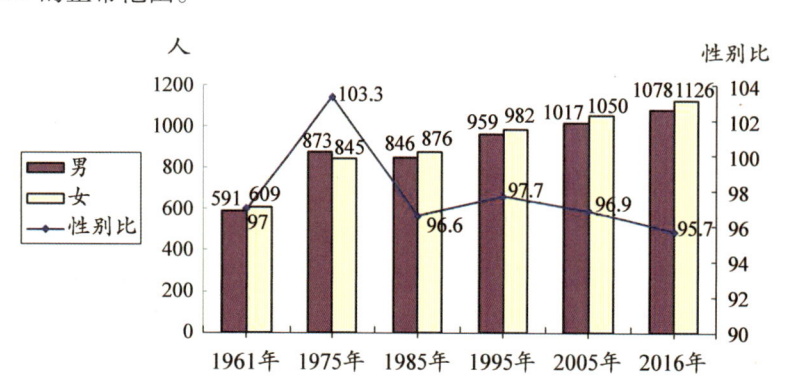

图0116　1961—2016年凤凰地区几个年份男女性别构成

表008　2016年萧山区衙前镇凤凰村人口性别比情况

区域	总户数	总人口	男	女	性别比
萧山区	375777	275928	625440	650488	96.1
衙前镇	6780	26183	12823	13360	96.0
凤凰村	581	2204	1078	1126	95.7

老年人口

1964年，凤凰生产大队66岁以上人口41人，占大队总人口609人的6.73%。

1982年，凤凰生产大队66岁以上人口53人，占大队总人口的7.04%。

2005年，凤凰村18岁以下458人，18—35岁383人，35—60岁932人；60岁以上294人，占全村总人口2067人的14.22%。

2008年，凤凰村18岁以下420人，18—35岁372人，35—60岁956人；60岁以上338人，占全村总人口2086人的16.20%。

2011年，凤凰村60岁以上人口374人，占全村总人口2115人的17.68%。其中，90岁及以上人口 5 人，80—89 岁 46 人，70—79 岁 138 人，60—69 岁 185 人。

至 2016 年 12 月，凤凰村 60 岁以上人口 506 人（含挂靠人口），占全村总人口 2204 人的 22.96%。其中，80—84 岁 45 人，85—89 岁 19 人，90 岁及以上 10 人。80 岁以上 74 人，其中凤凰片 27 人，交通片 24 人，卫家片 23 人。

74 名 80 岁以上老人中，独居的 9 人，夫妻同住的 7 人，与子女同住的 22 人。其中：4 人身体较差，患高血压、哮喘、心脏病等；34 人身体良好，生活自理，有的至今还会种植蔬菜、花卉，从事家务劳动。其中 9 名女性高龄老人平时基本吃素，每天念经、求佛，保佑全家平安。20 名男性高龄老人都嗜好抽烟喝酒，个别人要在咳嗽、哮喘发作时，才会停止。74 名老人中脾气温和的有 25 人、急躁的有 7 人、开朗和幽默的有 6 人，老人虽然脾气各异，但都比较乐观。老人们生活安逸，无后顾之忧。74 名老人中，有 6 名养老不依赖子女，靠本人的养老金和每年的股金分红；15 名老人已将自己的股权转让给子女，平时除本人的养老金外，由子女补贴其生活开支；17 名老人依靠自己的养老金、股金分红，以及子女的补贴。老人们一生勤劳，大部分人 5：00—5：30 起床，19：00—19：30 就寝，中午小睡半小时。白天，男性老人喜欢去文化中心喝茶、聊天、看电视，或去小公园散步；女性老人则在家做家务、看电视，或串门、聊天、散步。

表 009　2016 年 12 月凤凰村 80 岁及以上老人数量

单位：人

年龄段	凤凰片			交通片			卫家片			合计		
	小计	男	女	小计	男	女	小计	男	女	总计	男	女
95 岁及以上	0	0	0	1	0	1	0	0	0	1	0	1
90—94 岁	2	1	1	4	1	3	3	0	3	9	2	7
85—89 岁	3	2	1	4	3	1	12	6	6	19	11	8
80—84 岁	22	6	16	15	6	9	8	2	6	45	14	31
合计	27	9	18	24	10	14	23	8	15	74	27	47

表 010　凤凰村 80 岁及以上老人基本情况

姓名	性别	生卒年月	所在区域	姓名	性别	生卒年月	所在区域
沈爱香	女	1914.09—2011.03	卫家片	傅贤林	男	1932.09—	交通片
曹阿大	女	1917.07—2009.07	凤凰片	颜阿凤	女	1932.09—	交通片
汪阿大	女	1918.06—	交通片	沈雪珍	女	1932.11—	凤凰片
卫阿松	男	1919.03—2014.09	卫家片	高雪花	女	1933.02—	交通片
汪水林	男	1919.06—2013.02	凤凰片	项大娥	女	1933.02—	卫家片
高凤仙	女	1921.11—2011.09	凤凰片	唐先根	男	1933.03—	交通片
朱阿大	女	1922.05—	交通片	周美珍	女	1933.05—	凤凰片
甫金花	女	1923.03—	卫家片	卫阿芬	女	1933.06—	卫家片
唐阿利	男	1923.12—	交通片	汪阿三	女	1933.08—	凤凰片
钱茶花	女	1925.06—	交通片	李仁姑	女	1933.10—	交通片
曹阿芬	女	1925.10—	交通片	姜云花	女	1933.10—	卫家片

续表

姓名	性别	生卒年月	所在区域	姓名	性别	生卒年月	所在区域
吴彩娥	女	1925.12—	卫家片	卫松根	男	1933.11—	卫家片
沃关香	女	1926.08—2016.12	凤凰片	周文雅	女	1933.11—	凤凰片
潘条姑	女	1926.08—2016.02	卫家片	汪阿冬	女	1933.12—	交通片
王东海	男	1926.10—	凤凰片	汪水姑	女	1933.12—	凤凰片
傅长根	男	1927.10—	交通片	卫仁水	男	1934.02—	卫家片
沃岳炎	男	1928.01—	凤凰片	曹纪海	男	1934.05—	凤凰片
陈阿大	男	1928.01—	交通片	项浦申	男	1934.09—	交通片
项小宝	女	1928.10—	凤凰片	王海宝	男	1934.10—	凤凰片
施文香	女	1928.11—	卫家片	沈阿甩	女	1934.10—	凤凰片
傅小虎	男	1928.11—	交通片	翁岳根	男	1934.11—2016.09	凤凰片
沈阿凤	女	1928.12—	交通片	项玉香	女	1935.06—	卫家片
陈小牛	男	1928.12—	卫家片	陆玉梅	女	1935.07—	交通片
卫文娟	女	1929.03—	卫家片	周友顺	男	1935.08—	凤凰片
卫寿仙	男	1929.03—	卫家片	何桂糯	女	1935.09—	凤凰片
施水金	女	1929.10—	卫家片	陈四毛	男	1935.09—	交通片
蔡水泉	男	1929.11—	卫家片	陈美云	女	1935.09—	凤凰片
沈条花	女	1930.05—	卫家片	王元林	男	1935.12—	凤凰片
周文泉	男	1930.08—	凤凰片	傅德忠	男	1936.01—	交通片
周茶英	女	1930.09—	卫家片	汪关芬	女	1936.02—	凤凰片
张阿木	男	1930.10—	卫家片	卫美雅	女	1936.03—	凤凰片
卫仁木	男	1930.10—	卫家片	汪素珍	女	1936.03—	凤凰片
赵连福	男	1931.02—	卫家片	曹柏根	男	1936.04—	凤凰片
施桂金	女	1931.04—	卫家片	沈国兴	男	1936.06—	凤凰片
翁杏仙	女	1932.01—	卫家片	沃阿毛	男	1936.10—	凤凰片
赵传姑	女	1932.02—	卫家片	高阿凤	女	1936.10—	交通片
陈云福	男	1932.06—	交通片	周杏美	女	1936.11—	凤凰片
周荷花	女	1932.06—	交通片	施杏花	女	1936.12—	凤凰片
吴仙花	女	1932.08—	交通片	傅梅花	女	1936.12—	交通片
李桂花	女	1932.08—2016.08	凤凰片				

劳动力结构

1961年，凤凰生产大队劳动力203人，其中男108人，女95人。衙前人民公社内使用的劳动力203人，其中整劳动力76人；从事农林牧副渔192人，社办企业11人。

交通生产大队劳动力175人，其中男99人，女76人。衙前人民公社内使用的劳动力166人，其中整劳动力117人；从事农林牧副渔162人，其他4人。社外使用的9人。

卫家生产大队劳动力124人，其中男57人，女67人。衙前人民公社内使用的劳动力103人，其中整劳动力57人；从事农林牧副渔102人，运输与邮电1人。其他21人，其中16岁以上在校学生9人，家务12人。

1961年，凤凰地区3个生产大队合计劳动力502人；其中从事第一产业的456人，占全部劳动力的90.84%。

1966年，凤凰生产大队劳动力215人，其中男女整劳动力185人，男女半劳动力30人。交通生产大队劳动力287人，其中男女整劳动力154人，男女半劳动力133人。卫家生产大队劳动力212人，其中男女整劳动力109人，男女半劳动力93人。

1971年，凤凰生产大队劳动力256人，其中从事农业248人，大队企业8人。交通生产大队劳动力323人，其中从事农业321人，大队企业2人。卫家生产大队劳动力201人，其中从事农业200人，年内4个月以上不参加该队农业劳动的1人。

1975年，凤凰生产大队劳动力272人，其中参加社办工业29人。交通生产大队劳动力331人，其中参加社办工业10人。卫家生产大队劳动力205人，其中参加社办工业19人。

中共十一届三中全会后，乡村企业得到迅速发展，劳动力从第一产业向第二、第三产业转移。

1985年，凤凰村劳动力532人，其中女性265人；在劳动年龄外的劳力16人，外出23人（出省3人）。从事农业131人，从事林业2人，从事工业335人（镇办工业79人，村办工业255人，村以下工业1人），从事建筑业11人，从事交通运输业和邮电业7人，从事商业饮食业22人，服务业1人，文化艺术和教育事业3人，乡经济组织（社务）管理3人，其他17人。

交通村劳动力390人，其中女性151人；在劳动年龄外的49人，外出10人。从事农业211人，从事工业149人（镇办工业79人，村办工业70人），从事建筑业17人，从事交通运输业和邮电业4人，从事商业饮食业4人，文化艺术和教育事业2人，乡经济组织（社务）管理3人。

卫家村劳动力311人，其中女性140人。从事农业130人，从事林业4人，从事工业150人（镇办工业90人，村办工业60人），从事建筑业10人，从事交通运输业和邮电业1人，从事商业饮食业14人，文化艺术和教育事业2人。

1985年，凤凰地区3个村合计劳动力1233人，其中从事第二产业的672人（工业634人，建筑业38人），占全部劳动力的54.50%，首次超过从事第一产业的劳动力。其中凤凰村从事第二产业的346人，是该村劳动力532人的65.04%。

1995年，凤凰地区3个村合计劳动力1324人，其中从事第二产业的1002人（工业961人，建筑业41人），占全部劳动力的75.68%；从事第三产业的135人，占全部劳动力的10.20%。从事第二、第三产业的人数占全部劳动力的85.88%。其中卫家村从事第二产业的245人，从事第三产业的18人，从事第二、第三产业的人数占该村劳动力284人的92.61%。

2005年，三村合并后的凤凰村劳动力有1417人，其中从事第一产业的42人，占全部劳动力的2.97%；从事第二产业的1131人（工业1069人），占全部劳动力的79.82%；从事第三产业的244人，占全部劳动力的17.22%。从事第二、第三产业的人数占全部劳动力的97.04%。

2010年，凤凰村劳动力1405人，其中从事第一产业的32人，占全部劳动力的2.28%；从事第二产业的1010人（工业955人），占全部劳动力的71.89%；从事第三产业的363人，占全部劳动力的25.84%。从事第二、第三产业的人数占全部劳动力的97.73%。

2016年，凤凰村劳动力1528人，其中男性779人，女性749人。从事第一产业的18人，占全部劳动力的1.18%；从事第二、第三产业的1510人，占全部劳动力的98.82%。

表011　1995年凤凰村、交通村、卫家村劳动力构成情况（一）

单位：人

村名	劳动力资源总数						实有劳动力人数							
	总计	劳动力年龄内的人数		不足劳动年龄而参加劳动人数	超过劳动年龄而参加劳动人数		总计	按性别分		按文化程度分				
		小计	上学的学生人数	丧失劳动能力人数				男	女	大学	中专	高中	初中	小学	文盲半文盲
凤凰村	600	568	3	2	0	32	595	284	311	0	0	73	305	207	10
交通村	455	445	10	0	0	10	445	270	175	0	5	41	99	300	0
卫家村	292	283	6	2	1	8	284	146	138	0	0	20	93	167	4
合　计	1347	1296	19	4	1	50	1324	700	624	0	5	134	497	674	14

表012　1995年凤凰村、交通村、卫家村劳动力构成情况（二）

单位：人

村名	实有劳动力按部门分												
	总计	农林牧副渔		工业劳动力				建筑业	交通运输仓储及邮电通信业	批发及零售贸易和餐饮业	卫生体育和社会福利业	金融保险业	其他非农行业
		小计	农业	小计	镇乡工业	村办工业	村以下工业						
凤凰村	595	62	55	416	91	313	12	31	25	33	2	1	25
交通村	445	100	100	302	50	165	87	8	10	9	0	0	16
卫家村	284	25	18	243	76	167	0	2	5	5	2	0	2
合　计	1324	187	173	961	217	645	99	41	40	47	4	1	43

表013　2011—2016年凤凰村劳动力职业构成情况

单位：人

年份	劳动力	从事农民家庭经营	从事第一产业	衙前镇内务工	外出务工	未就业（在校读书）
2011	1430	340	33	980	0	110
2012	1495	463	38	983	0	49
2013	1502	465	36	987	0	50
2014	1456	461	36	953	0	42
2015	1517	445	28	1026	0	46
2016	1528	464	18	1015	0	49

表014 2016年12月凤凰村各片劳动力职业分类情况

单位：人

区域	劳动力	劳动力职业分类情况									
		办工业	办商业	五匠	做工人	做营业员	任村班子	村务人员	政府人员	在校生	其他
交通片	519	30	18	8	318	36	4	6	2	16	81
凤凰片	719	58	28	13	427	70	7	18	0	21	77
卫家片	290	22	10	6	188	26	2	6	0	12	18
合计	1528	110	56	27	933	132	13	30	2	49	176

注："五匠"指由原石匠、木匠、瓦匠、泥水工、漆匠、铜匠、铁匠等手工业者转变而来的建筑装潢等行业的该村从业人员；"其他"指不包含在以上职业内的从业人员，如出租车驾驶、载重车出租人员、保安门卫、保洁工等。

家庭规模

民国17年（1928），凤凰地区所在衙前村2490户、10355人，户均4.16人。

1961年，凤凰地区3个生产大队共328户、1200人，户均3.66人。

1965年，凤凰地区3个生产大队共339户、1426人，户均4.21人。

1971年，凤凰地区3个生产大队共330户、1633人，户均4.95人，为新中国成立后最大值。

1975年，凤凰地区3个生产大队共376户、1718人，户均4.57人。

1980年，凤凰地区3个生产大队共396户、1720人，户均4.34人。

1990年，凤凰地区3个村共582户、1791人，户均3.08人。

2000年，凤凰地区3个村共584户、1999人，户均3.42人。

2010年，凤凰村共590户、2118人，户均3.59人。

2016年，凤凰村共581户（不含户口挂靠户）、2204人，户均3.79人。

表015 2015年凤凰村家庭户规模情况

家庭户规模	家庭户数	占全村总户数%	人数	占全村总人口%
1人户	64	10.6	64	2.89
2人户	57	9.5	114	5.15
3人户	134	22.3	402	18.17
4人户	170	28.3	680	30.74
5人户	114	19.0	570	25.77
6人户	53	8.82	318	14.38
7人户	8	1.33	56	2.50
8人户及以上	1	0.17	8	0.36
合计	601	100	2212	100

注：①2015年凤凰村583户加上由历史原因遗存的户口挂靠户共601户。
②64户1人户中，除了一定数量的鳏寡人员外，大多数是子女在外工作户口迁出村外的独居老人或户口在本村已分家的个人户。

第四章 自然环境

概　况

凤凰村境内山、丘、原、河皆有，类型多样，以平原为主，地表平坦，局部稍有起伏。地势低平，海拔不过6米。地貌分区特征明显：南部为平原，水网密布，北部为低山丘陵地貌，凤凰山、洛思山、龟山三山相望。萧绍运河穿越村境，土壤类型众多，生态优良，宜种性广。气候温和湿润，光照充足，雨量充沛，四季分明。凤凰山森林公园为萧山区5个森林公园之一。沈定一故居内的罗汉松为杭州十大名木之一。

图0117　萧绍运河穿村而过（2018年4月30日，傅展学摄）

第一节　地质

凤凰村地处扬子准地台、钱塘台褶皱带北东端，隶属东南沿海造山褶皱带和俯冲带的活动性大陆边缘，出露地层主要为第四系松散沉积层，面积分布较大的为新生界，次为中生界，岩石种类为火山岩，化学成分属铝过饱和类型。

第潟四系全新统（Q_4）分布较广，由古海湾堆积而成水网平原。上部为海积—冲积亚砂土、粉细砂，局部夹湖沼沉积淤泥质亚黏土，下部为海积夹潟湖型沼泽沉积淤泥质亚黏土、亚黏土、亚砂土，底层局部为淤泥质黏土与黏土粉砂，岩性呈灰黑色、褐灰色，含半炭化植物碎屑、炭质小团块和贝壳碎片，有机质含量高。

中生界出露有朝川组（K_1c）、壳山组（K_1k）两个岩组。朝川组岩性为灰紫色含砾长石岩屑砂岩、暗紫红色含砾砂岩、砂砾岩，主要分布在卫家洛思山一带，厚度大于180米。壳山组岩性为灰紫色块状流纹岩、流纹斑岩、球泡流纹岩、集块角砾熔岩，岩石柱状节理发育，主要分布在凤凰山一带，厚度大于300米。

第二节 地貌

凤凰村地势北高南低，地貌分区特征明显：南部为平原，水网密布，北部为低山丘陵地貌，三山相望。在中生代前的漫长地质历史时期里，境内一直浸没在大海之中，印支运动中才全面隆起成陆。此后，历经海侵海退漫长的海陆变迁过程，至第四纪晚更新世后期，海面下降，会稽山以北大片海相沉积层才出水成陆，萧绍平原逐渐定型。晋朝人贺循组织疏凿萧绍运河，横贯整个萧山中部平原，流经凤凰村全境。以运河为主干，人们又开掘纵横支河，形成稠密水网，使沼泽地垦殖成良田。河流水位平稳，便利航运灌溉，水产资源丰富。地下水位高，适宜种植水稻和春花等作物，堪称鱼米之乡。

第三节 山岭

凤凰山

位于村境北部，是航坞山余脉，海拔94米，隔河与瓜沥镇沿塘村、凤升村相望。初名慈孤山，后因山形似卧凤，故名凤凰山。南宋《会稽志》载有"慈孤山"地名，明嘉靖、明万历、清康

图0118 凤凰山上的参天大树（2017年4月，陈妙荣摄）

图0119 凤凰山上的休憩亭（2017年4月，陈妙荣摄）

熙、清乾隆《萧山县志》均有"凤凰山"条目（参见本编"建置·村名由来"节），明清《萧山县境之图》均有"凤凰山"山名。

现凤凰山北坡有新建的东岳庙、沈定一圆形墓，南麓有衙前农民运动纪念馆、李成虎墓，东坡有梅花鹿饲养场，西麓有凤凰公寓、游泳池等。

原生态山林资源丰富，空气清新。2001年，萧山市农业局批准衙前镇凤凰山森林公园为萧山市级森林公园，时凤凰山森林公园为萧山市5个森林公园之一。

2016年，衙前镇规划开发凤凰山旅游景区，以红色旅游为主，结合官河、新农村建设成果、宗教禅寺等资源，建设乡村乐园、生态文化园、景观雕塑、滨水绿道、衙前老街、宗教养生等项目，时村民、游客上山观光、休闲、参禅者络绎不绝。

洛思山

又名洛思峰，位于凤凰村东北边境，海拔218.5米，东南与衙前镇内山南富村接壤，山北侧与瓜沥镇毗邻。

该山得名时间较早。南北朝顾野王（519—581）《舆地志》记载了洛思山的得名由来，北宋《太平寰宇记》《太平御览》亦记载有洛思山得名由来，与《舆地志》所载略同。

南宋嘉泰《会稽志·山》引《舆地志》载："《舆地志》云：永兴县洛思山，先是洛下人随朱隽来会稽，三年不得返，乃登山北顾而叹。或云隽遭母丧，止葬此山，请洛下图墓师相地。师去乡既久，目极千里，北望洛京，号呼而绝，因葬山顶，故以为名。《寰宇记》《太平御览》所载略同。"

明嘉靖《萧山县志》载："洛思山，去县东北三十六里，属凤仪乡。《舆地志》云：昔有洛人随太尉朱隽来会稽。三年不得返，登山北望而叹。《三赋》云：'登洛思而思洛兮！'孔晔记云：'隽遭母丧，葬此山下。洛图师为相地，师去既久，北望洛京号呼而绝，因葬山顶。'元萨天锡诗：'登高复怀古，路途剧羊肠。目断云天阔，何由见洛阳！'"

顾名思义，洛思山是洛人到此，北望洛京、思念洛京（洛阳为东汉、三国魏、西晋、北魏等朝代的京都）而得名。

明万历、清康熙、清乾隆《萧山县志》均有"洛思山"条目，明清《萧山县境之图》均有"洛思山"山名。

洛思山是古代郡州的重要分界地。唐《通典·州郡》载，会稽郡（越州）领六县（会稽、山阴、剡、萧山、余姚、诸暨），余杭郡（杭州）领9县（钱塘、富阳、临安、于潜、唐山、紫溪、盐官、新城、余杭）；余杭郡，东南到洛思山，至会稽郡，总共172里。可见当时的洛思山是余杭郡（杭州）、会稽郡（越州）的重要分界地。

宋元时期，有不少诗人以《洛思峰》为题作诗（参见本志"艺文"编）。清代郭伦《萧山赋》有"西山如嶂，北干如屏。洛思蜷嶙于东北，石牛崚峨于西南"句。清代杨绳祖《萧山赋》有"洛思航坞，螺山坎山，吹楼鳖子，小山大山，莫不巉岏嶻嶭"句。清代著名书画家金农《冬心先生集·自序》有"江之外又山无穷，若沃洲、天姥、云门、洛思诸峰岭，群欲褰裳涉波曀就予者"句。可见至清代，洛思山仍为名家所推崇。

今洛思山周边，有地藏寺、极乐寺、宝善庵、中山林纪念表、洛思泉等胜迹。民国16年（1927），为纪念孙中山逝世3周年，在山北侧鞍部建"中山林纪念表"。表高9米，钢筋混凝土浇筑，正面水磨石上镌刻"中山林"3字，副署"总理逝世三周年纪念"字样。

图0120　洛思山（2018年6月15日，陈妙荣摄）

龟山

位于凤凰村北部，与洛思山、凤凰山三山鼎足。为海拔20余米的小石山，岗脊起伏平缓，丘顶浑圆，周遭不过500余米。因山有巨石状似乌龟而名之，山边建有童稚庙。如今巨石已不复存在，庙内空荡，香火不再。

其他

凤凰山西连有小山叫馒头山，因山状似馒头，故名。山已由原萧山市邮电局征用，里面仍有部分茶林、果园。

村境北部有晾网山，山不大，因功能而得名。上古时期，周边均为水乡，原住民打鱼后在此晾网。又有村民称此山为马山，顾名思义，山之形体，状若奔马。由于开山取石，现在只剩下半座山体。

第四节　河流

凤凰村地处萧绍平原中部，萧绍运河穿越村全境，境内汇入萧绍运河与西小江的支流有凤凰河、童墅河、傅家河、山南门前河、山南西直江等，池溇塘沟交错，网状水系发达，属于钱塘江水系。

萧绍运河（官河）

又称西兴运河、官河、浙东运河、杭甬运河，是京杭大运河钱塘江以南的延伸段。西起杭州市滨江区西兴街道，经过杭州市萧山区、绍兴市，东至宁波市甬江入海口。最初开凿的部分为位于绍兴市境内的山阴故水道，始建于春秋时期。西晋时，会稽郡内史贺循主持开挖西兴运河，此后与曹娥江以东运河形成西起钱塘江、东到东海的完整运河。南宋建都临安，浙东运河成为当时重要的航运河道。元代至清代，浙东运河重要性有所下降，但仍然保持畅通。直到近代，在新式交通方式的冲击下，运河的作用逐渐被取代。2013年，浙东运河被纳入第七批全国重点文物保护单位。2014年，大运河被列为世界文化遗产。

萧绍运河全长78.50千米（滨江西兴至绍兴曹娥江）。萧山段长

图0121　萧绍运河凤凰段（2016年3月24日，李莫微摄）

21.6千米，经过城厢街道、新塘街道、衙前镇等。衙前段长9240米，由南庄王村入境，东经新林周大桥、宏济桥、永兴桥、凤仪桥，入凤凰村之成虎桥、万安桥、永乐桥，过翔凤桥入绍兴市柯桥区钱清镇。

凤凰段长2500米左右，河面宽30米左右，常水位5.7米，一般水深2.3—2.9米。凤凰村东岳庙（衙前农民运动旧址）前，有一段40米左右的运河古纤道，至今保存较好，是萧山区文物保护单位。

凤凰河

南起萧绍运河，北至坎山直河，河长1275米，宽25米左右。原名卫家河，因流经卫家自然村而名。后改名凤凰河，因流经凤凰山而得名。为萧山区级河流，衙前镇与瓜沥镇界河。新中国成立前，为坎山、衙前界之北海塘南、航坞山西之水排入萧绍平原的最早通道。原河流弯曲蜿蜒，20世纪60年代初河道砌石护岸拓宽成现状。

童墅河

西起优胜直河，东至萧绍运河，河长900米，宽12米左右。因流经童墅自然村而得名，为衙前镇级河流。

傅家河

北起于萧绍运河，南至四翔村，河长1900米，宽13米左右。因流经傅家自然村而得名，为衙前镇级河流。21世纪初，因河水污染严重，环境整治需要，用水泥板封盖了河面。

图0122　凤凰河（2018年5月23日，陈妙荣摄）

第五节　池塘

溇浜

卫家溇，位于凤凰村卫家自然村内，面积约1333.34平方米，水深2米，汇入萧绍运河。

蔡家溇，位于凤凰村大洞桥北，昔日通萧绍运河，后因建设需要被填塞成小池，面积1666.68平方米，水深2米。附近巷弄叫蔡家溇，属村域。

大溇，位于凤凰村傅家自然村内，原面积较大，后逐渐淤塞，今不存。

孝溇，位于凤凰村西曹自然村内，原通运河口，2000年因修建凤凰工业园区，改为地下管道，在萧绍运河边孝溇口建有木构凉亭，供游人休憩。

湖池

凤凰村童墅自然村原有童湖。明清、民国《萧山县志》均载有"童湖"条目（参见本编"建置·自然村落"节），湖边建有资利寺。今湖、寺均不存。

卫家自然村有王家池、漏底池等，面积均不足一亩，深一米左右。1949年后，经历次填池造田，面积大有缩小。

西曹自然村原有王家池塘，2000年因修建凤凰工业园区与凤工路而填埋。

堤塘

新中国成立后，政府对萧绍运河堤塘多次进行护岸砌坎工程，其中1999年砌坎护岸工程凤凰村段投入19.8万元，至今省级文物保护单位东岳庙段保存完好。

第六节　气候

四季

凤凰村位于北亚热带季风气候区南缘，属典型亚热带季风性湿润气候。气候特征是：冬夏长，春秋短，冬冷夏热，四季分明，光照充足，雨量充沛，温暖湿润。

春季　一般始于3月，止于5月中旬。低温多雨，冷暖起伏大，天气多变。季平均气温15℃。清明前后受冷空气影响，偶有连续3天日平均气温低于11℃标准的"倒春寒"现象发生。"谷雨"后会进入暮春时节，气温回升，一路向暖，最高气温可达30℃，不过晨凉午热，昼夜温差较大。

图0123　秋日阳光下的凤凰山（2018年10月7日，徐国红摄）

夏季　一般始于5月下旬至6月初，止于9月。前期梅雨季节，闷热潮湿多暴雨，后期出梅，晴热少雨多高温，三伏天时间长。季平均气温26.9℃。仲夏（7月中旬至8月上旬）日照强烈，极端最高气温超过40℃，为凤凰村民生活用电、工业用电高峰期。夏末（8月中旬至9月中旬）有台风、雷电，容易出现强风洪涝灾害。

秋季　一般始于9月下旬至10月初，止于11月。前期晴暖多雨，后期秋高气爽。季平均气温17.5℃。入秋后会出现连续5天最高温度35℃以上的暑热天气，人们感到炎热难受，称之为"秋老虎"。从霜降到立冬为一年之中气温下降最快时段，特别是下雨后，人们会感到明显的降温，故有"一场秋雨（风）一场寒"之说。

图0124　东岳庙雪景（2018年1月26日，陈妙荣摄）

冬季　一般始于11月底至12月初，止于翌年3月。寒冷干燥。季平均气温5.1℃。最冷在1月中下旬，隆冬时节，多出现降雪和冰冻天气。

气温

1981—2010 年,[①] 萧山包括衙前凤凰年平均气温 16.8℃,其中 1 月最冷,平均气温 4.5℃;7 月最热,平均气温 28.9℃。年平均地面温度 17.7℃。

2016 年,年平均气温 17.9℃,其中 1 月平均气温 4.6℃,7 月平均气温 30.1℃,夏季极端最高气温为 39.6℃,出现于 7 月 26 日;冬季极端最低气温为零下 8.4℃,出现于 1 月 25 日。年日平均 >0℃ 积温 6556.5℃,年日平均 >10℃ 积温 6074.9℃。

降水

1981—2010 年,萧山包括衙前凤凰年平均降水量 1440.5 毫米。降水量年际变化很大,且四季分配不匀。

2016 年,年降水量 1808.8 毫米,其中 2 月最少,降水量 31.5 毫米;6 月最多,降水量 293.1 毫米。境内自 6 月 11 日入梅,7 月 1 日出梅,入梅时间较常年(6 月 14 日)正常,出梅时间较常年(7 月 7 日)偏早。梅汛期为 20 天,较历史平均梅汛期 23 天略短。

日照

1981—2010 年,萧山年平均日照时数 1804.6 小时。2016 年,日照时数 1783.9 小时,较上年、常年分别偏多 476.6 小时和偏少 20.7 小时,其中 1 月最少,日照 83.4 小时;8 月最多,日照 89.2 小时。凤凰村境大部为平原,光照充足,年平均日照时数多于 1804.6 小时。

图 0125 雨中行(2013 年 10 月 8 日,徐国红摄)

风

萧山包括衙前凤凰风向随季节转换,明显反映出季风气候特征。2 月起东北偏北风和西北偏北风渐盛,3—6 月和 8 月以偏东风为主,7 月多西南风,9—10 月多西北风,11 月到翌年 2 月多西北偏北风。2016 年,年大风天数 15 天,较常年多 11.9 天。

霜雪

萧山包括衙前凤凰降霜主要集中在 11 月至翌年 3 月,降雪主要集中在 12 月至翌年 3 月。2008 年 1 月 13 日至 2 月 2 日,连续 3 次暴雪,积雪深 20 多厘米,凤凰山积雪最深达 30 厘米,到达人的膝盖处。该年冰冻日数 33 天,无霜期 259 天。2016 年冰冻日数 14 天,较常年 25.4 天偏少 11.4 天;无霜期 277 天,较常年 263 天长 14 天。

---

① 按世界气象组织(World Meteorological Organization)规定,常年气候资料的整编和统计处理,以连续 30 年资料的统计值为标准气候值。

第七节 土壤

至2016年12月底,凤凰村有内外耕地771亩,其中内地集体所有土地436亩,围垦土地335亩。根据1980年12月至1984年2月进行的第二次土壤普查,按《浙江省第二次土壤普查工作暂行分类方案》确定的标准和相关普查资料,凤凰村土壤可分属3类:

水稻土类

分布于萧绍运河两岸,面积较大。在长期水耕熟化过程中发育起来的,普遍具有砂黏适中、酸碱适度、土层深厚、熟化程度高、无特殊障碍层次等良好性状,易于培肥改良,适宜种植粮食作物。耕作层厚10—15厘米,有机质含量一般为2%—3%,全氮0.15%—0.20%,普遍缺磷、缺钾。经过长期耕作,土壤速效磷含量继续下降。

红壤土类

分布在村北凤凰山、洛思山及山周边田中,面积不大。为一种在温暖湿润的生物气候条件下,遭受深度风化的矿质土壤。土体呈红色或黄红色,质地黏细,土层深浅不一。土壤酸碱度pH值为5—5.5,表层有机质含量为1.5%左右,缺磷、缺钾严重,今山麓缓坡多数已开垦成林地、茶园和竹园。

盐土类

分布于围垦,系新围垦土地。发育于近代浅海沉积物,呈浅褐色或浅灰色,含盐量在0.1%—0.5%,干旱季节有不同程度的泛盐现象,有强烈的石灰反应和明显的夜潮性。以极细砂与粗粉砂为主,结持性弱,容易坍塌,干燥时高度分散,泡水后极易沉实淀闭。熟化程度低,土壤呈微碱性。20世纪90年代,萧山实施"西水东调"工程,引淡水灌溉和辛勤耕植,土壤表层逐渐熟化,碱性日渐趋淡。

第八节 植被

凤凰村地处中亚热带常绿阔叶林植被带,植被覆盖率在85%以上。山地以次生性自然植被为主,人工栽培经济植被为辅。平原地带以人工栽培植被为主,具有明显的季节性变化。自然植被有针叶林、阔叶林、针叶阔叶混交林和灌木丛等。人工栽培的经济林、防护林木和村落绿化行道树木有香樟、泡桐、乌桕、银杏、水杉、枫树、杨树、柳树等。种植作物有水稻、大麦、小麦、油菜等。

21世纪初,人工绿化带逐年增多,观赏性草本、木本植物种类繁多。凤凰山西山坡梨园有13333多平方米,公园内有苗

图0126 官河沿岸绿树成荫(2018年10月7日,徐国红摄)

圃，常见的树种有红枫、金边黄杨、红花基木、红叶石楠等。104 国道、衢党公路两侧花坛绿化带达 10000 平方米。

河道池塘里，庭院水池中，还有菱角、茭白、莲藕、水葫芦、水浮莲、水草、薀草等水生植被。路边屋后有少量马鞭草、苔藓等。"四旁"闲散地有蔬菜瓜果等。

第九节　野生动植物

凤凰村自然条件优越，北有凤凰、洛思山，南有萧绍运河和大块平原，利于动植物生长繁衍。境内脊椎动物、无脊椎动物，纲目种类繁多，有多种国家重点保护动物。

野生动物

兽类　主要有黄鼬（黄鼠狼）、穿山甲（国家二级保护动物）、水獭（国家二级保护动物）、田狗、刺猬、山兔、田鼠、野猫等。猪獾在洛思山有群穴居，蝙蝠遍及乡村。

禽类　主要有麻雀、鹌鹑、雉鸡、乌鸦、喜鹊、杜鹃（布谷鸟、鹁鸪）、画眉、黄莺、啄木鸟、鸳鸯（国家二级保护动物）、猫头鹰、老鹰、鹭鸶、翠鸟（拖鱼鸟）、丘鹬、鸲鹆（八哥，鹦鹉，国家二级保护动物）、白头翁等。候鸟有燕子、凫（野鸭）、大雁（白额雁为国家二级保护动物）等。

鱼类　主要有鲤鱼、青鱼（螺蛳青）、草鱼、鲢鱼、鲫鱼、鲈鱼、鲶鱼、鳊鱼、鳢（乌鳢鱼、黑鱼）、鳜（桂鱼、季花鱼）、黄鳝、泥鳅、鳗、杜父（土步鱼）、刀鳅、鳙（胖头鱼）、磨头鱼（磨头郎）、鲛颡、岔尾黄颡鱼、鳑鲏、鳡（横占）、鲚花鱼、念佛鱼、青小鲤、王八万、白眼鯝等。

节肢门甲壳类主要有河虾、龙虾、白虾、米虾、沼虾、螃蟹（河蟹、石蟹、蟛蜞、毛蜞、横隔蟹）、蝎子等。

软体类　主要有河蚌（含冠鸡）、蚬（含长蚬、黄蚬）、蠌子、麻蛤、螺（田螺、螺蛳、蜓螺、旱钉螺）、蜗牛、蛞蝓等。

两栖类　主要有青蛙、石蛙、蟾蜍（癞蛤蟆）、泽蛙（狗乌田鸡）、虎纹蛙（国家二级保护动物）、蝾螈等。

爬行类　主要有龟、鳖、蛇等。其中蛇有有毒蛇：蝮蛇、眼镜蛇（省级保护动物）、蕲蛇（五步蛇，省级保护动物）、竹叶青、银环蛇等；无毒蛇：赤练蛇、乌梢蛇、青梢蛇、四脚蛇、水蛇、王锦蛇（菜花蛇、黄蟒蛇、大王蛇）、蜥蜴、壁虎等。

环节动物类　主要有蚯蚓（曲蟮）、水蛭（蚂蟥）、蜈蚣、八脚、牛搭皱等。

昆虫类　主要有蜜蜂、胡蜂（黄蜂）、蝴蝶多种（中华虎凤蝶为国家二级保护动物、宽尾凤蝶为省级保护动物）、黄蜂、蜻蜓（黄蜓、红蜻、小尾尖蜓）、螳螂、蟑螂、蝼蛄、蚱蜢（蝗弹）、蚱蜢、地鳖、纺织娘（觉蛱）、蝉（知了、钥匙代）、蟋蟀（斗虮）、蚁（蚂蚁、火蚁、白蚁）、多种蚊、蝇、萤火虫、牛虻、蜘蛛、放屁虫、灶壁鸡等。另有多种天牛、瓢虫、蚜虫、介壳虫、叶蝉、飞虱等。

野生植物

树木　主要有马尾松、银杏（白果树、公孙树）、侧柏、龙柏、桧柏、黄檀、水杉、柳、槐、梧桐、杨、板栗（毛栗）、麻栎、乌桕、棕榈、香樟、柘树、山茶、冬青、南天竹、女贞、枇杷、梨、石榴、柿、木樨（桂花）、黄连木、柞、桑、枫、楝、夹竹桃、茶、枣等树木。

竹类　主要有毛竹、钢竹、杜竹、草竹、苦竹、步己竹、呼啸竹、凤尾竹（观音竹）等。

药用草本类　主要有女贞子、金缨子、何首乌（地精）、野百合、野菊花、鱼腥草（蕺菜）、野甜菜、夜交藤、菟丝子、青蒿、白术、白芨、白茅、甘菊、沿阶草（麦冬）、马齿苋、蒲公英、金银花、金钱草、苍耳草、仙鹤草、车前子、天南星、夏枯草、土茯苓、荆芥、细辛、葛根、薄荷、青蒿、芦根、菖蒲、荠菜、马兰头、艾、十大功劳（土黄连）、土三七、爬山虎（地锦）、五抓灯笼、七叶一枝花、老虎脚底板（枸骨、鸟不宿、八角刺）等。

第十节　灾异

凤凰村境内历史上发生的自然灾害主要为气象灾害、地质灾害。1950年以来，灾害性天气主要为寒潮、低温、暴雨、台风、冰雹和飑等。

1951年6月，久旱无雨，凤凰乡、交通乡农田受灾，官河水几近干涸。

1954年5月上旬大雨，造成内涝，凤凰乡、交通乡水稻秧田受淹，春花田受损。下旬至6月大雨，洪涝成灾，农田淹没时间最长，损失巨大。

1956年8月1日午夜，12号台风过境，村庄地淹房坍，树倒人伤，东岳庙一侧数十吨重石牌坊轰然倒塌，村庄损失惨重。

1958年7月1日至8月19日，连旱50天；10月23日至12月28日，连旱67天。

1961年10月3—4日，第26号台风过境，村庄暴雨成灾，农田受淹，粮食歉收。

1963年9月，12号、13号台风相继袭击萧山，河水倒灌，村庄损失严重。

1964年2月，连续降雪9天，冰雪封道，公路交通中断，耕牛被冻死。

1974年8月19日，第13号台风过境，堤坝决口，围垦土地受淹。

1976年1月1—9日，连降大雪，江河封冻，道路结冰。水上交通停航，公路班车停驶。

1977年1月1—5日，连降大雪，积雪深度达20厘米，气温降至零下15℃。经济作物严重受损，家庭停电。

1977年4月14日，遭飑袭击，飑线经衙前、坎山、瓜沥、党湾、第一农垦场等地，风力12级，夹有冰雹、雷暴，冰雹大的如鸡蛋。凤凰地区房屋受损，庄稼被毁，人畜受伤，灾情严重。

1984年1月17—21日，连降大雪，积雪达16厘米。房屋倒塌、高压线断路，电线杆、广播线杆折断，汽车停驶。

1986年4月10—11日，暴雨夹杂冰雹，农田受淹，春花歉收。

1988年7月24日，雷雨大风，风速达26米/秒，伴有冰雹，树木折断、树根拔起，民房屋顶被掀。

1988年8月8日，7号台风过境，官河水位上升，晚稻被淹。

1988年9月25日至12月25日，3个月仅降雨14毫米，历史同期平均降雨量202.1毫米，为近30年来罕见干旱。春粮、油菜受旱严重。

1990年8月31日，15号台风过境，出现大暴雨，官河水位骤涨，农田大面积受淹。

1991年1月4日、12月27—28日，大雪，积雪有10多厘米，山区15厘米以上。广播线、邮电线、交通线一时中断。

1994年6月24日至8月21日，持续高温和伏秋连旱59天，35℃以上高温日达39天。水网断流，饮水困难。

1997年7月6—11日，连降大到暴雨，雨量累计创历史新高。村庄、村企积水，停电停产，为历史罕见特大洪灾。

1997年8月18日，11号台风袭击，伴着暴雨，境内灾情严重。

1998年1月22—23日，暴雪，积雪深20多厘米。村庄果树园林、家禽水产、交通邮电等受损。

2003年夏季，35℃以上高温55天，最高达42℃。村民生产生活受到影响。

2005年4月29日晚，遭狂风冰雹袭击，风暴线经河上、戴村、衙前、瓜沥、党湾、第一农垦场等地，风力10级。所经之处，大树被折，房屋受损，灾情严重。

2008年1月13日至2月2日，连续3次暴雪，积雪深20多厘米。村庄果树园林、家禽水产、交通邮电等受损。

2013年夏季，35℃以上高温56天，最高达42℃，高温日数、高温强度不亚于2003年夏季。

2016年1月20—23日，大雪、强寒潮袭击，25日境内最低气温零下7℃到零下10℃，造成大量水表、水管被冻裂，村民生活生产受到影响。

图0127　堆雪人（2008年2月2日，徐国红摄）

图0128　打雪仗（2010年12月16日，李小妮摄）

|凤凰村志|上册|

第二编　姓氏

第一章　凤凰村姓氏
第二章　凤凰片姓氏
第三章　交通片姓氏
第四章　卫家片姓氏

概　述

　　凤凰地区最早定居者，未见史籍记载。原住民有傅、卫、曹、陈等大姓。宋元后，外姓移民不断迁入。至今未见编有姓氏宗谱。1994年，萧山市地方志编纂委员会办公室编纂《萧山姓氏志》时，发动各村进行姓氏调查。调查显示，凤凰村、交通村、卫家村合计有87个姓氏、1922人，以周氏、傅氏、卫氏、曹氏、陈氏、王氏和张氏为多，占3村人口的52.97%，其中周氏192人，傅氏188人、卫氏177人、曹氏120人、陈氏127人、王氏103人、张氏101人，分别占3村人口的9.99%、9.78%、9.73%、6.24%、6.61%、5.36%、5.25%。2017年上半年，在编纂《凤凰村志》期间，对凤凰村（凤凰片、交通片、卫家片）人口进行姓氏调查。调查显示，2016年底，凤凰村有姓氏112个，其中周氏216人、傅氏207人、卫氏206人、陈氏135人、曹氏134人、王氏119人、张氏112人，分别占全村户籍人口2192人（不含户口挂靠凤凰村的非凤凰村民12人）的9.85%、9.44%、9.40%、6.16%、6.11%、5.43%、5.11%，合计占全村户籍人口的51.51%。2018年上半年，在一户一个基本情况表（下限断至2016年12月）基础上，配以一户一幅全家照（由春蕾照相馆上门拍摄），一户写一句最想说的话，录入村志中。

图0129　凤凰村姓氏调查（2017年2月13日，莫艳梅摄）

第一章 凤凰村姓氏

概 况

1949年5月萧山解放后,凤凰地区大姓分布相对稳定,有一定的历史渊源性。分布特点,呈现以大姓为聚落的格局。散居于各片的小姓,主要是钱塘江坍江后流离失所逃难到此的移民。1979年后,陆续有异性因婚嫁从外地迁入,这在一定程度上丰富了凤凰地区的姓氏,姓氏人口总量呈增长态势。

第一节 数 量

1994—2016年,凤凰地区姓氏从87个增加到112个,增加25个姓氏(新增31个姓氏,减少6个姓氏)。姓氏人口从1922人增加到2192人,增加270人。

人数增加的姓氏有82个,其中周氏增加最多,从192人增加到216人,增加24人。卫氏、傅氏次之,分别增加19人。

人数减少的姓氏有16个,其中李氏减少最多,从44人减少到34人,减少10人。潘氏次之,从34人减少到28人,减少6人。

人数不增不减的姓氏有18个。

表016　1994年、2016年凤凰村姓氏人口情况

姓氏	1994年总人数	2016年总人数	姓氏	1994年总人数	2016年总人数	姓氏	1994年总人数	2016年总人数	姓氏	1994年总人数	2016年总人数
丁	4	6	杜	3	1	胡	26	31	章	0	1
于	3	4	李	44	34	柏	2	1	萧	1	1
万	0	1	杨	10	15	俞	4	6	曹	120	134
卫	187	206	寿	1	1	钟	1	1	戚	2	2
马	1	5	吴	5	11	姜	1	1	彭	1	0
王	103	119	邱	2	3	施	58	63	葛	1	1
尤	1	0	何	11	9	娄	1	1	程	1	1
毛	9	11	余	0	2	祝	0	1	蔡	27	29
方	30	40	应	14	16	秦	0	1	蒋	1	4
石	1	2	宋	1	1	袁	3	1	韩	4	4
平	0	1	甫	1	1	聂	0	1	傅	188	207
宁	1	1	汪	67	66	莫	6	4	舒	14	18

续表

姓氏	1994年总人数	2016年总人数	姓氏	1994年总人数	2016年总人数	姓氏	1994年总人数	2016年总人数	姓氏	1994年总人数	2016年总人数
孔	10	12	沃	42	44	康	1	1	鲁	8	10
邓	0	1	汤	0	1	商	0	2	覃	1	0
龙	1	1	沈	86	98	龚	0	1	裘	0	2
叶	1	3	张	101	112	尉	0	2	童	2	5
冯	0	3	陆	12	19	顾	1	2	谢	1	1
吕	1	2	陈	127	135	钱	15	26	雷	0	1
朱	21	17	邵	26	30	倪	1	4	漏	0	1
任	2	3	苑	0	1	夏	4	3	虞	0	1
卢	0	1	范	5	1	徐	42	46	詹	0	1
刘	1	2	罗	1	1	殷	0	3	廖	0	2
许	4	6	金	2	4	翁	36	38	黎	0	1
严	1	0	周	192	216	高	8	12	潘（泮）	34	28
阮	2	2	鱼	17	19	曾	0	1	颜	1	1
伊	0	1	庞	4	6	凌	0	1	戴	2	3
孙	5	14	郑	2	3	陶	0	1	魏	1	0
苏	0	1	单	1	0	郭	1	3	鑫	0	1
边	0	1	项	58	63	唐	62	64	合计	1922	2192
成	0	1	赵	13	22	黄	2	8			

注：①1994年数据，据《萧山姓氏志》第495页"凤凰行政村"、第498页"交通行政村"、第502—503页"卫家行政村"数据汇总而成，其中第495页"魏10（人）"，误，实为"卫10（人）"。此表已更正。

②2016年数据，据2017年上半年凤凰村姓氏调查数据汇总而成。

③姓氏人口数，均指村民户籍人数，不包括挂靠凤凰村的非凤凰村村民。

④1994年数据的调查员分别为：鱼成虎（凤凰村）、项美文（交通村）、张亚军（卫家村）。2016年数据的调查员分别为：曹行舟（凤凰片）、陈长根（交通片）、卫东（卫家片）。

第二节 结构

1994年，凤凰村、交通村、卫家村3村姓氏人口在100人以上的有周、傅、卫、陈、曹、王、张7个姓氏，50—99人的有沈、汪、唐、施、项5个姓氏，11—49人的有李、方、沃、朱、胡、徐、蔡、翁、潘、舒、鱼、钱、赵、邵、陆、应、何17个姓氏，3—10人的姓氏有18个，2人的姓氏有10个，1人的姓氏有30个。

2016年，凤凰村内姓氏人口在100人以上的有周、傅、卫、陈、曹、王、张7个姓氏，50—99人的有沈、汪、唐、施、项5个姓氏，11—49人的有李、方、沃、朱、胡、徐、蔡、翁、孙、潘（泮）、舒、鱼、钱、赵、邵、陆、杨、孔、应、吴、高、何、毛23个姓氏，3—10人的姓氏有22个，2人的姓氏有12个，1人的姓氏有43个。

性别构成，男1078人，女1114人。男性最多的是卫氏，139人；傅氏次之，136人，分别占全村男性的 12.89%、12.62%。女性最多的是周氏，87 人；傅氏次之，71 人，分别占全村女性的 7.81%、6.37%。

表 017　2016 年凤凰村 12 个姓氏人数情况

单位：人

姓氏	总计	男	女	姓氏	总计	男	女
周	216	129	87	张	112	78	54
傅	207	136	71	沈	98	41	57
卫	206	139	67	汪	66	22	44
陈	135	77	58	唐	64	40	24
曹	134	84	50	施	63	13	50
王	119	65	54	项	63	24	39

第三节　源流

凤凰地区境内尚未发现有姓氏宗谱，过去在庙堂摆有祖先牌位，"文化大革命"时期被全部烧毁，且庙祠损毁严重，大多姓氏源流无法厘清。1994 年，萧山市地方志编纂委员会办公室编纂《萧山姓氏志》（未公开出版），记载凤凰地区姓氏来源只有 1 个姓氏（卫氏）。2017 年上半年，凤凰村开展姓氏源流调查，收集资料，外出绍兴、诸暨等地求证，基本厘清村内主要姓氏源流。

周氏

主要集中在凤凰村中部。北宋理学家周敦颐后裔，后随宋室南渡。南宋时，自杭州迁至诸暨紫岩（今诸暨市店口镇），析迁诸暨南门（三踏步）。元朝时，析迁山阴周桥（周家桥）。明朝时，析迁山阴后马。明弘治年间（1488—1506），析迁萧山衙前草漾，后分支析居衙前凤凰，始迁祖名号由于年代久远而失传。2016 年，凤凰村有周氏 216 人，其中凤凰片 191 人，交通片 17 人，卫家片 8 人，是村内第一大姓。

傅氏

主要集中在凤凰村南部的傅家自然村。源自浙江金华傅氏。南宋时，由山阴迁至诸暨。明朝时，由诸暨湄池分迁衙前镇傅家自然村，当时有两兄弟祖迁，至今有 400 多年历史，按 90 岁的村民傅小虎计算，排列 27 世。2016 年，凤凰村有傅氏 207 人，其中交通片 200 人，凤凰片 6 人，卫家片 1 人，是村内第二大姓。

卫氏

主要集中在凤凰村北部的卫家自然村。北宋初期，卫氏从诸暨迁入，在此建宇立户，肇基发族，开山垦地，聚族而居，繁衍生息，世代相传，至今历 40 余世。传说宋仁宗年间（1023—1056），卫家曾出过一个尚书，嫁女时十里红装，甚为风光。2016 年，凤凰村有卫氏 206 人，其中卫家片 196 人，凤凰片 8 人，交通片 2 人，是村内第三大姓。

陈氏

主要集中在凤凰村南部的童墅自然村。祖籍河南，南宋时迁居杭州，分迁诸暨。明万历年间

(1573—1619），由诸暨枫桥析迁衙前童墅，在童墅生有 8 个儿子，其中第四个儿子移居新街陈家园，在陈家园生有 6 个儿子，至今有 200 多年历史。2016 年，凤凰村有陈氏 135 人，其中交通片 103 人，凤凰片 14 人，卫家片 18 人，是村内第四大姓。

项氏

分散居住在凤凰村境 3 片区域。西楚霸王项羽的后裔。北宋末，项益、项晋、项萃三兄弟随赵构南渡，分居浙江。老二项晋居嘉禾（今嘉善、嘉兴一带），以诗礼传家。老大项益、老三项萃，居于钱塘江南捍海塘边之沼泽地，开垦荒滩，繁衍发族，于衙前项家村，传 30 世。分大房、青（亲）三房两大派。凤凰村项氏多出自青三房，2016 年有 63 人，其中凤凰片 21 人，交通片 32 人，卫家片 10 人。

唐氏

主要集中在凤凰村南部的童墅自然村。南宋初年，从河南迁入浙江，自绍兴迁入衙前童墅。2016 年，凤凰村有唐氏 64 人，其中交通片 62 人，凤凰片 2 人。

蔡氏

主要集中在凤凰村北部。祖籍山东济阳，后迁居会稽，卜居新昌蔡岙。南宋嘉定年间（1208—1224），恽季公入赘萧山许贤，传 11 世，始迁至萧山城隍庙西，定居城厢蔡家弄（今城厢街道百尺溇社区）等地，繁衍发族，后析迁衙前卫家自然村。据 89 岁的村民蔡水泉口述，爷爷辈分的每逢清明节都要去蔡家弄祠堂祀祭，太爷爷居萧山开米店，草漾自然村也有两户祖迁。2016 年，凤凰村有蔡氏 29 人，其中卫家片 28 人，交通片 1 人。

第二章　凤凰片姓氏

概　况

村内 3 片区域姓氏中，凤凰片姓氏最多，世居于此的姓氏有 33 个，因移民、婚嫁迁入的姓氏有 48 个，其中周氏最多，主要聚居在西曹自然村。旧时，因凤凰片原以曹氏为主，又位于衙前镇以西，故名西曹。后因坐落在凤凰山下，改名为凤凰村。2016 年，凤凰片有 254 户、981 人、81 个姓氏，其中周氏最多。户主家庭成员基本情况，该片调查汇编者为曹行舟、张彩琴。

第一节　数量

1994—2016 年，凤凰片姓氏从 65 个增加到 81 个，增加 16 个姓氏（新增 19 个姓氏，减少 3 个姓氏）。姓氏人口从 845 人增加到 981 人，增加 136 人。

人数增加的姓氏有 49 个，其中周氏增加最多，从 170 人增加到 191 人，增加 21 人。

人数减少的姓氏有 12 个，其中魏氏减少最多，从 10 人减少到 0 人，减少 10 人。

人数不增不减的姓氏有 23 个。

2016 年，凤凰片的姓氏、人数分别占全村的 72.32%、44.75%。

表 018　1994 年、2016 年凤凰片姓氏人口情况

姓氏	1994年总人数	2016年			姓氏	1994年总人数	2016年		
		总人数	男	女			总人数	男	女
丁	4	6	4	2	庞	3	3	0	3
于	1	1	0	1	郑	1	1	0	1
卫	10	8	4	4	项	15	21	7	14
马	0	1	0	1	赵	3	7	1	6
王	66	83	49	34	胡	9	15	5	10
毛	5	8	2	6	柏	1	1	0	1
方	19	24	6	18	俞	1	1	0	1
孔	9	11	8	3	施	35	34	12	22
邓	0	1	0	1	娄	1	1	0	1
龙	1	1	0	1	祝	0	1	0	1
叶	1	2	2	0	秦	0	1	0	1
冯	0	2	0	2	袁	2	0	0	0
吕	1	1	0	1	聂	0	1	0	1
朱	12	9	2	7	莫	4	2	0	2

续表

姓氏	1994年总人数	2016年			姓氏	1994年总人数	2016年		
		总人数	男	女			总人数	男	女
任	1	2	0	2	顾	1	1	0	1
刘	1	1	0	1	钱	4	4	0	4
许	1	0	0	0	倪	0	2	0	2
阮	2	2	1	1	徐	35	36	16	20
伊	0	1	0	1	殷	0	1	0	1
孙	2	7	2	5	翁	35	37	24	13
苏	0	1	0	1	高	2	4	0	4
杜	1	1	0	1	郭	0	1	0	1
李	13	11	4	7	唐	1	2	0	2
杨	6	9	8	1	黄	2	6	0	6
吴	0	3	0	3	萧	1	1	0	1
邱	1	1	0	1	曹	115	129	84	45
何	6	3	0	3	戚	1	1	0	1
余	0	2	0	2	彭	1	0	0	0
应	6	5	1	4	葛	1	1	0	1
汪	38	39	16	23	蒋	1	2	0	2
沃	41	43	27	16	韩	1	1	0	1
汤	0	1	0	1	傅	7	6	1	5
沈	55	57	28	29	舒	14	17	9	8
张	23	31	13	18	鲁	8	9	6	3
陆	5	11	4	7	童	2	5	1	4
陈	11	14	3	11	谢	1	1	0	1
邵	1	1	0	1	雷	0	1	0	1
苑	0	1	0	1	虞	0	1	0	1
范	2	1	0	1	詹	0	1	0	1
罗	1	1	0	1	潘	3	3	0	3
金	0	1	0	1	戴	1	1	0	1
周	170	191	121	70	合计	845	981	477	504
鱼	17	19	6	13					

注：①1994年数据，资料来源于《萧山姓氏志》第495页"凤凰行政村"的数据，其中"魏10（人）"，误，实为"卫10（人）"。此表已更正。

②2016年数据，资料来源于2017年上半年凤凰片姓氏调查数据。

③姓氏人口数，均指村民户籍人数，不包括挂靠凤凰村的非凤凰村村民。

④1994年数据的调查员为鱼成虎，2016年数据的调查员为曹行舟。

第二节 结构

1994年，凤凰村内姓氏人口在100人以上的有周、曹2个姓氏，50—99人的有王、沈2个姓氏，11—49人的有方、朱、李、汪、沃、张、陈、项、施、徐、翁、舒、鱼13个姓氏，3—10人的姓氏有丁、卫、毛、孔、胡、杨、陆、何、应、赵、莫、钱、傅、鲁、庞、潘16个，1—2人的姓氏有32个。

2016年，凤凰片内姓氏人口在100人以上的有周、曹2个姓氏，50—99人的有王、沈2个姓氏，11—49人的有方、孔、李、汪、沃、张、陆、陈、项、胡、施、徐、翁、舒、鱼15个姓氏，3—10人的姓氏有丁、卫、毛、朱、孙、杨、吴、何、应、赵、钱、高、黄、傅、鲁、童、庞、潘18个，1—2人的姓氏有44个。

性别构成，男477人，女504人。周氏占比最多，男121人，女70人，分别占凤凰片男性、女性的25.37%、13.89%。曹氏次之，男84人，女45人，分别占凤凰片男性、女性的17.61%、8.93%。

第三节 户主与家庭成员

1994年，凤凰村有5个村民小组、65个姓氏、261户、845人。2016年，凤凰片有5个村民小组、81个姓氏、256户、981人（不含户口挂靠凤凰村的非凤凰村村民）。

第一村民小组

凤凰片第一村民小组有53户。户主姓名分别为：沃岳炎、沃关水、沃关千、朱建林、曹水庆、施阿坤、王孝志、翁永根、施茶根、王关建、杨水福、杨福仁、曹阿亚、沃水木、沃连根、沃柏根、曹福生、曹祖根、曹水根、曹建军、翁国强、曹银法、曹建国、曹泉夫、周生夫、翁国民、翁国校、曹柏根、曹校庆、曹裕法、曹福根、曹裕仙、曹张福、曹建利、曹凤林、阮人校、曹柏泉、曹庆炎、沃雅根、周柏明、周关水、曹国华、施水芬、周祖根、曹金海、曹水根、周来德、曹金传、沈利根、汪国海、周关兴、周浩明、王关友。

图0130 官河风光（2018年9月28日，徐国红摄）

表019　户主沃岳炎家庭成员情况

类别	家庭成员姓名	性别	家庭关系	文化程度	出生年月日	工作（职业）职务
凤凰片第一村民小组	沃岳炎	男	户主	小学	1928.01.14	在家养老
	汪素珍	女	妻子	初中	1936.03.16	家务
	沃关尧	男	儿子	初中	1968.07.19	杭州航球纺织有限公司管理人员
	高江姣	女	儿媳	小学	1973.01.04	自由职业
	沃佳钦	男	孙子	高中	1995.06.24	杭州网屏精密机械有限公司职工
户主	父亲：沃阿泉（1894—1974），务农。 户主：沃岳炎，原衙前加油站清洁工，现在家养老。 2016年住房面积420平方米。					

注：沃岳炎，见图0131前排坐者；汪素珍，见图0132前排左一。

表020　户主沃关水家庭成员情况

类别	家庭成员姓名	性别	家庭关系	文化程度	出生年月日	工作（职业）职务
凤凰片第一村民小组	沃关水	男	户主	小学	1958.07.19	个体建筑承包工头
	施水琴	女	妻子	小学	1961.02.23	家务
	沃林	男	长子	大学	1987.03.07	个体户圆机织造
	富丹丽	女	儿媳	大学	1988.06.10	在家照顾小孩
	沃奕垲	男	长孙		2012.03.10	凤凰幼儿园
户主	祖父：沃阿泉（1894—1974），务农。 父亲：沃岳炎，民国17年（1928）生，原衙前加油站清洁工，现在家养老。 户主：沃关水，中共党员，原为水泥工，现为个体建筑包工头。 2016年住房面积450平方米。					

注：沃关水的父母沃岳炎、汪素珍，见图0132前排、表019；沃关水的小孙子，见图0132后排，户口不在该村。

表021　户主沃关千家庭成员情况

类别	家庭成员姓名	性别	家庭关系	文化程度	出生年月日	工作（职业）职务
凤凰片第一村民小组	沃关千	男	户主	小学	1955.11.11	在家养老
	王水芬	女	妻子	小学	1955.07.05	家务
	沃峰	男	长子	宁波大学药学	1981.11.20	萧山义盛爱心医院药剂师
	彭雨晗	女	儿媳	大学	1985.03.01	杭州钱元电气有限公司会计
	沃运蔚	女	长孙女		2014.01.03	
户主	祖父：沃阿泉（1894—1974），务农。 父亲：沃岳炎，原衙前加油站清洁工，现在家养老。 户主：沃关千，早期务农，后在衙前道班工作，现在家养老。 2016年住房面积350平方米。					

夫妻相敬，举案齐眉，
婆媳相让，一家和气
沃岳炎

图0131　沃岳炎全家照及最想说的一句话（2017年12月）

希望家里人能长寿

沃关水

图0132　沃关水全家照及最想说的一句话（2017年12月）

平安健康

沃关千

图0133　沃关千夫妻照及最想说的一句话（2018年6月）

表022　户主朱建林家庭成员情况

类　别	家庭成员姓名	性别	家庭关系	文化程度	出生年月日	工作（职业）职务
凤凰片第一村民小组	朱建林	男	户主	小学	1955.05.17	自由职业
	周杏仙	女	妻子	小学	1957.07.17	家庭主妇
	朱春江	男	长子	中专	1990.03.25	衙前派出所工作
	何桂糯	女	母亲	初识	1935.09.24	家务
户主	父亲：朱阿大（1931—2000），围垦务农。 户主：朱建林，原在凤凰村搬运队工作，现为自由职业。配偶周杏仙，原凤凰五金厂职工，现家庭主妇。 2016年住房面积270平方米。					

注：图0134后排左一，为朱建林的儿媳，户口不在该村。

表023　户主曹水庆家庭成员情况

类　别	家庭成员姓名	性别	家庭关系	文化程度	出生年月日	工作（职业）职务
凤凰片第一村民小组	曹水庆	男	户主	小学	1956.12.19	杭州兴惠化纤公司纺织杂工
	曹彩珍	女	妻子	小学	1955.08.16	杭州萧山银门装潢五金厂职工
	曹佳萍	女	长女	高中	1982.10.25	杭州宏锋集团职工
	曹佳佳	女	次女	大学	1990.09.30	杭州宏锋集团职工
	鲁诗绮	女	长孙女	小学	2007.03.03	衙前农村小学在校生
户主	父亲：曹双全（1928—1998），朝鲜志愿军，中共党员，退役后在凤凰村务农。 户主：曹水庆，务农，后为杭州兴惠化纤公司杂工。 2016年住房面积360平方米。					

表024　户主施阿坤家庭成员情况

类　别	家庭成员姓名	性别	家庭关系	文化程度	出生年月日	工作（职业）职务
凤凰片第一村民小组	施阿坤	男	户主	小学	1937.06.16	在家养老
	汪阿素	女	妻子	小学	1940.04.15	家务
	施金焕	男	长子	小学	1963.01.09	自由职业
	王春梅	女	长媳	小学	1966.05.21	家务
	施冰麒	男	长孙	高中	1990.03.21	个体户圆机织造
	方超	女	长孙媳	大学	1991.08.31	自由职业
	施凯林	男	曾长孙		2016.05.28	
户主	祖父：施水平（1887—1939），务农。 父亲：施阿友（1907—1988），务农。 户主：施阿坤，务农，村民小组长，后为自由职业，现在家养老。 2016年住房面积380平方米。					

希望家里的老人健长寿。
朱建林

图0134　朱建林全家照及最想说的一句话（2017年12月）

希望家里的老人能长寿
曹水庆

图0135　曹水庆全家照及最想说的一句话（2018年2月）

家和万事兴，齐力共谋荣。
金娥

图0136　施阿坤全家照及最想说的一句话（2017年12月）

表025　户主王孝志家庭成员情况

类别	家庭成员姓名	性别	家庭关系	文化程度	出生年月日	工作（职业）职务
凤凰片第一村民小组	王孝志	男	户主	小学	1947.12.03	凤凰村保洁员
	周丽美	女	妻子	小学	1957.02.08	家务
	王泉兴	男	长子	初中	1980.07.21	杭州海亮化纤有限公司职工
	张杰杰	女	长媳	初中	1985.11.27	浙江美丝邦化纤有限公司职工
	王家福	男	长孙	小学	2006.02.18	衙前农村小学在校生
	王家航	男	次孙		2016.06.26	
户主	父亲：王亿木（1917—1967），务农。 户主：王孝志，务农，现凤凰村保洁员。 2016年住房面积350平方米。					

表026　户主翁永根家庭成员情况

类别	家庭成员姓名	性别	家庭关系	文化程度	出生年月日	工作（职业）职务
凤凰片第一村民小组	翁永根	男	户主	小学	1953.09.06	凤凰村保洁员
	王小囡	女	妻子	小学	1956.07.30	家务
	翁士英	女	女儿	初中	1979.03.03	杭州萧山衙前五金电器厂职工
	翁钱宇	男	孙子	小学	2008.12.13	衙前农村小学在校生
户主	父亲：翁九田（1912—1987），务农。 户主：翁永根，务农，现凤凰村保洁员。 2016年住房面积130平方米。					

表027　户主施茶根家庭成员情况

类别	家庭成员姓名	性别	家庭关系	文化程度	出生年月日	工作（职业）职务
凤凰片第一村民小组	施茶根	男	户主	小学	1956.01.16	杭州萧山银门装潢五金厂职工
	傅夏梅	女	妻子	小学	1965.12.14	家务
	施奉钢	男	长子	高中	1987.11.12	个体户圆机织造
	张宁	女	长媳	大学	1989.06.24	杭州伊弗欧质量检测有限公司职工
户主	父亲：施福田（1913—1996），凤凰村山林队工作。 户主：施茶根，杭州萧山银门装潢五金厂职工。 2016年住房面积324平方米。					

注：图0139前排左二，为施茶根的嫂子苏国珍，见表169；前排左一，为施茶根的堂外孙，户口不在该村。

婆媳和,夫妻亲
子好孝,家兴"。

图0137　王孝志夫妻照及最想说的一句话（2018年7月）

想建造有三间地基的房子.
翁永根

图0138　翁永根全家照及最想说的一句话（2017年12月）

希望生活越过越好！

施茶根

图0139　施茶根全家照及最想说的一句话（2017年12月）

表028　户主王关建家庭成员情况

类别	家庭成员姓名	性别	家庭关系	文化程度	出生年月日	工作（职业）职务
凤凰片第一村民小组	王关建	男	户主	小学	1955.09.03	个体商户
	施水花	女	妻子	小学	1958.09.03	家务
	王 芳	女	女儿	大学	1983.10.31	萧山瓜沥航民黄金厂职工
	王佳峰	男	长子	大学	1996.09.12	浙江大学医学院在读
户主	父亲：王阿元（1920—1997），务农。 户主：王关建，务农，自由职业，现在农贸市场开小店。 2016年住房面积300平方米。					

注：图0140后排左一，为王关建的女婿孔建，户口不在该村。

表029　户主杨水福家庭成员情况

类别	家庭成员姓名	性别	家庭关系	文化程度	出生年月日	工作（职业）职务
凤凰片第一村民小组	杨水福	男	户主	小学	1952.07.20	在凤凰村传达室工作
	傅条珍	女	妻子	小学	1954.10.21	家务
	杨观林	男	长子	初中	1978.11.21	萧山拘留所工作人员
	王 蓉	女	长媳	初中	1984.05.19	自由职业
	杨先君	男	长孙	初中	2003.05.30	衙前初中在校生
	杨仙诺	女	长孙女		2014.08.04	
户主	父亲：杨维木（1916—1967），务农。 户主：杨水福，原凤凰村搬运队职工，后为自由职业，现在凤凰村传达室工作。 2016年住房面积260平方米。					

表030　户主杨福仁家庭成员情况

类别	家庭成员姓名	性别	家庭关系	文化程度	出生年月日	工作（职业）职务
凤凰片第一村民小组	杨福仁	男	户主	小学	1945.09.24	在家养老
	周彩云	女	妻子	小学	1950.10.10	家务
	杨建庆	男	长子	初中	1969.01.05	萧山坎山喷嘴厂职工
	葛玉凤	女	长媳	初中	1971.03.10	衙前加油厂职工
	杨锦俊	男	长孙	大专	1995.06.15	杭州网屏精密机械有限公司职工
户主	父亲：杨维木（1916—1967），务农。 户主：杨福仁，原纺织厂职工，现在家养老。 2016年住房面积338平方米。					

希望生活越过越好
家人都平平安安
王关建

图0140　王关建全家照及最想说的一句话（2017年12月）

想建造有三间地基的房子
杨水福

图0141　杨水福全家照及最想说的一句话（2017年12月）

家和万事兴
杨福仁

图0142　杨福仁全家照及最想说的一句话（2017年12月）

表031　户主曹阿亚家庭成员情况

类别	家庭成员姓名	性别	家庭关系	文化程度	出生年月日	工作（职业）职务
凤凰片第一村民小组	曹阿亚	女	户主	小学	1962.10.01	家务
	叶海星	男	丈夫	小学	1965.04.15	杭州兴惠纺织有限公司职工
	沃良	男	儿子	高中	1989.07.18	衙前镇个体户（理发师）
	吴丽芳	女	儿媳	高中	1994.09.15	衙前镇个体户（理发师）
	沃佳仪	女	孙女		2015.01.27	
户主	公公：沃文生（1927—1967），务农。 户主：曹阿亚，前夫沃金水（1962—1999），务农。 2016年住房面积320平方米。					

表032　户主沃水木家庭成员情况

类别	家庭成员姓名	性别	家庭关系	文化程度	出生年月日	工作（职业）职务
凤凰片第一村民小组	沃水木	男	户主	小学	1964.01.30	自由职业
	龙桂梅	女	妻子	小学	1965.06.07	杭州萧山衙前五金电器厂职工
	沃沙沙	女	长女	中专	1991.02.11	萧山淘宝公司职工
	沃铠	男	长子	初中	2003.11.09	衙前镇中学在校生
户主	父亲：沃文生（1927—1967），务农。 户主：沃水木，自由职业，做小生意。 2016年住房面积240平方米。					

表033　户主沃连根家庭成员情况

类别	家庭成员姓名	性别	家庭关系	文化程度	出生年月日	工作（职业）职务
凤凰片第一村民小组	沃连根	男	户主	小学	1963.09.06	个体户（油漆工）
	王凤英	女	妻子	小学	1965.03.23	杭州凤凰纺织有限公司职工
	沃琦	男	长子	大学	1988.11.19	凤凰村委会，党员
	郭超男	女	儿媳	大学	1990.03.03	杭州邦球纺织有限公司职工
	沃泽宇	男	长孙		2014.12.07	
户主	父亲：沃阿法（1920—1970），（萧山）肖建公司职工。 户主：沃连根，个体户，主营油漆装潢。 2016年住房面积300平方米。					

希望生活越过越好

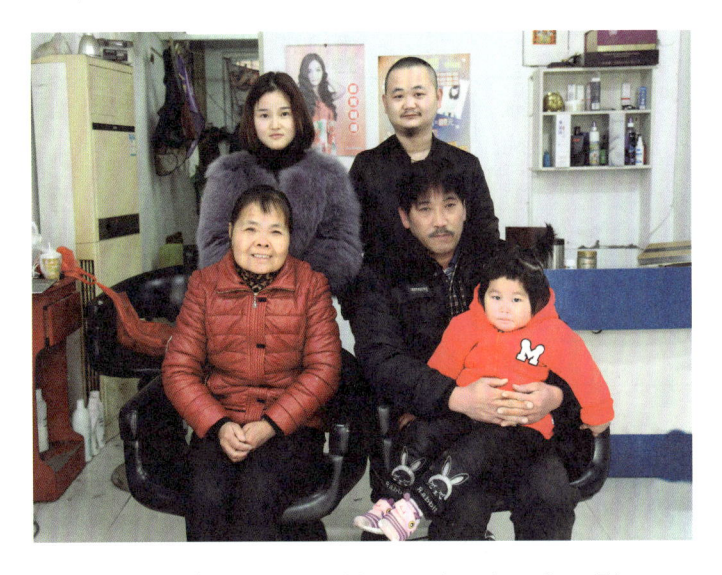

曹阿亚

图0143　曹阿亚全家照及最想说的一句话（2017年12月）

平安健康

沃水木

图0144　沃水木全家照及最想说的一句话（2017年12月）

平安健康

沃连根

图0145　沃连根全家照及最想说的一句话（2017年12月）

表034　户主沃柏根家庭成员情况

类　别	家庭成员姓名	性别	家庭关系	文化程度	出生年月日	工作（职业）职务
凤凰片第一村民小组	沃柏根	男	户主	小学	1956.04.05	在家养老
	孔阿芬	女	妻子	小学	1954.08.22	家务
	沃鑫东	男	长子	大学	1984.11.05	浙江恒逸集团控股有限公司职工
	殷娇丽	女	长媳	中专	1985.11.08	萧山瓜沥化纤厂职工
	沃科楠	男	长孙		2012.10.25	衙前幼儿园中班
户主	父亲：沃阿法（1920—1970），（萧山）肖建公司职工。 户主：沃柏根，原为拖拉机手，后为浙江恒逸化纤有限公司杂工，现在家养老。 2016年住房面积342平方米。					

表035　户主曹福生家庭成员情况

类　别	家庭成员姓名	性别	家庭关系	文化程度	出生年月日	工作（职业）职务
凤凰片第一村民小组	曹福生	男	户主	小学	1946.02.18	在家养老
	丁光宜	女	妻子	小学	1954.12.21	家务
	曹建华	男	次子	大学	1975.03.05	衙前派出所工作
	余秀莲	女	次媳	小学	1974.02.08	浙江恒逸集团控股有限公司职工
	曹　锋	男	孙子	初中	2002.02.24	衙前初中在校生
户主	父亲：曹金彪（1917—1990），务农。 户主：曹福生，务农，后为凤凰五金电器二厂职工，自由职业，现在家养老。 2016年住房面积330平方米。					

注：曹福生的长子曹国华，已另立户口，见表060。

表036　户主曹祖根家庭成员情况

类　别	家庭成员姓名	性别	家庭关系	文化程度	出生年月日	工作（职业）职务
凤凰片第一村民小组	曹祖根	男	户主	小学	1952.12.09	杭州凤凰五金实业有限公司职工
	童茶英	女	妻子	小学	1951.01.29	家务
	曹　文	女	长女	大专	1980.03.06	绍兴纺织厂职工
	曹高飞	男	长子	大专	1990.03.24	萧山南阳布厂职工
户主	父亲：曹金木（1925—1995），务农。 户主：曹祖根，曾参军入伍（四川成都），后为衙前水泥厂职工，现为杭州凤凰五金实业有限公司职工、个体户，经营五金。 2016年住房面积340平方米。					

勤为本，德为先，永为善，学为前
沃柏根

图 0146　沃柏根全家照及最想说的一句话（2018 年 2 月）

与人为善，与邻为友。
严己宽人，既往不咎。
曹建华

图 0147　曹福生全家照及最想说的一句话（2018 年 2 月）

仁爱三春暖，家和万事兴。
曹祖根

图 0148　曹祖根全家照及最想说的一句话（2018 年 4 月）

表037　户主曹水根家庭成员情况

类别	家庭成员姓名	性别	家庭关系	文化程度	出生年月日	工作（职业）职务
凤凰片第一村民小组	曹水根	男	户主	小学	1950.12.19	凤凰村委会工作
	施水娟	女	妻子	小学	1956.12.12	家务
	曹建春	男	次子	初中	1977.11.27	杭州春远针纺织品公司职工
	潘丹华	女	次媳	初中	1977.02.19	家务
	曹伊婷	女	孙女	高中	2001.08.31	萧山中学在校生
	曹浩楠	男	孙子	小学	2007.03.03	萧山金帆小学在校生
户主	父亲：曹明海（1927—1957），务农。 户主：曹水根，中共党员，曾参军入伍（上海），后担任凤凰村党支部书记，现为凤凰村浴场清洁工。 2016年住房面积110平方米。						

表038　户主曹建军家庭成员情况

类别	家庭成员姓名	性别	家庭关系	文化程度	出生年月日	工作（职业）职务
凤凰片第一村民小组	曹建军	男	户主	初中	1975.07.26	自由职业
	汪伟英	女	妻子	初中	1975.03.29	家务
	曹伊梦	女	长女	高中	1999.08.25	萧山中学在校生
	曹博涵	男	长子	小学	2006.09.15	萧山裘江高桥小学在校生
户主	祖父：曹明海（1927—1957），务农。 父亲：曹水根，中共党员，曾参军入伍（上海），后为凤凰村支部书记，现为凤凰村浴场清洁工。 户主：曹建军，自由职业，做小生意。 2016年住房面积110平方米。						

注：曹建军全家照，见图0149。

表039　户主翁国强家庭成员情况

类别	家庭成员姓名	性别	家庭关系	文化程度	出生年月日	工作（职业）职务
凤凰片第一村民小组	翁国强	男	户主	小学	1958.11.09	自由职业
	翁叶飞	男	长子	大专	1986.01.26	杭州青云控股集团有限公司职工
	聂倩倩	女	长媳	高中	1989.08.18	自由职业
	翁煜城	男	长孙		2013.09.15	
户主	父亲：翁岳根（1933—2015），务农，后为（萧山）肖建公司职工。 户主：翁国强，凤凰村搬运队职工，自由职业。 2016年住房面积200平方米。						

梦想还有三间 也甚的房子

曹建军

图0149　曹水根的长子曹建军（后排左三）、次子曹建春（后排左四）全家照及最想说的一句话（2018年2月）

梦想还有三间 也甚的房子

曹建春

图0150　官河边的凤凰民居（2011年5月，傅玉刚摄）

梦想还有三间
也甚的房子

翁国强

图0151　翁国强在住宅前及最想说的一句话（2018年7月）

表040　户主曹银法家庭成员情况

类　别	家庭成员姓名	性别	家庭关系	文化程度	出生年月日	工作（职业）职务
凤凰片第一村民小组	曹银法	男	户主	小学	1948.1.30	在家养老
	杜志梅	女	妻子	小学	1951.9.17	衙前东岳庙工作
户主	父亲：曹阿毛（1917—2005），围垦，务农。 户主：曹银法，务农，后在杭州鹏华化纤有限公司工作，现在家养老。 2016年住房面积130平方米。					

注：曹银法有2个儿子，长子曹建国，见表041；次子曹建松，见图0152，入赘南阳镇某村，户口已迁出。

表041　户主曹建国家庭成员情况

类　别	家庭成员姓名	性别	家庭关系	文化程度	出生年月日	工作（职业）职务
凤凰片第一村民小组	曹建国	男	户主	初中	1971.8.23	油漆工、装潢工
	孙　燕	女	妻子	高中	1978.09.09	萧山义盛钢管厂职工
	曹祺昕	女	女儿	高中	2001.07.02	萧山二中在校生
户主	祖父：曹阿毛（1917—2005），务农。 父亲：曹银法，务农，后在杭州鹏华化纤有限公司工作，现在家养老。 户主：曹建国，曾为纺织厂负责人，现为自由职业，油漆工、装潢工。 2016年住房面积72平方米。					

注：图0152前排，为曹建国的父母曹银法、杜志梅，见表040。

表042　户主曹泉夫家庭成员情况

类　别	家庭成员姓名	性别	家庭关系	文化程度	出生年月日	工作（职业）职务
凤凰片第一村民小组	曹泉夫	男	户主	小学	1953.04.27	自由职业
	周华珍	女	妻子	小学	1956.03.13	家务
	曹　军	男	长子	大学	1984.07.03	自由职业
	余李红	女	儿媳	大学	1985.07.02	家庭主妇
	曹逸菲	女	长孙女		2013.09.22	
	余逸萌	女	次孙女		2013.09.22	
户主	父亲：曹小土（1918—1988），务农。 户主：曹泉夫，曾用名：曹全夫。原为凤凰搬运队职工，现为自由职业。 2016年住房面积270平方米。					

凤凰城房屋牢固不会倒塌，
感国家政策接地
屈家庭幸
曹建国

图0152　曹银法全家照及最想说的一句话（2018年6月）

但国家政策把房屋
地平为10了年的年化亿
凤凰把危房挂地表挣
曹建国

图0153　曹建国全家照及最想说的一句话（2017年12月）

家和万事兴，齐力共渡难关。

曹全夫

图0154　曹泉夫全家照及最想说的一句话（2018年7月）

表043　户主周生夫家庭成员情况

类　别	家庭成员姓名	性别	家庭关系	文化程度	出生年月日	工作（职业）职务
凤凰片第一村民小组	周生夫	男	户主	初中	1961.03.19	自由职业
	曹爱娟	女	妻子	初中	1965.10.07	家务
	周钦丽	女	长女	本科	1989.02.16	浙江恒逸集团有限公司统计员
	童钦雯	女	次女	大学	1997.05.11	海南大学在校生
	孙亦涵	女	外孙女		2016.12.28	
户主	祖父：周马炎，生卒年不详。 父亲：童相林（1915—1979），萧山航运公司职工。 户主：周生夫，原凤凰五金厂职工，现为自由职业。 2016年住房面积390平方米。					

注：周生夫的女婿，见图0155后排右一，户口不在该村。

表044　户主翁国民家庭成员情况

类　别	家庭成员姓名	性别	家庭关系	文化程度	出生年月日	工作（职业）职务
凤凰片第一村民小组	翁国民	男	户主	小学	1961.11.15	自由职业
	李爱花	女	妻子	小学	1966.12.24	杭州凤凰纺织有限公司职工
	翁玲燕	女	长女	高中	1989.01.25	家务
	翁冰冰	女	次女	大学	1998.02.26	杭州大学在校生
户主	父亲：翁岳根（1933—2015），务农，后为（萧山）肖建公司职工。 户主：翁国民，原为凤凰村五金厂职工，现为自由职业。 2016年住房面积315平方米。					

注：翁国民的长女婿、外孙，户口不在该村。

表045　户主翁国校家庭成员情况

类　别	家庭成员姓名	性别	家庭关系	文化程度	出生年月日	工作（职业）职务
凤凰片第一村民小组	翁国校	男	户主	小学	1963.09.27	浙江恒逸集团有限公司杂工
	秦玉梅	女	妻子	小学	1966.03.07	家务
	翁玲雅	女	长女	大学	1993.09.12	杭州萧山人民医院职工
	翁琳杰	男	长子	小学	2004.12.15	衙前农村小学在校生
户主	父亲：翁岳根（1933—2015），务农，后为（萧山）肖建公司职工。 户主：翁国校，原为浙江恒逸集团有限公司杂工，现为自由职业。 2016年住房面积316平方米。					

家和万事兴

周生夫

图0155　周生夫全家照及最想说的一句话（2018年2月）

希望生活越过越好．

翁国民

图0156　翁国民全家照及最想说的一句话（2018年4月）

希望生活越过越好

翁国校

图0157　翁国校全家照及最想说的一句话（2017年12月）

表046　户主曹柏根家庭成员情况

类　别	家庭成员姓名	性别	家庭关系	文化程度	出生年月日	工作（职业）职务
凤凰片第一村民小组	曹柏根	男	户主	小学	1936.04.25	在家养老
	陈爱云	女	妻子	小学	1945.06.08	家务
	曹校强	男	儿子	初中	1969.09.04	自由职业
	项建芬	女	儿媳	初中	1972.01.03	自由职业
	曹春意	女	孙女	大学	1997.03.17	宁波大学在校生
	曹夏意	女	孙女	初中	2004.07.14	衙前初中在校生
户主	父亲：曹纪德（1911—1963），务农。 户主：曹柏根，务农，后为凤凰村清洁工，现在家养老。 2016年住房面积316平方米。					

注：曹柏根的长子曹校庆，已另立户口，见表047。

表047　户主曹校庆家庭成员情况

类　别	家庭成员姓名	性别	家庭关系	文化程度	出生年月日	工作（职业）职务
凤凰片第一村民小组	曹校庆	男	户主	小学	1967.07.12	杭州兴惠化纤公司机修工
	方雅娟	女	妻子	小学	1968.04.13	杭州兴惠化纤公司职工
	曹　意	女	长女	大学	1994.12.07	杭州萧山人民医院职工
	曹鑫宇	男	长子	初中	2003.03.14	衙前初中在校生
户主	祖父：曹纪德（1911—1963），务农。 父亲：曹柏根，务农，后为凤凰村清洁工，现在家养老。 户主：曹校庆，杭州兴惠化纤公司机修工。 2016年住房面积190平方米。					

注：图0159前排，为曹校庆的父母曹柏根、陈爱云，见表046。

表048　户主曹裕法家庭成员情况

类　别	家庭成员姓名	性别	家庭关系	文化程度	出生年月日	工作（职业）职务
凤凰片第一村民小组	曹裕法	男	户主	小学	1951.09.03	衙前东岳庙打杂
	沃娟梅	女	妻子	小学	1959.09.06	家务
	曹海江	男	长子	初中	1980.04.08	衙前派出所职工
	陈三玲	女	长媳	初中	1986.08.04	衙前德恩商场职工
	曹俊毅	男	长孙	小学	2008.10.15	衙前农村小学在校生
户主	父亲：曹阿毛（1917—2005），围垦，务农。 户主：曹裕法，务农，后为凤凰村清洁工，现在衙前东岳庙打杂。 2016年住房面积180平方米。					

要和睦，夫妻亲，子好孝，家兴旺。

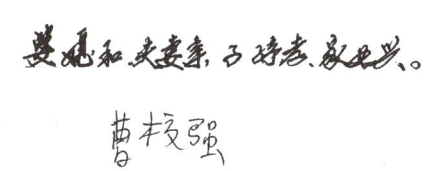

曹校强

图 0158　曹柏根全家照及最想说的一句话（2017 年 12 月）

希望生活越庄越好

曹校庆

图 0159　曹校庆全家照及最想说的一句话（2017 年 12 月）

曹裕江

家和万事兴，齐力共断金。

图 0160　曹裕法全家照及最想说的一句话（2017 年 12 月）

表049　户主曹福根家庭成员情况

类别	家庭成员姓名	性别	家庭关系	文化程度	出生年月日	工作（职业）职务
凤凰片第一村民小组	曹福根	男	户主	小学	1944.08.21	在家养老
	沃雅梅	女	妻子	小学	1948.07.28	家务
	曹方军	女	长女	大学	1987.09.21	中国银行萧山支行职员
	陆舒睿	女	外孙女		2014.12.19	
户主	父亲：曹金木（1925—1995），务农。 户主：曹福根，凤凰村五金厂职工，现在家养老。 2016年住房面积228平方米。					

注：曹福根的女婿，户口不在该村。

表050　户主曹裕仙家庭成员情况

类别	家庭成员姓名	性别	家庭关系	文化程度	出生年月日	工作（职业）职务
凤凰片第一村民小组	曹裕仙	男	户主	小学	1959.12.8	杭州叶茂化纤有限公司职工
	施芬琴	女	妻子	小学	1965.03.13	家务
	曹志刚	男	长子	高中	1988.04.24	杭州裕源纺织有限公司职工
	曹一洲	男	长孙		2016.08.31	
户主	父亲：曹长仁（1920—1995），务农。 户主：曹裕仙，原在凤凰村搬运队工作，现在杭州叶茂化纤公司工作。 2016年住房面积360平方米。					

注：图0162前排，为曹裕仙的母亲沈夏珍，见表052；后排右一，为曹裕仙的儿媳，户口不在该村。

表051　户主曹张福家庭成员情况

类别	家庭成员姓名	性别	家庭关系	文化程度	出生年月日	工作（职业）职务
凤凰片第一村民小组	曹张福	男	户主	小学	1953.09.19	在家养老
	顾桂花	女	妻子	小学	1960.02.11	家务
	曹燕燕	女	女儿	大学	1989.12.06	杭州富荣纺织有限公司职工
	施漤萱	女	外孙女		2014.07.29	
户主	父亲：曹阿根（1920—2006），务农。 户主：曹张福，务农，后为杭州叶茂纺织有限公司杂工，现在家养老。 2016年住房面积120平方米。					

注：曹张福的大女儿已出嫁，一家4人户口不在该村；二女婿户口未迁入，在衙前镇山南富村。

家和万事兴

曹福根

图 0161　曹福根全家照及最想说的一句话（2017 年 12 月）

家和万事兴.

曹裕仙

图 0162　曹裕仙全家照及最想说的一句话（2018 年 1 月）

曹张福

仁爱三春暖. 家和万事兴.

图 0163　曹张福全家照及最想说的一句话（2017 年 12 月）

表052 户主曹建利家庭成员情况

类别	家庭成员姓名	性别	家庭关系	文化程度	出生年月日	工作（职业）职务
凤凰片第一村民小组	曹建利	男	户主	高中	1972.07.04	自由职业
	周黎虹	女	妻子	初中	1972.04.24	家庭主妇
	沈夏珍	女	母亲	小学	1955.06.02	家务
	项小宝	女	奶奶	小学	1928.10.23	在家养老
	曹卓尔	男	长子	小学	2005.09.23	衙前农村小学在校生
	曹卓琳	女	女儿		2015.03.03	
户主	祖父：曹长仁（1920—1995），务农。 父亲：曹裕坤（1950—2002），务农。 户主：曹建利，原杭州叶茂纺织有限公司管理人员，现为自由职业。 2016年住房面积296平方米。					

表053 户主曹凤林家庭成员情况

类别	家庭成员姓名	性别	家庭关系	文化程度	出生年月日	工作（职业）职务
凤凰片第一村民小组	曹凤林	男	户主	小学	1938.10.19	杭州萧山银门装潢五金厂门卫
	施条姑	女	妻子	小学	1946.02.07	家务
	曹国良	男	长子	初中	1968.05.07	萧山梵隆公司驾驶员
	丁条珍	女	长媳	小学	1968.10.12	杭州萧山合和纺织有限公司职工
	曹畑函	女	孙女	大学	1996.02.11	浙江杭州金融学院在校生
	曹弘博	男	孙子	小学	2004.12.16	衙前农村小学在校生
户主	父亲：曹阿水（1920—1982），当过凤凰生产大队大队长、第三生产队会计、凤凰山林队队长，凤凰机谷厂、萧山电器五金厂传达室管理人员，患食道癌去世。 户主：曹凤林，先后在凤凰山林队、杭州萧山银门装潢五金厂传达室工作。 2016年住房面积200平方米。					

表054 户主阮人校家庭成员情况

类别	家庭成员姓名	性别	家庭关系	文化程度	出生年月日	工作（职业）职务
凤凰片第一村民小组	阮人校	男	户主	小学	1950.07.17	杭州迈腾纺织有限公司职工
	曹水娟	女	妻子	小学	1955.10.20	家务
	阮天刚	男	儿子	高中	1980.06.06	曹建军纺织公司跟单员
	陆琪	女	儿媳	高中	1988.11.26	杭州新白马旅行社职工
	阮陆晨	女	孙女	小学	2011.02.09	衙前农村小学在校生
	陆正涵	男	孙子		2016.08.23	
户主	父亲：阮参（1915—1979），杭州护士学校老师。 户主：阮人校，原为拖拉机手，务农，现为杭州迈腾纺织有限公司职工。 2016年住房面积294平方米。					

诚实守信，勤劳致富。
曹建利

图0164　曹建利全家照及最想说的一句话（2017年12月）

希望生活越来越好
曹凤林

图0165　曹凤林全家照及最想说的一句话（2018年2月）

希望家里的能长寿。

图0166　阮人校全家照及最想说的一句话（2018年2月）

表055　户主曹柏泉家庭成员情况

类别	家庭成员姓名	性别	家庭关系	文化程度	出生年月日	工作（职业）职务
凤凰片第一村民小组	曹柏泉	男	户主	小学	1941.02.22	在家养老
	方杏花	女	妻子	小学	1949.03.20	家务
	曹建良	男	次子	初中	1970.12.06	个体绣花机工
	朱建红	女	次媳	初中	1972.06.24	个体商户（卖布）
	曹帅骏	男	孙子	初中	2002.04.26	衙前初中在校生
户主	父亲：曹吉德（1903—1970），务农。 户主：曹柏泉，务农，原杭州欢龙化纤有限公司清洁工，现在家养老。 2016年住房面积378平方米。					

注：曹柏泉的长子曹庆炎，已另立户口，见表056。

表056　户主曹庆炎家庭成员情况

类别	家庭成员姓名	性别	家庭关系	文化程度	出生年月日	工作（职业）职务
凤凰片第一村民小组	曹庆炎	男	户主	初中	1968.02.28	浙江恒逸集团控股有限公司职工、保安
	卫芬娟	女	妻子	初中	1970.11.02	自由职业
	曹梦娇	女	长女	大学	1994.10.03	自由职业
	曹煜娇	女	次女	初中	2002.04.03	衙前初中在校生
户主	祖父：曹吉德（1903—1970），务农。 父亲：曹柏泉，民国30年（1941）生，务农，后为杭州欢龙化纤有限公司清洁工，现在家养老。 户主：曹庆炎，浙江恒逸集团控股有限公司职工、保安。 2016年住房面积324平方米。					

注：图0168前排，为曹庆炎的父母，见表055。

表057　户主沃雅根家庭成员情况

类别	家庭成员姓名	性别	家庭关系	文化程度	出生年月日	工作（职业）职务
凤凰片第一村民小组	沃雅根	男	户主	小学	1950.08.20	杭州叶茂化纤有限公司职工
	曹燕文	女	妻子	小学	1955.06.21	家务
	沃方英	女	长女	中专	1979.03.20	杭州叶茂化纤有限公司会计
	沃方敏	女	次女	大学	1989.02.06	杭州赛昂电力公司职工
	黄青蓝	女	外孙女	小学	2005.10.08	萧山劲松小学在校生
户主	父亲：沃阿发（1920—1970），务农，后为（萧山）肖建公司职工。 户主：沃雅根，务农，后为杭州叶茂化纤有限公司传达室工作人员。 2016年住房面积270平方米。					

注：沃雅根的2个女婿，户口不在该村，小外孙女于2017年3月12日出生。

希望家庭和睦庭友孝
曹林根

图 0167　曹建良家庭照及最想说的一句话（2017 年 12 月）

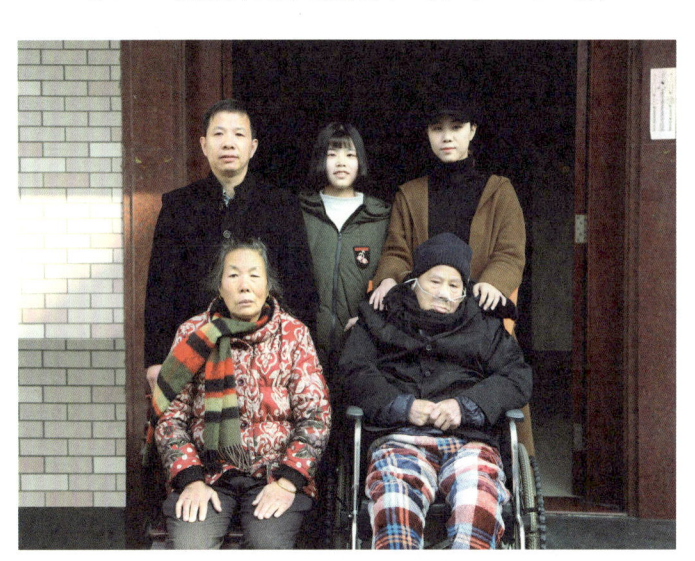

愿生活越来越好
曹庆炎

图 0168　曹庆炎全家照及最想说的一句话（2017 年 12 月）

家和万事兴
沃雅根

图 0169　沃雅根全家照及最想说的一句话（2018 年 3 月）

表058 户主周柏明家庭成员情况

类别	家庭成员姓名	性别	家庭关系	文化程度	出生年月日	工作（职业）职务
凤凰片第一村民小组	周柏明	男	户主	初中	1970.07.25	浙江恒逸聚合物有限公司职工
	吴金梅	女	妻子	初中	1975.09.01	浙江恒逸聚合物有限公司职工
	周浩楠	男	长子	高中	2000.05.31	萧山三中在校生
	周浩军	男	次子		2014.7.24	
户主	父亲：周毛豆（1927—1984），务农。 户主：周柏明，中共党员，曾参军入伍（河北），后为浙江恒逸聚合物有限公司职工。 2016年住房面积230平方米。					

注：周柏明的母亲庞水凤，见图0170、表100。

表059 户主周关水家庭成员情况

类别	家庭成员姓名	性别	家庭关系	文化程度	出生年月日	工作（职业）职务
凤凰片第一村民小组	周关水	男	户主	小学	1952.10.10	自由职业
	范夏珍	女	妻子	小学	1954.06.24	家务
	周雅琴	女	长女	大学	1978.02.07	自由职业
	周雅芳	女	次女	大学	1987.07.14	杭州西湖区三墩小学老师
	童为龙	男	长婿	大学	1972.10.01	浙江东南网架股份有限公司山东公司总经理
	周煜杰	男	长外孙	高中	2000.11.23	萧山中学在校生
	童伊涵	女	外孙女	小学	2008.08.24	萧山北干小学在校生
户主	父亲：周加林（1921—1997），务农。 户主：周关水，原衙前水泥厂职工，后为自由职业，做小生意，修鞋。 2016年住房面积240平方米。					

注：周关水的小女婿及外孙，户口不在该村。

表060 户主曹国华家庭成员情况

类别	家庭成员姓名	性别	家庭关系	文化程度	出生年月日	工作（职业）职务
凤凰片第一村民小组	曹国华	男	户主	初中	1973.10.06	自由职业
	孙国文	女	妻子	初中	1975.07.05	杭州合和纺织有限公司职工
	曹渝	男	长子	高中	2000.11.05	萧山六中在校生
户主	祖父：曹金彪（1917—1990），务农。 父亲：曹福生，原五金电器二厂职工，后为自由职业。 户主：曹国华，自由职业。 2016年住房面积240平方米。					

注：图0172前排，为曹国华的父母，见表035。

全家幸福！

周柏明

图0170　周柏明全家照及最想说的一句话（2017年12月）

我想说的一句话：
人生只有走出来的美丽，
没有等出来的辉煌！

周关水

图0171　周关水全家照及最想说的一句话（2018年2月）

全家幸福

曹国华

图0172　曹国华全家照及最想说的一句话（2018年2月）

表061　户主施水芬家庭成员情况

类别	家庭成员姓名	性别	家庭关系	文化程度	出生年月日	工作（职业）职务
凤凰片第一村民小组	施水芬	女	户主	小学	1958.10.07	家务
	曹高峰	男	儿子	大学	1982.08.29	杭州萧山银门装潢五金厂职工
户主	户主：施水芬，前夫曹贤根（见表131、图0245），1957年生，原衙前镇五金厂钳工，后创办杭州萧山银门装潢五金厂，法定代表人。 2016年住房面积210平方米。					

表062　户主周祖根家庭成员情况

类别	家庭成员姓名	性别	家庭关系	文化程度	出生年月日	工作（职业）职务
凤凰片第一村民小组	周祖根	男	户主	小学	1955.07.07	在家养老
	王素珍	女	妻子	小学	1957.08.03	家务
	周海峰	男	长子	大学	1981.10.22	（衙前）东南材料有限公司职工
	毛彩霞	女	长媳	大学	1984.05.01	衙前中心幼儿园老师
	周铠宇	男	长孙	小学	2009.03.06	衙前农村小学在校生
户主	父亲：周加林（1921—1997），务农。 户主：周祖根，务农，后为浙江开氏实业有限公司职工，现在家养老。 2016年住房面积296平方米。					

表063　户主曹金海家庭成员情况

类别	家庭成员姓名	性别	家庭关系	文化程度	出生年月日	工作（职业）职务
凤凰片第一村民小组	曹金海	男	户主	小学	1969.06.02	自由职业
	王幼珍	女	妻子	初中	1968.01.16	衙前镇四翔村纺织厂职工
	曹嘉锋	男	长子	高中	1999.03.13	萧山三中在校生
户主	父亲：曹庚炎（1936—1990），务农。 户主：曹金海，务农，后为水泥工，现为自由职业。 2016年住房面积240平方米。					

希望生活越过越好。

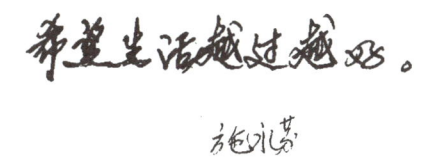

　　　　施水芬

图0173　施水芬的住宅及最想说的一句话（2018年7月）

希望村委干部做事公平公正。

　　　　周祖根

图0174　周祖根全家照及最想说的一句话（2018年2月）

希望儿子大学毕业能顺利找到工作。

　　　　曹金海

图0175　曹金海全家照及最想说的一句话（2018年2月）

表064　户主曹水根家庭成员情况

类别	家庭成员姓名	性别	家庭关系	文化程度	出生年月日	工作（职业）职务
凤凰片第一村民小组	曹水根	男	户主	小学	1966.02.28	绍兴市杨汛桥金秀丽纺织有限公司打杂
	邓幼芝	女	妻子	高中	1971.09.25	杭州裕源纺织有限公司职工
	曹非燕	女	长女	大学	1995.07.29	浙江万里学院在校生
	曹梦飞	女	次女	小学	2004.10.20	衙前农村小学在校生
户主	父亲：曹阿方（1917—1979），务农。 户主：曹水根，务农，后在绍兴杨汛桥金秀丽纺织有限公司打杂。 2016年住房面积240平方米。					

表065　户主周来德家庭成员情况

类别	家庭成员姓名	性别	家庭关系	文化程度	出生年月日	工作（职业）职务
凤凰片第一村民小组	周来德	男	户主	小学	1959.09.27	凤凰村清洁工
	汪芬娥	女	妻子	小学	1962.04.11	家务
	周珊丹	女	长女	大学	1985.08.01	萧山坎山美特轻机有限公司职工
	周阳刚	男	长子	高中	1993.04.02	杭州萧盛卫浴有限公司职工
	陈智昊	男	外孙		2010.03.02	
户主	父亲：周文泉，民国19年（1930）生，务农。 户主：周来德，务农，后为凤凰村清洁工。 2016年住房面积250平方米。					

表066　户主曹金传家庭成员情况

类别	家庭成员姓名	性别	家庭关系	文化程度	出生年月日	工作（职业）职务
凤凰片第一村民小组	曹金传	男	户主	初中	1972.08.25	浙江恒逸集团控股有限公司职工
	胡燕娟	女	妻子	初中	1971.05.08	杭州裕源纺织有限公司职工
	曹鑫楠	男	长子	初中	2002.10.29	衙前初中在校生
户主	父亲：曹庚炎（1936—1990），务农。 户主：曹金传，务农，后为浙江恒逸集团控股有限公司职工。 2016年住房面积240平方米。					

希望生活越过越好

曹水根

图0176　曹水根全家照及最想说的一句话（2018年4月）

家和万事兴。

汪芬众我

图0177　周来德家庭照及最想说的一句话（2018年2月）

希望生活越过越好

曹金传

图0178　曹金传全家照及最想说的一句话（2017年12月）

表067　户主沈利根家庭成员情况

类　别	家庭成员姓名	性别	家庭关系	文化程度	出生年月日	工作（职业）职务
凤凰片第一村民小组	沈利根	男	户主	初中	1965.08.28	（萧山）湘湖建筑工程师
	戚荷英	女	妻子	小学	1969.01.29	杭州合和纺织有限公司职工
	沈泽隆	男	长子	大专	1992.07.17	萧山设计师
户主	父亲：沈鸿炳（1933—1992），萧山工程师。 户主：沈利根，做过泥匠，现为（萧山）湘湖建筑工程师。 2016年住房面积296平方米。					

表068　户主汪国海家庭成员情况

类　别	家庭成员姓名	性别	家庭关系	文化程度	出生年月日	工作（职业）职务
凤凰片第一村民小组	汪国海	男	户主	初中	1971.06.08	凤凰村电工
	丁文英	女	妻子	初中	1973.09.13	凤凰五金厂职工
	汪紫虹	女	长女	高中	2000.05.16	萧山中学在校生
	方春雅	女	母亲	小学	1937.01.19	在家养老
户主	父亲：汪生根（1934—2004），党员，曾为凤凰村委书记，后为自由职业。 户主：汪国海，原为杭州叶茂纺织有限公司电工，现为凤凰村电工。 2016年住房面积264平方米。					

表069　户主周关兴家庭成员情况

类　别	家庭成员姓名	性别	家庭关系	文化程度	出生年月日	工作（职业）职务
凤凰片第一村民小组	周关兴	男	户主	小学	1953.01.11	在家养老
	陈爱琴	女	妻子	小学	1955.03.07	家务
	周叶峰	男	长子	中专	1982.04.19	浙江恒逸集团控股有限公司职工
	徐燕飞	女	儿媳	高中	1983.07.04	浙江恒逸集团控股有限公司职工
	周子轩	男	长孙	小学	2008.11.26	衙前农村小学在校生
户主	父亲：周阿维（1913—1966），务农。 户主：周关兴，务农，后为凤凰村搬运队职工，现在家养老。 2016年住房面积240平方米。					

平安健康
戚荷英

图 0179　沈利根全家照及最想说的一句话（2018 年 2 月）

有条件、希望能
再添置一辆汽车。
汪国海

图 0180　汪国海家庭照及最想说的一句话（2017 年 12 月）

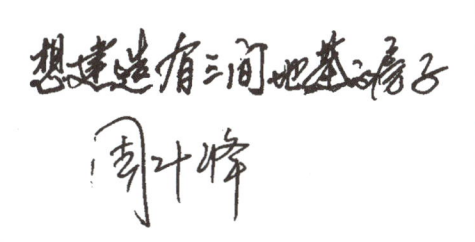

想建造有三间地基之房子
周升峰

图 0181　周关兴全家照及最想说的一句话（2017 年 12 月）

表070　户主周浩明家庭成员情况

类　别	家庭成员姓名	性别	家庭关系	文化程度	出生年月日	工作（职业）职务
凤凰片第一村民小组	周浩明	男	户主	初中	1966.02.13	衙前派出所辅警
	周建英	女	妻子	高中	1970.11.19	凤凰村村务人员
	周晓曼	女	长女	大专	1996.01.10	浙江工业大学之江学院在校生
户主	父亲：周友顺，民国24年（1935）生，务农，后为东岳庙杂工，现在家养老。 户主：周浩明，务农，后在衙前加油站工作，现为衙前派出所辅警。 2016年住房面积240平方米。					

表071　户主王关友家庭成员情况

类　别	家庭成员姓名	性别	家庭关系	文化程度	出生年月日	工作（职业）职务
凤凰片第一村民小组	王关友	男	户主	初中	1970.11.02	驾驶员
	黄彩娟	女	妻子	初中	1971.09.11	家务
	王思婷	女	长女	大学	1997.12.29	宁波医药大学在校生
户主	父亲：王阿虎，民国36年（1947）生，自由职业。 户主：王关友，务农，后为驾驶员。 2016年住房面积324平方米。					

注：图0183前排，为王关友的父亲王阿虎、母亲俞桂珍，见表247。

第二村民小组

凤凰片第二村民小组有59户。户主姓名分别为：周纪荣、施水木、施水泉、周柏庆、李传根、周国潮、王关松、周关校、曹水泉、周海良、周关荣、翁水潮、翁水良、汪关元、陈阿珍、王岳荣、王岳海、沈利军、汪张继、舒兴法、舒仁根、舒志法、胡和法、胡岳法、翁关增、翁关裕、汪爱娟、周柏生、于天先、周关仙、周国先、翁关海、周柏海、王少红、周志明、周志根、周国校、舒招法、舒爱珍、周祖水、周水根、周狄夫、周友顺、周耀庆、周国庆、曹伟根、翁关甫、曹金凤、周关泉、曹张法、方正、鲁忠林、翁关仁、曹金根、翁海良、周柏兴、曹水福、毛梅芬、沈丽娟。

不求万贯家财，
但求健康平安。
周浩明

图0182　周浩明全家照及最想说的一句话（2018年3月）

孩子即将毕业，希望能
顺利找到理想的工作。
王关友

图0183　王关友全家照及最想说的一句话（2018年1月）

图0184　官河风光（2018年5月12日，徐国红摄）

表072　户主周纪荣家庭情况

类　别	家庭成员姓名	性别	家庭关系	文化程度	出生年月日	工作（职业）职务
凤凰片第二村民小组	周纪荣	男	户主	小学	1939.07.22	在家养老
	周海校	男	儿子	初中	1966.02.01	浙江绍兴市兴日钢金属薄板有限公司后勤管理
	刘敏	女	儿媳	初中	1970.08.12	浙江恒逸石化股份有限公司质检员
	周明杰	男	孙子	大专	1995.09.07	入伍浙江省温州市平阳县鳌江边防大队
户主	父亲：周中堂（1895—1955），务农。 户主：周纪荣，自由职业，现在家养老。妻子韩羡华（1929.10.21—2014.06.23）。 2016年住房面积342平方米。					

表073　户主施水木家庭成员情况

类　别	家庭成员姓名	性别	家庭关系	文化程度	出生年月日	工作（职业）职务
凤凰片第二村民小组	施水木	男	户主	小学	1956.03.24	个体副食品店主
	周华美	女	妻子	小学	1957.05.24	家务
	施伟良	男	长子	大专	1995.03.01	衙前派出所工作人员
户主	父亲：施阿根（1934—2013），务农，石匠。 户主：施水木，务农，后在衙前凤凰村开副食品店。 2016年住房面积144平方米。					

表074　户主施水泉家庭成员情况

类　别	家庭成员姓名	性别	家庭关系	文化程度	出生年月日	工作（职业）职务
凤凰片第二村民小组	施水泉	男	户主	初中	1966.08.10	个体户纺织厂
	柏永娟	女	妻子	初中	1966.01.17	家务
	施小萍	女	长女	大学	1994.11.21	萧山房地产销售
	施鑫宇	男	长子	初中	2002.02.23	衙前镇初中在校生
户主	父亲：施阿根（1934—2013），务农，石匠。 户主：施水泉，务农，后自己办厂。 2016年住房面积144平方米。					

全家开心健康平安每一天
周纪荣

图0185　周纪荣全家照及最想说的一句话（2017年12月）

家和万事兴
齐力共断金

施水木

图0186　施水木全家照及最想说的一句话（2017年11月）

心想事成
平安很健康

施水泉

图0187　施水泉全家照及最想说的一句话（2017年12月）

表075　户主周柏庆家庭成员情况

类　别	家庭成员姓名	性别	家庭关系	文化程度	出生年月日	工作（职业）职务
凤凰片第二村民小组	周柏庆	男	户主	小学	1948.06.24	杭州邦翔纺织厂职工
	徐水娟	女	妻子	小学	1953.05.21	杭州萧山银门装潢五金厂职工
	周陆军	男	长子	初中	1974.03.15	杭州邦翔纺织厂职工
	马玉琴	女	长媳	初中	1970.04.05	杭州叶茂纺织有限公司职工
	周琪	女	长女	大学	1998.01.19	海南大学在校生
	周慧	女	次女	小学	2005.08.03	衙前农村小学在校生
户主	父亲：周阿金（1927—2000），务农，当过生产队长。 户主：周柏庆，凤凰村山场职工，后为自由职业，杭州邦翔纺织厂职工。 2016年住房面积216平方米。					

表076　户主李传根家庭成员情况

类　别	家庭成员姓名	性别	家庭关系	文化程度	出生年月日	工作（职业）职务
凤凰片第二村民小组	李传根	男	户主	小学	1948.02.06	在家养老
	方牛珍	女	妻子	小学	1948.04.07	家务
	李立强	男	长子	初中	1969.01.08	个体户（小五金厂）
	沈芬仙	女	长媳	初中	1968.10.25	杭州小胖纺织有限公司职工
	李丹凤	女	孙女	大学	1995.11.15	宁波大学在校生
	李家晟	男	孙子	小学	2005.1.25	衙前农村小学在校生
户主	父亲：李阿海（1901—1971），务农。 户主：李传根，凤凰村搬运队员，后为浙江恒逸集团控股有限公司职工，现在家养老。 2016年住房面积156平方米。					

表077　户主周国潮家庭成员情况

类　别	家庭成员姓名	性别	家庭关系	文化程度	出生年月日	工作（职业）职务
凤凰片第二村民小组	周国潮	男	户主	初中	1968.06.18	无业
	周国英	女	妻子	初中	1972.04.26	浙江飞龙实业有限公司职工
	周巨锋	男	长子	高中	1998.12.06	萧山五中在校生
	王金美	女	母亲	小学	1938.11.03	在家养老
户主	父亲：周友根（1931—1999），务农，当过凤凰生产大队党支部书记。 户主：周国潮，先后为萧山电器五金二厂职工、鱼氏布厂机修工，现无业。 2016年住房面积152平方米。					

团结友善
勤俭自强
周柏庆

图0188　周柏庆全家照及最想说的一句话（2018年2月）

仁爱三春暖
家和万事兴
李传根

图0189　李传根全家照及最想说的一句话（2018年2月）

希望生活越过越好
周国潮

图0190　周国潮家庭照及最想说的一句话（2018年2月）

表078　户主王关松家庭成员情况

类　别	家庭成员姓名	性别	家庭关系	文化程度	出生年月日	工作（职业）职务
凤凰片第二村民小组	王关松	男	户主	小学	1957.08.20	自由职业
	施水娥	女	妻子	小学	1962.02.07	家务
	王伟刚	男	长子	中专	1987.06.29	衙前派出所职工
	张立华	女	儿媳	高中	1989.08.04	杭州沈氏化纤有限公司工艺技术部
	王若轩	男	长孙		2016.01.25	
户主	父亲：王阿元（1920—1990），务农。 户主：王关松，先后为萧山电器五金二厂职工、杭州预彩厂职工，现为自由职业。 2016年住房面积307.2平方米。					

注：王关松的小孙子出生于2017年10月16日。

表079　户主周关校家庭成员情况

类　别	家庭成员姓名	性别	家庭关系	文化程度	出生年月日	工作（职业）职务
凤凰片第二村民小组	周关校	男	户主	初中	1967.03.10	华鲜饭店厨师
	陈满亚	女	妻子	初中	1970.05.24	待业
	周肇鑫	男	长子	职高	1999.05.10	杭州西子宾馆厨师
户主	父亲：周长仁（1930—1991），务农，当过生产队长。 户主：周关校，务农，后为凤凰村华鲜饭店厨师。 2016年住房面积144平方米。					

表080　户主曹水泉家庭成员情况

类　别	家庭成员姓名	性别	家庭关系	文化程度	出生年月日	工作（职业）职务
凤凰片第二村民小组	曹水泉	男	户主	小学	1953.05.29	创业新村门卫
	何彩丹	女	妻子	小学	1954.07.27	杭州萧山银门装潢五金厂职工
	曹玲玲	女	长女	大专	1980.10.25	萧山房地产会计
	曹沈睿	男	外孙	小学	2009.03.25	萧山瓜沥大园小学在校生
户主	父亲：曹明海（1927—1957），务农。 户主：曹水泉，在宁波当过兵，后为衙前水泥厂职工，中共党员，现在创业新村当门卫。 2016年住房面积360平方米。					

注：曹水泉的女婿、外孙女户口均不在该村。

希望孩子长大后有所成就

王关松

图0191　王关松全家照及最想说的一句话（2018年2月）

有条件希望能
再添一辆汽车

周关校

图0192　周关校全家照及最想说的一句话（2018年2月）

不求万贯家财，但求
健康平安。

曹水泉

图0193　曹水泉全家照及最想说的一句话（2017年12月）

表081　户主周海良家庭成员情况

类　别	家庭成员姓名	性别	家庭关系	文化程度	出生年月日	工作（职业）职务
凤凰片第二村民小组	周海良	男	户主	初中	1966.12.24	杭州妙凤进出口有限公司职工
	肖小芳	女	妻子	小学	1970.02.28	杭州兴惠纺织有限公司职工
	周浙南	男	长子	高中	1992.02.27	杭州宝龙房地产销售
	陈亚萍	女	儿媳	大学	1992.12.17	户口未迁入
户主	父亲：周木兴（1923—1990），务农，后为萧山电器五金厂门卫。 户主：周海良，先后为萧山电器五金厂职工、衙前加油站职工、鱼氏纺织厂机修工，现为杭州妙凤进出口有限公司职工。 2016年住房面积184平方米。					

表082　户主周关荣家庭成员情况

类　别	家庭成员姓名	性别	家庭关系	文化程度	出生年月日	工作（职业）职务
凤凰片第二村民小组	周关荣	男	户主	小学	1941.01.05	在家养老
	孔阿三	女	妻子	小学	1948.09.01	家务
	周国娟	女	长女	初中	1968.08.30	杭州欢龙化纤有限公司法定代表人
	曹建龙	男	长婿	高中	1966.01.30	杭州欢龙化纤有限公司总经理
	周　铁	女	孙女	研究生	1993.06.12	杭州汇丰银行职工
	周惠娟	女	三女	本科	1974.11.01	浙江恒逸集团控股有限公司职工
	周小娟	女	四女	大专	1976.12.25	浙江恒逸集团控股有限公司职工
	周哲欢	男	孙子	小学	2008.04.27	萧山高桥金帆实验小学在校生
户主	父亲：周阿雄（1913—1966），务农。 户主：周关荣，早年在萧山电器五金二厂送货，现在家养老。 2016年住房面积200平方米。					

表083　户主翁水潮家庭成员情况

类　别	家庭成员姓名	性别	家庭关系	文化程度	出生年月日	工作（职业）职务
凤凰片第二村民小组	翁水潮	男	户主	小学	1964.05.29	浙江恒逸集团控股有限公司职工
	邱玲芳	女	妻子	小学	1971.01.13	浙江恒逸集团控股有限公司职工
	翁高飞	男	长子	大专	1993. -3.18	杭州博新有限公司职工
户主	父亲：翁友庆（1931—1993），衙前油厂职工。 户主：翁水潮，先在衙前农工商（厨师）、衙前农机厂工作，现为浙江恒逸集团控股有限公司保安。 2016年住房面积182平方米。					

婆媳和睦，夫妻幸福，子孙学业兴。
周海良

图0194　周海良全家照及最想说的一句话（2018年2月）

社会和谐
家庭和睦
周关荣

图0195　周关荣家庭照及最想说的一句话（2017年12月）

希望生活越过越好
翁水潮

图0196　翁水潮全家照及最想说的一句话（2017年12月）

表084　户主翁水良家庭成员情况

类别	家庭成员姓名	性别	家庭关系	文化程度	出生年月日	工作（职业）职务
凤凰片第二村民小组	翁水良	男	户主	小学	1966.11.12	杭州凤凰纺织有限公司职工
	王方英	女	妻子	小学	1971.08.16	杭州凤凰纺织有限公司职工
	翁佳飞	男	长子	大专	1994.01.13	杭州杭港地铁有限公司职工
	项幼仙	女	母亲	小学	1940.10.09	在家养老
户主	父亲：翁友庆（1931—1993），衙前油厂职工。 户主：翁水良，务农，后为工业从业人员。 2016年住房面积216平方米。					

表085　户主汪关元家庭成员情况

类别	家庭成员姓名	性别	家庭关系	文化程度	出生年月日	工作（职业）职务
凤凰片第二村民小组	汪关元	男	户主	初中	1962.01.02	自己开五金厂（刨、磨床加工）
	翁国英	女	妻子	小学	1965.10.17	家务
	汪云飞	男	长子	大专	1989.11.1	杭州施睿花式有限公司
	施战洪	女	儿媳	大专	1989.04.10	家庭主妇
	汪施妍	女	孙女		2016.5.30	
户主	父亲：汪生根（1934—2003），务农，当过凤凰村党支部书记，党员。 户主：汪关元，务农，后做过萧山电器五金二厂出纳、统计、车床工，现自己开五金厂（刨、磨床加工）。 2016年住房面积324平方米。					

表086　户主陈阿珍家庭成员情况

类别	家庭成员姓名	性别	家庭关系	文化程度	出生年月日	工作（职业）职务
凤凰片第二村民小组	陈阿珍	女	户主	小学	1955.06.29	杭州高翔纺织有限公司职工
	王旺	男	长子	高中	1979.07.13	杭州叶茂纺织有限公司职工
	金瑞	女	长媳	高中	1982.12.24	待业
	王昊楠	男	长孙		2013.11.29	
户主	公公：王金夫（1924—1997），萧山坎山索具厂职工。 户主：陈阿珍，丈夫王岳土（1957—2001），先为萧山电器五金二厂职工，后是萧山电器五金二厂剪刀车间负责人。 2016年住房面积300平方米。					

以认真行事，堂堂正正做人
翁水良

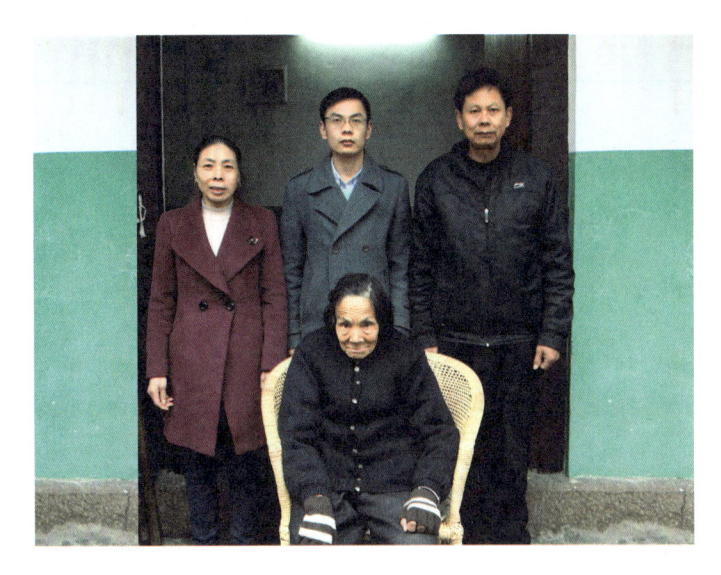

图0197　翁水良全家照及最想说的一句话（2017年12月）

团结友善 同心同德
勤俭治家 读书创业
汪关元

图0198　汪关元全家照及最想说的一句话（2017年12月）

希望生活越来越好
陈阿珍

图0199　陈阿珍全家照及最想说的一句话（2017年12月）

表087　户主王岳荣家庭成员情况

类别	家庭成员姓名	性别	家庭关系	文化程度	出生年月日	工作（职业）职务
凤凰片第二村民小组	王岳荣	男	户主	小学	1956.08.22	杭州凤凰纺织有限公司职工
	项文珍	女	妻子	小学	1955.01.16	家务
	王建	男	长子	大专	1983.01.16	浙江恒逸集团控股有限公司职工
	毛华芳	女	长媳	大专	1983.10.20	浙江恒逸集团控股有限公司职工
	王嘉慧	女	孙女	小学	2007.10.21	衙前农村小学在校生
	王浙科	男	孙子		2014.07.25	
户主	父亲：王金夫（1924—1997），萧山坎山索具厂职工。 户主：王岳荣，曾任凤凰生产大队植保员、村委二委治保主任，现在杭州凤凰纺织有限公司工作。 2016年住房面积270平方米。					

表088　户主王岳海家庭成员情况

类别	家庭成员姓名	性别	家庭关系	文化程度	出生年月日	工作（职业）职务
凤凰片第二村民小组	王岳海	男	户主	小学	1959.02.18	个体开拖拉机
	黄彩娥	女	妻子	小学	1962.02.21	家务
	王刚	男	长子	大专	1987.04.18	待业
	周杏美	女	母亲	文盲	1936.11.03	在家养老
	倪燕平	女	长媳	大专	1987.12.09	杭州美恒纺织有限公司职工
	王铭泽	男	长孙		2015.01.12	
户主	父亲：王金夫（1924—1997），萧山坎山索具厂职工。 户主：王岳海，早年务农，后长期开拖拉机（个体户）。 2016年住房面积324平方米。					

表089　户主沈利军家庭成员情况

类别	家庭成员姓名	性别	家庭关系	文化程度	出生年月日	工作（职业）职务
凤凰片第二村民小组	沈利军	男	户主	初中	1970.11.05	杭州兴惠纺织有限公司职工
	许雪娟	女	妻子	初中	1971.12.23	杭州叶茂纺织有限公司职工
	沈莹莹	女	长女	大专	1994.09.13	杭州宏锋集团纺织有限公司职工
	李月花	女	母亲	小学	1943.11.19	在家养老
	沈丹丹	女	次女	小学	2004.11.01	衙前农村小学在校生
户主	父亲：沈鸿斌（1930—1992），建筑施工员。 户主：沈利军，务农，后为工业从业人员。 2016年住房面积96平方米。					

希望家里的老人能长寿。

王岳荣

图0200　王岳荣全家照及最想说的一句话（2017年12月）

团结友善，贺心同德，
勤俭治家，艰苦创业。

王岳海

图0201　王岳海全家照及最想说的一句话（2018年2月）

想建造有二间地基的房子

沈利军

图0202　沈利军家庭照及最想说的一句话（2018年5月）

表090　户主汪张继家庭成员情况

类　别	家庭成员姓名	性别	家庭关系	文化程度	出生年月日	工作（职业）职务
凤凰片第二村民小组	汪张继	男	户主	小学	1949.07.14	凤凰村深埋点管理人
	钱琴芬	女	妻子	小学	1953.05.30	家务
	汪建洋	男	长子	初中	1976.05.02	杭州宇荣纺织有限公司职工
	张秋梅	女	长媳	中专	1977.09.10	凤凰村委会工作人员
	汪　鑫	男	长孙	初中	2002.09.14	衙前初中在校生
户主	父亲：汪水林（1919—2013），务农，1949年9月至1951年9月任凤凰村村长，后任生产队长。 户主：汪张继，1970年当兵，先后为凤凰生产队队长、花木负责人、公墓管理人。 2016年住房面积144平方米。					

表091　户主舒兴法家庭成员情况

类　别	家庭成员姓名	性别	家庭关系	文化程度	出生年月日	工作（职业）职务
凤凰片第二村民小组	舒兴法	男	户主	小学	1964.08.03	做五金生意
	汪芬珍	女	妻子	初中	1965.11.14	家务
	舒　文	女	女儿	本科	1994.01.07	2012—2016年温州大学瓯江学院
	张小惠	女	母亲	小学	1947.03.04	在家养老
户主	父亲：舒炳泉（1935—2014），务农。 户主：舒兴发，务农，后做五金生意。 2016年住房面积108平方米。					

表092　户主舒仁根家庭成员情况

类　别	家庭成员姓名	性别	家庭关系	文化程度	出生年月日	工作（职业）职务
凤凰片第二村民小组	舒仁根	男	户主	小学	1957.11.25	杭州兴日钢有限公司职工
	周阿花	女	妻子	小学	1961.02.22	杭州萧山银门装潢五金厂职工
	舒琴琴	女	长女	高中	1985.06.25	杭州孚华得科技有限公司职工
	舒佳静	女	次女	大专	1994.09.14	杭州甄教科技有限公司职工
	舒邵晨	男	外孙	小学	2010.07.13	衙前农村小学在校生
户主	祖父：舒如生（1884—1944），造船工。 父亲：舒其贵（1909—1971），造船工，后务农。 户主：舒仁根，先后在杭州欢龙化纤厂（烧丝工）、浙江恒逸集团控股有限公司、浙江宝业建筑集团有限公司（六建公司）、杭州兴日钢有限公司工作。 2016年住房面积129.6平方米。					

注：舒仁根的女婿，户口不在该村。

想建造有三间地基的房子

汪张继

图0203　汪张继全家照及最想说的一句话（2018年4月）

仁爱三春暖，
家和万事兴

舒兴法

图0204　舒兴法全家照及最想说的一句话（2017年12月）

不求万贯家财，
但求健康平安。

舒仁根

图0205　舒仁根全家照及最想说的一句话（2017年12月）

表093　户主舒志法家庭成员情况

类别	家庭成员姓名	性别	家庭关系	文化程度	出生年月日	工作（职业）职务
凤凰片第二村民小组	舒志法	男	户主	初中	1969.07.25	杭州新漾五金有限公司职工
	项条芬	女	妻子	小学	1969.12.27	凤凰纺机商店职工
	舒怡鸿	女	长女	大学	1994.12.03	杭州师范钱江学院在校生
	陈美云	女	母亲	小学	1935.09.28	在家养老
户主	父亲：舒阿炳（1925—2007），先为衙前公社造船厂修船工，后在萧山坎山索具厂工作。 户主：舒志法，先后在衙前加油站、杭州新漾五金有限公司工作。 2016年住房面积136平方米。					

表094　户主胡和法家庭成员情况

类别	家庭成员姓名	性别	家庭关系	文化程度	出生年月日	工作（职业）职务
凤凰片第二村民小组	胡和法	男	户主	初小	1941.07.23	凤凰村委会工作
	毛翔英	女	妻子	文盲	1943.06.18	家务
户主	祖父：胡孝老（1885—1956），务农，造船木工。 父亲：胡阿园（1907—1975），小船客运。 户主：胡和法，先后为凤凰村生产大队会计、萧山电器五金二厂厂长、凤凰村党支部委员主管工业、凤凰村老年协会会长，中共党员。 2016年住房面积450平方米。					

注：胡和法的儿子胡兴刚（见图0207后排右一），已另立户口，见表150。

表095　户主胡岳法家庭成员情况

类别	家庭成员姓名	性别	家庭关系	文化程度	出生年月日	工作（职业）职务
凤凰片第二村民小组	胡岳法	男	户主	大专	1949.01.24	凤凰村党委书记
	方彩娥	女	妻子	高小	1952.11.09	家务
	胡建平	男	长子	大专	1974.10.11	杭州凤谊纺织有限公司负责人
	项琴	女	长媳	初中	1975.06.11	杭州凤谊纺织有限公司职工
	胡梦霞	女	长孙女	大学	1997.10.01	在韩国读大学
	胡梦仪	女	次孙女		2005.06.03	萧山金山初中在校生
	胡杰瑞	男	孙子		2012.12.18	幼儿园
户主	祖父：胡孝老（1885—1956），务农，造船木工。 父亲：胡阿园（1907—1975），小船客运。 户主：胡岳法，中共党员，先后为凤凰生产队会计、大队长、衙前加油站兼副站长、凤凰村村长、凤凰村党委书记、凤凰村经济联合社社长。 2016年住房面积435平方米。					

处世以谦逊为贵，
做人以诚信为本。
　　　　舒志法

图0206　舒志法全家照及最想说的一句话（2017年12月）

改善生活，保重身体
发展经济，增加收诗
　　　　胡和法

图0207　胡和法全家照及最想说的一句话（2018年1月）

做地地道道的之人
尽些强身以之贵。
　　　　胡岳法

图0208　胡岳法全家照及最想说的一句话（2017年11月）

表096　户主翁关增家庭成员情况

类　别	家庭成员姓名	性别	家庭关系	文化程度	出生年月日	工作（职业）职务
凤凰片第二村民小组	翁关增	男	户主	高中	1962.02.13	杭州凤凰纺织有限公司车间主任
	方美珍	女	妻子	小学	1962.12.17	家务
	翁洪霞	女	长女	大学	1987.08.04	凤凰村委会工作
	翁洪涛	女	次女	大学	1996.02.01	杭州工商学院在校生
	孙德华	男	长女婿	大专	1986.10.17	在绍兴柯桥卖布
	翁孙榕	女	外孙女		2012.08.13	衙前第一幼儿园就读
	孙翁钦	男	外孙子		2015.02.21	
户主	父亲：翁友仙（1928—2007），务农。 户主：翁关增，先后为萧山电器五金工厂机修厂职工、凤凰花木负责人、绣花机厂职工、杭州凤凰纺织有限公司车间主任。 2016年住房面积324平方米。					

表097　户主翁关裕家庭成员情况

类　别	家庭成员姓名	性别	家庭关系	文化程度	出生年月日	工作（职业）职务
凤凰片第二村民小组	翁关裕	男	户主	初中	1967.08.01	绍兴润盛五金机械有限公司职工
	沈荷芬	女	妻子	初中	1966.02.21	萧山恒翔有限公司职工
	翁烨栋	男	长子	大专	1993.09.05	萧山恒翔有限公司职工
	汪水姑	女	母亲	小学	1933.12.30	在家养老
户主	父亲：翁友仙（1928—2007），务农。 户主：翁关裕，先后为萧山电器五金二厂模具工、铃钧五金厂模具工，现在绍兴润盛五金机械有限公司工作。 2016年住房面积324平方米。					

表098　户主汪爱娟家庭成员情况

类　别	家庭成员姓名	性别	家庭关系	文化程度	出生年月日	工作（职业）职务
凤凰片第二村民小组	汪爱娟	女	户主	小学	1968.02.10	凤凰村清洁工
	周剑	男	儿子	小学	1991.11.15	待业
	周文泉	男	公公	小学	1930.08.21	在家养老
	赵阿五	女	婆婆	文盲	1937.05.05	在家养老
户主	公公：周文泉，民国19年（1930）生，务农。 户主：汪爱娟，务农，后为凤凰村清洁工。丈夫周来根（1963—2007），曾在萧山五金电器厂工作，泥水工。 2016年住房面积216平方米。					

生活平平淡淡就好
家庭和和睦睦就好
　　　　翁关增

图0209　翁关增全家照及最想说的一句话（2018年2月）

做事要勤，做人要俭
全家平安一生
　　　　翁关裕

图0210　翁关裕全家照及最想说的一句话（2017年12月）

希望生活越过越好

　　　　汪爱娟

图0211　汪爱娟全家照及最想说的一句话（2017年12月）

表099　户主周柏生家庭成员情况

类别	家庭成员姓名	性别	家庭关系	文化程度	出生年月日	工作（职业）职务
凤凰片第二村民小组	周柏生	男	户主	初中	1960.04.09	自由职业
	翁月珍	女	妻子	小学	1963.02.18	杭州凤凰五金实业有限公司职工
	周军	男	长子	大专	1987.09.01	浙江恒逸集团控股有限公司职工
	尹佳丽	女	儿媳	大专	1994.09.26	待业
户主	父亲：周毛头（1931—2007），务农。 户主：周柏生，务农，后为衙前农机厂钳工，现为自由职业。 2016年住房面积216平方米。					

注：图0212前排，为周柏生的母亲庞水凤，见表100。

表100　户主于天先家庭成员情况

类别	家庭成员姓名	性别	家庭关系	文化程度	出生年月日	工作（职业）职务
凤凰片第二村民小组	于天先	女	户主	初中	1971.02.10	杭州锦诚纺织厂职工
	唐佑琪	男	丈夫	初中	1976.10.11	绍兴市杨汛纺织厂纤经操作工
	庞水凤	女	婆婆	小学	1938.04.08	在家养老
	唐洲玙	女	长女	小学	2003.02.20	衙前初中在校生
户主	公公：周毛豆（1931—2003），务农。 户主：于天先，前夫周柏忠（1966—1989），萧山电器五金二厂职工。于天先先后在几家纺织厂工作，现为杭州锦诚纺织有限公司职工。 2016年住房面积231平方米。					

表101　户主周关仙家庭成员情况

类别	家庭成员姓名	性别	家庭关系	文化程度	出生年月日	工作（职业）职务
凤凰片第二村民小组	周关仙	男	户主	高中	1962.11.19	杭州萧山凤凰五金实业有限公司塑料车间负责人
	高蓉蓉	女	妻子	小学	1965.11.04	自由职业
	周晨	男	长子	大学	1990.03.18	房产销售
	王燕敏	女	儿媳	大学	1993.05.02	萧山大义松都房地产公司销售部
户主	父亲：周友根（1931—1999），务农，当过凤凰生产大队山林队长、凤凰生产大队党支部书记。 户主：周关仙，曾为萧山电器五金二厂模具工，后来经营塑料厂。 2016年住房面积324平方米。					

想建造有三间
地基的房子
　　　周柏生

图0212　周柏生全家照及最想说的一句话（2017年12月）

希望生活
越来越好
　　于天先

图0213　于天先家庭照及最想说的一句话（2017年12月）

诚实守信
勤劳致富
周关仙

图0214　周关仙全家照及最想说的一句话（2018年5月）

表102　户主周国先家庭成员情况

类　别	家庭成员姓名	性别	家庭关系	文化程度	出生年月日	工作（职业）职务
凤凰片第二村民小组	周国先	男	户主	高中	1965.05.24	杭州特建五金机械厂职工
	李建娟	女	妻子	初中	1969.07.02	杭州特建五金机械厂法定代表人
	周成龙	男	长子	研究生	1993.07.14	厦门大学研究生
户主	父亲：周友根（1931—1999），务农，当过凤凰生产大队山林队长、凤凰生产大队党支部书记。 户主：周国先，曾在杭州江南电机厂工作，后来自己开杭州特建五金机械厂，其妻任厂法定代表人。 2016年住房面积300平方米。					

表103　户主翁关海家庭成员情况

类　别	家庭成员姓名	性别	家庭关系	文化程度	出生年月日	工作（职业）职务
凤凰片第二村民小组	翁关海	男	户主	小学	1956.09.22	凤凰新鑫花园门卫
	周志英	女	妻子	文盲	1955.11.24	家务
	翁玲玲	女	长女	大学	1984.11.17	全职妈妈，中共党员
	翁晓燕	女	次女	本科	1991.09.27	在杭州滨江工作
户主	父亲：翁友法（1925—1992），务农。 户主：翁关海，曾任凤凰村山林队队长兼农场场长，后在东岳庙工作，现为凤凰新鑫花园门卫。 2016年住房面积216平方米。					

注：图0216，翁关海的2个外孙，户口不在该村。

表104　户主周柏海家庭成员情况

类　别	家庭成员姓名	性别	家庭关系	文化程度	出生年月日	工作（职业）职务
凤凰片第二村民小组	周柏海	男	户主	小学	1957.05.10	个体户收废纸箱
	周雅仙	女	妻子	小学	1957.07.24	家务
	周伟峰	男	长子	大专	1992.01.04	杭州松涛传动公司职工
户主	父亲：周小毛（1924—2013），务农。 户主：周柏海，先后为衢前正钢厂职工、浙江开氏实业有限公司门卫，现为收废纸箱个体户。 2016年住房面积222平方米。					

注：图0217后排左一，为周柏海的女儿，已出嫁，户口已迁出；左二为周柏海的女婿，户口不在该村。

图0215　周国先全家照及最想说的一句话（2017年12月）

图0216　翁关海全家照及最想说的一句话（2018年2月）

图0217　周柏海全家照及最想说的一句话（2017年12月）

表 105　户主王少红家庭成员情况

类　别	家庭成员姓名	性别	家庭关系	文化程度	出生年月日	工作（职业）职务
凤凰片第二村民小组	王少红	女	户主	初中	1966.06.24	出租车司机
	周洛明	男	儿子	中专	1991.09.03	杭州万里机械有限公司职工
	汪丽丽	女	儿媳	本科	1991.04.28	衙前中心幼儿园就读
户主	公公：周小毛（1924—2013），务农。 户主：王少红，丈夫周柏校（1960—1994），务农，拖拉机手。 2016 年住房面积 267 平方米。					

注：王少红的孙女出生于 2017 年 8 月 21 日。

表 106　户主周志明家庭成员情况

类　别	家庭成员姓名	性别	家庭关系	文化程度	出生年月日	工作（职业）职务
凤凰片第二村民小组	周志明	男	户主	高中	1965.10.22	杭州技博五金电器厂职工
	蒋国琴	女	妻子	小学	1969.08.07	杭州技博五金电器厂法定代表人
	周鹏飞	男	长子	本科	1993.04.21	自由职业
	汪阿三	女	母亲	小学	1933.08.14	在家养老
户主	父亲：周维成（1929—2012），务农。 户主：周志明，高中毕业务农 1 年，后在凤凰村办企业做钳工，现在杭州技博五金电器厂工作。 2016 年住房面积 250.8 平方米。					

表 107　户主周志根家庭成员情况

类　别	家庭成员姓名	性别	家庭关系	文化程度	出生年月日	工作（职业）职务
凤凰片第二村民小组	周志根	男	户主	初中	1958.05.12	杭州凯豪化纤有限公司负责人
	周文娟	女	妻子	小学	1959.12.09	家务
	周巨舫	男	长子	大专	1983.08.02	杭州凯豪化纤有限公司职工
	姚娟	女	儿媳	大学	1987.09.28	萧山中医院护士
	周书阅	女	孙女		2010.09.19	衙前中心幼儿园就读
	周书熠	男	孙子		2012.04.11	
户主	父亲：周维成（1929—2012），务农。 户主：周志根，当过凤凰村赤脚医生，跑过供销，后创办杭州凯豪化纤有限公司。 2016 年住房面积 360 平方米。					

希望生活越过越好

图 0218　王少红全家照及最想说的一句话（2017 年 12 月）

家人健健康康
心想事成
　　周志明

图 0219　周志明全家照及最想说的一句话（2018 年 2 月）

家和万事兴
红色发展
绿色健康
　　周志根

图 0220　周志根全家照及最想说的一句话（2018 年 2 月）

表108　户主周国校家庭成员情况

类　别	家庭成员姓名	性别	家庭关系	文化程度	出生年月日	工作（职业）职务
凤凰片第二村民小组	周国校	男	户主	初中	1964.01.16	杭州兴惠纺织有限公司职工
	沈和娟	女	妻子	小学	1965.10.17	杭州兴惠纺织有限公司职工
	周　翔	男	长子	高中	2000.08.09	（萧山）钱江职业高级中学在校生
户主	父亲：周小毛（1924—2013），务农。 户主：周国校，先后为浙江恒逸集团控股有限公司机修工、杭州兴惠纺织有限公司职工。 2016年住房面积359.1平方米。					

注：周国校的女儿已出嫁，户口已迁出。

表109　户主舒招法家庭成员情况

类　别	家庭成员姓名	性别	家庭关系	文化程度	出生年月日	工作（职业）职务
凤凰片第二村民小组	舒招法	男	户主	高中	1966.10.10	杭州力源发电设备公司项目经理
	周国凤	女	妻子	初中	1967.01.16	家务
	舒燕翔	男	长子	本科	1994.02.09	浙江工业大学在校生
户主	父亲：舒阿炳（1925—2007），早年是造船厂修船工。 户主：舒招法，曾任杭州神力合金钢厂厂长、杭州青云集团厂长，现任杭州力源发电设备公司项目经理。 2016年住房面积359.1平方米。					

表110　户主舒爱珍家庭成员情况

类　别	家庭成员姓名	性别	家庭关系	文化程度	出生年月日	工作（职业）职务
凤凰片第二村民小组	舒爱珍	女	户主	文盲	1939.09.23	在家养老
	周松林	男	长子	初中	1959.07.25	在家养病
	周仙娟	女	女儿	初中	1969.12.18	汪吾钱剪刀厂职工
户主	户主：舒爱珍，丈夫周秋根（1936—1988），早年是张小泉剪刀厂职工，儿子周松林，因精神分裂症在家休养。 2016年住房面积304平方米。					

注：舒爱珍的小儿子一家户口已迁出。

爱护公物，遵纪守法，造福子民，服务社会。
周国校

图0221　周国校全家照及最想说的一句话（2018年5月）

和善家风贵，
苦寒品格高
舒招法

图0222　舒招法全家照及最想说的一句话（2017年12月）

希望生活越过越好
舒爱珍

图0223　舒爱珍全家照及最想说的一句话（2017年12月）

表 111　户主周祖水家庭成员情况

类　别	家庭成员姓名	性别	家庭关系	文化程度	出生年月日	工作（职业）职务
凤凰片第二村民小组	周祖水	男	户主	初中	1962.04.16	杭州锦诚纺织有限公司负责人
	陆国英	女	妻子	初中	1964.11.08	家务
	周婷	女	长女	大专	1990.09.03	杭州贝豪婴童用品有限公司职工
	周泽帆	男	长子	本科	1998.05.24	东北大学在校生
户主	父亲：周加林（1921—1997），务农。 户主：周祖水，务农，后为杭州锦诚纺织有限公司负责人。 2016年住房面积346.5平方米。					

表 112　户主周水根家庭成员情况

类　别	家庭成员姓名	性别	家庭关系	文化程度	出生年月日	工作（职业）职务
凤凰片第二村民小组	周水根	男	户主	小学	1946.08.09	杭州凤凰纺织有限公司职工
	沈美英	女	妻子	小学	1950.11.21	衙前7号会所清洁工
	周建康	男	长子	高中	1974.11.21	浙江东南网架股份有限公司职工
	马立琴	女	长媳	初中	1974.02.08	个体幼儿园老师
	周怡雯	女	孙女	小学	2006.03.03	衙前农村小学在校生
户主	父亲：周加林（1921—1997），务农。 户主：周水根，先后为杭州锦诚纺织有限公司勤杂工、浙江恒逸集团控股有限公司职工、清洁工，现为杭州凤凰纺织有限公司门卫。 2016年住房面积216平方米。					

表 113　户主周狄夫家庭成员情况

类　别	家庭成员姓名	性别	家庭关系	文化程度	出生年月日	工作（职业）职务
凤凰片第二村民小组	周狄夫	男	户主	小学	1945.02.12	个体开小五金厂
	方金娥	女	妻子	小学	1951.10.02	退休在家
	周成江	男	长子	高中	1973.04.20	萧山求日塑料厂职工
	孙文萍	女	儿媳	高中	1978.01.02	宁围建筑公司出纳
	周志斌	男	长孙	高中	2002.07.15	萧山职高在校生
户主	父亲：周永兴（1897—1952），务农。 户主：周狄夫，中共党员，曾任凤凰村村委会委员、凤凰村党支部委员、萧山电器五金二厂厂长，后自己开办五金塑料厂，担任厂长。 2016年住房面积145平方米。					

堂堂正正做人．
踏踏实实做事．
　　　周祖水

图0224　周祖水全家照及最想说的一句话（2018年2月）

希望 生活越过越好

　　　周水根

图0225　周水根全家照及最想说的一句话（2017年12月）

家和万事兴
努力朱断金
　　　周狄夫

图0226　周狄夫全家照及最想说的一句话（2018年6月）

表 114　户主周友顺家庭成员情况

类别	家庭成员姓名	性别	家庭关系	文化程度	出生年月日	工作（职业）职务
凤凰片第二村民小组	周友顺	男	户主	小学	1935.08.19	在家养老
	张彩珍	女	妻子	初中	1944.07.23	家务
户主	父亲：周永兴（1897—1952），务农。 户主：周友顺，务农，现在家养老。 2016 年住小儿子家。					

注：周友顺有周耀庆（见表115）、周浩明（见表070）、周国庆（见表116）3 个儿子，已另立户。

表 115　户主周耀庆家庭成员情况

类别	家庭成员姓名	性别	家庭关系	文化程度	出生年月日	工作（职业）职务
凤凰片第二村民小组	周耀庆	男	户主	初中	1963.09.05	个体开小五金厂
	朱芝英	女	妻子	小学	1963.11.22	小五金厂职工
	周铠锴	男	长子	大专	1998.06.15	萧山杭齿技校在校生
户主	祖父：周永兴（1897—1952），务农。 父亲：周友顺，民国 24 年（1935）生，务农，现在家养老。 户主：周耀庆，在萧山电器二厂做过车床工，开过小三轮，后来自己开办小五金厂。 2016 年住房面积 324 平方米。					

注：周耀庆全家照，见图 0227。

表 116　户主周国庆家庭成员情况

类别	家庭成员姓名	性别	家庭关系	文化程度	出生年月日	工作（职业）职务
凤凰片第二村民小组	周国庆	男	户主	初中	1968.06.13	个体户运输
	施彩芬	女	妻子	高中	1966.12.08	凤凰村村务人员，杭州萧山凤凰五金实业有限公司会计
	周芳芳	女	长女	本科	1993.01.06	在北京杂志社工作
	周筱依	女	次女	小学	2008.03.27	衙前农村小学在校生
户主	祖父：周永兴（1897—1952），务农。 父亲：周友顺，民国 24 年（1935）生，务农，现在家养老。 户主：周国庆，先后为萧山电器五金二厂职工、浙江开氏纺纤集团有限公司职工，现为个体户。 2016 年住房面积 360 平方米。					

希望弦张大后
有所成就
 张到珍

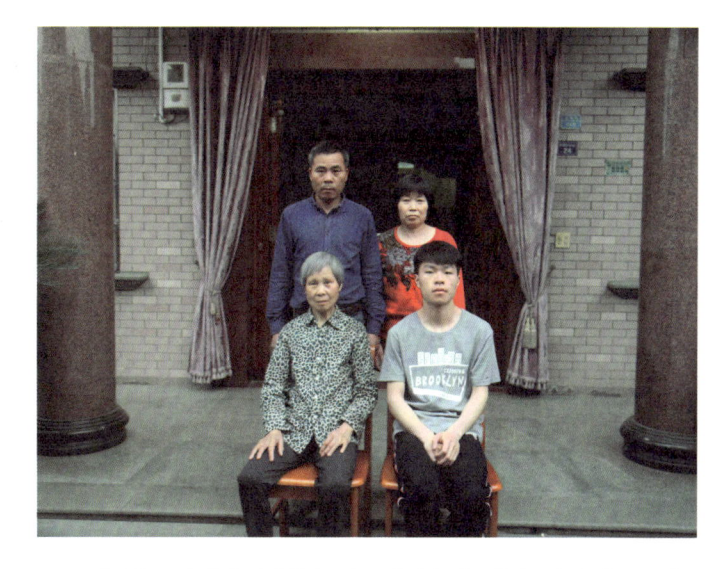

图0227　张彩珍（前排左一）、周耀庆（后排左一）全家照及最想说的一句话（2018年4月）

家和万事兴
齐心共断金
 周耀庆

图0228　学生在凤凰山间散步（2016年4月，华兴桥摄）

诚实守信
勤劳致富
 周国庆

图0229　周国庆全家照及最想说的一句话（2017年12月）

表117　户主曹伟根家庭成员情况

类　别	家庭成员姓名	性别	家庭关系	文化程度	出生年月日	工作（职业）职务
凤凰片第二村民小组	曹伟根	男	户主	初中	1972.11.11	杭州凤谊纺织有限公司机修工
	郭芬	女	妻子	初中	1971.04.04	个体小企业
	曹晓峰	男	长子	本科	1997.08.01	杭州电子科技大学在校生
	胡和仙	女	母亲	文盲	1938.05.06	在家养老
户主	父亲：曹关木（1916—1996），衙前三中食堂负责人。 户主：曹伟根，曾用名：曹卫根。先后为萧山电器五金二厂、新光电厂职工，现为杭州凤谊纺织有限公司机修工。 2016年住房面积342平方米。					

表118　户主翁关甫家庭成员情况

类　别	家庭成员姓名	性别	家庭关系	文化程度	出生年月日	工作（职业）职务
凤凰片第二村民小组	翁关甫	男	户主	小学	1953.01.18	养病
	阮建梅	女	妻子	小学	1955.09.22	家务
户主	父亲：翁友兴（1921—1971），务农。 户主：翁关甫，先后为衙前农工商、恒逸集团职工，现在家养病。 2016年住房面积250.8平方米。					

注：翁关甫的女儿已出嫁，户口已迁出；2个外孙户口不在该村。

表119　户主曹金凤家庭成员情况

类　别	家庭成员姓名	性别	家庭关系	文化程度	出生年月日	工作（职业）职务
凤凰片第二村民小组	曹金凤	女	户主	小学	1962.01.07	家务
	曹郁敏	女	女儿	本科	1985.09.03	杭州迈腾纺织有限公司职工
	赵雨辰	女	外孙女		2012.04.20	
户主	公公：曹木根（1927—1971），务农。 户主：曹金凤，丈夫曹水福，1959年出生，高中文化，中共党员，杭州迈腾纺织有限公司负责人。女儿曹郁敏，曾在萧山车辆管理站工作，现在杭州迈腾纺织有限公司做统计工作。（女儿已出嫁，系应迁未迁，挂靠户口） 2016年住房面积250.8平方米。					

注：图0232前排，为曹金凤的母亲周利娟，见表251。

家和万事兴，勃艾断金
曹伟根

图0230 曹伟根全家照及最想说的一句话（2018年2月）

认认真真行事，
沦沦正正做人。
翁䋄甫

图0231 翁关甫全家照及最想说的一句话（2017年12月）

精诚所至金石为开
曹金凤

图0232 曹金凤家庭照及最想说的一句话（2018年7月）

表120　户主周关泉家庭成员情况

类　别	家庭成员姓名	性别	家庭关系	文化程度	出生年月日	工作（职业）职务
凤凰片第二村民小组	周关泉	男	户主	高中	1957.06.16	个体操作车床工
	朱素英	女	妻子	小学	1960.08.02	家务
	周峰斌	男	长子	大专	1985.10.18	在杭州美丝邦化纤有限公司财务科工作
	方丹丹	女	长媳	大专	1988.02.08	待业
	周铠轩	男	长孙		2013.12.20	
户主	父亲：周友根（1931—1999），务农，当过凤凰村山林队长、凤凰生产大队党支部书记。 户主：周关泉，先后为衙前农机厂、周志根五金厂职工，现自己开车床（外加工）。 2016年住房面积250.8平方米。					

表121　户主曹张法家庭成员情况

类　别	家庭成员姓名	性别	家庭关系	文化程度	出生年月日	工作（职业）职务
凤凰片第二村民小组	曹张法	男	户主	小学	1958.07.19	凤凰村绿化养护工
	周彩凤	女	妻子	小学	1958.12.12	做小本生意
	曹佳熠	男	长子	本科	1997.02.11	浙江电子科技大学在校生
户主	父亲：曹阿根（1920—2002），务农。 户主：曹张法，做过搬运工，后在杭州林峰纺织有限公司做勤杂工，现为凤凰村绿化养护工。 2016年住房面积205.8平方米。					

表122　户主方正家庭成员情况

类　别	家庭成员姓名	性别	家庭关系	文化程度	出生年月日	工作（职业）职务
凤凰片第二村民小组	方正	男	户主	大专	1954.09.18	凤凰村党委委员、治保主任
	庞慧琴	女	妻子	小学	1957.02.14	家务
	方波	男	长子	中专	1981.07.06	杭州盛方化纤有限公司经理，中共党员
	虞梦婷	女	长媳	中专	1982.02.07	待业
	方凯鑫	男	长孙		2008.03.04	衙前农村小学在校生
户主	父亲：方小毛（1925—2005），务农。 户主：方正，中共党员，先后为萧山电器五金二厂车间主任、生产厂长、杭州凤凰五金实业有限公司负责人，历任凤凰村党委委员、凤凰村经济联合社董事、凤凰村治保主任。 2016年住房面积228平方米。					

图 0233　周关泉全家照及最想说的一句话（2017 年 12 月）

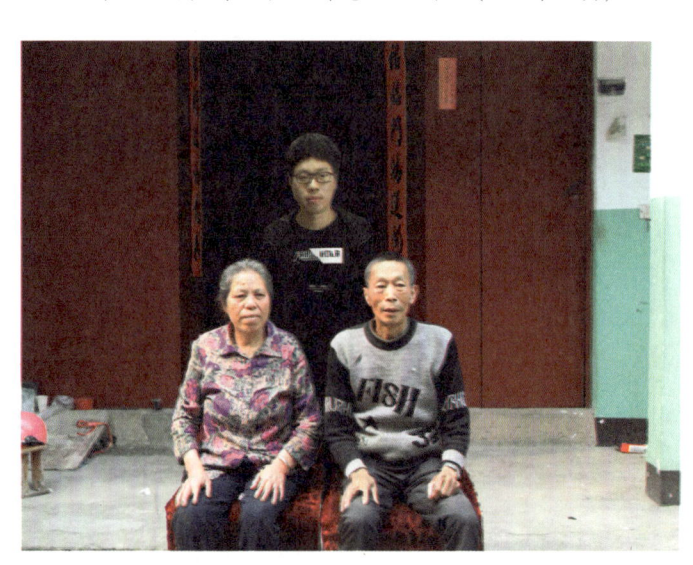

图 0234　曹张法全家照及最想说的一句话（2018 年 4 月）

图 0235　方正全家照及最想说的一句话（2018 年 4 月）

表123　户主鲁忠林家庭成员情况

类　别	家庭成员姓名	性别	家庭关系	文化程度	出生年月日	工作（职业）职务
凤凰片第二村民小组	鲁忠林	男	户主	小学	1969.05.26	萧山区衙前镇城管人员
	陈美英	女	妻子	初中	1970.10.01	个体户
	鲁佳楠	男	长子	大专	1996.09.13	浙江省医药高等专科院校在校生
户主	父亲：鲁小毛（1932—1987），务农。 户主：鲁忠林，先后为华兴水泥厂职工、凤凰村市场巡防队员、衙前镇城管队工作人员。 2016年住房面积267平方米。					

表124　户主翁关仁家庭成员情况

类　别	家庭成员姓名	性别	家庭关系	文化程度	出生年月日	工作（职业）职务
凤凰片第二村民小组	翁关仁	男	户主	初中	1969.01.02	杭州兴惠纺织有限公司职工
	何柳卿	女	妻子	小学	1970.06.11	杭州兴惠纺织有限公司职工
	翁林峰	男	长子	大专	1995.05.22	待业
户主	父亲：翁友法（1925—1992），务农。 户主：翁关仁，务农，后为杭州兴惠纺织有限公司机修工。 2016年住房面积216平方米。					

表125　户主曹金根家庭成员情况

类　别	家庭成员姓名	性别	家庭关系	文化程度	出生年月日	工作（职业）职务
凤凰片第二村民小组	曹金根	男	户主	小学	1966.05.24	杭州金伟纺织品有限公司职工
	李云秀	女	妻子	初中	1968.07.29	杭州萧山银门装潢五金厂职工
	曹国荣	男	长子	大专	1992.12.01	杭州通用有限公司拼装工
户主	父亲：曹庚言（1928—1990），务农。 户主：曹金根，先在萧山电器二厂工作，后为自由职业，现为杭州金伟纺织品有限公司职工。 2016年住房面积152平方米。					

做个普通人，
做好每件事，
平等看待每个人，
过着足人的日子。

鲁忠林

图0236　鲁忠林全家照及最想说的一句话（2018年6月）

家和万事兴
齐力共断金

翁关仁

图0237　翁关仁全家照及最想说的一句话（2017年12月）

不求万贯家财
但求健康平安

曹金根

图0238　曹金根全家照及最想说的一句话（2017年12月）

表126　户主翁海良家庭成员情况

类　别	家庭成员姓名	性别	家庭关系	文化程度	出生年月日	工作（职业）职务
凤凰片第二村民小组	翁海良	男	户主	初中	1967.05.27	杭州凤谊纺织有限公司电工
	项条娟	女	妻子	小学	1967.07.13	做小本生意
	翁亚杰	男	长子	本科	1994.12.10	绍兴元培学院在校生
户主	父亲：翁友兴（1921—1971），务农。 户主：翁海良，先后为衙前加油站职工、杭州凤谊纺织有限公司电工。 2016年住房面积136.8平方米。					

表127　户主周柏兴家庭成员情况

类　别	家庭成员姓名	性别	家庭关系	文化程度	出生年月日	工作（职业）职务
凤凰片第二村民小组	周柏兴	男	户主	初中	1964.01.21	浙江开氏纺纤集团有限公司职工
	方伟芬	女	妻子	初中	1967.09.03	家务
	周芳思雨	女	长女	本科	1995.12.24	浙江财经大学在校生
	周雨鋆	男	长子	小学	2007.06.13	衙前农村小学在校生
户主	父亲：周毛豆（1931—2003），务农。 户主：周柏兴，务农，后为浙江新鑫板材有限公司职工，现为开氏集团职工。 2016年住房面积179.74平方米。					

注：图0240前排坐者，为周柏兴的母亲庞水凤，见表100。

表128　户主曹水福家庭成员情况

类　别	家庭成员姓名	性别	家庭关系	文化程度	出生年月日	工作（职业）职务
凤凰片第二村民小组	曹水福	男	户主	高中	1960.04.08	杭州迈腾纺织有限公司负责人
	毛理清	女	妻子	初中	1978.10.16	杭州迈腾纺织有限公司职工
	曹旭东	男	长子	小学	2004.02.28	衙前农村小学在校生
	曹禹	男	次子		2016.11.11	
	沈雪珍	女	母亲	文盲	1932.11.19	在家养老
户主	父亲：曹木根（1929—1971），务农。 户主：曹水福，中共党员，在定海参过军，后为杭州江南电机厂车间主任、杭州迈腾纺织有限公司法定代表人。 2016年住房面积324平方米。					

不求万贯家财
但求健康平安
翁海良

图0239　翁海良全家照及最想说的一句话（2017年12月）

条件允许建造
新房　　周柏兴

图0240　周柏兴全家照及最想说的一句话（2018年2月）

仁厚春暖　敬和永康
曹水福

图0241　曹水福全家照及最想说的一句话（2018年6月）

表 129　户主毛梅芬家庭成员情况

类　别	家庭成员姓名	性别	家庭关系	文化程度	出生年月日	工作（职业）职务
凤凰片第二村民小组	毛梅芬	女	户主	小学	1958.07.26	杭州玲钧五金机械厂有限公司合同工
户主	父亲：毛连兴（1912—1998），绍兴钱清搬迁队职工。 户主：毛梅芬，杭州玲钧五金机械厂有限公司合同工，挂靠户口。 2016 年住房面积 240 平方米。					

表 130　户主沈丽娟家庭成员情况

类　别	家庭成员姓名	性别	家庭关系	文化程度	出生年月日	工作（职业）职务
凤凰片第二村民小组	沈丽娟	女	户主	小学	1963.11.10	个体户（卖蔬菜）
	张清清	女	女儿	大专	1992.07.31	衙前移动公司业务员
户主	父亲：沈鸿炳（1931—2000），泥工包头。 户主：沈丽娟，务农，后为个体户（卖蔬菜）。已出嫁，系应迁未迁，挂靠户口。 2016 年住房面积 110 平方米。					

注：沈丽娟的丈夫、女婿、外孙，户口均不在该村。

第三村民小组

凤凰片第三村民小组有 35 户。户主姓名分别为：曹贤根、鲁云根、沃关林、沃荷花、方正伟、王老毛、毛兴良、周条仙、沃引泉、周幸福、王元林、沈中良、沈大方、周观仙、周观明、舒阿牛、沃阿毛、项关生、曹行舟、胡兴刚、周柏夫、方正海、周月美、周钊海、项长根、项欢庆、曹建庆、周路德、陆惠祥、曹土根、周引舟、叶凤良、孔国庆、周水娟、周玲娟。

希望生活越过越好

毛梅芬

图0242　毛梅芬及最想说的一句话（2018年7月）

希望生活越过越好

沈丽娟

图0243　沈丽娟全家照及最想说的一句话（2018年7月）

图0244　凤凰村街道亮丽（2018年3月，陈妙荣摄）

表131　户主曹贤根家庭成员情况

类别	家庭成员姓名	性别	家庭关系	文化程度	出生年月日	工作（职业）职务
凤凰片第三村民小组	曹贤根	男	户主	小学	1957.04.14	杭州萧山银门装潢五金厂厂长
	陆国文	女	妻子	高中	1962.03.06	杭州萧山银门装潢五金厂财务，中共党员
	曹晨奇	男	次子	大学	1991.06.18	杭州银河证券公司职工
户主	父亲：曹金木（1921—1997），务农。 户主：曹贤根，务农，曾为衙前镇五金厂钳工，后创办杭州银门装潢五金厂，为法定代表人。 2016年住房面积184平方米。					

表132　户主鲁云根家庭成员情况

类别	家庭成员姓名	性别	家庭关系	文化程度	出生年月日	工作（职业）职务
凤凰片第三村民小组	鲁云根	男	户主	小学	1957.09.10	萧山瓜沥五金厂制模工
	任菊英	女	妻子	小学	1963.01.01	家务
	鲁华江	男	长子	大专	1988.11.06	杭州航民印染厂打小样
	王雅君	女	长媳	高中	1988.03.06	在萧山瓜沥镇做店员
	鲁华芳	女	女儿	大专	1992.08.18	萧山三中教师
	鲁紫怡	女	孙女		2014.09.16	
户主	父亲：鲁阿甩（1907—1977），务农。 户主：鲁云根，务农，后为萧山瓜沥五金厂制模工。 2016年住房面积280平方米。					

表133　户主沃关林家庭成员情况

类别	家庭成员姓名	性别	家庭关系	文化程度	出生年月日	工作（职业）职务
凤凰片第三村民小组	沃关林	男	户主	小学	1957.12.14	凤凰村农民公寓楼门卫
	沃苗娟	女	女儿	大专	1988.08.08	萧山区交通规划设计研究院办公室科员
	徐志强	男	女婿	本科	1987.08	杭州笕桥94782部队服役
户主	父亲：沃岳三（1930—1984），萧山坎山石料厂厂长、石匠。 户主：沃关林，务农，先后为衙前水泥厂工人、小工、清洁工、传达室门卫。 2016年住房面积228平方米。					

随心而活，活的开心，
像自己一样可以活得好．

陈国敏

图 0245　曹贤根全家照及最想说的一句话（2018 年 5 月）

希望生活越过越好

鲁云根

图 0246　鲁云根家庭照及最想说的一句话（2018 年 2 月）

家和万事兴

沃关林

图 0247　沃关林全家照及最想说的一句话（2018 年 5 月）

表 134　户主沃荷花家庭成员情况

类　别	家庭成员姓名	性别	家庭关系	文化程度	出生年月日	工作（职业）职务
凤凰片第三村民小组	沃荷花	女	户主	小学	1955.06.21	家务
	楼宝金	男	丈夫	初中	1945.03.27	退休在家
户主	父亲：沃岳三（1930—1984），萧山坎山石料厂厂长、石匠。 户主：沃荷花，衙前镇五金厂仪表车工，后开小店，丈夫楼宝金，先为萧山裘江供销社职工，现退休在家养老。 2016年住房面积135平方米。					

表 135　户主方正伟家庭成员情况

类　别	家庭成员姓名	性别	家庭关系	文化程度	出生年月日	工作（职业）职务
凤凰片第三村民小组	方正伟	男	户主	初中	1964.12.17	杭州凤谊纺织有限公司后勤主管
	曹春仙	女	妻子	初中	1963.02.11	凤凰村老年活动室保洁员
	方萍萍	女	长女	本科	1988.11.17	萧山区葛云飞小学老师
	方泽平	男	长子	大学	1996.10.20	湖州师范大学在校生
户主	父亲：方小毛（1925—2005），务农。 户主：方正伟，中共党员，务农，后为杭州凤谊纺织有限公司后勤主管。 2016年住房面积216平方米。					

注：方正伟的女儿已出嫁，户口未迁出，女婿及2个外孙的户口均不在该村。

表 136　户主王老毛家庭成员情况

类　别	家庭成员姓名	性别	家庭关系	文化程度	出生年月日	工作（职业）职务
凤凰片第三村民小组	王老毛	男	户主	小学	1937.01.18	在家养老
	王建国	男	长子	高中	1971.10.23	杭州齿轮厂职工
	方胜娟	女	儿媳	高中	1973.12.20	自由职业
	王慧灵	女	孙女	高中	1997.11.24	在校读书
户主	父亲：王大富（1901—1947），务农。 户主：王老毛，退伍军人，后务农，现在家养老。 2016年住房面积216平方米。					

希望生活越过越好！

沃荷花

图0248　沃荷花夫妻照及最想说的一句话（2017年12月）

原谅我不能考上公务员

方正伟

图0249　方正伟全家照及最想说的一句话（2017年11月）

希望越过越好。
感谢村给村民的
多种福利和越前的进步

方旺娟

图0250　王老毛全家照及最想说的一句话（2017年12月）

表137 户主毛兴良家庭成员情况

类别	家庭成员姓名	性别	家庭关系	文化程度	出生年月日	工作（职业）职务
凤凰片第三村民小组	毛兴良	男	户主	高中	1962.01.14	五金个体户
	沃华芬	女	妻子	初中	1965.12.20	航球纺织有限公司出纳
	毛天赐	男	长子	高中	2000.10.11	萧山六中在校生
户主	祖父：毛金文（1915—1961），务农。 父亲：毛加松，民国26年（1937）生，曾任明华村生产队长。毛加松户口在明华村，毛兴良后迁入凤凰村落户。毛加松现在家养老。 户主：毛兴良，衙前农机厂机修工，援建过伊拉克，现为五金个体店主。 2016年住房面积140平方米。					

注：毛兴良的女儿已出嫁，户口未迁出，女婿及外孙的户口均不在该村。

表138 户主周条仙家庭成员情况

类别	家庭成员姓名	性别	家庭关系	文化程度	出生年月日	工作（职业）职务
凤凰片第三村民小组	周条仙	女	户主	小学	1957.12.12	家务
	曹建军	男	长子	初中	1989.05.31	浙江开氏实业有限公司加弹工
户主	公公：曹阿芳（1913—1979），泥工。 户主：周条仙，丈夫曹阿土（1948.10—2014.05），凤凰村门卫，周条仙在菜市场卖菜，以此为生。 2016年住房面积144平方米。					

注：周条仙的儿媳，户口未迁入。

表139 户主沃引泉家庭成员情况

类别	家庭成员姓名	性别	家庭关系	文化程度	出生年月日	工作（职业）职务
凤凰片第三村民小组	沃引泉	男	户主	小学	1937.09.30	在家养老
	赵碗珍	女	妻子	小学	1947.12.05	在家养老
	沃华	男	长子	高中	1964.12.16	杭州萧山电子元件配件厂职工
	胡阿素	女	长媳	高中	1965.11.06	凤凰创业新村书记，中共党员
	沃梦怡	女	长孙女	本科	1990.11.14	美国谷歌公司软件工程师
	沃静怡	女	次孙女	留学生	1998.08.21	美国求学（旧金山）
户主	祖父：沃生元（1882—1963），造船工人。 父亲：沃阿加（1909—1988），印染工人。 户主：沃引泉，萧山县电影放映员，现在家养老。 2016年住房面积324平方米。					

祖国繁荣富强，老百姓的生活一天比一天好。 毛兴良

图0251　毛兴良全家照及最想说的一句话（2017年12月）

希望祖国永远繁荣，老百姓的生活一天比一天好。 周建军

图0252　周条仙全家照及最想说的一句话（2017年12月）

希望祖国永远繁荣富强。祝愿我们亲人永远健康长寿。
沃引泉

图0253　沃引泉全家照及最想说的一句话（2017年12月）

表140　户主周幸福家庭成员情况

类　别	家庭成员姓名	性别	家庭关系	文化程度	出生年月日	工作（职业）职务
凤凰片第三村民小组	周幸福	男	户主	小学	1965.12.22	临时泥工
户主	祖父：周念二（1882—1952），务农。 父亲：周阿堂（1922—1982），务农，曾任凤凰村生产队长。 母亲：施月珍（1928.10.28—2014.09.24），家务。 户主：周幸福，临时泥工。 2016年住房面积150平方米。					

表141　户主王元林家庭成员情况

类　别	家庭成员姓名	性别	家庭关系	文化程度	出生年月日	工作（职业）职务
凤凰片第三村民小组	王元林	男	户主	小学	1935.12.08	在家养老
	施阿凤	女	妻子	文盲	1947.08.07	家务
	王学军	男	长子	初中	1971.02.16	个体运输户
	徐水娟	女	长媳	初中	1972.03.14	杭州兴惠纺织有限公司职工
	王怡萍	女	长孙女	大专	1997.09.30	宁波卫生职业技术学院在校生
	王毅垣	男	长孙子	小学	2005.01.18	衙前农村小学在校生
户主	父亲：王大狗（1897—1978），做蓬工。 户主：王元林，做蓬工，曾任凤凰村第四生产队队长，现在家养老。 2016年住房面积324平方米。					

表142　户主沈中良家庭成员情况

类　别	家庭成员姓名	性别	家庭关系	文化程度	出生年月日	工作（职业）职务
凤凰片第三村民小组	沈中良	男	户主	初中	1943.02.04	在家养病
	莫雅美	女	妻子	文盲	1947.08.18	家务
	沈红卫	男	长子	初中	1971.02.12	凤凰村沈定一故居看护
	郑茂兰	女	长媳	初中	1979.10.22	小商品个体户
	沈江涛	男	长孙子	大专	2000.06.01	萧山第二职业学校（商贸）在校生
户主	祖父：沈定一（1883—1928），日本留学生，中共早期党员，国民党中央执行委员会委员。 父亲：沈剑云（1918—1996），国立艺术专科学校（今中国美院）毕业，早年任教国立艺专，民国衙前乡乡长，新中国成立后被关了7年牢狱。 户主：沈中良，支边知青，下乡宁夏回族自治区，后在衙前镇办知青袜厂工作，20世纪80年代镇办知青袜厂倒闭后，一直无工作，现在家养病。 2016年住房面积220平方米。					

注：沈中良的女儿已出嫁，女儿一家三口户口均不在该村。

愿国家繁荣
民安居乐业
周幸福

图0254　周幸福及最想说的一句话（2017年12月）

凤凰山下凤凰鸟，
愿全村人民身体健康
生活越过越好！
王张军

图0255　王元林全家照及最想说的一句话（2018年4月）

愿国家昌盛发达
人民安居乐业
沈根

图0256　沈中良全家照及最想说的一句话

表143 户主沈大方家庭成员情况

类别	家庭成员姓名	性别	家庭关系	文化程度	出生年月日	工作（职业）职务
凤凰片第三村民小组	沈大方	男	户主	初中	1937.07.02	在家养老
	沈冬冬	女	长女	本科	1978.10.03	杭州青云集团会计
	雷博林	男	女婿	大专	1975.05.13	办小型缝纫厂
	沈执鹿	男	外孙子	小学	2007.09.12	衙前农村小学在校生
户主	祖父：沈仲清（1882—1936），清朝知县，早期国民党员。 父亲：沈七一（1906—1979），从教多年，担任过国民党乡公所文书，被迫担任日寇维持会长不足1年失业（因向三五支队和32师提供日本侵略军情报被发觉逃离）。新中国成立后，在乡长姬凤德帮助下，复办定一乡校，后因病请假，1957年进衙前乡政府办"自新"学习班学习，此后以刻字为生。 户主：沈大方，小学毕业后做过建筑小工，支农10年，做过铸工、钳工、仓库保管员，担任过初级社、高级社、镇办企业、私营企业会计50余年。 2016年住房面积138平方米。					

表144 户主周观仙家庭成员情况

类别	家庭成员姓名	性别	家庭关系	文化程度	出生年月日	工作（职业）职务
凤凰片第三村民小组	周观仙	男	户主	小学	1957.10.18	衙前草漾加弹厂机修工
	曹芬仙	女	妻子	小学	1959.02.16	家务
	周凯峰	男	长子	本科	1984.05.09	萧山河庄派出所副所长
	陆盈囡	女	儿媳	本科	1984.11.14	衙前农村小学校教师
	周璐彦	女	长孙女		2010.10.06	幼儿园大班生
	周陆辰	男	长孙子		2015.02.04	
	沈和花	女	母亲	文盲	1939.06.25	在家养老
户主	祖父：周长兴（1898—1977），开船厂，务农。 父亲：周金宝（1938—2000），务农，造船工人。 户主：周观仙，务农，后为机修工，在衙前草漾加弹厂工作。 2016年住房面积150平方米。					

表145 户主周观明家庭成员情况

类别	家庭成员姓名	性别	家庭关系	文化程度	出生年月日	工作（职业）职务
凤凰片第三村民小组	周观明	男	户主	小学	1962.03.23	绍兴上虞养猪场养猪
	丁彩凤	女	妻子	小学	1962.01.06	绍兴上虞养猪场养猪
	周凯飞	男	长子	大专	1987.08.22	绍兴柯桥轻纺外贸公司供销员
	沈婷	女	长媳	大专	1989.05.27	萧山坎山文化馆教练
	周紫涵	女	长孙女		2016.11.05	
户主	祖父：周长兴（1898—1977），开船厂，务农。 父亲：周金宝（1938—2000），务农，造船工人。 户主：周观明，务农，后为养猪专业户（上虞养猪场）。 2016年住房面积324平方米。					

愿祖国繁荣昌盛
愿人民幸福富裕
沈大方

图0257 沈大方家庭照及最想说的一句话（2017年12月）

合家欢乐
幸福永远
周知峰

图0258 周观仙全家照及最想说的一句话（2018年1月）

和谐安康一家人
苦苦乐乐皆是福
不求家有多钱财
相互搀扶幸福路
相亲相爱一家人
周观明

图0259 周观明全家照及最想说的一句话（2018年2月）

表146　户主舒阿牛家庭成员情况

类　别	家庭成员姓名	性别	家庭关系	文化程度	出生年月日	工作（职业）职务
凤凰片第三村民小组	舒阿牛	男	户主	小学	1949.11.06	矿泉水销售员
	项玉凤	女	妻子	小学	1953.08.05	家务
	舒海平	男	长子	高中	1977.07.10	个体加工塑料制品
	张志梅	女	长媳	大专	1981.11.29	杭州益利隆纺织有限公司出纳
	舒畅言	女	长孙女	小学	2004.12.12	衙前农村小学在校生
	舒睿	男	长孙子	小学	2009.12.05	衙前农村小学在校生
户主	祖父：舒如生（1884—1944），造船工。 父亲：舒其贵（1909—1971），造船工，农民。 户主：舒阿牛，务农，后为衙前水泥厂运输工，矿泉水销售员。 2016年住房面积216平方米。					

表147　户主沃阿毛家庭成员情况

类　别	家庭成员姓名	性别	家庭关系	文化程度	出生年月日	工作（职业）职务
凤凰片第三村民小组	沃阿毛	男	户主	小学	1935.10.25	在家养老
	谢迪娟	女	妻子	初中	1940.06.02	在家养老
	沃维军	男	长子	大学	1968.07.08	杭州期货分公司副经理
	傅蓉	女	长媳	大学	1967.02.08	家务
	沃野	男	长孙	大学	1996.02.03	天津财经大学大四在校生
	沃亚军	女	长女	高中	1965.12.17	退休在家
	项德尚	男	女婿	高中	1960.06.16	萧山区办事服务中心
	项峰	男	外甥	大学	1993.01.14	浙江天健会计事务所审计
户主	父亲：沃三一（1883—1942），务农。 户主：沃阿毛，中共党员，1955年11月参军，在舟山定海任班长、副排长、事务长，1964年2月复员，同年8月任凤凰村民兵连长，1966年6月至1969年7月任凤凰村党支部书记，后任第四生产队队长，衙前镇五金厂出纳，衙前镇总出纳，现在凤凰养老。 2016年住房面积324平方米。					

表148　户主项关生家庭成员情况

类　别	家庭成员姓名	性别	家庭关系	文化程度	出生年月日	工作（职业）职务
凤凰片第三村民小组	项关生	男	户主	小学	1946.10.03	在家养老
	胡招根	女	妻子	初中	1953.10.16	家务
	项列江	男	长子	高中	1975.05.26	上海松江华印丝网厂销售部工作
	沈银银	女	儿媳	大学	1987.12.02	上海松江华印锌钢厂人事部
	项昱宁	女	长孙女	高中	2004.08.31	萧山一职高（财经）在校生
	项芷依	女	次孙女		2011.02.17	上海松江幼儿园大班生
户主	父亲：项阿马（1818—1957），曾为上海工人，后为凤凰农民。 户主：项关生，务农，后为萧山衙前预制厂小构件组长，现在家养老。 2016年住房面积210平方米。					

希望风凰村村民生活
条件越来越好！ 舒世平

图 0260　舒阿牛全家照及最想说的一句话（2017 年 12 月）

子孝孙贤，夫尊妻荣。
勤劳节俭，家和业兴。

沃阿毛

图 0261　沃阿毛全家照及最想说的一句话（2018 年 2 月）

希望生活越过越好

项关生

图 0262　项关生全家照及最想说的一句话（2018 年 4 月）

表 149　户主曹行舟家庭成员情况

类别	家庭成员姓名	性别	家庭关系	文化程度	出生年月日	工作（职业）职务
凤凰片第三村民小组	曹行舟	男	户主	初中	1949.05.10	凤凰村委会办公室主任
	周凤花	女	妻子	小学	1950.11.04	家务
	曹佳军	女	次女	初中	1976.11.01	家庭主妇
	曹垚吉	男	外孙子		2014.06.24	
户主	祖父：曹品（1892—1958），务农。 父亲：曹阿水（1920—1982），中共党员，当过凤凰生产大队大队长、第三生产队会计、凤凰山林队长，凤凰机谷厂、萧山电器五金厂传达室管理人员。 户主：曹行舟，中共党员，1969年12月至1974年3月在部队服役，担任过给养员班长，历任萧山城南区印刷厂厂长、衙前公社五金厂车间主任、凤凰村委会办公室主任至今。 2016年住房面积228平方米。					

注：曹行舟的长女，已出嫁（衙前镇山南富村）；次女曹佳军，见图0263后排左一，后排左二为曹佳军的女儿项昱宁（曹佳军与前夫项列江所生，见表148）。

表 150　户主胡兴刚家庭成员情况

类别	家庭成员姓名	性别	家庭关系	文化程度	出生年月日	工作（职业）职务
凤凰片第三村民小组	胡兴刚	男	户主	初中	1971.08.15	杭州萧山凤凰纺织有限公司副总经理
	苑春露	女	妻子	高中	1987.02.10	家务
	胡序衡	男	长子		2014.03.16	
户主	祖父：胡阿园（1907—1975），小船客运。 父亲：胡和法，民国30年（1941）生，中共党员，历任凤凰村生产大队会计、萧山电器五金二厂厂长、凤凰村支部委员、老年协会会长。 户主：胡兴刚，中共党员，现任杭州萧山凤凰纺织有限公司副总经理。 2016年住房面积324平方米。					

注：图0264前排为胡兴刚的父母，见表094。

表 151　户主周柏夫家庭成员情况

类别	家庭成员姓名	性别	家庭关系	文化程度	出生年月日	工作（职业）职务
凤凰片第三村民小组	周柏夫	男	户主	小学	1950.11.24	凤凰村门卫
	沃新梅	女	妻子	小学	1954.08.10	萧山绸厂退休在家养老
	周伟明	男	长子	初中	1977.08.21	绍兴凯油锌材有限公司模具工
	周雅民	女	长媳	初中	1976.12.18	杭州萧山凤凰纺织有限公司职工
	周佳妮	女	长孙女	初中	2002.10.31	衙前初中在校生
	周启航	男	长孙子	小学	2009.01.28	衙前农村小学在校生
户主	父亲：周阿金（1927—2000），务农，曾任凤凰村生产队长。 户主：周柏夫，中共党员，当过兵，做过凤凰村治保主任、民兵连长，现在在凤凰村委会管传达室。长子周伟明：曾用名周卫明。 2016年住房面积270平方米。					

希望我们永远健康长寿。

希望子孙们长大有成就。
曹行舟

图0263　曹行舟全家照及最想说的一句话（2017年12月）

改善生活，身体健康

培养好下一代，成为人才。
胡兴刚

图0264　胡兴刚全家照及最想说的一句话（2018年1月）

希望一家人平平安安，身体健康，
希望一生平安，孩子长大后有成就。

周卫明

图0265　周柏夫全家照及最想说的一句话（2017年12月）

表 152　户主方正海家庭成员情况

类　别	家庭成员姓名	性别	家庭关系	文化程度	出生年月日	工作（职业）职务
凤凰片第三村民小组	方正海	男	户主	初中	1960.09.16	凤凰村委会用水管理室主任
	曹燕华	女	妻子	初中	1963.04.17	杭州叶茂纺织有限公司财务人员
	方丽君	女	长女	大专	1987.11.10	临江纺丝厂供销员
	方敏婕	女	次女	高中	1999.01.22	杭州师范大学在校生
户主	父亲：方小毛（1925—2005），务农。 户主：方正海，在凤凰办过私营纺织厂，后在凤凰村委会工作，任用水管理室主任。 2016年住房面积324平方米。					

表 153　户主周月美家庭成员情况

类　别	家庭成员姓名	性别	家庭关系	文化程度	出生年月日	工作（职业）职务
凤凰片第三村民小组	周月美	女	户主	高中	1962.03.01	经营个体小五金加工
	汪洁霞	女	长女	本科	1987.09.11	衙前二小任教
	汪泽南	男	长子	大学	1995.10.27	江苏南通大学在校生
	汪洁雯	女	次女	大学	1995.10.27	湖州师范大学在校生
	汪小根	男	公公	初小	1936.	户口未迁入
户主	公公：汪小根，民国25年（1936）生，中共党员，务农，（衙前）船厂副厂长，现在家养老。 户主：周月美，丈夫汪文炎（1961.12.28—2007.01.19），原从事小五金生产。周月美，凤凰五金厂职工，做过电动机零配件，干过冲床工，现经营个体小五金加工。 2016年住房面积270平方米。					

表 154　户主周钊海家庭成员情况

类　别	家庭成员姓名	性别	家庭关系	文化程度	出生年月日	工作（职业）职务
凤凰片第三村民小组	周钊海	男	户主	高中	1964.09.17	杭州凤凰五金实业有限公司车间负责人
	徐素娟	女	妻子	初中	1964.08.09	凤凰五金实业有限公司职工
	周兰兰	女	长女	本科	1988.10.12	杭州市闻涛中学教师
	周雄杰	男	长子	大学	1997.08.20	杭州电子科技大学在校生
户主	父亲：周岳根（1937—2005），务农。 户主：周钊海，做过镇办知青袜厂机修工，后创办凤凰五金实业公司，生产塑料卷支架，现任车间负责人。 2016年住房面积324平方米。					

家和万事兴．
齐力共断金
方正海．

图 0266　方正海全家照及最想说的一句话（2017 年 12 月）

随心而活活的开
心靠自己一样可以
活得好！
周月美

图 0267　周月美全家照及最想说的一句话（2017 年 12 月）

重孝重道
互敬互爱
不贪不悚负
健康平安
周钊海

图 0268　周钊海全家照及最想说的一句话（2017 年 12 月）

表155　户主项长根家庭成员情况

类　别	家庭成员姓名	性别	家庭关系	文化程度	出生年月日	工作（职业）职务
凤凰片第三村民小组	项长根	男	户主	小学	1947.06.17	杭州叶茂纺织有限公司董事长
	曹燕兰	女	妻子	小学	1947.09.17	杭州叶茂纺织有限公司杂工
	项欢军	男	次子	高中	1972.10.26	杭州叶茂纺织有限公司副总
	徐雅君	女	二儿媳	大学	1975.09.20	杭州叶茂纺织有限公司职工
	项博	男	次孙子	高中	2000.08.20	杭州英特中心在校生
	项致军	女	长女	初中	1967.11.24	杭州叶茂纺织有限公司财务
	项翡翡	女	外孙女	小学	2008.12.03	萧山回澜小学在校生
户主	祖父：项鏊桂（1889—1974），务农。 父亲：项连锡（1912—1994），杭州化学工业公司副厂长。 户主：项长根，历任凤凰生产大队第五生产队会计、卫家生产大队会计、凤凰村村长，后开厂办企业，为杭州叶茂纺织有限公司董事长。 2016年住房面积150平方米。					

表156　户主项欢庆家庭成员情况

类　别	家庭成员姓名	性别	家庭关系	文化程度	出生年月日	工作（职业）职务
凤凰片第三村民小组	项欢庆	男	户主	高中	1970.09.20	杭州叶茂纺织有限公司经理
	陈卫东	女	妻子	初中	1976.08.30	杭州叶茂纺织有限公司经理
	项蓬勃	男	长子	高中	2002.07.29	杭州杭四中在校生
	陈语涵	女	长女	小学	2011.09.02	萧山新白马幼儿园大班
户主	曾祖父：项鏊桂（1889—1974），务农。 祖父：项连锡（1912—1994），曾任杭州化学工业公司副厂长。 父亲：项长根，民国36年（1947）生，中共党员，历任凤凰生产大队第五生产队会计、卫家生产大队会计、凤凰村村长，后开厂办企业，为杭州叶茂纺织有限公司董事长。 户主：项欢庆，务农，后为工业从业人员，现为杭州叶茂纺织有限公司经理。 2016年住房面积300平方米。					

注：项欢庆全家照，见图0269。

表157　户主曹建庆家庭成员情况

类　别	家庭成员姓名	性别	家庭关系	文化程度	出生年月日	工作（职业）职务
凤凰片第三村民小组	曹建庆	男	户主	高中	1962.02.22	在家养伤
	鲁云珍	女	妻子	小学	1961.03.13	家务
	曹晶晶	女	长女	高中	1987.05.31	自办花色丝厂
	曹峰	男	长子	大专	1994.10.24	待业
户主	祖父：曹品（1892—1958），务农。 父亲：曹阿水（1920—1982），中共党员，当过凤凰生产大队大队长、第三生产队会计、凤凰山林队长，凤凰机谷厂、萧山电器五金厂传达室管理人员。 户主：曹建庆，当过部队驾驶员，后来自己搞运输，任浙江金洋纺织有限公司保卫科长，现在家养伤。 2016年住房面积300平方米。					

注：曹建庆的女儿已出嫁，户口未迁出；女婿、外孙女户口均不在该村。

仁爱三春暖
家和万事兴。

项长根

图0269　项长根（前排右一）、项欢庆（后排左二）全家照及最想说的一句话（2017年12月）

立志·守信·尽孝·重义.

项欢庆

图0270　官河风光（2018年10月，徐国红摄）

和谐安康一家人，
苦苦乐乐皆是福

曹建庆

图0271　曹建庆全家照及最想说的一句话（2018年3月）

表158　户主周路德家庭成员情况

类　别	家庭成员姓名	性别	家庭关系	文化程度	出生年月日	工作（职业）职务
凤凰片第三村民小组	周路德	男	户主	小学	1945.07.14	送报工
	陈阿毛	女	妻子	小学	1947.12.16	家务
	周水明	男	三子	初中	1970.03.19	个体轻纺
	周彩娟	女	三媳妇	初中	1971.09.16	个体轻纺
	周泽奇	男	次孙子	大学	1997.10.05	浙江吉宇翔外国语学院在校生
户主	父亲：周忠堂（1895—1955），务农。 户主：周路德，民国34年（1945）生，曾办凤凰扇厂，现为送报员。 2016年住房面积160平方米。					

注：周路德的长子周炳坤（见表258）、次子周水坤（见表229），已另立户口。

表159　户主陆惠祥家庭成员情况

类　别	家庭成员姓名	性别	家庭关系	文化程度	出生年月日	工作（职业）职务
凤凰片第三村民小组	陆惠祥	男	户主	初中	1967.11.18	杭州韵天织造厂厂长
	沃丹	女	妻子	初中	1967.07.17	杭州韵天织造厂职工
	陆梦婷	女	长女	大学	1996.04.06	温州医科大学在校生
	陆翰钖	男	长子	初三	2002.06.25	衙前初中在校生
户主	祖父：陆阿花（？—1976），务农。 父亲：陆柏正（1942—1997），务农。 户主：陆惠祥，中共党员，1986—1991年在部队服役，1991—1998年在企业工作，1999年至今办个私企业，杭州韵天织造厂厂长。 2016年住房面积330平方米。					

表160　户主曹土根家庭成员情况

类　别	家庭成员姓名	性别	家庭关系	文化程度	出生年月日	工作（职业）职务
凤凰片第三村民小组	曹土根	男	户主	初中	1963.03.10	杭州顺池润滑油有限公司驾驶员
	吕罗菊	女	妻子	初中	1968.10.02	个体户（卖猪肉）
	曹莉	女	长女	本科	1990.11.14	在萧山开店
	丁鼎	男	女婿	高中	1986.05.23	个体出租车
	丁楚镒	男	外孙子		2013.12.03	
户主	父亲：曹阿芳（1913—1979），泥工。 户主：曹土根，务农，做记工员、泥工20余年，卖水果，做杭州久加久公司驾驶员6年，现为杭州顺池润滑油有限公司驾驶员。 2016年住房面积216平方米。					

家庭和睦
身体健康

周路明

图0272　周路德全家照及最想说的一句话（2018年2月）

全家幸福快乐！

陈月

图0273　陆惠祥全家照及最想说的一句话（2017年12月）

希望生活越来越好

曹根

图0274　曹土根全家照及最想说的一句话（2018年4月）

表 161　户主周引舟家庭成员情况

类　别	家庭成员姓名	性别	家庭关系	文化程度	出生年月日	工作（职业）职务
凤凰片第三村民小组	周引舟	男	户主	小学	1949.08.13	衙前农贸市场清洁工
	朱水花	女	妻子	文盲	1955.03.22	在家养老
	周叶军	男	长子	本科	1987.12.31	萧山新街玻璃厂供销员
	徐晓薇	女	儿媳	硕士	1985.12.31	浙江恒逸集团控股有限公司会计师
	周宸星	男	孙子		2016.09.12	
户主	祖父：周念二（1882—1952），务农。 父亲：周阿寿（1930—1990），务农，造船工。 户主：周引舟，先后为凤凰搬运队搬运工、凤凰农场植保员、衙前农贸市场清洁工。 2016 年住房面积 216 平方米。					

表 162　户主叶凤良家庭成员情况

类　别	家庭成员姓名	性别	家庭关系	文化程度	出生年月日	工作（职业）职务
凤凰片第三村民小组	叶凤良	男	户主	小学	1955.03.22	苏州建筑工地项目负责人
户主	父亲：叶金夫（1924—1999），务农。 户主：叶凤良，做过凤凰五金厂钳工，后自己开电子元件厂，现为苏州建筑工地项目负责人。 2016 年住房面积 300 平方米。					

注：叶凤良的女儿、外孙户口均不在该村。

表 163　户主孔国庆家庭成员情况

类　别	家庭成员姓名	性别	家庭关系	文化程度	出生年月日	工作（职业）职务
凤凰片第三村民小组	孔国庆	男	户主	初中	1975.07.24	浙江恒逸集团控股有限公司小车驾驶员
	詹海飞	女	妻子	初中	1983.08.28	家务
	孔泽瑜	女	长女		2014.01.22	
	孔奕程	男	长子		2016.11.27	
	孙桂花	女	母亲	小学	1947.08.14	在家养老
户主	祖父：孔文奎（1913—1983），石匠。 父亲：孔先尧（1946—2009），石匠。 户主：孔国庆，早期务农，后一直任驾驶员。 2016 年住房面积 216 平方米。					

希望宝宝健康 和
全家开心 幸福
　　　徐胜薇

图 0275　周引舟全家照及最想说的一句话（2018 年 4 月）

身体好比什么
都好。
　　叶凤良

图 0276　叶凤良全家照及最想说的一句话（2017 年 12 月）

希望 生活越过越好

孔国庆

图 0277　孔国庆全家照及最想说的一句话（2017 年 12 月）

表 164　户主周水娟家庭成员情况

类　别	家庭成员姓名	性别	家庭关系	文化程度	出生年月日	工作（职业）职务
凤凰片第三村民小组	周水娟	女	户主	小学	1960.08.14	水娟烟酒副食品店主
	吴连海	男	丈夫	初中	1956.03.07	在家养老
	吴芳	女	女儿	本科	1986.06.24	衙前镇毕公桥社区职工
	徐丰	男	女婿	大专	1987.08.17	萧山交警大队瓜沥中队队员
	徐子萱	女	外孙女		2014.08.23	衙前镇幼儿园
户主	父亲：周阿毛（1908—1968），务农，泥工。 户主：周水娟，在衙前开办"水娟烟酒副食品店"，丈夫吴连海，原衙前医院医生，现退休在家养老。 2016 年住房面积 80 平方米。					

表 165　户主周玲娟家庭成员情况

类　别	家庭成员姓名	性别	家庭关系	文化程度	出生年月日	工作（职业）职务
凤凰片第三村民小组	周玲娟	女	户主	高中	1971.09.19	浙江恒逸集团控股有限公司办公室主任、副总经理
	胡婕	女	长女	英国初中	1997.07.05	英国求学
户主	祖父：周维庆（1914—1959），务农。 父亲：周关荣，民国 30 年（1941）生，务农，萧山电器五金二厂送货员，现在家养老。 户主：周玲娟（小名周小玲），长期在浙江恒逸集团控股有限公司工作，现为公司办公室主任、副总经理。 2016 年住房面积 230 平方米。					

第四村民小组

凤凰片第四村民小组有 47 户。户主姓名分别为：周柏水、曹玲娟、鲁忠友、苏国珍、孔煜庆、王爱珍、应关水、周建新、周岳根、周小夫、周成良、汪关林、汪关华、沈海明、沈云海、孔尧林、王国强、周柏明、周柏军、周柏生、周斌、徐建根、王建明、王建林、王立军、沈海军、张永泉、张永水、方美娟、沈国兴、沈永良、张永海、徐岳根、张建康、曹岳泉、徐先根、徐冬林、徐国峰、王柏祥、王柏军、周金虎、周友仙、王凤珍、周张富、沈国富、李美园、汪凤仙。

希望至捷越过越好
身体健康
　　　　周水娟

图0278　周水娟全家照及最想说的一句话（2018年2月）

感谢国家的政策
让每一位都过上
幸福生活
　　　　周小玲

图0279　周玲娟、胡婕母女照及最想说的一句话（2017年11月）

图0280　石园韵（2018年9月，徐国红摄于凤凰村）

表166　户主周柏水家庭成员情况

类　别	家庭成员姓名	性别	家庭关系	文化程度	出生年月日	工作（职业）职务
凤凰片第四村民小组	周柏水	男	户主	初中	1964.10.20	凤凰村农民公寓保安
	娄卫蓉	女	妻子	小学	1967.11.20	杭州萧山合和纺织有限公司职工
	周玉萍	女	长女	小学	1992.10.12	杭州江南电机有限公司职工
	周一鸣	男	长子	高中	2000.11.05	萧山戴村六中在校生
户主	父亲：周炳泉（1914—1981），务农。 户主：周柏水，凤凰花木管理员，现凤凰新鑫花园（农民公寓）保安。 2016年住房面积342平方米。					

表167　户主曹玲娟家庭成员情况

类　别	家庭成员姓名	性别	家庭关系	文化程度	出生年月日	工作（职业）职务
凤凰片第四村民小组	曹玲娟	女	户主	小学	1951.12.30	家务
	高阿虎	男	丈夫	小学	1951.11.06	浙江建材厂退休在家养老
	高丽	女	女儿	本科	1977.12.20	海南省恒盛石化公司行政经理
	潘政伟	男	女婿	硕士	1973.11.20	海南省恒盛石化公司副总，全国劳模
	潘芸萱	女	外孙女		2007.03.21	海南省海口中学小学部读书
户主	太公：高锦林（1887—1947），木工。 公公：高张元（1918—2008），木工。 户主：曹玲娟，衙前初中炊事员，现退休在家，丈夫高阿虎，原浙江建材厂职工，现退休在家养老。 2016年住房面积324平方米。					

表168　户主鲁忠友家庭成员情况

类　别	家庭成员姓名	性别	家庭关系	文化程度	出生年月日	工作（职业）职务
凤凰片第四村民小组	鲁忠友	男	户主	小学	1953.01.01	萧山新塘金钛五金厂模具工
	曹娟美	女	妻子	小学	1955.01.18	家务
	鲁克娜	女	长女	大专	1983.12.27	萧山金马旅游公司导游，中共党员
	鲁克军	男	长子	文盲	1991.02.18	待业
户主	父亲：鲁阿甩（1931—1979），务农。 户主：鲁忠友，务农，后为萧山新塘金钛五金厂模具工。 2016年住房面积210平方米。					

注：鲁忠友的外孙女户口随其父不在该村。

希望生活越过越好

周柏水

图 0281　周柏水全家照及最想说的一句话（2017 年 12 月）

希望家里的老人能长寿。

曹玲娟

图 0282　曹玲娟全家照及最想说的一句话（2018 年 2 月）

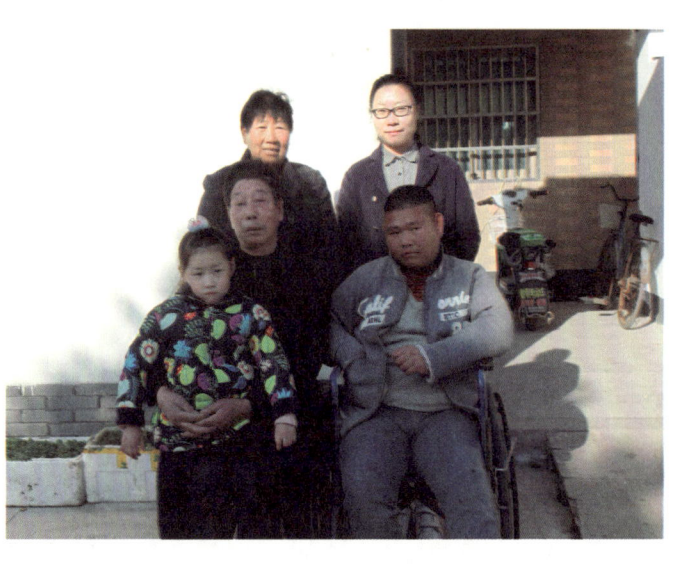

愿孩子能考上好学校。

鲁忠友

图 0283　鲁忠友全家照及最想说的一句话（2017 年 12 月）

表169 户主苏国珍家庭成员情况

类别	家庭成员姓名	性别	家庭关系	文化程度	出生年月日	工作（职业）职务
凤凰片第四村民小组	苏国珍	女	户主	小学	1954.09.01	家务
户主	太公：施长明（1882—1947），务农。 公公：施福田（1913—1996），务农。 户主：苏国珍，丈夫施秋根（1947—2011），务农。苏国珍先后为萧山皮件厂职工、傅金洋化纤厂挡车工、凤凰生产大队布厂职工，现退休在家。 2016年住房面积114平方米。					

注：图0284前排左二，为苏国珍；前排左一，为苏国珍的外孙，户口不在该村；其他为苏国珍的小叔施茶根一家4口，见表027。

表170 户主孔煜庆家庭成员情况

类别	家庭成员姓名	性别	家庭关系	文化程度	出生年月日	工作（职业）职务
凤凰片第四村民小组	孔煜庆	男	户主	高中	1971.10.31	杭州祥和机动车驾驶员培训有限公司教练员
	王亚娟	女	妻子	初中	1972.02.21	浙江恒逸化纤有限公司文管员
	孔泽华	男	长子	大学	1997.09.25	绍兴诸暨暨阳学院在校生
户主	祖父：孔文奎（1902—1982），石匠。 父亲：孔先尧（1945—2009），石匠。 户主：孔煜庆，原在杭州恒逸印染公司开车，后在杭州祥和机动车驾驶员培训有限公司当教练。 2016年住房面积195平方米。					

表171 户主王爱珍家庭成员情况

类别	家庭成员姓名	性别	家庭关系	文化程度	出生年月日	工作（职业）职务
凤凰片第四村民小组	王爱珍	女	户主	文盲	1941.11.07	在家养老
	应关泉	男	次子	初中	1968.10.19	萧山农商银行坎山支行职工
	高美蓉	女	次儿媳	初中	1970.01.13	萧山坎山五金厂职工
	应世宇	男	孙子	高中	1999.10.06	绍兴市诸暨湄池中学高三在校生
	应天宇	男	孙子	高中	1999.10.06	绍兴市诸暨湄池中学高三在校生
户主	公公：应定梅（1897—1967），竹匠。 户主：王爱珍，丈夫应柏根（1936—2004），务农。王爱珍，务农，现在家养老。 2016年住房面积36平方米。					

注：王爱珍的长子应关水，已另立户口，见表172。

希望生活越来越好

苏国珍

图 0284　苏国珍全家照及最想说的一句话（2017 年 12 月）

希望生活越来越好.

孔煜庆

图 0285　孔煜庆全家照及最想说的一句话（2018 年 2 月）

希望生活越来越好.

王爱珍

图 0286　王爱珍全家照及最想说的一句话（2017 年 12 月）

表172 户主应关水家庭成员情况

类别	家庭成员姓名	性别	家庭关系	文化程度	出生年月日	工作（职业）职务
凤凰片第四村民小组	应关水	男	户主	初中	1965.11.03	衙前丝绸化纤布厂负责人
	翁国珍	女	妻子	小学	1968.04.01	家务
	应文霞	女	长女	本科	1993.09.04	萧山医院护士
	应文芳	女	次女	初中	2001.12.23	衙前初中在校生
户主	祖父：应定梅（1897—1967），竹匠。 父亲：应柏根（1936—2004），务农。 户主：应关水，木工，个体户卖布，后为衙前丝绸化纤布厂负责人。 2016年住房面积324平方米。					

注：图0287前排中，为应关水的母亲王爱珍，见表171；应关水的女婿、外孙，户口均不在该村。

表173 户主周建新家庭成员情况

类别	家庭成员姓名	性别	家庭关系	文化程度	出生年月日	工作（职业）职务
凤凰片第四村民小组	周建新	男	户主	高中	1974.03.21	凤凰村村委委员
	黄芳	女	妻子	初中	1978.04.25	杭州凤凰纺织有限公司职工
	周晨阳	男	长子	高中	2001.05.28	萧山城厢综合高中在校生
	泮雅珍	女	母亲	小学	1950.01.10	家务
户主	祖父：周阿毛（1908—1970），泥水匠。 父亲：周关通（1947—2016），务农。 户主：周建新，中共党员，1993—2002年为凤凰村电工，2002年至今为凤凰村委会委员、民兵连长。 2016年住房面积152平方米。					

表174 户主周岳根家庭成员情况

类别	家庭成员姓名	性别	家庭关系	文化程度	出生年月日	工作（职业）职务
凤凰片第四村民小组	周岳根	男	户主	小学	1945.08.19	退休在家
	邵雪花	女	妻子	小学	1949.04.02	退休在家
	周建国	男	长子	大专	1972.08.23	萧山滨海电厂管理员
	蔡小华	女	儿媳	本科	1978.11.11	杭州灯具店经理
	周易琛	男	孙子	小学	2006.11.27	萧山劲松小学在校生
户主	父亲：周阿毛（1908—1970），泥水匠。 户主：周岳根，中共党员，凤凰村生产队长、村电工、村委委员，后为东岳庙负责人，现退休在家养老。 2016年住房面积144平方米。					

注：图0289后排左一、左二，为周岳根的女儿、女婿，见表070。

应关水.
随心而定，活的开心.
靠自己一样可以过得好.

图0287　应关水全家照及最想说的一句话（2017年12月）

处世以谦让为贵

做人以诚信为本

图0288　周建新全家照及最想说的一句话（2018年2月）

孩子即将毕业希望能顺利找到
理想的工作。

周岳根

图0289　周岳根全家照及最想说的一句话（2017年12月）

表175　户主周小夫家庭成员情况

类　别	家庭成员姓名	性别	家庭关系	文化程度	出生年月日	工作（职业）职务
凤凰片第四村民小组	周小夫	男	户主	小学	1941.02.09	在家养老
	沈文香	女	妻子	文盲	1947.11.18	家务
	周成军	男	长子	初中	1970.06.23	衙前农贸市场个体户卖肉
	吴红梅	女	长媳	小学	1977.06.19	衙前农贸市场个体户卖肉
	周梦娜	女	长孙女	高中	1999.11.23	萧山五中在校生
	周梦恩	男	长孙子	小学	2006.05.06	衙前农村小学在校生
户主	父亲：周永兴（1897—1952），务农。 户主：周小夫，卖肉个体户，现在家养老。 2016年住房面积195平方米。					

表176　户主周成良家庭成员情况

类　别	家庭成员姓名	性别	家庭关系	文化程度	出生年月日	工作（职业）职务
凤凰片第四村民小组	周成良	男	户主	初中	1975.03.15	衙前农贸市场卖肉个体户
	曹丽	女	妻子	初中	1983.12.21	萧山瓜沥航民集团销售部
	周子烚	男	长子	小学	2004.10.12	衙前农村小学在校生
户主	祖父：周永兴（1897—1952），务农。 父亲：周小夫，民国30年（（1941）生，务农，后为卖肉个体户，现在家养老。 户主：周成良，务农，后为卖肉个体户。 2016年住房面积195平方米。					

表177　户主汪关林家庭成员情况

类　别	家庭成员姓名	性别	家庭关系	文化程度	出生年月日	工作（职业）职务
凤凰片第四村民小组	汪关林	男	户主	初中	1953.11.13	杭州力源水力发电设备厂职工
	舒茶芬	女	妻子	小学	1955.07.13	杭州银门装潢五金厂职工
	汪浙峰	男	长子	大学	1981.09.22	萧山投资公司职工
	祝建芬	女	长媳	本科	1982.08.23	浙江华瑞棉纺信息有限公司职工
	汪雨彤	女	长孙女		2011.08.01	萧山艺术中心幼儿园
户主	祖父：汪金友（1911—1984），务农，石匠。 父亲：汪秋根（1925—1998），原在萧山油厂工作，后为衙前油厂职工。 户主：汪关林，凤凰村二委委员，现为杭州力源水力发电设备厂职工。 2016年住房面积195平方米。					

注：图0292前排中，为汪关林的母亲周文雅，见表178。

希望生活越来越好。

周小夫

图0290　周小夫全家照及最想说的一句话（2018年2月）

周成良，愿孩子能考上大学。

图0291　周成良全家照及最想说的一句话（2018年4月）

想建造有3间地基的房子。

汪关林

图0292　汪关林全家照及最想说的一句话（2017年12月）

表178　户主汪关华家庭成员情况

类　别	家庭成员姓名	性别	家庭关系	文化程度	出生年月日	工作（职业）职务
凤凰片第四村民小组	汪关华	男	户主	高中	1966.11.30	个体搞运输
	施根娣	女	妻子	初中	1966.01.27	凤凰加油站职工
	汪浙炜	男	长子	大专	1994.01.11	杭州滨江网络公司职工
	周文雅	女	母亲	文盲	1933.11.09	在家养老
户主	祖父：汪金友（1911—1984），石匠，务农。 父亲：汪秋根（1925—1998），务农，萧山油厂职工，后为衙前油厂职工。 户主：汪关华，凤凰五金厂职工，后买货车跑运输（个体户）。 2016年住房面积195平方米。					

表179　户主沈海明家庭成员情况

类　别	家庭成员姓名	性别	家庭关系	文化程度	出生年月日	工作（职业）职务
凤凰片第四村民小组	沈海明	男	户主	高中	1958.04.13	杭州江文五金塑料厂厂长
	曹桂文	女	妻子	初中	1962.08.08	自办杭州江文五金塑料厂
	沈江	男	长子	本科	1985.10.25	杭州江文五金塑料厂负责人
	陆丽琴	女	长媳	大学	1986.10.11	绍兴农业银行工作
	沈雨嫣	女	长孙女		2014.07.24	
	沈雨欣	女	孙女		2017.05.21	
户主	祖父：沈贵林（1893—1939），务农。 父亲：沈张青（1932—2013），务农。 户主：沈海明，衙前镇五金厂职工，衙前凤凰五金厂职工，后自办杭州江文五金塑料厂，任厂长。 2016年住房面积324平方米。					

表180　户主沈云海家庭成员情况

类　别	家庭成员姓名	性别	家庭关系	文化程度	出生年月日	工作（职业）职务
凤凰片第四村民小组	沈云海	男	户主	初中	1964.12.15	凤凰村党委委员
	徐幼琴	女	妻子	初中	1965.02.22	衙前消费品综合市场，中共党员
	沈家樑	男	长子	大专	1991.08.20	杭州太隐装饰有限公司总经理
	石露白	女	儿媳	本科	1991.10.11	瓜沥镇社区卫生服务中心医师
	沈知之	女	孙女		2016.12.11	
	徐阿秋	女	母亲		1937.07.30	在家养老
户主	祖父：沈贵林（1893—1939），务农。 父亲：沈张青（1932—2013），务农。 户主：沈云海，中共党员，历任凤凰五金厂电工、凤凰村电工、凤凰村党委委员、凤凰村委副主任至今。 2016年住房面积324平方米。					

想建造有三间地基的房子。

汪关华

图 0293　汪关华全家照及最想说的一句话（2017 年 12 月）

大家都要齐心，我想生三胎。

沈海明

图 0294　沈海明全家照及最想说的一句话（2017 年 12 月）

堂堂正正做人，踏踏实实做事。

沈云海

图 0295　沈云海全家照及最想说的一句话（2018 年 2 月）

表 181　户主孔尧林家庭成员情况

类别	家庭成员姓名	性别	家庭关系	文化程度	出生年月日	工作（职业）职务
凤凰片第四村民小组	孔尧林	男	户主	小学	1952.05.10	在家养老
	周水姑	女	妻子	小学	1956.07.11	家务
	孔荣伟	男	长子	大专	1980.08.10	浙江恒逸聚合物有限公司职工
	陆梅	女	儿媳	高中	1982.10.06	杭州凤谊纺织有限公司职工
	孔灏宇	男	长孙子	小学	2008.10.10	衙前农村小学在校生
户主	父亲：孔文奎（1902—1982），石匠。 户主：孔尧林，务农，后为拖拉机个体户，现在家养老。 2016 年住房面积 324 平方米。					

表 182　户主王国强家庭成员情况

类别	家庭成员姓名	性别	家庭关系	文化程度	出生年月日	工作（职业）职务
凤凰片第四村民小组	王国强	男	户主	小学	1966.06.29	杭州凤凰纺织有限公司电工
	沈爱珍	女	妻子	初中	1966.01.08	退休在家，中共党员
	王莺	女	长女	本科	1991.08.22	杭州凤凰纺织有限公司会计
	毛利坤	男	女婿	大专	1987.12.21	
	王怡君	女	次女	高中	1999.01.24	萧山五中在校生
	项素仙	女	母亲	小学	1946.11.10	在家养老
户主	父亲：王老虎（1937—2013），务农，曾任凤凰村生产队长。 户主：王国强，务农，后为杭州凤凰纺织有限公司电工。 2016 年住房面积 324 平方米。					

表 183　户主周柏明家庭成员情况

类别	家庭成员姓名	性别	家庭关系	文化程度	出生年月日	工作（职业）职务
凤凰片第四村民小组	周柏明	男	户主	大专	1965.02.27	浙江恒逸集团有限公司后勤
	冯金凤	女	妻子	小学	1968.08.22	浙江恒逸集团有限公司职工
	周颖	女	长女	大专	1993.12.07	浙江恒逸集团有限公司分析员
	周钦	男	长子	初中	2003.06.30	衙前镇中在校生
	汪爱爱	女	母亲	文盲	1938.09.07	在家养老
户主	父亲：周德泉（1928—1964），务农。 户主：周柏明，务农，后为凤凰五金厂压铸工，现为浙江恒逸集团有限公司后勤。 2016 年住房面积 360 平方米。					

孔尧林：希望孩子长大会有所成就。

图0296　孔尧林全家照及最想说的一句话（2018年2月）

家乘康关，幸福捷全。

王国强

图0297　王国强全家照及最想说的一句话（2018年2月）

家庭和睦、邻里相亲、以德交友、以诚服人。

周柏明

图0298　周柏明全家照及最想说的一句话（2017年12月）

表 184　户主周柏军家庭成员情况

类　别	家庭成员姓名	性别	家庭关系	文化程度	出生年月日	工作（职业）职务
凤凰片第四村民小组	周柏军	男	户主	小学	1959.07.19	浙江恒逸石化有限公司保安
	陈霞	女	妻子	高中	1969.05.23	家务
	周斌儿	女	长女	大学	1996.09.26	萧山电大在校生
户主	父亲：周德泉（1928—1964），务农。 户主：周柏军，原衙前预制厂职工，后为浙江恒逸石化有限公司保安。 2016年住房面积480平方米。					

表 185　户主周柏生家庭成员情况

类　别	家庭成员姓名	性别	家庭关系	文化程度	出生年月日	工作（职业）职务
凤凰片第四村民小组	周柏生	男	户主	小学	1957.06.23	在家养病
	莫玉琴	女	妻子	小学	1965.09.25	家务
	周超	男	次子	高中	1994.12.06	在浙江恒逸俱乐部工作
户主	父亲：周德泉（1928—1964），务农。 户主：周柏生，原衙前纺织综合厂车间主任，后为凤凰村保安、浙江恒逸石化有限公司保安，现在家养病。 2016年住房面积216平方米。					

注：周柏生于2017年8月12日去世。

表 186　户主周斌家庭成员情况

类　别	家庭成员姓名	性别	家庭关系	文化程度	出生年月日	工作（职业）职务
凤凰片第四村民小组	周斌	男	户主	高中	1987.06.02	个体厂企电工
	徐春燕	女	妻子	大专	1987.12.21	户口未迁入
	徐朱昌	男	儿子		2012.03.29	户口未迁入
户主	祖父：周德泉（1928—1964），务农。 父亲：周柏生，1957年生，原衙前纺织综合厂车间主任，后为凤凰村保安、浙江恒逸石化有限公司保安，现在家养病。 户主：周斌，个体厂企电工。 2016年住房面积216平方米。					

注：周斌全家照，见图0300。

愿孩子能考上公务员。

周柏军

图0299 周柏军全家照及最想说的一句话（2017年12月）

随遇而安，祝family开心幸福，一辈子取舍健康。

莫玉琴

图0300 莫玉琴（左二）、周斌（右二）全家照及最想说的一句话（2017年12月）

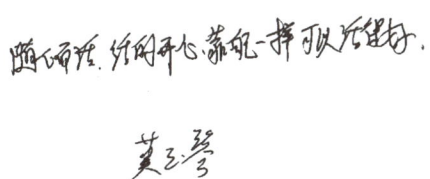

希望孩子长大后有所成就。

周斌

图0301 官河风光（2018年10月，徐国红摄）

表187　户主徐建根家庭成员情况

类　别	家庭成员姓名	性别	家庭关系	文化程度	出生年月日	工作（职业）职务
凤凰片第四村民小组	徐建根	男	户主	高中	1961.12.25	杭州萧山消费品综合市场主任
	毛叶芬	女	妻子	小学	1963.09.15	杭州萧山消费品综合市场个体户
	徐晓玲	女	长女	本科	1988.11.01	萧山人民医院护士
	王春节	男	女婿	本科	1987.01.30	萧山人民医院医生
	徐晓艳	女	次女	大学	1997.03.30	杭州万向职工技院在校生
	徐王致	男	外孙子		2014.08.25	
	汪关芬	女	母亲	文盲	1936.02.14	在家养老
户主	父亲：徐张水（1930—2013），务农。 户主：徐建根，中共党员，原衙前建筑工程队出纳，现为杭州消费品综合市场任主任。 2016年住房面积258平方米。					

表188　户主王建明家庭成员情况

类　别	家庭成员姓名	性别	家庭关系	文化程度	出生年月日	工作（职业）职务
凤凰片第四村民小组	王建明	男	户主	小学	1966.01.20	衙前城建办工作
	沈丽珍	女	妻子	初中	1965.03.22	衙前小商品市场个体户
	王祥	男	长子	大专	1992.03.30	杭州滨江网络公司工作
户主	父亲：王来兴（1927—1990），务农。 户主：王建明，原衙前消费品综合市场保安，后在衙前城建办工作。 2016年住房面积360平方米。					

表189　户主王建林家庭成员情况

类　别	家庭成员姓名	性别	家庭关系	文化程度	出生年月日	工作（职业）职务
凤凰片第四村民小组	王建林	男	户主	初中	1970.06.22	衙前消费品综合市场保安
	胡利琴	女	妻子	初中	1974.11.01	衙前消费品综合市场个体户
	王杰	男	长子	大学	1999.08.28	杭州下沙
	任美仙	女	母亲	文盲	1938.10.29	在家养老
户主	父亲：王来兴（1927—1990），务农。 户主：王建林，原凤凰五金厂职工，后为衙前消费品综合市场保安。 2016年住房面积240平方米。					

希望生活越过越好

徐建根

图 0302　徐建根全家照及最想说的一句话（2017 年 12 月）

希望生活越过越好。

王建明

图 0303　王建明全家照及最想说的一句话（2018 年 3 月）

戒赌、戒毒友，严已教，既往不咎

王建林

图 0304　王建林家庭照及最想说的一句话（2017 年 12 月）

表190 户主王立军家庭成员情况

类别	家庭成员姓名	性别	家庭关系	文化程度	出生年月日	工作（职业）职务
凤凰片第四村民小组	王立军	男	户主	初中	1976.11.19	杭州凤凰纺织有限公司职工
	项美华	女	妻子	初中	1978.07.27	家务
	王东海	男	父亲	小学	1927.10	退休在家养老
户主	祖父：王大夫（1904—1972），船匠。 父亲：王东海，1927年10月生，曾任凤凰村民兵连长，后在衙前船厂工作，现退休在家养老。 户主：王立军，杭州凤凰纺织有限公司职工。 2016年住房面积136平方米。						

表191 户主沈海军家庭成员情况

类别	家庭成员姓名	性别	家庭关系	文化程度	出生年月日	工作（职业）职务
凤凰片第四村民小组	沈海军	男	户主	高中	1958.12.24	凤凰巡防队工作
	鱼和英	女	妻子	小学	1961.04.20	家务
	沈春丽	女	长女	本科	1986.04.06	瓜沥一小教师
	沈家棋	男	长子	本科	1997.10.06	浙江大学在校生
	沈梓墨	男	外孙子		2015.04.04	
	周美珍	女	母亲	文盲	1933.05.05	在家养老
户主	父亲：沈张兴（1922—1980），务农。 户主：沈海军，中共党员，务农，后自办纺织厂，现在凤凰巡防队工作。 2016年住房面积360平方米。						

表192 户主张永泉家庭成员情况

类别	家庭成员姓名	性别	家庭关系	文化程度	出生年月日	工作（职业）职务
凤凰片第四村民小组	张永泉	男	户主	小学	1952.06.01	凤凰村南墅花园保安
	沈芙蓉	女	妻子	小学	1952.10.27	家务
	张建华	男	长子	初中	1975.10.14	安徽合肥电缆厂供销员
	韩国萍	女	长媳	初中	1975.11.01	家务
	张祎玲	女	长孙女	高中	2000.03.13	萧山十中在校生
	张翼翔	男	长孙子	小学	2005.09.05	衙前农村小学在校生
户主	父亲：张阿六（1924—1987），务农。 户主：张永泉，先后在衙前水泥厂、凤凰花木场工作，现在凤凰村南墅花园做保安。 2016年住房面积330平方米。						

希望生活,越过越好。
王立军

图 0305　王立军夫妻照及最想说的一句话（2018 年 6 月）

与人为善与邻为友 不记恶人 颐养天年
沈海军

图 0306　沈海军全家照及最想说的一句话（2018 年 2 月）

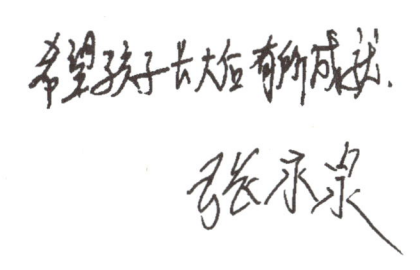

希望孩子长大后有所成就。
张永泉

图 0307　张永泉全家照及最想说的一句话（2017 年 12 月）

表 193　户主张永水家庭成员情况

类　别	家庭成员姓名	性别	家庭关系	文化程度	出生年月日	工作（职业）职务
凤凰片第四村民小组	张永水	男	户主	小学	1954.03.15	个体户（厨师）
	徐荼英	女	妻子	小学	1953.06.18	家务
	张建校	男	长子	初中	1979.09.07	临时工
	毛芳洪	女	长媳	初中	1979.09.11	浙江金洋纺织有限公司出纳
	张晨涛	男	长孙子	初中	2004.04.19	衙前镇中在校生
户主	父亲：张阿六（1924—1987），先在萧山油厂工作，后务农。 户主：张永水，先后在凤凰村加工厂、凤凰加油站工作，围垦，个体户（厨师）。 2016 年住房面积 144 平方米。					

表 194　户主方美娟家庭成员情况

类　别	家庭成员姓名	性别	家庭关系	文化程度	出生年月日	工作（职业）职务
凤凰片第四村民小组	方美娟	女	户主	小学	1956.10.12	杭州凤谊纺织有限公司出纳
	张建峰	男	长子	高中	1982.10.12	杭州凤谊纺织有限公司职工
	史红丹	女	儿媳	大学	1982.10.16	萧山商业大厦逸盛外贸业务员，中共党员
	张瑜涔	女	长孙女	小学	2007.06.30	衙前农村小学在校生
	张思熠	女	次孙女	小学	2010.07.08	衙前农村小学在校生
户主	公公：张阿六（1924—1987），原萧山油厂职工，后务农。 户主：方美娟，丈夫张永金（1955—2008），原为杭州凤谊纺织有限公司管理人员。方美娟，原凤凰加油站职工，后为杭州凤谊纺织有限公司出纳。 2016 年住房面积 135 平方米。					

表 195　户主沈国兴家庭成员情况

类　别	家庭成员姓名	性别	家庭关系	文化程度	出生年月日	工作（职业）职务
凤凰片第四村民小组	沈国兴	男	户主	小学	1936.06.29	在家养老
	汪仁仙	女	妻子	文盲	1941.07.27	在家养老
	沈永军	男	三子	本科	1971.09.02	杭州萧山城建房产开发有限公司职工
	姜晓慧	女	三媳妇	本科	1973.10.13	浙江富丽达职业有限公司职工
	沈佳轶	女	二孙女	高中	2000.10.23	杭州第十四中学在校生
户主	父亲：沈阿甩（1906—1969），务农。 户主：沈国兴，务农，原凤凰村生产队队长，后为村民小组长，现在家养老。 2016 年住房面积 318 平方米。					

注：沈国兴的长子沈永良（见表 196）、次子沈永潮（见表 235），已另立户口。

随心而活，活的开心．
做自己样子的，活得好．

张永水

图 0308　张永水全家照及最想说的一句话（2018 年 2 月）

孝敬孙贤，撑妻菜，勤劳节俭，家永兴。

方美娟

图 0309　方美娟全家照及最想说的一句话（2017 年 12 月）

希望孩子长大后都有成就．

沈国兴

图 0310　沈国兴全家照及最想说的一句话（2018 年 2 月）

表196　户主沈永良家庭成员情况

类别	家庭成员姓名	性别	家庭关系	文化程度	出生年月日	工作（职业）职务
凤凰片第四村民小组	沈永良	男	户主	小学	1960.03.30	杭州凰旺五金机械厂厂长
	鱼和娟	女	妻子	小学	1961.09.27	杭州凰旺五金机械厂职工
	沈炳	男	长子	大专	1986.11.29	杭州凰旺五金机械厂职工
	朱春佳	女	儿媳	大学	1987.11.01	萧山羽绒制造厂（外贸）
	沈宇哲	男	长孙子		2012.07.12	
户主	祖父：沈阿甩（1906—1969），务农。 父亲：沈国兴，民国25年（1936）生，务农，原凤凰村生产队队长，现为第四村民小组组长，在家养老。 户主：沈永良，原衙前农机厂职工，后自己办厂，为杭州凰旺五金机械厂厂长。 2016年住房面积360平方米。					

表197　户主张永海家庭成员情况

类别	家庭成员姓名	性别	家庭关系	文化程度	出生年月日	工作（职业）职务
凤凰片第四村民小组	张永海	男	户主	小学	1960.05.14	衙前消费品综合市场保安
	钱美英	女	妻子	小学	1960.03.23	衙前消费品综合市场个体户
	张虹	女	长女	大学	1989.12.17	在家照顾小孩
	张萍	女	次女	高中	1996.07.03	萧山圣达纺织有限公司会计助理
	张嘉懿	女	外孙女		2012.09.04	衙前东方艺术幼儿园
	张浩南	男	外孙		2016.09.19	
户主	父亲：张阿六（1924—1987），曾在萧山油厂工作，后务农。 户主：张永海，曾在凤凰五金厂工作，现为衙前小商品消费品综合市场保安。 2016年住房面积228平方米。					

注：张永海的女婿户口不在该村。

表198　户主徐岳根家庭成员情况

类别	家庭成员姓名	性别	家庭关系	文化程度	出生年月日	工作（职业）职务
凤凰片第四村民小组	徐岳根	男	户主	初中	1957.10.04	凤凰村农民公寓门卫
	鱼水娟	女	妻子	小学	1958.11.16	小商品个体户
	徐利峰	男	儿子	初中	1982.11.17	杭州杭准商贸有限公司总经理
	陈佳	女	儿媳	大专	1984.01.22	浙江新中商务印刷有限公司职工
	徐一橙	男	孙子		2015.10.18	
户主	父亲：徐张水（1930—2013），务农。 户主：徐岳根，曾为泥水匠个体户，现为凤凰村农民公寓门卫。 2016年住房面积330平方米。					

图 0311　沈永良全家照及最想说的一句话（2017 年 12 月）

图 0312　张永海全家照及最想说的一句话（2018 年 2 月）

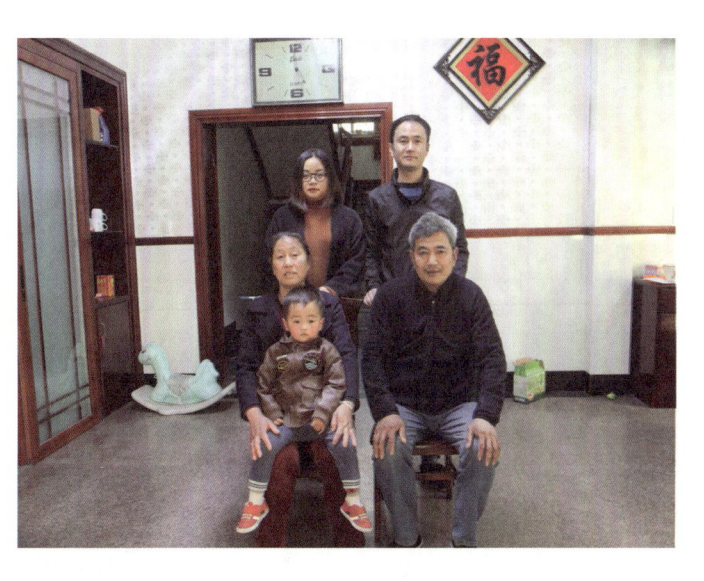

图 0313　徐岳根全家照及最想说的一句话（2018 年 4 月）

表199　户主张建康家庭成员情况

类　别	家庭成员姓名	性别	家庭关系	文化程度	出生年月日	工作（职业）职务
凤凰片第四村民小组	张建康	男	户主	初中	1965.06.18	凤凰摩达车修配店职工
	孙桂珍	女	妻子	小学	1966.01.14	在家养老
	张维	男	儿子	高中	1991.02.05	杭州航民印染厂职工
	沈凯丽	女	儿媳	高中	1992.10.30	杭州鑫盛花色丝有限公司职工
	钱根美	女	母亲	文盲	1946.08.27	在家养老
户主	父亲：张国元（1938—2000），务农。 户主：张建康，曾用名：张健康。曾在衙前铸钢厂工作，现在凤凰摩达车修配店工作。 2016年住房面积342平方米。					

表200　户主曹岳泉家庭成员情况

类　别	家庭成员姓名	性别	家庭关系	文化程度	出生年月日	工作（职业）职务
凤凰片第四村民小组	曹岳泉	男	户主	小学	1956.10.24	凤凰围垦工作
	朱月娥	女	妻子	小学	1960.11.22	在家养老
	曹鑫江	男	儿子	本科	1987.05.16	萧山益农小学教师
	冯方方	女	儿媳	本科	1987.08.16	萧山益农小学教师
	曹旎啸	男	孙子		2016.02.07	
户主	父亲：曹小土（1907—1984），杭州张小泉剪刀厂职工。 户主：曹岳泉，承包凤凰围垦种植农作物。 2016年住房面积216平方米。					

表201　户主徐先根家庭成员情况

类　别	家庭成员姓名	性别	家庭关系	文化程度	出生年月日	工作（职业）职务
凤凰片第四村民小组	徐先根	男	户主	小学	1961.01.08	拆屋个体户
	周冬香	女	妻子	小学	1967.02.25	退休在家
	徐鑫君	男	儿子	高中	1999.12.29	萧山电子商务学院在校生
	徐梦娜	女	女儿	大专	1991.10.19	女儿已出嫁，户口未迁出
户主	父亲：徐正祥（1908—1960），务农。 户主：徐先根，务农，后为拆屋个体户。 2016年住房面积342平方米。					

希望生活越过越好

张健康

图 0314　张建康全家照及最想说的一句话（2017 年 12 月）

曹岳泉

陪伴,是最长情的告白。

图 0315　曹岳泉全家照及最想说的一句话（2017 年 12 月）

碰巧要家财，但求健康幸福。

徐先根

图 0316　徐先根全家照及最想说的一句话（2017 年 12 月）

表202　户主徐冬林家庭成员情况

类　别	家庭成员姓名	性别	家庭关系	文化程度	出生年月日	工作（职业）职务
凤凰片第四村民小组	徐冬林	男	户主	小学	1951.09.12	个体户（开拖拉机）
	周桂玉	女	妻子	文盲	1957.09.12	家务
	徐椿峰	男	次子	高中	1991.02.20	浙江恒逸聚合物化纤厂统计员
	胡飞英	女	二儿媳	大专	1994.08.10	
户主	父亲：徐正祥（1908—1960），务农。 户主：徐冬林，务农，后为个体户（开拖拉机）。 2016年住房面积154平方米。					

注：徐冬林的长子徐国峰，已另立户口。

表203　户主徐国峰家庭成员情况

类　别	家庭成员姓名	性别	家庭关系	文化程度	出生年月日	工作（职业）职务
凤凰片第四村民小组	徐国峰	男	户主	高中	1980.06.21	凤凰卫子仁棉纱厂供销员
	施芳芳	女	妻子	高中	1991.04.01	在家照顾小孩
	徐思琪	女	女儿	幼儿园	2011.10.30	衙前中心幼儿园
	徐思航	男	儿子		2015.08.06	
户主	祖父：徐正祥（1908—1960），务农。 父亲：徐冬林，1951年9月12日生，个体户（开拖拉机）。 户主：徐国峰，凤凰村卫子仁棉纱厂供销员。 2016年住房面积240平方米。					

注：徐国峰全家照，见图0317。

表204　户主王柏祥家庭成员情况

类　别	家庭成员姓名	性别	家庭关系	文化程度	出生年月日	工作（职业）职务
凤凰片第四村民小组	王柏祥	男	户主	小学	1967.11.10	个体户（厨师）
	曹雪珍	女	妻子	初中	1968.10.27	杭州航球纺织有限公司职工
	王彬	男	儿子	高中	1992.09.04	萧山瓜沥外贸公司供销员
户主	父亲：王明海，民国20年（1931）生，船匠，现在家养老。 户主：王柏祥，曾用名：王柏强。开饭店，个体户（厨师）。 2016年住房面积135平方米。					

注：图0319前排右一，为王柏祥的父亲王明海，户口在衙前镇毕公桥社区；前排左一，为王柏祥的母亲徐彩娥，见表205。

希望孩子长大后有所成就。

徐冬林

图0317 徐冬林（前排坐者右一）、徐国峰（后排右一）全家照及最想说的一句话（2017年12月）

徐国峰
希望孩子长大后有所成就。

图0318 孩子们在凤凰村游泳池消暑玩乐（2018年8月，徐国红摄）

王柏强
希望生活越过越好。

图0319 王柏祥全家照及最想说的一句话（2017年12月）

表205 户主王柏军家庭成员情况

类　　别	家庭成员姓名	性别	家庭关系	文化程度	出生年月日	工作（职业）职务
凤凰片第四村民小组	王柏军	男	户主	初中	1969.09.29	泥水匠个体户
	倪利红	女	妻子	初中	1973.04.08	衙前明华高翔纺织厂检验员
	王娜樱	女	女儿	大学	1997.11.10	浙江金华金依网络学院在校生
	徐彩娥	女	母亲	文盲	1942.12.15	在家养老
	王旭东	男	儿子	小学	2004.11.04	衙前农村小学在校生
户主	父亲：王明海，民国20年（1931）生，船匠，现在家养老。 户主：王柏军，务农，后为泥水匠个体户。 2016年住房面积324平方米。					

表206 户主周金虎家庭成员情况

类　　别	家庭成员姓名	性别	家庭关系	文化程度	出生年月日	工作（职业）职务
凤凰片第四村民小组	周金虎	男	户主	初中	1963.12.11	挖掘机个体户
	施雅娟	女	妻子	初中	1968.11.23	家务
	周加峰	男	儿子	大专	1992.07.24	萧山天然气公司职工
	施悉妮	女	儿媳	大专	1993.09.16	会计
	沈阿甩	女	母亲	文盲	1934.10.14	养老
户主	父亲：周阿福（1922—1969），务农。 户主：周金虎，务农，后为凤凰五金厂压铸工，现为挖掘机个体户。 2016年住房面积195平方米。					

表207 户主周友仙家庭成员情况

类　　别	家庭成员姓名	性别	家庭关系	文化程度	出生年月日	工作（职业）职务
凤凰片第四村民小组	周友仙	男	户主	高中	1962.09.11	泥水匠个体户
	周松美	女	妻子	高中	1962.09.01	家务
	周雨峰	男	儿子	本科	1988.04.20	杭州滨江建材外贸公司供销员
	方婷	女	儿媳	本科	1987.12.17	杭州临安区财政局
	周钰淇	男	孙子		2016.01.25	
户主	父亲：周阿福（1922—1969），务农。 户主：周友仙，务农，后为泥水匠个体户。 2016年住房面积231平方米。					

注：图0322前排，为周友仙的母亲沈阿甩，见表206。

生活源于五头的朴实，小草的顽强，风的执착和浪的热情。

倪利红

图 0320　王柏军全家照及最想说的一句话（2018 年 2 月）

用真心耕耘，
把幸福收获。

周金虎

图 0321　周金虎全家照及最想说的一句话（2017 年 12 月）

周友仙
做诚信人，做好每件事，平等看待每次，过穩人的日子。

图 0322　周友仙全家照及最想说的一句话（2018 年 2 月）

表 208　户主王凤珍家庭成员情况

类　别	家庭成员姓名	性别	家庭关系	文化程度	出生年月日	工作（职业）职务
凤凰片第四村民小组	王凤珍	女	户主	小学	1948.04.26	家务
	周寿明	男	丈夫	小学	1937.01.24	萧山邮电局退休、中共党员
	周国根	男	次子	初中	1973.11.11	中国电信光缆萧山分公司职工
	杨海蓉	女	次儿媳	高中	1976.09.15	浙江长兴开服装店
	周杨斌	男	次孙子	高中	2002.8.31	浙江长兴技工学院在校生
户主	公公：周仁发（1895—1973），务农。 户主：王凤珍，丈夫周寿明，原萧山邮电局线务员，1991年退休在家养老。王凤珍，家庭主妇。 2016年住房面积228平方米。					

注：王凤珍的长子周岳根（图0323第二排右一）、儿媳（图0323第二排右二）、长孙（图0323第三排右一）户口在萧山；女儿周国英（图0323第二排左一）、女婿周国潮（图0323第二排左二）、外孙周巨锋（图0323第三排左一）户口见表077。

表 209　户主周张富家庭成员情况

类　别	家庭成员姓名	性别	家庭关系	文化程度	出生年月日	工作（职业）职务
凤凰片第四村民小组	周张富	男	户主	小学	1941.12.24	凤凰村花木管理员
	汤幼仙	女	儿媳	小学	1969.11.22	临时保洁工
	周海英	女	孙女	初中	2001.09.29	衙前初中在校生
	周芝文	女	女儿	初中	1973.10.11	2016年户口已迁出
户主	父亲：周友根（1894—1977），萧山坎山丝厂锅炉工。 户主：周张富，曾用名：周张夫。凤凰村花木管理员。 2016年住房面积180平方米。					

表 210　户主沈国富家庭成员情况

类　别	家庭成员姓名	性别	家庭关系	文化程度	出生年月日	工作（职业）职务
凤凰片第四村民小组	沈国富	男	户主	初中	1971.02.22	杭州欣瑞模具有限公司
	徐丽芬	女	妻子	高中	1972.02.29	杭州欣瑞模具有限公司
	沈晨露	女	女儿	大学	1997.08.16	江西大学在校生
	卫美雅	女	母亲	文盲	1936.03.06	在家养老
	沈欣瑞	男	儿子	初中	2004.07.08	衙前镇中在校生
户主	父亲：沈张松（1925—1997），务农。 户主：沈国富，在自己公司工作。 2016年住房面积360平方米。					

王凤珍．
希望生活越过越好．

图 0323　王凤珍全家照及最想说的一句话（2018 年 2 月）

生活似水，平淡而清澈．
生活亦似水，热情而澎湃

周张富

图 0324　周张富家庭照及最想说的一句话（2017 年 12 月）

沈国富
时间翻阅着我的成长，
我，努力，为自己喝彩！

图 0325　沈国富全家照及最想说的一句话（2018 年 2 月）

表211　户主李美园家庭成员情况

类别	家庭成员姓名	性别	家庭关系	文化程度	出生年月日	工作（职业）职务
凤凰片第四村民小组	李美园	女	户主	文盲	1937.12.20	家务
	陆国伟	男	次子	初中	1971.04.24	杭州银门装潢五金厂管生产
	曹素萍	女	儿媳	初中	1972.02.05	杭州装潢五金厂驾驶员
	陆晨超	女	孙女	大学	1997.12.24	浙江大学在校生
户主	公公：陆嘉怀（1879—1945），生前做小生意。 户主：李美园，家庭主妇。丈夫陆关增，民国22年（1933）生，原萧山坎山粮站专管员，省劳动模范，后退休在家养老。 2016年住房面积300平方米。					

表212　户主汪凤仙家庭成员情况

类别	家庭成员姓名	性别	家庭关系	文化程度	出生年月日	工作（职业）职务
凤凰片第四村民小组	汪凤仙	女	户主	小学	1952.06.18	点心店个体户
	鲁春潮	男	丈夫	小学	1949.09.27	退休在家养老
	鲁建峰	男	长子	大学	1981.01.01	萧山传化集团公司供应科
	曹红燕	女	儿媳	大学	1981.04.13	萧山三中教师
	鲁昕	女	孙女		2009.07.17	萧山北干小学在校生
户主	公公：鲁宝春（1915—1980），生前做小生意。 户主：汪凤仙，丈夫鲁春潮，原衙前商店职工，现退休在家养老。汪凤仙现为点心店个体户。 2016年住房面积152平方米。					

注：汪凤仙的小孙女生于2017年（随母落户在萧山）。

第五村民小组

凤凰片第五村民小组有62户，户主姓名分别为：曹永根、鱼关海、鱼关友、鱼关传、鱼关林、鱼关水、汪张坤、沃关传、沃关良、周关林、卫观林、翁国良、翁国忠、鱼关泉、曹金夫、曹建明、周水坤、周水娥、王海宝、卫观明、徐建虎、周冬英、沈永潮、周柏其、沈小胖、陆国祥、王永春、周柏华、周岳仙、张永明、张观花、傅爱珍、施和根、沈铁柱、王友水、王水林、徐先登、周柏夫、曹建新、潘冬英、汪关潮、王金奎、沃安泉、曹忠林、曹祥生、周炳坤、沃新林、沈言令、周岳泉、钱华美、王关法、傅素娥、徐银花、王关贤、曹祥荣、沈祖花、沈夏英、徐阿云、周美娟、杨建琴、黄慧芬、李培发。

但愿凤凰村
越来越好！
李美园

图 0326　李美园全家照及最想说的一句话（2018 年 2 月）

祝全家身
体健康长寿
汪凤仙

图 0327　汪凤仙全家照及最想说的一句话（2017 年 12 月）

图 0328　村民在大樟树下乘凉（2018 年 5 月，华兴桥摄）

表213　户主曹永根家庭成员情况

类　别	家庭成员姓名	性别	家庭关系	文化程度	出生年月日	工作（职业）职务
凤凰片第五村民小组	曹永根	男	户主	初中	1962.09.12	浙江恒逸石化有限公司职工
	王凤英	女	母亲	文盲	1937.04.10	在家养老
	徐桂文	女	妻子	初中	1963.02.19	杭州合和纺织有限公司职工
	曹波	男	儿子	高中	1994.07.11	萧山仁祥理财公司职工
户主	父亲：曹四海（1931—2008），泥工，务农。 户主：曹永根，务农，后为浙江恒逸石化有限公司职工。 2016年住房面积330平方米。					

注：曹永根的儿媳户口未迁入。

表214　户主鱼关海家庭成员情况

类　别	家庭成员姓名	性别	家庭关系	文化程度	出生年月日	工作（职业）职务
凤凰片第五村民小组	鱼关海	男	户主	小学	1957.12.22	杭州鱼氏布厂负责人
	应桂凤	女	妻子	小学	1960.09.27	杭州鱼氏布厂
	鱼文文	女	长女	大学	1984.08.24	萧山坎山成人学校教师
	鱼莉	女	次女	大学	1995.12.17	浙江台州大学在校生
户主	祖父：鱼阿坤（1901—1976），石匠。 父亲：鱼成龙（1928—2007），石匠。 户主：鱼关海，开办鱼氏布厂。 2016年住房面积222平方米。					

注：鱼关海的长女婿、外孙户口不在该村。

表215　户主鱼关友家庭成员情况

类　别	家庭成员姓名	性别	家庭关系	文化程度	出生年月日	工作（职业）职务
凤凰片第五村民小组	鱼关友	男	户主	初中	1963.11.09	杭州萧山洁怡布厂负责人
	施彩英	女	妻子	初中	1967.05.04	杭州萧山洁怡布厂职工
	鱼梦怡	女	长女	本科	1992.12.24	杭州西兴实验小学教师
	鱼梦洁	女	次女	初中	2001.10.12	衙前初中在校生
户主	祖父：鱼阿坤（1901—1976），石匠。 父亲：鱼成龙（1928—2007），石匠。 户主：鱼关友，杭州萧山洁怡布厂法定代表人。 2016年住房面积220平方米。					

注：鱼关友的长女婿户口不在该村。

希望生活越来越好.全家人身体健康!
曹永根

图0329　曹永根全家照及最想说的一句话（2017年12月）

希望生活越来越好
鱼关海

图0330　鱼关海全家照及最想说的一句话（2018年1月）

希望生活越过越好.
鱼关友

图0331　鱼关友全家照及最想说的一句话（2018年3月）

表 216　户主鱼关传家庭成员情况

类别	家庭成员姓名	性别	家庭关系	文化程度	出生年月日	工作（职业）职务
凤凰片第五村民小组	鱼关传	男	户主	初中	1972.12.07	杭州凤凰纺织有限公司驾驶员
	丁阿粉	女	妻子	初中	1972.05.25	挡车工
	鱼鸿飞	男	儿子	高中	2000.02.08	萧山五中在校生
户主	祖父：鱼阿坤（1901—1976），石匠。 父亲：鱼成虎，民国30年（1941）生，务农，后为杭州凤凰纺织有限公司会计。 户主：鱼关传，杭州凤凰纺织有限公司驾驶员。 2016年住房面积222平方米。					

注：鱼关传的父母鱼成虎、徐茶仙，见图0332、表217。

表 217　户主鱼关林家庭成员情况

类别	家庭成员姓名	性别	家庭关系	文化程度	出生年月日	工作（职业）职务
凤凰片第五村民小组	鱼关林	男	户主	高中	1969.06.02	家务
	鱼成虎	男	父亲	小学	1941.05.22	杭州凤凰纺织有限公司会计
	徐茶仙	女	母亲	小学	1945.01.24	在家养老
户主	祖父：鱼阿坤（1901—1976），石匠。 父亲：鱼成虎，民国30年（1941）生，务农，后为杭州凤凰纺织有限公司会计。 户主：鱼关林，现无业。 2016年住房面积222平方米。					

表 218　户主鱼关水家庭成员情况

类别	家庭成员姓名	性别	家庭关系	文化程度	出生年月日	工作（职业）职务
凤凰片第五村民小组	鱼关水	男	户主	小学	1964.01.16	浙江东南网架股份有限公司职工
	施文珍	女	母亲	文盲	1939.12.01	在家养老
	王雅文	女	妻子	初中	1968.06.27	杭州凤谊纺织有限公司职工
	鱼婷	女	长女	大专	1991.09.27	杭州惟锐数字科技有限公司职工
	鱼钦钦	女	次女	高中	2000.01.18	萧山六中在校生
户主	祖父：鱼阿坤（1901—1976），石匠。 父亲：鱼成仙（1932—2004），当过石匠、凤凰村党支部书记。 户主：鱼关水，浙江东南网架股份有限公司电焊工。 2016年住房面积307平方米。					

图 0332　鱼关传全家照及最想说的一句话（2018 年 3 月）

图 0334　鱼关林最想说的一句话（2018 年 3 月）

图 0333　凤凰村农民公寓楼（2018 年 9 月，陈妙荣摄）

图 0335　鱼关水全家照及最想说的一句话（2018 年 4 月）

表219　户主汪张坤家庭成员情况

类别	家庭成员姓名	性别	家庭关系	文化程度	出生年月日	工作（职业）职务
凤凰片第五村民小组	汪张坤	男	户主	小学	1946.11.29	凤凰村衙前农贸市场保安
	沈云花	女	妻子	小学	1948.10.27	家务
	汪炉松	男	儿子	初中	1972.12.21	富强布厂机修工
	汪佳娣	女	儿媳	初中	1972.04.12	杭州萧山洁怡布厂职工
	汪彬彬	女	孙女	大学	1997.11.23	杭州大学在校生
	汪均均	男	孙子	小学	2004.09.03	衙前农村小学在校生
户主	父亲：汪水林（1918—2013），泥匠。 户主：汪张坤，凤凰村电工，现为衙前农贸市场保安。 2016年住房面积220平方米。					

表220　户主沃关传家庭成员情况

类别	家庭成员姓名	性别	家庭关系	文化程度	出生年月日	工作（职业）职务
凤凰片第五村民小组	沃关传	男	户主	初中	1957.08.26	萧山衙前五金电器厂负责人
	高桂凤	女	妻子	小学	1959.11.07	家务
	沃阳洋	男	儿子	大学	1991.10.03	萧山平安银行工作部门经理
	方蕾	女	儿媳	大学	1991.12.18	
	沃琳嫣	女	女儿	大学	1983.04.20	杭州博地集团职工
户主	父亲：沃岳开（1924—1963），上海印染厂工会主席。 户主：沃关传，中共党员，原为萧山电器五金厂生产科长，后自己办厂，为萧山衙前五金电器厂负责人。 2016年住房面积210平方米。					

表221　户主沃关良家庭成员情况

类别	家庭成员姓名	性别	家庭关系	文化程度	出生年月日	工作（职业）职务
凤凰片第五村民小组	沃关良	男	户主	初中	1960.10.29	凤凰村主任
	卫玉琴	女	妻子	初中	1964.01.11	家务
	沃焕军	男	儿子	大学	1988.09.08	杭州沃氏布厂厂长
	赵明星	女	儿媳	大专	1985.05.04	杭州沃氏布厂
	沃梓航	男	孙子		2017.10.06	
户主	父亲：沃岳开（1924—1963），上海印染厂工会主席。 户主：沃关良，中共党员，1979—1984年服役，1992—1998年担任凤凰村党支部委员、副主任，1998年至今任凤凰村党委副书记、村主任。 2016年住房面积210平方米。					

希望生活越过越好

汪将坤

图0336　汪张坤全家照及最想说的一句话（2018年3月）

勤为本，德为先和为贵
孝在前。

沃关传

图0337　沃关传全家照及最想说的一句话（2018年2月）

希望孩生活越来越好
添丁添福添寿

沃关良

图0338　沃关良全家照及最想说的一句话（2018年7月）

表222　户主周关林家庭成员情况

类　别	家庭成员姓名	性别	家庭关系	文化程度	出生年月日	工作（职业）职务
凤凰片第五村民小组	周关林	男	户主	小学	1954.10.10	在家养老
	徐素琴	女	妻子	小学	1955.12.30	家务
	周伟	男	儿子	高中	1981.10.18	衙前城建队副队长，中共党员
	方春娜	女	儿媳	高中	1983.10.24	衙前医院收款员
	周雨欣	女	孙女	小学	2009.08.01	衙前农村小学在校生
户主	祖父：周永兴（1902—1953），务农。 父亲：周长仁（1929—1989），务农，当过凤凰村生产队队长。 户主：周关林，做过泥匠，当过凤凰村传达室保安，现在家养老。 2016年住房面积330平方米。					

表223　户主卫观林家庭成员情况

类　别	家庭成员姓名	性别	家庭关系	文化程度	出生年月日	工作（职业）职务
凤凰片第五村民小组	卫观林	男	户主	高中	1960.11.17	杭州亚辰精密机械厂厂长
	周菊仙	女	妻子	小学	1965.09.21	杭州亚辰精密机械厂职工
	卫峰	男	儿子	大专	1988.12.31	杭州亚辰精密机械厂职工
户主	父亲：卫关生（1932—1974），担任过凤凰村党支部委员。 户主：卫观林，杭州亚辰精密机械厂厂长。 2016年住房面积330平方米。					

注：卫观林的母亲朱校珍，见图0340、表232。

表224　户主翁国良家庭成员情况

类　别	家庭成员姓名	性别	家庭关系	文化程度	出生年月日	工作（职业）职务
凤凰片第五村民小组	翁国良	男	户主	初中	1967.10.10	浙江恒逸集团控股有限公司保安
	施美娟	女	妻子	小学	1970.04.11	浙江东南网架股份有限公司挡车工
	翁怡	女	女儿	初中	2002.08.15	萧山衙前初中在校生
	曹月梅	女	母亲	文盲	1948.11.20	在家养老
户主	父亲：翁永泉（1942—2014），先后当过衙前农村小学校代课老师、凤凰村一队小队会计，后为凤凰村传达室保安。 户主：翁国良，浙江恒逸集团保安。 2016年住房面积270平方米。					

尊师重道，谦恭礼让，
忠孝并举，厉旎自强。

周关林

图 0339　周关林全家照及最想说的一句话（2017 年 12 月）

诚实守信，勤劳致富。

卫观林

图 0340　卫观林全家照及最想说的一句话（2017 年 12 月）

希望家里的老人能
长寿，愿孩子能
考上公务员。

翁国良

图 0341　翁国良家庭照及最想说的一句话（2017 年 12 月）

表225　户主翁国忠家庭成员情况

类别	家庭成员姓名	性别	家庭关系	文化程度	出生年月日	工作（职业）职务
凤凰片第五村民小组	翁国忠	男	户主	初中	1970.10.14	浙江兴惠化纤集团
	蒋彩华	女	妻子	初中	1970.09.20	浙江恒逸集团职工
	翁哲帆	男	儿子	大学	1996.06.09	中国计量大学在校生
户主	父亲：翁永泉（1942—2014），先后当过衙前农村小学校代课老师、凤凰村一队小队会计，后为凤凰村传达室保安。 户主：翁国忠，浙江兴惠化纤集团职工。 2016年住房面积360平方米。					

注：翁国忠的母亲曹月梅，见图0342、表224。

表226　户主鱼关泉家庭成员情况

类别	家庭成员姓名	性别	家庭关系	文化程度	出生年月日	工作（职业）职务
凤凰片第五村民小组	鱼关泉	男	户主	高中	1965.05.27	杭州萧山贤兴五金机械有限公司模具工
	方向荣	女	妻子	初中	1969.10.01	家务
	鱼桑	女	长女	本科	1992.11.03	无业
	鱼潇潇	女	次女	高中	2000.11.03	萧山五中在校生
户主	祖父：鱼阿坤（1907—1976），务农。 父亲：鱼成虎，民国30年（1941）生，杭州凤凰纺织有限公司会计。 户主：鱼关泉，杭州萧山贤兴五金机械有限公司模具工。 2016年住房面积225平方米。					

表227　户主曹金夫家庭成员情况

类别	家庭成员姓名	性别	家庭关系	文化程度	出生年月日	工作（职业）职务
凤凰片第五村民小组	曹金夫	男	户主	小学	1954.12.06	个体户
	汪利英	女	妻子	初中	1957.10.03	家务
	曹庆枫	男	长子	中专	1982.09.14	浙江恒逸集团职工
	红娜	女	大儿媳	高中	1982.12.24	待业
	曹铭涵	女	长孙女	小学	2009.03.24	湘湖师范附属小学在校生
	曹庆荣	男	二儿子	高中	1982.09.14	杭州航民印染厂职工
	张文娣	女	二儿媳	大专	1985.09.16	绍兴汽车销售部职工
	曹煜婷	女	孙女	小学	2010.07.22	衙前农村小学校在校生
	曹思源	男	孙子		2016.09.19	
户主	父亲：曹庚言（1927—1991），务农。 户主：曹金夫，开电动小三轮车（个体户）。 2016年住房面积228平方米。					

希望家里
平安幸福健康
快乐．蒋利萍

图0342　翁国忠全家照及最想说的一句话（2018年2月）

家和万事兴
齐力共断金

鱼关泉

图0343　鱼关泉全家照及最想说的一句话（2018年2月）

我家想建造有三向地基的房子
地基．地基．

曹金夫

图0344　曹金夫全家照及最想说的一句话（2018年1月）

表 228　户主曹建明家庭成员情况

类别	家庭成员姓名	性别	家庭关系	文化程度	出生年月日	工作（职业）职务
凤凰片第五村民小组	曹建明	男	户主	初中	1963.10.01	萧山欢达纺织有限公司机修工
	唐华文	女	妻子	小学	1965.06.10	家务
	曹行行	男	儿子	大专	1990.10.01	萧山航民美时达印染厂职工
	来青青	女	儿媳	大专	1991.04.27	萧山邮电局职工
	曹奕琳	女	孙女		2016.05.27	
户主	父亲：曹庚林（1933—2013），务农。 户主：曹建明，萧山欢达纺织有限公司机修工。 2016年住房面积228平方米。					

表 229　户主周水坤家庭成员情况

类别	家庭成员姓名	性别	家庭关系	文化程度	出生年月日	工作（职业）职务
凤凰片第五村民小组	周水坤	男	户主	初中	1967.07.13	杭州舒轩空变公司经理
	徐建娟	女	妻子	初中	1971.11.25	杭州舒轩空变公司职工
	周怡	女	女儿	大学	1995.03.16	绍兴柯桥外贸公司业务员
户主	父亲：周路德，民国34年（1945）生，曾办过凤凰扇厂，现为送报员。 户主：周水坤，杭州舒轩空变公司经理。 2016年住房面积220平方米。					

注：周水坤的父母，见表158。

表 230　户主周水娥家庭成员情况

类别	家庭成员姓名	性别	家庭关系	文化程度	出生年月日	工作（职业）职务
凤凰片第五村民小组	周水娥	女	户主	小学	1956.06.14	家务
	周岳金	男	丈夫	小学	1953.02.28	在家养老
	周国芳	男	儿子	高中	1980.04.06	杭州煜佳化纤有限公司厂长，中共党员
	汪亚男	女	儿媳	中专	1982.08.06	杭州克林黛尔进出口有限公司会计
	周诗琪	女	孙女	初中	2005.06.30	萧山金山初中在校生
	周思杰	男	孙子	幼儿园	2014.01.28	萧山金惠幼儿园
户主	公公：周阿毛（1908—1969），泥匠工。 户主：周水娥，在家养老，丈夫周岳金，开办过（凤凰）振奋布厂，现在家养老。 2016年住房面积221.8平方米。					

希望生活越过越好

曹建明

图0345　曹建明全家照及最想说的一句话（2017年12月）

希望过得好

周水坤

图0346　周水坤全家照及最想说的一句话（2018年4月）

婆媳恩和，夫妻情。
子孙孝，家业兴。

周水娥

图0347　周水娥全家照及最想说的一句话（2018年1月）

表231　户主王海宝家庭成员情况

类　别	家庭成员姓名	性别	家庭关系	文化程度	出生年月日	工作（职业）职务
凤凰片第五村民小组	王海宝	男	户主	小学	1934.10.05	在家养老
	曹芬花	女	妻子	文盲	1945.07.09	在家养老
	王国富	男	继子	初中	1965.10.13	个体木匠
	王素珍	女	女儿	初中	1967.08.21	家务
	王宇星	男	孙子	大学	1991.05.21	浙江圣华建设集团有限公司预算员
	孙利君	女	孙媳	大学	1991.02.01	在家照顾小孩
	王梓涵	女	曾孙女		2014.09.13	
户主	父亲：王金材（1914—1969），务农。 户主：王海宝，参加过抗美援朝，石匠，后务农，现在家养老。 2016年住房面积220平方米。					

表232　户主卫观明家庭成员情况

类　别	家庭成员姓名	性别	家庭关系	文化程度	出生年月日	工作（职业）职务
凤凰片第五村民小组	卫观明	男	户主	初中	1966.11.05	杭州沈氏化纤有限公司司机
	施小琴	女	妻子	初中	1966.12.21	杭州沈氏化纤有限公司验布工
	卫海强	男	儿子	本科	1994.10.22	浙江东南网架集团招标办工作
	朱校珍	女	母亲	文盲	1943.02.13	在家养老
户主	父亲：卫关生（1932—1974），担任过凤凰村支部委员、贫下中农协会主席。 户主：卫观明，在杭州沈氏化纤有限公司开车。 2016年住房面积220平方米。					

表233　户主徐建虎家庭成员情况

类　别	家庭成员姓名	性别	家庭关系	文化程度	出生年月日	工作（职业）职务
凤凰片第五村民小组	徐建虎	男	户主	初中	1973.10.30	个体木工
	童婉珍	女	母亲	文盲	1951.05.24	在家养老
	赵月敏	女	妻子	初中	1974.02.04	浙江恒逸化纤有限公司职工
	徐佳元	女	女儿	高中	2000.02.19	萧山临浦中学在校生
户主	祖父：徐正祥（1908—1960），务农。 父亲：徐先定（1940—2013），务农。 户主：徐建虎，个体木工。 2016年住房面积220平方米。					

诚实守信　勤劳致富

王国宝

图0348　王海宝全家照及最想说的一句话（2017年12月）

诚实守信　勤带致富。

卫观明

图0349　卫观明家庭照及最想说的一句话（2017年12月）

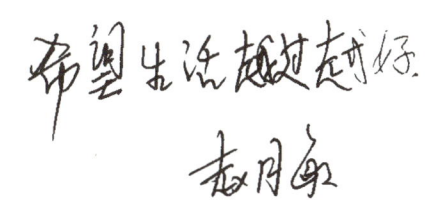

希望生活越过越好

徐月来

图0350　徐建虎全家照及最想说的一句话（2018年4月）

表234　户主周冬英家庭成员情况

类　别	家庭成员姓名	性别	家庭关系	文化程度	出生年月日	工作（职业）职务
凤凰片第五村民小组	周冬英	女	户主	小学	1962.05.22	杭州兴惠化纤公司食堂工作
	孔鑫斌	男	儿子	高中	1990.01.17	浙江恒逸化纤有限公司工作
户主	户主：周冬英，丈夫孔尧坤（1956—2002），务农。 2016年住房面积240平方米。					

注：周冬英的儿媳户口未迁入。

表235　户主沈永潮家庭成员情况

类　别	家庭成员姓名	性别	家庭关系	文化程度	出生年月日	工作（职业）职务
凤凰片第五村民小组	沈永潮	男	户主	初中	1964.12.18	杭州鹏华化纤有限公司经理
	胡小素	女	妻子	初中	1967.08.12	杭州鹏华化纤有限公司职工
	沈海波	男	儿子	研究生	1991.03.04	美国密歇根大学在校生
户主	父亲：沈国兴，1936年生，凤凰村凤凰片第四小组组长，现在家养老。 户主：沈永潮，中共党员，杭州鹏华化纤有限公司经理。 2016年住房面积204平方米。					

表236　户主周柏其家庭成员情况

类　别	家庭成员姓名	性别	家庭关系	文化程度	出生年月日	工作（职业）职务
凤凰片第五村民小组	周柏其	男	户主	小学	1957.06.16	在家养病
	施阿英	女	妻子	小学	1958.01.24	家务
	周伟民	男	儿子	高中	1983.10.03	浙江恒逸集团职工
	高燕旦	女	儿媳	大学	1987.10.28	浙江恒逸集团统计员
	周宇轩	男	孙子		2011.05.09	衙前第一幼儿园
	周依恬	女	孙女		2016.03.25	
户主	父亲：周炳泉（1926—1993），务农。 户主：周柏其，原翔凤布厂门卫，现在家养病。 2016年住房面积210平方米。					

希望生活越过越好。
周冬英

图0351　周冬英全家照及最想说的一句话（2017年12月）

立志、守信、尽责、感恩。
沈永潮

图0352　沈永潮全家照及最想说的一句话（2018年2月）

诚实守信．勤劳致富
周柏其

图0353　周柏其全家照及最想说的一句话（2017年12月）

表237　户主沈小胖家庭成员情况

类别	家庭成员姓名	性别	家庭关系	文化程度	出生年月日	工作（职业）职务
凤凰片第五村民小组	沈小胖	男	户主	高中	1962.01.21	杭州小胖化纤有限公司负责人
	应桂香	女	妻子	初中	1963.06.27	杭州萧山鱼氏布厂检验员
	沈春霞	女	女儿	大学	1987.10.17	已出嫁，户口未迁出，中共党员
	沈家豪	男	儿子	大学	1997.08.21	浙江工业大学在校生
户主	父亲：沈张兴（1922—1980），务农。 户主：沈小胖，开办小胖空变丝厂（杭州小胖化纤有限公司）。 2016年住房面积210平方米。					

注：沈小胖的女婿、外孙女户口不在该村。

表238　户主陆国祥家庭成员情况

类别	家庭成员姓名	性别	家庭关系	文化程度	出生年月日	工作（职业）职务
凤凰片第五村民小组	陆国祥	男	户主	初中	1958.02.02	杭州萧山凤凰五金实业有限公司负责人
	胡雅琴	女	妻子	小学	1958.05.01	家务
	陆科柯	男	儿子	本科	1987.03.09	浙江新中华建筑设计有限公司设计员
	车钰	女	儿媳	本科	1986.08.02	在家照顾小孩
户主	父亲：陆关增，民国23年（1934）生，在萧山坎山粮站当过负责人，是省劳动模范，现退休在家。 户主：陆国祥，曾在萧山电器五金二厂工作，现为杭州萧山凤凰五金实业有限公司负责人。 2016年住房面积220平方米。					

注：陆国祥的孙子、孙女（双胞胎）生于2017年5月21日。

表239　户主王永春家庭成员情况

类别	家庭成员姓名	性别	家庭关系	文化程度	出生年月日	工作（职业）职务
凤凰片第五村民小组	王永春	男	户主	小学	1938.08.13	在家养老
	施菊花	女	妻子	文盲	1945.09.12	在家养老
	徐传祥	男	继子	小学	1968.06.16	凤凰村东岳庙工作人员
	王玲英	女	二女	初中	1970.03.07	杭州凤凰纺织有限公司会计
	王铭铭	男	孙子	大学	1995.01.02	浙江大学城市学院在校生
	王条英	女	三女	初中	1974.10.10	杭州凤谊纺织有限公司车间主任
户主	父亲：王金坤（1911—1987），务农。 户主：王永春，曾在衙前水泥厂工作，后做小工，现退休在家。 2016年住房面积210平方米。					

诚实守信，勤劳致富

沈小胖

图 0354　沈小胖全家照及最想说的一句话（2018 年 2 月）

诚实守信，勤劳致富。

陆国祥

图 0355　陆国祥全家照及最想说的一句话（2017 年 12 月）

希望下代勤劳致富
康长寿，
希望孩子长大后有
所成就
王永春

图 0356　王永春家庭照及最想说的一句话（2018 年 7 月）

表240　户主周柏华家庭成员情况

类别	家庭成员姓名	性别	家庭关系	文化程度	出生年月日	工作（职业）职务
凤凰片第五村民小组	周柏华	男	户主	小学	1946.08.22	在家养老
	赵凤英	女	妻子	文盲	1954.06.12	家务
	周军	男	儿子	初中	1975.09.23	浙江恒逸集团机修工
	汪加华	女	儿媳	初中	1974.12.13	杭州江南电机有限公司检验员
	周杉杉	女	孙女	高中	2001.01.02	萧山三中在校生
户主	父亲：周炳泉（1926—1993），务农。 户主：周柏华，在凤凰村工业园做清洁工，现在家养病。 2016年住房面积200平方米。					

表241　户主周岳仙家庭成员情况

类别	家庭成员姓名	性别	家庭关系	文化程度	出生年月日	工作（职业）职务
凤凰片第五村民小组	周岳仙	男	户主	小学	1950.06.11	杭州兴南链条厂职工
	施兴梅	女	妻子	小学	1955.11.18	家务
	周国军	男	儿子	初中	1981.03.25	衙前城建办
	赵淑妃	女	儿媳	初中	1982.11.20	杭州盛方化纤有限公司出纳
	周韩琦	男	孙子	小学	2005.07.04	衙前农村小学在校生
户主	父亲：周阿寿（1919—2007），务农，配偶周爱花（1926—2008）。 户主：周岳仙，杭州兴南链条厂职工。 2016年住房面积220平方米。					

表242　户主张永明家庭成员情况

类别	家庭成员姓名	性别	家庭关系	文化程度	出生年月日	工作（职业）职务
凤凰片第五村民小组	张永明	男	户主	小学	1967.06.29	杭州凤凰纺织有限公司开办食堂负责人
	曹爱娟	女	妻子	初中	1968.05.30	杭州凤凰纺织有限公司开办食堂职工
	张莉	女	长女	本科	1994.12.15	湖州师范学院在校生
	张霞	女	次女	小学	2006.10.25	衙前农村小学在校生
户主	父亲：张阿六（1924—1980），务农。 户主：张永明，在杭州凤凰纺织有限公司开办食堂。 2016年住房面积300平方米。					

希望家里的老人能长寿.
希望孩子长大能有所成就.

周柏华

图0357　周柏华全家照及最想说的一句话（2018年2月）

希望我家生活越来越美好，除了幸福长寿

周岳仙

图0358　周岳仙全家照及最想说的一句话（2018年2月）

与人善，与邻睦，严己宽人，既乐不忧。

张永明

图0359　张永明全家照及最想说的一句话（2017年12月）

表243 户主张观花家庭成员情况

类别	家庭成员姓名	性别	家庭关系	文化程度	出生年月日	工作（职业）职务
凤凰片第五村民小组	张观花	女	户主	小学	1949.10.10	在家养老
	陈坚强	男	儿子	小学	1972.11.14	杭州林峰纺织有限公司机修工
	陈瀚文	男	孙子	初中	2004.06.08	衙前初中在校生
户主	户主：张观花，丈夫陈阿来（1943—1986），衙前农机厂工人、车间主任。 2016年住房面积200平方米。					

表244 户主傅爱珍家庭成员情况

类别	家庭成员姓名	性别	家庭关系	文化程度	出生年月日	工作（职业）职务
凤凰片第五村民小组	傅爱珍	女	户主	文盲	1957.09.15	杭州凤凰纺织有限公司验布工
	张建平	男	儿子	高中	1986.08.27	凤凰无纺布厂职工
	赵庆庆	女	儿媳	高中	1986.12.22	家庭主妇
户主	户主：傅爱珍，丈夫张永夫（1956—1996），做过电焊工，衙前公社五金厂职工。 2016年住房面积152平方米。					

表245 户主施和根家庭成员情况

类别	家庭成员姓名	性别	家庭关系	文化程度	出生年月日	工作（职业）职务
凤凰片第五村民小组	施和根	男	户主	小学	1962.06.04	个体搞运输
	周雅香	女	妻子	初中	1967.02.04	凤凰村保洁员
	施敏杰	男	儿子	大专	1992.10.21	杭州兴惠化纤公司职工
户主	祖父：施长明（1882—1947），务农。 父亲：施福田（1913—1996），务农。 户主：施和根，做过泥水工，开过小三卡、大三卡货车，后自购汽车跑运输。 2016年住房面积152平方米。					

希望生活越过越好

张观花

图 0360　张观花全家照及最想说的一句话（2017 年 12 月）

希望生活越过越好

傅爱珍

图 0361　傅爱珍全家照及最想说的一句话（2017 年 12 月）

希望生活越过越好。

施和根

图 0362　施和根全家照及最想说的一句话（2017 年 12 月）

表246　户主沈铁柱家庭成员情况

类别	家庭成员姓名	性别	家庭关系	文化程度	出生年月日	工作（职业）职务
凤凰片第五村民小组	沈铁柱	男	户主	初中	1977.11.14	杭州飞南化纤布业有限公司机修工
	陈秀英	女	母亲	文盲	1939.02.16	在家养老
	沈爱云	女	姐姐	初中	1974.03.04	浙江东南网架股份有限公司
	伊丽春	女	妻子	初中	1977.05.01	萧山大义纺织厂穿棕工
	沈佳辉	男	儿子	小学	2005.09.18	衙前农村小学在校生
户主	父亲：沈士泉（1936—2010），在凤凰村生产队当过队长，务农。 户主：沈铁柱，杭州飞南化纤布业有限公司机修工。 2016年住房面积300平方米。					

表247　户主王友水家庭成员情况

类别	家庭成员姓名	性别	家庭关系	文化程度	出生年月日	工作（职业）职务
凤凰片第五村民小组	王友水	男	户主	初中	1973.10.10	浙江开氏实业有限公司机修工
	方国娟	女	妻子	初中	1976.11.26	个体户经商
	王涛	男	儿子	高中	2000.11.04	萧山第一职高在校生
	王阿虎	男	父亲	小学	1947.12.05	在家养老
	俞桂珍	女	母亲	文盲	1951.11.05	在家养老
户主	父亲：王阿虎，民国36年（1947）生，石匠，务农。 户主：王友水，浙江开氏实业有限公司机修工。 2016年住房面积330平方米。					

表248　户主王水林家庭成员情况

类别	家庭成员姓名	性别	家庭关系	文化程度	出生年月日	工作（职业）职务
凤凰片第五村民小组	王水林	男	户主	小学	1953.08.03	个体户、村民小组长
	曹爱琴	女	妻子	小学	1954.09.09	家务
	王建军	男	儿子	大学	1993.05.29	杭州网络公司职工
户主	父亲：王仁兴（1902—1969），务农。 户主：王水林，开设五金纺机配件商店。 2016年住房面积250平方米。					

注：王水林的女儿一家3口户口在该村交通片。

家和万事兴

沈铁柱

图 0363　沈铁柱家庭照及最想说的一句话（2017 年 12 月）

希望家里的老人健康长寿。

王友水

图 0364　王友水全家照及最想说的一句话（2017 年 12 月）

不祈万贯家财
但求健康平安

王水林

图 0365　王水林全家照及最想说的一句话（2017 年 12 月）

表249　户主徐先登家庭成员情况

类别	家庭成员姓名	性别	家庭关系	文化程度	出生年月日	工作（职业）职务
凤凰片第五村民小组	徐先登	男	户主	小学	1963.10.08	自由作业，旧设备调剂
	罗月英	女	妻子	初中	1967.06.17	家庭主妇
	徐青丹	女	女儿	大专	1988.09.11	已出嫁，户口未迁出
	徐天锋	男	儿子	职高	1999.04.11	第四职业高中在校生
户主	父亲：徐正祥（1908—1960），务农。 户主：徐先登，自由职业，旧设备调剂。 2016年住房面积220平方米。					

注：徐先登的女婿、外孙女户口不在该村。

表250　户主周柏夫家庭成员情况

类别	家庭成员姓名	性别	家庭关系	文化程度	出生年月日	工作（职业）职务
凤凰片第五村民小组	周柏夫	男	户主	初中	1962.09.21	凤凰村巡防队员
	方雅娟	女	妻子	小学	1966.10.21	杭州凤凰纺织有限公司职工
	周黎峰	男	儿子	中专	1991.01.24	浙江恒逸集团职工
	王莉君	女	儿媳	本科	1990.05.06	萧山瓜沥镇政府工作人员
	周芷瑶	女	孙女		2017.01.06	
户主	父亲：周炳泉（1926—1993），务农。 户主：周柏夫，务农，后为凤凰村巡防队员。 2016年住房面积175平方米。					

表251　户主曹建新家庭成员情况

类别	家庭成员姓名	性别	家庭关系	文化程度	出生年月日	工作（职业）职务
凤凰片第五村民小组	曹建新	男	户主	初中	1966.03.01	个体电工
	庞玲华	女	妻子	初中	1966.03.23	浙江开氏实业有限公司食堂工作
	曹科卫	男	儿子	高中	1993.11.20	萧山航民美时达印染厂销售员
	周利娟	女	母亲	小学	1942.02.02	在家养老
户主	父亲：曹庚林（1933—2013），务农。 户主：曹建新，个体装潢电工。 2016年住房面积220平方米。					

家和万事兴

徐先登

图 0366　徐先登全家照及最想说的一句话（2017 年 12 月）

不求万贯家财
但求她永平安

周柏夫

图 0367　周柏夫全家照及最想说的一句话（2018 年 2 月）

希望家里老人长寿

曹建新

图 0368　曹建新家庭照及最想说的一句话（2017 年 12 月）

表252　户主潘冬英家庭成员情况

类别	家庭成员姓名	性别	家庭关系	文化程度	出生年月日	工作（职业）职务
凤凰片第五村民小组	潘冬英	女	户主	小学	1938.07.18	在家养老，中共党员
	周金先	男	儿子	初中	1962.02.16	衙前东岳庙负责人
	张彩琴	女	儿媳	高中	1964.11.29	凤凰经济联合社文书，中共党员
	周佳斌	男	孙子	大专	1990.06.25	杭州盛方化纤有限公司职工
	陈琳	女	孙媳	大专	1991.05.27	杭州联众厨具设备有限公司招标办核算员
	周潇奕	女	曾孙女		2016.10.12	
户主	周金先系周氏后人。 公公：周仁发（1895—1973），务农，配偶汪雪梅，共生有6个子女。 户主：潘冬英，中共党员，丈夫周阿龙（1928—2007），共生有3个子女。1956年起任萧山坎山妇女队长，1962—1966年任凤凰生产大队妇女主任。周阿龙曾在衙前船厂工作，后转入萧山索具厂工作至退休。儿子周金先，初中文化，务农，1979年进入萧山索具厂，在浇铸车间工作，后因企业转制回家搞个体运输及合办企业，2012年进入凤凰村做保安，2016年后任衙前东岳庙负责人。 2016年住房面积324平方米。					

表253　户主汪关潮家庭成员情况

类别	家庭成员姓名	性别	家庭关系	文化程度	出生年月日	工作（职业）职务
凤凰片第五村民小组	汪关潮	男	户主	初中	1964.04.24	绍兴舒豪纺织科技有限公司驾驶员
	朱雅仙	女	妻子	初中	1966.07.10	家庭主妇
	汪震鑫	男	儿子	高中	1990.10.04	庆云纺织有限公司业务员
	周菊英	女	母亲	小学	1941.09.21	在家养老
户主	父亲：汪小根，民国25年（1936）生，中共党员，曾为衙前船厂副厂长，现退休在家。 户主：汪关潮，中共党员，绍兴舒豪纺织科技有限公司驾驶员。 2016年住房面积350平方米。					

注：汪关潮的儿媳户口未迁入。

表254　户主王金奎家庭成员情况

类别	家庭成员姓名	性别	家庭关系	文化程度	出生年月日	工作（职业）职务
凤凰片第五村民小组	王金奎	男	户主	小学	1955.12.21	凤凰村新鑫花园保安
	舒雅芬	女	妻子	初中	1957.11.11	杭州玲钧五金厂职工
	王栋樑	男	儿子	初中	1982.12.03	个体搞运输
	黄莉	女	儿媳	高中	1983.04.13	浙江明华纺织博览城会计
	王柯溢	女	孙女	小学	2007.11.13	衙前农村小学在校生
	王柯浩	男	孙子	小学	2010.05.10	衙前农村小学在校生
户主	父亲：王仁兴（1902—1959），务农。 户主：王金奎，务农，现为凤凰村新鑫花园保安。 2016年住房面积300平方米。					

图 0369　潘冬英全家照及最想说的一句话（2018 年 8 月）

图 0370　汪关潮全家照及最想说的一句话（2018 年 4 月）

图 0371　王金奎全家照及最想说的一句话（2017 年 12 月）

表255　户主沃安泉家庭成员情况

类　别	家庭成员姓名	性别	家庭关系	文化程度	出生年月日	工作（职业）职务
凤凰片第五村民小组	沃安泉	男	户主	高中	1957.09.07	退休在家
	汪庆雅	女	妻子	小学	1962.08.05	衙前毕公桥社区书记现退休，中共党员
	沃绿洲	男	儿子	本科	1986.11.26	浙江大华股份有限公司职工
	沈利	女	儿媳	本科	1985.12.13	萧山农商银行衙前分行内审
	沃骋宇	男	孙子		2013.11.15	衙前第一幼儿园小班
户主	祖父：沃生元（1883—1964），务农。 父亲：沃阿加（1909—1987），印染工。 户主：沃安泉，中共党员，原在萧山新光发电厂工作，后经营个体小五金生产加工，现退休在家。 2016年住房面积228平方米。					

表256　户主曹忠林家庭成员情况

类　别	家庭成员姓名	性别	家庭关系	文化程度	出生年月日	工作（职业）职务
凤凰片第五村民小组	曹忠林	男	户主	初中	1959.03.18	杭州兴日钢板材有限公司统计员
	张文香	女	妻子	小学	1963.05.16	家务
	曹圣南	男	儿子	大专	1987.06.12	浙江恒逸集团职工
	沈盈盈	女	儿媳	大专	1989.10.29	浙江恒逸集团职工
	曹泽琪	男	孙子		2016.01.17	
户主	父亲：曹小贤（1922—1996），曾在杭州剪刀厂工作。 户主：曹忠林，杭州兴日钢板材有限公司统计员。 2016年住房面积270平方米。					

表257　户主曹祥生家庭成员情况

类　别	家庭成员姓名	性别	家庭关系	文化程度	出生年月日	工作（职业）职务
凤凰片第五村民小组	曹祥生	男	户主	初中	1961.10.02	浙江开氏实业有限公司丝工
	黄文香	女	妻子	小学	1964.11.18	杭州凤凰纺织有限公司验布工
	曹银锋	男	儿子	本科	1997.02.20	绍兴文理学院在校生
	曹纪海	男	父亲	高小	1934.05.10	在家养老
	卫阿贞	女	母亲	小学	1939.04.29	在家养老
户主	父亲：曹纪海，民国23年（1934）生，曾做过泥水工，现在家养老。 户主：曹祥生，浙江开氏实业有限公司丝工。 2016年住房面积270平方米。					

注：曹祥生的女儿（见图0374后排右一）一家3口户口不在该村。

幸福生活
越来越好
沃安泉

图 0372　沃安泉全家照及最想说的一句话（2018 年 5 月）

诚实守信，勤劳致富。

曹忠林

图 0373　曹忠林全家照及最想说的一句话（2017 年 12 月）

勤为本，德为先，和为贵、
孝在前。

曹祥生

图 0374　曹祥生全家照及最想说的一句话（2018 年 2 月）

表258　户主周炳坤家庭成员情况

类别	家庭成员姓名	性别	家庭关系	文化程度	出生年月日	工作（职业）职务
凤凰片第五村民小组	周炳坤	男	户主	初中	1965.08.26	个体五金厂厂长
	周彩芬	女	妻子	初中	1965.03.10	个体五金厂职工，村民小组长
	周阳	男	儿子	大专	1991.01.28	绍兴茂嘉有限公司经理
户主	祖父：周忠堂（1895—1955），务农。 父亲：周路德，民国34年（1945）生，务农，后为凤凰扇厂职工，现为送报员。 户主：周炳坤，在凤凰五金厂工作过，现为个体五金厂厂长。 2016年住房面积270平方米。					

注：周炳坤的父母，见表158。

表259　户主沃新林家庭成员情况

类别	家庭成员姓名	性别	家庭关系	文化程度	出生年月日	工作（职业）职务
凤凰片第五村民小组	沃新林	男	户主	初中	1969.06.17	杭州新漾五金厂经理
	沈杏卿	女	母亲	小学	1942.02.19	在家养老
	陆幼香	女	妻子	高中	1968.08.14	杭州新漾五金厂财务经理
	沃华蕾	女	女儿	研究生	1994.03.08	浙江大学研究生在读
户主	父亲：沃关荣（1938—2014），石匠。 户主：沃新林，杭州新漾五金厂经理。 2016年住房面积340平方米。					

表260　户主沈言令家庭成员情况

类别	家庭成员姓名	性别	家庭关系	文化程度	出生年月日	工作（职业）职务
凤凰片第五村民小组	沈言令	男	户主	初中	1958.09.11	杭州萧山贤兴五金机械有限公司经理
	沃岳花	女	妻子	小学	1962.07.03	杭州萧山贤兴五金机械有限公司职工
	沈飞	女	长女	专科	1985.10.06	杭州萧山贤兴五金机械有限公司职工
	沈茎	女	次女	研究生	1993.12.24	厦门大学在校生
户主	父亲：沈张松（1925—1999），务农。 户主：沈言令，开办杭州萧山贤兴五金机械有限公司，任经理。 2016年住房面积280平方米。					

注：沈言令的2个外孙户口不在该村。

希望我家生活
越来越美好

周炳坤

图 0375　周炳坤全家照及最想说的一句话（2018 年 1 月）

诚实守信，勤劳致富。

沃新林

图 0376　沃新林全家照及最想说的一句话（2018 年 2 月）

希望全家身体健康、长寿
希望小孩事业成功

沈言令

图 0377　沈言令全家照及最想说的一句话（2018 年 2 月）

表261　户主周岳泉家庭成员情况

类　别	家庭成员姓名	性别	家庭关系	文化程度	出生年月日	工作（职业）职务
凤凰片第五村民小组	周岳泉	男	户主	小学	1947.02.06	在家养老
	王莲子	女	妻子	小学	1952.06.22	在家养老
	周海江	男	儿子	初中	1976.01.24	开厂暂停
	汪春利	女	儿媳	初中	1973.07.18	家庭主妇
	周钰钦	女	孙女	高中	1999.01.26	萧山二中在校生
	周鸣浩	男	孙子	小学	2004.10.15	衙前农村小学在校生
户主	父亲：周永昌（1910—1984），务农。 户主：周岳泉，务农，现在家养老。 2016年住房面积250平方米。					

表262　户主钱华美家庭成员情况

类　别	家庭成员姓名	性别	家庭关系	文化程度	出生年月日	工作（职业）职务
凤凰片第五村民小组	钱华美	女	户主	文盲	1954.06.13	衙前华鲜饭店职员
	周狄云	男	丈夫	小学	1947.12.08	浙江建材厂退休后开华鲜饭店
	周加明	男	儿子	初中	1977.10.06	杭州凤谊纺织有限公司销售员
	王建萍	女	儿媳	初中	1979.09.29	衙前华鲜饭店经理
	周睿晗	男	孙子	初中	2003.11.22	衙前镇中在校生
户主	户主：钱华美，丈夫周狄云，曾在浙江建材厂工作，退休后开华鲜饭店。钱华美与儿媳在华鲜饭店工作。 2016年住房面积140平方米。					

表263　户主王关法家庭成员情况

类　别	家庭成员姓名	性别	家庭关系	文化程度	出生年月日	工作（职业）职务
凤凰片第五村民小组	王关法	男	户主	初中	1959.09.09	杭州铃钧五金机械有限公司负责人
	张素英	女	妻子	小学	1962.07.24	杭州铃钧五金机械有限公司职员
	王丽娜	女	长女	本科	1987.07.25	杭州铃钧五金机械有限公司职员
	王铃丽	女	次女	本科	1995.02.26	浙江工业大学在校生
户主	父亲：王明德（1925—1998），务农。 户主：王关法，务农，后为个体企业主。 2016年住房面积390平方米。					

注：王关法的外孙女户口随父不在该村。

希望家里的老人能长寿
希望孩子孙后有所成就

周岳泉

图0378　周岳泉全家照及最想说的一句话（2018年3月）

全家和睦
身体健康

钱华美

图0379　钱华美全家照及最想说的一句话（2017年12月）

希望我家生活过得越来越美好。

王关法

图0380　王关法全家照及最想说的一句话（2018年3月）

表 264　户主傅素娥家庭成员情况

类　别	家庭成员姓名	性别	家庭关系	文化程度	出生年月日	工作（职业）职务
凤凰片第五村民小组	傅素娥	女	户主	小学	1952.05.04	在家养老
	方春霞	女	儿媳	初中	1978.05.21	杭州凤谊纺织有限公司职工
	王宇飞	女	孙女	初中	2004.05.12	衙前初中在校生
	王海军	男	儿子	中专	1977.12.15	杭州百合花集团有限公司职工，中共党员
	王宇欣	女	次孙女	幼儿园	2013.07.12	衙前中心幼儿园
户主	户主：傅素娥，丈夫王水火（1951—1995），在部队服过役，后在衙前公社五金厂工作。2016年住房面积200平方米。					

表 265　户主徐银花家庭成员情况

类　别	家庭成员姓名	性别	家庭关系	文化程度	出生年月日	工作（职业）职务
凤凰片第五村民小组	徐银花	女	户主	小学	1951.01.30	凤凰五金厂退休人员
	邵水泉	男	丈夫	小学	1953.10.05	退休在家养老
	邵春	男	儿子	大学	1982.01.23	上海乐值电子商务
户主	父亲：徐仁兴（1908—1966），务农。户主：徐银花，曾在凤凰五金厂胶木车间上班，现退休在家。2016年住房面积200平方米。					

注：徐银花的儿媳、孙子户口不在该村。

表 266　户主王关贤家庭成员情况

类　别	家庭成员姓名	性别	家庭关系	文化程度	出生年月日	工作（职业）职务
凤凰片第五村民小组	王关贤	男	户主	高中	1963.09.06	杭州常杭五金塑胶有限公司负责人
	刘雪云	女	妻子	高中	1965.04.25	杭州常杭五金塑胶有限公司职员
	王建宇	男	儿子	本科	1990.02.05	杭州常杭五金塑胶有限公司职员
	施杏花	女	母亲	文盲	1936.12.15	在家养老
户主	父亲：王明德（1925—1998），务农。户主：王关贤，开办杭州常杭五金塑胶有限公司。2016年住房面积390平方米。					

注：王关贤的儿媳户口未迁入。

无信不立，心诚则灵

王吉祥

图0381　傅素娥全家照及最想说的一句话（2017年12月）

夫妻相敬举案齐眉
婆媳相让一家和气

徐银花

图0382　徐银花全家照及最想说的一句话（2018年2月）

希望我家书法
越来越美好！
添丁添福添寿！

王关贤

图0383　王关贤全家照及最想说的一句话（2017年12月）

表 267　户主曹祥荣家庭成员情况

类　别	家庭成员姓名	性别	家庭关系	文化程度	出生年月日	工作（职业）职务
凤凰片第五村民小组	曹祥荣	男	户主	高中	1963.07.11	绍兴市柯桥非印绣花机厂厂长
	戴彩英	女	妻子	初中	1965.07.15	绍兴市柯桥非印绣花机厂财务
	曹诚俊	男	儿子	高中	1991.09.01	绍兴市柯桥非印绣花机厂职工
	周莉	女	儿媳	高中	1990.01.09	家庭主妇
	曹瑾辰	男	长孙		2016.12.19	
	曹瑾轩	男	次孙		2016.12.19	
户主	父亲：曹纪海，民国22年（1933）生，个体泥水工，现在家养老。 户主：曹祥荣，曾用名：曹强荣。在绍兴市柯桥开办绣花机厂。 2016年住房面积270平方米。					

注：图0384前排，为曹祥荣的父亲曹纪海、母亲卫阿贞，见表257。

表 268　户主沈祖花家庭成员情况

类　别	家庭成员姓名	性别	家庭关系	文化程度	出生年月日	工作（职业）职务
凤凰片第五村民小组	沈祖花	女	户主	小学	1948.01.11	在家养老
	徐和法	男	丈夫	大专	1947.03.01	退休在家
	徐建江	男	儿子	高中	1975.09.18	杭州中逸纺织品有限公司技术员
	高方萍	女	儿媳	大学	1975.07.08	衙前农村小学教师
	徐含薇	女	孙女	高中	2001.01.13	萧山中学在校生
户主	户主：沈祖花，丈夫徐和法，为衙前农村小学教师，现退休在家。 2016年住房面积207平方米。					

表 269　户主沈夏英家庭成员情况

类　别	家庭成员姓名	性别	家庭关系	文化程度	出生年月日	工作（职业）职务
凤凰片第五村民小组	沈夏英	女	户主	小学	1957.06.23	家务
	傅玉刚	男	儿子	本科	1990.05.09	凤凰村委会，中共党员
	胡小萍	女	儿媳	大学	1989.09.13	杭州彩银朵进出口有限公司业务员
	傅诗语	女	孙女	幼儿园	2014.07.24	衙前第一幼儿园
户主	公公：傅长林（1925—1996），石匠。 户主：沈夏英，丈夫傅小金（1955—2009），石匠。 2016年住房面积160平方米。					

诚实守信，勤劳致富。

曹强荣

图0384　曹祥荣全家照及最想说的一句话（2018年4月）

金凤凰飞翔

沈祖花

图0385　沈祖花全家照及最想说的一句话（2017年12月）

堂堂正正做人，
踏踏实实做事。

沈夏英

图0386　沈夏英全家照及最想说的一句话（2017年12月）

表270　户主徐阿云家庭成员情况

类　别	家庭成员姓名	性别	家庭关系	文化程度	出生年月日	工作（职业）职务
凤凰片第五村民小组	徐阿云	女	户主	文盲	1948.08.25	衙前水泥厂退休
	泮仲明	男	丈夫	小学	1938.03.08	绍兴三运公司退休，在家养老
	泮建娣	女	女儿	大学	1975.04.08	杭州袍江化纤厂会计
户主	父亲：徐正祥（1908—1960），务农。 户主：徐阿云，原衙前水泥厂工作，后退休在家养老。 2016年住房面积230平方米。					

注：徐阿云的儿子、儿媳、女婿户口均不在该村。

表271　户主周美娟家庭成员情况

类　别	家庭成员姓名	性别	家庭关系	文化程度	出生年月日	工作（职业）职务
凤凰片第五村民小组	周美娟	女	户主	小学	1965.06.21	家庭主妇
	杨关明	男	丈夫	小学	1959.04.10	退休在家
	杨峰	男	儿子	本科	1987.02.11	杭州兆通贸易公司经理
	王琦	女	儿媳	大学	1987.05.17	浙江东南网架股份有限公司会计
	杨如灿	女	孙女		2015.07.08	
户主	户主：周美娟，丈夫杨关明，在家养老。周美娟，家庭主妇。 2016年住房面积134平方米。					

表272　户主杨建琴家庭成员情况

类　别	家庭成员姓名	性别	家庭关系	文化程度	出生年月日	工作（职业）职务
凤凰片第五村民小组	杨建琴	女	户主	初中	1970.01.15	外嫁，户口未迁出，挂靠户口
	周佳楠	男	儿子	大专	1992.03.02	挂靠户口
	周航昱	男	孙子		2015.11.29	挂靠户口
户主	父亲：杨福仁，生于1945年9月，现在家养老。 户主：杨建琴，现在衙前消费品综合市场经营杭州萧海锋珠宝店。 2016年住房面积200平方米（在衙前小商品市场）。					

注：杨建琴的丈夫、儿媳、孙女户口均不在该村。

希望家里的老人能长寿

徐阿云

图0387　徐阿云全家照及最想说的一句话（2017年12月）

希望生活越过越好。

周美娟

图0388　周美娟全家照及最想说的一句话（2018年6月）

处世以谦让为贵
做人以诚信为本

杨建琴

图0389　杨建琴全家照及最想说的一句话（2018年7月）

表 273　户主黄慧芬家庭成员情况

类　别	家庭成员姓名	性别	家庭关系	文化程度	出生年月日	工作（职业）职务
凤凰片第五村民小组	黄慧芬	女	户主	初中	1944.01.24	在家养老
户主	父亲：黄顺照（1904—1989），萧山党山人，寿堂药店职工。 户主：黄慧芬，衙前江南电机厂职工，现退休在家，挂靠户口。 2016年住房面积158平方米。					

注：黄慧芬的丈夫户口不在该村。

表 274　户主李培发家庭成员情况

类　别	家庭成员姓名	性别	家庭关系	文化程度	出生年月日	工作（职业）职务
凤凰片第五村民小组	李培发	男	户主	初中	1958.04.28	杭州益南化纤有限公司驾驶员
户主	父亲：李仁德（1912—1983），务农。 户主：李培发，早期务农，后为杭州益南化纤有限公司驾驶员，挂靠户口。 2016年住房面积220平方米。					

注：李培发的妻子、女儿、女婿、外孙户口均不在该村。

> 处世以谦让为贵，
> 做人以诚信为本
> 黄慧芬

图0390　黄慧芬全家照及最想说的一句话（2018年6月）

> 与人为善，与邻为友，
> 严己宽人，既往不咎。
> 李培发

图0391　李培发全家照及最想说的一句话（2018年6月）

第三章 交通片姓氏

概 况

村内3片区域姓氏中,交通片姓氏比凤凰片少,比卫家片多。2016年,有200户、731人、72个姓氏,其中傅氏最多,主要聚居在傅家自然村。户主家庭成员基本情况,该片调查汇编者为陈长根。

第一节 数量

1994—2016年,交通片姓氏从56个增加到72个,增加了16个姓氏(新增23个姓氏,减少7个姓氏)。姓氏人口从641人增加到731人,增加了90人。

人数增加的姓氏有47个,其中傅氏增加最多,从181人增加到200人,增加19人。

人数减少的姓氏有10个,其中李氏减少最多,从22人减少到14人,减少8人。

人数不增不减的姓氏有20个。

2016年,交通片姓氏、人数分别占全村的64.29%、33.35%。

表275 1994年、2016年交通片姓氏人口情况

姓氏	1994年总人数	2016年			姓氏	1994年总人数	2016年		
		总人数	男	女			总人数	男	女
于	1	1	0	1	单	1	0	0	0
万	0	1	0	1	项	33	32	17	15
卫	3	2	0	2	赵	1	4	0	4
马	1	2	1	1	胡	17	16	6	10
王	21	16	6	10	柏	1	0	0	0
尤	1	0	0	0	俞	1	2	0	2
毛	2	2	0	2	钟	1	1	0	1
方	8	12	1	11	施	7	9	0	9
石	1	2	0	2	莫	2	2	0	2
平	0	1	0	1	顾	0	1	0	1
宁	1	1	0	1	钱	9	20	14	6
叶	0	1	0	1	倪	0	1	0	1
冯	0	1	0	1	夏	2	2	0	2
吕	0	1	0	1	徐	5	7	1	6
朱	4	4	0	4	殷	0	1	0	1

续表

姓氏	1994年总人数	2016年			姓氏	1994年总人数	2016年		
		总人数	男	女			总人数	男	女
卢	0	1	1	0	高	4	7	0	7
任	1	1	0	1	曾	0	1	0	1
刘	0	1	1	0	凌	0	1	0	1
许	2	5	4	1	陶	0	1	0	1
严	1	0	0	0	郭	1	2	0	2
孙	2	5	0	5	唐	61	62	40	22
李	22	14	6	8	黄	0	2	0	2
杨	4	6	2	4	章	0	1	0	1
寿	1	1	0	1	曹	5	5	0	5
吴	1	4	0	4	戚	1	1	0	1
邱	0	1	0	1	程	1	1	0	1
何	3	4	0	4	蔡	1	1	0	1
应	0	1	0	1	韩	3	3	0	3
宋	1	0	0	0	傅	181	200	135	65
汪	21	22	6	16	舒	0	1	1	0
沃	1	1	0	1	裘	0	2	0	2
沈	5	15	1	14	廖	0	2	0	2
张	26	26	11	15	黎	0	1	0	1
陆	6	6	0	6	潘（泮）	16	22	15	7
陈	99	103	67	36	颜	1	1	0	1
邵	24	29	19	10	戴	1	1	0	1
范	3	0	0	0	魏	1	0	0	0
金	1	1	0	1	鑫	0	1	0	1
周	16	17	6	11	合计	641	731	362	369
庞	0	1	0	1					
郑	1	2	1	1					

注：①1994年数据，资料来源于《萧山姓氏志》第498页"交通行政村"的数据。

②2016年数据，据2017年上半年交通片姓氏调查数据。

③姓氏人口数，均指村民户籍人数，不包括挂靠凤凰村的非凤凰村村民。

④1994年数据的调查员项美文，2016年数据的调查员为陈长根。

第二节 结构

1994年，交通村姓氏人口在100人以上的有傅氏，50—99人的有唐氏，11—49人的有王、李、汪、张、胡、邵、陈、项、周、潘10个姓氏，3—10人的姓氏有卫、方、朱、杨、何、沈、陆、施、钱、徐、高、曹、韩、范14个，1—2人的姓氏有30个。

2016年，交通片内姓氏人口在100人以上的有傅、陈2个姓氏，50—99人的有唐氏，11—49人的姓氏有王、方、李、汪、沈、张、项、胡、潘（泮）、钱、邵、周12个，3—10人的姓氏有许、朱、孙、杨、何、陆、赵、施、徐、高、曹、韩12个，1—2人的姓氏有44个。

性别构成，男362人，女369人。傅氏最多，男135人，女65人，分别占交通片男性、女性的37.29%、17.62%。陈氏次之，男67人，女36人，分别占交通片男性、女性的18.51%、9.76%。

第三节　户主与家庭成员

1994年，交通村有56个姓氏、178户、641人。2016年，交通片有72个姓氏、200户、731人（不含户口挂靠凤凰村的非凤凰村村民）。

第一村民小组

交通片第一村民小组有48户，户主姓名分别为：李金木、李祖林、李金土、李瑛、邵孝忠、邵关夫、邵关友、唐金虎、唐小虎、唐阿英、唐幼虎、唐关仁、唐关纪、唐关校、唐先根、唐松仁、唐华平、唐金奎、徐吾昌①、唐祥龙、唐小龙、唐关友、唐关贤、项国安、项国良、项国庆、钱来云、钱荣根、钱国根、项岳元、项海行、汪荷仙、钱关潮、钱建伟、钱见元、唐荣法、唐国荣、陈春水、陈冬水、邵水根、邵钊根、邵东根、邵江飞、陈四毛、陈国林、唐银华、唐小华、唐永华。

---

① 徐吾昌，未单独列表，列入其岳父唐金奎的表格中（唐金奎、唐阿多夫妇已单独立户，至今与女儿、女婿一家住在一起）。

图 0392　官河风光（2018 年 12 月 19 日，徐国红摄）

表276　户主李金木家庭成员情况

类　别	家庭成员姓名	性别	家庭关系	文化程度	出生年月日	工作（职业）职务
交通片第一村民小组	李金木	男	户主	初中	1958.11.26	杭州亿达化纤有限公司会计
	陈小英	女	妻子	小学	1960.09.19	凤凰家务
	李观楹	男	儿子	本科	1990.07.20	杭州亿达化纤有限公司职工
户主	父亲：李阿毛（1932—2007），配偶李冬梅（1941—2015），共生育3子1女，一生务农。 户主：李金木，中共党员，初中毕业，务农，曾在交通五金厂做会计，后在交通村担任治保主任、交通村村长等职务，衙前镇第十二届人民代表大会代表，现在杭州亿达化纤有限公司当会计。 2016年住房面积315平方米。						

注：图0393为李金木夫妇与儿子、儿媳、女儿、外孙、外孙女。

表277　户主李祖林家庭成员情况

类　别	家庭成员姓名	性别	家庭关系	文化程度	出生年月日	工作（职业）职务
交通片第一村民小组	李祖林	男	户主	小学	1962.07.22	杭州金惠纺织有限公司职工
	孙国娥	女	妻子	小学	1968.09.10	杭州凤谊纺织有限公司职工
	李观宇	男	儿子	大专	1995.03.21	杭州大鲫大鲤网络科技有限公司
户主	父亲：李阿毛（1932—2007），配偶李冬梅（1941—2015），生育3子1女，一生务农。 户主：李祖林，小学毕业后务农，改革开放后买拖拉机搞运输，后进入杭州金惠纺织有限公司工作至今。 2016年住房面积440平方米。						

表278　户主李金土家庭成员情况

类　别	家庭成员姓名	性别	家庭关系	文化程度	出生年月日	工作（职业）职务
交通片第一村民小组	李金土	男	户主	初中	1965.05.28	杭州金惠纺织有限公司经理
	黄菊英	女	妻子	小学	1966.01.09	杭州金惠纺织有限公司出纳
	李观强	男	儿子	本科	1991.12.21	杭州金惠纺织有限公司供销员
户主	父亲：李阿毛（1932—2007），配偶李冬梅（1941—2015），共生育3子1女，一生务农。 户主：李金土，中共党员，初中毕业后务农，开三卡搞个人运输，曾在衙前电器二厂工作，电器二厂转制后自办个体纺织厂，现改为杭州金惠纺织有限公司，2006年当选为中共衙前镇第十二次代表大会代表。 2016年住房面积520平方米。						

注：李金土的儿媳施佳娜户口未迁入。

勤俭持家、夫妻恩爱、勤劳节俭、家和兴业。
李金木

图0393　李金木全家照及最想说的一句话（2018年2月）

做个普通人，做好每一件事。
平等看待他人，过普通人的日子。
李祖林

图0394　李祖林全家照及最想说的一句话（2017年11月）

遵纪守法永牢记
与时俱进兴人生
李金土

图0395　李金土全家照及最想说的一句话（2017年11月）

表279　户主李瑛家庭成员情况

类　别	家庭成员姓名	性别	家庭关系	文化程度	出生年月日	工作（职业）职务
交通片第一村民小组	李瑛	女	户主	高中	1971.03.05	杭州亿达化纤有限公司会计
	席建华	男	丈夫	大专	1965.06.14	萧山金帆学校老师
	席中钰	女	女儿	大专	1997.12.19	浙江旅游学院学生
户主	父亲：李阿毛（1932—2007），配偶李冬梅（1941—2015），共生有3子1女，一生务农。 户主：李瑛，高中毕业进入交通汽车修理厂当出纳，修理厂倒闭后到杭州金惠纺织有限公司当会计，后在杭州亿达化纤有限公司做会计。 2016年住房面积150平方米。						

表280　户主邵孝忠家庭成员情况

类　别	家庭成员姓名	性别	家庭关系	文化程度	出生年月日	工作（职业）职务
交通片第一村民小组	邵孝忠	男	户主	小学	1953.09.04	杭州萧山柏宇纺织有限公司职工
	唐茶芬	女	妻子	小学	1956.09.02	凤凰家务
	邵林桥	男	儿子	高中	1981.08.11	衙前派出所协警，中共党员
	周燕华	女	儿媳	高中	1981.07.21	移动公司衙前店营业员
	邵航程	男	长孙	小学	2009.03.09	衙前农村小学在校生
户主	祖父：邵老源，生卒年不详，务农。 父亲：邵佰荣（1912—1970），务农。 户主：邵孝忠，小学文化，务农。曾任原交通村第一生产队队长，后进入杭州萧山柏宇纺织有限公司工作至今。 2016年住房面积330平方米。						

注：邵孝忠的小孙子邵启航生于2017年1月16日。

表281　户主邵关夫家庭成员情况

类　别	家庭成员姓名	性别	家庭关系	文化程度	出生年月日	工作（职业）职务
交通片第一村民小组	邵关夫	男	户主	小学	1957.03.03	个体修理业
	汪茶芬	女	妻子	小学	1960.03.02	凤凰家务
	邵嘉骏	男	儿子	高中	1991.01.22	浙江恒逸集团有限公司职工
户主	祖父：邵老源，生卒年不详，务农。 父亲：邵佰荣（1912—1970），务农。 户主：邵关夫，中共党员，从小务农，后服兵役3年，退伍后进水泥厂工作，水泥厂倒闭后改个体修理业至今。 2016年住房面积300平方米。						

想建造有三间地基的房子。

李瑛

图0396　李瑛全家照及最想说的一句话（2017年11月）

立志.守信.尽孝重义。

邵林桥.

图0397　邵孝忠全家照及最想说的一句话（2017年11月）

合家欢乐
万事如意.

邵关夫

图0398　邵关夫全家照及最想说的一句话（2017年11月）

表282　户主邵关友家庭成员情况

类　别	家庭成员姓名	性别	家庭关系	文化程度	出生年月日	工作（职业）职务
交通片第一村民小组	邵关友	男	户主	小学	1961.04.13	个体运输业（汽车）
	朱阿大	女	母亲	初识	1922.05.14	在家养老
	沈和芬	女	妻子	小学	1962.06.23	杭州贤兴五金厂职工
	邵丽娜	女	长女	高中	1987.11.10	浙江恒逸集团聚合物发货员
	邵丽君	女	次女	中专	1995.08.25	杭州大房利餐饮有限公司出纳
户主	祖父：邵老源，生卒年不详，务农。 父亲：邵佰荣（1912—1970），务农。 户主：邵关友，务农，改革开放后进行个体船运输业，后又改汽车运输业至今。 2016年住房面积240平方米。					

表283　户主唐金虎家庭成员情况

类　别	家庭成员姓名	性别	家庭关系	文化程度	出生年月日	工作（职业）职务
交通片第一村民小组	唐金虎	男	户主	小学	1948.10.22	凤凰村工业园区门卫
	周爱琴	女	妻子	小学	1953.09.16	凤凰村工业园区门卫
	唐卫东	男	儿子	初中	1974.12.01	安徽冷气设备安装职工
	潘之用	女	儿媳	初中	1976.05.11	凤凰家务
	唐铭敏	女	长孙女	高中	2000.01.05	诸暨实验学校在校生
	唐敏菲	女	次孙女	小学	2004.06.24	衙前农村小学在校生
户主	祖父：唐文炳，生卒年不详，裁缝职业，生活困难，进入金华难民所后一直无音信。 父亲：唐水泉（1921—1979），务农，曾任交通乡农委主任。 户主：唐金虎，务农，兼修理电器、拖拉机，现在凤凰村工业园区做门卫工作。 2016年住房面积440平方米。					

注：唐金虎的女儿（唐卫娟）、外孙女户口不在该村。

表284　户主唐小虎家庭成员情况

类　别	家庭成员姓名	性别	家庭关系	文化程度	出生年月日	工作（职业）职务
交通片第一村民小组	唐小虎	男	户主	初中	1955.03.18	个体修理业
	项常珍	女	妻子	小学	1957.07.12	凤凰家务
	唐卫江	男	儿子	高中	1981.10.04	浙江恒逸集团化纤有限公司职工
	唐卫娜	女	女儿	中专	1988.03.11	萧山河上镇
	张红丽	女	儿媳	初中	1986.08.22	浙江恒逸集团化纤有限公司职工
	唐明阳	男	孙子	小学	2007.01.13	衙前农村小学在校生
户主	祖父：唐文炳，生卒年不详，裁缝职业，生活困难，进入金华难民所后一直无音信。 父亲：唐水泉（1921—1979），务农，曾任交通乡农委主任。 户主：唐小虎，初中毕业务农，曾在原交通生产大队粮食加工厂工作，后在交通机械修配厂工作，修配厂倒闭后承包土地，种粮大户，后开大型拖拉机耕田，现从事个体修理业。唐小虎的女儿唐卫娜已出嫁，户口未迁出，唐卫娜的女儿户口不在该村。 2016年住房面积400平方米。					

立志
守信
尽孝
重义 ——邵关友

图0399 邵关友全家照及最想说的一句话（2017年11月）

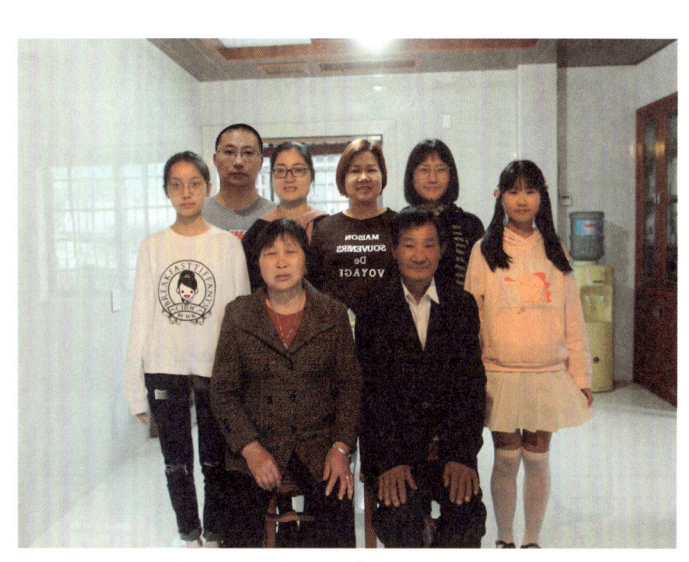

家庭和睦
邻里相亲
以德交友
以诚服人
——唐金虎

图0400 唐金虎全家照及最想说的一句话（2018年3月）

希望生活越过越好
唐小虎

图0401 唐小虎全家照及最想说的一句话（2018年2月）

表285 户主唐阿英家庭成员情况

类　别	家庭成员姓名	性别	家庭关系	文化程度	出生年月日	工作（职业）职务
交通片第一村民小组	唐阿英	女	户主	小学	1957.08.05	凤凰家务
户主	祖父：唐文炳，生卒年不详，裁缝职业，生活困难，进入金华难民所后一直无音信。 父亲：唐水泉（1921—1979），务农，曾任交通乡农委主任。 户主：唐阿英，嫁给毕公桥社区居民陈根子（曾在衙前信用社工作，现已退休）。夫妇共生育一子（陈刚）。 2016年住房面积89平方米。					

注：唐阿英的丈夫、儿子、儿媳、孙子户口均在衙前镇毕公桥社区。

表286 户主唐幼虎家庭成员情况

类　别	家庭成员姓名	性别	家庭关系	文化程度	出生年月日	工作（职业）职务
交通片第一村民小组	唐幼虎	男	户主	小学	1963.02.15	凤凰村保安
	唐茶英	女	妻子	小学	1963.05.29	凤凰家务
	唐亚运	男	儿子	高中	1990.07.15	杭州金日钢有限公司修电脑
	任建丽	女	儿媳	高中	1989.11.03	杭州印石五金有限公司会计
	唐禹昊	男	孙子		2014.11.18	
户主	祖父：唐文炳，生卒年不详，裁缝职业，生活困难，进入金华难民所后一直无音信。 父亲：唐水泉（1921—1979），务农，曾任交通乡农委主任。 户主：唐幼虎，小学毕业后务农，服兵役2年，后开拖拉机搞运输，现在凤凰村做保安工作。 2016年住房面积520平方米。					

表287 户主唐关仁家庭成员情况

类　别	家庭成员姓名	性别	家庭关系	文化程度	出生年月日	工作（职业）职务
交通片第一村民小组	唐关仁	男	户主	小学	1955.08.13	凤凰村电工
	唐阿利	男	父亲	小学	1923.12.01	居家养老
	项月仙	女	妻子	小学	1956.10.14	凤凰家务
	唐水江	男	儿子	高中	1981.09.13	衙前镇电管站职工、中共党员
	倪小红	女	儿媳	高中	1980.12.04	合和纺织有限公司会计
	唐雨萱	女	孙女	小学	2005.08.23	衙前农村小学在校生
	唐雨泽	男	孙子	小学	2010.07.14	衙前农村小学在校生
户主	高祖父：唐如茂，生卒年不详，终年约70岁，务农。配偶高氏，生卒年不详，家务，绍兴县九岩高家娘家。 曾祖父：唐裕森（1857—1926），务农。配偶高氏（1861—1940），家务，萧山瓜沥镇渭水桥高家娘家。 祖父：唐阿庆（1890—1957），务农。配偶高阿大（1895—1980），家务，丁村高家娘家。 父亲：唐阿利，原交通生产大队大队长，后在财务室做出纳，现在家养老。 户主：唐关仁，中共党员，曾任原交通大队副队长、生产队长，后在交通村做电工，村规模调整后在凤凰村做电工至今。 2016年住房面积330平方米。					

希望生活越过越好

唐阿英

图 0402　唐阿英全家照及最想说的一句话（2018 年 3 月）

精诚所至，金石为开。

唐幼虎

图 0403　唐幼虎全家照及最想说的一句话（2017 年 11 月）

希望孩子长大后有所成就

唐关仁

图 0404　唐关仁全家照及最想说的一句话（2017 年 12 月）

表288 户主唐关纪家庭成员情况

类别	家庭成员姓名	性别	家庭关系	文化程度	出生年月日	工作（职业）职务
交通片第一村民小组	唐关纪	男	户主	初中	1958.12.17	杭州亿达化纤有限公司职工
	陈永美	女	妻子	小学	1961.12.16	凤凰家务
	唐立东	男	儿子	本科	1985.11.07	浙江东南网架股份有限公司会计
	周海燕	女	儿媳	本科	1986.09.24	杭州市民中心电信局职工
	唐诚元	男	长孙		2014.02.15	
户主	祖父：唐传虎，生卒年不详，一直以锡箔业为主。 父亲：唐自大（1929—2012），新中国成立前后以锡箔业为主，后破除迷信锡箔业暂停，一直务农。配偶潘月仙，共生有2子1女。 户主：唐关纪，初中文化，务农，曾任原交通大队第一生产队会计，改革开放后做些小本生意，曾在杭州潘氏纺织有限公司工作，现在杭州亿达化纤有限公司做统计工作。 2016年住房面积420平方米。					

表289 户主唐关校家庭成员情况

类别	家庭成员姓名	性别	家庭关系	文化程度	出生年月日	工作（职业）职务
交通片第一村民小组	唐关校	男	户主	小学	1963.03.11	个体运营
	邵又凤	女	妻子	小学	1965.01.03	凤凰家务
	唐海东	男	儿子	本科	1987.10.26	浙江杭州友佳精密机械有限公司技工
	谭开利	女	儿媳	本科	1990.08.28	萧山医院康复科护士
户主	祖父：唐传虎，生卒年不详，一直以锡箔业为主。 父亲：唐自大（1929—2012），新中国成立前后以锡箔业为主，后破除迷信锡箔业暂停，一直务农。配偶潘月仙，共生有2子1女。 户主：唐关校，小学毕业务农，改革开放后做些小本生意，先买拖拉机耕田、搞运输，后来购买汽车搞运输至今。 2016年住房面积540平方米。					

注：唐关校的孙女唐之恒生于2017年9月12日。

表290 户主唐先根家庭成员情况

类别	家庭成员姓名	性别	家庭关系	文化程度	出生年月日	工作（职业）职务
交通片第一村民小组	唐先根	男	户主	初中	1933.03.10	退休养老
	周夏梅	女	妻子	小学	1941.04.03	居家养老
户主	曾祖父：唐如茂，生卒年不详，终年约70岁，务农。配偶高氏，生卒年不详，家务，绍兴县九岩高家娘家。 祖父：唐裕森（1857—1926），务农。配偶高氏（1861—1940），家务，萧山瓜沥镇渭水桥高家娘家。 父亲：唐阿庆（1890—1957），务农。配偶高阿大（1895—1980），家务，丁村高家娘家。 户主：唐先根，中共党员，1954年7月任交通村农业初级社会计，1958年在衙前乡政府做会计及会计辅导员，1961年在衙前四翔村（原前进生产大队）做农业会计，1957年参加中共党员并调入衙前乡政府工业办公室任会计辅导员，1990年退休回家。配偶周夏梅，生有3子1女（唐松仁、唐华平、唐国平、唐华英，现都已成家另立户口）。 2016年住房面积300平方米（唐先根夫妻俩一直住在小儿子唐国平家中，唐国平1989年去当兵后升职，户口已迁往部队）。					

与人为善，与邻为友，
严已宽人，既往不咎。
唐关纪

图0405　唐关纪全家照及最想说的一句话（2017年11月）

立志　守信
尽孝　重义
唐关校

图0406　唐关校全家照及最想说的一句话（2017年11月）

幸福健康
唐先根

图0407　唐先根夫妻照及最想说的一句话（2017年11月）

表291　户主唐松仁家庭成员情况

类　别	家庭成员姓名	性别	家庭关系	文化程度	出生年月日	工作（职业）职务
交通片第一村民小组	唐松仁	男	户主	小学	1959.08.20	杭州萧山信仁纺织有限公司经理
	汪凤美	女	妻子	小学	1958.03.11	凤凰家务
	唐黎丽	女	女儿	本科	1984.06.29	浙商银行职工
	唐坚强	男	儿子	本科	1992.08.30	杭州宝盛集团公司（房地产开发）职工
户主	高祖父：唐如茂，生卒年不详，终年约70岁，务农。配偶高氏，生卒年不详，家务，绍兴县九岩高家娘家。 曾祖父：唐裕森（1857—1926），务农。配偶高氏（1861—1940），家务，萧山瓜沥镇渭水桥高家娘家。 祖父：唐阿庆（1890—1957），务农。配偶高阿大（1895—1980），家务，丁村高家娘家。 父亲：唐先根，中共党员，1954年7月任交通村农业初级社会计，1958年在衙前乡政府做会计及会计辅导员，1961年在衙前四翔村（原前进生产大队）做农业会计，1957年参加中共党员并调入衙前乡政府工业办公室任会计辅导员，1990年退休回家。配偶周夏梅，生有3子1女。 户主：唐松仁，中共党员，小学文化，务农，曾做过原交通村第一生产队出纳，1986年与唐小龙合伙开办个体布厂至2002年，又办杭州萧山信仁纺织有限公司至现在。 2016年住房面积315平方米。

注：唐松仁的女儿唐黎丽已出嫁，户口未迁出，唐黎丽的女儿户口不在该村。

表292　户主唐华平家庭成员情况

类　别	家庭成员姓名	性别	家庭关系	文化程度	出生年月日	工作（职业）职务
交通片第一村民小组	唐华平	男	户主	初中	1965.07.18	杭州江明制线有限公司管生产
	周林娟	女	妻子	初中	1967.10.29	凤凰家务
	唐斐斐	女	长女	本科	1991.08.22	山西大学德语系任教
	唐伊婕	女	次女	初中	2002.06.24	衙前初中在校生
户主	高祖父：唐如茂，生卒年不详，终年约70岁，务农。配偶高氏，生卒年不详，家务，绍兴县九岩高家娘家。 曾祖父：唐裕森（1857—1926），务农。配偶高氏（1861—1940），家务，萧山瓜沥镇渭水桥高家娘家。 祖父：唐阿庆（1890—1957），务农。配偶高阿大（1895—1980），家务，丁村高家娘家。 父亲：唐先根，中共党员，1954年7月任交通村农业初级社会计，1958年在衙前乡政府做会计及会计辅导员，1961年在衙前四翔村（原前进生产大队）做农业会计，1957年参加中共党员并调入衙前乡政府工业办公室任会计辅导员，1990年退休回家。配偶周夏梅，生有3子1女。 户主：唐华平，初中毕业学木工，2004年私营杭州萧山华平纺织厂，后因行情疲软停办，现在杭州江明制线有限公司管生产。 2016年住房面积540平方米。

注：图0409前排，为唐华平的父亲唐先根、母亲周夏梅，见表290。

希望生活越过越好

唐松仁

图 0408　唐松仁全家照及最想说的一句话（2017 年 11 月）

做个普通人，做好每一件事，平等看待每个人，过普通人的日子。

唐华平

图 0409　唐华平全家照及最想说的一句话（2018 年 2 月）

表293　户主唐金奎家庭成员情况

类　别	家庭成员姓名	性别	家庭关系	文化程度	出生年月日	工作（职业）职务
交通片第一村民小组	唐金奎	男	户主	初识	1938.06.21	居家养老
	唐阿多	女	妻子	初识	1949.04.14	居家养老
	徐吾昌	男	女婿	小学	1963.11.19	浙江恒逸集团有限公司职工
	唐仙贞	女	长女	初中	1967.08.26	居家养老
	唐海燕	女	孙女	高中	1991.06.15	杭州美斯邦化纤有限公司仓管员
	舒晓骏	男	孙女婿	高中	1990.03.31	兴惠化纤集团有限公司职工
	舒奕杭	男	曾孙		2016.08.08	
户主	祖父：唐传明，生卒年不详，务农。 父亲：唐小毛（1917—1992），新中国成立前以锡箔业为主，后务农，给唐传明做上门女婿，生有4女。 户主：唐金奎，原名项金奎，1938年生，给唐小毛做上门女婿，生有4女，务农，曾在原交通生产大队第一生产队做植保技术员，改革开放后做些小本生意，现在家养老。 2016年住房面积330平方米。					

表294　户主唐祥龙家庭成员情况

类　别	家庭成员姓名	性别	家庭关系	文化程度	出生年月日	工作（职业）职务
交通片第一村民小组	唐祥龙	男	户主	小学	1952.09.24	凤凰村绿化养护员
	潘阿四	女	妻子	小学	1955.04.11	居家养老
户主	高祖父：唐如茂，生卒年不详，终年约70岁，务农。配偶高氏，生卒年不详，家庭主妇，绍兴九岩村高家娘家。 曾祖父：唐裕森（1857—1926），务农。配偶高氏（1861—1940），家庭主妇，瓜沥镇渭水桥高家娘家。 祖父：唐阿庆（1890—1957），务农。配偶高阿大（1895—1980），家庭主妇，瓜沥镇丁村高家娘家。 父亲：唐长根（1921—1993），务农。 户主：唐祥龙，中共党员，服兵役3年，生育1女唐雅红（现已出嫁）。先是务农，后到杭州欢达纺织有限公司工作，再到杭州萧山潘氏纺织有限公司工作，现在凤凰村做绿化养护员。 2016年住房面积540平方米。					

注：唐祥龙的独生女唐雅红已出嫁，唐雅红一家4口户口不在该村。

家和万事兴 齐族断金
徐吾昌

图0410　唐金奎全家照及最想说的一句话（2017年11月）

家和万事兴
齐力共断金
唐祥龙

图0411　唐祥龙全家照及最想说的一句话（2017年11月）

表295 户主唐小龙家庭成员情况

类 别	家庭成员姓名	性别	家庭关系	文化程度	出生年月日	工作（职业）职务
交通片第一村民小组	唐小龙	男	户主	小学	1958.09.21	杭州萧山柏宇纺织有限公司主管
	项梅芬	女	妻子	小学	1959.11.30	凤凰家务
	唐欢章	男	儿子	高中	1982.09.06	杭州萧山柏宇纺织有限公司负责人
	章岚	女	儿媳	高中	1983.08.01	杭州萧山柏宇纺织有限公司出纳
	唐浩宇	男	孙子	小学	2006.10.09	萧山区金帆小学学生
	唐芷嫒	女	孙女	小学	2011.08.11	萧山区金帆小学学生
户主	高祖父：唐如茂，生卒年不详，终年约70岁，务农。配偶高氏，生卒年不详，家庭主妇，绍兴九岩村高家娘家。 曾祖父：唐裕森（1857—1926），务农。配偶高氏（1861—1940），家庭主妇，瓜沥镇渭水桥高家娘家。 祖父：唐阿庆（1890—1957），务农。配偶高阿大（1895—1980），家庭主妇，瓜沥镇丁村高家娘家。 父亲：唐长根（1921—1993），务农。 户主：唐小龙，务农，开过理发店，1986年与唐松仁合伙开木头织机，2001年自办杭州欢达纺织有限公司，现改为杭州萧山柏宇纺织有限公司。 2016年住房面积560平方米。					

表296 户主唐关友家庭成员情况

类 别	家庭成员姓名	性别	家庭关系	文化程度	出生年月日	工作（职业）职务
交通片第一村民小组	唐关友	男	户主	小学	1954.05.23	居家养老
户主	高祖父：唐如茂，生卒年不详，终年约70岁，务农。配偶高氏，生卒年不详，家庭主妇，绍兴九岩村高家娘家。 曾祖父：唐裕森（1857—1926），务农。配偶高氏（1861—1940），家庭主妇，瓜沥镇渭水桥高家娘家。 祖父：唐阿庆（1890—1957），务农。配偶高阿大（1895—1980），家庭主妇，瓜沥镇丁村高家娘家。 父亲：唐叶根（1926—1995），务农。 户主：唐关友，身患关节炎疾病，从小在生产队看牛，现在杭州江南电机厂享受福利待遇。 2016年住房面积152平方米。					

注：唐关友的母亲高雪花（图0413前排）、弟弟唐关贤（右图后排右二），见表297。

立志、守信
尽孝、重义

唐欢章

图 0412　唐小龙全家照及最想说的一句话（2018 年 2 月）

团结友善
自信自强

唐海强

图 0413　唐关友（右一）、唐关贤（右二）全家照及最想说的一句话（2018 年 2 月）

表 297　户主唐关贤家庭成员情况

类　别	家庭成员姓名	性别	家庭关系	文化程度	出生年月日	工作（职业）职务
交通片第一村民小组	唐关贤	男	户主	小学	1959.06.04	自由职业，村民代表
	高雪花	女	母亲	初识	1933.02.03	居家养老
	唐冬芬	女	妻子	小学	1963.03.10	居家养老
	唐海波	男	儿子	高中	1987.01.18	浙江东南网架集团有限公司仓管员
	叶敏	女	儿媳	初中	1986.02.08	杭州壮大纺织有限公司仓管员
	唐浩瀚	男	孙子		2011.08.29	
户主	高祖父：唐如茂，生卒年不详，终年约70岁，务农。配偶高氏，生卒年不详，家庭主妇，绍兴九岩村高家娘家。 曾祖父：唐裕森（1857—1926），务农。配偶高氏（1861—1940），家庭主妇，瓜沥镇渭水桥高家娘家。 祖父：唐阿庆（1890—1957），务农。配偶高阿大（1895—1980），家庭主妇，瓜沥镇丁村高家娘家。 父亲：唐叶根（1926—1995），一直务农。 户主：唐关贤，凤凰村村民代表，小学毕业，务农，现为自由职业。 2016年住房面积330平方米。					

注：唐关贤全家照，见图0413。

表 298　户主项国安家庭成员情况

类　别	家庭成员姓名	性别	家庭关系	文化程度	出生年月日	工作（职业）职务
交通片第一村民小组	项国安	男	户主	小学	1962.10.17	自由职业，村民小组长
	王文娟	女	妻子	小学	1963.10.15	凤凰家务
	项焕军	男	儿子	大专	1988.11.17	杭州星盛纺织有限公司职工
	赵丹	女	儿媳	大专	1988.08.12	杭州萧山浩海信息有限公司会计
	项驿程	男	孙子		2015.02.10	
户主	曾祖父：项任茂，生卒年不详，原从萧山衙前公社项家金塘桥杨树下迁出至萧山坎山镇海殿，由于潮水冲击，又迁入萧山衙前原交通乡童墅自然村种田。 祖父：项其坤，生卒年不详，务农。 父亲：项金夫（1933—1993），务农，曾做过原交通村第一生产队队长。 户主：项国安，凤凰村交通片第一村民小组长，自由职业。 2016年住房面积270平方米。					

图 0414　傍晚时分（2018 年 5 月，徐国红摄）

图 0415　项国安全家照及最想说的一句话（2018 年 2 月）

表 299　户主项国良家庭成员情况

类　别	家庭成员姓名	性别	家庭关系	文化程度	出生年月日	工作（职业）职务
交通片第一村民小组	项国良	男	户主	小学	1965.05.04	凤凰家务
	项丽莎	女	女儿	中专	1996.02.18	杭州萧山柏宇纺织有限公司职工
	廖新凤	女	前妻	初中	1969.08.05	已再婚户口未迁
户主	曾祖父：项任茂，生卒年不详，原从萧山衙前公社项家金塘桥杨树下迁出至萧山坎山镇海殿，由于潮水冲击，又迁入萧山衙前原交通乡童墅自然村种田。 祖父：项其坤，生卒年不详，务农。 父亲：项金夫（1933—1993），务农，曾做过原交通村第一生产队队长。 户主：项国良，曾做拖拉机运输工作，后一直在家。 2016 年住房面积 152 平方米。					

表 300　户主项国庆家庭成员情况

类　别	家庭成员姓名	性别	家庭关系	文化程度	出生年月日	工作（职业）职务
交通片第一村民小组	项国庆	男	户主	初中	1969.06.28	庆海线业有限公司
	陆雪姑	女	母亲	初识	1942.12.10	居家养老
	郑学芬	女	妻子	初中	1976.10.12	庆海线业有限公司
	项欢明	男	儿子	大专	1999.01.01	无业
户主	曾祖父：项任茂，生卒年不详，原从萧山衙前公社项家金塘桥杨树下迁出至萧山坎山镇海殿，由于潮水冲击，又迁入萧山衙前原交通乡童墅自然村种田。 祖父：项其坤，生卒年不详，务农。 父亲：项金夫（1933—1993），务农，曾做过原交通村第一生产队队长。 户主：项国庆，先做建筑业，后改个体织机，现经营庆海线业有限公司。 2016 年住房面积 540 平方米。					

表 301　户主钱来云家庭成员情况

类　别	家庭成员姓名	性别	家庭关系	文化程度	出生年月日	工作（职业）职务
交通片第一村民小组	钱来云	男	户主	小学	1957.02.20	杭州富春塑胶有限公司土建负责人
	朱文英	女	妻子	高中	1963.09.12	衙前镇政府党政办公室
	钱黎明	男	儿子	本科	1988.12.01	杭州黄龙中心装潢设计员
户主	曾祖父：钱四二，生卒年不详，务农。 祖父：钱阿松（1897—1971），新中国成立前后以锡箔业为主，后务农。 父亲：钱关泉（1930—1987），务农。 户主：钱来云，务农，后学泥工，曾在衙前建筑队工作，衙前建筑队倒闭解散后做个体泥工，现为杭州富春塑胶有限公司土建负责人。 2016 年住房面积 250 平方米。					

立志 诚信 尽孝 重义

项丽莎

图 0416　项丽莎与廖新凤及最想说的一句话（2018 年 2 月）

家庭安定
幸福安康

项国庆

图 0417　项国庆全家照及最想说的一句话（2017 年 12 月）

做一个健康文明的
中国人

钱来云

图 0418　钱来云全家照及最想说的一句话（2017 年 11 月）

表302　户主钱荣根家庭成员情况

类别	家庭成员姓名	性别	家庭关系	文化程度	出生年月日	工作（职业）职务
交通片第一村民小组	钱荣根	男	户主	小学	1963.11.10	个体汽车运输业
	张芬仙	女	妻子	小学	1966.12.27	经营个体零食小店
	钱利翔	男	儿子	高中	1990.11.15	个体墙布厂销售员，中共党员
户主	曾祖父：钱四二，生卒年不详，务农。 祖父：钱阿松（1897—1971），新中国成立前后以锡箔业为主，后务农。 父亲：钱关泉（1930—1987），务农。 户主：钱荣根，小学毕业后务农，学泥工，后转汽车运输业至今。 2016年住房面积250平方米。						

表303　户主钱国根家庭成员情况

类别	家庭成员姓名	性别	家庭关系	文化程度	出生年月日	工作（职业）职务
交通片第一村民小组	钱国根	男	户主	初中	1966.07.16	个体化纤经营部
	施清美	女	妻子	小学	1969.06.04	个体化纤经营部
	钱聪	男	长子	本科	1994.01.06	大连外语学院在校生
	钱樑宏	男	次子	小学	2008.05.21	衙前农村小学在校生
户主	曾祖父：钱四二，生卒年不详，务农。 祖父：钱阿松（1897—1971），新中国成立前后以锡箔业为主，后务农。 父亲：钱关泉（1930—1987），务农。 户主：钱国根，初中毕业，曾在螺山供销社工作，后办起个体化纤经营部和倍捻机车间至今。 2016年住房面积400平方米。						

表304　户主项岳元家庭成员情况

类别	家庭成员姓名	性别	家庭关系	文化程度	出生年月日	工作（职业）职务
交通片第一村民小组	项岳元	男	户主	小学	1952.10.22	凤凰创业新村社区管理员
	唐茶香	女	妻子	小学	1952.11.21	居家养老
	项海锋	男	次子	初中	1978.12.10	杭州东南化纤有限公司供销员
	钱慧慧	女	儿媳	初中	1977.09.28	绍兴县钱清印染厂发货员
户主	祖父：项任茂，生卒年不详，原从萧山衙前公社项家金塘桥杨树下迁出至萧山坎山镇海殿，由于潮水冲击，又迁入萧山衙前原交通乡童墅自然村种田。 父亲：项其中（1911—1982），12岁开始在杭州学做棺材木匠业，1962年精减回乡种田。 户主：项岳元，中共党员，服兵役5年，退伍后到衙前农机厂、衙前公社开车，从事个体汽车运输业，曾任原交通生产大队书记、交通村村长，后因村规模调整任凤凰创业新村社区管理员。 2016年住房面积330平方米。						

注：项岳元的长子项海行，见表305，已另立户口。

无信不立，心诚以偿
钱荣根

图0419　钱荣根全家照及最想说的一句话（2017年11月）

做一个身体
健康的凤凰人
钱国根

图0420　钱国根全家照及最想说的一句话（2018年2月）

堂堂正正做人
踏踏实实办事
项岳元

图0421　项岳元全家照及最想说的一句话（2017年11月）

表305 户主项海行家庭成员情况

类　别	家庭成员姓名	性别	家庭关系	文化程度	出生年月日	工作（职业）职务
交通片第一村民小组	项海行	男	户主	高中	1976.07.16	自由职业
	方雅琴	女	妻子	初中	1976.02.19	个体营业
	项雨楠	女	女儿	高中	2001.08.14	萧山中学在校生
	项泽宇	男	儿子	小学	2005.11.14	衙前农村小学在校生
户主	曾祖父：项任茂，生卒年不详，原从萧山衙前公社项家金塘桥杨树下迁出至萧山坎山镇海殿，由于潮水冲击，又迁入萧山衙前原交通乡童墅自然村种田。 祖父：项其中（1911—1982），12岁开始在杭州学做棺材木匠业，1962年精减回乡种田。 父亲：项岳元，中共党员，服兵役5年，退伍后到衙前农机厂、衙前公社开车，从事个体汽车运输业，曾任原交通生产大队书记、交通村村长，后因村规模调整任凤凰创业新村社区管理员。 户主：项海行，中共党员，服兵役2年，自由职业。 2016年住房面积330平方米。						

注：项海行的父母，见表304。

表306 户主汪荷仙家庭成员情况

类　别	家庭成员姓名	性别	家庭关系	文化程度	出生年月日	工作（职业）职务
交通片第一村民小组	汪荷仙	女	户主	初识	1953.04.03	家居养老
	项岳夫	男	丈夫	小学	1950.01.23	退休养老
户主	太公：项任茂，生卒年不详，原从萧山衙前公社项家金塘桥杨树下迁出至萧山坎山镇海殿，由于潮水冲击，又迁入萧山衙前原交通乡童墅自然村种田。 公公：项其中（1911—1982），12岁开始在杭州学做棺材木匠业，1962年精减回乡种田。 户主：汪荷仙，务农。丈夫项岳夫，服兵役4年，转业后分配到萧山电化厂做驾驶员，后调到萧山特种水泥厂开车，该单位倒闭后又调到萧山工业公司至退休，生育二女：大女儿项文，在中国银联浙江分行工作；小女儿项萍，在绍兴柯桥区钱清炜天化纤针织厂工作，现都已出嫁。 2016年住房面积540平方米。						

注：汪荷仙的大女儿项文、小女儿项萍均已出嫁，女儿、女婿、外孙的户口均不在该村。

表307 户主钱关潮家庭成员情况

类　别	家庭成员姓名	性别	家庭关系	文化程度	出生年月日	工作（职业）职务
交通片第一村民小组	钱关潮	男	户主	高中	1932.01.05	居家养老
户主	祖父：钱四二，生卒年不详，务农。 父亲：钱阿松（1897—1971），新中国成立前后以锡箔业为主，后务农。 户主：钱关潮，民国21年（1932）生，高中毕业后在衙前公社政府办公室做文书，下岗后回交通村务农。配偶项秀兰，生有2子2女（已成家另立门户）。夫妇住在小儿子钱见元家。						

注：钱关潮的妻子项秀兰、长子钱建伟、次子钱见元，分别见表308、表309。

身体健康，思忍健康

项海行

图 0422　项海行全家照及最想说的一句话（2017 年 11 月）

希望生活越过越好

汪荷仙

图 0423　汪荷仙全家照及最想说的一句话（2018 年 1 月）

身体健康，万事如意

钱关潮

图 0424　钱关潮及最想说的一句话（2018 年 6 月）

表 308　户主钱建伟家庭成员情况

类　别	家庭成员姓名	性别	家庭关系	文化程度	出生年月日	工作（职业）职务
交通片第一村民小组	钱建伟	男	户主	高中	1961.01.01	凤凰村成虎路个体电器修理部
	何占华	女	妻子	小学	1964.05.05	凤凰家务
	钱璐佳	女	长女	本科	1986.11.08	萧山南阳农村小学教师
	王加琪	男	女婿	本科	1987.01.01	杭州美高化工有限公司职工
	钱璐奏	女	次女	本科	1996.02.06	浙江音乐学院在校生
	王可歆	女	孙女		2010.10.26	
户主	曾祖父：钱四二，生卒年不详，务农。 祖父：钱阿松（1897—1971），新中国成立前后以锡箔业为主，后务农。 父亲：钱关潮，民国21年（1932）生，高中毕业后在衙前公社政府办公室做文书，下岗后回交通村务农。配偶项秀兰，生有2子2女。 户主：钱建伟，高中毕业从事电器修理行业至今。 2016年住房面积270平方米。						

表 309　户主钱见元家庭成员情况

类　别	家庭成员姓名	性别	家庭关系	文化程度	出生年月日	工作（职业）职务
交通片第一村民小组	钱见元	男	户主	高中	1965.07.10	建筑承包、设计工程师
	项秀兰	女	母亲	初识	1940.08.18	居家养老
	马玲爱	女	妻子	初中	1965.06.06	凤凰家务
	钱程	男	儿子	本科	1991.10.07	杭州江南电机厂销售员
户主	曾祖父：钱四二，生卒年不详，务农。 祖父：钱阿松（1897—1971），新中国成立前后以锡箔业为主，后务农。 父亲：钱关潮，民国21年（1932）生，高中毕业后在衙前公社政府办公室做文书，下岗后回交通村务农。配偶项秀兰，生有2子2女。 户主：钱见元，曾用名：钱建元。中共党员，高中毕业参加衙前建筑队搞设计工作，后建筑队倒闭，自己设计，承包建筑工程。 2016年住房面积270平方米。						

注：钱见元的父亲钱关潮已另立户口，见表307。

表 310　户主唐荣法家庭成员情况

类　别	家庭成员姓名	性别	家庭关系	文化程度	出生年月日	工作（职业）职务
交通片第一村民小组	唐荣法	男	户主	大专	1965.04.08	创业新村社区党支部委员
	汪雪娟	女	妻子	小学	1967.01.16	衙前消费品综合市场个体经商
	唐伟	男	儿子	大专	1991.10.01	浙江东南网架集团有限公司
	赵加芬	女	儿媳	大专	1990.02.09	衙前消费品综合市场个体经商
	唐梓菡	女	孙女		2016.10.21	
户主	曾祖父：唐文宏（1860—1932），务农。 祖父：唐六佰（1893—1943），务农，以开荒种地为生，在"二战"时期被国民党中央军征去做挑夫，后在金华难民营病故。配偶曹阿大，共生有4个子女，其中次子唐水元，1959年在建设杭钢时因公殉职，被追任为革命烈士。 父亲：唐小兴（1921—2002），务农，曾在浙江省建筑公司工作，参与建设新安江水电站，后因家中无劳动力回生产队务农。配偶徐雪梅，共生有4个子女。 户主：唐荣法，中共党员，从事油漆工作，曾在浙江省工业设备安装公司工作，参与建设浙江省镇海石化厂、内蒙古包头钢铁公司氧气厂，2001年当选为原衙前镇交通村委副主任，衙前镇第十三届人民代表大会代表，2005年村规模调整后在凤凰村委会工作，2010年起任衙前镇创业新村社区党支部委员。 2016年住房建筑面积375平方米。						

与人为善，助邻为友，严己宽人，既往不咎。

钱建伟

图0425　钱建伟家庭照及最想说的一句话（2017年11月）

希望生活越过越好。

钱建元

图0426　钱见元全家照及最想说的一句话（2017年11月）

勤为本，孝为先，和为贵，诚为信，苛责自我，宽厚待人。

唐荣法

图0427　唐荣法全家照及最想说的一句话（2018年2月）

表 311　户主唐国荣家庭成员情况

类　　别	家庭成员姓名	性别	家庭关系	文化程度	出生年月日	工作（职业）职务
交通片第一村民小组	唐国荣	男	户主	初中	1971.06.26	凤凰村巡防队成员
	徐雪梅	女	母亲	小学	1938.04.27	居家养老
	陶燕敏	女	妻子	初中	1977.04.01	衙前消费综合市场个体经商
	唐紫薇	女	女儿	大学	1999.10.15	浙江农民大学在校生
	唐鑫炜	男	儿子		2008.10.19	衙前农村小学在校生
户主	曾祖父：唐文宏（1860—1932），务农。 祖父：唐六佰（1893—1943），务农，以开荒种地为生，在"二战"时期被国民党中央军征去做挑夫，后在金华难民营病故。配偶曹阿大，共生有4个子女，其中次子唐水元，1959年在建设杭钢时因公殉职，被追任为革命烈士。 父亲：唐小兴（1921—2002），务农，曾在浙江省建筑公司工作，参与建设新安江水电站，后因家中无劳动力回生产队务农。配偶徐雪梅，共生有4个子女。 户主：唐国荣，1971年生，早年从事油漆工作，2007年到凤凰村巡防队工作至今。 2016年住房建筑面积324平方米。						

表 312　户主陈春水家庭成员情况

类　　别	家庭成员姓名	性别	家庭关系	文化程度	出生年月日	工作（职业）职务
交通片第一村民小组	陈春水	男	户主	初中	1966.03.11	个体经营
	陈关夫	男	父亲	小学	1942.05.13	居家养老
	王文琴	女	妻子	初中	1965.07.04	凤凰家务、女组长
	陈珊	女	女儿	本科	1991.11.01	杭州宏峰纺织有限公司会计
户主	祖父：陈阿兴（1901—1992），务农。 父亲：陈关夫，民国31年（1942）生，参加过衙前建筑队，做过石匠等，现在居家养老。 户主：陈春水，初中毕业后进交通机械修配厂汽车配件门市部工作，机械修配厂倒闭后自己开叉车配件兼修理。 2016年住房面积152平方米。						

表 313　户主陈冬水家庭成员情况

类　　别	家庭成员姓名	性别	家庭关系	文化程度	出生年月日	工作（职业）职务
交通片第一村民小组	陈冬水	男	户主	高中	1967.12.11	个体建筑业
	赵建芳	女	妻子	小学	1969.09.21	凤凰家务
	陈佳盈	女	长女	大专	1994.09.10	会计实习
	陈佳汇	女	次女	初中	2005.03.31	衙前初中在校生
户主	祖父：陈阿兴（1901—1992），务农。 父亲：陈关夫，1942年生，参加过衙前建筑队，做过石匠等，现在凤凰务农。 户主：陈冬水，高中毕业后参加衙前建筑队做预算工作，建筑队解散后承接各种建筑工程。 2016年住房面积540平方米。						

愿我们美丽的凤凰发展的更好。愿我家庭生活的更美好。
　　　　　　唐国荣

图 0428　唐国荣全家照及最想说的一句话（2018 年 2 月）

堂堂正正做人，
踏踏实实做事。
　　　　　陈春水

图 0429　陈春水全家照及最想说的一句话（2017 年 11 月）

家庭和睦，
邻里相亲。
以德交友，
以诚服人。
　　　陈冬水

图 0430　陈冬水全家照及最想说的一句话（2017 年 11 月）

表314　户主邵水根家庭成员情况

类　别	家庭成员姓名	性别	家庭关系	文化程度	出生年月日	工作（职业）职务
交通片第一村民小组	邵水根	男	户主	小学	1938.07.08	居家养老
	邵玉英	女	女儿	小学	1967.10.02	凤凰家务
	邵张建	男	次子	初中	1972.02.21	杭州潘氏纺织有限公司职工
	傅建雅	女	次媳	初中	1974.11.11	杭州潘氏纺织有限公司职工
	邵超杰	男	孙子	高中	2000.12.04	萧山第二高级中学在校生
户主	祖父：邵老明，生卒年不详，务农。 父亲：邵阿松（1911—1997），新中国成立前后，以锡箔业为主，后破除迷信锡箔业暂停，一直务农。 户主：邵水根，务农，曾任原交通生产大队出纳、生产队会计，后在杭州潘氏纺织有限公司工作，现退休在家养老。 2016年住房面积690平方米。					

表315　户主邵钊根家庭成员情况

类　别	家庭成员姓名	性别	家庭关系	文化程度	出生年月日	工作（职业）职务
交通片第一村民小组	邵钊根	男	户主	小学	1947.03.19	凤凰村老年活动室管理员
	邵红萍	女	长女	高中	1977.03.10	杭州明华纺织有限公司会计
	沈俊杰	男	女婿	高中	1973.01.09	杭州邦联氨纶丝有限公司驾驶员
	邵红燕	女	次女	本科	1989.02.07	萧山污水处理厂会计
	沈思远	女	孙女	初中	2003.01.05	萧山洄澜初中在校生
	沈思晨	男	孙子		2012.09.27	
户主	祖父：邵老明，生卒年不详，务农。 父亲：邵阿松（1911—1997），新中国成立前后，以锡箔业为主，后破除迷信锡箔业暂停，一直务农。 户主：邵钊根，中共党员，务农，曾做过原交通生产大队童墅片赤脚医生，在交通机械修配厂汽车配件门市部做管理员，倒闭后自办了职业介绍所，目前在凤凰村南片童墅老年活动室做管理员。女儿邵红萍、邵红燕都是中共党员。 2016年住房面积300平方米。					

希望生活越来越好
邵根康

图0431　邵水根全家照及最想说的一句话（2017年11月）

快高考，希望孩子能超常发挥，考上浙江大学。
邵钊根

图0432　邵钊根全家照及最想说的一句话（2017年11月）

表316　户主邵东根家庭成员情况

类别	家庭成员姓名	性别	家庭关系	文化程度	出生年月日	工作（职业）职务
交通片第一村民小组	邵东根	男	户主	小学	1950.11.04	个体零食经营
	万水英	女	妻子	小学	1950.08.05	个体零食经营
户主	祖父：邵老明，生卒年不详，务农。 父亲：邵阿松（1911—1997），新中国成立前后，以锡箔业为主，后破除迷信锡箔业暂停，一直务农。 户主：邵东根，务农，曾任原交通生产大队第一生产队队长，改革开放承包到户后做小生意，现在个体营业。邵东根夫妇生育2个儿子，大儿子邵江飞已成家另立户；小儿子邵立飞大学毕业后考入萧山区公安分局，现在瓜沥交警中队工作，户口不在凤凰村。 2016年住房面积540平方米。					

表317　户主邵江飞家庭成员情况

类别	家庭成员姓名	性别	家庭关系	文化程度	出生年月日	工作（职业）职务
交通片第一村民小组	邵江飞	男	户主	高中	1975.07.13	杭州宏峰广告制作有限公司
	凌冬云	女	妻子	初中	1977.11.08	杭州宏峰广告制作有限公司
	邵依楠	女	女儿	初中	2001.10.14	衙前初中在校生
	邵一震	男	儿子	小学	2007.10.05	衙前农村小学在校生
户主	曾祖父：邵老明，生卒年不详，务农。 祖父：邵阿松（1911—1997），新中国成立前后，以锡箔业为主，后破除迷信锡箔业暂停，一直务农。 父亲：邵东根，务农，曾任原交通生产大队第一生产队队长，改革开放承包到户后做小生意，现在个体营业。 户主：邵江飞，高中毕业后从事广告业，现开设衙前历史文化博物馆。 2016年住房面积315平方米。					

注：邵江飞全家照，见图0433。

表318　户主陈四毛家庭成员情况

类别	家庭成员姓名	性别	家庭关系	文化程度	出生年月日	工作（职业）职务
交通片第一村民小组	陈四毛	男	户主	小学	1935.09.27	居家养老
	陈国弟	男	次子	初中	1969.12.28	衙前消费品综合市场个体经商
	李苏员	女	次媳	初中	1969.06.17	衙前消费品综合市场个体经商
	陈心怡	女	孙女	本科	1998.05.31	绍兴外语学院在校生
户主	父亲：陈纪友，生卒年不详，以锡箔业为主。 户主：陈四毛，在萧山第二建筑公司做泥水工，1962年精减后回乡到衙前建筑队做泥工，现在家养老。 2016年住房面积315平方米。					

注：陈四毛的妻子项杏花、长子陈国林，见表319。

邵东根
以德交友 以友为邻

图 0433　邵东根（前排右）、邵江飞（后排中）全家照及最想说的一句话（2017 年 11 月）

尽忠尽孝 守正出奇
邵江飞

图 0434　邵江飞收藏的石器（2018 年 12 月 19 日，徐国红摄）

立志，守信，尽孝，勤奋
陈国伟

图 0435　陈四毛全家照及最想说的一句话（2018 年 2 月）

表319　户主陈国林家庭成员情况

类别	家庭成员姓名	性别	家庭关系	文化程度	出生年月日	工作（职业）职务
交通片第一村民小组	陈国林	男	户主	初中	1962.06.20	个体建筑业
	项杏花	女	母亲	初识	1944.01.29	居家养老
	傅幼文	女	妻子	小学	1965.02.02	凤凰家务
	陈彬	男	儿子	中专	1989.02.03	浙江恒逸集团聚合物有限公司电工
	吴灵萍	女	儿媳	中专	1986.12.07	中国太平洋保险公司萧山分公司职工
	陈诺	女	长孙女		2012.12.26	
	陈妍	女	次孙女		2016.11.21	
户主	祖父：陈纪友，生卒年不详，以锡箔业为主。 父亲：陈四毛，原在萧山第二建筑公司做泥水工，1962年精减后回乡到衙前建筑队做泥工，现在家养老。 户主：陈国林，初中毕业后随父在衙前建筑队做泥工，衙前建筑队倒闭后个体承包建房工程至今。 2016年住房面积440平方米。					

注：陈国林的父亲陈四毛，见表318。

表320　户主唐银华家庭成员情况

类别	家庭成员姓名	性别	家庭关系	文化程度	出生年月日	工作（职业）职务
交通片第一村民小组	唐银华	男	户主	小学	1953.07.12	自由职业
	徐利娟	女	妻子	小学	1959.06.10	凤凰家务
	唐松青	男	儿子	高中	1981.09.20	杭州萧山松涛传动机械有限公司，中共党员
	朱利萍	女	儿媳	高中	1980.11.09	杭州萧山松涛传动机械有限公司，中共党员
	唐浚	男	孙子		2011.07.28	
户主	祖父：唐阿齐，生卒年不详，务农。 父亲：唐长林（1921—2000），中共党员，新中国成立后以锡箔业为主，后破除迷信锡箔业暂停，一直务农。 户主：唐银华，务农，服兵役3年，退伍后到衙前水泥厂工作，后主要从事修理行业，现在家养老。 2016年住房面积300平方米。					

希望老年人健康长寿

陈国林

图0436　陈国林全家照及最想说的一句话（2018年2月）

唐银华

希望生活越过越好

图0437　唐银华全家照及最想说的一句话（2018年2月）

表 321　户主唐小华家庭成员情况

类　别	家庭成员姓名	性别	家庭关系	文化程度	出生年月日	工作（职业）职务
交通片第一村民小组	唐小华	男	户主	初中	1959.06.08	个体营运
	周志芬	女	妻子	初中	1962.09.07	居家养老
	唐海军	男	儿子	高中	1987.11.01	个体营运
	何佳丽	女	儿媳	高中	1989.10.02	杭州亿达化纤有限公司码布工
	唐旭幸	男	孙子		2011.03.10	
户主	祖父：唐阿齐，生卒年不详，务农。 父亲：唐长林（1921—2000），中共党员，新中国成立前后以锡箔业为主，后破除迷信锡箔业暂停，一直务农。 户主：唐小华，初中毕业后务农，曾在衙前农机厂工作，衙前农机厂倒闭后先购买拖拉机搞运输，后改换汽车营运至今。 2016年住房面积330平方米。					

表 322　户主唐永华家庭成员情况

类　别	家庭成员姓名	性别	家庭关系	文化程度	出生年月日	工作（职业）职务
交通片第一村民小组	唐永华	男	户主	初中	1970.01.04	个体户，绍兴钱清开旅馆
	廖凤鲜	女	妻子	初中	1970.01.02	个体户，绍兴钱清开旅馆
	唐书琴	女	女儿	本科	1998.04.19	福建大学在校生
户主	祖父：唐阿齐，生卒年不详，务农。 父亲：唐长林（1921—2000），中共党员，新中国成立后以锡箔业为主，后破除迷信锡箔业暂停，一直务农。 户主：唐永华，初中毕业后从事个体木匠业，现在绍兴钱清办个体旅馆。 2016年住房面积330平方米。					

第二村民小组

交通片第二村民小组有39户，户主姓名分别为：潘月泉、潘月根、潘国水、潘同春、李晓素、钱雪根、钱雪元、陈关先、陈小先、应柏君、邵夏根、邵海根、潘生根、潘园根、陈岳泉、汪荷花、陈岳先、陈关水、陈长根、陈长德、陈长法、潘小春、陈云福、陈长水、陈起来、陈长明、陈长华、陈关祥、陈见坤、陈见兴、陈建林、陈道德、陈永先、陈明德、陈小明、陈金培、陈小金、陈金福、莫桂仙。

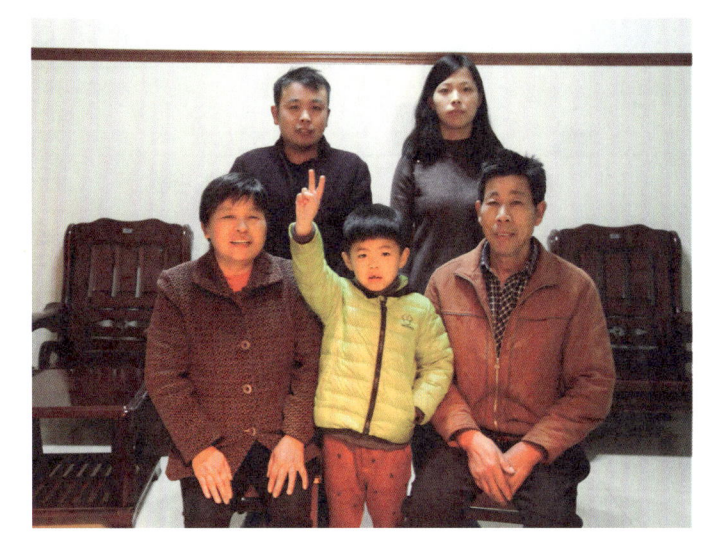

图 0438　唐小华全家照及最想说的一句话（2017 年 11 月）

图 0439　唐永华全家照及最想说的一句话（2018 年 2 月）

图 0440　凤凰村游泳池（2018 年 8 月，徐国红摄）

表323　户主潘月泉家庭成员情况

类别	家庭成员姓名	性别	家庭关系	文化程度	出生年月日	工作（职业）职务
交通片第二村民小组	潘月泉	男	户主	小学	1938.06.08	居家养老
	周茶花	女	妻子	小学	1942.11.12	居家养老
	潘永水	男	儿子	小学	1966.06.04	个体泥水工
	于小琴	女	儿媳	小学	1969.10.20	浙江兴惠集团惠邦纺织挡车工
	潘龙飞	男	孙子	本科	1993.08.22	新湾网架厂职工
户主	祖父：潘四六，生卒年不详，务农。 父亲：潘小宝（1899—1980），务农。 户主：潘月泉，曾在衙前建筑工程队做泥水工，衙前建筑队解散后以个体泥水工为主，现在家养老。 2016年住房面积540平方米。					

表324　户主潘月根家庭成员情况

类别	家庭成员姓名	性别	家庭关系	文化程度	出生年月日	工作（职业）职务
交通片第二村民小组	潘月根	男	户主	小学	1947.07.19	衙前凤凰南苑个体经商户
	柏秋仙	女	妻子	小学	1953.07.06	凤凰家务
	潘霞	女	女儿	本科	1987.05.12	中国财产保险公司义盛分公司职工
	邵雪峰	男	女婿	大专	1985.12.08	杭州邵氏机械厂厂长
	邵浚逸	男	孙子		2016.08.23	
户主	祖父：潘四六，生卒年不详，务农。 父亲：潘小宝（1899—1980），务农。 户主：潘月根，小学毕业，家中生活困难无法读书，务农，改革开放后做小生意，现在凤凰南苑个体经商。 2016年住房面积340平方米。					

表325　户主潘国水家庭成员情况

类别	家庭成员姓名	性别	家庭关系	文化程度	出生年月日	工作（职业）职务
交通片第二村民小组	潘国水	男	户主	初中	1969.10.29	凤凰村保安
	徐雅芬	女	妻子	小学	1969.08.06	萧山合和纺织有限公司挡车工
	潘慧威	男	儿子	本科	1993.08.12	圣山实业赭山印染厂技工
户主	曾祖父：潘四六，生卒年不详，务农。 祖父：潘小宝（1899—1980），务农。 父亲：潘月泉，以做泥水工为主，曾在衙前建筑队工作，衙前建筑队解散后以个体泥水工为主，现在家养老。 户主：潘国水，初中毕业后在衙前建筑工程队做泥水工，2005年凤凰、交通、卫家三村合并后在凤凰村做保安。 2016年住房面积410平方米。					

团结邻里，与人为善
明理处世，诚恳助兑
　　　　　潘泉

图0441　潘月泉全家照及最想说的一句话（2017年11月）

守纪守法
勤劳致富
家庭和睦
安全足金.
　　潘月根

图0442　潘月根家庭照及最想说的一句话（2017年11月）

家和万事兴
齐力共赚金.
　　潘国水

图0443　潘国水全家照及最想说的一句话（2017年12月）

表326　户主潘同春家庭成员情况

类　别	家庭成员姓名	性别	家庭关系	文化程度	出生年月日	工作（职业）职务
交通片第二村民小组	潘同春	男	户主	小学	1938.01.15	居家养老
	陈阿糯	女	妻子	小学	1943.03.22	居家养老
	潘见贤	男	儿子	初中	1963.11.05	浙江东南网架集团有限公司职工
	方素英	女	儿媳	小学	1964.10.12	凤凰家务
	潘樑	男	孙子	本科	1989.08.09	萧山第一人民医院麻醉医生，中共党员
	孙巧云	女	孙媳	本科	1989.06.28	浙江萧山医院护士
	潘宥睿	男	曾孙子		2013.11.30	
户主	祖父：潘金荣，生卒年不详，务农。 父亲：潘银法（1913—1977）务农。 户主：潘同春，务农，曾做过石匠，现在家养老。配偶陈阿糯，共生育1子2女。 2016年住房面积330平方米。					

表327　户主李晓素家庭成员情况

类　别	家庭成员姓名	性别	家庭关系	文化程度	出生年月日	工作（职业）职务
交通片第二村民小组	李晓素	女	户主	小学	1946.07.27	居家养老
户主	户主：李晓素，于1995年1月8日与儿媳潘阿素户口对调，从萧山坎山三村六组迁入，现在家养老。 2016年住房面积152平方米。					

注：李晓素的儿子陈建国、儿媳潘素琴、孙子户口不在该村。

表328　户主钱雪根家庭成员情况

类　别	家庭成员姓名	性别	家庭关系	文化程度	出生年月日	工作（职业）职务
交通片第二村民小组	钱雪根	男	户主	小学	1950.08.07	在家养老
	何条仙	女	妻子	小学	1953.07.21	在家养老
	钱利平	女	长女	中专	1977.01.04	杭州青云控股集团会计
	杨云华	男	长女婿	中专	1973.09.29	衙前镇城建办职员，中共党员
	杨钱迎霄	男	孙子	初中	2001.02.07	衙前镇初中在校生
	钱滢朵	女	孙女		2011.02.08	
户主	祖父：徐阿法，生卒年不详，原在坎山大湾头，务农。 父亲：钱荣宝（1921—1978），来童墅自然村钱家做上门女婿，原在互助合作社任会计，合作社解散后一直务农。 户主：钱雪根，务农，泥水匠，曾在衙前建筑队工作过，衙前建筑队解散后以建筑业为主，现在家养老。配偶何条仙，生有2个女儿。 2016年住房面积400平方米。					

注：钱雪根的母亲钱茶花（图0446前排中），见表329。

与人为善，与邻为友，
手己宽人，既往不咎。

　　　　　扶巧云

图0444　潘同春家庭照及最想说的一句话（2018年3月）

诚实守信，勤劳致富

　　　　陈建国

图0445　李晓素全家照及最想说的一句话（2018年3月）

家庭和睦，邻里相亲，
以德交友，以诚服人。

　　　　　潘剑平

图0446　钱雪根全家照及最想说的一句话（2017年11月）

表329　户主钱雪元家庭成员情况

类别	家庭成员姓名	性别	家庭关系	文化程度	出生年月日	工作（职业）职务
交通片第二村民小组	钱雪元	男	户主	初中	1963.04.22	自由职业
	钱茶花	女	母亲	初识	1925.06.09	居家养老
	曹建方	女	妻子	初中	1971.10.18	凤凰童墅自然村自建房个体经商
	钱磊	男	儿子	大专	1995.08.23	现萧山交警大队城厢中队队员
户主	祖父：徐阿法，生卒年不详，原在坎山大湾头，务农。 父亲：钱荣宝（1921—1978），来童墅自然村钱家做上门女婿，原在互助合作社任会计，合作社解散后一直务农。 户主：钱雪元，1963年生，初中毕业后务农，曾在杭州江南电器厂、新塘乡等单位开车，现为自由职业。 2016年住房面积540平方米。					

表330　户主陈关先家庭成员情况

类别	家庭成员姓名	性别	家庭关系	文化程度	出生年月日	工作（职业）职务
交通片第二村民小组	陈关先	男	户主	小学	1955.10.07	浙江金洋纺织有限公司门卫
	韩仁花	女	妻子	小学	1959.07.24	凤凰家务
	陈方明	男	儿子	高中	1983.09.30	杭州中策杭橡公司检验员
	许青	女	儿媳	高中	1986.03	经营个体零食店
	陈琪涵	女	孙女		2011.04.22	
	陈博文	男	孙子		2013.07.24	
户主	祖父：陈纪友，生卒年不详，以锡箔业为主。 父亲：陈阿大，民国17年（1928）生，新中国成立前后以锡箔业为主，后破除迷信以农为主，现养老在家。配偶项阿凤，生育三子二女。 户主：陈关先，小学文化，务农，后在衙前水泥厂做包工，水泥厂倒闭后务农，现在浙江金洋纺织有限公司做门卫。儿子陈方明，中共党员，服兵役2年。 2016年住房面积330平方米。					

表331　户主陈小先家庭成员情况

类别	家庭成员姓名	性别	家庭关系	文化程度	出生年月日	工作（职业）职务
交通片第二村民小组	陈小先	男	户主	小学	1962.03.10	浙江兴惠集团惠邦纺织有限公司职工
	傅菊香	女	妻子	小学	1961.08.15	居家养老
	陈波	男	儿子	本科	1987.09.02	衙前消费品综合市场管理员
	冯俊秀	女	儿媳	本科	1989.03.14	萧山医院儿科护士
	陈雨馨	女	孙女		2012.12.26	
	陈泓远	男	孙子		2016.02.17	
户主	祖父：陈纪友，生卒年不详，以锡箔业为主。 父亲：陈阿大，民国17年（1928）生，新中国成立前后以锡箔业为主，后破除迷信以农为主，现养老在家。配偶项阿凤，生育3子2女。 户主：陈小先，中共党员，小学毕业后以务农为主，搞大船运输，开过织机，后在浙江金洋纺织有限公司工作。现在浙江兴惠集团惠邦纺织有限公司工作。 2016年住房面积400平方米。					

诚实守信，尽孝敬老。
钱雪元

图0447　钱雪元全家照及最想说的一句话（2018年1月）

诚实守信，勤劳致富
韩仁花

图0448　陈关先全家照及最想说的一句话（2017年12月）

家和万事兴
齐力无断金
陈小先

图0449　陈小先全家照及最想说的一句话（2018年2月）

表 332　户主应柏君家庭成员情况

类　别	家庭成员姓名	性别	家庭关系	文化程度	出生年月日	工作（职业）职务
交通片第二村民小组	应柏君	女	户主	初中	1971.12.23	衙前消费品综合市场个体经商户
	陈鑫	男	儿子	本科	1997.02.09	宁波海洋学院在校生
	陈国先	男	前夫	初中	1971.07.30	自由职业
	陈阿大	男	挂靠	初识	1928.01.21	居家养老
户主	前太公：陈纪友，生卒年不详，以锡箔业为主。 前公公：陈阿大，民国17年（1928）生，新中国成立前后以锡箔业为主，后破除迷信以务农为主，现养老在家。配偶项阿凤，生育3子2女。 户主：应柏君，初中文化，与陈阿大小儿子陈国先结婚，1997年4月户口从衙前镇卫家村迁入衙前镇交通村二组陈阿大户，2013年夫妻离婚，2015年11月2日变更为户主，现在衙前消费综合品市场个体经商。 2016年住房面积560平方米。					

表 333　户主邵夏根家庭成员情况

类　别	家庭成员姓名	性别	家庭关系	文化程度	出生年月日	工作（职业）职务
交通片第二村民小组	邵夏根	男	户主	小学	1950.06.23	杭州潘氏纺织有限公司职工
	施仁花	女	妻子	小学	1957.09.20	凤凰家务
	邵高忠	男	儿子	高中	1979.12.23	自由职业
	孙菊华	女	儿媳	大专	1980.11.04	绍兴柯桥森大包装有限公司财务
	邵昕圆	女	孙女	小学	2006.12.23	衙前农村小学在校生
	邵诚旭	男	孙子		2014.11.06	
户主	祖父：邵老明，生卒年不详，务农。 父亲：邵阿毛（1926—2001），新中国成立前后以锡箔业为主，后破除迷信锡箔业暂停，一直务农。 户主：邵夏根，小学文化，务农，曾任原交通村第二生产队队长，后在浙江金洋纺织有限公司工作，现在杭州潘氏纺织有限公司工作。 2016年住房面积300平方米。					

表 334　户主邵海根家庭成员情况

类　别	家庭成员姓名	性别	家庭关系	文化程度	出生年月日	工作（职业）职务
交通片第二村民小组	邵海根	男	户主	初中	1965.03.22	个体木匠
	朱利英	女	妻子	小学	1966.06.08	萧山合和纺织有限公司职工
	邵高峰	男	儿子	本科	1993.04.13	萧山中医院B超科
户主	祖父：邵老明，生卒年不详，务农。 父亲：邵阿毛（1926—2001），新中国成立前后以锡箔业为主，后破除迷信锡箔业暂停，一直务农。 户主：邵海根，初中毕业后一直以木匠业为主。 2016年住房面积315平方米。					

以德交友，以友为邻。
诚信为上，帮困扶贫。

应柏君

图 0450　应柏君（左）、陈鑫（右）母子照及最想说的一句话（2018 年 2 月）

诚实守信
勤劳致富

邵夏根

图 0451　邵夏根全家照及最想说的一句话（2017 年 11 月）

家和万事兴
齐力共断金

邵海根

图 0452　邵海根全家照及最想说的一句话（2017 年 11 月）

表335　户主潘生根家庭成员情况

类别	家庭成员姓名	性别	家庭关系	文化程度	出生年月日	工作（职业）职务
交通片第二村民小组	潘生根	男	户主	初中	1957.08.16	杭州潘氏纺织有限公司董事长
	陈爱文	女	妻子	小学	1960.02.09	凤凰家务
	潘刚	男	儿子	中专	1982.09.13	杭州潘氏纺织有限公司总经理，中共党员
	徐敏敏	女	儿媳	中专	1983.10.29	杭州潘氏纺织有限公司出纳
	潘逸	女	孙女	小学	2007.06.03	萧山银河小学在校生
	潘展乐	男	孙子		2012.01.21	
户主	祖父：潘金荣，生卒年不详，务农。 父亲：潘银利（1917—1989），曾任原交通村第二生产队会计，务农。 户主：潘生根，中共党员，初中毕业后务农，曾任原交通生产大队团支部书记、交通村党支部书记等职务，现自办杭州潘氏纺织有限公司。 2016年住房面积330平方米。					

表336　户主潘园根家庭成员情况

类别	家庭成员姓名	性别	家庭关系	文化程度	出生年月日	工作（职业）职务
交通片第二村民小组	潘园根	男	户主	高中	1965.10.29	浙江联鑫板材科技有限公司副总经理
	方爱香	女	妻子	小学	1969.10.01	杭州益利隆纺织有限公司仓库保管员
	潘佳梁	男	儿子	大专	1992.10.23	未定
户主	祖父：潘金荣，生卒年不详，务农。 父亲：潘银利（1917—1989），务农，曾任原交通村第二生产队会计。 户主：潘园根，中共党员，高中毕业后在衙前水泥厂工作，2001年任交通村党支部书记，后调入衙前镇城建办工作，现在浙江联鑫板材科技有限公司担任副总经理。 2016年住房面积540平方米。					

表337　户主陈岳泉家庭成员情况

类别	家庭成员姓名	性别	家庭关系	文化程度	出生年月日	工作（职业）职务
交通片第二村民小组	陈岳泉	男	户主	小学	1946.10.01	居家养老
	陈建国	男	长子	初中	1975.05.26	个体纺织厂接头工
	陈小琴	女	长媳	初中	1977.06.30	个体纺织厂接头工
	陈佳杰	男	孙子	初中	2001.09.04	衙前初中在校生
户主	父亲：陈荣兴（1919—1957），生育2男2女，务农。 户主：陈岳泉，务农为主，厨师为辅，2子1女（早几年2个儿子已分家，妻子汪荷花户口与小儿子陈建平在一起）。 2016年住房面积520平方米。					

注：图0455前排左一，为陈岳泉的妻子汪荷花，见表338。

团结邻里，与人为善，
明理处世，诚信为先

图0453　潘生根全家照及最想说的一句话（2017年11月）

希望生活越过越好

方爱香

图0454　潘国根全家照及最想说的一句话（2018年2月）

仁爱三春暖，
家和万事兴

陈岳泉

图0455　陈岳泉全家照及最想说的一句话（2017年11月）

表338　户主汪荷花家庭成员情况

类　别	家庭成员姓名	性别	家庭关系	文化程度	出生年月日	工作（职业）职务
交通片第二村民小组	汪荷花	女	户主	初识	1951.02.16	居家养老
户主	户主：汪荷花，是陈岳泉的妻子，生育2子1女，丈夫户口与长子陈建国在一起，汪荷花户口与次子陈建平在一起，陈建平已故。 2016年住房面积250平方米。					

注：汪荷花全家照，见图0455。

表339　户主陈岳先家庭成员情况

类　别	家庭成员姓名	性别	家庭关系	文化程度	出生年月日	工作（职业）职务
交通片第二村民小组	陈岳先	男	户主	小学	1951.11.02	潘氏纺织公司保洁员、小组长
	孙建英	女	妻子	小学	1955.09.12	凤凰童墅老年活动室管理员
	陈锋	男	儿子	中专	1988.05.16	杭州潘氏纺织有限公司职工
	赵玲玲	女	儿媳	初中	1986.11.24	凤凰村文化路个体经商户
	陈梓琪	女	孙女		2013.09.02	
户主	父亲：陈荣兴（1919—1957），务农，有2子2女。 户主：陈岳先，小学文化，凤凰村南片第二小组组长，现在杭州潘氏纺织有限公司做保洁员。 2016年住房面积300平方米。					

注：陈岳先的女儿已出嫁，户口已迁出，陈岳先的外孙（图0458前排）户口在坎山镇。

表340　户主陈关水家庭成员情况

类　别	家庭成员姓名	性别	家庭关系	文化程度	出生年月日	工作（职业）职务
交通片第二村民小组	陈关水	男	户主	小学	1942.03.23	居家养老
	汪茶香	女	妻子	初识	1946.08.23	居家养老
	陈永刚	男	儿子	高中	1975.02.24	自由职业
	项立娟	女	儿媳	初中	1975.03.02	自由职业
	陈昊宇	女	孙女	高中	2001.04.17	杭州学军中学在校生
	陈灏睿	男	孙子	小学	2009.01.28	衙前农村小学在校生
户主	父亲：陈文虎（1902—1975），务农。 户主：陈关水，小学文化，曾在原交通生产大队成立养蜂队，外出养蜂，因养蜂效益不好，后创办交通村五金厂，企业转制后进衙前交警队工作，后在凤凰村巡防中队做外来人口协管员，现在家养老。 2016年住房面积420平方米。					

仁爱三春暖
家和万事兴
汪荷花

图0457　汪荷花最想说的一句话（2018年4月）

图0456　路边小摊（2016年6月，陈妙荣摄）

温暖小家
和谐大家
幸福全家
陈岳先

图0458　陈岳先全家照及最想说的一句话（2017年11月）

陈关水

图0459　陈关水的住宅及签名（2018年7月）

表341 户主陈长根家庭成员情况

类别	家庭成员姓名	性别	家庭关系	文化程度	出生年月日	工作（职业）职务
交通片第二村民小组	陈长根	男	户主	高中	1957.04.08	浙江兴惠集团惠邦纺织有限公司职工
	傅梅花	女	母亲	初识	1936.12.08	居家养老
	陈根娣	女	妻子	小学	1962.09.13	居家务农
	陈立	男	儿子	本科	1987.10.04	萧山义蓬二中教师，中共党员
	万丹妮	女	儿媳	本科	1989.06.29	萧山衙前邮政储蓄所职工，中共党员
	陈惟依	女	孙女		2016.02.12	
户主	祖父：陈纪友，生卒年不详，以锡箔业为主。 父亲：陈金泉（1925—2006），新中国成立前后以锡箔业为主，后破除迷信锡箔业暂停，到苏州市港务五区工作，1962年精减回乡务农，生有3子3女。 户主：陈长根，高中毕业参加农业，1984年进衙前公社农机厂工作共16年，倒闭后进浙江恒逸集团纺织有限公司工作4年，现在浙江兴惠集团惠邦纺织有限公司工作。 2016年住房面积520平方米。					

表342 户主陈长德家庭成员情况

类别	家庭成员姓名	性别	家庭关系	文化程度	出生年月日	工作（职业）职务
交通片第二村民小组	陈长德	男	户主	小学	1962.12.13	在家养老
	夏冬妹	女	妻子	小学	1968.01.24	浙江恒逸集团化纤有限公司职工
	陈婷	女	女儿	中专	1992.02.23	已出嫁到萧山临浦镇临北村
	陈世杰	男	儿子	初中	2002.06.23	衙前初中在校生
户主	祖父：陈纪友，生卒年不详，以锡箔业为主。 父亲：陈金泉（1925—2006），新中国成立前后以锡箔业为主，后破除迷信锡箔业暂停，到苏州市港务五区工作，1962年精减回乡务农，生有3子3女。 户主：陈长德，小学文化，从小在生产队看牛务农，曾在衙前农机厂工作3年，后到杭州叶茂纺织厂做打包工，现在家养老。 2016年住房面积234平方米。					

表343 户主陈长法家庭成员情况

类别	家庭成员姓名	性别	家庭关系	文化程度	出生年月日	工作（职业）职务
交通片第二村民小组	陈长法	男	户主	小学	1964.12.31	个体厨师
	汪彩娟	女	妻子	大专	1970.12.03	凤凰村委委员，中共党员
	陈明	男	儿子	高中	1994.08.20	个体厨师
户主	祖父：陈纪友，生卒年不详，以锡箔业为主。 父亲：陈金泉（1925—2006），新中国成立前后以锡箔业为主，后破除迷信锡箔业暂停，到苏州市港务五区工作，1962年精减回乡务农，生有3子3女。 户主：陈长法，小学文化，从小学手艺做厨师至今，曾在杭州叶茂纺织厂食堂工作，现从事厨师工作。 2016年住房面积500平方米。					

勤俭节约，勤劳致富，
是老百姓本份。

陈长根

图0460　陈长根全家照及最想说的一句话（2017年11月）

认认正正 行事，
堂堂正正 做人。

陈长德

图0461　陈长德全家照及最想说的一句话（2017年11月）

积善成风贵，
苦寒砥砺高。

陈长法

图0462　陈长法全家照及最想说的一句话（2017年11月）

表344　户主潘小春家庭成员情况

类别	家庭成员姓名	性别	家庭关系	文化程度	出生年月日	工作（职业）职务
交通片第二村民小组	潘小春	男	户主	小学	1939.09.18	居家养老
	潘立英	女	女儿	初中	1970.11.26	黄晨针纺有限公司财务
户主	祖父：潘金荣，生卒年不详，务农。 父亲：潘银法（1914—1972），务农。 户主：潘小春，小学文化，年轻时支援过宁夏，回乡后在衙前建筑队工作，以建筑业为主，现在家养病。妻子张仁花于2009年病故。生育1子1女（儿子潘建强，一本录取后户口已迁出，毕业后分配在浙江地质厅土壤研究所工作，现离职在杭州开震旦珠宝首饰商行工作；女儿潘立英已出嫁萧山衙前镇明华村，自办黄晨针纺有限公司，户口未迁出）。 2016年住房面积340平方米。					

注：图0463后排，为潘小春的儿子潘建强一家3口，户口均在杭州城区。

表345　户主陈云福家庭成员情况

类别	家庭成员姓名	性别	家庭关系	文化程度	出生年月日	工作（职业）职务
交通片第二村民小组	陈云福	男	户主	小学	1932.06.03	居家养老
	郭关照	女	妻子	初识	1938.01.24	居家养老
	陈建华	男	儿子	高中	1965.07.16	个体机械修理
	朱妙君	女	儿媳	高中	1965.03.20	凤凰家务
	陈灵芝	女	长孙女	高中	1993.12.16	萧山坎山某外贸公司职工
	陈世芳	女	次孙女	高中	2000.10.03	萧山中学在校生
户主	父亲：陈文生，生卒年不详，务农。 户主：陈云福，民国21年（1932）生，务农，生有3女1子，儿子陈建华自办个体机械修理厂。 2016年住房面积480平方米。					

表346　户主陈长水家庭成员情况

类别	家庭成员姓名	性别	家庭关系	文化程度	出生年月日	工作（职业）职务
交通片第二村民小组	陈长水	男	户主	小学	1945.08.04	居家养老
	陈雅芬	女	妻子	小学	1950.09.04	居家养老
	陈国营	男	儿子	高中	1971.07.06	浙江东南网架集团有限公司职工
	施国华	女	儿媳	初中	1974.01.24	杭州建顺化纤有限公司职工
	陈逸洲	男	孙子	高中	1999.09.27	萧山中学在校生
户主	祖父：陈炳千，生卒年不详，务农。 父亲：陈阿焕（1908—1953），务农。 户主：陈长水，原名项金水，户口在项漾村（原优胜村），1969年与陈雅芬结婚后户口迁入交通村童墅自然村二组陈阿焕户，以务农为主，现在家养老。 2016年住房面积520平方米。					

希望家里的老人
能长寿。
　　　　潘建强

图0463　潘小春全家照及最想说的一句话（2017年11月）

希望孩子长大后
有所成就。
　　　　陈建华

图0464　陈云福全家照及最想说的一句话（2017年11月）

举止端庄
好好克己
以德服人
以诚待人
买卖公平
　　　　陈明贤

图0465　陈长水全家照及最想说的一句话（2017年11月）

表347 户主陈起来家庭成员情况

类　别	家庭成员姓名	性别	家庭关系	文化程度	出生年月日	工作（职业）职务
交通片第二村民小组	陈起来	男	户主	小学	1949.01.16	居家养老
户主	祖父：陈小善，生卒年不详，务农。 父亲：陈仁金，生卒年不详，生育2女1子，新中国成立前后以锡箔业为主，后破除迷信锡箔业暂停，一直务农。 户主：陈起来，小学文化，务农。配偶沈玉梅是坎山镇工农村沈家女儿，生有1女（已夭折），沈玉梅1992年11月病故。现在陈起来一人在家养老。 2016年住房面积210平方米。					

表348 户主陈长明家庭成员情况

类　别	家庭成员姓名	性别	家庭关系	文化程度	出生年月日	工作（职业）职务
交通片第二村民小组	陈长明	男	户主	小学	1950.11.17	浙江金洋纺织集团门卫
	项桥仙	女	妻子	小学	1955.09.10	居家养老
	陈志刚	男	儿子	初中	1979.06.23	浙江金洋纺织集团经理，中共党员
	胡利雅	女	儿媳	初中	1980.02.20	杭州瑞发轻纺门市部职员
	陈奕轩	男	长孙子	小学	2007.08.28	衙前农村小学在校生
	陈锦轩	男	次孙子		2014.03.18	
户主	祖父：陈文生，生卒年不详，务农。 父亲：陈阿云（1914—1991），务农。配偶韩阿香，生有2子1女。 户主：陈长明，1950年生，小学文化，服兵役3年，退伍后进入衙前山塘轮船组，倒闭后进入水泥厂轮船组工作，水泥厂倒闭后进合和纺织有限公司，现在浙江金洋纺织集团做门卫。 2016年住房面积360平方米。					

表349 户主陈长华家庭成员情况

类　别	家庭成员姓名	性别	家庭关系	文化程度	出生年月日	工作（职业）职务
交通片第二村民小组	陈长华	男	户主	初中	1954.04.16	凤凰村工业园区门卫
	沈梅菊	女	妻子	小学	1956.12.18	凤凰家务
	陈军	男	儿子	中专	1982.11.14	自由职业
	刘章英	女	儿媳	本科	1987.04.19	萧山中医院护士
	陈梓昊	男	孙子		2013.08.14	
户主	祖父：陈文生，生卒年不详，务农。 父亲：陈阿云（1914—1991），务农。配偶韩阿香，生有2子1女。 户主：陈长华，1954年生，初中毕业后务农，曾买拖拉机搞运输，现在凤凰村工业园区做门卫。 2016年住房面积320平方米。					

注：陈长华的孙女陈梓沫生于2017年6月1日。

身体健康，万事如意

陈起来

图0466　陈起来及最想说的一句话（2017年11月）

子孝孙贤，夫尊妻荣
勤劳节俭　和和美美

陈长明

图0467　陈长明全家照及最想说的一句话（2018年2月）

希望生活越过越好

陈长华

图0468　陈长华全家照及最想说的一句话（2017年11月）

表 350　户主陈关祥家庭成员情况

类别	家庭成员姓名	性别	家庭关系	文化程度	出生年月日	工作（职业）职务
交通片第二村民小组	陈关祥	男	户主	高中	1965.10.01	凤凰村凤凰南苑个体经商户
	汪阿冬	女	母亲	初识	1933.12.17	居家养老
	施国琴	女	妻子	小学	1969.12.09	凤凰村凤凰南苑个体经商户
	陈佳楠	女	长女	研究生	1994.05.31	美国留学
	陈佳琳	女	次女	高中	1999.12.05	萧山中学在校生
户主	祖父：陈金松（1899—1975），务农。 父亲：陈张友（1925—1991），新中国成立前后以锡箔业为主，后破除迷信锡箔业暂停，一直务农。配偶汪阿冬，生有2子3女。 户主：陈关祥，高中毕业后务农，现在凤凰村凤凰南苑个体经商。 2016年住房面积550平方米。					

表 351　户主陈见坤家庭成员情况

类别	家庭成员姓名	性别	家庭关系	文化程度	出生年月日	工作（职业）职务
交通片第二村民小组	陈见坤	男	户主	小学	1961.09.09	新视觉无缝墙布厂职工
	高水花	女	妻子	小学	1960.10.28	新视觉无缝墙布厂职工
	陈恩琴	女	女儿	大专	1989.11.12	新视觉无缝墙布厂出纳
户主	祖父：陈三岳，生卒年不详，务农。 父亲：陈佰庆（1923—1988），务农。 户主：陈见坤，曾用名陈建坤，小学毕业后务农，曾在衙前水泥厂晒煤，水泥厂倒闭后在浙江金洋纺织有限公司做打包工，现在新视觉无缝墙布厂做职工，独生女陈恩琴已结婚。 2016年住房面积230平方米。					

注：陈见坤的母亲高银花（图0470中）见表353，陈见坤的独生女陈恩琴户口未迁出，女婿、外孙户口不在该村。

表 352　户主陈见兴家庭成员情况

类别	家庭成员姓名	性别	家庭关系	文化程度	出生年月日	工作（职业）职务
交通片第二村民小组	陈见兴	男	户主	初中	1965.06.18	杭州美邦纺织有限公司门卫
	唐玉香	女	妻子	小学	1967.06.19	浙江金洋纺织集团公司职工
	陈敬畏	男	儿子	中专	1990.11.14	新视觉无缝墙布厂营销员
户主	祖父：陈三岳，生卒年不详，务农。 父亲：陈佰庆（1923—1988），务农。 户主：陈见兴，初中毕业后务农，曾在浙江金洋纺织集团做门卫，后在杭州合和纺织有限公司做门卫，现在杭州美邦纺织有限公司做门卫。 2016年住房面积315平方米。					

图 0469　陈关祥全家照及最想说的一句话（2017 年 12 月）

图 0470　陈见坤全家照及最想说的一句话（2017 年 11 月）

图 0471　陈见兴全家照及最想说的一句话（2017 年 11 月）

表 353　户主陈建林家庭成员情况

类别	家庭成员姓名	性别	家庭关系	文化程度	出生年月日	工作（职业）职务
交通片第二村民小组	陈建林	男	户主	小学	1969.07.16	浙江金洋纺织有限公司打包工
	高银花	女	母亲	小学	1942.10.02	居家养老
	潘香珠	女	妻子	小学	1971.01.25	杭州新民针织有限公司职工
	陈喜乐	女	女儿	大专	1995.10.17	杭州中东控股集团印染有限公司外贸部
户主	祖父：陈三岳，生卒年不详，务农。 父亲：陈佰庆（1923—1988），务农。 户主：陈建林，小学毕业，务农，现在浙江金洋纺织有限公司做打包工。 2016年住房面积330平方米。					

表 354　户主陈道德家庭成员情况

类别	家庭成员姓名	性别	家庭关系	文化程度	出生年月日	工作（职业）职务
交通片第二村民小组	陈道德	男	户主	小学	1955.04.09	个体泥工
	邵夏凤	女	妻子	小学	1959.05.08	凤凰家务
	陈双燕	女	女儿	中专	1990.05.22	凤凰家务
	方磊	男	女婿	中专	1987.11.18	杭州萧山潘氏纺织有限公司职工，中共党员
	陈浩然	男	孙子		2014.06.21	
	方浩茹	女	孙女		2016.10.11	
户主	祖父：陈金松（1899—1975），务农。 父亲：陈张夫（1928—2013），中共党员，曾任原交通生产大队大队长。 户主：陈道德，小学文化，曾在衙前建筑队工作，衙前建筑队解散后个体承包建房工程。 2016年住房面积540平方米。					

注：陈道德的大女儿陈苓燕已出嫁，见表408；陈苓燕的女儿傅一然，见图0473后排左一、表408。

表 355　户主陈永先家庭成员情况

类别	家庭成员姓名	性别	家庭关系	文化程度	出生年月日	工作（职业）职务
交通片第二村民小组	陈永先	男	户主	小学	1957.09.20	个体营业
	唐小茶	女	妻子	小学	1959.07.05	凤凰家务
	陈飞雅	女	女儿	中专	1991.02.17	潘氏纺织有限公司职工，中共党员
	杨峰	男	女婿	大专	1988.11.15	浙江世居豪门家居科技有限公司职工
	陈博阳	男	孙子		2014.12.19	
户主	祖父：陈金松（1899—1975），务农。 父亲：陈张夫（1928—2013），中共党员，曾任原交通生产大队大队长。 户主：陈永先，小学文化，曾担任原交通生产大队兽医员，开过个体织机，现经营个体营业。 2016年住房面积350平方米。					

图 0472　陈建林全家照及最想说的一句话（2017 年 11 月）

图 0473　陈道德全家照及最想说的一句话（2017 年 11 月）

图 0474　陈永先全家照及最想说的一句话（2017 年 12 月）

表356　户主陈明德家庭成员情况

类　别	家庭成员姓名	性别	家庭关系	文化程度	出生年月日	工作（职业）职务
交通片第二村民小组	陈明德	男	户主	小学	1962.06.23	杭州萧山潘氏纺织有限公司管理员
	戚玉英	女	妻子	小学	1962.08.03	凤凰家务
	陈列峰	男	儿子	大专	1995.11.02	实习
户主	祖父：陈金松（1899—1975），务农。 父亲：陈张法（1932—1993），曾任原交通生产大队第二生产队队长、衙前水泥厂供销员等。配偶傅银仙，生有2子2女。 户主：陈明德，小学文化，务农，现在杭州潘氏纺织有限公司管理生产。 2016年住房面积320平方米。					

注：图0475前排，为陈明德的母亲傅银仙，见表357。

表357　户主陈小明家庭成员情况

类　别	家庭成员姓名	性别	家庭关系	文化程度	出生年月日	工作（职业）职务
交通片第二村民小组	陈小明	男	户主	小学	1964.07.15	杭州潘氏纺织有限公司经理
	傅银仙	女	母亲	初识	1940.10.01	居家养老，中共党员
	沈雅香	女	妻子	初中	1965.07.22	杭州邦联氨纶丝有限公司出纳，中共党员
	陈嘉琦	男	儿子	中专	1992.03.22	杭州潘氏纺织有限公司供销员
户主	祖父：陈金松（1899—1975），务农。 父亲：陈张法（1932—1993），曾任原交通生产大队第二生产队队长、衙前水泥厂供销员等。配偶傅银仙，生有2子2女。 户主：陈小明，务农，现在杭州潘氏纺织有限公司担任经理。 2016年住房面积320平方米。					

表358　户主陈金培家庭成员情况

类　别	家庭成员姓名	性别	家庭关系	文化程度	出生年月日	工作（职业）职务
交通片第二村民小组	陈金培	男	户主	小学	1958.11.14	杭州凤谊棉纺厂职工
	项加多	女	妻子	小学	1957.08.07	杭州凤谊棉纺厂职工、女组长
	陈超	男	儿子	中专	1990.07.02	杭州嘉盛金属有限公司职工
户主	祖父：陈阿校，生卒年不详，在抗战期间大瘟病时期亡故。 父亲：陈德法（1930—2015），务农。配偶莫桂仙，生有3子1女。 户主：陈金培，中共党员，服兵役2年，退伍后务农，曾在交通汽车修理厂工作，现在杭州凤谊棉纺厂工作。 2016年住房面积340平方米。					

注：图0477前排，为陈金培的母亲莫桂仙，见表361。

不求万贯家财
但求健康平安
　　　　陈明德

图0475　陈明德全家照及最想说的一句话（2018年2月）

婆媳和，夫妻亲，
子孙孝，家业兴。

图0476　陈小明全家照及最想说的一句话（2017年11月）

家庭和睦，邻里相亲
以德交友，为人以诚
信为本。
　　　　陈金培

图0477　陈金培全家照及最想说的一句话（2017年11月）

表 359　户主陈金福家庭成员情况

类　别	家庭成员姓名	性别	家庭关系	文化程度	出生年月日	工作（职业）职务
交通片第二村民小组	陈金福	男	户主	高中	1962.05.09	个体机械厂铣床工
	施丽琴	女	妻子	小学	1962.06.03	凤凰家务
	陈誉	男	儿子	本科	1987.12.07	辅导老师
	吴佳	女	儿媳	本科	1986.10	绍兴县华舍街道办事处
	陈昊恩	男	孙子		2016.03.05	
户主	祖父：陈阿校，生卒年不详，在抗战期间大瘟病时期亡故。 父亲：陈德法（1930—2015），务农。配偶莫桂仙，生有3子1女。 户主：陈金福，高中毕业后任代课教师，曾在交通村做水管员，目前在个体机械厂工作。 2016年住房面积320平方米。					

表 360　户主陈小金家庭成员情况

类　别	家庭成员姓名	性别	家庭关系	文化程度	出生年月日	工作（职业）职务
交通片第二村民小组	陈小金	男	户主	初中	1968.07.17	杭州杰剑物资有限公司业务员
	王爱琴	女	妻子	初中	1968.11.13	浙江东冶物资有限公司出纳
	陈佳营	女	女儿	本科	1994.03.20	宁波银行吴山支行客户经理
	陈佳杰	男	儿子	小学	2008.01.28	杭州市余杭新明半岛英才学校在校生
户主	祖父：陈阿校，生卒年不详，在抗战期间大瘟病时期亡故。 父亲：陈德法（1930—2015），务农。配偶莫桂仙，生有3子1女。 户主：陈小金，中共党员，服兵役2年，部队退伍后一直个体经营钢材，现在杭州杰剑物资有限公司做业务员。 2016年住房面积220平方米。					

表 361　户主莫桂仙家庭成员情况

类　别	家庭成员姓名	性别	家庭关系	文化程度	出生年月日	工作（职业）职务
交通片第二村民小组	莫桂仙	女	户主	小学	1938.08.25	家居养老
户主	公公：陈阿校，生卒年不详，在抗战期间大瘟病时期亡故。 户主：莫桂仙，丈夫陈德法（1930—2015），务农。莫桂仙生有3子1女，均已成家，另立户口。现莫桂仙跟幼子陈小金同住。					

注：图0480后排，为莫桂仙的长子陈金培一家三口，见表358。

图0478　陈金福全家照及最想说的一句话（2017年11月）

图0479　陈小金全家照及最想说的一句话（2017年12月）

图0480　莫桂仙全家照及最想说的一句话（2017年12月）

第三村民小组

交通片第三村民小组有29户,户主姓名分别为:胡国荣、胡国仁、傅长生、张凤英、傅建军、傅卫国、傅国良、傅凤梅、傅关兴、傅青华、颜阿凤、李仙琴、毛仁姑、傅仁木、傅长水、张幼芬、傅建华、傅国华、傅岳坤、傅海刚、傅荣强、傅荣伟、傅传根、傅传叶、傅传荣、傅传生、沈阿凤、毛妙庆、傅永庆。①

表362 户主李仙琴家庭成员情况

类　别	家庭成员姓名	性别	家庭关系	文化程度	出生年月日	工作(职业)职务
交通片第三村民小组	李仙琴	女	户主	初中	1963.01.17	浙江兴惠集团职工
	胡芳芳	女	长女	本科	1991.04.04	浙江展博律师事务所律师
	胡清芳	女	次女	高中	1999.03.21	萧山第四职业高中在校生
户主	公公:胡水干,生卒年不详,一生务农。 户主:李仙琴,在浙江兴惠集团做化纤加弹检验工。丈夫胡传法(1960—2010),初中毕业后务农,后进杭州恒逸纺织厂蒸丝,又转浙江兴惠集团纺织喷水车间,再转杭州凌云纺织厂做捻丝机修工。 2016年住房面积330平方米。					

注:李仙琴的长女胡芳芳已结婚,户口未迁出,长女婿(见图0482后排右一)户口不在该村。

表363 户主毛仁姑家庭成员情况

类　别	家庭成员姓名	性别	家庭关系	文化程度	出生年月日	工作(职业)职务
交通片第三村民小组	毛仁姑	女	户主	小学	1948.12.20	凤凰养老
	胡建刚	男	长子	初中	1974.11.09	凤凰村巡防队
	汪水珍	女	长媳	初中	1975.04.25	浙江恒逸集团职工
	胡琳华	女	长孙女	初中	2003.01.08	衙前初中在校生
	胡灵俊	男	长孙	小学	2005.02.20	衙前农村小学在校生
户主	公公:胡阿洪(1904—1977),务农。 户主:毛仁姑,务农,后转凤凰村做清洁工,现已退休养老。丈夫胡友法(1948—2013),原在衙前公社山塘轮船组工作,山塘倒闭后转衙前农机厂,农机厂转制后到杭州凌云纺织厂后勤组。 2016年住房面积330平方米。					

---

① 傅凤梅,未单独列表,列入其子傅卫国的表格中。颜阿凤,未单独列表,列入其子傅青华的表格中。沈阿凤,未单独列表,列入其子傅传荣的表格中。

图 0481　村庄绿化树（2018 年 9 月，陈妙荣摄）

诚实守信，勤劳致富
李仙琴

图 0482　李仙琴全家照及最想说的一句话（2017 年 12 月）

做事要勤
做人要忠
胡建刚

图 0483　毛仁姑全家照及最想说的一句话（2017 年 12 月）

表364　户主胡国仁家庭成员情况

类　别	家庭成员姓名	性别	家庭关系	文化程度	出生年月日	工作（职业）职务
交通片第三村民小组	胡国仁	男	户主	高中	1969.11.21	个体钢结构
	黄兰英	女	妻子	初中	1971.05.31	凤凰家务、女组长
	胡金娜	女	长女	本科	1995.11.19	萧山第一人民医院护士
	胡昕宇	女	次女	小学	2006.09.11	衙前农村小学在校生
户主	祖父：胡阿洪（1904—1977），务农。 父亲：胡友根（1942—1971），一生务农。 户主：胡国仁，高中毕业，从事建筑业工作，后转钢结构建筑，又转花岗岩装潢，转包给他人，自己又搞钢结构建筑。 2016年住房面积330平方米。					

注：图0484前排，为胡国仁的母亲项梅凤，见表365。

表365　户主胡国荣家庭成员情况

类　别	家庭成员姓名	性别	家庭关系	文化程度	出生年月日	工作（职业）职务
交通片第三村民小组	胡国荣	男	户主	初中	1972.02.02	杭州卫洋纺织有限公司
	项梅凤	女	母亲	小学	1950.07.04	居家养老
户主	祖父：胡阿洪（1904—1977），务农。 父亲：胡友根（1942—1971），一生务农。 户主：胡国荣，初中毕业，在个体纺织厂做过机修工，后到卫家村给卫小丰做上门女婿，现自办杭州卫洋纺织有限公司。 2016年住房面积330平方米。					

表366　户主傅长生家庭成员情况

类　别	家庭成员姓名	性别	家庭关系	文化程度	出生年月日	工作（职业）职务
交通片第三村民小组	傅长生	男	户主	小学	1939.12.04	凤凰村南片老年活动室管理员
	傅志文	女	次女	高中	1971.10.04	浙江恒逸集团清洁工
	傅志荣	男	长子	初中	1973.12.01	杭州凤谊纺织有限公司铲车工
	沈立英	女	儿媳	初中	1975.07.07	工作未定
	傅鑫阳	男	长孙	高中	2000.01.30	萧山第三高级中学在校生
户主	祖父：傅纪有，生卒年不详，务农。 父亲：傅金笑，生卒年不详，务农。 户主：傅长生，中共党员，历任交通村民兵连长、团支部书记、交通五金电器厂厂长、交通机械修配厂厂长，现为凤凰村南片老年活动室管理员。 2016年住房面积270平方米。					

家和万事兴
齐力共断金
　　　胡国仁

图0484　胡国仁全家照及最想说的一句话（2018年2月）

希望家里老人能长寿．
身体健康．家和万事兴．
　　　胡国荣

图0485　胡国荣全家照及最想说的一句话（2018年2月）

希望家里的老小长寿
　　　付志荣

图0486　傅长生全家照及最想说的一句话（2017年12月）

表367　户主张凤英家庭成员情况

类　别	家庭成员姓名	性别	家庭关系	文化程度	出生年月日	工作（职业）职务
交通片第三村民小组	张凤英	女	户主	小学	1950.09.02	居家养老
	傅长福	男	丈夫	小学	1946.12.19	居家养老
户主	太公：傅纪有，生卒年不详，务农。 公公：傅金笑，生卒年不详，务农。 户主：张凤英，生于原衙前前进生产大队，后嫁给衙前交通生产大队傅家自然村傅长福（原在杭州龙山化工厂工作，户口不在交通村，现退休在家），生育2子（长子傅建国在衙前水泥厂因工伤亡故，次子傅建军另立户）。 2016年住房面积300平方米。					

表368　户主傅建军家庭成员情况

类　别	家庭成员姓名	性别	家庭关系	文化程度	出生年月日	工作（职业）职务
交通片第三村民小组	傅建军	男	户主	初中	1979.02.23	杭州仁盛机电设备有限公司职工
	项丽雅	女	妻子	初中	1981.12.01	工作未定
	傅鑫楷	男	长子	小学	2008.04.23	衙前农村小学在校生
	傅茹钶	女	长女		2015.11.26	
户主	曾祖父：傅纪有，生卒年不详，务农。 祖父：傅金笑，生卒年不详，务农。 父亲：傅长福，民国35年（1946）生，原在杭州龙山化工厂后勤组工作，现已退休回家养老。 户主：傅建军，初中毕业后到杭州仁盛机电设备有限公司做职工。 2016年住房面积300平方米。					

注：图0488前排长辈，为傅建军的父母，见表367。

表369　户主傅卫国家庭成员情况

类　别	家庭成员姓名	性别	家庭关系	文化程度	出生年月日	工作（职业）职务
交通片第三村民小组	傅卫国	男	户主	初中	1964.09.24	杭州正南纺织品厂职工
	张立凤	女	妻子	初中	1962.02.04	杭州萧山衙前交卫布厂职工
	傅佳军	男	长子	专科	1992.01.25	杭州青云集团职工
	傅凤梅	女	母亲	初识	1946.05.04	凤凰养老
	傅国珍	女	妹妹	高中	1969.03.14	萧山人寿保险公司瓜沥分公司业务员，已出嫁，户口未迁
户主	曾祖父：傅阿土，生卒年不详，务农。 祖父：傅先荣，生卒年不详，务农。 父亲：傅水根（1936—1981），从小由绍兴县杨汛桥公社岑江生产大队领养给傅先荣做子，后与傅凤梅结婚，生有2子1女，现2子均已立户。 户主：傅卫国，初中毕业后务农，1984年进衙前农机厂（车工）工作，该厂转制后到浙江东南网架集团有限公司开车，现转到杭州正南纺织品厂工作。 2016年住房面积440平方米。					

注：傅凤梅的2个儿子（傅卫国、傅国良）分别立户，傅凤梅单独立户，因与长子傅卫国住在一起，故列入此表，未单独列表。傅凤梅见图0490。

希望生活越过越好。
　　　　　张凤英

图0487　张凤英夫妻照及最想说的一句话（2017年12月）

处世以谦让为贵，
做人以诚信为本。
　　　　　傅建军

图0488　傅建军全家照及最想说的一句话（2017年12月）

随心而活
活的开心
靠自己一样可以活得很好
　　　　　傅卫国

图0489　傅卫国家庭照及最想说的一句话（2018年2月）

表 370　户主傅国良家庭成员情况

类别	家庭成员姓名	性别	家庭关系	文化程度	出生年月日	工作（职业）职务
交通片第三村民小组	傅国良	男	户主	初中	1967.07.09	浙江恒逸集团保安
	施春香	女	妻子	初小	1969.01.18	杭州洁怡五金厂职工
	傅欣欣	女	长女	高中	1995.02.17	淘宝网络个体服装经营
	傅楚钰	女	次女	小学	2003.10.22	衙前农村小学在校生
户主	曾祖父：傅阿土，生卒年不详，务农。 祖父：傅先荣，生卒年不详，务农。 父亲：傅水根（1936—1981），从小由绍兴县杨汛桥公社岑江生产大队傅先荣家抚养做子，后与傅凤梅结婚，生有2子1女。 户主：傅国良，初中毕业后务农，后进衙前农机厂工作，该厂转制后，自开三卡客运，生意淡薄，现为浙江恒逸集团保安。 2016年住房面积440平方米。					

注：图0490前排，为傅国良的母亲傅凤梅，见表369。

表 371　户主毛妙庆家庭成员情况

类别	家庭成员姓名	性别	家庭关系	文化程度	出生年月日	工作（职业）职务
交通片第三村民小组	毛妙庆	女	户主	小学	1957.07.27	浙江金洋控股集团食堂职工
	傅春娣	女	次女	本科	1989.03.20	勤剑纺织有限公司外贸理单及业务
户主	公公：傅金浩（1924—1972），务农，1961年3月至1964年11月任交通村党支部书记。 户主：毛妙庆，自衙前镇明华村嫁入交通村后进入交通五金厂工作，工厂倒闭后进浙江金洋控股集团食堂工作。丈夫傅关荣（1954—2006），原交通生产大队副大队长，后到浙江兴惠集团喷水车间当前道车间主任，因事故亡故。 2016年住房面积324平方米。					

注：毛妙庆的长女傅钊娣已出嫁，户口已迁出，生有2个孩子。

表 372　户主傅关兴家庭成员情况

类别	家庭成员姓名	性别	家庭关系	文化程度	出生年月日	工作（职业）职务
交通片第三村民小组	傅关兴	男	户主	小学	1956.12.14	个体零食营业
	王素英	女	妻子	小学	1960.09.30	凤凰家务
	傅青锋	男	长子	高中	1984.10.22	杭州吉成化纤有限公司办公室主任，中共党员
	高丽利	女	长媳	中专	1989.02.20	杭州吉成化纤有限公司财务
	傅鑫蕾	女	长孙女		2015.03.08	
户主	父亲：傅金浩（1924—1972），务农，1961年3月至1964年11月任交通村党支部书记。 户主：傅关兴，务农，联产承包责任制后开办个体纺织厂，后开个体零食营业至今。 2016年住房面积324平方米。					

注：傅关兴的小孙女傅梦蕾生于2018年1月28日。

希望生活越过越好

傅国良

图 0490　傅国良全家照及最想说的一句话（2018 年 4 月）

认认真真做事．
堂堂正正做人．

毛妙庆．

图 0491　毛妙庆全家照及最想说的一句话（2017 年 11 月）

仁爱者暖．家和得兴

傅关兴

图 0492　傅关兴全家照及最想说的一句话（2018 年 3 月）

表 373　户主傅青华家庭成员情况

类　别	家庭成员姓名	性别	家庭关系	文化程度	出生年月日	工作（职业）职务
交通片第三村民小组	傅青华	男	户主	高中	1989.09.17	浙江兴惠集团电工
	颜阿凤	女	奶奶	初识	1932.09.23	居家养老
户主	祖父：傅金浩（1924—1972），中共党员，务农，曾在1961年3月至1964年11月任交通生产大队党支部书记，务农。颜阿凤与丈夫结婚生育4子1女，次子傅关林由于摩托车车祸，孙子傅青华由其从小带大，所以同住。 父亲：傅关林（1961—1990），务农，改革开放承包责任制后开办个体纺织，因摩托车事故，其妻无法维持家中生活，留子出走。 户主：傅青华，高中毕业后进入浙江兴惠集团做电工至今。现已同本村傅佳丽结婚，生有1子，儿子户口随母。 2016年住房面积300平方米。					

注：傅青华已与该村的傅佳丽结婚，生有1子（傅奕帆），见图0493、表443。

表 374　户主傅长水家庭成员情况

类　别	家庭成员姓名	性别	家庭关系	文化程度	出生年月日	工作（职业）职务
交通片第三村民小组	傅长水	男	户主	小学	1950.09.20	凤凰家务
	胡雅芬	女	妻子	小学	1956.01.01	凤凰家务
	傅永刚	男	长子	初中	1978.12.21	萧山坎山升月电器厂开车
	裘利萍	女	长媳	初中	1978.08.28	杭州韵天纺织有限公司员工
	傅佳奇	男	长孙	初中	2001.03.06	衙前初中在校生
户主	父亲：傅茂夫（1923—2003），务农。 户主：傅长水，务农。 2016年住房面积330平方米。					

表 375　户主张幼芬家庭成员情况

类　别	家庭成员姓名	性别	家庭关系	文化程度	出生年月日	工作（职业）职务
交通片第三村民小组	张幼芬	女	户主	小学	1956.06.09	凤凰家务
	陆加法	男	丈夫	小学	1957.09	个体修理业
	陆桂芳	女	次女	高中	1987.12.19	衙前镇四翔村方祖兴加弹厂发货员
	高海飞	男	女婿	高中	1984.03	上海金纬集团职工
	高婉荧	女	外孙女	小学	2010.01.29	衙前农村小学在校生
	陆芯媛	女	外孙女		2014.05.15	
户主	公公：傅茂夫（1923—2003），务农。 户主：张幼芬，自原前进生产大队（今衙前镇四翔村）嫁给交通生产大队傅阿木。前夫傅阿木（1953—1988），曾任交通生产大队团支部书记，中共党员，后务农。现任丈夫陆加法，衙前镇草漾村人。 2016年住房面积280平方米。					

注：张幼芬的长女傅春芳一家3口，户口不在该村。

勤为本，德为先，
　　和为贵，学无崖。
　　　　　傅青华

图 0493　傅青华全家照及最想说的一句话（2018 年 2 月）

希望生活越来越好
　　　　　傅长水

图 0494　傅长水全家照及最想说的一句话（2018 年 2 月）

随心而活，活的开心，
靠自己一样可以活得好。
　　　　　张幼芬

图 0495　张幼芬全家照及最想说的一句话（2017 年 12 月）

表 376　户主傅仁木家庭成员情况

类　别	家庭成员姓名	性别	家庭关系	文化程度	出生年月日	工作（职业）职务
交通片第三村民小组	傅仁木	男	户主	高中	1958.08.01	杭州亿达化纤有限公司门卫
	沈彩贞	女	妻子	小学	1963.05.22	凤凰家务
	傅海龙	男	长子	高中	1988.10.29	萧山瓜沥万里集团电工
户主	父亲：傅茂夫（1923—2003）年，务农。 户主：傅仁木，服兵役3年，退伍后在衙前水泥厂工作，工厂倒闭后到浙江兴惠集团做纺织清洁工，现在杭州亿达化纤有限公司做门卫。 2016年住房面积33平方米。					

表 377　户主傅建华家庭成员情况

类　别	家庭成员姓名	性别	家庭关系	文化程度	出生年月日	工作（职业）职务
交通片第三村民小组	傅建华	男	户主	高小	1956.10.05	杭州沈氏纺织有限公司杂工
	寿碗仙	女	妻子	小学	1957.08.08	凤凰家务
	傅维鋆	男	长子	高中	1984.12.21	中国移动绍兴分公司职工
	郭丽	女	长媳	高中	1986.03.28	个体绣花机厂职工
	傅诗怡	女	长孙女		2010.09.25	
	傅诗琪	女	次孙女		2011.11.05	
户主	高祖父：傅顺铨，生卒年不详，务农。 曾祖父：傅连生，生卒年不详，务农。 祖父：傅来法，生卒年不详，务农。 父亲：傅关根，生卒年不详，务农。 户主：傅建华，高中毕业后务农，后到杭州沈氏纺织有限公司做杂工。 2016年住房面积300平方米。					

表 378　户主傅国华家庭成员情况

类　别	家庭成员姓名	性别	家庭关系	文化程度	出生年月日	工作（职业）职务
交通片第三村民小组	傅国华	男	户主	高中	1959.07.17	萧山区国土萧山分局
	俞美娟	女	妻子	高中	1961.03.11	凤凰家务
	傅鋆	男	长子	本科	1986.10.02	萧山区地铁投资有限公司职工
	管悦桑	女	儿媳	本科	1986.11.24	萧山城投集团职工
	傅一帆	男	长孙		2014.08.21	
户主	高祖父：傅顺铨，生卒年不详，务农。 曾祖父：傅连生，生卒年不详，务农。 祖父：傅来法，生卒年不详，务农。 父亲：傅关根，生卒年不详，务农。 户主：傅国华，中共党员，高中毕业后进衙前公社工作（农办、城建、土管等部门），后调入萧山区国土萧山分局至今。 2016年住房面积360平方米。					

注：傅国华的小孙子管亦琛生于2017年9月11日。

图 0496　傅仁木全家照及最想说的一句话（2018 年 3 月）

图 0497　傅建华全家照及最想说的一句话（2017 年 12 月）

图 0498　傅国华全家照及最想说的一句话（2017 年 12 月）

表379　户主傅岳坤家庭成员情况

类　别	家庭成员姓名	性别	家庭关系	文化程度	出生年月日	工作（职业）职务
交通片第三村民小组	傅岳坤	男	户主	初中	1945.05.28	杭州萧山潘氏纺织有限公司门卫
	沈安静	女	妻子	小学	1947.07.10	居家养老
	傅志根	男	长子	初中	1973.10.28	个体化纤贸易
	石雅丽	女	长媳	初中	1973.02.03	个体化纤贸易，中共党员
	傅磊	男	长孙	本科	1998.12.14	西南财经大学在校生
户主	父亲：傅小毛（1905—1985），务农。 户主：傅岳坤，中共党员，务农，曾任原交通村生产队会计，后在杭州潘氏纺织有限公司做会计，现在公司做门卫。 2016年住房面积480平方米。					

表380　户主傅海刚家庭成员情况

类　别	家庭成员姓名	性别	家庭关系	文化程度	出生年月日	工作（职业）职务
交通片第三村民小组	傅海刚	男	户主	高中	1979.03.27	杭州引春机械有限公司职工
	沈凤香	女	母亲	小学	1952.11.17	凤凰家务
	俞雅芳	女	妻子	初中	1977.11.07	萧山瓜沥镇航民村村委会
	傅昊玥	女	长女	小学	2004.02.24	衙前农村小学在校生
户主	曾祖父：傅永楼（1901—1937），务农。 祖父：傅金寿（1928—1979），务农。 父亲：傅荣夫（1952—1998），联产承包责任制后，以拖拉机运输为业。 户主：傅海刚，高中毕业后以工业机械基础走进了杭州引春机械有限公司至今。 2016年住房面积480平方米。					

表381　户主傅荣强家庭成员情况

类　别	家庭成员姓名	性别	家庭关系	文化程度	出生年月日	工作（职业）职务
交通片第三村民小组	傅荣强	男	户主	初中	1958.04.11	个体玻璃营业
	陈凤珍	女	妻子	初识	1957.09.27	凤凰家务
	傅良良	男	长子	中专	1985.03.24	杭州青云集团化纤有限公司营销员
	卫霞	女	儿媳	本科	1987.05.12	萧山区向华教育集团教师，中共党员
户主	祖父：傅永楼（1901—1937），务农。 父亲：傅金寿（1928—1979），务农。 户主：傅荣强，初中毕业后务农，改革开放后一直从事个体玻璃营业。 2016年住房面积540平方米。					

做个普通人，做好每一件事，平等看待每个人，过普通人的日子。

傅志根

图 0499　傅岳坤全家照及最想说的一句话（2018 年 2 月）

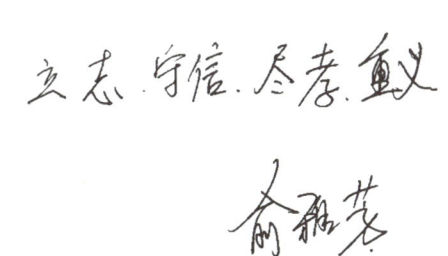

立志、守信、尽孝、重义

俞雅芸

图 0500　傅海刚全家照及最想说的一句话（2017 年 12 月）

家和万事兴
齐力方断金

傅荣强

图 0501　傅荣强全家照及最想说的一句话（2018 年 2 月）

表382 户主傅荣伟家庭成员情况

类别	家庭成员姓名	性别	家庭关系	文化程度	出生年月日	工作（职业）职务
交通片第三村民小组	傅荣伟	男	户主	初中	1963.10.05	浙江金洋控股集团门卫
	陆丽花	女	妻子	初中	1963.02.27	浙江金洋控股集团码布工
	傅丹红	女	长女	本科	1989.10.27	萧山第一人民医院护士（已出嫁）
	傅超	男	长子	本科	1997.12.15	温州医科大学在校生
户主	祖父：傅永楼（1901—1937），务农。 父亲：傅金寿（1928—1979），务农。 户主：傅荣伟，初中毕业后务农，后转油漆行业，进交通生产大队汽车修理厂做油漆工，工厂倒闭后转浙江金洋控股集团门卫至今。 2016年住房面积300平方米。					

表383 户主傅传根家庭成员情况

类别	家庭成员姓名	性别	家庭关系	文化程度	出生年月日	工作（职业）职务
交通片第三村民小组	傅传根	男	户主	小学	1951.02.10	凤凰家务，村民小组长
	方发娥	女	妻子	小学	1952.06.26	凤凰家务
	傅立军	男	长子	高中	1977.02.10	杭州东隆纺织有限公司销售
	杨建文	女	长媳	大学	1977.08.21	衙前镇毕公桥社区委员
	傅嘉扬	女	长孙女	小学	2007.06.21	衙前农村小学在校生
	傅依扬	女	次孙女		2015.01.08	
户主	祖父：傅明纶，生卒年不详，务农。 父亲：傅岳先（1921—2010），曾任原交通生产大队支部书记，在原衙前镇知青点和衙前镇五金厂工作至退休。母亲沈阿凤，从萧山坎山李源茂嫁到交通生产大队后一直务农，现在家养老。 户主：傅传根，凤凰村南片第三村民小组长，务农，联产承包责任制后进衙前农机厂工作，转制后转浙江恒逸集团工作。 2016年住房面积280平方米。					

注：图0503前排中，为傅传根的母亲沈阿凤，见表385。

表384 户主傅传叶家庭成员情况

类别	家庭成员姓名	性别	家庭关系	文化程度	出生年月日	工作（职业）职务
交通片第三村民小组	傅传叶	男	户主	小学	1953.12.16	杭州合和纺织有限公司职工
	陈阿娟	女	妻子	小学	1957.06.05	凤凰家务
	傅海军	男	长子	中专	1982.02.01	浙江金洋控股集团销售部，中共党员
	符秋花	女	儿媳	大专	1988.09.23	自由职业
	傅宸浩	男	长孙		2013.12.04	
户主	祖父：傅明纶，生卒年不详，务农。 父亲：傅岳先（1921—2010），曾任原交通生产大队支部书记，在原衙前镇知青点和衙前镇五金厂工作至退休。母亲沈阿凤，从萧山坎山李源茂嫁到交通生产大队后一直务农，现在家养老。 户主：傅传叶，联产承包责任制后进衙前农机厂工作，转制后转浙江恒逸集团工作，现在杭州合和纺织有限公司工作。 2016年住房面积280平方米。					

注：图0504前排中，为傅传叶的母亲沈阿凤，见表385。

希望生活越过越好。

傅荣伟

图 0502　傅荣伟全家照及最想说的一句话（2018 年 2 月）

堂堂正正做人
踏踏实实做事

傅立军

图 0503　傅传根全家照及最想说的一句话（2017 年 12 月）

希望生活越过越好

傅海军

图 0504　傅传叶全家照及最想说的一句话（2018 年 2 月）

表385　户主傅传荣家庭成员情况

类　别	家庭成员姓名	性别	家庭关系	文化程度	出生年月日	工作（职业）职务
交通片第三村民小组	傅传荣	男	户主	初中	1959.04.12	居家养老
	方欢英	女	妻子	初中	1954.06.04	中国平安保险公司萧山分公司部门经理
	沈阿凤	女	母亲	初识	1928.12.29	居家养老
	傅芳草	女	长女	本科	1983.07.12	萧山高桥小学教师，户口已迁出
	傅舒然	女	次女	本科	1991.03.05	萧山汇丰银行职工，户口已迁出
户主	祖父：傅明纶，生卒年不详，务农。 父亲：傅岳先（1921—2010），曾任过原交通生产大队支部书记，原在原衙前镇知青点负责，转衙前镇五金厂工作至退休。（夫妻结婚，生育5子2女，现已另立户口） 户主：傅传荣，初中毕业后进衙前农机厂（原萧山第二汽车配件厂）工作，转制后到衙前镇政府开车，政府人员精减后到萧山开出租车，自搞运输业，现退休在家。 2016年住房面积400平方米。					

注：傅传荣的长女婿、2个外孙，户口不在该村。

表386　户主傅传生家庭成员情况

类　别	家庭成员姓名	性别	家庭关系	文化程度	出生年月日	工作（职业）职务
交通片第三村民小组	傅传生	男	户主	高中	1962.05.26	浙江金洋控股集团职工
	施荷珍	女	妻子	小学	1963.06.14	凤凰家务
	傅超群	女	长女	本科	1989.09.18	萧山第一人民医院护士
	傅超强	男	长子	本科	1998.02.25	台州学院在校生
户主	祖父：傅明纶，生卒年不详，务农。 父亲：傅岳先（1921—2010），曾任过原交通生产大队支部书记，在原衙前镇知青点和衙前镇五金厂工作至退休。母亲沈阿凤，从坎山李源茂嫁到交通生产大队后一直务农，现在家养老。 户主：傅传生，高中毕业后在衙前水泥厂工作，后到杭州兴日钢集团工作，现在浙江金洋控股集团工作。 2016年住房面积300平方米。					

表387　户主傅永庆家庭成员情况

类　别	家庭成员姓名	性别	家庭关系	文化程度	出生年月日	工作（职业）职务
交通片第三村民小组	傅永庆	男	户主	初中	1972.08.27	浙江金洋控股集团职工
	卫四英	女	母亲	小学	1949.01.01	浙江金洋控股集团职工
	项华琴	女	妻子	初中	1973.01.16	浙江兴惠集团职工
	傅岳君	男	长子	大学本科	1996.10.20	长春光华学院在校生
户主	祖父：傅阿云（1909—1978），文盲，务农。 父亲：傅友常（1937—2012），小学文化，曾务农，后任原交通生产大队植保员、药销售站，后到浙江金洋控股集团工作。 户主：傅永庆，务农，初中毕业后开过个体汽车运输，后到浙江金洋控股集体工作。 2016年住房面积390平方米。					

合家欢乐
万事如意
　　　傅健荣

图 0505　傅传荣全家照及最想说的一句话（2018 年 3 月）

孝父母、爱儿女。
幸福、健康、快乐生活
　　　傅传生

图 0506　傅传生家庭照及最想说的一句话（2018 年 4 月）

学高为师、身正为范。
勤学慧源、努力登攀。
　　　林子会

图 0507　傅永庆全家照及最想说的一句话（2018 年 1 月）

第四村民小组

交通片第四村民小组有25户,户主姓名分别为:项美文、项金火、项小平、项国平、傅马根、张来荣、张阿泉、张荣海、傅小海、傅金强、傅金华、汪梅香、傅荣林、傅荣强、傅荣水、傅荣法、傅荣华、傅柏松、傅关荣、任茶花、傅关贤、傅华明、汪阿根、裘雅珍、项浦申。①

表388　户主项美文家庭成员情况

类别	家庭成员姓名	性别	家庭关系	文化程度	出生年月日	工作(职业)职务
交通片第四村民小组	项美文	女	户主	初中	1951.07.05	凤凰创业新村社区出纳
	傅明明	男	长子	大学本科	1980.07.09	杭州双虎新材料有限公司职工
	王燕燕	女	儿媳	本科	1980.11.03	萧山第五高级中学教师,中共党员
	傅心怡	女	孙女		2006.10.29	萧山区金山小学在校生
户主	公公:傅中狗,生卒年不详,务农。 户主:项美文,曾任交通村妇女主任、出纳,现在衙前创业新村任出纳。丈夫傅小松(1952—2001),原衙前镇交通村五金厂技术员、厂长,交通村支部委员。 2016年住房面积360平方米。						

表389　户主项金火家庭成员情况

类别	家庭成员姓名	性别	家庭关系	文化程度	出生年月日	工作(职业)职务
交通片第四村民小组	项金火	男	户主	初中	1938.07.04	居家养老
	夏芙蓉	女	妻子	小学	1945.10.15	居家养老
户主	祖父:项春兰,生卒年不详,务农。 父亲:项如泉(1910—1993),务农,1958年从原光明生产大队(今坎山镇)搬迁到交通生产大队(今凤凰村)。配偶沈阿姑(1920—1989)。 户主:项金火,务农,中共党员,1960—1965年任交通生产大队会计。改革开放后,在交通机械修配厂做业务主管,2003年后任厂长直到工厂倒闭。2006年到中国人民财产保险公司工作,现退休在家。 2016年住房面积330平方米。						

注:项金火有项国平(见表390)、项小平(见表391)、项志华(户口已迁萧山新街镇同兴村)3个儿子,已另立户口。

---

① 汪梅香,未单独列表,列入其子傅荣林表格中。

图 0508　水乡凤凰（2018年9月，徐国红摄）

希望生活越过越好。

项美文

图 0509　项美文全家照及最想说的一句话（2017年12月）

儿辈要小清

身体要健康。

项金火

图 0510　项金火夫妻照及最想说的一句话（2017年12月）

表390　户主项国平家庭成员情况

类　别	家庭成员姓名	性别	家庭关系	文化程度	出生年月日	工作（职业）职务
交通片第四村民小组	项国平	男	户主	小学	1963.08.23	自由职业
	曹水珍	女	妻子	初中	1964.12.13	开浴室
	项泽楚	男	长子	大专	1997.08.06	杭州依维柯汽车传动技术有限公司
户主	曾祖父：项春兰，生卒年不详，务农。 祖父：项如泉（1910—1993），务农，1958年从原光明生产大队（今坎山镇）搬迁到交通生产大队（今凤凰村）。配偶沈阿姑（1920—1989）。 父亲：项金火，务农，中共党员，1960—1965年任交通生产大队会计。改革开放后，在交通机械修配厂做业务主管，2003年后任厂长直到工厂倒闭。2006年到中国人民财产保险公司工作，现退休在家。 户主：项国平，务农，曾在交通机械修配厂工作，后做个体户，自由职业。 2016年住房面积360平方米。						

表391　户主项小平家庭成员情况

类　别	家庭成员姓名	性别	家庭关系	文化程度	出生年月日	工作（职业）职务
交通片第四村民小组	项小平	男	户主	小学	1965.04.17	自办纺织厂（萧山项小平织造厂）
	卫菊仙	女	妻子	初中	1964.10.25	自办纺织厂（萧山项小平织造厂）
	项丽丹	女	长女	大专	1991.11.30	在家待业（已出嫁）
	项振宇	男	长子	高中	1999.12.20	萧山高级技工学校在校生
户主	曾祖父：项春兰，生卒年不详，务农。 祖父：项如泉（1910—1993），务农，1958年从原光明生产大队（今坎山镇）搬迁到交通生产大队（今凤凰村）。配偶沈阿姑（1920—1989）。 父亲：项金火，务农，中共党员，1960—1965年任交通生产大队会计。改革开放后，在交通机械修配厂做业务主管，2003年后任厂长直到工厂倒闭。2006年到中国人民财产保险公司工作，现退休在家。 户主：项小平，开个体纺织厂（萧山项小平织造厂）至今。 2016年住房面积360平方米。						

表392　户主傅马根家庭成员情况

类　别	家庭成员姓名	性别	家庭关系	文化程度	出生年月日	工作（职业）职务
交通片第四村民小组	傅马根	男	户主	高中	1942.01.07	居家养老
	李夏英	女	妻子	小学	1949.06.10	居家养老
	傅国荣	男	长子	初中	1968.10.27	个体圆机织造
	吴志娟	女	长媳	初中	1969.04.06	个体圆机织造
	傅银艳	女	长孙女	本科	1995.01.04	浙江师范大学在校生
	傅飞燕	女	次孙女	初中	2003.10.16	衙前初中在校生
户主	父亲：傅长法，生卒年不详，从小开始学泥水匠，以做泥水匠为主。 户主：傅马根，务农，共生有3个子女，改革开放后做小本生意，现退休在家养老。 2016年住房面积480平方米。						

服从领导，
勤劳克家。
项国平

图0511　项国平全家照及最想说的一句话（2017年12月）

做事要勤，
做人要忠。
项小平

图0512　项小平家庭照及最想说的一句话（2017年12月）

以义为重，以郤为息，
宽大为怀，约人间己。
傅周泉

图0513　傅马根全家照及最想说的一句话（2017年12月）

表393 户主张阿泉家庭成员情况

类别	家庭成员姓名	性别	家庭关系	文化程度	出生年月日	工作（职业）职务
交通片第四村民小组	张阿泉	男	户主	小学	1954.07.05	杭州凤谊纺织有限公司门卫
	方月珍	女	妻子	小学	1959.02.09	居家养老
	张孟君	女	长女	本科	1984.07.31	杭州下沙邮电所职工
	刘伟恒	男	长女婿	本科	1984.12.12	杭州乔司劳改监狱民警
	张国君	女	次女	大专	1993.11.01	杭州陆军疗养院职工
	刘烜恺	男	长孙子		2012.09.04	
户主	曾祖父：张阿牛，生卒年不详，箍桶为生。 祖父：张关木（1897—1972），务农。 父亲：张金水（1929—2012），生有3子2女，1951年8月至1953年4月任交通乡人民政府乡长，1953年4月至1956年7月任交通乡人民政府副乡长，1956年7月至1958年10月任交通乡人民委员会副乡长，后回生产队务农，在原交通生产大队粮食加工厂工作。 户主：张阿泉，小学毕业后务农，任过生产队植保员，后进衙前交警队做合同工，现在杭州凤谊纺织有限公司做门卫。 2016年住房面积360平方米。					

注：张阿泉的次女张国君已结婚，户口未迁出，图0514后排为张阿泉的2个女儿、2个女婿。

表394 户主张荣海家庭成员情况

类别	家庭成员姓名	性别	家庭关系	文化程度	出生年月日	工作（职业）职务
交通片第四村民小组	张荣海	男	户主	初中	1956.05.02	凤凰村巡防队
	傅月英	女	妻子	初中	1963.07.25	浙江金洋控股集团职工
	张平	男	长子	高中	1986.10.20	个体经商
	金丽莎	女	儿媳	高中	1988.01.28	待业在家带小孩
户主	曾祖父：张阿牛，生卒年不详，箍桶为生。 祖父：张关木（1897—1972），务农。 父亲：张金水（1929—2012），生有3子2女，1951年8月至1953年4月任交通乡人民政府乡长，1953年4月至1956年7月任交通乡人民政府副乡长，1956年7月至1958年10月任交通乡人民委员会副乡长，后回生产队务农，在原交通生产大队粮食加工厂工作。 户主：张荣海，务农，联产承包责任制后为交通汽车修理厂钣金工，企业倒闭后到凤凰村巡防队工作至今，曾获萧山区见义勇为基金会授予的"见义勇为"称号。 2016年住房面积360平方米。					

注：张荣海的孙子张楚涵生于2017年7月13日。

合家欢乐，万事如意。

张立君

图 0514　张阿泉全家照及最想说的一句话（2017 年 12 月）

子孝 外贤，夫妻惠荣
勤劳节俭，家和业兴。

张荣海

图 0515　张荣海全家照及最想说的一句话（2017 年 12 月）

表395　户主张来荣家庭成员情况

类　别	家庭成员姓名	性别	家庭关系	文化程度	出生年月日	工作（职业）职务
交通片第四村民小组	张来荣	男	户主	高小	1964.06.24	个体五金厂职工
	陆玉梅	女	母亲	小学	1937.07.17	居家养老
	曾玉燕	女	妻子	小学	1970.10.18	浙江开氏纺纤集团有限公司食堂职工
	张凯	男	长子	大专	1992.07.02	杭州索凯实业有限公司职工
户主	曾祖父：张阿牛，生卒年不详，箍桶为生。 祖父：张关木（1897—1972），务农。 父亲：张金水，（1929—2012），生有3子2女，1951年8月至1953年4月任交通乡人民政府乡长，1953年4月至1956年7月任交通乡人民政府副乡长，1956年7月至1958年10月任交通乡人民委员会副乡长，后回生产队务农，在原交通生产大队粮食加工厂工作。 户主：张来荣，高小毕业，务农，联产承包责任制后到杭州铃钧五金机械有限公司工作至今。 2016年住房面积360平方米。					

表396　户主傅小海家庭成员情况

类　别	家庭成员姓名	性别	家庭关系	文化程度	出生年月日	工作（职业）职务
交通片第四村民小组	傅小海	男	户主	小学	1938.02.22	居家养老
	傅金连	男	三子	高中	1971.12.04	做加工卷闸门工作
	徐月红	女	三媳	初中	1974.09.20	萧山坎山街道个体服装店员工
	徐娇娇	女	长孙女	中专	1997.12.14	待业
	徐梦娇	女	次孙女	初中	2004.11.29	萧山坎山初中在校生
户主	父亲：傅长法，生卒年不详，务农。 户主：傅小海，务农，联产承包责任制后做泥水匠，后到衙前山南链条厂工作，做凤凰村环卫工等，现在家养老。 2016年住房面积360平方米。					

表397　户主傅金强家庭成员情况

类　别	家庭成员姓名	性别	家庭关系	文化程度	出生年月日	工作（职业）职务
交通片第四村民小组	傅金强	男	户主	高中	1966.01.04	浙江开氏纺纤集团有限公司职工
	陆条仙	女	母亲	小学	1947.09.25	居家养老
	王雅娟	女	妻子	初中	1969.07.13	原萧山三中校办厂职工
	傅佳伟	男	长子	中专	1993.03.17	新凉亭汽车配件厂职工
户主	祖父：傅长法，生卒年不详，务农。 父亲：傅小海，务农，联产承包责任制后做泥水匠，后到衙前山南链条厂工作，做凤凰村环卫工等，现在家养老。 户主：傅金强，原务农，后在交通生产大队汽车修理厂做修理工，企业倒闭后到浙江开氏集团工作至今。 2016年住房面积360平方米。					

注：图0518前排右一，为傅金强的父亲傅小海，见表396。

不求家财万贯
只求健康平安
曾玉燕

图0516　曾玉燕（右）、张凯（左）及最想说的一句话（2018年2月）

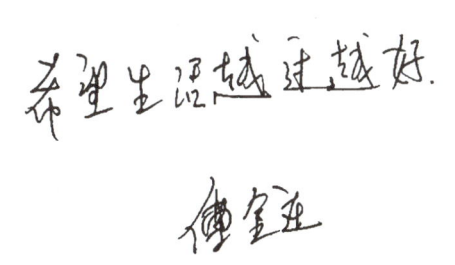

希望生活越过越好.
傅金连

图0517　傅金连（傅小海的三子）全家照及最想说的一句话（2018年6月）

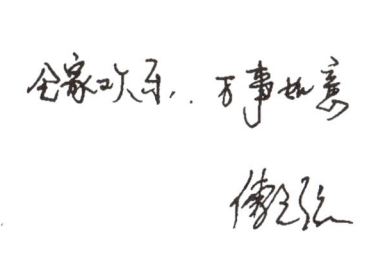

全家欢乐，万事如意
傅金强

图0518　傅金强全家照及最想说的一句话（2017年12月）

表 398　户主傅金华家庭成员情况

类　别	家庭成员姓名	性别	家庭关系	文化程度	出生年月日	工作（职业）职务
交通片第四村民小组	傅金华	男	户主	小学	1969.03.05	经营个体理发店
	傅鑫杰	男	长子	大专	1994.12.14	萧山区北干街道盛源蓝爵国际
户主	祖父：傅长法，生卒年不详，务农。 父亲：傅小海，务农，联产承包责任制后做泥水匠，后到山南链条厂工作，做凤凰村环卫工等，现在家养老。 户主：傅金华，小学毕业后学理发手艺，开理发店至今。（与妻傅芬娟生育1子，已病故） 2016年住房面积360平方米。					

表 399　户主傅荣强家庭成员情况

类　别	家庭成员姓名	性别	家庭关系	文化程度	出生年月日	工作（职业）职务
交通片第四村民小组	傅荣强	男	户主	初中	1964.10.26	杭州江南电机有限公司工作
	张桂英	女	妻子	高中	1964.10.14	杭州江南电机有限公司工作
	傅晶晶	女	长女	本科	1990.08.10	浙江恒逸集团有限公司工作
	傅莹莹	女	次女	本科	1997.12.24	浙江旅游学院在校生
户主	祖父：傅长命，生卒年不详，务农。 父亲：傅张贵（1929—2007），务农，曾任过原交通生产大队副大队长职务。配偶汪梅香（已另立户），生有2子3女。 户主：傅荣强，中共党员，曾在萧山衙前五金厂工作，后更名为杭州江南电机有限公司。 2016年住房面积360平方米。					

表 400　户主傅荣林家庭成员情况

类　别	家庭成员姓名	性别	家庭关系	文化程度	出生年月日	工作（职业）职务
交通片第四村民小组	傅荣林	男	户主	小学	1968.05.14	曹建军针织厂职工
	施芬英	女	妻子	小学	1967.06.25	曹建军针织厂职工
	傅佳丽	女	长女	本科	1994.06.02	浙江工业大学在校生
	傅佳锋	男	长子	高中	2001.03.27	萧山第六高级中学在校生
	汪梅香	女	母亲	文盲	1939.07.02	居家养老
户主	祖父：傅长命，生卒年不详，务农。 父亲：傅张贵（1929—2007），务农，曾任过原交通生产大队副大队长职务。配偶汪梅香生有2子3女。 户主：傅荣林，曾做个体运输，现在曹建军针织厂工作。 2016年住房面积360平方米。					

诚实守信，
勤劳致富。
傅金华

图 0519　傅金华全家照及最想说的一句话（2017 年 12 月）

堂堂正正做人，
踏踏实实做事

傅荣强

图 0520　傅荣强全家照及最想说的
一句话（2018 年 4 月）

处世以诚让为贵，
做人以诚信为本。
傅荣林

图 0521　傅荣林全家照及最想说的一句话（2018 年 2 月）

表 401　户主傅荣法家庭成员情况

类　别	家庭成员姓名	性别	家庭关系	文化程度	出生年月日	工作（职业）职务
交通片第四村民小组	傅荣法	男	户主	小学	1954.11.16	居家养老
	杨翠娥	女	妻子	小学	1956.12.06	居家养老
	傅校洪	男	长子	中专	1981.09.11	自由职业
	胡高卿	女	儿媳	大专	1979.04.29	萧山区瓜沥第二幼儿园教师
	傅高优	女	长孙女	小学	2005.08.25	衙前农村小学校在校生
户主	祖父：傅福昌，生卒年不详，务农。 父亲：傅正康（1929—2003），由绍兴柯桥马后迁入交通村给傅福昌做上门女婿，原在萧山粮油加工厂工作，1962年精减回乡后务农。 户主：傅荣法，联产承包责任制后从事铸造业工作，现在家养老。 2016年住房面积480平方米。					

表 402　户主傅荣华家庭成员情况

类　别	家庭成员姓名	性别	家庭关系	文化程度	出生年月日	工作（职业）职务
交通片第四村民小组	傅荣华	男	户主	小学	1954.11.16	凤凰家务
	沃阿香	女	妻子	小学	1959.08.16	凤凰家务
	傅校明	男	长子	大专	1983.01.31	衙前派出所巡防队，中共党员
	王张燕	女	儿媳	大专	1983.12.09	杭州伟利纺织厂会计
	傅王蕾	女	长孙女	小学	2007.09.05	衙前农村小学在校生
户主	祖父：傅福昌，生卒年不详，务农。 父亲：傅正康（1929—2003），由绍兴柯桥马后迁入交通村给傅福昌做上门女婿，原在萧山粮油加工厂工作，1962年精减回乡后务农。 户主：傅荣华，以农为主，空闲时间做点小生意，在凤凰农贸市场有蔬菜摊位，后转让给他人，现在家养老。 2016年住房面积480平方米。					

表 403　户主傅荣水家庭成员情况

类　别	家庭成员姓名	性别	家庭关系	文化程度	出生年月日	工作（职业）职务
交通片第四村民小组	傅荣水	男	户主	小学	1962.08.05	杭州潘氏纺织有限公司杂工
	陈素芬	女	妻子	小学	1965.07.21	杭州亿达化纤有限公司职工
	傅校军	男	长子	中专	1989.08.01	衙前华数有线电视
	孙丽娜	女	长媳	中专	1989.02.17	凤凰家务
	傅晨逸	男	长孙		2016.08.03	
户主	祖父：傅福昌，生卒年不详，务农。 父亲：傅正康（1929—2003），由绍兴柯桥马后迁入交通村给傅福昌做上门女婿，原在萧山粮油加工厂工作，1962年精减回乡后务农。 户主：傅荣水，务农，联产承包责任制后到杭州潘氏纺织有限公司工作至今。 2016年住房面积480平方米。					

希望生活越来越好

傅__

图0522　傅荣法全家照及最想说的一句话（2017年12月）

立志．守信．尽责．
感义

傅荣华

图0523　傅荣华全家照及最想说的一句话（2017年12月）

诚实守信．勤劳致富．

傅荣水

图0524　傅荣水全家照及最想说的一句话（2017年12月）

表404　户主傅关荣家庭成员情况

类　别	家庭成员姓名	性别	家庭关系	文化程度	出生年月日	工作（职业）职务
交通片第四村民小组	傅关荣	男	户主	小学	1954.08.04	凤凰村夜巡队队员
	汪秋芬	女	妻子	小学	1957.08.01	凤凰家务
	傅林洪	男	长子	大专	1980.10.14	萧山华数数字有限公司，中共党员，村民小组长
	徐柳莺	女	长媳	大专	1982.01.04	萧山新街街道新塘头村
	傅宜宽	男	长孙	小学	2007.10.24	衙前农村小学在校生
户主	祖父：傅福仁，生卒年不详，务农。 父亲：傅义宝（1925—2009），务农。 户主：傅关荣，从绍兴顾家荡迁入交通生产大队给傅义宝做子，务农，后在杭州正然纺织有限公司做机修工，现为凤凰村夜巡队员。 2016年住房面积360平方米。					

表405　户主傅柏松家庭成员情况

类　别	家庭成员姓名	性别	家庭关系	文化程度	出生年月日	工作（职业）职务
交通片第四村民小组	傅柏松	男	户主	初中	1961.03.17	凤凰村党委副书记
	蔡凤秀	女	妻子	小学	1963.04.27	凤凰家务
	傅剑	男	长子	本科	1987.10.29	杭州南郊监狱民警
	孙超	女	儿媳	本科	1989.08.27	萧山区土管局
	傅梓妍	女	长孙女		2016.11.27	
户主	祖父：傅福仁，生卒年不详，务农。 父亲：傅义宝（1925—2009），务农。 户主：傅柏松，在河南信阳服兵役5年，中共党员，退伍后开个体食品店，后开杭州柏剑纺织厂，2001年11月任原交通村党支部书记，2005年村规模调整后任凤凰村党委副书记至今。 2016年住房面积300平方米。					

表406　户主任茶花家庭成员情况

类　别	家庭成员姓名	性别	家庭关系	文化程度	出生年月日	工作（职业）职务
交通片第四村民小组	任茶花	女	户主	小学	1946.12.03	居家养老
	傅建波	男	长子	初中	1977.03.10	杭州钦汇建设管理有限公司职工
	吕慧红	女	长媳	初中	1980.11.07	衙前中心幼儿园
	傅媛媛	女	长孙女		2011.10.15	
户主	公公：傅永楼（1901—1937），务农。 户主：任茶花，务农，现在家养老。丈夫傅金木（1932—1985），服兵役8年，复员后到萧山义蓬粮管所工作，后病退。 2016年住房面积330平方米。					

勤抖·傅锐
和睦 学在前
　　　　傅林贤

图0525　傅关荣全家照及最想说的一句话（2018年2月）

全家幸福,快乐就好.
　　　　傅柏松

图0526　傅柏松全家照及最想说的一句话（2018年4月）

身体健康、平平安安,
　　　　陈建清

图0527　任茶花全家照及最想说的一句话（2017年12月）

表407 户主傅关贤家庭成员情况

类别	家庭成员姓名	性别	家庭关系	文化程度	出生年月日	工作（职业）职务
交通片第四村民小组	傅关贤	男	户主	小学	1952.02.14	居家养老
	傅长根	男	父亲	小学	1927.10.23	居家养老
	陈凤英	女	妻子	小学	1954.05.04	凤凰家务
	傅铮澜	男	长子	大专	1978.03.25	杭金衢高速开发公司
	孙敏	女	儿媳	大专	1978.05	萧山电力承装公司职工
	孙怡瑄	女	长孙女	小学	2007.11.26	衙前农村小学在校生
	傅怡冰	女	次孙女		2010.11.04	
户主	祖父：傅才生，生卒年不详，务农。 父亲：傅长根，小学文化，务农。 户主：傅关贤，务农，联产承包责任制后开办纺织厂，后厂房转租给他人，自己在家养老。 2016年住房面积480平方米。					

表408 户主傅华明家庭成员情况

类别	家庭成员姓名	性别	家庭关系	文化程度	出生年月日	工作（职业）职务
交通片第四村民小组	傅华明	男	户主	初中	1955.03.09	杭州正然纺织有限公司负责人
	吴仙花	女	母亲	文盲	1932.08.10	居家养老
	陆仙花	女	妻子	小学	1956.08.14	凤凰家务
	傅正伟	男	长子	大专	1981.01.15	杭州正然纺织有限公司，中共党员
	陈芩燕	女	长媳	大学本科	1982.10.01	中国银行萧山分行职员，中共党员
	傅一然	女	长孙女	小学	2007.09.07	衙前农村小学在校生
	傅一涵	女	次孙女		2015.04.13	
户主	祖父：傅才生，生卒年不详，务农。 父亲：傅长根，小学文化，务农。 户主：傅华明，中共党员，曾任交通村村长，改革开放后任交通机械修配厂厂长，后自办杭州正然纺织有限公司至今。 2016年住房面积360平方米。					

精诚所至，金石为开。

孙怡瑄

图0528　傅关贤全家照及最想说的一句话（2018年2月）

人定胜天。
逆天改命，
以爱和慈悲护航，

傅一然

图0529　傅华明全家照及最想说的一句话（2018年8月）

表 409　户主裘雅珍家庭成员情况

类别	家庭成员姓名	性别	家庭关系	文化程度	出生年月日	工作（职业）职务
交通片第四村民小组	裘雅珍	女	户主	初中	1969.09.19	衙前中心幼儿园食堂员工、女组长
	汪国刚	男	丈夫	初中	1973.06.20	绍兴帛哲针纺有限公司管理员
	汪岳贞	男	公公	小学	1943.09.24	杭州潘氏纺织有限公司保洁员
	石杏梅	女	婆婆	小学	1951.04.04	居家养老
	汪东明	男	长子	本科	1997.09.25	浙江理工大学科技与艺术学院在校生
户主	祖籍萧山坎山公社丁村（今沿塘村），曾祖父辈始迁入衙前公社交通生产大队。 太公：汪岳兴（1910—1983），务农。配偶朱田姑，生有3子2女。 公公：汪岳贞，早年务农，后在杭州潘氏纺织有限公司做保洁员。生有2子1女，现都已成家（大儿子汪国良一家三口系杭州户口，在杭州半山拱墅区居住）。 户主：裘雅珍，初中毕业，1996年与汪国刚（汪岳正的小儿子，户口在衙前镇毕公桥社区）结婚，同年8月户口从绍兴稽东迁入萧山衙前交通村，丈夫汪国刚在绍兴帛哲针纺有限公司管理生产。 2016年住房面积300平方米。						

表 410　户主汪阿根家庭成员情况

类别	家庭成员姓名	性别	家庭关系	文化程度	出生年月日	工作（职业）职务
交通片第四村民小组	汪阿根	男	户主	小学	1949.07.06	居家养老
	傅秋香	女	妻子	小学	1954.09.19	居家养老
	汪维芳	女	长女	中专	1987.07.15	凤凰家务
	岑杰	男	女婿	大专	1985.05.08	杭州金钥匙科技有限公司管理员
	岑杉杉	女	长孙女		2013.04.28	
	汪岑博	男	长孙子		2016.07.10	
户主	祖籍萧山坎山公社丁村（今沿塘村），曾祖父辈始迁入衙前公社交通生产大队。 父亲：汪岳兴（1910—1983），务农。配偶朱田姑，生有3子2女。 户主：汪阿根，中共党员，服兵役4年，退伍后回家务农，曾在衙前交警队做过临时工，后在交通汽车修理厂工作，又做水电安装杂工，现在家养老。 2016年住房面积360平方米。						

表 411　户主项浦申家庭成员情况

类别	家庭成员姓名	性别	家庭关系	文化程度	出生年月日	工作（职业）职务
交通片第四村民小组	项浦申	男	户主	高小	1934.09.07	衙前养老院养老
户主	父亲：项友相，生卒年不详，原在上海临时运输队打工。 户主：项浦申，曾用名项荣彪，曾在上海与父亲一起打工，无正业，后由于身体不好，回乡养老，现在衙前镇政府敬老院养老。 无房产。						

和睦友善 勤俭节约
科技致富，读书为先。
裘雅珍

图0530　裘雅珍全家照及最想说的一句话（2017年12月）

是非面前不含糊，
原则问题争花代。
沈雅芳

图0531　汪阿根全家照及最想说的一句话（2018年6月）

身体健康，万事如意。
项浦申

图0532　项浦申及最想说的一句话（2018年7月）

第五村民小组

交通片第五村民小组有33户，户主姓名分别为：胡生根、傅德忠、傅银潮、傅柏裕、傅岳松、傅小虎、傅关浩、金梅娟、傅关木、傅关法、傅岳元、傅岳夫、傅金森、傅国伟、傅国松、傅国文、傅岳兴、傅岳土、傅岳林、傅关生、傅关土、傅关潮、傅关松、傅小贤、钟爱宝、周岳根、周志良、周兴良、王灿法、王军、傅传海、曹金花、俞江飞。①

表412　户主胡生根家庭成员情况

类别	家庭成员姓名	性别	家庭关系	文化程度	出生年月日	工作（职业）职务
交通片第五村民小组	胡生根	男	户主	小学	1949.12.13	凤凰家务
	方梅珍	女	妻子	小学	1953.12.28	凤凰家务
	胡文雅	女	长女	初中	1975.11.07	浙江恒逸集团职工、女组长
	郑小平	男	长女婿	小学	1974.12.23	衙前派出所协警，中共党员
	胡淑铭	女	长孙女	高中	1999.10.22	萧山第六高级中学在校生
户主	曾祖父：胡长友，生卒年不详，务农。 祖父：胡阿元，生卒年不详，务农。 父亲：胡岳泉（1920—2002），务农。 户主：胡生根，务农，后做过交通片环卫工等，现在家养老。 2016年住房面积310平方米。					

注：胡生根的次女已出嫁，户口已迁出，次女一家3口户口在坎山镇。

表413　户主傅银潮家庭成员情况

类别	家庭成员姓名	性别	家庭关系	文化程度	出生年月日	工作（职业）职务
交通片第五村民小组	傅银潮	男	户主	高小	1955.08.28	浙江金洋控股集团门卫
	李雅芬	女	妻子	小学	1956.10.02	居家养老
	傅利良	男	长子	本科	1987.08.21	中国建设银行萧山支行职工
	傅德忠	男	父亲	高小	1936.01.04	居家养老
	殷燕婷	女	长媳	本科	1987.11.21	萧山投资公司职员
	傅一诺	女	长孙女		2012.12.05	
	傅一帆	男	长孙		2015.09.01	
户主	祖父：傅小友，生卒年不详，务农。 父亲：傅德忠，1936年生，务农，改革开放后，因土地征用进入衙前电器二厂工作，后进浙江金洋控股集团有限公司做门卫，现在家养老。 户主：傅银潮，务农，改革开放后进傅华明纺织厂做机修工，后在浙江金洋控股集团有限公司做门卫至今。 2016年住房面积330平方米。					

注：傅银潮的女儿已结婚生子，户口已迁出。

---

① 傅金森，未单独列表，列入其子傅国松表格中。王灿法，未单独列表，列入其子王军表格中。

图 0533　童墅河边垂柳（2018年8月，陈妙荣摄）

诚实守信，勤劳致富

图 0534　胡生根全家照及最想说的一句话（2018年2月）

堂堂正正做人，踏踏实实做事

图 0535　傅银潮全家照及最想说的一句话（2018年2月）

表414　户主傅柏裕家庭成员情况

类别	家庭成员姓名	性别	家庭关系	文化程度	出生年月日	工作（职业）职务
交通片第五村民小组	傅柏裕	男	户主	高小	1957.07.12	绍兴金海岛化纤有限公司职工
	李月文	女	妻子	小学	1960.01.03	凤凰家务
	李仁姑	女	母亲	文盲	1933.10.13	居家养老
	傅华良	男	长子	大专	1982.11.15	杭州华清贸易有限公司职工
	丁利君	女	儿媳	大学	1982.09.19	绍兴县柯桥中学教师
	傅米莱	女	长孙女		2007.05.25	衙前农村小学在校生
	傅米儿	女	次孙女		2013.08	
户主	祖父：傅小友，生卒年不详，务农。 父亲：傅德忠，务农，改革开放后，因土地征用进衙前电器二厂工作，后进浙江金洋控股集团做门卫，现在家养老。 户主：傅柏裕，小学毕业后务农，改革开放后用拖拉机搞运输，后用汽车搞运输，现在绍兴金海岛有限公司工作。（夫妻生育1子，户口不在凤凰村） 2016年住房面积300平方米。					

表415　户主傅岳松家庭成员情况

类别	家庭成员姓名	性别	家庭关系	文化程度	出生年月日	工作（职业）职务
交通片第五村民小组	傅岳松	男	户主	小学	1948.02.28	杭州庆恒纺织有限公司杂工
	张素珍	女	妻子	小学	1953.12.26	凤凰家务
	傅国庆	男	长子	初中	1979.01.14	杭州庆恒纺织有限公司经理，中共党员
	徐猗梅	女	长媳	初中	1980.11.07	杭州庆恒纺织有限公司出纳
	傅徐超	女	长孙女	小学	2004.11.26	萧山高桥小学在校生
	傅徐倩	女	次孙女	小学	2010.06.09	萧山高桥小学在校生
户主	父亲：傅中狗，生卒年不详，务农。 户主：傅岳松，中共党员，小学毕业后务农，原交通生产大队赤脚医生，后在交通生产大队汽车修理厂当钳工，现在杭州庆恒纺织有限公司做杂工。 2016年住房面积640平方米。					

表416　户主傅小虎家庭成员情况

类别	家庭成员姓名	性别	家庭关系	文化程度	出生年月日	工作（职业）职务
交通片第五村民小组	傅小虎	男	户主	文盲	1928.11.16	居家养老
	傅关强	男	三子	高中	1970.03.07	浙江恒逸聚合物有限公司杂工
户主	户主：傅小虎，务农，开始在生产队看耕牛，并以牛主身份做点小生意。长子傅关浩另立户口，三子傅关强（曾用名：傅关祥）从小患有疾病。 2016年住房面积180平方米。					

家庭和睦，邻里相亲，以德交友，以诚服人。

　　　　　　傅柏裕

图 0536　傅柏裕全家照及最想说的一句话（2017 年 12 月）

孝父母．友兄弟．
爱儿女．友邻里．

　　　　　　傅岳松

图 0537　傅岳松全家照及最想说的一句话（2017 年 12 月）

父慈子孝．兄友弟恭
勤劳为本．节俭家兴

　　　　　　傅关强

图 0538　傅小虎及傅关强最想说的一句话（2017 年 4 月）

表417　户主傅关浩家庭成员情况

类　别	家庭成员姓名	性别	家庭关系	文化程度	出生年月日	工作（职业）职务
交通片第五村民小组	傅关浩	男	户主	小学	1962.12.28	个体汽车轮胎修理业
	张春凤	女	妻子	初中	1964.03.24	凤凰家务
	傅松南	男	长子	大专	1990.06.17	浙江东南网架股份有限公司职工
	方铭洁	女	长媳	大专	1989.10.30	杭州叶茂纺织有限公司职工
	傅雨萱	女	长孙女		2015.01.31	
	傅雨悦	女	次孙女		2016.08.11	
户主	父亲：傅小虎，务农为主，开始在生产队看耕牛，并以牛主身份做点小生意。 户主：傅关浩，小学毕业后务农，后到交通汽车修理厂修轮胎，企业倒闭后从事个体修理业。 2016年住房面积285平方米。					

表418　户主金梅娟家庭成员情况

类　别	家庭成员姓名	性别	家庭关系	文化程度	出生年月日	工作（职业）职务
交通片第五村民小组	金梅娟	女	户主	初中	1968.12.20	个体三卡客运
	傅丹	女	长女	本科	1990.06.06	杭州英贸杰有限公司职工
户主	曾祖父：金余塘，生卒年不详，务农。 祖父：金世宝，生卒年不详，务农。 父亲：金六斤，曾参加朝鲜志愿军，任过班长，复员后务农，后到萧山杭二棉厂后勤部工作，1962年精减回乡，后由于政策改动，政府照顾又复工至退休，已故。 户主：金梅娟，初中毕业后务农，改革开放后从事三卡客运。（丈夫傅关校是傅小虎的二儿子，从事修理业，早年病故） 2016年住房面积150平方米。					

表419　户主傅关木家庭成员情况

类　别	家庭成员姓名	性别	家庭关系	文化程度	出生年月日	工作（职业）职务
交通片第五村民小组	傅关木	男	户主	小学	1959.04.10	个体拖拉机运输、小组长
	张爱芬	女	妻子	小学	1967.04.07	三卡个体客运
	傅佳南	男	长子	高中	1991.01.23	衙前派出所协警
	汪镜如	女	儿媳	高中	1991.03.19	杭州中栋控股集团有限公司职工
	傅汪怡	女	长孙女		2016.09.19	
户主	父亲：傅水林（1921—1982），务农。 户主：傅关木，务农，曾任原交通村第五生产队队长，后自办个体拖拉机运输至今。 2016年住房面积340平方米。					

家和万事兴，齐力共圆梦

张春风

图0539　傅关浩全家照及最想说的一句话（2018年3月）

为人讲诚信，处向家温暖

金梅娟

图0540　金梅娟全家照及最想说的一句话（2018年3月）

婆媳和，夫妻亲，
子孙孝，家兴旺

傅关木

图0541　傅关木全家照及最想说的一句话（2018年2月）

表420 户主傅关法家庭成员情况

类别	家庭成员姓名	性别	家庭关系	文化程度	出生年月日	工作（职业）职务
交通片第五村民小组	傅关法	男	户主	小学	1963.08.04	个体修理业
	周雅芬	女	妻子	初中	1965.03.05	凤凰家务
	傅镇南	男	长子	高中	1988.11.07	浙江东南网架集团有限公司电工
	周华萍	女	长媳	高中	1989.01.20	凤凰家务
	傅芯慧	女	长孙女		2014.09.16	
	傅芯悦	女	次孙女		2016.04.25	
户主	父亲：傅水林（1921—1982），务农。 户主：傅关法，小学毕业后务农，后从事自行车轮胎修理、汽车轮胎修理及其他修理等。 2016年住房面积300平方米。					

表421 户主傅岳元家庭成员情况

类别	家庭成员姓名	性别	家庭关系	文化程度	出生年月日	工作（职业）职务
交通片第五村民小组	傅岳元	男	户主	初中	1945.02.24	杭州潘氏纺织有限公司门卫
	陈文珍	女	妻子	小学	1948.10.02	居家养老
	傅志红	女	次女	高中	1974.07.30	杭州潘氏纺织有限公司出纳
	胡国良	男	次女婿	初中	1973.04.13	杭州潘氏纺织有限公司财务，中共党员
	傅鹏飞	男	长孙	高中	2000.07.16	
户主	祖父：傅永毛（1881—1958），务农。 父亲：傅大金（1913—1981），务农。 户主：傅岳元，务农，后进交通汽车修理厂做钣金工，企业倒闭后进杭州潘氏纺织有限公司做门卫至今。 2016年住房面积360平方米。					

表422 户主傅岳夫家庭成员情况

类别	家庭成员姓名	性别	家庭关系	文化程度	出生年月日	工作（职业）职务
交通片第五村民小组	傅岳夫	男	户主	初中	1952.12.06	浙江开氏纺纤集团有限公司保安
	沈小英	女	妻子	小学	1954.03.21	居家养老
	傅焕明	男	长子	初中	1980.03.01	浙江开氏纺纤集团有限公司机修工
	杨汤雅	女	长媳	初中	1980.04.13	浙江开氏纺纤集团有限公司仓库保管员
	傅亿佳	女	长孙女	小学	2006.10.16	衙前农村小学在校生
	傅杨炯	男	长孙	小学	2009.07.27	衙前农村小学在校生
户主	祖父：傅永毛（1881—1958），务农。 父亲：傅大金（1913—1981），务农。 户主：傅岳夫，务农，后进交通汽车修理厂做钣金工，企业倒闭后到浙江开氏集团做保安工作至今。 2016年住房面积330平方米。					

家和万事兴，齐力共断金
合家又团乐，万事如意。
　　　　　　傅关法．

图 0542　傅关法全家照及最想说的一句话（2018 年 2 月）

堂堂正正做人
勤勤垦垦治家
　　　　　傅岳元．

图 0543　傅岳元全家照及最想说的一句话（2018 年 2 月）

愿晚辈考上
公务员。
　　　　傅岳夫

图 0544　傅岳夫全家照及最想说的一句话（2018 年 2 月）

表423　户主傅国松家庭成员情况

类　别	家庭成员姓名	性别	家庭关系	文化程度	出生年月日	工作（职业）职务
交通片第五村民小组	傅国松	男	户主	本科	1970.01.30	萧山瓜沥镇社区服务中心坎山分中心副主任医师
	傅金森	男	父亲	高小	1937.10.10	居家养老
	唐兰花	女	母亲	小学	1945.10.23	居家养老
	庞露萍	女	妻子	初中	1969.04.18	萧山坎山医院中医妇科医师
	傅　晨	男	长子	本科	1995.05.22	浙江师范大学在校生
户主	祖父：傅永耀，生卒年不详，务农。 父亲：傅金森，原在交通生产大队当会计多年，退职后在杭州欢达纺织有限公司做杂工，现在家养老。（配偶唐兰花生育2子3女） 户主：傅国松，本科毕业后在萧山坎山医院任内科医师，现为瓜沥镇社区服务中心坎山分中心副主任医师（全科）。 2016年住房面积330平方米。					

注：傅国松的弟弟傅国伟，见表424。

表424　户主傅国伟家庭成员情况

类　别	家庭成员姓名	性别	家庭关系	文化程度	出生年月日	工作（职业）职务
交通片第五村民小组	傅国伟	男	户主	初中	1972.06.19	个体出租车客运
	高亚娣	女	妻子	小学	1976.10.25	浙江金洋控股集团出纳，中共党员
	傅凯楠	男	长子	高中	2000.06.29	萧山第五高级中学在校生
户主	祖父：傅永耀，生卒年不详，务农。 父亲：傅金森，民国26年（1937）生，原在交通生产大队当会计多年，退职后在杭州欢达纺织有限公司做杂工，现在家养老。 户主：傅国伟，初中毕业，从事个体运输业，后从事个体出租车客运至今。 2016年住房面积330平方米。					

注：傅国伟全家照，见图0545。

表425　户主傅国文家庭成员情况

类　别	家庭成员姓名	性别	家庭关系	文化程度	出生年月日	工作（职业）职务
交通片第五村民小组	傅国文	女	户主	高中	1965.10.27	凤凰家务
	傅洋洋	男	长子	大专	1990.09.10	萧山防疫站工作
	徐海佳	女	儿媳	大学	1990.09.23	国美电器有限公司职工
户主	祖父：傅永耀，生卒年不详，务农。 父亲：傅金森，民国26年（1937）生，原在交通生产大队当会计多年，退职后在杭州欢达纺织有限公司做杂工，现在家养老。 户主：傅国文，高中毕业后进入衙前农机厂工作（原萧山第二汽车配件厂，先为车工，后在计量室），农机厂转制后自办个体金片丝厂。（现已与丈夫范火根离异） 2016年住房面积240平方米。					

父慈子孝，以友为邻
诚信为上，帮困扶贫

傅国松

图0545　傅国松（后排左四）、傅国伟（后排左三）全家照及最想说的一句话（2018年2月）

家庭和睦，邻里相亲
以德交友，以诚服人

傅国伟

图0546　凤凰村民居住区（2018年10月，徐国红摄）

满堂祥瑞满堂春
举家和睦合家欢

傅国文

图0547　傅国文全家照及最想说的一句话（2018年4月）

表426　户主傅岳土家庭成员情况

类　别	家庭成员姓名	性别	家庭关系	文化程度	出生年月日	工作（职业）职务
交通片第五村民小组	傅岳土	男	户主	小学	1957.11.29	凤凰村水管员
	张荷花	女	妻子	小学	1958.06.10	凤凰家务
	傅微君	女	长女	本科	1985.07.06	浙江恒逸集团总公司统计
	傅张君	女	次女	大专	1993.03.14	杭州飞南布业外贸部职员
户主	祖父：傅永楼（1901—1937），务农。 父亲：傅金瑞（1924—1990），务农。 户主：傅岳土，小学毕业后务农，当兵4年，中共党员，退伍后任公社联防队长，后到萧山色织厂做供销员，在衙前水泥厂船队，后到杭州萧山衙前铸钢厂工作，现为凤凰村水管员。 2016年住房面积324平方米。						

表427　户主傅岳林家庭成员情况

类　别	家庭成员姓名	性别	家庭关系	文化程度	出生年月日	工作（职业）职务
交通片第五村民小组	傅岳林	男	户主	初中	1960.10.19	杭州江南电机股份有限公司车间主任
	戴文娟	女	妻子	初中	1960.09.05	凤凰家务，中共党员
	傅彬彬	男	长子	本科	1988.11.29	浙江传化股份有限公司职工
	华益	女	儿媳	本科	1988.09.01	浙江逸昕化纤有限公司职工
户主	祖父：傅永楼（1901—1937），务农。 父亲：傅金瑞（1924—1990），务农。 户主：傅岳林，初中毕业后务农，后进杭州电器二厂工作，现为杭州江南电机股份有限公司车间主任至今。 2016年住房面积440平方米。						

注：傅岳林的母亲周荷花（图0549前排中）见表428，傅岳林的孙女傅楚湉生于2017年6月10日。

表428　户主傅岳兴家庭成员情况

类　别	家庭成员姓名	性别	家庭关系	文化程度	出生年月日	工作（职业）职务
交通片第五村民小组	傅岳兴	男	户主	初中	1969.08.04	杭州水务集团工程组
	周荷花	女	母亲	文盲	1932.06.20	居家养老
	莫利琴	女	妻子	小学	1970.12.21	个体水暖配件营业
	傅银芳	女	长女	本科	1994.11.27	浙江师范大学在校生
	傅银杰	女	次女	初中	2002.07.11	衙前初中在校生
户主	祖父：傅永楼（1901—1937），务农。 父亲：傅金瑞（1924—1990），务农。 户主：傅岳兴，初中毕业，1986—1991年在萧山第二建筑公司工作，1992年开始经营水暖配件及安装，2000年在萧山市政工程公司工作，2016年在萧山水务集团工程组工作。 2016年住房面积324平方米。						

希望我们老一辈健康长寿，
希望我们小一辈长大有成就！

傅岳土

图 0548　傅岳土全家照及最想说的一句话（2017 年 12 月）

希望生活越过越好。

傅岳林

图 0549　傅岳林全家照及最想说的一句话（2017 年 12 月）

不求万贯家财，
但求健康平安。

傅岳兴

图 0550　傅岳兴全家照及最想说的一句话（2018 年 2 月）

表 429　户主傅关生家庭成员情况

类别	家庭成员姓名	性别	家庭关系	文化程度	出生年月日	工作（职业）职务
交通片第五村民小组	傅关生	男	户主	小学	1949.02.18	杭州潘氏纺织有限公司门卫
	傅利明	男	长子	初中	1985.12.13	杭州潘氏纺织有限公司修理工
	唐苏琴	女	前妻	小学	1959.09.15	已离异，衙前镇政府保洁员
	何加平	女	长女	初中	1983.11.11	出嫁到萧山坎山振兴小区
	张彩霞	女	长媳	小学	1981.11.20	凤凰家务
户主	父亲：傅顺法（1914—1973），务农。 户主：傅关生，务农，曾在原交通生产大队汽车修理厂做钣金工，后转杭州潘氏纺织有限公司做门卫至今。 2016年住房面积330平方米。					

表 430　户主傅关土家庭成员情况

类别	家庭成员姓名	性别	家庭关系	文化程度	出生年月日	工作（职业）职务
交通片第五村民小组	傅关土	男	户主	高中	1954.11.28	凤凰绿化养护员
	施茶梅	女	妻子	小学	1959.02.02	个体零食营业
	傅婷婷	女	长女	初中	1991.08.26	已出嫁到河南省范县陈庄乡罗庄村
	傅建杰	男	长子	高中	1996.08.27	南京部队服役
户主	父亲：傅顺法（1914—1973），务农。 户主：傅关土，务农，开过大型收割机，做过石匠手艺，后在原交通生产大队汽车修理厂做钣金工，现加入凤凰村绿化养护组。 2016年住房面积330平方米。					

表 431　户主傅关潮家庭成员情况

类别	家庭成员姓名	性别	家庭关系	文化程度	出生年月日	工作（职业）职务
交通片第五村民小组	傅关潮	男	户主	高小	1959.02.27	个体建筑业
	宁顺元	女	妻子	小学	1968.02.12	杭州潘氏纺织有限公司食堂人员
	傅小红	女	长女	高中	1991.02.09	出嫁到萧山瓜沥镇新港村
	傅小刚	男	长子	高中	1998.07.10	杭州东南纺织有限公司电工
户主	父亲：傅顺法（1914—1973），务农。 户主：傅关潮，高小毕业后务农，后从事建筑业至今。 2016年住房面积480平方米。					

诚实守信，勤劳致富
傅关生

图0551　傅关生全家照及最想说的一句话（2018年2月）

勤俭持家，勤劳致富．
傅关土

图0552　傅关土全家照及最想说的一句话（2018年3月）

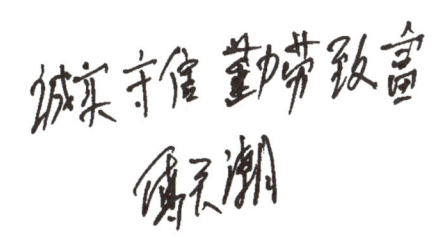

诚实守信 勤劳致富
傅关潮

图0553　傅关潮全家照及最想说的一句话（2018年3月）

表 432　户主傅关松家庭成员情况

类　别	家庭成员姓名	性别	家庭关系	文化程度	出生年月日	工作（职业）职务
交通片第五村民小组	傅关松	男	户主	小学	1956.02.02	居家养老
	陈雅芬	女	妻子	初识	1962.03.14	居家养老
户主	祖父：傅永明（1890—1976），文盲，务农。 父亲：傅阿虎（1927—2002），务农。 户主：傅关松，小学毕业后务农，做过泥水小工，后在杭州江南电机厂工作，由于身体残病，不能正常工作，现在家养老。 2016 年住房面积 220 平方米。						

表 433　户主傅小贤家庭成员情况

类　别	家庭成员姓名	性别	家庭关系	文化程度	出生年月日	工作（职业）职务
交通片第五村民小组	傅小贤	男	户主	小学	1964.10.18	杭州萧山傅浩汽车修理厂经理
	沈国娟	女	妻子	初中	1973.03.08	杭州萧山傅浩汽车修理厂出纳
	傅志浩	男	长子	大专	1991.06.24	杭州萧山傅浩汽车修理厂
	管辰莹	女	儿媳	大专	1993.03.08	萧山天安保险公司职工
	傅沈浩	男	次子	初中	2001.02.07	衙前初中在校生
户主	祖父：傅永明（1890—1976），文盲，务农。 父亲：傅阿虎（1927—2002），务农。 户主：傅小贤，小学毕业后到浙江开氏集团做纺织机修工，后到螺山杨汛村开个体纺织厂，迁厂址至交通村，转给其他个体。曾任交通村治保主任、副村长。后在童墅自然村桥头开花岗岩装潢厂，后改杭州萧山傅浩汽车修理厂至今。 2016 年住房面积 330 平方米。						

注：傅小贤的孙子傅哲轩生于 2017 年 2 月 25 日。

表 434　户主钟爱宝家庭成员情况

类　别	家庭成员姓名	性别	家庭关系	文化程度	出生年月日	工作（职业）职务
交通片第五村民小组	钟爱宝	女	户主	高中	1962.11.02	衙前农贸市场水产经营
	周国灿	男	丈夫	初中	1963.01.12	衙前农贸市场水产经营
户主	曾祖父：周阿桂，生卒年不详，务农。 祖父：周荣正，生卒年不详，原由凤凰村迁入交通村，务农。 公公：周水泉（1937—2012），以务农为主，做过厨师，后开过肉店，配偶傅水婷。 户主：钟爱宝，高中毕业后外出打工，与原交通村周国灿（户口不在凤凰村）结婚，曾做农工商饭店服务员，后到衙前农贸市场卖水产品。（生育 1 女：周莉，现为萧山第二中学教师） 2016 年住房面积 330 平方米。						

注：钟爱宝的婆婆、女儿、女婿、外孙的户口均不在该村。

希望生活越过越好！

　　　　傅关松

图0554　傅关松夫妻照及最想说的一句话（2017年12月）

是非面前不含糊，
原则问题守底线。

　　　　沈国娟

图0555　傅小贤全家照及最想说的一句话（2018年7月）

家和万事兴，齐力共断金

　　　　钟爱宝

图0556　钟爱宝全家照及最想说的一句话（2018年2月）

表435　户主俞江飞家庭成员情况

类　　别	家庭成员姓名	性别	家庭关系	文化程度	出生年月日	工作（职业）职务
交通片第五村民小组	俞江飞	女	户主	初中	1969.05.16	杭州江明制线厂
	傅水婷	女	婆婆	小学	1940.05.22	居家养老，中共党员
	周国明	男	丈夫	高中	1965.08.19	杭州江明制线厂，中共党员
	周鼎	男	长子	高中	1998.04.08	待业
户主	曾祖父：周阿桂，生卒年不详，务农。 祖父：周荣正，生卒年不详，由原凤凰村迁入交通村，务农。 公公：周水泉（1937—2012），以务农为主，做过厨师，后开过肉店。 户主：俞江飞，初中毕业后外出打工，与原交通村周国明结婚（周国明户粮在萧山杭二棉厂），后自己创业，创办杭州江明制线厂至今。 2016年住房面积210平方米。					

表436　户主周兴良家庭成员情况

类　　别	家庭成员姓名	性别	家庭关系	文化程度	出生年月日	工作（职业）职务
交通片第五村民小组	周兴良	男	户主	初中	1970.04.01	浙江恒逸集团门卫
	傅雅美	女	妻子	初中	1968.07.20	绍兴园大财务科
	周岳根	男	父亲	高小	1942.05.24	衙前凤凰东岳庙管理员
	周毅	男	长子	大专	1995.02.11	绍兴市柯桥外贸公司职员
户主	曾祖父：周阿桂，生卒年不详，务农。 祖父：周荣正，生卒年不详，由原凤凰自然村迁入交通自然村，务农。 父亲：周岳根，当兵4年，务农，曾在原交通生产大队粮食加工厂工作，后转到衙前公社大拖拉机运输队，又转衙前水泥厂运输组，现在东岳庙当管理员。 户主：周兴良，初中毕业后进杭州萧山华平纺织厂做机修工，后搞汽车运输，现在浙江恒逸集团做门卫。 2016年住房面积330平方米。					

注：周兴良的母亲方爱花（图0558前排左一），见表437。

表437　户主周志良家庭成员情况

类　　别	家庭成员姓名	性别	家庭关系	文化程度	出生年月日	工作（职业）职务
交通片第五村民小组	周志良	男	户主	初中	1972.05.27	浙江恒逸集团门卫
	韩欢琴	女	妻子	初中	1975.01.03	杭州裕源纺织有限公司操作工
	方爱花	女	母亲	小学	1946.11.05	居家养老
	周颖	女	长女	大专	1997.09.11	浙江工业职业技术学院在校生
	周圣杰	男	长子	小学	2005.01.27	衙前农村小学在校生
户主	曾祖父：周阿桂，生卒年不详，务农。 祖父：周荣正，生卒年不详，由凤凰自然村移居交通自然村，务农。 父亲：周岳根，当兵4年，务农，曾在原交通生产大队粮食加工厂工作，后转到衙前公社大拖拉机运输队，又转衙前水泥厂运输组，现在东岳庙当管理员。 户主：周志良，初中毕业后当兵2年，中共党员，现在浙江恒逸集团做门卫。 2016年住房面积330平方米。					

注：周志良的父亲周岳根（图0559前排左一），见表436。

合家欢乐
万事如意.
俞江飞

图0557　俞江飞的住宅与最想说的一句话（2018年7月）

合家欢乐.
万事如意.
周兴良

图0558　周兴良全家照及最想说的一句话（2018年2月）

合家欢乐.
万事如意！
周志良.

图0559　周志良全家照及最想说的一句话（2018年2月）

表438　户主王军家庭成员情况

类别	家庭成员姓名	性别	家庭关系	文化程度	出生年月日	工作（职业）职务
交通片第五村民小组	王军	男	户主	高中	1967.12.22	杭州益邦氨纶有限公司副总经理
	沈丽	女	妻子	高中	1968.09.14	浙江金洋控股集团主管
	王灿法	男	父亲	初中	1938.07.13	居家养老
	王轶敏	女	长女	本科	1994.01.06	杭州大江东集聚区组织部
户主	曾祖父：王宝林，生卒年不详，务农。 祖父：王礼鑫（1908—1992），务农。 父亲：王灿法，临浦大庄村人，曾当兵5年（含在石油部西安石油堪探仪器一厂工作），1960年退伍后分配到大庆油田工作，1962年精减回乡，后在衙前人民公社兽医站任站长，兽医技师，与交通生产大队傅荷英结婚后，落户在交通生产大队，生有3个儿子。现居家养。 户主：王军，中共党员，高中毕业后到衙前水泥厂工作，后到浙江金洋控股集团任办公室主任，现在杭州益邦氨纶有限公司任副总经理。 2016年住房面积440平方米。					

表439　户主傅传海家庭成员情况

类别	家庭成员姓名	性别	家庭关系	文化程度	出生年月日	工作（职业）职务
交通片第五村民小组	傅传海	男	户主	小学	1952.01.19	凤凰村门卫
	王杏梅	女	妻子	小学	1954.05.20	凤凰家务
	傅肖南	男	长子	本科	1981.02.10	衙前电脑店
	黎冬园	女	长媳	本科	1980.11.23	衙前电脑店
	傅卓恒	男	长孙	小学	2005.01.01	衙前农村小学在校生
户主	祖父：傅连桂，生卒年不详，文盲，务农。 父亲：傅小狗（1914—1974），文盲，务农。 户主：傅传海，早年务农，当兵3年，后做小生意，现在凤凰村做门卫。 2016年住房面积350平方米。					

表440　户主曹金花家庭成员情况

类别	家庭成员姓名	性别	家庭关系	文化程度	出生年月日	工作（职业）职务
交通片第五村民小组	曹金花	女	户主	小学	1957.08.04	凤凰家务
	汪国锋	男	长子	大专	1985.10.20	浙江恒逸聚合物有限公司职工
	吴河英	女	长媳	小学	1987.01.09	浙江金洋控股集团挡车工
	汪文昊	男	长孙		2010.12.20	
户主	公公：汪岳兴（1910—1983），祖父辈原籍坎山公社丁村生产大队（今山镇沿塘村），后迁入衙前公社交通生产大队，务农。 户主：曹金花，从原凤凰生产大队嫁到交通生产大队，早年务农，现在家养老。丈夫汪根火（1955—2010），中共党员，当兵7年，退役后在衙前水泥厂工作，后到杭州传琪布厂工作，病故。 2016年住房面积300平方米。					

不求万贯家财
但求健康平安
王军

图0560　王军全家照及最想说的一句话（2018年3月）

家庭和睦　邻里相亲
以德交友　以理服人
傅传海

图0561　傅传海全家照及最想说的一句话（2018年2月）

希望生活越过
越好
曹金花

图0562　曹金花全家照及最想说的一句话（2018年1月）

第六村民小组

交通片第六村民小组有26户，户主姓名分别为：傅国兴、傅关仁、傅关华、傅小华、傅岳良、高阿凤、傅言林、傅小锋、傅兴坤、傅寿明、周杏芬、张友、张观良、张观清、张夫、王钊夫、王钊雄、王根木、傅友生、傅建松、陈岳荣、陈岳夫、许永平、傅贤夫、许永夫、许红英。①

表441 户主傅关仁家庭成员情况

类别	家庭成员姓名	性别	家庭关系	文化程度	出生年月日	工作（职业）职务
交通片第六村民小组	傅关仁	男	户主	小学	1954.10.10	凤凰家务
	汪金美	女	妻子	小学	1959.05.05	凤凰家务
	傅鸿君	男	长子	高中	1990.02.13	在家养病
	沈娣	女	长媳	大专	1989.12.12	浙江恒盛纺织有限公司
	傅雨涵	女	长孙女		2015.08.18	
户主	祖父：傅永明（1890—1976），文盲，务农。 父亲：傅金虎（1928—2014），小学文化，中共党员，曾任交通村支部书记，退休后在衙前交警中队管传达室，后在家病故。 户主：傅关仁，务农，曾任交通生产大队第六生产队队长，联产承包责任制后在浙江金洋控股集团工作，现在家养老。 2016年住房面积300平方米。					

表442 户主傅关华家庭成员情况

类别	家庭成员姓名	性别	家庭关系	文化程度	出生年月日	工作（职业）职务
交通片第六村民小组	傅关华	男	户主	小学	1960.10.26	浙江恒逸聚合物有限公司职工
	钱雪芬	女	妻子	小学	1960.11.27	凤凰家务
	傅雅庆	女	长女	高中	1986.11.12	浙江恒逸集团有限公司加弹部仓管员
	张浩	男	长女婿	大专	1986.12.30	中移铁通萧山分公司职工
	傅雅菲	女	次女	大学本科	1994.11.12	北京中医药大学在校生
户主	祖父：傅永明（1890—1976），文盲，务农。 父亲：傅金虎（1928—2014），小学文化，中共党员，曾任交通村支部书记，退休后在衙前交警中队管传达室，后在家病故。 户主：傅关华，务农，联产承包责任制后到衙前农机厂工作，后到浙江恒逸聚合物有限公司工作至今。 2016年住房面积300平方米。					

---

① 高阿凤，未单独列表，列入其子傅小华表格中。傅言林，未单独列表，列入其子傅岳良表格中。

图 0563　凤凰村南墅花苑小区（2011年9月5日，傅展学摄）

团结邻里，与人为善。
明理处世，诚信为先。

傅鸿君

图 0564　傅关仁全家照及最想说的一句话（2017年12月）

不求家财万贯，
但求健康平安。
父母健康是儿
女的最大心愿！

傅雅庆

图 0565　傅关华全家照及最想说的一句话（2018年2月）

表443　户主傅小华家庭成员情况

类别	家庭成员姓名	性别	家庭关系	文化程度	出生年月日	工作（职业）职务
交通片第六村民小组	傅小华	男	户主	初中	1963.09.17	建筑工人
	陈国美	女	妻子	高中	1965.01.04	杭州凤谊纺织有限公司职工
	高阿凤	女	母亲	小学	1936.10.25	居家养老
	傅佳丽	女	长女	大专	1990.01.06	凤凰村务人员
	傅佳露	女	次女	宁波大学	1998.03.09	浙江宁波大学在校生
	傅奕帆	男	长孙		2013.09.21	
户主	祖父：傅永明（1890—1976），文盲，务农。 父亲：傅金虎（1928—2014），小学文化，中共党员，曾任交通村支部书记，退休后在衙前交警中队管传达室，后在家病故。 户主：傅小华，务农，联产承包责任制后做建筑工人至今。 2016年住房面积300平方米。					

注：傅小华的长女婿傅青华，见表373。

表444　户主傅国兴家庭成员情况

类别	家庭成员姓名	性别	家庭关系	文化程度	出生年月日	工作（职业）职务
交通片第六村民小组	傅国兴	男	户主	初中	1967.12.18	杭州萧山鱼氏布厂
	李雅凤	女	妻子	初中	1968.05.08	杭州凤谊纺织有限公司职工
	傅佳锋	男	长子	大学本科	1995.06.04	长春财经学院在校生
户主	祖父：傅永明（1890—1976），文盲，务农。 父亲：傅金虎（1928—2014），小学文化，中共党员，曾任交通村支部书记，退休后在衙前交警中队管传达室，后在家病故。 户主：傅国兴，务农，联产承包责任制后到杭州萧山鱼氏布厂做机修工至今。 2016年住房面积300平方米。					

表445　户主傅岳良家庭成员情况

类别	家庭成员姓名	性别	家庭关系	文化程度	出生年月日	工作（职业）职务
交通片第六村民小组	傅岳良	男	户主	高中	1965.06.01	杭州萧山合和纺织有限公司机修工
	韩凤美	女	妻子	小学	1966.03.06	浙江兴惠集团职工
	傅言林	男	父亲	小学	1932.09.09	居家养老
	傅月敏	男	长子	大专	1991.09.16	杭州冠南进出口有限公司职员
户主	祖父：傅永明（1890—1976），文盲，务农。 父亲：傅言林，民国21年（1932）生，小学文化，务农，曾在凤凰村南片做环卫工作，后在东岳庙做管理工作，现在家养老。 户主：傅岳良，初中文化，分田到户后曾在个体户做织机修理工，后在杭州萧山合和纺织有限公司做机修工至今。 2016年住房面积300平方米。					

不求万贯家财，
　　但求健康平安。
　　　　　傅小华

图0566　傅小华全家照及最想说的一句话（2018年2月）

希望生活越
过越好
　　　傅国兴

图0567　傅国兴全家照及最想说的一句话（2017年12月）

家和万事兴，齐力共断金。
　　　　　傅岳良

图0568　傅岳良全家照及最想说的一句话（2018年2月）

表446　户主傅兴坤家庭成员情况

类别	家庭成员姓名	性别	家庭关系	文化程度	出生年月日	工作（职业）职务
交通片第六村民小组	傅兴坤	男	户主	小学	1947.02.15	衙前消费品市场停车场职工
	傅建峰	男	长子	初中	1976.10.13	个体经商
	陈志红	女	长媳	初中	1979.08.15	个体经商
	傅嘉怡	女	长孙女	初中	2003.08.22	湖南长沙雅礼中学在校生
户主	祖父：傅仁贵（1887—1947），文盲，务农。 父亲：傅阿云（1909—1978），文盲，务农。 户主：傅兴坤，务农，现在衙前消费品市场停车场工作。 2016年住房面积315平方米。					

注：图0569前排左一为傅兴坤的妻子傅菊花，前排右一为傅兴坤的次子之子，见表447；后排3人为傅兴坤的长子、长媳、长孙女。

表447　户主傅小锋家庭成员情况

类别	家庭成员姓名	性别	家庭关系	文化程度	出生年月日	工作（职业）职务
交通片第六村民小组	傅小锋	男	户主	初中	1979.01.14	浙江金洋控股集团职工
	傅菊花	女	母亲	小学	1955.09.26	凤凰家务
	平莉红	女	妻子	初中	1980.10.26	衙前甜蜜生活蛋糕店
	傅瑜	女	长女	小学	2005.03.05	衙前农村小学在校生
	傅逸平	男	长子		2013.08.29	
户主	曾祖父：傅仁贵（1887—1947），文盲，务农。 祖父：傅阿云（1909—1978），文盲，务农。 父亲：傅兴坤，务农，现在衙前消费品市场停车场工作。 户主：傅小锋，1979年生，初中毕业后到浙江金洋控股集团工作至今。 2016年住房面积315平方米。					

注：傅小锋的父亲傅兴坤（图0570前排右一），见表446。

表448　户主傅寿明家庭成员情况

类别	家庭成员姓名	性别	家庭关系	文化程度	出生年月日	工作（职业）职务
交通片第六村民小组	傅寿明	男	户主	小学	1952.07.20	居家养老
	程绪兰	女	妻子	小学	1957.10.18	凤凰家务
	傅一超	男	长子	中专	1991.09.22	浙江金洋控股集团职工
户主	祖父：傅仁贵（1887—1947），文盲，务农。 父亲：傅阿云（1909—1978），文盲，务农。 户主：傅寿明，务农，后在浙江金洋控股集团工作，因身体原因回家养病。 2016年住房面积324平方米。					

注：傅寿明的儿媳户口未迁入。

希望生活越过越好．
傅兴坤

图0569　傅兴坤全家照及最想说的一句话（2018年2月）

希望家里的老人能长寿
傅小锋

图0570　傅小锋全家照及最想说的一句话（2017年12月）

婆媳和，夫妻亲
子孙孝，家业兴
付寿明

图0571　傅寿明全家照及最想说的一句话（2018年2月）

表449　户主周杏芬家庭成员情况

类别	家庭成员姓名	性别	家庭关系	文化程度	出生年月日	工作（职业）职务
交通片第六村民小组	周杏芬	女	户主	小学	1964.02.11	浙江金洋控股集团总管
	傅春霞	女	长女	本科	1986.01.10	浙江金洋控股集团董事长（已出嫁，户口未迁出）
	傅炬	男	长子	本科	1993.04.02	浙江金洋控股集团经理
户主	祖父：傅仁贵（1887—1947），文盲，务农。 公公：傅阿云（1909—1978），文盲，务农。 户主：周杏芬，1984年嫁到衙前交通傅家自然村，与傅金洋（1955.01—2013.09）结婚后在萧山色织厂做挡车工，政策开放后自办纺织厂，从事纺织业。丈夫傅金洋办起规模性浙江金洋控股集团有限公司，夫妻生育1子1女。 2016年住房面积360平方米。					

注：周杏芬的女婿、外孙女户口不在该村；儿媳许佳妍（2018年7月登记结婚）户口未迁入。

表450　户主张夫家庭成员情况

类别	家庭成员姓名	性别	家庭关系	文化程度	出生年月日	工作（职业）职务
交通片第六村民小组	张夫	男	户主	高中	1948.10.06	居家养老
户主	曾祖父：张阿牛，生卒年不详，以箍桶业为主业。 祖父：张关木（1897—1972），务农。 父亲：张金荣（1914—1991），原在上海第八纺织机械厂工作，1962年精减回乡务农。 户主：张夫，高小毕业后务农，原在生产队开手扶拖拉机耕田，后为交通村水管员，现在家养老。（配偶沈云花，原上海知识青年，生育2子，现户粮关系工作都在上海） 2016年住房面积360平方米。					

表451　户主张观清家庭成员情况

类别	家庭成员姓名	性别	家庭关系	文化程度	出生年月日	工作（职业）职务
交通片第六村民小组	张观清	男	户主	小学	1987.01.19	杭州江南电机股份有限公司杂工
	汪幼花	女	母亲	小学	1958.12.15	凤凰家务
户主	高祖父：张阿牛，生卒年不详，以箍桶业为主业。 曾祖父：张关木（1897—1972），务农。 祖父：张金荣（1914—1991），原在上海第八纺织机械厂工作，1962年精减回乡务农。 父亲：张海，1957年5月生，小学毕业，务农，后在凤凰村夜巡队工作至今。 户主：张观清，由于身体原因，在杭州江南电机股份有限公司做杂工。 2016年住房面积160平方米。					

注：张观清的父亲张海，见表452。

仁爱三春暖
家和万事兴
　　傅炬

图0572　周杏芬全家照及最想说的一句话（2018年2月）

合家欢乐
万事如意

　　　张夫

图0573　张夫的住宅与最想说的一句话（2018年7月）

不求万贯家财
但求健康一身

　　　张观良

图0574　张观清（后排右一）、张观良（后排左一）全家照及最想说的一句话（2018年3月）

表452　户主张观良家庭成员情况

类　别	家庭成员姓名	性别	家庭关系	文化程度	出生年月日	工作（职业）职务
交通片第六村民小组	张观良	男	户主	高中	1993.10.10	工作未定
	张海	男	父亲	小学	1957.05.04	凤凰村夜巡队
户主	高祖父：张阿牛，生卒年不详，以箍桶业为主业。 曾祖父：张关木（1897—1972），务农。 祖父：张金荣（1914—1991），原在上海第八纺织机械厂工作，1962年精减回乡务农。 父亲：张海，1957年5月生，小学毕业，务农，后在凤凰村夜巡队工作至今。 户主：张观良，高中毕业后在杭州庆恒纺织有限公司工作，现待业在家。 2016年住房面积330平方米。					

注：张观良全家照，见图0574。

表453　户主张友家庭成员情况

类　别	家庭成员姓名	性别	家庭关系	文化程度	出生年月日	工作（职业）职务
交通片第六村民小组	张友	男	户主	高小	1959.06.15	个体运输
	曹阿芬	女	母亲	小学	1925.10.06	居家养老
	方玲娥	女	妻子	初中	1959.05.25	家务
	张方军	男	长子	大专	1994.03.03	工作未定
户主	曾祖父：张阿牛，生卒年不详，以箍桶业为主业。 祖父：张关木（1897—1972），务农。 父亲：张金荣（1914—1991），原在上海第八纺织机械厂工作，1962年精减回乡务农。 户主：张友，高小毕业后务农，改革开放后用拖拉机搞运输，后在杭州庆恒纺织有限公司工作，现转个体汽车运输业。 2016年住房面积330平方米。					

注：张友的女儿张银芳（见图0576后排右一），已结婚生子，户口已迁出。

表454　户主王钏雄家庭成员情况

类　别	家庭成员姓名	性别	家庭关系	文化程度	出生年月日	工作（职业）职务
交通片第六村民小组	王钏雄	男	户主	初中	1966.01.07	个体营运
	曹燕美	女	妻子	初中	1965.03.16	凤凰家务
	王玲霞	女	长女	中专	1991.07.02	杭州叶茂化纤有限公司财务
	王晨霞	女	次女	1999.06.11		浙江旅游职业学院千岛湖校区在校生
户主	曾祖父：王瑞元，生卒年不详，务农。 祖父：王增福，生卒年不详，务农。 父亲：王根土（1944—2010），务农。 户主：王钏雄，初中毕业后务农，后改个体汽车运输业至今。 2016年住房面积250平方米。					

处世以谦恭为贵
为人以诚信为本

张顺良

图0575　举目皆景（2017年4月，陈妙荣摄）

希望生活 越过越好

张友

图0576　张友全家照及最想说的一句话（2018年2月）

家和万事兴，
齐力共断金。

王钊雄

图0577　王钊雄的住宅与最想说的一句话（2018年7月）

表455　户主王钊夫家庭成员情况

类　别	家庭成员姓名	性别	家庭关系	文化程度	出生年月日	工作（职业）职务
交通片第六村民小组	王钊夫	男	户主	高中	1971.08.25	个体网吧
	楼杭燕	女	妻子	大专	1986.10.03	个体网吧
户主	曾祖父：王瑞元，生卒年不详，务农。 祖父：王增福，生卒年不详，务农。 父亲：王根土（1944—2010），务农。 户主：王钊夫，高中毕业后自搞营运业，生意不景气，后改个体网吧，与河上镇祥河桥村楼杭燕结婚。2016年住房面积400平方米。					

表456　户主王根木家庭成员情况

类　别	家庭成员姓名	性别	家庭关系	文化程度	出生年月日	工作（职业）职务
交通片第六村民小组	王根木	男	户主	高中	1952.07.03	浙江益南链条有限公司职工
	胡雪娟	女	妻子	小学	1952.08.30	凤凰家务
	王益民	男	长子	高中	1977.11.01	衙前网络管理总务科信息科科长
	何芳	女	儿媳	高中	1982.10.15	凤凰家中带小孩
	王钧浩	男	孙子		2014.03.07	
户主	祖父：王瑞元，生卒年不详，务农。 父亲：王增福，生卒年不详，务农。 户主：王根木，高中毕业后在杭州叶茂纺织有限公司做机修工，后自开个体汽车运输，现在浙江益南链条有限公司工作。 2016年住房面积300平方米。					

注：王根木的孙女王沟柠生于2017年12月22日。

表457　户主傅友生家庭成员情况

类　别	家庭成员姓名	性别	家庭关系	文化程度	出生年月日	工作（职业）职务
交通片第六村民小组	傅友生	男	户主	小学	1943.07.16	居家养老
	沈桂花	女	妻子	小学	1950.08.16	居家养老
	傅志平	女	长女	高中	1971.04.27	个体水暖营业及安装
	马建刚	男	长女婿	初中	1971.06.02	个体水暖营业及安装
	傅婷嫒	女	长孙女	大专	1997.03.20	浙江职业经济技术学院在校生
	傅婷靓	女	次孙女	小学	2006.09.20	衙前农村小学在校生
户主	父亲：傅丫头，生卒年不详，务农。 户主：傅友生，务农，曾任原生产队队长、交通生产大队副大队长、治保主任等职，现在家养老。 2016年住房面积300平方米。					

与人善与邻友，
严己宽人，既往不咎
王钊夫

图0578　王钊夫的住宅与最想说的一句话（2018年7月）

随心而活，活的开心。
兼自己一样可以活得好。
胡玉娟

图0579　王根木全家照及最想说的一句话（2018年2月）

希望孩子长大后有所成就。

傅志平

图0580　傅友生的住宅与最想说的一句话（2018年7月）

表 458　户主傅建松家庭成员情况

类别	家庭成员姓名	性别	家庭关系	文化程度	出生年月日	工作（职业）职务
交通片第六村民小组	傅建松	男	户主	初中	1978.04.29	凤凰村村委
	杨文花	女	母亲	小学	1951.04.08	凤凰家务
	邱敏佳	女	妻子	中专	1983.09.25	杭州宏峰纺织有限公司单证员，中共党员
	傅晨怡	女	长女	小学	2007.11.03	衙前农村小学在校生
户主	祖父：傅丫头，生卒年不详，务农。 父亲：傅友法（1943—2016），务农，实行农业承包到户时在围垦土地承包多年。 户主：傅建松，中共党员，服兵役2年，2001年任原交通村支部委员，三村合并后任凤凰村经济联合社副站长、党委委员至今。 2016年住房面积350平方米。						

表 459　户主陈岳荣家庭成员情况

类别	家庭成员姓名	性别	家庭关系	文化程度	出生年月日	工作（职业）职务
交通片第六村民小组	陈岳荣	男	户主	高中	1939.07.29	居家养老
	陈国民	男	长子	高中	1963.11.16	凤凰村巡防队队员
	张水娟	女	长媳	高中	1968.05.09	萧山商业城个体食品经营营业员
	陈杰	男	长孙	中专	1991.08	杭州滨江医药器材厂职工
户主	父亲：陈阿金（1912—1985），新中国成立前在家务农，1950年前后在衙前汽车站做站夫，后转正萧绍汽车站职工，到慈溪汽车站工作，退休回家。配偶汪荷花，民国7年（1918）生，文盲，新中国成立前参加过衙前农民运动，现在家养老。 户主：陈岳荣，1956年开始任原交通生产大队电工，1958年余姚精减回乡做交通生产大队抽水工作，后进水泥厂做电工等，现在家养老。 2016年住房面积330平方米。						

表 460　户主陈岳夫家庭成员情况

类别	家庭成员姓名	性别	家庭关系	文化程度	出生年月日	工作（职业）职务
交通片第六村民小组	陈岳夫	男	户主	高中	1949.04.16	凤凰家务
	汪荷花	女	母亲	文盲	1918.06.02	居家养老
	陈志花	女	妻子	小学	1952.05.23	凤凰家务
	陈刚	男	长子	初中	1974.09.05	个体企业（绣花机）
	傅霞君	女	儿媳	高中	1974.11.16	个体企业（绣花机）
	陈宇涛	男	长孙	小学	2005.03.03	衙前农村小学在校生
户主	父亲：陈阿金（1912—1985），新中国成立前在家务农，1950年前后在衙前汽车站做站夫，后转正萧绍汽车站职工，到慈溪汽车站工作，退休回家。配偶汪荷花，民国7年（1918）生，文盲，新中国成立前参加过衙前农民运动，现在家养老。 户主：陈岳夫，小学毕业后务农，1982年开始担任原交通生产大队电工、抽水机员，后任交通生产大队五金厂机修工，工厂转制后务农至今。 2016年住房面积300平方米。						

图 0581　傅建松全家照及最想说的一句话（2018 年 7 月）

图 0582　陈岳荣的住宅与最想说的一句话（2018 年 7 月）

图 0583　陈岳夫家庭照及最想说的一句话（2017 年 12 月）

表461　户主傅贤夫家庭成员情况

类别	家庭成员姓名	性别	家庭关系	文化程度	出生年月日	工作（职业）职务
交通片第六村民小组	傅贤夫	男	户主	小学	1946.02.13	凤凰家务
	赵爱金	女	妻子	小学	1954.01.26	凤凰家务
	傅建英	女	长女	高中	1982.09.01	杭州中彩（杭州青云集团瓜沥分区）
	卢晓伟	男	长女婿	高中	1980.02.24	浙江裕源控股集团有限公司职工
	傅建莉	女	次女	本科	1993.07.24	浙江开氏纺纤集团有限公司职工
	傅浩岚	女	长孙女		2012.03.05	
	傅浩宇	男	长孙		2016.05.26	
户主	父亲：傅文金，生卒年不详，务农。 户主：傅贤夫，小学毕业后务农，开始学做棺材匠、木匠，后看风水，现养老在家。 2016年住房面积450平方米。					

表462　户主许永平家庭成员情况

类别	家庭成员姓名	性别	家庭关系	文化程度	出生年月日	工作（职业）职务
交通片第六村民小组	许永平	男	户主	初中	1963.11.01	杭州亿达化纤公司职工、小组长
	汪水娟	女	妻子	小学	1965.10.24	凤凰家务
	许钢南	男	长子	本科	1989.10.29	杭州青云控股集团营销员
	沈娟娣	女	儿媳	大专	1988.11	个体纺织厂翻样工
	许桓文	男	长孙		2016.10.08	
户主	祖父：许保金，生卒年不详，务农。 父亲：许岳定（1930—1997），原在杭州陶瓷厂工作，1962年精减回乡务农。 户主：许永平，村民代表，初中毕业后务农，后从事汽车轮胎修理、汽车运输，现在杭州亿达化纤有限公司工作。 2016年住房面积324平方米。					

注：许永平的母亲张雅琴（图0585前排长者），见表464。

表463　户主许红英家庭成员情况

类别	家庭成员姓名	性别	家庭关系	文化程度	出生年月日	工作（职业）职务
交通片第六村民小组	许红英	女	户主	高中	1966.11.12	在家养老
户主	祖父：许保金，生卒年不详，务农。 父亲：许岳定（1930—1997），原在杭州陶瓷厂工作，1962年精减回乡务农。 户主：许红英，曾在凤凰村五金厂工作，后在衙前理发、杭州西湖区法院理发，现退休在家养老。与范公怀结婚（杭州公路段职工）生育1女。 2016年住房面积340平方米。					

注：许红英是农嫁居人员，户口未迁出，生有1女，图0586后排为女儿一家人。

父慈子孝
兄友弟恭
勤劳为本
节俭家兴
　　　　傅贤夫

图0584　傅贤夫全家照及最想说的一句话（2017年12月）

四季平安福满堂
全年顺景家兴旺

　　　　许翎南

图0585　许永平全家照及最想说的一句话（2018年4月）

仁爱清明
家和万事兴

　　　　许红英

图0586　许红英全家照及最想说的一句话（2018年2月）

表 464　户主许永夫家庭成员情况

类　别	家庭成员姓名	性别	家庭关系	文化程度	出生年月日	工作（职业）职务
交通片第六村民小组	许永夫	男	户主	高中	1969.11.02	个体绣花机主
	张雅琴	女	母亲	初中	1940.11.05	居家养老
	金晓燕	女	妻子	高中	1974.01.05	个体绣花机
	金舒洋	男	长子	本科	1999.02	浙江工业大学在校生
户主	祖父：许保金，生卒年不详，务农。 父亲：许岳定（1930—1997），原在杭州陶瓷厂工作，1962年精减回乡务农。 户主：许永夫，高中毕业后务农，后在衢前水泥厂质检科工作，工厂倒闭后务农，现开个体绣花机厂。2016年住房面积300平方米。					

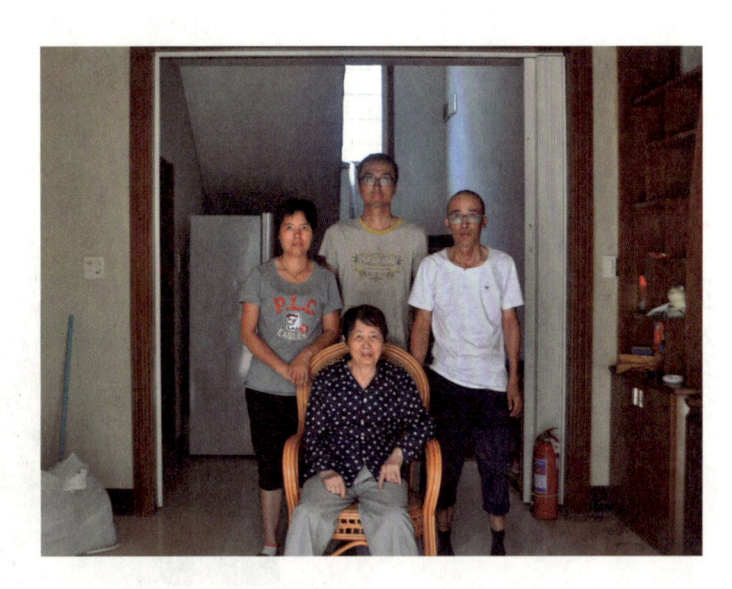

图 0587　许永夫全家照及最想说的一句话（2018年7月）

第四章 卫家片姓氏

概 况

村内3片区域姓氏中,卫家片姓氏最少。2016年有120户、480人、51个姓氏,其中卫氏最多,主要聚居在卫家自然村。户主家庭成员基本情况,该片调查汇编者为卫东。

第一节 数量

1994—2016年,卫家片姓氏从41个增加到51个,增加了10个姓氏(新增13个姓氏,减少3个姓氏)。姓氏人口从436人增加到480人,增加了44人。

人数增加的姓氏有30个,其中卫氏增加最多,从174人增加到196人,增加22人。

人数减少的姓氏有9个,其中潘氏减少最多,从15人减少到3人,减少12人。

人数不增不减的姓氏有15个。

2016年,卫家片姓氏、人数分别占全村的45.54%、21.90%。

表465 1994年、2016年卫家片姓氏人口情况

姓氏	1994年总人数	2016年			姓氏	1994年总人数	2016年		
		总人数	男	女			总人数	男	女
于	1	2	0	2	庞	1	2	0	2
卫	174	196	135	61	项	10	10	0	10
马	0	2	0	2	赵	9	11	5	6
王	16	20	10	10	俞	2	3	0	3
毛	2	1	0	1	姜	1	1	0	1
方	3	4	0	4	施	16	20	1	19
孔	1	1	0	1	袁	1	1	0	1
朱	5	4	0	4	康	1	1	0	1
许	1	1	0	1	商	0	2	1	1
孙	1	2	0	2	龚	0	1	0	1
边	0	1	1	0	尉	0	2	0	2
成	0	1	0	1	钱	2	2	1	1
杜	2	0	0	0	倪	1	1	1	0
李	9	9	3	6	夏	2	1	0	1
吴	4	4	0	4	徐	2	3	2	1
邱	1	1	0	1	殷	0	1	1	0
何	2	2	1	1	翁	1	1	0	1

续表

姓氏	1994年总人数	2016年			姓氏	1994年总人数	2016年		
		总人数	男	女			总人数	男	女
应	8	10	6	4	高	2	1	0	1
宋	0	1	1	0	蔡	26	28	16	12
甫	1	1	0	1	蒋	0	2	0	2
汪	8	5	0	5	傅	0	1	0	1
沈	26	26	12	14	鲁	0	1	0	1
张	52	55	34	21	覃	1	0	0	0
陆	1	2	0	2	漏	0	1	0	1
陈	17	18	7	11	潘	15	3	0	3
邵	1	0	0	0	戴	0	1	0	1
金	1	2	0	2	合计	436	480	239	241
周	6	8	2	6					

注：①1994年数据，资料来源于《萧山姓氏志》第502—503页"卫家行政村"数据。

②2016年数据，据2017年上半年卫家片姓氏调查数据。

③姓氏人口数，均指村民户籍人数，不包括挂靠凤凰村的非凤凰村村民。

④1994年数据的调查员为张亚军，2016年数据的调查员为卫东。

第二节 结构

1994年，卫家村内姓氏人口在100人以上的有卫氏，50—99人的有张氏，11—49人的有王、沈、陈、施、蔡、潘6个姓氏，3—10人的有方、朱、李、吴、应、汪、周、赵、项9个，1—2人的姓氏有24个。

2016年，卫家片内姓氏人口在100人以上的有卫氏，50—99人的有张氏，11—49人的有王、沈、陈、赵、施、蔡6个姓氏，3—10人的有方、朱、李、吴、应、汪、周、项、俞、徐、潘11个，1—2人的姓氏有32个。

性别构成，男239人，女241人。卫氏最多，男135人，女61人，分别占卫家片男性、女性的56.49%、25.31%。张氏次之，男34人，女21人，分别占卫家片男性、女性的14.23%、8.71%。

第三节 户主与家庭成员

1994年，卫家村有41个姓氏、127户、436人。2016年，卫家片有51个姓氏、120户、480人（不含户口挂靠凤凰村的非凤凰村民）。

第一村民小组

卫家片第一村民小组有30户，户主姓名分别为：沈焕成、施华娟、王国平、应福根、应柏生、周观夫、卫永泉、卫建明、卫建士、张张兴、张张林、卫素英、卫志芳、卫志明、卫志强、卫志铨、卫志林、陈国明、陈国根、陈国富、应荷香、王坚虎、王建良、王杏珍、赵忠德、赵忠友、张阿毛、王建林、俞海梅、施丽琴。

图 0588　位于凤凰村东北边境的洛思山（2008 年 8 月 9 日，徐国红摄）

表466　户主沈焕成家庭成员情况

类　别	家庭成员姓名	性别	家庭关系	文化程度	出生年月日	工作（职业）职务
卫家片第一村民小组	沈焕成	男	户主	初中	1974.07.13	开运输车（个体户）
户主	曾祖：沈五毛（1880—1964），文盲，农民。 祖父：沈金夫（1905—1989），文盲，农民。 父亲：沈阿炳（1939—2007），文盲，农民。 户主：沈焕成，在杭州开运输车，未婚。 2016年住房面积360平方米。					

注：沈焕成的母亲项来云，户口在衙前镇项漾村。

表467　户主施华娟家庭成员情况

类　别	家庭成员姓名	性别	家庭关系	文化程度	出生年月日	工作（职业）职务
卫家片第一村民小组	施华娟	女	户主	初中	1965.11.06	凤凰家务
	陈荣根	男	丈夫	大学	1961.08.22	萧山坎山初中教师（户口未迁入）
	蔡二毛	女	婆婆	初识	1937.09.30	在家养老
	陈海桥	男	儿子	大学	1991.10.24	萧山银桥旅业有限公司职工
户主	太公：陈阿伟，（生年不详—1942）农民。 公公：陈小牛（1928—2016），农民，会各种手工活，尤其是木制手艺精湛，会做各种小工具。 户主：施华娟，原开办杭州海剑纺织绣品有限公司，现在家做家务。 2016年住房面积630平方米。					

表468　户主王国平家庭成员情况

类　别	家庭成员姓名	性别	家庭关系	文化程度	出生年月日	工作（职业）职务
卫家片第一村民小组	王国平	男	户主	初中	1968.09.21	萧山神力合金钢铸造厂职工
	袁小娟	女	妻子	初中	1968.07.04	萧山神力合金钢铸造厂职工
	王攀攀	女	女儿	大学	1993.12.17	裕隆汽车金融（中国）有限公司职工
	王浙锴	男	儿子	初中	2003.05.21	萧山衙前初中在校生
	王秀芬	女	姐姐	初中	1966.10.21	自营农场
户主	祖父：王五福，生卒年不详。 父亲：王长华（1935—2014），农民，曾任原卫生生产大队第一生产队队长。 户主：王国平，原开运输车，现在萧山神力合金钢铸造厂工作。 2016年住房面积592平方米。					

希望王老生活越来越好！
黄来全

图0589　沈焕成的住宅与最想说的一句话（2018年7月）

开心每天
陈荣根

图0590　施华娟全家照及最想说的一句话（2018年7月）

家和万事兴，
奋力共筑中国金
王国平

图0591　王国平全家照及最想说的一句话（2017年12月）

表469　户主应福根家庭成员情况

类别	家庭成员姓名	性别	家庭关系	文化程度	出生年月日	工作（职业）职务
卫家片第一村民小组	应福根	男	户主	初中	1965.01.18	浙江美邦实业集团有限公司销售
	方爱红	女	妻子	初中	1967.01.05	凤凰家务
	应杰	男	儿子	高中	1988.09.23	浙江美邦实业集团有限公司职工
	汪佳晖	女	儿媳	大专	1993.07.13	户口未迁入
	应浩楠	男	孙子		2016.11.23	
户主	父亲：应小毛（1918—1999），初识文化，农民。 户主：应福根，曾在衙前农机厂（后改萧山衙前汽配厂）、发电厂工作，现在浙江美邦实业集团有限公司做销售。 2016年住房面积400平方米。					

表470　户主应柏生家庭成员情况

类别	家庭成员姓名	性别	家庭关系	文化程度	出生年月日	工作（职业）职务
卫家片第一村民小组	应柏生	男	户主	初中	1969.10.28	浙江恒逸集团餐厅主管
	应岳根	男	父亲	初识	1944.09.13	在家养老
	俞荷香	女	母亲	初识	1948.05.30	凤凰家务
	施利琴	女	妻子	初中	1971.08.18	浙江恒逸集团职工
	应娜	女	长女	大学	1996.07.24	杭州工商学院在校生
	应安康	男	儿子	初中	2003.08.19	衙前初中在校生
户主	祖父：应小毛（1918—1998），初识文化，农民。 父亲：应岳根，民国33年（1944）生，农民，现在家养老。 户主：应柏生，曾在卫家东鹤楼饭店当主厨，后辞职创业自办个体纺织厂，在1997年金融危机时关闭，后到恒逸集团工作，现任浙江恒逸集团餐厅主管。 2016年住房面积360平方米。					

表471　户主周观夫家庭成员情况

类别	家庭成员姓名	性别	家庭关系	文化程度	出生年月日	工作（职业）职务
卫家片第一村民小组	周观夫	男	户主	初识	1947.10.11	在家养老
	夏荷花	女	妻子	初识	1956.07.08	凤凰家务
	周利芳	女	女儿	高中	1975.11.30	浙江恒逸集团职工
	周祖梁	男	孙子	大学	1998.09.10	宁波大学在校生
户主	祖父：周阿来，生卒年不详。 父亲：周东海（1908—1981），农民。 户主：周观夫，曾务农，后到浙江恒逸集团工作，现退休，在家养老。 2016年住房面积380平方米。					

注：周观夫的上门女婿卫浙庆户口在衙前镇毕公桥社区。

团结友善同心
同德勤俭治家
艰苦创业
　　应福根

图 0592　应福根全家照及最想说的一句话（2017 年 12 月）

兢兢业业读书
勤勤恳恳治家
　　应柏根

图 0592　应柏生全家照及最想说的一句话（2017 年 12 月）

希望孩子长大
而有所成就
周观夫

图 0594　周观夫全家照及最想说的一句话（2017 年 12 月）

表 472　户主卫永泉家庭成员情况

类别	家庭成员姓名	性别	家庭关系	文化程度	出生年月日	工作（职业）职务
卫家片第一村民小组	卫永泉	男	户主	初识	1940.08.24	衙前农民运动纪念馆门卫，中共党员
	张小仙	女	妻子	不识	1944.08.29	凤凰家务
	卫传根	男	长子	初中	1965.10.14	无业
	陈水仙	女	长媳	初中	1969.04.20	衙前农村小学食堂一组组长
	卫文灏	男	孙子	大学	1993.10.12	杭州钱诚纺织有限公司职工
户主	祖父：卫阿土，生卒年不详。 父亲：卫老鼠（1911—1942），农民。 户主：卫永泉，中共党员，现为衙前农民运动纪念馆门卫。 2016年住房面积360平方米。					

表 473　户主卫建明家庭成员情况

类别	家庭成员姓名	性别	家庭关系	文化程度	出生年月日	工作（职业）职务
卫家片第一村民小组	卫建明	男	户主	小学	1966.11.17	木工
	沈娇珍	女	母亲	初识	1942.03.11	在家养老
	施条娟	女	妻子	小学	1968.06.26	凤凰家务
	卫立强	男	儿子	大学	1993.12.12	吉利4S萧山店
户主	祖父：卫金宝，生卒年不详。 父亲：卫文定（1937—2002），农民。 户主：卫建明，精于木工，现在装修队做工。 2016年住房面积589平方米。					

表 474　户主卫建士家庭成员情况

类别	家庭成员姓名	性别	家庭关系	文化程度	出生年月日	工作（职业）职务
卫家片第一村民小组	卫建士	男	户主	初小	1962.12.12	杭州东南纺织有限公司职工
	周春美	女	妻子	高中	1963.04.17	杭州青云集团职工
	卫佳	女	长女	大学	1987.10.04	杭州宝嘉房地产开发有限公司，中共党员
	卫正兴	男	儿子	高中	1995.04.28	杭州雷迪森大酒店
户主	祖父：卫金宝，生卒年不详。 父亲：卫文定（1937—2002），农民。 户主：卫建士，曾自开个体纺织厂，现在杭州东南纺织有限公司工作。 2016年住房面积360平方米。					

希望生活
越过越好
　　　卫传根

图0595　卫永泉全家照及最想说的一句话（2017年12月）

做个普通人
做好每一件事
平等看待每个人
过普通人的日子
　　　卫建明

图0596　卫建明全家照及最想说的一句话（2018年4月）

不求万贯家财
但求健康平安
　　　卫建士

图0597　卫建士全家照及最想说的一句话（2017年12月）

表475　户主张张兴家庭成员情况

类　别	家庭成员姓名	性别	家庭关系	文化程度	出生年月日	工作（职业）职务
卫家片第一村民小组	张张兴	男	户主	初识	1953.09.10	凤凰村公寓楼门卫
	张波	男	儿子	高中	1989.10.20	申通快递员工
户主	祖父：张阿友，生卒年不详。 父亲：张阿纪（1908—1968），农民。 户主：张张兴，现为凤凰村公寓楼门卫。 2016年住房面积324平方米。					

表476　户主张张林家庭成员情况

类　别	家庭成员姓名	性别	家庭关系	文化程度	出生年月日	工作（职业）职务
卫家片第一村民小组	张张林	男	户主	初识	1958.06.09	自由职业
	康雅美	女	妻子	初识	1957.05.20	凤凰家务
	张少杰	男	儿子	初中	1984.12.31	自开绣花厂
	周燕飞	女	儿媳	高中	1988.09.24	户口未迁入
	张立野	男	孙子		2013.01.21	
户主	祖父：张阿友，生卒年不详。 父亲：张阿纪（1908—1968），农民。 户主：张张林，以跑业务为业。 2016年住房面积324平方米。					

表477　户主卫素英家庭成员情况

类　别	家庭成员姓名	性别	家庭关系	文化程度	出生年月日	工作（职业）职务
卫家片第一村民小组	卫素英	女	户主	初识	1954.09.14	凤凰家务
	张张水	男	丈夫	小学	1949.12.12	户口未迁入
	张建江	男	儿子	初中	1976.12.16	自营个体汽车修理店
	庞海苹	女	儿媳	大专	1979.10.03	杭州凯成纺织有限公司财务
	张明杰	男	孙子	初中	2002.10.21	萧山洄澜初中在校生
	张燕红	女	女儿	初中	1979.02.15	已出嫁
户主	太公：张阿友，生卒年不详。 公公：张阿纪（1908—1968），农民。 户主：卫素英，原在废花厂工作，企业倒闭后在个体布厂工作，现家庭主妇，丈夫张张水，系居民户口，原在萧山坎山食品厂工作，现退休。 2016年住房面积360平方米。					

希望生活越来越好
张张兴

图0598　张张兴全家照及最想说的一句话（2017年12月）

希望孩子长大后
有所成就
张张林

图0599　张张林的住宅与最想说的一句话（2018年7月）

希望孩子长大后
有所成就！
卫素英

图0600　卫素英家庭照及最想说的一句话（2017年12月）

表478　户主卫志芳家庭成员情况

类　别	家庭成员姓名	性别	家庭关系	文化程度	出生年月日	工作（职业）职务
卫家片第一村民小组	卫志芳	男	户主	高中	1958.09.11	杭州汇浩源针织有限公司职工
	卫霞	女	长女	大学	1987.05.12	杭州向华教育咨询有限公司，中共党员
	卫逸	女	次女	大学	1995.02.14	萧山区衙前镇幼儿园
户主	父亲：卫关心（1923—1981），农民。 户主：卫志芳，现在杭州汇浩源针织有限公司工作。 2016年住房面积216平方米。					

注：卫志芳的母亲翁杏仙，见表480。

表479　户主卫志明家庭成员情况

类　别	家庭成员姓名	性别	家庭关系	文化程度	出生年月日	工作（职业）职务
卫家片第一村民小组	卫志明	男	户主	初中	1962.02.21	个体建筑包工头
	邱永美	女	妻子	小学	1963.03.23	凤凰家务
	卫佳涛	男	儿子	高中	1988.10.04	浙江恒逸集团职工
	汪秦	女	儿媳	大专	1989.9.16	户口未迁入
户主	父亲：卫关心（1923—1981），农民。 户主：卫志明，现为个体建筑包工头。 2016年住房面积431平方米。					

注：卫志明的孙子卫汪锋生于2017年。

表480　户主卫志强家庭成员情况

类　别	家庭成员姓名	性别	家庭关系	文化程度	出生年月日	工作（职业）职务
卫家片第一村民小组	卫志强	男	户主	初中	1968.04.20	杭州永前布业有限公司职工
	翁杏仙	女	母亲	文盲	1932.01.16	凤凰家务
	金振华	女	妻子	小学	1971.11.23	杭州宏兴化纤布厂职工
	卫园园	女	女儿	大专	1996.04.24	杭州职业技术学院在校生
户主	父亲：卫关心（1923—1981），农民。 户主：卫志强，现在杭州永前布业有限公司工作。 2016年住房面积360平方米。					

家庭和睦
邻里相亲
以德交友
以诚服人
卫志芳

图0601 卫志芳家庭照及最想说的一句话（2018年4月）

夫妻相敬 举案齐眉
婆媳相让 一家和气
卫志明

图0602 卫志明全家照及最想说的一句话（2018年4月）

尊老敬贤
爱幼施施
举止稳重
语言文明
卫志强

图0603 卫志强家庭照及最想说的一句话（2018年3月）

表 481　户主卫志铨家庭成员情况

类　别	家庭成员姓名	性别	家庭关系	文化程度	出生年月日	工作（职业）职务
卫家片第一村民小组	卫志铨	男	户主	小学	1955.12.08	自营衙前纺机配件店
	周茶英	女	母亲	文盲	1930.09.24	在家养老
	项美仙	女	妻子	小学	1957.12.22	衙前纺机配件店
	卫建	男	儿子	大专	1983.03.30	自营保健店（神草堂）
	陈洁	女	儿媳	大专	1982.10.17	户口未迁入
	卫宇晨	男	孙子	小学	2009.10.16	萧山高桥小学在校生
户主	祖父：卫金宝，生卒年不详。 父亲：卫文根（1930—1993），务农。 户主：卫志铨，分田到户前为小队会计，拖拉机手；分田到户后，开运输船，后因身体原因，自营衙前纺机配件店至今。 2016 年住房面积 380 平方米。					

表 482　户主卫志林家庭成员情况

类　别	家庭成员姓名	性别	家庭关系	文化程度	出生年月日	工作（职业）职务
卫家片第一村民小组	卫志林	男	户主	小学	1958.02.26	个体运输
	张雅梅	女	妻子	小学	1957.04.08	凤凰家务
	卫一平	男	儿子	大学	1984.12.12	绍兴精工控股集团职工
	沈海芳	女	儿媳	大学	1987.10.31	凤凰家务
	卫康鑫	男	孙子		2013.12.14	
户主	祖父：卫金宝，生卒年不详。 父亲：卫文根（1930—1993），农民。 户主：卫志林，原卫家村磷肥厂供销员，分田到户后，从事个体运输。 2016 年住房面积 324 平方米。					

表 483　户主陈国明家庭成员情况

类　别	家庭成员姓名	性别	家庭关系	文化程度	出生年月日	工作（职业）职务
卫家片第一村民小组	陈国明	男	户主	高中	1964.08.24	外出经商，中共党员
	应彩娟	女	妻子	初中	1973.06.27	外出经商
	陈杭奇	男	儿子	大学	1997.08.09	中国医科大学在校生
户主	祖父：陈阿伟，生卒年不详。 父亲：陈大牛（1925—2002），原卫家生产大队大队长。 户主：陈国明，退伍回家后在卫家村任村主任至 2002 年，后自开加弹厂，于 2009 年外出经商。 2016 年住房面积 380 平方米。					

图 0604　卫志铨全家照及最想说的一句话（2017 年 12 月）

图 0605　卫志林全家照及最想说的一句话（2018 年 3 月）

图 0606　陈国明的住宅与最想说的一句话（2018 年 8 月）

表484　户主陈国根家庭成员情况

类　别	家庭成员姓名	性别	家庭关系	文化程度	出生年月日	工作（职业）职务
卫家片第一村民小组	陈国根	男	户主	高中	1961.06.05	杭州青云集团工作
	漏芝英	女	妻子	小学	1967.11.14	凤凰家务
	陈龙	男	儿子	高中	1993.10.11	浙江恒逸集团工作
户主	祖父：陈阿伟，生卒年不详。 父亲：陈大牛（1925—2002），原卫家生产大队大队长。 户主：陈国根，现在杭州青云集团工作。 2016年住房面积360平方米。					

表485　户主陈国富家庭成员情况

类　别	家庭成员姓名	性别	家庭关系	文化程度	出生年月日	工作（职业）职务
卫家片第一村民小组	陈国富	男	户主	初中	1957.10.09	萧山坎山个体布厂工作
	尉桂芳	女	妻子	初中	1966.09.30	杭州萧山锦诚纺织厂工作
	陈正良	男	儿子	高中	1985.11.13	杭州萧邦玻璃有限公司工作
	陈思晓	女	女儿	大学	1991.09.08	萧山医院工作
户主	祖父：陈阿伟，生卒年不详。 父亲：陈大牛（1925—2002），原卫家生产大队大队长。 户主：陈国富，现在萧山坎山个体布厂工作。 2016年住房面积360平方米。					

表486　户主应荷香家庭成员情况

类　别	家庭成员姓名	性别	家庭关系	文化程度	出生年月日	工作（职业）职务
卫家片第一村民小组	应荷香	女	户主	小学	1958.06.23	凤凰家务
	王关荣	男	丈夫	大专	1960.01.08	衙前农村小学老师
	甫金花	女	婆婆	文盲	1923.03.10	在家养老
	王振炎	男	儿子	大学	1982.11.06	杭州百合花集团职工
	潘虹	女	儿媳	本科	1982.11.13	户口未迁入
	王晗一	女	孙女	小学	2009.03.30	衙前农村小学在校生
户主	祖父：王金忠（1891—1979），农民。 公公：王桂春（1915—1971），农民。 户主：应荷香，丈夫王关荣，系衙前农村小学老师，户口迁至衙前镇毕公桥社区。 2016年住房面积360平方米。					

堂堂正正做人
踏踏实实做事.

陈国根.

图 0607　陈国根全家照及最想说的一句话（2017年12月）

知识改变命运
奋斗成就未来.

陈国富

图 0608　陈国富的住宅与最想说的一句话（2018年7月）

家和万事兴

王英菜

图 0609　应荷香全家照及最想说的一句话（2017年12月）

表487 户主王坚虎家庭成员情况

类别	家庭成员姓名	性别	家庭关系	文化程度	出生年月日	工作（职业）职务
卫家片第一村民小组	王坚虎	男	户主	初中	1971.03.29	浙江金洋纺织有限公司，中共党员
	朱安珍	女	母亲	文盲	1948.10.13	凤凰家务
	尉云娟	女	妻子	初中	1969.02.14	浙江恒逸集团职工
	王尉燕	女	长女	大学	1996.09.25	华北科技学院
	王佳楠	女	次女	初中	2004.08.21	衙前初中在校生
户主	曾祖父：王金忠（1891—1979），农民。 祖父：王桂春（1915—1971），农民。 父亲：王关木（1940—1994），农民。 户主：王坚虎，曾在浙江恒逸集团工作，现在浙江金洋纺织有限公司工作。 2016年住房面积360平方米。					

表488 户主王建良家庭成员情况

类别	家庭成员姓名	性别	家庭关系	文化程度	出生年月日	工作（职业）职务
卫家片第一村民小组	王建良	男	户主	初中	1967.12.21	萧山兴森五金厂企业主
	王关夫	男	父亲	初识	1943.01.08	浙江中逸润远实业有限公司门卫
	张小英	女	妻子	初中	1968.03.04	衙前小商品市场开店
	王凯	男	儿子	大学	1992.07.30	萧山顺发旺角城九一照相馆
户主	曾祖父：王金忠（1891—1979），务农。 祖父：王桂春（1915—1971），务农。 父亲：王关夫，民国32年（1943）生，中共党员，曾务农，后在中逸润远实业做门卫。 户主：王建良，曾开运输车为业，现自营萧山兴森五金厂。 2016年住房面积360平方米。					

表489 户主王杏珍家庭成员情况

类别	家庭成员姓名	性别	家庭关系	文化程度	出生年月日	工作（职业）职务
卫家片第一村民小组	王杏珍	女	户主	初识	1955.07.05	凤凰家务
户主	户主：王杏珍，嫁居民户陈岳荣，农嫁居户口留在娘家。 2016年住房面积360平方米。					

注：王杏珍的儿子王坚刚、儿媳邵建闻、孙子陈哲丁户口在萧山城厢街道。

图 0610　王坚虎全家照及最想说的一句话（2018年2月）

图 0610　王建良全家照及最想说的一句话（2017年12月）

图 0612　王杏珍全家照及最想说的一句话（2017年12月）

表490　户主赵忠德家庭成员情况

类别	家庭成员姓名	性别	家庭关系	文化程度	出生年月日	工作（职业）职务
卫家片第一村民小组	赵忠德	男	户主	初中	1974.07.13	自由职业
	赵连福	男	父亲	文盲	1931.02.02	在家养老
	赵传姑	女	母亲	文盲	1932.02.24	在家养老
	方凤仙	女	妻子	初中	1962.01.22	凤凰家务
	赵灵芳	女	长女	大学	1987.01.01	杭州西番雅纺织有限公司
	赵灵静	女	次女	大学	1994.08.15	杭州西番雅纺织有限公司
户主	祖父：赵仁元（1896—1953），农民。 父亲：赵连福，农民，现在家养老。 户主：赵忠德，退役后在企业打工，现跑业务为主。 2016年住房面积360平方米。					

表491　户主赵忠友家庭成员情况

类别	家庭成员姓名	性别	家庭关系	文化程度	出生年月日	工作（职业）职务
卫家片第一村民小组	赵忠友	男	户主	初中	1953.08.15	退休在家
	沈秀珍	女	妻子	小学	1955.08.27	凤凰家务
	赵志钢	男	儿子	初中	1979.09.06	赵氏纺织品有限公司
	陈福英	女	儿媳	初中	1981.03.19	上海米棒饭团衙前店店主
	赵思帆	男	孙子		2005.12.19	衙前农村小学在校生
户主	祖父：赵仁元（1896—1953），农民。 父亲：赵连福，农民，现在家养老。 户主：赵忠友，曾与人合开纺织厂，后自开赵氏纺织品有限公司，现在家养老。 2016年住房面积360平方米。					

表492　户主张阿毛家庭成员情况

类别	家庭成员姓名	性别	家庭关系	文化程度	出生年月日	工作（职业）职务
卫家片第一村民小组	张阿毛	男	户主	初识	1943.10.20	在家养老
	孙菊仙	女	妻子	小学	1947.06.22	凤凰家务
	张国君	女	次女	高中	1973.03.27	已出嫁，户口未迁出
	张飞君	女	三女	初中	1975.07.17	已出嫁，户口未迁出
	张汉军	女	幼女	高中	1978.05.20	招婿，浙江开氏集团有限公司
	钱朝军	男	其他	初中	1975.03.25	离异户口未迁
	张玉宁	男	孙子	小学	2005.03.31	衙前农村小学在校生
户主	祖父：张阿友，生卒年不详。 父亲：张阿纪（1908—1968），农民。 户主：张阿毛，务农，曾做村保洁员，现在家养老。 2016年住房面积380平方米。					

孝父母 支兄弟
爱儿女 支邻里
　　　方凤仙

图0613　赵忠德的住宅与最想说的一句话（2018年7月）

幸福平安
　　赵忠友

图0614　赵忠友全家照及最想说的一句话（2017年12月）

希望生活越过越红火！
　　　张阿毛

图0615　张阿毛家庭照及最想说的一句话（2018年4月）

表493　户主王建林家庭成员情况

类　别	家庭成员姓名	性别	家庭关系	文化程度	出生年月日	工作（职业）职务
卫家片第一村民小组	王建林	男	户主	初中	1971.02.12	萧山兴森五金厂负责人
	马兰凤	女	妻子	初中	1970.05.24	自营服装店
	王泽贤	男	儿子	大专	1997.06.08	萧山技工学校在校生
户主	曾祖父：王金忠（1891—1979），农民。 祖父：王桂春（1915—1971），农民。 父亲：王关夫，1943年生，曾务农，后在中逸润远实业做门卫。 户主：王建林，曾经营理发店，现在萧山兴森五金厂工作。 2016年住房面积360平方米。					

表494　户主俞海梅家庭成员情况

类　别	家庭成员姓名	性别	家庭关系	文化程度	出生年月日	工作（职业）职务
卫家片第一村民小组	俞海梅	女	户主	初中	1966.02.07	萧山神力合金钢铸造厂企业主
	王瑜情	女	女儿	大学	1991.03.18	杭州鸿盛纺织有限公司
	王瑜诚	男	儿子	初中	2003.01.05	衙前初中在校生
户主	太公：王五福，生卒年不详。 公公：王长华（1935—2014），农民，原为卫家生产大队第一生产队队长。 户主：俞海梅，丈夫王国荣（1964—2014），1996—1997年任卫家村党支部书记，后开办萧山神力合金钢铸造厂，现俞海梅为企业法定代表人。 2016年住房面积360平方米。					

注：俞海梅的女儿王瑜情已出嫁，户口未迁出；女婿沈泽锋，户口在萧山城厢街道。王瑜情生有3个女儿，其中大女儿4岁，户口随其父；2个小女儿（双胞胎，2017年生），户口随母落户在凤凰村。俞海梅的未婚夫汪建平，户口不在凤凰村。

表495　户主施丽琴家庭成员情况

类　别	家庭成员姓名	性别	家庭关系	文化程度	出生年月日	工作（职业）职务
卫家片第一村民小组	施丽琴	女	户主	初中	1973.09.05	中国人寿保险公司职员
	施舒雨	女	女儿	大学	1996.10.03	浙江师范大学在校生
	卫传甫	男	丈夫	大专	1967.10.29	衙前镇政府公务员，户口未迁入
户主	曾太公：卫阿土，生卒年不详。 太公：卫老鼠（1911—1942），农民。 公公：卫永泉，现为衙前农民运动纪念馆门卫。 户主：施丽琴，丈夫卫传甫，衙前镇政府公务员，户口迁入衙前镇毕公桥社区。 2016年住房面积360平方米。					

以德为根
以诚为本
勤俭治家
艰苦创业
　　　　马建凤

图0616　王建林全家照及最想说的一句话（2018年3月）

和睦友善，勤俭节约
科技致富，读书为先
　　　　俞海梅

图0617　俞海梅全家照及最想说的一句话（2018年4月）

希望孩子有所成就
生活幸福美满
　　　　施丽琴

图0618　施丽琴的住宅与最想说的一句话（2018年7月）

第二村民小组

卫家片第二村民小组有 29 户，户主姓名分别为：沈凤坞、沈明卫、张军、张纲、张焕林、张建林、张关林、张海荣、卫志良、卫叶庆、卫张明、卫张金、卫张立、卫张先、卫张花、蔡成梁、沈光仁、卫水林、卫建荣、卫水荣、卫小明、卫月兴、卫海民、卫张兴、卫小丰、卫关荣、蔡海龙、蔡观荣、卫志钢。

表 496　户主沈凤坞家庭成员情况

类　别	家庭成员姓名	性别	家庭关系	文化程度	出生年月日	工作（职业）职务
卫家片第二村民小组	沈凤坞	男	户主	初中	1964.01.12	在家养老
	项玉香	女	母亲	不识	1935.06.06	凤凰家务
	于国琴	女	妻子	小学	1967.10.18	杭州兴惠化纤公司
	沈佳英	女	长女	大学	1992.06.26	浙江经贸职业学院
	沈佳文	女	二女	高中	2001.08.11	萧山六中在校生
	沈佳美	女	三女	高中	2001.08.11	萧山六中在校生
户主	曾祖父：沈五毛（1880—1964），文盲，农民。 祖父：沈金夫（1905—1989），农民。 父亲：沈记松（1933—2007），农民。 户主：沈凤坞，在浙江开氏集团有限公司工作，现在家养老。 2016 年住房面积 324 平方米。					

表 497　户主沈明卫家庭成员情况

类　别	家庭成员姓名	性别	家庭关系	文化程度	出生年月日	工作（职业）职务
卫家片第二村民小组	沈明卫	男	户主	高小	1954.01.04	杂工
	吴荷珍	女	妻子	初小	1955.09.20	凤凰家务
	沈小冬	男	儿子	高中	1987.11.09	深圳米库数据科技有限公司
	周月华	女	儿媳	大学	1987.09.22	萧山中医院工作
	沈肃瑞	男	孙子		2016.02.21	
户主	曾祖父：沈五毛（1880—1964），文盲，农民。 祖父：沈金夫（1905—1989），农民。 父亲：沈记松（1933—2007），农民。 户主：沈明卫，现做杂工。 2016 年住房面积 324 平方米。					

图 0619　卫家自然村新区（2018 年 6 月，陈妙荣摄）

心存希望 幸福就会降临你．
心存梦想 机遇就会笼罩你．
　　　　沈凤坞

图 0620　沈凤坞全家照及最想说的一句话（2017 年 12 月）

简单事情做好了，
每天进步一小步，
困难事情做完了，
就以进步一大步，
不管是小步还是大步，
　　都是进步．沈明卫

图 0621　沈明卫全家照及最想说的一句话（2017 年 12 月）

表 498　户主张军家庭成员情况

类　别	家庭成员姓名	性别	家庭关系	文化程度	出生年月日	工作（职业）职务
卫家片第二村民小组	张军	男	户主	高中	1981.06.08	杭州永前布业车间管理人员
	徐俊杰	女	妻子	高中	1978.08.13	浙江兴日钢控股集团有限公司
	张宁宁	女	女儿	初中	2004.03.11	衙前初中在校生
	张圣华	男	儿子	小学	2009.02.13	衙前农村小学在校生
户主	曾祖：张阿喜，生卒年不详。 祖父：张阿荣（1928—1998），农民。 父亲：张阿根，在凤凰村保洁队工作，管理凤凰村卫家片绿植。 户主：张军，现在杭州永前布业工作。 2016 年住房面积 360 平方米。					

表 499　户主张纲家庭成员情况

类　别	家庭成员姓名	性别	家庭关系	文化程度	出生年月日	工作（职业）职务
卫家片第二村民小组	张纲	男	户主	高中	1991.02.04	杭州永前布业
	张阿根	男	父亲	小学	1951.12.12	凤凰村保洁员
	张金文	女	母亲	文盲	1959.10.13	在家养老
	戴东敏	女	妻子	初中	1985.05.10	凤凰家务
	张依琳	女	女儿		2016.02.23	
户主	曾祖父：张阿喜，生卒年不详。 祖父：张阿荣（1928—1998），农民。 父亲：张阿根，在凤凰村保洁队工作，管理凤凰村卫家片绿植。 户主：张纲，现在杭州永前布业工作。 2016 年住房面积 360 平方米。					

表 500　户主张焕林家庭成员情况

类　别	家庭成员姓名	性别	家庭关系	文化程度	出生年月日	工作（职业）职务
卫家片第二村民小组	张焕林	男	户主	高小	1952.08.07	杭州飞良加弹厂
	项彩芬	女	妻子	初识	1954.03.29	凤凰家务
	张良	男	儿子	高中	1982.03.10	杭州飞良加弹厂
	陆飞英	女	儿媳	高中	1984.06.20	杭州飞良加弹厂
	张雨泽	男	孙子	小学	2009.08.18	衙前农村小学在校生
户主	祖父：张阿鹰，生卒年不详。 父亲：张忠寿（1912—1996），农民。 户主：张焕林，曾在江南电机厂供销科工作，退休后在杭州飞良加弹厂工作。 2016 年住房面积 324 平方米。					

注：张焕林的孙女张可昕生于 2017 年。

幸福都是奋斗出来的！
徐俊杰

图0622　张军全家照及最想说的一句话（2018年7月）

心中存希望幸福
就会降临你！
袁东敏

图0623　张纲家庭照及最想说的一句话（2017年12月）

家庭和睦，生活越
过越好。年年上升
张焕林

图0624　张焕林全家照及最想说的一句话（2017年12月）

表 501　户主张建林家庭成员情况

类别	家庭成员姓名	性别	家庭关系	文化程度	出生年月日	工作（职业）职务
卫家片第二村民小组	张建林	男	户主	高小	1959.07.15	衙前中彩工作
	施凤仙	女	妻子	高小	1964.11.15	凤凰家务
	张嘉楠	男	儿子	大专	1993.11.02	杭州馨源教育咨询有限公司职工
	张芳	女	女儿	大专	1986.07.17	杭州馨源教育咨询有限公司职工
	王芳	女	儿媳	大专	1993.08.31	杭州馨源教育咨询有限公司职工
户主	祖父：张阿鹰，生卒年不详。 父亲：张忠寿（1912—1996），务农。 户主：张建林，在衙前中彩工作。 2016 年住房面积 360 平方米。					

表 502　户主张关林家庭成员情况

类别	家庭成员姓名	性别	家庭关系	文化程度	出生年月日	工作（职业）职务
卫家片第二村民小组	张关林	男	户主	小学	1963.04.23	杭州华亨机包厂职工
	张金祥	男	儿子	高中	1989.03.29	浙江恒逸集团职工
	吴彩娥	女	母亲	文盲	1925.12.25	在家养老
	施小燕	女	儿媳	高中	1990.09.21	凤凰家务
户主	祖父：张阿鹰，生卒年不详。 父亲：张忠寿（1912—1996），农民。 户主：张关林，现在杭州华亨机包厂工作。 2016 年住房面积 360 平方米。					

注：张关林的孙女张可萱生于 2017 年。

表 503　户主张海荣家庭成员情况

类别	家庭成员姓名	性别	家庭关系	文化程度	出生年月日	工作（职业）职务
卫家片第二村民小组	张海荣	男	户主	小学	1950.11.29	杭州金洋纺织有限公司职工
	张峰	男	儿子	初中	1979.01.14	绍兴个体纺织厂职工
	朱建芬	女	儿媳	初中	1976.01.27	萧山坎山绣花厂职工
	张英姿	女	孙女	初中	2003.12.03	衙前初中在校生
	张英杰	男	孙子		2009.07.18	衙前农村小学在校生
户主	祖父：张阿仁，生卒年不详。 父亲：张斌瑚（1920—1997），上海退休工人。 户主：张海荣，现在杭州金洋纺织有限公司工作。 2016 年住房面积 360 平方米。					

勤勤恳恳张彻事
清清白白做人
　　　张建林

图 0625　张建林家庭照及最想说的一句话（2017 年 12 月）

家庭和睦
敬老爱幼
勤劳节俭
富而思进
　　　张关林

图 0626　张关林全家照及最想说的一句话（2017 年 12 月）

家和万事兴
齐力共断金
　　　张海荣

图 0627　张海荣全家照及最想说的一句话（2017 年 12 月）

表504　户主卫志良家庭成员情况

类别	家庭成员姓名	性别	家庭关系	文化程度	出生年月日	工作（职业）职务
卫家片第二村民小组	卫志良	男	户主	初中	1973.01.17	杭州莉祺布业企业主
	卫金虎	男	父亲	小学	1948.02.01	杭州莉祺布业职工
	卫雨钦	男	儿子	小学	2010.02.01	萧山高桥小学在校生
	钱莉	女	妻子	中专	1975.12.25	户口未迁入
	卫雨祺	女	女儿	高中	2000.01.06	户口未迁入
户主	曾祖父：卫阿土，生卒年不详。 祖父：卫长东（1902—1987），农民。 户主：卫志良，现为杭州莉祺布业企业主。 2016年住房面积480平方米。					

注：卫志良的母亲汪和花（图0628前排左一），见表505。

表505　户主卫志钢家庭成员情况

类别	家庭成员姓名	性别	家庭关系	文化程度	出生年月日	工作（职业）职务
卫家片第二村民小组	卫志钢	男	户主	初中	1975.11.02	杭州利斌鑫化纤厂厂长
	沈丽燕	女	妻子	初中	1975.06.06	杭州利斌鑫化纤厂职工
	卫雨斌	男	儿子	高中	2001.03.17	萧山十中在校生
	汪和花	女	母亲	不识	1948.06.20	凤凰家务
户主	曾祖父：卫阿土，生卒年不详。 祖父：卫长东（1902—1987），农民。 父亲：卫金虎，民国37年（1948）生，曾任原卫家村第二生产队队长，现在给大儿子卫志良的厂帮工。 户主：卫志钢，现为杭州利斌鑫化纤厂厂长。 2016年住房面积400平方米。					

注：卫志钢的父母，见图0628。

表506　户主卫叶庆家庭成员情况

类别	家庭成员姓名	性别	家庭关系	文化程度	出生年月日	工作（职业）职务
卫家片第二村民小组	卫叶庆	男	户主	初中	1970.02.06	浙江开氏集团有限公司职工
	卫松根	男	父亲	文盲	1933.11.15	在家养老
	赵荷英	女	母亲	文盲	1943.07.20	凤凰家务
	方素娟	女	妻子	初中	1971.12.14	浙江开氏集团有限公司职工
	卫佳栋	男	儿子	大专	1997.04.25	嘉兴南湖学院在校生
户主	祖父：卫小原，生卒年不详。 户主：卫叶庆，现在浙江开氏集团工作。 2016年住房面积380平方米。					

希望的孙加克入成长，
孩子长大而有所成就
卫志良

图0628 卫志良全家照及最想说的一句话（2018年4月）

家庭幸福美满
事业有成
卫志钢

图0629 卫志钢家庭照及最想说的一句话（2018年4月）

做个普通人，做好每一件事。
平等看待每个人，过着普通人的日子。
卫叶庆

图0630 卫叶庆全家照及最想说的一句话（2018年1月）

表 507　户主卫张明家庭成员情况

类　别	家庭成员姓名	性别	家庭关系	文化程度	出生年月日	工作（职业）职务
卫家片第二村民小组	卫张明	男	户主	初中	1963.09.13	自营绣花厂
	陈茶娟	女	妻子	初中	1963.11.22	自营绣花厂
	卫梦雯	女	女儿	大学	1989.11.08	萧山新湾初中老师
	卫梦萧	女	二女儿	高中	1999.07.11	萧山八中在校生
户主	高祖父：卫正奎（1845—1926），农民。 曾祖父：卫福生（1866—1946），农民，因为力大如牛被称为牛大王。 祖父：卫如法（1892—1931），农民。 父亲：卫仁泉（1924—2009），农民。 户主：卫张明，现杭州梦琪纺织绣品有限公司企业主。 2016年住房面积360平方米。					

注：卫张明的女婿严赵琪、外孙女严奕珂户口在杭二棉小区。

表 508　户主卫张金家庭成员情况

类　别	家庭成员姓名	性别	家庭关系	文化程度	出生年月日	工作（职业）职务
卫家片第二村民小组	卫张金	男	户主	初中	1966.09.12	凤凰创业新村电工，村民小组长
	项大娥	女	母亲	文盲	1933.02.10	凤凰家务
	蔡小凤	女	妻子	初中	1965.03.18	杭州创达针纺有限公司企业主，中共党员
	卫永江	男	儿子	大专	1991.07.28	凤凰村电工
	陈红梅	女	儿媳	高中	1991.07.13	凤凰家务
	卫亦萱	女	孙女		2014.12.24	
户主	高祖父：卫正奎（1845—1926），农民。 曾祖父：卫福生（1866—1946），农民，因为力大如牛被称为牛大王。 祖父：卫如法（1892—1931），农民。 父亲：卫仁泉（1924—2009），农民。 户主：卫张金，现为凤凰创业新村电工。 2016年住房面积324平方米。					

表 509　户主卫张立家庭成员情况

类　别	家庭成员姓名	性别	家庭关系	文化程度	出生年月日	工作（职业）职务
卫家片第二村民小组	卫张立	男	户主	小学	1954.09.02	杭州林锋纺织有限公司职工
	沈杏英	女	妻子	小学	1955.06.26	凤凰家务
	卫朗琴	女	女儿	初中	1979.09.04	杭州金鑫化纤有限公司
	徐正群	男	女婿	初中	1975.10.01	浙江美丝邦化纤有限公司
	卫启昱	男	孙子	初中	2002.08.21	衙前初中在校生
	卫欣昱	女	孙女	小学	2008.06.28	衙前农村小学在校生
户主	高祖父：卫正奎（1845—1926），农民。 曾祖父：卫福生（1866—1946），农民，因为力大如牛被称为牛大王。 祖父：卫如法（1892—1931），农民。 父亲：卫仁泉（1924—2009），农民。 户主：卫张立，现在杭州林锋纺织有限公司工作。 2016年住房面积360平方米。					

随心而居，洺心而心
日上红红火火
孩子们毕业顺成
邵安娟

图0631　卫张明全家照及最想说的一句话（2018年7月）

一家和气
夫妻相敬
勤俭治家
艰苦创业
卫永江

图0632　卫张金家庭照及最想说的一句话（2018年3月）

人生所缺乏的不是才干
而是志向
不是成功的能力
而是勤劳和意志
杏英

图0633　卫张立全家照及最想说的一句话（2018年4月）

表510 户主卫张先家庭成员情况

类　别	家庭成员姓名	性别	家庭关系	文化程度	出生年月日	工作（职业）职务
卫家片第二村民小组	卫张先	男	户主	小学	1956.11.17	浙江中逸润远实业有限公司职工
	潘冬梅	女	妻子	小学	1958.12.21	凤凰家务
	卫国锋	男	儿子	高中	1982.10.26	自由职业
	卫思齐	女	孙女		2014.03.09	
	钱月华	女	儿媳	大专	1982.11.24	户口未迁入
户主	高祖父：卫正奎（1845—1926），农民。 曾祖父：卫福生（1866—1946），农民，因为力大如牛被称为牛大王。 祖父：卫如法（1892—1931），农民。 父亲：卫仁泉（1924—2009），农民。 户主：卫张先，现在浙江中逸润远实业有限公司工作。 2016年住房面积360平方米。					

表511 户主卫张花家庭成员情况

类　别	家庭成员姓名	性别	家庭关系	文化程度	出生年月日	工作（职业）职务
卫家片第二村民小组	卫张花	女	户主	小学	1952.11.24	凤凰家务
户主	户主：卫张花，家庭主妇，丈夫张传有，系居民户，农嫁居户口未迁。 2016年住房面积324平方米。					

表512 户主蔡成梁家庭成员情况

类　别	家庭成员姓名	性别	家庭关系	文化程度	出生年月日	工作（职业）职务
卫家片第二村民小组	蔡成梁	男	户主	高中	1980.04.18	杭州振诚纺织有限公司负责人，中共党员
	彭美娟	女	母亲	小学	1955.08.02	户口未迁入
	王瑶	女	妻子	大专	1980	户口未迁入
	蔡紫琳	女	女儿	小学	2009.05.11	杭州江南实验学校在校生
	蔡欣琳	女	二女儿		2013.10.30	
户主	曾祖父：蔡阿传，生卒年不详。 祖父：蔡锦生（1908—2000），上海同兴袜厂务工，1962年退休回家。 父亲：蔡观根（1955—2006），曾任卫家村会计，1991年自办纺织企业，为萧山市振达纺织有限公司法定代表人。 户主：蔡成梁，现为杭州振诚纺织有限公司负责人。 2016年住房面积370平方米。					

婆娘和
夫妻亲
子孙孝
家兴旺
　　　潘志娟

图0634　卫张先家庭照及最想说的一句话（2018年3月）

图0635　庭院景观（2017年4月，莫艳梅摄）

希望孩子长大后有
所成就
　　　彭美娟

图0636　蔡成梁全家照及最想说的一句话（2018年5月）

表513　户主沈光仁家庭成员情况

类别	家庭成员姓名	性别	家庭关系	文化程度	出生年月日	工作（职业）职务
卫家片第二村民小组	沈光仁	男	户主	小学	1945.09.24	创业新村门卫
	卫阿素	女	妻子	初识	1948.04.28	凤凰家务
	沈建明	男	儿子	初中	1971.06.28	杭州裕源纺织有限公司职工
	龚亚娟	女	儿媳	初中	1972.10.22	杭州凯成纺织有限公司职工
	沈滢滢	女	孙女	大学	1997.07.05	萧山宁围顺坝幼儿园教师
户主	父亲：沈阿元，生卒年不详。 户主：沈光仁，现为凤凰创业新村门卫。 2016年住房面积360平方米。					

表514　户主卫水林家庭成员情况

类别	家庭成员姓名	性别	家庭关系	文化程度	出生年月日	工作（职业）职务
卫家片第二村民小组	卫水林	男	户主	初中	1972.07.10	杭州美恒纺织有限公司企业主
	卫小海	男	父亲	初小	1940.01.18	杭州美恒纺织有限公司职工
	庞阿条	女	母亲	不识	1945.08.23	凤凰家务
	沈美华	女	妻子	初中	1972.04.05	杭州美恒纺织有限公司财务
	卫子键	男	儿子	大学	1997.04.13	杭州财经大学附属学院在校生
户主	曾祖父：卫阿土，生卒年不详。 祖父：卫阿明（1909—1992），农民。 父亲：卫小海，民国29年（1940）生，务农，现在杭州美恒纺织有限公司帮工。 户主：卫水林，现为杭州美恒纺织有限公司企业主。 2016年住房面积450平方米。					

表515　户主卫建荣家庭成员情况

类别	家庭成员姓名	性别	家庭关系	文化程度	出生年月日	工作（职业）职务
卫家片第二村民小组	卫建荣	男	户主	初中	1966.11.16	凤凰村副主任，中共党员
	施小芬	女	妻子	初中	1965.09.11	杭州南扬杰化纤有限公司职工
	卫南	男	儿子	大学	1991.09.02	杭州南扬杰化纤有限公司企业主
户主	曾祖父：卫阿土，生卒年不详。 祖父：卫阿明（1909—1992），农民。 父亲：卫小海，1940年生，农民，现在三儿子卫水林的工厂（杭州美恒纺织有限公司）帮工。 户主：卫建荣，现为凤凰村委会副主任。 2016年住房面积483平方米。					

注：图0639前排，为卫建荣的父母，见表514；后排右一，为卫建荣的儿媳胡凯利，2018年登记迁入。

堂堂正正做人
勤勤恳恳治家

龚玉娟

图0637　沈光仁全家照及最想说的一句话（2018年2月）

一年四季行好运，
八方财宝进家门。

卫水林

图0638　卫水林全家照及最想说的一句话（2018年6月）

天地和顺家添财，
平安如意人多福。

卫建荣

图0639　卫建荣全家照及最想说的一句话（2018年3月）

表 516　户主卫水荣家庭成员情况

类　别	家庭成员姓名	性别	家庭关系	文化程度	出生年月日	工作（职业）职务
卫家片第二村民小组	卫水荣	男	户主	初中	1969.05.19	杭州顺裕纺织有限公司企业主
	项彩娟	女	妻子	初中	1970.08.23	杭州顺裕纺织有限公司财务
	卫麒峰	男	儿子	大学	1995.11.12	浙江金融职业学院在校生
户主	曾祖父：卫阿土，生卒年不详。 祖父：卫阿明（1909—1992），农民。 父亲：卫小海，1940年生，早年务农，现在三儿子的工厂（杭州美恒纺织有限公司）帮工。 户主：卫水荣，现为杭州顺裕纺织有限公司企业主。 2016年住房面积450平方米。					

注：图0640前排，为卫水荣的父母，见表514。

表 517　户主卫小明家庭成员情况

类　别	家庭成员姓名	性别	家庭关系	文化程度	出生年月日	工作（职业）职务
卫家片第二村民小组	卫小明	男	户主	高中	1959.10.20	杭州丝绸化纤布厂企业主，中共党员
	施水金	女	母亲	初识	1929.10.10	凤凰家务
	赵金彩	女	妻子	高中	1963.02.10	凤凰村村务人员
	卫卓	女	女儿	大学	1986.10.30	户口未迁入
	卫斌	男	儿子	大学	1994.11.11	沈阳理工大学在校生
户主	高祖父：卫正法，生卒年不详。 祖父：卫长庆，生卒年不详。 父亲：卫阿松（1919—2014），农民。 户主：卫小明，1976—1978年在萧山三中读高中，1978—1984年在辽宁绥中（37311）部队参军，担任班长，1984—1990年任卫家村团支部书记、民兵连长，1990—1995年任卫家村村主任，1996年至今为杭州丝绸化纤布厂企业主。儿子卫斌，现在在浙江大学城市学院项目科研室工作，擅长软件开发，在校期间获第八届2015全国大学生网络商务创新应用大赛全国总决赛区特等奖、2015年度腾讯T派移动互联网创新大赛总决赛优秀作品奖。 2016年住房面积264平方米。					

注：卫小明的女婿金彪、外孙金浩轩户口在杭州市滨江区。

表 518　户主卫月兴家庭成员情况

类　别	家庭成员姓名	性别	家庭关系	文化程度	出生年月日	工作（职业）职务
卫家片第二村民小组	卫月兴	男	户主	初小	1952.06.24	浙江中逸润远实业有限公司职工
	徐爱娟	女	妻子	小学	1955.07.06	户口未迁入
	卫观军	男	儿子	大专	1976.11.07	户口未迁入
	孙吉蒙	女	儿媳	大专	1981.09.03	户口未迁入
	卫楚言	女	孙女	小学	2007.08.17	户口未迁入
户主	高祖父：卫正法，生卒年不详。 祖父：卫长庆，生卒年不详。 父亲：卫阿松（1919—2014），农民。 户主：卫月兴，中共党员，1970—1973年任卫家生产大队团支部书记，1974—1977年任卫家生产大队管委会委员，1978年7月至1992年12月、2002年6月至2005年4月任卫家村委会主任，现在浙江中逸润远实业有限公司工作。 2016年住房面积316平方米。					

富贵双全人如意，
财喜两旺家和睦。

卫水荣

图 0640　卫水荣全家照及最想说的一句话（2018 年 4 月）

不求万贯家财，但求健康平安。

赵金彩

图 0641　卫小明全家照及最想说的一句话（2018 年 4 月）

做事要勤
做人要忠

卫月兴

图 0642　卫月兴全家照及最想说的一句话（2018 年 7 月）

表519　户主卫海民家庭成员情况

类别	家庭成员姓名	性别	家庭关系	文化程度	出生年月日	工作（职业）职务
卫家片第二村民小组	卫海民	男	户主	初中	1966.02.28	自营管道维修店
	卫仁水	男	父亲	高小	1934.02.05	在家养老
	施凤水	女	母亲	初识	1945.09.09	凤凰家务
	项华根	女	妻子	初中	1968.09.22	杭州萧山发达弹簧垫圈有限公司职工
	卫镕霆	男	儿子	大学	1995.03.16	中国美术学院在校生
户主	高祖父：卫正奎（1845—1926），农民。 曾祖父：卫福生（1866—1946），农民，因为力大如牛被称为牛大王。 祖父：卫如泉（1905—1989），农民，曾参加衙前农民运动。 父亲：卫仁水，1934年生，务农，曾做生产队保管员，现在家养老。 户主：卫海民，现自营管道维修店。 2016年住房面积380平方米。						

表520　户主卫张兴家庭成员情况

类别	家庭成员姓名	性别	家庭关系	文化程度	出生年月日	工作（职业）职务
卫家片第二村民小组	卫张兴	男	户主	小学	1952.08.26	在家养老
	沈条花	女	母亲	文盲	1930.05.28	在家养老
	李燕燕	女	妻子	小学	1952.08.13	凤凰村保洁员
	卫红	女	女儿	初中	1974.11.23	杭州大海纺织有限公司职工
	施小寅	男	女婿	初中	1967.10.05	杭州兴惠集团职工
	卫晨佳	女	孙女	大学	1997.03.29	台州学院在校生
	卫烨佳	男	孙子	小学	2007.01.09	衙前农村小学在校生
户主	祖父：卫小友（1897—1939），农民。 父亲：卫欢锦（1922—1987），农民。 户主：卫张兴，现在家养老。 2016年住房面积360平方米。						

表521　户主卫小丰家庭成员情况

类别	家庭成员姓名	性别	家庭关系	文化程度	出生年月日	工作（职业）职务
卫家片第二村民小组	卫小丰	男	户主	小学	1948.07.13	在家养老
	卫利文	女	妻子	不识	1947.06.13	凤凰家务
	卫华军	女	二女	高中	1971.09.13	自由职业
	卫华平	女	三女	初中	1973.11.25	杭州卫洋化纤有限公司厂长
	卫童	女	孙女	高中	1998.09.28	萧山五中在校生
	卫洋	女	二孙女	小学	2006.02.21	杭州文海小学在校生
户主	高祖父：卫正奎（1845—1926），农民。 曾祖父：卫福生（1866—1946），农民，因为力大如牛被称为牛大王。 祖父：卫如法（1892—1931），农民。 父亲：卫仁金（1913—1979），农民。 户主：卫小丰，现在家养老。 2016年住房面积324平方米。						

有生怵，希望能再添
置一辆汽车，
家里的老人能长寿
卫海民

图 0643　卫海民全家照及最想说的一句话（2018 年 2 月）

勤勤恳恳做事
清清白白做人
卫小宾

图 0644　卫张兴的住宅与最想说的一句话（2018 年 7 月）

夫妻相敬
举案齐眉
科技致富
读书报国
卫小丰

图 0645　卫小丰全家照及最想说的一句话（2018 年 2 月）

表 522　户主卫关荣家庭成员情况

类　别	家庭成员姓名	性别	家庭关系	文化程度	出生年月日	工作（职业）职务
卫家片第二村民小组	卫关荣	男	户主	初小	1947.12.15	凤凰村门卫
	朱爱仙	女	妻子	初小	1952.12.17	凤凰家务
	卫红娟	女	女儿	初中	1974.06.06	杭州华亨纺织有限公司职工
	卫桥硕	男	孙子	小学	2003.01.27	衙前农村小学在校生
户主	曾祖父：卫正彪，生卒年不详。 祖父：卫炳辉（1889—1945），农民。 父亲：卫如大（1916—1957），农民。 户主：卫关荣，现为凤凰村门卫。 2016年住房面积286平方米。					

注：卫关荣的上门女婿许柏根，户口在萧山城厢街道。

表 523　户主蔡海龙家庭成员情况

类　别	家庭成员姓名	性别	家庭关系	文化程度	出生年月日	工作（职业）职务
卫家片第二村民小组	蔡海龙	男	户主	初小	1958.05.22	开铲车，中共党员
	姜云花	女	母亲	文盲	1933.10.24	凤凰家务
	蔡文雅	女	次女	大学	1990.06.15	萧山临浦第三职业学校教师
户主	父亲：蔡阿毛（1933—1999），1961年从上海钢铁五厂退休回家。 户主：蔡海龙，现开铲车。 2016年住房面积380平方米。					

注：蔡海龙的妻子已故；长女已出嫁，户口不在该村；次女蔡文雅2017年结婚，丈夫何立峰户口不在该村。

表 524　户主蔡观荣家庭成员情况

类　别	家庭成员姓名	性别	家庭关系	文化程度	出生年月日	工作（职业）职务
卫家片第二村民小组	蔡观荣	男	户主	高中	1961.02.14	在四川经商
	罗芳	女	妻子	初中	1969.11.13	户口未迁入
户主	祖父：蔡阿传，生卒年不详。 父亲：蔡锦生（1908—2000），曾在上海同兴袜厂务工，1962年退休回家。 户主：蔡观荣，现长期在四川经商，在凤凰村无住宅。					

图0646　卫关荣全家照及最想说的一句话（2017年12月）

图0647　蔡海龙全家照及最想说的一句话（2017年12月）

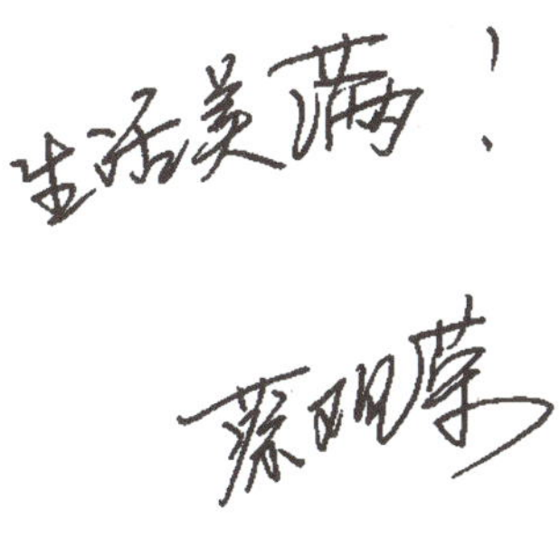

图0649　蔡观荣最想说的一句话（2018年4月）　　图0648　凤凰花园（2018年5月，陈妙荣摄）

第三村民小组

卫家片第三村民小组有29户,户主姓名分别为:倪伟民、卫军、蔡志尧、蔡校泉、蔡校水、蔡维珍、卫子仁、卫继木、卫观华、卫建军、卫纪土、卫大姑、卫志根、卫国良、卫宝堂、卫妙兴、卫兴友、卫新泉、卫新荣、卫小娃、卫志浩、卫志土、卫志荣、卫利明、卫仁荣、卫仁龙、卫仁昌、应彩凤、何亚芬。

表525　户主倪伟民家庭成员情况

类　别	家庭成员姓名	性别	家庭关系	文化程度	出生年月日	工作（职业）职务
卫家片第三村民小组	倪伟民	男	户主	高中	1961.01.19	浙江开氏集团有限公司职工
	卫建美	女	妻子	小学	1963.11.25	衙前小商品市场开店
	钱梅花	女	母亲	初识	1940.02.06	凤凰家务
	倪元钦	男	儿子	大学	1989.11.23	户口未迁入
户主	祖父：倪维良，生卒年不详。 父亲：倪柏林，民国21年（1932）生，户口在衙前镇毕公桥社区。 户主：倪伟民，现在浙江开氏集团工作。 2016年住房面积360平方米。					

注：倪伟民的儿媳陈凯迪，户口在萧山瓜沥镇。

表526　户主卫军家庭成员情况

类　别	家庭成员姓名	性别	家庭关系	文化程度	出生年月日	工作（职业）职务
卫家片第三村民小组	卫军	男	户主	初中	1975.11.07	泥水工
	方芬珍	女	母亲	初小	1955.02.08	凤凰村保洁员
	卫英	女	妹妹	初中	1977.12.28	自由职业，已出嫁，户口已迁出
	卫亚男	女	女儿	大学	1998.03.10	宁波大学
户主	曾祖父：卫大原（1896—1929），农民。 祖父：卫松林（1916—1976），农民。 父亲：卫纪法（1951—2015），农民。 户主：卫军，现为泥水工。 2016年住房面积400平方米。					

注：卫军已离异，图0652后排右一是卫军的未婚妻赵荣华，户口在四川；前排左一是卫军的外孙严天宇，户口在萧山坎山镇。

图0650　卫家池塘边的紫薇花（2018年8月，陈妙荣摄）

子孝孙贤
夫尊妻荣
勤劳节俭
家和业兴
　　　　卫建美

图0651　倪伟民全家照及最想说的一句话（2018年6月）

家和万事兴
齐力可断金
　　　方春珍

图0652　卫军全家照及最想说的一句话（2018年2月）

表527　户主蔡志尧家庭成员情况

类　别	家庭成员姓名	性别	家庭关系	文化程度	出生年月日	工作（职业）职务
卫家片第三村民小组	蔡志尧	男	户主	初中	1965.10.29	自由职业
	蔡水泉	男	父亲	初小	1929.11.30	在家养老
	蔡佳妮	女	女儿	大学	1993.01.27	萧山公路开发有限公司
	沈雪先	女	妻子	初中	1967.03.08	浙江兴南链条股份有限公司
户主	曾祖父：蔡阿牛，生卒年不详。 祖父：蔡阿火（1902—1985），农民。 父亲：蔡水泉，原废花厂厂长。 户主：蔡志尧，自办纺织厂，后厂房出租，现为自由职业。 2016年住房面积360平方米。					

表528　户主蔡校泉家庭成员情况

类　别	家庭成员姓名	性别	家庭关系	文化程度	出生年月日	工作（职业）职务
卫家片第三村民小组	蔡校泉	男	户主	初中	1954.06.21	回收加工纸筒管，中共党员
	陈文娟	女	妻子	初小	1954.11.20	凤凰家务
	蔡良	男	儿子	初中	1980.06.17	回收加工纸筒管
	蒋玲利	女	儿媳	高中	1982.02.06	杭州江钦化纤有限公司
	蔡奇乐	男	孙子	小学	2010.07.28	衙前农村小学在校生
户主	祖父：蔡阿传，生卒年不详。 父亲：蔡爱生（1926—1998），上海退休工人。 户主：蔡校泉，分田到户后，在衙前绸厂任副厂长，1996年到卫家村任村主任，1998年后到宁波远景公司工作，现在家收纸管。 2016年住房面积360平方米。					

表529　户主蔡校水家庭成员情况

类　别	家庭成员姓名	性别	家庭关系	文化程度	出生年月日	工作（职业）职务
卫家片第三村民小组	蔡校水	男	户主	初小	1957.05.21	个体运输
	张海雅	女	妻子	初中	1960.01.24	在家养老
	蔡华良	男	儿子	高中	1984.08.01	杭州林鹏进出口有限公司
	李婷	女	儿媳	高中	1987.11.26	凤凰家务
	蔡依晨	女	孙女	小学	2010.09.28	衙前农村小学在校生
	蔡毅铠	男	孙子		2014.04.21	
户主	祖父：蔡阿传，生卒年不详 父亲：蔡爱生（1926—1998），上海退休工人。 户主：蔡校水，现从事个体运输。 2016年住房面积360平方米。					

希望生活越来越好

蔡志尧

图 0653　蔡志尧家庭照及最想说的一句话（2018 年 2 月）

家庭和睦
邻里和谐
勤劳为本
诚信敬业

蔡校泉

图 0654　蔡校泉正在经营纸管业务及最想说的一句话（2018 年 7 月）

婆媳和
夫妻亲
子孙孝
家兴业旺

蔡海权

图 0655　蔡校水的住宅与最想说的一句话（2018 年 7 月）

表 530　户主蔡维珍家庭成员情况

类别	家庭成员姓名	性别	家庭关系	文化程度	出生年月日	工作（职业）职务
卫家片第三村民小组	蔡维珍	女	户主	高小	1938.09.06	在家养老
户主	户主：蔡维珍，家庭主妇，现在家养老。丈夫朱光龙，原衙前农村小学老师，已故。农嫁居户口没有迁出。2016年住房面积120平方米。					

表 531　户主卫子仁家庭成员情况

类别	家庭成员姓名	性别	家庭关系	文化程度	出生年月日	工作（职业）职务
卫家片第三村民小组	卫子仁	男	户主	高小	1954.03.22	杭州凯成纺织有限公司负责人
	孔水娟	女	妻子	初小	1955.09.22	凤凰家务
	卫锋	男	儿子	高中	1982.02.26	杭州凯成纺织有限公司企业主
	殷敏丽	女	儿媳	大专	1982.03.15	杭州凯成纺织有限公司财务
	卫诗琪	女	孙女	小学	2007.09.28	湘湖师范小学在校生
	卫泽成	男	孙子	小学	2011.11.07	户口未迁入
户主	祖父：卫金南，生卒年不详。 父亲：卫文耀（1909—1983），农民。 户主：卫子仁，现在杭州凯成纺织有限公司工作。 2016年住房面积380平方米。					

表 532　户主卫继木家庭成员情况

类别	家庭成员姓名	性别	家庭关系	文化程度	出生年月日	工作（职业）职务
卫家片第三村民小组	卫继木	男	户主	高中	1967.12.13	经营纺机配件店
	马伟忠	女	妻子	小学	1970.10.05	经营纺机配件店
	施文香	女	母亲	文盲	1928.11.11	在家养老
	卫介奇	男	儿子	大学	1995.12.07	台州职业技术学院在校生
户主	祖父：卫大原（1896—1929），农民。 父亲：卫柏林（1923—2003），农民。 户主：卫继木，现在经营杭州萧山衙前卫家纺机配件店。 2016年住房面积360平方米。					

不求万贯家财，但求
健康平安

蔡维珍

图0656　蔡维珍与最想说的一句话（2018年2月）

和善家风贵，
苦寒品格高

卫子仁

图0657　卫子仁在公司检查生产及最想说的一句话（2018年7月）

平安是福

卫继木

图0658　卫继木全家照及最想说的一句话（2017年12月）

表533　户主卫建军家庭成员情况

类　别	家庭成员姓名	性别	家庭关系	文化程度	出生年月日	工作（职业）职务
卫家片第三村民小组	卫建军	男	户主	初中	1977.11.23	杭州兴惠化纤有限公司职工
	施玉燕	女	妻子	初中	1981.11.10	浙江兴日钢控股集团有限公司职工
	项丽芬	女	母亲	小学	1952.01.05	凤凰家务
	卫卓韬	男	儿子	小学	2006.09.30	衙前农村小学在校生
户主	曾祖父：卫大原（1896—1929），农民。 祖父：卫柏林（1923—2003），农民。 父亲：卫纪刚，1949年10月10日生，小学文化，现在浙江兴日钢控股集团有限公司工作。 户主：卫建军，现在杭州兴惠化纤有限公司工作。 2016年住房面积278平方米。					

注：图0659前排中，为卫建军的祖母施文香，见表532；前排右一，为卫建军的父亲卫纪刚，见表534；后排右二，为卫建军的堂弟卫介奇，见表532。

表534　户主卫观华家庭成员情况

类　别	家庭成员姓名	性别	家庭关系	文化程度	出生年月日	工作（职业）职务
卫家片第三村民小组	卫观华	男	户主	大学	1975.03.21	西门子（杭州）高压开关有限公司职员
	卫纪刚	男	父亲	小学	1949.10.10	浙江兴日钢控股集团有限公司
户主	曾祖父：卫大原（1896—1929），农民。 祖父：卫柏林（1923—2003），农民。 父亲：卫纪刚，1949年10月10日生，小学文化，现在浙江兴日钢控股集团有限公司工作。 户主：卫观华，现在西门子（杭州）高压开关有限公司工作。 2016年住房面积360平方米。					

表535　户主卫纪土家庭成员情况

类　别	家庭成员姓名	性别	家庭关系	文化程度	出生年月日	工作（职业）职务
卫家片第三村民小组	卫纪土	男	户主	初中	1957.07.10	杭州卫业纺织有限公司企业主
	项菊英	女	妻子	初小	1959.10.08	在家养老
	卫华飞	女	长女	大学	1983.11.04	凤凰家务，中共党员
	卫瑶斐	女	次女	大学	1991.04.02	绍兴庆达进出口有限公司职工
	卫陈轩	男	孙子	小学	2009.11.04	衙前农村小学在校生
	陈玥佳	女	孙女		2016.09.02	
户主	祖父：卫大原（1896—1929），农民。 父亲：卫柏林（1923—2003），农民。 户主：卫纪土，现为杭州卫业纺织有限公司企业主。 2016年住房面积360平方米。					

希望家里的老人
能长寿！   卫建军

图 0659　卫建军全家照及最想说的一句话（2018 年 2 月）

希望孩子她大伯
有所成就！   卫观华

图 0660　卫观华的住宅与最想说的一句话（2018 年 7 月）

学高为师
身正为范
夫妻相敬
举案齐眉   卫纪土

图 0661　卫纪土全家照及最想说的一句话（2017 年 12 月）

表 536　户主卫大姑家庭成员情况

类　别	家庭成员姓名	性别	家庭关系	文化程度	出生年月日	工作（职业）职务
卫家片第三村民小组	卫大姑	男	户主	初小	1950.10.23	退休养老
	高利芳	女	妻子	初小	1954.07.16	杭州凯成纺织有限公司职工
	卫琴琴	女	女儿	初中	1981.11.13	杭州美恒纺织有限公司职工
	宋龙建	男	女婿	初中	1980.05.24	杭州志海化纤有限公司职工
	卫佳丹	女	孙女	初中	2003.06.11	衙前初中在校生
	卫佳俊	男	孙子	小学	2010.05.30	衙前农村小学在校生
户主	父亲：卫寅淦（1906—1987），农民，曾参加衙前农民运动。 户主：卫大姑，原在杭州凯成纺织有限公司管门卫，现退休在家养老。 2016年住房面积360平方米。					

表 537　户主卫志根家庭成员情况

类　别	家庭成员姓名	性别	家庭关系	文化程度	出生年月日	工作（职业）职务
卫家片第三村民小组	卫志根	男	户主	高小	1953.11.01	在家养老
	施迪春	女	妻子	初小	1956.03.07	凤凰家务
	卫杰	男	儿子	初中	1989.09.18	杭州庞鑫电力能源有限公司职工
户主	父亲：卫寅淦（1906—1987），农民，曾参加衙前农民运动。 户主：卫志根，在家养老。 2016年住房面积360平方米。					

表 538　户主卫国良家庭成员情况

类　别	家庭成员姓名	性别	家庭关系	文化程度	出生年月日	工作（职业）职务
卫家片第三村民小组	卫国良	男	户主	初中	1971.06.24	杭州凯诚纺织厂职工
	卫志兴	男	父亲	初小	1945.03.28	在家养老
	吴水英	女	母亲	初识	1948.10.08	凤凰家务
	陆伟珍	女	妻子	初中	1971.10.03	衙前农贸市场贩肉
	卫丹枫	女	女儿	大学	1996.10.18	浙江大学财经系在校生
	卫佳枫	男	儿子	初中	2004.02.21	衙前初中在校生
户主	祖父：卫寅淦（1906—1987），农民，曾参加衙前农民运动。 父亲：卫志兴，原杭州振卫纺织有限公司电工，现退休在家。 户主：卫国良，现在杭州凯诚纺织厂工作。 2016年住房面积360平方米。					

注：卫国良的姐姐卫冬梅已出嫁（在衙前镇山南富村）。

堂堂正正做人
踏踏实实做事

卫碧云

图 0662　卫大姑全家照及最想说的一句话（2018 年 1 月）

希望生活越过越好！
健康平安？

卫杰

图 0663　卫志根全家照及最想说的一句话（2017 年 12 月）

子孝孙贤
夫尊妻荣
勤劳节俭
富乙和睦

卫民贵

图 0664　卫国良全家照及最想说的一句话（2018 年 1 月）

表 539　户主卫宝堂家庭成员情况

类　别	家庭成员姓名	性别	家庭关系	文化程度	出生年月日	工作（职业）职务
卫家片第三村民小组	卫宝堂	男	户主	脱盲	1957.02.26	杭州沃氏布厂职工
	卫寿仙	男	父亲	文盲	1929.03.19	在家养老
	施桂金	女	母亲	文盲	1931.04.13	在家养老
	施凤娟	女	妻子	脱盲	1959.06.11	杭州洁怡布厂职工
	卫小萍	女	次女	大学	1992.02.06	太平保险公司职工
	卫萍萍	女	长女	大学	1984.11.30	杭州碧桂园久泰置业有限公司职工，中共党员
户主	曾祖父：卫小毛（1866—1913），农民。 祖父：卫长生（1891—1947），农民。 户主：卫宝堂，现在杭州沃氏布厂工作。 2016 年住房面积 360 平方米。					

注：卫宝堂的长女婿俞斌系入赘，长女婿及外孙俞铭泓户口不在该村。

表 540　户主卫妙兴家庭成员情况

类　别	家庭成员姓名	性别	家庭关系	文化程度	出生年月日	工作（职业）职务
卫家片第三村民小组	卫妙兴	男	户主	高小	1953.08.24	杭州宏兴化纤布厂企业主，中共党员
	冯钊花	女	妻子	小学	1956.03.09	户口未迁入
	卫丽莉	女	女儿	大学		户口未迁入
户主	曾祖父：卫小毛（1866—1913），农民。 祖父：卫长生（1891—1947），农民。 父亲：卫寿仙，民国 18 年（1929）生，务农。 户主：卫妙兴，原在杭州恒泰纺织公司做车间主任，因工作认真负责被提为生产厂长，后参加选举任卫家村党委委员，1999 年任卫家村党支部书记，2002 年自开杭州宏兴化纤布厂至今。 2016 年住房建筑面积 324 平方米。					

表 541　户主卫兴友家庭成员情况

类　别	家庭成员姓名	性别	家庭关系	文化程度	出生年月日	工作（职业）职务
卫家片第三村民小组	卫兴友	男	户主	初中	1965.12.17	杭州卫烈纺织有限公司企业主
	俞惠芳	女	妻子	初中	1963.01.12	凤凰家务
	卫烈飚	男	儿子	大学	1993.12.04	杭州卫烈纺织有限公司职工
	胡春玲	女	儿媳	初中	1993.03.01	户口未迁入
户主	曾祖父：卫正彪，生卒年不详。 祖父：卫炳辉（1889—1945），农民。 父亲：卫如虎（1926—2012），农民。 户主：卫兴友，现为杭州卫烈纺织有限公司企业主。 2016 年住房面积 360 平方米。					

注：卫兴友的孙子卫锦弦生于 2017 年、孙女卫槿桔生于 2018 年。

孝父母，友兄弟
爱儿女，友邻里
　　　　卫宝堂

图 0665　卫宝堂全家照及最想说的一句话（2017 年 12 月）

尊老爱幼，长幼同心
勤劳节俭，家和旺兴
　　　　卫妙兴

图 0666　卫妙兴的住宅与最想说的一句话（2018 年 7 月）

见利思个
见财想义
勤劳生财
团结生义
　　卫兴友

图 0667　卫兴友全家照及最想说的一句话（2017 年 12 月）

表542　户主卫新泉家庭成员情况

类别	家庭成员姓名	性别	家庭关系	文化程度	出生年月日	工作（职业）职务
卫家片第三村民小组	卫新泉	男	户主	小学	1967.12.25	新泉加弹厂企业主
	张国美	女	妻子	初中	1967.12.03	平安保险公司职工
	卫思逸	女	女儿	大学	1995.11.05	宁波大学在校生
户主	曾祖父：卫正彪，生卒年不详。 祖父：卫炳辉（1889—1945），农民。 父亲：卫如虎（1926—2012），农民。 户主：卫新泉，现为新泉加弹厂厂长。 2016年住房面积360平方米。					

表543　户主卫新荣家庭成员情况

类别	家庭成员姓名	性别	家庭关系	文化程度	出生年月日	工作（职业）职务
卫家片第三村民小组	卫新荣	男	户主	高小	1950.10.21	在家养老
	潘杏英	女	妻子	文盲	1953.10.26	凤凰家务
	卫立君	女	女儿	初中	1979.04.19	杭州叶茂纺织有限公司职工
	何建军	男	其他	初中	1976.01.16	离异户口未迁
	卫阳磊	男	孙子	小学	2006.07.06	衙前农村小学在校生
户主	曾祖父：卫正彪，生卒年不详。 祖父：卫炳辉（1889—1945），农民。 父亲：卫如虎（1926—2012），农民。 户主：卫新荣，原在卫家预制厂工作，后来到各纺织企业打工，现退休在家。 2016年住房面积360平方米。					

表544　户主卫小娃家庭成员情况

类别	家庭成员姓名	性别	家庭关系	文化程度	出生年月日	工作（职业）职务
卫家片第三村民小组	卫小娃	男	户主	初小	1953.08.12	杭州卫烈纺织有限公司职工
	陈金美	女	妻子	初小	1955.09.16	凤凰家务
	卫建娣	女	长女	初中	1980.12.13	杭州杨成箱包制造有限公司职工
	商力兴	男	女婿	初中	1980.04.02	杭州卫烈纺织有限公司职工
	卫佳利	女	次女	初中	1988.04.23	杭州数马装饰工艺品有限公司职工
	卫雪婷	女	孙女	初中	2004.10.15	衙前初中在校生
	卫雪莲	女	孙女		2016.07.17	
户主	曾祖父：卫正彪，生卒年不详。 祖父：卫炳辉（1889—1945），农民。 父亲：卫如虎（1926—2012），农民。 户主：卫小娃，现在杭州卫烈纺织有限公司工作。 2016年住房面积360平方米。					

不求万贯家财
但求健康平安.

卫兴乳

图 0668　卫新泉全家照及最想说的一句话（2018 年 2 月）

勤勤恳恳做事
清清白白做人

卫新荣

图 0669　卫新荣的住宅与最想说的一句话（2018 年 7 月）

齐力奋
希望生活越过越好

图 0670　卫小娃全家照及最想说的一句话（2017 年 12 月）

表545　户主卫志浩家庭成员情况

类别	家庭成员姓名	性别	家庭关系	文化程度	出生年月日	工作（职业）职务
卫家片第三村民小组	卫志浩	男	户主	初小	1949.09.19	围垦鱼塘养殖
	赵荷花	女	妻子	初小	1957.06.16	在家养老
	卫水良	男	儿子	大学	1987.08.10	围垦鱼塘养殖
	许利芳	女	儿媳	大学	1987.09.23	凤凰家务
	卫凌枫	男	孙子		2016.09.26	
户主	祖父：卫小原（1891—1937），死于战乱。 父亲：卫松泉（1917—2004），农民。 户主：卫志浩，承包到户后自营纺织厂，1997年后围垦搞养殖业。 2016年住房面积360平方米。					

表546　户主卫志土家庭成员情况

类别	家庭成员姓名	性别	家庭关系	文化程度	出生年月日	工作（职业）职务
卫家片第三村民小组	卫志土	男	户主	初小	1957.01.13	凤凰村保洁员（垃圾分理）
	周玉凤	女	妻子	初小	1965.05.20	杭州凤凰纺织有限公司职工
	卫天天	女	长女	大学	1987.10.29	杭州凤凰纺织有限公司职工
	卫天霞	女	次女	大学	1996.01.24	
户主	祖父：卫小原（1891—1937），死于战乱。 父亲：卫松泉（1917—2004），农民。 户主：卫志土，原搞个体运输，现为凤凰村保洁员。 2016年住房面积245平方米。					

注：卫志土的长女卫天天2018年结婚，女婿陈会斌系入赘，户口在绍兴新昌羽林街道。

表547　户主卫志荣家庭成员情况

类别	家庭成员姓名	性别	家庭关系	文化程度	出生年月日	工作（职业）职务
卫家片第三村民小组	卫志荣	男	户主	初小	1962.10.11	杭州庆恒纺织绣品有限公司职工
	张素娥	女	妻子	初小	1963.06.01	杭州庆恒纺织绣品有限公司职工
	卫观刚	男	儿子	高中	1990.07.01	杭州庆恒纺织绣品有限公司职工
户主	祖父：卫小原（1891—1937），死于战乱。 父亲：卫松泉（1917—2004），农民。 户主：卫志荣，现在杭州庆恒纺织绣品有限公司工作。 2016年住宅面积360平方米。					

夫妻相敬，
举案齐眉，
婆媳相处，
一家和气。
卫志浩

图0671　卫志浩全家照及最想说的一句话（2017年12月）

与人为善
与邻为友
勤劳致富

卫志土

图0672　卫志土全家照及最想说的一句话（2018年3月）

随心而居 活的开心、
靠自己一样可以活得好！
卫志荣

图0673　卫志荣全家照及最想说的一句话（2018年3月）

表548　户主卫利明家庭成员情况

类　别	家庭成员姓名	性别	家庭关系	文化程度	出生年月日	工作（职业）职务
卫家片第三村民小组	卫利明	男	户主	初中	1966.03.12	杭州叶茂纺织有限公司经理，中共党员
	卫金水	男	父亲	初识	1938.05.02	在家养老
	蔡菊仙	女	母亲	文盲	1939.12.11	凤凰家务
	卫申鹏	男	儿子	研究生	1992.06.04	杭州天羽资产有限公司职工
	项致军	女	妻子	高中	1967.11.24	户口未迁入
	项翡翡	女	养女	小学	2008.12.03	户口未迁入
户主	曾祖父：卫小毛（1866—1913），农民。 祖父：卫长生（1891—1947），农民。 父亲：卫金水，1938年出生，原为杭州叶茂纺织有限公司保洁员，现在家养老。 户主：卫利明，现为杭州叶茂纺织有限公司经理。儿子卫申鹏，2010—2014年留学日本亚洲太平洋大学，2014—2016年在美国马里兰大学读研究生，现在杭州天羽资产有限公司工作 2016年住房面积360平方米。					

表549　户主卫仁荣家庭成员情况

类　别	家庭成员姓名	性别	家庭关系	文化程度	出生年月日	工作（职业）职务
卫家片第三村民小组	卫仁荣	男	户主	初小	1950.10.04	收购废丝
	沈月花	女	妻子	初小	1953.09.02	在家养老
	卫泽男	男	儿子	大学	1990.06.18	浙江恒逸集团电工
	卫丹	女	女儿	大学	1982.07.06	杭州奥琳巴贸易有限公司职工
	施佳南	女	儿媳	大学	1989.12.12	凤凰家务
	徐浩	男	外孙		2016.08.27	
户主	曾祖父：卫正奎（1845—1926），农民。 祖父：卫福生（1866—1946），农民，因为力大如牛被称为牛大王。 父亲：卫如泉（1905—1989），农民，曾参加衙前农民运动。 户主：卫仁荣，原杭州振卫纺织厂机修工，现收购废丝。卫仁荣的女儿卫丹已结婚，户口未迁出，女婿户口不在该村，外孙徐浩随母落户凤凰村。 2016年住房面积360平方米。					

注：图0675后排，为卫仁荣的儿子、儿媳和孙女卫潇潇（生于2017年）。

表550　户主卫仁龙家庭成员情况

类　别	家庭成员姓名	性别	家庭关系	文化程度	出生年月日	工作（职业）职务
卫家片第三村民小组	卫仁龙	男	户主	初中	1957.12.30	凤凰创业新村保安
	蔡校娟	女	妻子	初小	1960.09.04	凤凰家务
	卫良	男	儿子	大学	1985.06.09	浙江恒逸集团职工
	朱小飞	女	儿媳	大学	1985.12.17	北京协英科技顾问有限公司职工
	卫嘉瑞	女	孙女		2016.03.21	
户主	曾祖父：卫正奎（1845—1926），农民。 祖父：卫福生（1866—1946），农民，因为力大如牛被称为牛大王。 父亲：卫如泉（1905—1989），农民，曾参加衙前农民运动。 户主：卫仁龙，现为凤凰创业新村保安。 2016年住房面积238平方米。					

希望日子越过越红火，
孩子们都有所成就。

　　　　　卫金虹

图0674　卫利明的住宅与最想说的一句话（2018年7月）

子孝孙贤，夫尊妻荣
勤劳节俭，家和万兴

　　　　　卫仁荣

图0675　卫仁荣全家照及最想说的一句话（2018年2月）

认认真真行事，
堂堂正正做人

　　　　　卫仁龙

图0676　卫仁龙全家照及最想说的一句话（2017年12月）

表551　户主卫仁昌家庭成员情况

类　别	家庭成员姓名	性别	家庭关系	文化程度	出生年月日	工作（职业）职务
卫家片第三村民小组	卫仁昌	男	户主	小学	1948.11.01	凤凰公寓楼门卫
	卫星	女	长女	高中	1975.06.28	杭州江南电机厂职工
	卫东	女	次女	大专	1978.01.06	凤凰村村务人员
	边国权	男	女婿	高中	1971.10.03	项欢庆纺织品厂职工，中共党员
	卫迪飞	男	孙子	高中	1999.07.23	绍兴市诸暨湄池中学在校生
户主	曾祖父：卫正奎（1845—1926），农民。 祖父：卫福生（1866—1946），农民，因为力大如牛被称为牛大王。 父亲：卫如泉（1905—1989），农民，曾参加衙前农民运动。 户主：卫仁昌，原卫家村生产队队长，包田到户后承包预制厂，预制厂关闭后到卫家村纺织厂做工，后开个体网络丝厂，于2003年到凤凰村公寓楼做门卫至今。 2016年住房面积360平方米。					

表552　户主应彩凤家庭成员情况

类　别	家庭成员姓名	性别	家庭关系	文化程度	出生年月日	工作（职业）职务
卫家片第三村民小组	应彩凤	女	户主	初小	1955.05.21	在家养老
户主	户主：应彩凤，丈夫沈建夫，系衙前镇毕公桥社区居民，已故。女儿沈燕群已经出嫁，户口在毕公桥社区。 2016年住房面积120平方米。					

注：应彩凤的女婿章兴龙、外孙女沈婷琪、外孙子沈章园，户口均在衙前镇毕公桥社区。

表553　户主何亚芬家庭成员情况

类　别	家庭成员姓名	性别	家庭关系	文化程度	出生年月日	工作（职业）职务
卫家片第三村民小组	何亚芬	女	户主	初中	1949.01.08	在家养老
户主	户主：何亚芬，杭州东南网架厂退休。丈夫杜胜利（1944—2001），衙前医院医生，1988年从萧山所前镇杜家迁居卫家村，儿子杜华毅，1996年迁往学校（重庆邮电学院）。 2016年住房面积360平方米。					

与有肝胆人共事
从无字句处读书

卫仁昌

图0677　卫仁昌全家照及最想说的一句话（2018年2月）

做个普通人做好每一件事
平等看待每个人过普通人的日子

应彩凤

图0678　应彩凤全家照及最想说的一句话（2017年12月）

希望生活越过越好。

何亚芬

图0679　何亚芬的住宅与最想说的一句话（2018年7月）

第四村民小组

卫家片第四村民小组有32户，户主姓名分别为：张立山、吴水珍、张立夫、张炎明、卫志荣、卫星、卫传荣、卫福荣、沈文根、卫阿牛、卫建华、卫建良、卫才根、卫小根、卫毛毛、卫观夫、卫官清、蔡建国、李宝金、卫月祥、卫先明、卫国民、卫建新、卫建芳、卫关友、金志娟、卫张泉、张观凉、沈华锋、张海潮、张海平、蔡建松。

表554 户主张立山家庭成员情况

类别	家庭成员姓名	性别	家庭关系	文化程度	出生年月日	工作（职业）职务
卫家片第四村民小组	张立山	男	户主	小学	1964.11.22	个体养殖
	卫阿芬	女	母亲	文盲	1933.06.29	在家养老
	王素芬	女	妻子	初中	1966.10.12	个体养殖
	张嘉慧	女	女儿	高中	1992.09.01	凤凰家务
户主	曾祖父：张来法，生卒年不详。 祖父：张阿喜，生卒年不详。 父亲：张阿关（1925—2001），曾任原卫家生产大队党支部书记。 户主：张立山，现从事个体养殖。 2016年住房面积280平方米。					

表555 户主吴水珍家庭成员情况

类别	家庭成员姓名	性别	家庭关系	文化程度	出生年月日	工作（职业）职务
卫家片第四村民小组	吴水珍	女	户主	初小	1955.11.01	凤凰家务
	张立兴	男	丈夫	小学	1953.02.05	退休在家
	张锋平	男	儿子	初中	1977.10.16	务农
	张若恬	女	孙女	小学	2009.04.03	小学在校生
户主	曾太公：张来法，生卒年不详。 太公：张阿喜，生卒年不详。 公公：张阿关（1925—2001），曾任原卫家生产大队党支部书记。 户主：吴水珍，丈夫张立兴，杭州龙山化工厂退休工人。 2016年住房面积360平方米。					

图 0680　丝瓜花（2018 年 8 月，陈妙荣摄）

诚实守信　勤劳致富。
张立山

图 0681　张立山正在喂鸡与张立山最想说的一句话（2018 年 7 月）

希望生活越来越好
吴水珍

图 0682　吴水珍家庭照及最想说的一句话（2017 年 12 月）

表556　户主张立夫家庭成员情况

类　别	家庭成员姓名	性别	家庭关系	文化程度	出生年月日	工作（职业）职务
卫家片第四村民小组	张立夫	男	户主	高小	1956.02.07	浙江中逸润远实业有限公司职工
	卫爱凤	女	妻子	高中	1957.08.23	衙前东岳庙出纳
	张秒	男	儿子	中专	1981.10.11	户口未迁入
	赵君	女	儿媳	本科	1981.05.23	户口未迁入
户主	曾祖父：张来法，生卒年不详。 祖父：张阿喜，生卒年不详。 父亲：张阿关（1925—2001），曾任原卫家生产大队党支部书记。 户主：张立夫，现在浙江中逸润远实业有限公司工作。 2016年住房面积320平方米。					

注：张立夫的孙子张浩宇、赵浩霆户口不在该村。

表557　户主张炎明家庭成员情况

类　别	家庭成员姓名	性别	家庭关系	文化程度	出生年月日	工作（职业）职务
卫家片第四村民小组	张炎明	男	户主	初中	1963.12.10	萧山停车场收费员
	张阿木	男	父亲	初识	1930.10.07	在家养老
	蔡凤珍	女	母亲	高小	1945.10.29	在家养老
	张文娟	女	妹妹	初中	1966.06.25	凤凰家务
	张利钦	男	儿子	高中	1989.12.23	杭州滨江第六空间大都会开店
户主	曾祖父：张来法，生卒年不详。 祖父：张阿喜，生卒年不详。 父亲：张阿关（1925—2001），曾任原卫家生产大队党支部书记。 户主：张炎明，现为萧山停车场收费员。 2016年住房面积320平方米。					

表558　户主卫志荣家庭成员情况

类　别	家庭成员姓名	性别	家庭关系	文化程度	出生年月日	工作（职业）职务
卫家片第四村民小组	卫志荣	男	户主	初中	1967.01.20	杭州利斌鑫化纤有限公司职工
	周素琴	女	妻子	小学	1966.05.05	杭州利斌鑫化纤有限公司职工
	卫高峰	男	儿子	大学	1993.01.05	浙江东南网架股份有限公司职工
户主	曾祖父：卫阿土，生卒年不详。 祖父：卫长东（1902—1987），农民。 父亲：卫金法（1927—1999），农民。 户主：卫志荣，现在杭州利斌鑫化纤有限公司工作。 2016年住房面积360平方米。					

夫妻相敬
爷孙齐眉
梦想相汇
一家和气

张立夫

图0683　张立夫全家照及最想说的一句话（2018年1月）

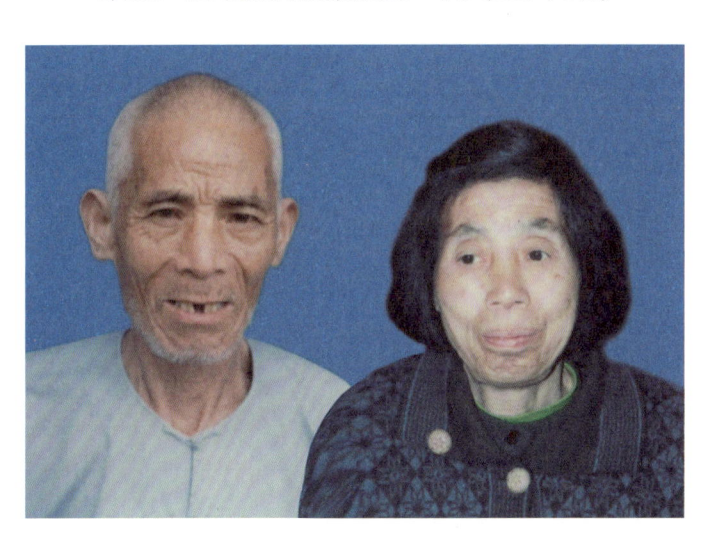

希望孩子长大后有所成就

张炎明

图0684　张炎明夫妻照及最想说的一句话（2018年7月）

与人为善 与邻改死贫人跳难驼

卫志荣

图0685　卫志荣全家照及最想说的一句话（2017年12月）

表559　户主卫星家庭成员情况

类　别	家庭成员姓名	性别	家庭关系	文化程度	出生年月日	工作（职业）职务
卫家片第四村民小组	卫星	男	户主	大专	1978.10.14	凤凰创业新村主任，中共党员
	施美仙	女	母亲	初小	1954.12.04	凤凰家务
	施彩虹	女	妻子	本科	1979.01.08	萧山瓜沥卫生院坎山分院工作
	卫泽煜	男	长子	初中	2004.04.30	衙前初中在校生
	卫泽航	男	次子		2014.06.11	
户主	高祖父：卫阿土，生卒年不详。 曾祖父：卫长东（1902—1987），农民。 祖父：卫金法（1927—1999），农民。 父亲：卫正荣（1953—2013），曾做衙前建筑队会计，1993年开办杭州兴虹纺织厂。 户主：卫星，2002年任卫家村村委委员，2005年任凤凰村村委委员，现为凤凰创业新村社区主任。 2016年住房面积360平方米。					

表560　户主卫传荣家庭成员情况

类　别	家庭成员姓名	性别	家庭关系	文化程度	出生年月日	工作（职业）职务
卫家片第四村民小组	卫传荣	男	户主	初中	1958.11.19	杭州思帛瑞化纤有限公司职工
	汪桂芬	女	妻子	小学	1960.07.14	凤凰家务
	卫娜	女	长女	大专	1984.01.09	淘宝电商
	卫姗	女	次女	大学	1991.10.16	家务（已出嫁）
	成立	男	长女婿	大学		户口未迁入
	成静怡	女	孙女		2012.03.22	
户主	曾祖父：卫阿土，生卒年不详。 祖父：卫长东（1902—1987），农民。 父亲：卫金法（1927—1999），农民。 户主：卫传荣，现在杭州思帛瑞化纤有限公司工作。 2016年住房面积360平方米。					

注：卫传荣的次女婿王康、外孙王子祺户口在萧山新白马公寓。

表561　户主卫福荣家庭成员情况

类　别	家庭成员姓名	性别	家庭关系	文化程度	出生年月日	工作（职业）职务
卫家片第四村民小组	卫福荣	男	户主	初中	1962.11.03	杭州卫福纺织有限公司企业主
	李素梅	女	妻子	初中	1970.01.20	杭州卫福纺织有限公司职工
	卫李莎	女	长女	大学	1991.01.23	浙江金洋纺织有限公司职工
	卫丽嫦	女	次女	大学	1998.07.29	浙江经贸职业技术学院在校生
户主	曾祖父：卫阿土，生卒年不详。 祖父：卫长东（1902—1987），农民。 父亲：卫金法（1927—1999），农民。 户主：卫福荣，现为杭州卫福纺织有限公司企业主。 2016年住房面积360平方米。					

不 搞不耻辱人的事情
不要不属人的东西
　　　　　卫美仙

图 0686　卫星全家照及最想说的一句话（2017 年 12 月）

家和万事兴，齐力共出金
　　　　　卫勇

图 0687　卫传荣全家照及最想说的一句话（2017 年 12 月）

认认真真做事情清清白白做人
　　　　　李李永梅

图 0688　卫福荣全家照及最想说的一句话（2017 年 12 月）

表562 户主沈文根家庭成员情况

类别	家庭成员姓名	性别	家庭关系	文化程度	出生年月日	工作（职业）职务
卫家片第四村民小组	沈文根	男	户主	高小	1949.08.15	在家养老，中共党员
	汪凤英	女	妻子	初小	1953.03.17	凤凰家务
	沈少军	男	儿子	初中	1979.04.07	上海经商
	沈书婷	女	孙女	小学	2008.04.27	衙前农村小学在校生
户主	祖父：沈继法（1883—1966），农民。 父亲：沈德兴（1919—1969），农民。 户主：沈文根，务农，现在家养老。 2016年住房面积262平方米。						

表563 户主卫阿牛家庭成员情况

类别	家庭成员姓名	性别	家庭关系	文化程度	出生年月日	工作（职业）职务
卫家片第四村民小组	卫阿牛	男	户主	初小	1944.10.08	杭州林锋纺织有限公司职工
	毛菊花	女	妻子	文盲	1945.12.12	凤凰家务
	卫建祥	男	儿子	初中	1971.03.12	杭州繁荣纺织厂工作
	孙叶娟	女	儿媳	初中	1970.04.06	杭州卫福纺织有限公司职工
	卫义城	男	孙子	高中	1996.02.12	服役回家暂未工作
户主	祖父：卫阿土，生卒年不详。 父亲：卫长东（1902—1987），农民。 户主：卫阿牛，现在杭州林锋纺织有限公司工作。 2016年住房面积360平方米。						

表564 户主卫建华家庭成员情况

类别	家庭成员姓名	性别	家庭关系	文化程度	出生年月日	工作（职业）职务
卫家片第四村民小组	卫建华	男	户主	初中	1966.02.27	建华花色丝厂企业主，中共党员
	鲁小珍	女	妻子	初中	1964.12.26	凤凰村出纳，中共党员
	卫杰	男	儿子	大学	1991.09.15	自营加弹厂
户主	祖父：卫长东（1902—1987），农民。 父亲：卫阿牛，现为杭州林锋纺织有限公司门卫。 户主：卫建华，现为建华花色丝厂厂长。 2016年住房面积360平方米。						

注：卫建华的儿媳童梦婷户口在萧山区义盛镇（2018年1月结婚）。

图0689　沈文根的住宅与最想说的一句话（2018年7月）

图0690　卫阿牛全家照及最想说的一句话（2018年1月）

图0691　卫建华全家照及最想说的一句话（2018年7月）

表 565　户主卫建良家庭成员情况

类　别	家庭成员姓名	性别	家庭关系	文化程度	出生年月日	工作（职业）职务
卫家片第四村民小组	卫建良	男	户主	初中	1968.02.27	自由职业
	项红卫	女	妻子	初小	1966.08.20	凤凰家务
	卫杰勋	男	儿子	大学	1993.09.29	浙江微一案信息科技有限公司职工
户主	祖父：卫长东（1902—1987），农民。 父亲：卫阿牛，现为杭州林锋纺织有限公司门卫。 户主：卫建良，现为自由职业。 2016年住房面积360平方米。					

表 566　户主卫才根家庭成员情况

类　别	家庭成员姓名	性别	家庭关系	文化程度	出生年月日	工作（职业）职务
卫家片第四村民小组	卫才根	男	户主	初小	1959.06.18	杭州凯成纺织有限公司职工
	陈美珍	女	妻子	小学	1961.01.18	杭州凯成纺织有限公司职工
	卫春富	男	儿子	初中	1995.02.16	杭州瓜沥热电厂职工
户主	父亲：卫阿庆（1911—1958），农民。 户主：卫才根，现在杭州凯成纺织有限公司工作。 2016年住房面积360平方米。					

表 567　户主卫小根家庭成员情况

类　别	家庭成员姓名	性别	家庭关系	文化程度	出生年月日	工作（职业）职务
卫家片第四村民小组	卫小根	男	户主	小学	1951.02.14	衙前东岳庙，中共党员
	王利亚	女	妻子	初中	1955.07.06	户口未迁入
	卫炜	男	儿子	高中	1980.12.25	户口未迁入
户主	祖父：卫阿土，生卒年不详。 父亲：卫阿明（1909—1992），农民。 户主：卫小根，原卫家村党委书记，现在衙前东岳庙工作。 2016年住房面积278平方米。					

家和万事兴
卫建良

图0692　卫建良的住宅与最想说的一句话（2018年7月）

人生缺乏的不是才而是志向
不是成功力能力而是勤奋努力忘
卫才根

图0693　卫才根的住宅与最想说的一句话（2018年7月）

堂堂正正做人
踏踏实实做事
王利毛

图0694　卫小根夫妻照及最想说的一句话（2018年7月）

表568　户主卫毛毛家庭成员情况

类　别	家庭成员姓名	性别	家庭关系	文化程度	出生年月日	工作（职业）职务
卫家片第四村民小组	卫毛毛	男	户主	初小	1953.07.19	杭州美恒纺织有限公司职工
	汪秋花	女	妻子	文盲	1950.11.14	萧山神力合金钢铸造厂职工
	卫正钢	男	儿子	小学	1980.04.30	凤凰市场管理员
	王秀芬	女	儿媳	初中	1981.11.12	凤凰家务
户主	祖父：卫阿土，生卒年不详。 父亲：卫阿明（1909—1992），农民。 户主：卫毛毛，原自营个体网络丝厂，后开拖拉机运输垃圾，现在杭州美恒纺织有限公司工作。 2016年住房面积360平方米。					

表569　户主卫观夫家庭成员情况

类　别	家庭成员姓名	性别	家庭关系	文化程度	出生年月日	工作（职业）职务
卫家片第四村民小组	卫观夫	男	户主	初中	1969.11.19	待业
	卫大海	男	父亲	初小	1937.03.01	凤凰村保洁员
	李凤仙	女	母亲	文盲	1945.10.10	凤凰村保洁员
	蒋月琴	女	妻子	初中	1971.08.14	待业
	卫蒋涛	男	儿子	初中	2002.01.16	衙前初中在校生
户主	祖父：卫阿土，生卒年不详。 父亲：卫阿明（1909—1992），农民。 户主：卫观夫，原开杭州月富纺织厂，现待业在家。 2016年住房面积360平方米。					

表570　户主卫官清家庭成员情况

类　别	家庭成员姓名	性别	家庭关系	文化程度	出生年月日	工作（职业）职务
卫家片第四村民小组	卫官清	男	户主	小学	1967.10.27	杭州萧山神力合金钢铸造厂职工
	潘玉珍	女	妻子	小学	1966.10.16	杭州宏兴化纤布厂职工
	卫益丰	男	儿子	高中	1993.10.29	网络营销
户主	祖父：卫阿土，生卒年不详。 父亲：卫阿明（1909—1992），农民。 户主：卫官清，现在杭州萧山神力合金钢铸造厂工作。 2016年住房面积280平方米。					

希望以后越来越好。
　　　　卫正钢

图 0695　卫毛毛的住宅与最想说的一句话（2018 年 7 月）

勤劳致富.
家和业兴
　　　卫观夫

图 0696　卫观夫家庭照及最想说的一句话（2017 年 12 月）

家和万事兴、
齐力共断金
　　　卫官清

图 0697　卫官清全家照及最想说的一句话（2018 年 1 月）

表 571　户主蔡建国家庭成员情况

类　别	家庭成员姓名	性别	家庭关系	文化程度	出生年月日	工作（职业）职务
卫家片第四村民小组	蔡建国	男	户主	初中	1969.11.03	自由职业
	蔡阿泉	男	父亲	初小	1947.09.25	在家养老
	卫雅琴	女	母亲	文盲	1947.07.27	在家养老
	于慧	女	妻子	初中	1984.03.16	凤凰家务
	蔡梦铃	女	女儿	大学	1996.01.06	萧山六工段发电厂
	蔡航宇	男	儿子		2014.11.21	
户主	祖父：蔡金元（1905—1991），务农。 户主：蔡建国，自由职业。 2016 年住房面积 360 平方米。					

表 572　户主李宝金家庭成员情况

类　别	家庭成员姓名	性别	家庭关系	文化程度	出生年月日	工作（职业）职务
卫家片第四村民小组	李宝金	男	户主	初中	1954.12.04	在家养老
	卫文娟	女	母亲	文盲	1929.03.03	在家养老
	张雅仙	女	妻子	初小	1954.09.08	凤凰村保洁员
	李成军	男	儿子	初中	1981.02.08	杭州凯成纺织有限公司职工
	沈冬琴	女	儿媳	初中	1975.09.24	户口未迁入
	李煜杭	男	孙子	小学	2009.09.22	衙前农村小学在校生
户主	父亲：李水生（1926—2009），民国 30 年（1941）从萧山光明公社五星生产大队迁入卫家，早年务农，后夫妻开小杂货店谋生。 户主：李宝金，原在金林机械厂工作，企业倒闭后打零工，现退休在家。 2016 年住房面积 360 平方米。					

表 573　户主卫月祥家庭成员情况

类　别	家庭成员姓名	性别	家庭关系	文化程度	出生年月日	工作（职业）职务
卫家片第四村民小组	卫月祥	男	户主	高小	1955.06.13	杭州萧山交卫布厂企业主
	张立花	女	妻子	初小	1958.07.23	凤凰家务
	卫国军	男	儿子	初中	1982.12.15	杭州萧山交卫布厂，中共党员
	孙艳	女	儿媳	大学	1982.11.23	户口未迁入
	卫子仡	男	孙子	小学	2010.09.22	户口未迁入
户主	祖父：卫长庆，生卒年不详。 父亲：卫阿松（1919—2014），农民。 户主：卫月祥，现经营杭州萧山交卫布厂。 2016 年住房面积 280 平方米。					

随心而活，净心向善
当思所有人健康长寿。
蔡建国

图0698　蔡建国全家照及最想说的一句话（2017年12月）

堂堂正正做人
踏踏实实做事
李宝金

图0699　李宝金全家照及最想说的一句话（2018年2月）

处事以谦逊为贵
做人以诚信为本
卫月祥

图0700　卫月祥全家照及最想说的一句话（2018年4月）

表574　户主卫先明家庭成员情况

类别	家庭成员姓名	性别	家庭关系	文化程度	出生年月日	工作（职业）职务
卫家片第四村民小组	卫先明	男	户主	高中	1962.12.13	杭州东南纺织有限公司职工
	卫仁木	男	父亲	文盲	1930.10.24	在家养老
	张连英	女	母亲	文盲	1937.12.15	在家养老
	汪林爱	女	妻子	初小	1963.07.06	凤凰家务
	卫蛟	男	儿子	大学	1990.03.24	杭州鸿雁电器有限公司车间主任
户主	高祖父：卫正奎（1845—1926），农民。 曾祖父：卫福生（1866—1946），农民，因为力大如牛被称为牛大王。 祖父：卫如泉（1905—1989），农民，曾参加衙前农民运动。 父亲：卫仁木，农民，现在家养老。 户主：卫先明，现在杭州东南纺织有限公司工作。 2016年住房面积360平方米。					

表575　户主卫国民家庭成员情况

类别	家庭成员姓名	性别	家庭关系	文化程度	出生年月日	工作（职业）职务
卫家片第四村民小组	卫国民	男	户主	高小	1957.12.17	卫家老年活动室工作
	李调四	女	妻子	初小	1957.06.01	凤凰家务
	卫林军	男	儿子	中专	1983.01.20	杭州松涛传动机械有限公司职工
	林美君	女	儿媳	中专	1983.08.20	户口未迁入
	卫宇韬	男	孙子	小学	2010.07.13	衙前农村小学在校生
户主	高祖父：卫正奎（1845—1926），农民。 曾祖父：卫福生（1866—1946），农民，因为力大如牛被称为牛大王。 祖父：卫如泉（1905—1989），农民，曾参加衙前农民运动。 父亲：卫仁木，农民，现在家养老。 户主：卫国民，原经营运输车，现在卫家老年活动室工作。 2016年住房面积460平方米。					

注：图0702前排长者，为卫国民的父母，见表574。

表576　户主卫建新家庭成员情况

类别	家庭成员姓名	性别	家庭关系	文化程度	出生年月日	工作（职业）职务
卫家片第四村民小组	卫建新	男	户主	初中	1965.10.27	自营个体加弹厂
	卫光林	男	父亲	初小	1937.05.18	在家养老
	王凤茶	女	母亲	文盲	1943.05.22	凤凰家务
	施香娟	女	妻子	高中	1966.11.12	衙前小商品市场开服装店
	卫增祺	男	儿子	大学	1992.11.17	凤凰村工作
户主	曾祖父：卫阿德，生卒年不详。 祖父：卫如记（1896—1943），农民。 户主：卫建新，原开纺织厂，现自营个体加弹厂。 2016年住房面积360平方米。					

在逆境中要看到生活的美
在希望中到忘记不断前进

卫先明

图 0701　卫先明全家照及最想说的一句话（2018 年 1 月）

尊老敬贤　爱幼和睦
勤劳生财　节俭家荣

卫国民

图 0702　卫国民全家照及最想说的一句话（2017 年 12 月）

希望生活越过越好。

卫建新

图 0703　卫建新全家照及最想说的一句话（2018 年 2 月）

表577　户主卫建芳家庭成员情况

类　别	家庭成员姓名	性别	家庭关系	文化程度	出生年月日	工作（职业）职务
卫家片第四村民小组	卫建芳	男	户主	初中	1968.07.08	自营个体加弹厂
	商林华	女	妻子	初中	1968.10.20	凤凰家务
	卫伊娜	女	长女	大学	1995.01.13	杭州友成机工有限公司职工
	卫伊萍	女	次女	初中	2002.06.02	十一中高中
	卫炳庆	男	儿子	初中	2002.06.02	四职
户主	曾祖父：卫阿德，生卒年不详。 祖父：卫如记（1896—1943），农民。 父亲：卫光林，农民，现在家养老。 户主：卫建芳，原开个体纺织厂，现自营个体加弹厂。 2016年住房面积360平方米。					

注：图0704前排，为卫建芳的父母，见表576。

表578　户主卫关友家庭成员情况

类　别	家庭成员姓名	性别	家庭关系	文化程度	出生年月日	工作（职业）职务
卫家片第四村民小组	卫关友	男	户主	高小	1944.09.07	在家养老
	卫钢	男	儿子	初中	1975.11.02	浙江中逸润远实业有限公司职工
	施慧娟	女	儿媳	初中	1973.04.27	浙江中逸润远实业有限公司职工
	卫杰巳	女	孙女	高中	2001.06.04	萧十一中在校生
	卫杰艺	女	孙女	小学	2006.05.30	衙前农村小学在校生
户主	曾祖父：卫正彪，生卒年不详。 祖父：卫炳辉（1889—1945），农民。 父亲：卫如大（1916—1957），农民。 户主：卫关友，现在家养老。 2016年住房面积360平方米。					

表579　户主金志娟家庭成员情况

类　别	家庭成员姓名	性别	家庭关系	文化程度	出生年月日	工作（职业）职务
卫家片第四村民小组	金志娟	女	户主	高中	1971.02.08	凤凰家务
户主	曾祖父：卫正彪，生卒年不详。 祖父：卫炳辉（1889—1945），农民。 父亲：卫如山（1922—2004），农民。 户主：金志娟，丈夫卫岳先，户口迁萧山城东小学校。 2016年住房面积320平方米。					

注：金志娟的丈夫卫岳先、儿子卫伸凯户口不在该村。

随心而活，活得开心，
靠自己一样取活得好
　　　　卫伊萍

图0704　卫建芳全家照及最想说的一句话（2018年2月）

希望生活越来越好
　　　　卫关友

图0705　卫关友全家照及最想说的一句话（2017年12月）

希望生活越过越好
　　　　金志娟

图0706　金志娟全家照及最想说的一句话（2018年7月）

表580 户主卫张泉家庭成员情况

类别	家庭成员姓名	性别	家庭关系	文化程度	出生年月日	工作（职业）职务
卫家片第四村民小组	卫张泉	男	户主	高小	1945.12.09	在家养老
	陈玉美	女	妻子	文盲	1948.12.12	凤凰家务
	卫观强	男	儿子	初中	1973.09.19	杭州楚乔包装材料有限公司经理，中共党员
	项亿萍	女	儿媳	大专	1975.07.16	杭州利有科技有限公司会计
	卫楚乔	男	孙子	大学	1999.07.05	萧山三中在校生
户主	曾祖父：卫正彪，生卒年不详。 祖父：卫炳辉（1889—1945），农民。 父亲：卫如山（1922—2004），农民。 户主：卫张泉，1972年参加衙前建筑队做施工员，因工作出色担任建筑队队长。1985年辞职后与村民合开卫家预制厂、承包工程等。1992年自开凤凰第六布厂、圆机织造等，现在家养老。 2016年住房面积320平方米。					

表581 户主卫观凉家庭成员情况

类别	家庭成员姓名	性别	家庭关系	文化程度	出生年月日	工作（职业）职务
卫家片第四村民小组	卫观凉	男	户主	高中	1984.06.29	杭州垮洋进出口有限公司工作
	张关贤	女	母亲	初中	1959.07.02	凤凰家务
	卫可欣	女	女儿		2010.11.26	衙前农村小学在校生
户主	高祖父：卫正彪，生卒年不详。 曾祖父：卫炳辉（1889—1945），务农。 祖父：卫如山（1922—2004），务农。 父亲：卫岳荣（1957—2011），曾在衙前铸钢厂跑供销。 户主：卫观凉，现在杭州垮洋进出口有限公司工作。 2016年住房面积320平方米。					

表582 户主沈华锋家庭成员情况

类别	家庭成员姓名	性别	家庭关系	文化程度	出生年月日	工作（职业）职务
卫家片第四村民小组	沈华锋	男	户主	初中	1975.04.22	杭州林锋纺织有限公司经理，中共党员
	沈祖福	男	父亲	初小	1947.01.24	在家养老
	卫爱花	女	母亲	文盲	1949.10.10	凤凰家务
	陈小英	女	妻子	初中	1978.07.25	杭州林锋纺织有限公司职工
	沈熠晨	男	儿子	初中	2003.10.26	衙前初中在校生
	沈毅杰	男	儿子	小学	2012.08.22	户口未迁入
户主	曾祖父：沈五毛（1880—1964），文盲，农民。 祖父：沈淦夫（1905—1989），从萧山瓜沥镇长巷村迁至卫家，农民。 户主：沈华锋，现为杭州林锋纺织有限公司负责人。 2016年住房面积360平方米。					

知识改变命运
奋斗成就未来.
　　　　卫张泉

图 0707　卫张泉的住宅与最想说的一句话（2018 年 7 月）

不求万贯家财
但求健康平安.
　　　　张关贤

图 0708　卫观凉全家照及最想说的一句话（2017 年 12 月）

希望孩子长大后有所成
就，日子越过越好！
　　　　沈祖福.

图 0709　沈华锋全家照及最想说的一句话（2017 年 12 月）

表583　户主蔡建松家庭成员情况

类别	家庭成员姓名	性别	家庭关系	文化程度	出生年月日	工作（职业）职务
卫家片第四村民小组	蔡建松	男	户主	初中	1971.09.25	杭州龙豪提花布厂企业主
	傅志英	女	妻子	初中	1971.10.30	衙前新东方手机店
	蔡宇峰	男	儿子	高中	2001.07.19	萧山中学在校生
户主	祖父：蔡金元（1905—1991），农民。 父亲：蔡阿泉，原开网络丝加工厂，现在家养老。 户主：蔡建松，现经营杭州龙豪提花布厂。 2016年住房面积360平方米。					

注：图0710前排，为蔡建松的父亲蔡阿泉、母亲卫雅琴，见表571。

表584　户主张海潮家庭成员情况

类别	家庭成员姓名	性别	家庭关系	文化程度	出生年月日	工作（职业）职务
卫家片第四村民小组	张海潮	男	户主	初小	1945.09.13	在家养老
	张汉华	男	儿子	高中	1971.12.10	高铁宁波车户段职工
	张钧炜	男	孙子	初中	2003.03.31	衙前初中在校生
户主	祖父：张阿仁，生卒年不详。 父亲：张斌瑚（1920—1997），上海退休工人。 户主：张海潮，现在家养老。 2016年住房面积300平方米。					

表585　户主张海平家庭成员情况

类别	家庭成员姓名	性别	家庭关系	文化程度	出生年月日	工作（职业）职务
卫家片第四村民小组	张海平	男	户主	初中	1957.07.17	在家养老
	李国英	女	妻子	初小	1958.11.15	凤凰家务
	张华鑫	男	儿子	大学	1995.07.30	南京邮电大学在校生
户主	祖父：张阿仁，生卒年不详。 父亲：张斌瑚（1920—1997），上海退休工人。 户主：张海平，原屋面修理，现在家养老。 2016年住房面积360平方米。					

不拼不搏人生白活
不苦不累人生无味

蔡建松

图 0710　蔡建松全家照及最想说的一句话（2017 年 12 月）

堂堂正正做人
踏踏实实做事

张海潮

图 0711　张海潮全家照及最想说的一句话（2017 年 12 月）

家庭和睦　邻里相亲
勤劳为本　节俭家荣

张海平

图 0712　张海平全家照及最想说的一句话（2018 年 1 月）

凤凰村志 上册

第三编　人物

第一章　人物传
第二章　人物表

概 述

　　凤凰地区历史名人，以民国时期的人物居多，尤以沈定一家族与衙前农民运动的人物居多。这两类人物，在全国都有名。如沈定一，是中共早期党员，中国现代农民运动的发轫者，[①]也是国民党一大代表，孙中山称之为"浙江最有天赋的人"。[②]沈定一主编的上海《星期评论》，与北京的《每周评论》被誉为"舆论界中最亮的两颗明星"。[③]沈定一创作的长诗《十五娘》被朱自清称为"新文学中第一首叙事诗"。孙中山手书"天下为公"的横幅赠给同盟会员沈定一，今存于广东省博物馆。而在家乡，沈定一不仅发起了中共领导的第一次有组织有纲领的农民运动，创建了第一所免费的农民子弟学校，还兴办了浙江省第一个信用合作社（衙前农村有限责任信用合作社），浙江省第一例乡村自治会，建起"悟社""任社"组织，成为杭州、萧山社会主义青年团的最早雏形，建起国民党浙江临时省党部，指导建起国民党萧山临时县党部，推动了第一次国共合作与国民革命运动在浙江的开展。沈定一的父亲沈受谦，是一个能官，当过台湾的知县，有政绩。沈定一的儿媳杨之华，后来成为中国妇女活动家，虽然杨之华后来离开沈家，与瞿秋白结婚，但沈定一是杨之华的第一位引路人，通过在沈定一主编的上海《星期评论》杂志社工作，杨之华认识了沈定一的许多朋友，如陈望道、李汉俊、邵力子、刘大白、沈仲九、俞秀松等，从而接受了"赤色"教育。[④]沈定一的夫人王华芬，是萧山最早的团支部成员之一、萧山最早的妇女协会会长，当过定一小学校长、衙前乡乡长、定一乡乡长、国民党西山会议派中央妇女部部长等职。

　　遵循生不立传的原则，本志共传记10人，其中沈定一家族5人、衙前农民协会委员3人、私营企业家1人、移动通信专家1人。

　　本编设人物表5个，生卒并收，计有300余人。本编不设人物简介，凤凰村党委书记胡岳法、村委会主任沃关良等人的简介，参见本志"村民访谈"编中的受访者简介。

[①] 中共中央党史研究室：《中国共产党历史》第一卷（1921—1949）上册第三章《中国共产党创建初期的活动》："党的一大结束不久，党领导的农民运动开始在浙江萧山、广东海陆丰和湖南衡山等地区逐步兴起……在萧山发动和组织衙前农民协会的，是早期共产党员沈玄庐。"中共党史出版社，2002年9月，第95页。

[②] 王威廉：《沈玄庐与共产党》，第158页。

[③] 《教育潮》第3期，民国8年（1919）8月出版。

[④] 陈福康、丁言模：《杨之华评传》，上海社会科学院出版社，2005年，第34—42页。

第一章 人物传

概况

此章传记 10 人（沈受谦、李成虎、陈晋生、沈定一、单夏兰、沈剑龙、杨之华、王华芬、傅金洋、胡欢刚），按卒年排序，其中民国时期去世的 5 人，新中国成立后去世的 5 人。

沈受谦

沈受谦（1836—1917），男，字望春，又字牧卿，号江梅，人称江梅老爷。中共早期党员、衙前农民运动发起者与领导者沈定一之父。祖籍萧山瓜沥镇长巷村。清同治元年（1862）中举人，同治七年（1968）中进士，殿试二甲第二十六名（同治七年戊辰科洪钧榜，第一甲 3 名、第二甲 127 名、第三甲 140 名）。钦点主事工部营缮司行走，改授福建德化县知县，后任顺昌县知县。光绪五年（1879）、光绪八年（1882），任乡试同考官，保荐杰出之人。光绪十年（1884），接替胡培滋，任台湾县知县。先后在台湾的赤崁楼原址修建蓬壶书院（清代府城规模最大之书院）、文昌阁、五子祠、大士殿、海神庙等建筑。兴文教，办理海防，清赋劝赈，历著劳绩，赏戴花翎，加盐运使衔，升授永春知州、直隶州知州，诰授朝议大夫。

清光绪十六年（1890），沈受谦致仕回乡，朝廷授"光禄大夫"衔，位居一品官阶。衣锦荣归后，遂在衙前大兴土木，于原"进士第"东侧，营建厅堂连亘、橡瓦鳞次的庞大"光禄第"府宅，同时广置田产，开设钱庄、药铺，积家财巨万，为当地豪绅首富，名震浙东。

为人刚正不阿，能接受新事物、新思潮。不只居官时慎勤厥职，年老致仕回乡家居，亦留心时政，关心国家大事。

图 0713　沈受谦（1836—1917）

清光绪三十一年（1905）七月，浙江发起抵制英国侵略者掠夺苏杭甬铁路筑路权的斗争，沈受谦任过朝廷的工部主事，深明路权的利害关系，毅然在杭州召集同乡会，带头发动萧绍士绅认股 20 余万元（约占总股金的五分之一），并命儿子沈定一以股东代表身份，参与浙江铁路公司工作。之后，不惜耗费家财支持儿子追随孙中山，参加革命活动，直至反对袁世凯复辟帝制，资助儿子倒袁运动。

沈受谦先后娶了 4 名妻妾。沈定一的母亲谢氏（1860—1928），是沈受谦最宠爱的一个夫人，也是最后一位夫人，对沈定一所作所为十分支持，还在上海协助沈定一进行《星期评论》周刊的发行工作，在衙前同意沈定一动用家资、房舍开展农民运动、自治运动、兴办学校，并且全家老小投

图 0714 沈受谦书写的文昌阁匾额至今高高悬挂（台湾赤崁楼）

身其中，毫无怨言。

民国 6 年（1917），沈受谦逝世，葬洛思山之阳五龙江口，沈定一题墓碑曰"大乎父之墓"。谢氏在沈定一遇刺身亡后不久去世，与沈受谦合葬。墓在"文化大革命"中被毁。

李成虎

李成虎（1854—1922），男，萧山衙前镇凤凰村西曹自然村人。衙前农民协会领导人之一。农民，家境贫寒。幼年丧父，随母行乞为生，成家后租种地主田地、打短工艰苦度日。虽然没有读过书，但懂道理，爱打抱不平，乐于助人。

民国 10 年（1921）4 月，上海共产党早期组织成员沈定一回家乡发动农民运动，倡导组织农民协会，团结起来与地主、奸商做斗争，维护广大贫苦农民的切身权益。李成虎积极响应，在当地农户中做了大量动员、组织和发动工作。正当青黄不接时，地主和米行不顾农民死活，乘机把米价从每石 10 元抬高到 13 元。沈定一支持李成虎发动农民去捣毁米店，并叫大家先打掉沈定一自己妻舅在坎山开设的"周和记"米店。李成虎解去系在身上的大围裙，缚在竹竿上当旗帜，率领愤怒的群众向坎山进发，在捣毁"周和记"米店后，翻过莫家岭，经长巷到瓜沥，沿途村民纷纷加入，一举捣毁了所有抬价的粮店，迫使粮商以平价售粮。一天，绍兴知事到衙前境内的西小江（萧山、绍兴两县界河）察看鱼塘，李成虎率领农民分陆路、水路两路赶到现场，把知事团团围住，要夺回长期为绍兴县官绅把持的西小江养鱼权。沈定一乘机将知事请到沈家花厅，让农民向知事开展面对面斗争。李成虎等提问："西小江既是公河，为何不准萧山农民养鱼捕鱼？"该知事理屈词穷，最后只得允许萧山农民在西小江平等渔利，同时还立了字据。

民国 10 年（1921）9 月 27 日，衙前农民协会在东岳庙成立，李成虎当选为 6 名农民协会委员之一，3 名议事员之一。之后，在沈定一的指导下，李成虎等带领农民开展以减租反霸为中心的反封建斗争，实行"三折还租"，影响极大。两三个月内，萧山、绍兴、上虞 3 县的农民纷起仿效，共有 80 多个村相继组织农

图 0715 李成虎（1854—1922）

民协会；并在此基础上成立衙前农民协会联合会。

萧绍地区风起云涌的农民抗租减租斗争，使地主阶级惊恐万状，于是勾结军阀官僚进行残酷镇压。民国10年（1921）12月27日，李成虎被捕。萧山县知事庄纶仪亲自审问，李成虎义正词严地回答："我是衙前农民协会的议事员，我是主张组织农民协会的，我是三折还租的提议者，怎么（样）？"李成虎大义凛然，坚贞不屈，遭受严刑拷打，钉镣入狱。民国11年（1922）1月24日，李成虎被凌虐惨死于狱中。沈定一出资安葬李成虎遗体于凤凰山南麓，并为坟墓开辟东、南、北3条墓道，亲笔题写碑铭，在李成虎纪念牌坊石柱上亲笔撰写了楹联。

李成虎生前没有照过相，其遗像是沈定一之子沈剑龙所画。沈定一还写下《李成虎小传》，广为宣传。

陈晋生

陈晋生（1878—1922），男，萧山衙前镇项家村人。曾入私塾读过几年书，摆过水果摊，打过短工，对地主豪绅不满。民国10年（1921），陈晋生和李成虎等为了农民协会的事，经常进出沈定一的家，自己家中的事常顾不上管。当时，李成虎年纪已大，没有文化，不大会讲话，农民协会外面的事，大都由陈晋生和单夏兰等人去跑，李成虎主要做内场的事。同年9月27日，陈晋生被推选为衙前农民协会6个委员之一。之后，带领衙前一带农民开展减租反霸斗争，实行"三折还租"，在萧山、绍兴、上虞3县影响极大，在此基础上成立了衙前农民协会联合会。

民国10年（1921）12月18日，衙前农民协会联合会在东岳庙集会，被当局武装士兵包围。正在演讲的陈晋生、单夏兰等被捕，在绍兴监狱受尽严刑逼供，终不向敌人屈服。民国11年（1922）2月，因遭毒打致重病，被保释出狱，回家时已是大年三十。家里为筹钱给其治病，先后卖掉15岁的女儿荷姑和12岁的女儿藕姑。但还是因医治无效，含恨谢世。沈定一出资安葬陈晋生遗体于凤凰山北坡，并亲书墓碑。

图0716　陈晋生（1878—1922）

沈定一

沈定一（1883—1928），男，原名宗传，字叔言，后改名定一，字剑侯，号玄庐，因家中弟兄间排行第三，人称"三先生"。萧山衙前镇凤凰村人。

清光绪二十七年（1901）中秀才，3年后被清廷授予云南楚雄府广通县知县。在广通任上，沈定一在县城办校4所以开民智，募团练数百人以防盗匪，所需经费多由沈定一出资。当地士绅百姓感恩其事，在沈定一离任时建生祠纪念他。

清光绪三十三年（1907），任云南武定知州，因惩处权贵及改关帝庙为学校等原因，上任仅27天即卸任。后被云贵总督锡良委任为省会巡警总办，在省城创建警察队伍，维持地方治安。在云南为官4年，因公赔垫以及资助革命党人等原因，耗去10多万元。后留学日本，在东京加入同盟会。

图0717　沈定一（1883—1928）

清宣统元年（1909），在上海、杭州、北京等地参加浙人保路运动，反对清政府出卖浙江铁路筑路权。

清宣统三年（1911）10月，辛亥革命爆发，沈定一参加由陈其美领导的光复上海的战斗，进攻制造局，直至胜利。11月30日，在上海永锡堂成立中华民国学生军团，自任团长，宣读自己起草的《中华民国学生军团宣言》《北伐文告》。后该学生军有的被保送保定、武昌军校学习，成为革命运动力量。

民国元年（1912）1月，被选为浙江省首届议会议员，参与制定《浙江省军政府临时约法》。5月，在上海发起成立中华民国公民激进党，反对袁世凯。后该党被袁世凯政府查禁，沈定一遭通缉，避居日本。在日本期间，响应孙中山等号召，开展讨袁护国运动，并与刘大白、沈仲九等成立留日学生总会，被推举为该会总干事，策动留日学生开展与日经济绝交等活动，遭到日本政府监视，后逃往南洋，在印度尼西亚担任《苏门答腊报》主笔。

民国5年（1916）6月回国，当选为浙江省第二届议会议长。其间，议决兴办省立第二、第三、第六、第八、第九师范学校，培养师资，普及教育。

五四运动前后，立足上海，提倡白话文和文学革命，与戴季陶等在上海创办《星期评论》周刊，撰写诗文100多篇，宣传社会主义思想。后又在广州创办《劳动与妇女》杂志，担任主编。民国9年（1920）春，在杭州支持"一师风潮"（一师，浙江省立第一师范学校的简称），并参加浙江各界驱逐齐（耀珊）夏（敬观）运动。

民国9年（1920）5月，与陈独秀、李达、陈望道、沈雁冰等在上海发起组织马克思主义研究会，8月，参加上海共产党早期组织。后与陈独秀在上海开展工人运动，参与中共（上海发起组）领导下的全国第一个工会组织——上海机器工会的成立大会。11月，在杭州知识界建起一个叫"悟社"的组织，这是杭州社会主义青年团组织的雏形。民国11年（1922）11月，又在衙前农村小学校建起一个叫"任社"的革命团体，这是萧山社会主义青年团组织的雏形。

民国10年（1921），从自己家腾出10多间房屋，独资创办衙前农村小学，作为开展农民运动的基础，并邀请浙江第一师范学校的进步教师到校任教。明确该校为农民子弟学校，免费提供一切学习用品，对路远的学生还免费提供膳食。9月26日，学校正式开学，沈定一宣讲《衙前农村小学宣言》。此宣言后在《新青年》上全文刊发。9月27日，沈定一组织衙前农民在东岳庙隆重集会，宣告衙前农民协会正式成立，发布《衙前农民协会宣言》《衙前农民协会章程》，继而掀起声势浩大的抗租减租斗争，萧绍地区有80多个村参加。他首先自减田租，拿出钱财分与贫苦农民，为中国现代农民运动的发起者、组织者、领导人。

民国12年（1923）8月，参加"孙逸仙博士代表团"，同蒋介石等4人赴苏联考察，12月回国

图0718　1924年8月孙中山与国民党中央执行委员会一届二次会议与会者合影，坐在前排正中的为孙中山，站在孙中山身后的是沈定一

后加入中国国民党。民国13年（1924）1月在国民党第一次全国代表大会上，被选为中央执行委员会候补委员。3月，回浙江发起建立中国国民党浙江临时省党部，当选为执行委员。5月，指导建立国民党萧山临时县党部。6月，创办浙江临时省党部机关刊物《浙江周刊》，并任主编。

民国14年（1925）1月，出席中国共产党第四次全国代表大会。3月12日孙中山逝世后，国民党内部、国民党与共产党之间逐渐分化。5月，沈定一出席国民党一届三中全会，与戴季陶等反对国共合作。7月，沈定一回衙前主持召开国民党浙江临时省党部执委会全会，与戴季陶主张"分共"。9月18日，沈定一递补为国民党中央执行委员会委员。民国15年（1926）3月，被选为国民党西山会议派中央常务委员。5月借故病休回家，不再参加会议，其常务委员一职由他人替代了。民国16年（1927），曾任国民党中央特别委员会农民部委员、浙江省党部特派员、浙江省清党委员会委员兼省党员改组委员、浙江反省院院长等职。

民国17年（1928）春，辞职回到衙前，试办农村地方自治。建立东乡自治会，推行二五减租，取消苛捐杂税，组建起以村民大会为核心的一套自治组织。创办浙江省第一个信用合作社（衙前农村有限责任信用合作社），发展社会事业。劳心劳力，不仅不取分文报酬，还自掏腰包，搭上全家的住宅，取名为"农村宿舍"。上海《民国日报》（1928年8月19日）报道东乡自治时将沈定一称作"群众的代言人"，有的参观者把东乡自治实验比作"盆景式的地方自治实验"，是改良主义实验。

民国17年（1928）8月28日，沈定一在萧山衙前汽车站遇刺身亡。[①] 11月1日，沈定一遗体

[①] 沈定一的死，至今是一宗悬案。有人说是为蒋介石所杀，因为沈定一属国民党西山会议派，想推翻蒋介石。有人说是为共产党所杀，因为沈定一在他人生最后几年发生道路逆转，反对国共合作，导致革命志士身陷囹圄。有人说是为地主、土豪劣绅所杀，因为沈定一组织农民抗税减租，遭到地主、土豪劣绅的憎恨。萧山人、中共浙江党组织的创始人之一、中共三大代表、国务院参事室参事徐梅坤，在《九旬记旧——徐梅坤生平自述》（光明日报出版社1985年版）中指出沈定一为蒋介石所杀："1928年蒋介石通过何应钦派刺客杀了沈玄庐。国民党反动派曾造谣说，沈的死，是共产党为报复而干的。显然这是别有用心的阴谋勾当。"

图0719　1924年1月国民党中央执行委员会候补委员17人，图中右起第一列第三名为沈定一，第三列第二名为毛泽东，第四列第二名为瞿秋白

图0720　沈剑龙（1899—1950）

被安葬于衙前凤凰山北麓，张静江书写墓碑曰"沈定一先生之墓"。另在衙前汽车站建立纪念碑，碑前立有与真人同高的铜像一座，戴季陶亲题"沈定一先生被难处"。"文化大革命"期间，沈定一墓、纪念碑均被毁。

单夏兰

单夏兰（1871—1949），男，绍兴县（今绍兴市柯桥区）钱清镇前梅村人。出身农家，粗识文字，幼习雕花手艺为生，后学了点医药卫生知识，走村串户当了"土郎中"，同时租种几亩田地，平稳度日。民国10年（1921），单夏兰在钱清等地听了几次沈定一的演讲，得知衙前要成立农民协会，便积极响应，一面到衙前参加会议，一面到附近村庄宣传发动。单夏兰在钱清一带发起成立农民协会组织，还被推选为衙前农民协会6名委员之一。

这年秋天，遭受虫灾，粮食歉收，而地主照常收租，一石要还八斗。单夏兰带领农民到绍兴县城去"跪香"告荒状。参加的农民有1000多人，游行队伍有二三里路长。绍兴县知事非常害怕，派兵守住西郭门，不让农民进城。单夏兰还在家乡与当地大地主周仁寿开展斗争，联合佃户团结抗租，并拿出农民协会的宣言、章程，说是农民协会规定三折还租，多者一粒不交。周撕碎佃户们手中的宣言、章程，喝令船夫、警兵上岸抓人。群众在村口敲响铜锣，有五六百农民闻讯涌出，占船夺橹，与乡警搏斗。周夺路逃窜，至一小山丘，被农民痛殴，头破血流，周无奈出具允许减租的字据。

民国10年（1921）12月18日，单夏兰到衙前参加农民协会联合会议，被当局武装士兵拘捕，当作要犯，锁上8公斤重的脚镣，游街示众，从绍兴押到杭州，又从杭州押回绍兴，几经刑罚折磨，后又坐了3年半的监牢。1949年新中国成立前夕病逝。

沈剑龙

沈剑龙（1899—1950），男，萧山衙前镇凤凰村人，是中共早期党员沈定一的长子。母亲周锦朝

是萧山坎山大户周家之长女、沈定一的原配。沈剑龙自小衣食无忧，常到门前的官河里游玩，擅水性。年轻时，风流倜傥，琴棋书画、诗词歌赋样样行。衙前农民协会的领导者之一李成虎的遗像，就是沈剑龙画的。

为人豪爽，和其父亲、母亲一样爱接济别人。不喜政治，喜自由。曾在《天津日报》任文艺编辑，后在上海、萧山过着闲云野鹤、无拘无束的生活。

沈剑龙的第一位妻子是杨之华，中国妇女活动家。杨家与沈家相距十多华里。虽然早就订下了"娃娃亲"，但也是门当户对，自由恋爱。沈剑龙与杨之华的哥哥友好，常去杨家。两人由此相识，情投意合。杨之华并非看中沈家有财有势，而是敬佩沈剑龙的才华，沈剑龙也是五四运动后的思想进步青年。沈定一在上海创办《星期评论》周刊，杨之华曾到杂志社工作。沈剑龙也到上海陪杨之华解闷。两人常一起骑自行车，下河游泳，十分新潮。沈剑龙还教会了俞秀松（中共早期党员）游泳。民国10年（1921）1月26日，沈剑龙、杨之华在沈定一的主持下，在衙前举行文明结婚，以茶话会的形式取代传统繁复的婚礼。11月5日，杨之华生下女儿沈晓光（后改名为瞿独伊）。

民国13年（1924）初，沈定一送杨之华到上海大学社会系学习。学习期间，杨之华与她的老师、上海大学社会系主任瞿秋白热恋。沈剑龙大度退出。11月7日，瞿秋白丧妻后4个月，杨之华与瞿秋白在上海结婚。11月27—29日，上海《民国日报》连续3天署名启事：

"杨之华沈剑龙启事：自1924年11月18日起，我们正式脱离恋爱的关系。"

"瞿秋白杨之华启事：自1924年11月18日起，我们正式结合恋爱的关系。"

"沈剑龙瞿秋白启事：自1924年11月18日起，我们正式结合朋友的关系。"

沈剑龙成人之美，手捧鲜花亲自参加杨之华与瞿秋白的婚礼，成为当时上海的舆论新闻。

沈剑龙的第二位妻子是浙江乌镇人王会真（中共一大代表李达的妻子王会悟的亲妹妹），公派法国的留学生，"四清"时在乌镇病逝。沈剑龙的第三任妻子是杭州人梁定珍，毕业于国立艺术专科学校（中国美术学院前身）。

沈剑龙晚年隐居萧山长巷村，饮酒赋诗，钓鱼为乐，直至1950年病逝。

杨之华

杨之华（1901—1973），女，又名杏花、文君、杜宁，萧山坎山镇三岔路村人。从小聪颖，思想解放。与沈定一的儿子沈剑龙自由恋爱。民国8年（1919）5月，求学于浙江女子师范学校。翌年初，到上海沈定一创办的《星期评论》社工作。民国10年（1921）1月26日，在衙前与沈剑龙婚事新办。杨不坐轿，不带嫁妆，只穿一套粉红色的衣服，步行到沈家与沈剑龙结婚。婚礼由沈定一主持，以茶话会的形式，夫妇俩各作自我介绍，会后也不请酒设宴，也没有结合当地习俗送灶神、请"年菩萨"、春年糕等举行风光而繁复的婚嫁仪式。9月，沈定一在老家发

图0721　杨之华（1901—1973）

动衙前农民运动，创办衙前农村小学。当时，怀孕在家的杨之华参与了前期的宣传鼓动工作。同年11月5日，杨之华生下女儿沈晓光（后改名为瞿独伊）。

民国11年（1922），加入社会主义青年团。民国13年（1924）进入上海大学读书，11月与上海大学社会系主任瞿秋白结婚，并由瞿秋白、向警予介绍加入中国共产党。后从事妇女运动，先后参加中共第四次、第五次、第六次全国代表大会，继向警予之后担任中央妇女部第二任部长。新中国成立后，历任全国妇联国际联络部部长、全国妇联副主席、全国总工会女工部部长、中央监察委员会委员、候补常委等职。是中共八大代表，第一、第二届全国人大代表，第三届全国人大常委，第二届全国政协委员。"文化大革命"中，蒙受不白之冤，被"隔离审查"达6年之久。1973年10月病逝。1977年7月，中共中央为杨之华平反昭雪，并举行骨灰安放仪式和追悼会。

王华芬

王华芬（1905—1985），女，宁波余姚人，是中共早期党员沈定一的最后一位夫人。五四时期新女性。民国9年（1920）进杭州女子师范学校读书。由于受五四运动的影响，率先剪去长辫，走出校门宣传新思想。民国11年（1922），加入社会主义青年团。因受到校方胁迫，翌年转学到绍兴女子师范学校，并在那里开展团活动。民国13年（1924），王华芬没有参加即将举行的毕业考试，而是应邀到衙前农村小学校任教，并在衙前开展团活动。同年5月加入中国国民党。

在衙前，王华芬与沈定一十分投缘，两情相悦。据凤凰老辈人讲，王华芬的口才很好，做报告都是张口就来，不用打底稿。民国13年（1924）8月，跟随沈定一到广州参加国民党的一届二中全会，并在那里宣布两人结婚。后追随沈定一参加国民党右派的西山会议派。民国15年（1926）初，被任命为西山会议派中央妇女部部长，参与创办孙文主义学院。

民国16年（1927）初，发起成立衙前妇女协会，任会长，组织开展妇女解放运动。"四一二"反革命政变后，参与萧山县党部工作，任执行委员。民国17年（1928），参加沈定一组织的东乡自治活动，兼任东乡自治会妇女协会代表、衙前乡村师资训练所负责人等。沈定一被刺身亡后，王华芬出任衙前乡乡长和农会会长。民国20年（1931），将沈定一创办的衙前农村小学改名为定一小学，任校长，得到浙江省政府拨出坎山三盈一带荒沙地1800亩和500元公债票作为办校基金。民国24年（1935），三盈一带沙地成熟，王华芬安排部分衙前的贫苦农民和农会小组长迁往垦种。

抗日战争爆发后，王华芬带着3个孩子经长沙等地，于民国28年（1939）2月到达重庆，先后在重庆师范附小、重庆国立女子师范附小、李家沱工业区公立小学任教。

抗日战争胜利后回到衙前，恢复定一小学，仍任校长。民国37年（1948），出任定一乡乡长。后因不堪当局完粮纳税的重负，毅然停办了学校，并将大部分沙地分给一批佃户和李成虎的儿子李张保，将留下的100多亩熟地，由其儿子牵头组建成西沙集体农场。

1949年萧山解放后，王华芬将定一小学校产交给人民政府，在此前后将大儿子沈文信送往解放区参加中国人民解放军，又将二儿子沈文建送进上海华东人民革命大学。1951年又支持幼子沈文成参加抗美援朝。1955年因历史问题被判处有期徒刑15年。刑满后留场工作。后因年老到萧山新湾镇其妹家中生活。1985年因病逝世，其骨灰葬在凤凰山北坡。

傅金洋

傅金洋（1955—2013），男，衙前镇凤凰村人。1976年3月至1980年1月在舟山定海海军东海舰队某部服役，在部队加入中国共产党。1990年在交通村创办金洲纺织有限公司，1997年更名为金洋纺织有限公司。经过十多年经营，公司发展成为浙江省科技型企业、杭州市高新技术企业、杭州市名牌产品和杭州市著名商标、杭州市清洁生产企业等。2008年金融危机，许多企业倒闭，傅金洋投资1350万元完成纺丝生产线技术改造，实现产值88690万元，资产总额达到50199万元，上交国家税收472.26万元。后把目光转向新能源产业、循环经济产业、节能减排产业。注重企业文化，关心职工生活，是萧山区慈善总会第一届理事，衙前镇人大代表。

胡欢刚

胡欢刚（1969—2014），男，衙前镇凤凰村人。从小学习刻苦，得到凤凰村优秀学生表彰。1994年浙江大学信息与电子工程学系无线电专业硕士毕业，同年入职浙江省邮电管理局通信科。1997年任无线电局主任工程师。2000年任浙江省移动杭州分公司副总经理，主管网络。2004年任浙江移动规划部经理。2007年任浙江移动网络部经理，推动第四代移动通信技术在浙江移动网络的运行。2012年任金华移动公司总经理，GSM（全球移动通信系统）专家。2014年因病去世。

图0722 2013年胡欢刚出席金华市政协会议时接受记者采访

第二章 人物表

概　况

此章设有5个表，分别为2005—2017年凤凰村村干部名录（按时间排序）、1985—2016年凤凰村荣获杭州市萧山区（市、县）级以上表彰名录（按个人受奖时间排序）、1950—2016年凤凰村硕士生名录（按考上时间排序）、1945—2016年凤凰村大学本科生名录（按考上时间排序）、1951—2016年凤凰村参加中国人民解放军名录（按参军时间排序）。据调查统计，至2016年底，凤凰村共有硕士生15人、大学本科生170多人，参加中国人民解放军80多人。[①]

凤凰村村干部名录

表586　2005—2017年凤凰村村干部名录

年　份	村党委	村民委员会	村经济联合社
2005—2008	胡岳法、沃关良、傅柏松、卫传甫、方正、汪彩娟	沃关良、傅建松、卫建荣、周建新、卫星	胡岳法、沃关良、傅柏松、卫传富、张彩琴、卫建荣、
2008—2011	胡岳法、沃关良、傅柏松、胡阿素	沃关良、卫建荣、汪彩娟	胡岳法、傅建松、方正、张彩琴、卫星
2011—2013	胡岳法、沃关良、傅柏松、傅建松、方正	沃关良、卫建荣、周建新、汪彩娟	胡岳法、沃关良、张彩琴、沈云海、卫建荣
2014—2016	胡岳法、沃关良、傅柏松、傅建松、沈云海	沃关良、沈云海、卫建荣、周建新、汪彩娟	胡岳法、沃关良、傅建松、方正、张彩琴、
2017—	胡岳法、沃关良、傅柏松、傅建松、沈云海、周建新	关良、沈云海、卫建荣、汪彩娟、沃琦	胡岳法、沃关良、傅建松、张彩琴、翁洪霞

凤凰村荣获杭州市萧山区（市、县）级以上表彰名录

表587　1985—2016年凤凰村荣获杭州市萧山区（市、县）级以上表彰名录

姓名	性别	政治面貌	荣誉称号	授予时间	授予单位
胡和法	男	中共党员	1984年度先进供销员	1985年3月	杭州市人民政府
			萧山市1987年度工业战线先进工作者	1988年3月	萧山市人民政府
			1989年度工业战线先进个人	1990年2月	萧山市人民政府

[①] 调查时间为2018年2—6月，调查人：曹行舟、陈长根、卫东、翁洪霞。

续表

姓名	性别	政治面貌	荣誉称号	授予时间	授予单位
胡岳法	男	中共党员	萧山市优秀党员	1993 年	萧山市人民政府
			杭州市"小康示范村"先进党支部书记	1997 年 6 月	中共杭州市委员会
			浙江省优秀共产党员	2001 年 6 月	中共浙江省委
			杭州市劳动模范	2004 年 4 月	杭州市人民政府
			浙江省"双带"好党员	2004 年 6 月	中共浙江省委
			浙江省劳动模范	2004 年 9 月	浙江省人民政府
			杭州市优秀共产党员	2006 年 6 月	中共杭州市委
			杭州市社会主义劳动竞赛先进个人	2007 年	杭州市社会主义劳动竞赛委员会
			杭州市优秀农村实用人才	2007 年	杭州市农村实用人才工作领导小组
			浙江省新农村建设"金牛奖"	2010 年	浙江广播电视集团主办新农村建设优秀带头人评选活动
			浙江省法制宣传教育先进个人	2011 年 6 月	浙江省人民政府
沃关良	男	中共党员	萧山市 2000 年度十佳敬老服务先进个人	2001 年 3 月	萧山市委、市政府
			萧山区劳动模范	2006 年 4 月	萧山区委、区政府
			2012 年度"美丽庭院"创建工作优秀村（社区）负责人	2013 年 3 月	萧山区妇女联合会
			浙江省 G20 杭州峰会工作先进个人	2016 年 9 月	浙江省委、省政府
			萧山区第十六届人民代表大会代表	2016 年 12 月	萧山区选举委员会
方 正	男	中共党员	2003 年度杭州市人民调解工作先进个人	2003 年 12 月	杭州市司法局
			2005 年度杭州市治保战线先进个人	2006 年 2 月	杭州市公安局
			2009 年度杭州市治保先进个人	2010 年 3 月	杭州市公安局
			优秀消费维权监督员	2010 年 3 月	萧山区农村消费安全建设工作领导小组
			萧山区首届首席人民调解员	2010 年 9 月	萧山区司法局
			2010 年度杭州市治保先进个人	2011 年 2 月	杭州市公安局
			2015 年度杭州市治保先进个人	2016 年 1 月	杭州市公安局
周建新	男	中共党员	萧山区优秀团支部书记	2004 年 4 月	共青团杭州市萧山区委
			2014 年度萧山区科协系统先进个人	2015 年 3 月	萧山区科学技术协会
			萧山区优秀共产党员	2016 年 6 月	萧山区委
曹建华	男	中共党员	巡逻抓现行三等奖	2006 年	杭州市公安局萧山区分局
			二等治安荣誉奖章	2015 年	浙江省公安厅
			三等治安荣誉奖章	2014 年	浙江省公安厅
唐荣法	男	中共党员	杭州市治保战线先进个人	2007 年	杭州市公安局
			杭州市"庭院整治"示范家庭	2010 年	杭州市"五好文明家庭"创建活动协调小组

续表

姓名	性别	政治面貌	荣誉称号	授予时间	授予单位
张彩琴	女	中共党员	杭州市统计法及统计知识竞赛三等奖	2008年1月	杭州市统计局
			2008年度村级财务规范化管理工作先进个人	2009年3月	萧山区村级财务规范化管理领导小组
			萧山区第二次经济普查先进个人	2010年3月	萧山区人民政府第二次经济普查领导小组
			萧山区"荣誉统计员"光荣称号	2010年3月	萧山区统计局、国家统计局萧山调查队
			2009年度村级财务规范化管理工作先进个人	2010年3月	萧山区政府办公室
			全区统计系统先进个人	2010年3月	萧山区统计局、国家统计局萧山调查队
			2010年度萧山区村级财务规范化管理工作先进个人	2011年2月	萧山区政府办公室
			第六次全国人口普查省级先进个人	2011年10月	浙江省统计局、浙江省第六次人口普查领导小组办公室
			2011年度村级财务规范化管理工作先进个人	2012年3月	萧山区政府办公室
			2012年度村级财务规范化管理工作先进个人	2013年3月	萧山区政府办公室
			第三次全国经济普查工作先进个人	2015年2月	浙江省人民政府第三次经济普查领导小组
邵林桥	男	中共党员	三等治安荣誉奖章	2011年	杭州市公安局
			三等治安荣誉奖章	2012年	杭州市公安局
			二等治安荣誉奖章	2015年	杭州市公安局
			三等治安荣誉奖章	2016年	萧山区公安局
			三等治安荣誉奖章	2016年	杭州市公安局
			三等治安荣誉奖章	2017年	杭州市公安局
施水木	男	群众	萧山区个协市郊协会先进个协组长	2011年	萧山区个体劳动者协会市基层协会
傅春霞	女	致公党	萧山区劳动模范	2013年	萧山区委、区政府
翁洪霞	女	中共党员	萧山区2013年度优秀团员	2014年3月	共青团杭州市萧山区委
傅佳丽	女	中共党员	全国大学生高等数学竞赛浙江省一、三等奖	2014年12月	浙江科技学院
			全国大学生数学建模浙江省一、三等奖	2015年12月	浙江科技学院
陈立	男	中共党员	浙江省农村义务教育研究会论文一等奖	2014年11月	浙江省教育学会
			浙江省农村义务教育研究会论文三等奖	2015年11月	浙江省教育学会
			杭州大江东产业聚区教坛新秀	2017年10月	杭州大江东产业聚区社会发展局

续表

姓名	性别	政治面貌	荣誉称号	授予时间	授予单位
张荣海	男	群众	萧山区见义勇为积极分子	2015年8月	萧山区见义勇为基金会
沃华蕾	女	中共党员	浙江省"最美图书馆"大赛获得阅读参与奖	2015年11月	北京世纪超星信息技术发展有限责任公司
沃华蕾	女	中共党员	浙江省普通高等学院优秀毕业生称号	2016年5月	浙江省教育厅
卫斌	男	共青团员	邮储银行杯中国互联网协会第八届全国大学生网络商务创新应用大赛全国总决赛区网络商务创新应用特等奖	2015年	中国互联网协会、全国大学生网络商务创新应用大赛组委会
卫斌	男	共青团员	沈阳理工大学三等奖学金	2015年	沈阳理工大学
卫斌	男	共青团员	2015年度腾讯T派移动互联网创新创业大赛总决赛优秀作品奖	2015年	腾讯科技（深圳）有限公司
潘生根	男	中共党员	萧山区幸福家庭典范	2016年5月	萧山区卫生和计划生育局
卫星	男	中共党员	2011—2015年杭州市法治宣传教育先进个人	2016年7月	杭州市依法治区普法教育领导小组办公室
卫星	男	中共党员	2011—2015年萧山区法治宣传教育先进个人	2016年8月	萧山区依法治区普法教育领导小组办公室
郑小平	男	中共党员	三等治安荣誉奖章	2016年7月	浙江省公安厅
傅米莱	女	群众	喜迎G20我是萧山小主人	2016年12月	萧山区教育局

注：按个人受奖时间排序。

凤凰村硕士生名录

表588　1950—2016年凤凰村硕士生名录

姓名	性别	就读时间	学校及专业名称	2018年工作单位
沈文建	男	1950—1952	哈尔滨工业大学	中国科学院长春应用化学研究所研究员（副厅级，离休）
项文	女	1993.09—1996.06	浙江大学	中国银联浙江分公司
傅春霞	女	2008—2009	英国伦敦政治经济学院经济历史专业	浙江金洋控股集团有限公司总经理
周凯飞	男	2011—2014	格里菲斯大学国际经贸专业	绍兴亮雅纺织有限公司
唐斐斐	女	2013.09—2016.06	北京外国语学院	山西大学德语系任教（研究生），北京国家公证单位翻译
周轶	女	2015—2016	伦敦大学卡斯商学院	杭州汇丰银行
卫申鹏	男	2015—2017	美国马里兰大学金融硕士	杭州逐流资产行业研究员
沈海波	男	2015—2017	美国密歇根大学安娜堡分校	北京小米科技有限公司研发部
周成龙	男	2015.09—	厦门大学	在读研究生
傅佳丽	女	2016.09—	浙江工业大学	在读研究生
舒燕翔	女	2016.09—	浙江工业大学	在读研究生
沈荃	女	2016.09—	厦门大学	在读研究生
沃华蕾	女	2016.09—	浙江大学	在读研究生
舒佳静	女	2016.09—	浙江师范学院	在读研究生
陈佳楠	女	2016—	美国华盛顿圣路易大学	在读研究生

注：按考上时间排序。

凤凰村大学本科生名录

表589　1945—2016年凤凰村大学本科生名录

姓名	性别	就读时间	学校名称	2018年工作单位
沈文信	男	1945—1948	浙江大学数学系	江苏省淮阴教育学院副教授（离休）
沈文建	男	1946—1949	上海华东人民革命大学	中国科学院长春应用化学研究所研究员（副厅级，离休）
潘建强	男	1981.09—1985.06	中国地质大学	杭州震旦珠宝公司
项文	女	1991.09—1993.06	浙江金融学校	中国银联浙江分公司
卫观华	男	1992.09—1996.06	浙江工业大学	杭州西门子公司
傅明明	男	1999.09—2003.06	东华大学	杭州双虎材料有限公司
王燕燕	女	1999.09—2003.06	浙江师范大学	萧山五中教师
祝建芬	女	2000.09—2003.06	浙江大学远程教育学院计算机科学与技术专业	浙江华瑞集团有限公司
陈玲燕	女	2001.09—2005.09	浙江师范大学	中国银行萧山支行
卢晓伟	男	2001.09—2004.06	北京城市学院	杭州裕源纺织有限公司
鱼文文	女	2002.09—2006.06	浙江教学学院	萧山区教育局
曹高锋	男	2002.09—2006.06	浙江林业大学	杭州萧山银门装潢五金厂
徐敏敏	女	2002.09—2006.06	浙江工业大学滨江学院工商管理专业	杭州潘氏纺织有限公司
唐黎丽	女	2002.09—2006.06	浙江万里学院	浙商银行
王振炎	男	2002.09—2006.06	温州师范大学	杭州百合花集团
卫华飞	女	2002.09—2006.06	浙江理工大学	在家
周伟	男	2003.09—2005.06	江西经济管理学院	萧山衙前城建中队
卫萍萍	女	2003.09—2007.06	浙江财经大学	路劲地产集团杭州公司
沈江	男	2004.09—2008.06	浙江工业大学机械设计专业	杭州江文五金塑料厂
唐立冬	男	2004.09—2008.06	浙江工业大学	浙江东南网架股份有限公司会计
卫卓	女	2004.09—2008.06	浙大城市学院	杭州市滨江区审计局
卫一平	男	2004.09—2008.06	浙江科技学院	绍兴市上虞新合成裕辰新材料有限公司
陆丽琴	女	2005.09—2009.06	浙江财经外贸金融专业	绍兴建设银行总部
曹鑫江	男	2005.09—2009.06	湖南科技大学音乐专业	萧山益农镇第二小学
曹方军	女	2005.09—2009.06	杭州电子科技大学国贸专业	中国银行萧山支行
傅利良	男	2005.09—2009.06	浙江工业大学	中国建设银行萧山支行
陆柯柯	男	2006.09—2010.06	浙江万里学院建筑设计专业	浙江新中环建筑设计有限公司
王丽娜	女	2006.09—2010.06	浙江科技大学	在家
翁洪霞	女	2006.09—2010.06	湖州师范学院信息管理与信息系统专业	凤凰村委
汪洁霞	女	2006.09—2010.06	浙江师范大学英语专业	衙前农村小学英语教师
陈波	男	2006.09—2010.06	台州学院	自由职业
唐海东	男	2006.09—2010.06	宁波大学机械设计及自动化专业	杭州友佳精密机械有限公司
陈誉	男	2006.09—2010.06	浙江传媒大学	家教
卫佳	女	2006.09—2010.06	浙江林学院	浙江融信房地产公司
沃方敏	女	2007.09—2011.06	南昌大学材料科学与工程专业	在家

续表

姓名	性别	就读时间	学校名称	2018年工作单位
沃琦	男	2007.09—2011.06	浙江工业大学	凤凰村委
沃琳嫣	女	2007.09—2011.06	浙江工业大学	杭州博地集团
周兰兰	女	2007.09—2011.06	浙江外国语学校	杭州闻涛中学教师
徐晓玲	女	2007.09—2011.06	杭州师范大学钱江学院	萧山区第一人民医院
方萍萍	女	2007.09—2011.06	浙江师范大学	萧山葛云飞小学体育教师
傅彬彬	男	2007.09—2011.06	南京晓庄学院	浙江传化股份有限公司
邵红燕	女	2007.09—2011.06	浙江工商大学	杭州威立雅科技有限公司
周莉	女	2007.09—2011.06	台州学院	萧山二中
钱黎明	男	2007.09—2011.06	浙江工业大学	杭州黄龙中心装潢设计员
卫蛟	男	2007.09—2011.06	浙江科技大学	浙江鸿雁电器有限公司
王建宇	男	2008.09—2012.06	中国计量大学	杭州常杭五金塑胶有限公司
张宁	女	2008.09—2012.06	浙江中医药大学	杭州伊弗欧质量检测有限公司
沃欢军	男	2008.09—2012.06	浙江大学	创业
冯方方	女	2008.09—2012.06	中央广播电视行政管理专业	萧山益农镇第二小学
许钢南	男	2008.09—2012.06	宁波工程学院国际经济与贸易专业	杭州青云控股集团
潘樑	男	2008.09—2012.06	嘉兴医学院	萧山区第一人民医院
陈立	男	2008.09—2012.06	浙江师范体育系	萧山义蓬二中体育教师
傅丹	女	2008.09—2012.06	上海杉达学院财务管理专业	杭州英麦杰服饰有限公司
卫梦雯	女	2008.09—2012.06	华东交东大学交通设备信息专业	萧山党湾初中
沃梦怡	女	2009.08—2013.05	美国加州大学伯克利分校计算机专业	美国谷歌公司
周钦丽	女	2009.09—2013.06	萧山广播电视大学会计专业	杭州逸曝化纤有限公司
傅微君	女	2009.09—2011.06	浙江工业大学	浙江恒逸集团有限公司
傅洋洋	男	2009.09—2014.06	温州医学院	杭州下城区中西医结合医院
徐海佳	女	2009.09—2014.06	浙江大学宁波理工学院	美的超市
胡芳芳	女	2009.09—2013.06	中国计量大学	浙江居博律师事务所
卫瑶斐	女	2009.09—2013.06	浙江工业大学	绍兴庆达外贸有限公司
翁晓燕	女	2010.09—2014.06	杭州师范大学会计专业	杭州市滨江区（会计）
周阳	男	2010.09—2014.06	绍兴外国语学院外贸专业	绍兴茂嘉有限公司经理
曹晨奇	男	2010—2014	美国德克萨斯州奥斯汀分校经济专业	在家待业
卫李莎	女	2010—2014	宁波大红鹰学院	浙江金洋纺织有限公司
王瑜情	女	2010—2014	宁波大红鹰学院	萧山神力合金钢铸造厂
李观强	男	2010.09—2014.06	宁波理工大学	杭州金惠纺织有限公司
陈珊	女	2010.09—2014.06	嘉兴学院工商管理及英语双专业	杭州宏峰纺织集团有限公司
卫小萍	女	2010.09—2014.06	杭州师范大学钱江学院	萧山太平洋保险公司
周成龙	男	2011.09—2015.06	厦门大学	在读研究生
周芳芳	女	2011.09—2015.06	浙江传媒学院	在家
沃阳洋	男	2011.09—2015.06	浙江工商大学	萧山平安银行
王建军	男	2011.09—2015.06	浙江财经大学	杭州外贸单位
鱼梦怡	女	2011.09—2015.06	湖州师范大学	杭州西兴实验小学教师

续表

姓名	性别	就读时间	学校名称	2018年工作单位
鱼 桑	女	2011.09—2015.06	浙江大学宁波理工大学	杭州华数集团
钱 程	男	2011.09—2014.06	杭州师范大学	杭州江南电机厂
方铭洁	女	2011.09—2014.06	北京大学国际经济与贸易专业	杭州叶茂纺织有限公司
傅超群	女	2011.09—2014.06	温州医科大学远程本科	萧山人民医院
傅张君	女	2011.09—2014.06	浙江邮电大学	杭州飞南布业外贸部
蔡佳妮	女	2011.09—2014.06	金华师范大学	萧山公路开发有限公司
卫高峰	男	2011.09—2015.06	浙江工业大学	浙江东南网架股份有限公司
卫增祺	男	2011.09—2015.06	丽水学院	杭州前进齿轮箱集团股份有限公司
沈 荃	女	2012.09—2016.06	中国计量大学	在读研究生
沃华蕾	女	2012.09—2016.06	浙江大学	在读研究生
陈佳楠	女	2012.09—2016.06	宁波诺丁汉大学	在读研究生
翁玲霞	女	2012.09—2016.06	湖州师范学院	萧山人民医院
舒佳静	女	2012.09—2016.06	浙江师范学院工商管理专业	在读研究生
鲁华芳	女	2012.09—2015.06	杭州师范大学	萧山三中美术老师
舒燕翔	男	2012.09—2016.06	浙江工业大学	在读研究生
潘龙飞	男	2012.09—2015.06	浙江工业大学	浙江爱过你华欣材料股份有限公司
傅佳丽	女	2012.09—2016.06	浙江科技学院	在读研究生
王轶敏	女	2012.09—2016.06	中南林业科技大学	萧山劳动保障局
傅 炬	男	2012—2015	美国圣约瑟夫大学管理学	浙江金洋集团有限公司
周 轶	女	2012—2015	英国南安普顿大学	杭州汇丰银行
王攀攀	女	2012.09—2016.06	绍兴越秀外国语学院	裕隆汽车金融（中国）有限公司
周利芳	女	2012.09—2016.06	东华大学工商管理	浙江恒逸石化有限公司
曹非燕	女	2013.09—2017.06	浙江万里学院	宁波乐恩教育
沃鑫东	男	2013.09—2016.06	萧山广播电视大学	浙江恒逸集团有限公司
翁亚杰	男	2013.09—2017.06	绍兴元培学院营销专业	房产中介
舒怡鸿	女	2013.09—2017.06	杭州师范大学钱江学院	杭州市第三人民医院
张 莉	女	2013.09—2017.06	湖州师范学院	浙江开氏纺纤集团
卫海强	男	2013.09—2017.06	绍兴文理学院	浙江东南网架股份有限公司
王玲丽	女	2013.09—2017.06	浙江工业大学	杭州滨江工作
钱 聪	男	2013.09—2017.06	大连外语学院	杭州青云集团外贸部
陈佳营	女	2013.09—2017.06	宁波工程学院	萧山萧永会计事务所
唐斐斐	女	2013.09—2016.06	北京外国语大学	山西大学德语系任教
傅鑫杰	男	2013.09—2016.06	温州大学	浙江易建易工网络科技有限公司
傅银芳	女	2013.09—2017.06	浙江师范大学行知学院	萧山区国土局
傅佳军	男	2013.09—2016.06	浙江大学远程教育专升本	杭州盛镭科技公司
邵高峰	男	2013.09—2016.06	温州医科大学	萧山区中医院
傅亚莉	女	2013.09—2017.06	国家开放大学	浙江开氏集团有限公司
胡金娜	女	2013.09—2016.06	滨江中医药大学	萧山第一人民医院
卫介奇	男	2013.09—2018.06	杭州工商大学	在读

续表

姓名	性别	就读时间	学校名称	2018年工作单位
卫镕霆	男	2013.09—2018.06	中国美术学院	在读
卫 斌	男	2013.09—2017.06	沈阳理工大学	浙江大学城市学院项目科研室
翁洪涛	女	2014.09—2018.06	浙江工商大学杭州商学院国际外贸专业	在读
周芳思雨	女	2014.09—2018.06	浙江财经大学会计专业	在读
李丹凤	女	2014.09—2018.06	宁波大红鹰学院环境设计专业	在读
陆梦婷	女	2014.09—2018.06	温州医科大学生物医学工程专业	在读
汪泽楠	男	2014.09—2018.06	南通大学杏材学院电子集成系统专业	在读
王铭铭	男	2014.09—2018.06	浙江大学城市学院	在读
傅银艳	女	2014.09—2017.06	浙江师范大学财务管理专业	待业
傅佳锋	男	2014.09—2017.06	吉林财经大学会计系	杭州
钱璐奏	女	2014.09—2018.06	浙江音乐学院	待业
潘慧威	男	2014.09—2018.06	浙江科技大学信息与计算科学	杭州圣山集团有限公司
应 娜	女	2014.09—2017.06	杭州商学院	浙江恒逸集团有限公司
张华鑫	男	2014.09—2018.06	南京邮电大学	在读
翁哲帆	男	2014.09—2018.06	中国计量大学	在读
傅雅菲	男	2014.09—2018.06	北京中医药大学	在读
卫天霞	女	2014.09—2017.06	杭州师范大学钱江学院	杭州凤凰纺织有限公司
卫思逸	女	2014.09—2017.06	宁波大红鹰学院	浙江恒逸集团有限公司
曹畑函	女	2015.09—	浙江农林大学旅游管理专业	在读
曹晓峰	男	2015.09—	杭州电子科技大学机械专业	在读
曹佳熠	男	2015.09—	杭州电子科技大学通信工程专业	在读
周雄杰	男	2015.09—	杭州电子科技大学信息工程学院计算机专业	在读
汪洁雯	女	2015.09—	湖州师范学院求真学院体育专业	在读
方泽平	男	2015.09—	湖州师范学院体育专业	在读
沈家豪	男	2015.09—	浙江工业大学	在读
鱼 莉	女	2015.09—	台州学院	在读
徐晓艳	女	2015.09—	杭州万向职业技术学院	在读
汪彬彬	女	2015.09—	三联专修学院	在读
王佳峰	男	2015.09—	浙江大学医科学	在读
童钦雯	女	2015.09—	海南大学财务管理专业	在读
曹银峰	男	2015.09—	绍兴文理学院元培学院	在读
沃 锋	男	2015.09—	杭州广播电视大学药剂师专业	萧山义盛爱心医院
卫亚男	女	2015.09—	宁波大红鹰学院	在读
陈海桥	男	2015.09—	浙江工业大学之江学院	萧山银桥旅业有限公司
陈 鑫	男	2015.09—	宁波海洋学院	在读
卫丹枫	女	2015.09—	浙江财经大学	在读
卫晨佳	女	2015.09—	台州学院	在读
施舒雨	女	2015.09—	浙江师范大学	在读

续表

姓名	性别	就读时间	学校名称	2018年工作单位
陈杭奇	男	2015.09—	中国医科大学	在读
沈滢滢	女	2015.09—	萧山广播电视大学	在读
王怡洋	女	2016.09—	宁波卫生职业技术学院护理专业	在读
沈家棋	男	2016.09—	浙江大学	在读
陆晨超	女	2016.09—	浙江大学教育学	在读
孔泽华	男	2016.09—	浙江农林大学电子专业	在读
曹意	女	2016.09—	宁波大学护理专业	在读
曹怡蒙	女	2016.09—	浙江大学语言汉语专业	在读
周琪	女	2016.09—	海南医科大学健康管理专业	在读
周泽帆	男	2016.09—	辽宁东北大学计算机专业	在读
周祖梁	男	2016.09—	浙江大学宁波理工学院	在读
汪东明	男	2016.09—	浙江理工大学科艺与文学专业	在读
唐书琴	女	2016.09—	福建农林大学	在读
陈心怡	女	2016.09—	浙江越秀外国语学院	在读
傅佳露	女	2016.09—	宁波大学	在读
傅超	男	2016.09—	温州医科大学	在读
傅磊	男	2016.09—	西南财经大学	在读
傅超强	男	2016.09—	台州学院	在读
王尉燕	女	2016.09—	华北科技学院	在读

注：按考上时间排序。

凤凰村参加中国人民解放军名录

表590　1951—2016年凤凰村参加中国人民解放军名录

姓名	性别	出生年月	服役时间	服役部队	2018年工作单位
沈文成	男	1928.11	1951	中国人民志愿军抗美援朝	宁夏银川市银新乡农机站退休，已故
金六斤	男		1951	中国人民志愿军抗美援朝	萧山杭二棉厂退休，已故
王海宝	男	1934.10	1951.06	中国人民志愿军抗美援朝	在家养老
沃阿毛	男	1935.01	1955.11—1964	南京军区舟山6412部队班长、司务长	退休在家
王老毛	男	1937.01	1955.11—1960	南京军区舟山6412部队	退休在家
王灿法	男	1938.07	1955.12—1960.03	南京军区舟嵊要塞区9628部队64师	退休在家
卫小海	男	1940.01	1958.12—1961.12	定海9819部队508分队	退休在家
周狄夫	男	1945.02	1964.03—1969	南京军区防化6335部队37分队班长	个体开小五金厂
周岳根	男	1942.05	1965.03—1968.01	福州军区铁道兵6703部队	凤凰村东岳庙管理员
项岳夫	男	1950.01	1968.03—1971.01	南京军区野战军6408部队	退休在家
卫关荣	男	1947.12	1968.03—1971.03	安徽6408部队63分队	退休在家
周柏夫	男	1950.11	1968.03—1978.01	安徽6408部队54分队	退休在家
汪阿根	男	1949.07	1968.12—1971.12	南京军区6408部队53师	已故
陈长明	男	1950.11	1969.01—1972.02	上海炮兵部队6395部队79分队	浙江金洋纺织有限公司

续表

姓名	性别	出生年月	服役时间	服役部队	2018年工作单位
曹水根	男	1950.12	1969.11—1972		已故
曹行舟	男	1949.05	1969.12—1974.01	江西乐安0487部队92分队班长	凤凰村民委员会
傅传海	男	1952.12	1970.01—1972.12	南京军区守备第一师高炮团6402部队	凤凰村委门卫
汪张继	男	1949.05	1970.12—1972	上海市6397部队10分队4小队	凤凰村公墓管理员
唐祥龙	男	1952.09	1970.12—1976.04	南京军区高炮团6402部队侦察员	凤凰村绿化养护队
项岳元	男	1952.01	1970.12—1975.03	南京军区高炮团6402部队4分队	衙前创业新村社区
曹祖根	男	1952.12	1972.02—1980	四川重庆工程兵部队	个体五金企业负责人
赵忠友	男	1953.08	1973.01—1978.03	湖南59222部队	退休在家
唐银华	男	1953.07	1974.05—1977.03	舟山83355部队	退休在家
曹水泉	男	1953.05	1975.01—1979.12	舟山定海83358部队副班长	创业新村社区保安
沃安泉	男	1957.09	1976—1980	东海舰队37502部队	退休在家
邵关夫	男	1957.03	1976.03—1979.02	舟山定海37502部队后勤部	个体修理工
陈金培	男	1958.11	1976.12—1981.12	云南空军地勤87487部队副排长	杭州凤谊纺织有限公司
傅岳土	男	1957.11	1976.12—1982.01	云南老三87274部队	凤凰村水电科
傅仁木	男	1959.08	1977.12—1980.11	福建三都	（衙前）沈氏益利隆门卫
曹水福	男	1960.04	1978.02—1983.10	中国人民解放军37515部队	杭州迈腾纺织有限公司总经理
卫小明	男	1959.01	1978.10—1984.10	辽宁绥中37311部队二十四分队通信班长	杭州市丝绸化纤厂厂长
邵高忠	男	1979.12	1978.12—2000.11	福建省三明武警支队	自由职业
沃关良	男	1960.01	1979—1984	南京军区83544部队	凤凰村村主任
方正海	男	1960.09	1980—1983	南京军区周桥三十一旅83544部队	凤凰村水电科
傅柏松	男	1961.03	1980.10—1985.12	河南信阳市空军一机校班长	凤凰村党委副书记
唐幼虎	男	1963.02	1981.01—1986.01	安徽空军十师	凤凰村巡防队
周柏虎	男	1962.09	1981.10—1986.01	南京航空兵十师86379部队警卫连	凤凰村联防队
曹建庆	男	1962.02	1981.11—1985	南京86379部队汽车连	萧山湘湖驿站采购部
赵忠德	男	1962.06	1981—1985	南京航空第十师86379部队	杭州市西番雅纺织有限公司
汪关潮	男	1964.04	1982.11—1988	福建雷达二十二团87074部队报务员	绍兴舒豪纺织科技有限公司供应科
周柏兴	男	1964.01	1984.01—1986	南京军区舟山83355部队班长	浙江开氏集团有限公司操作员
陈国明	男	1964.08	1984.11—1989.10	1984—1987年江苏盐城武警机动大队二中队，1987—1989年江苏武警直属支队五中队	自由职业
卫传甫	男	1967.10	1985.11—1989.10	浙江省龙游县武警总队二支队六中队83252部队	衙前镇人民政府
陈小金	男	1968.07	1986.11—1990.12	河南鲁山	杭州杰剑物质有限公司
陆惠祥	男	1967.11	1986.11—1991.01	河南省确山县济南军区空军后勤部87361部队机关招待所	杭州韵天纺织有限公司总经理
周水坤	男	1967.07	1987.01—1990.11	苏州市武警支队机动大队战士	杭州雷朗五金有限公司
唐国平	男	1969.03	1989.02—	宁波舟山海军92919部队军医	部队军官

续表

姓名	性别	出生年月	服役时间	服役部队	2018年工作单位
张汉华	男	1971.12	1989.03—1992.12	南京军区舟山83351部队	上海铁路集团公司宁波车务段
王学军	男	1971.02	1990.03—1992.12	福建南安32435部队71分队班长	个体运输（开货车）
周柏明	男	1970.07	1990.11—1994	河北省石家庄空军后勤	浙江恒逸集团有限公司
周志良	男	1972.05	1990.12—1994.12	河北地空导十团	浙江恒逸集团有限公司门卫
胡国良	男	1973.04	1991.12—1994.12	南京方山83111部队	杭州潘氏纺织有限公司
杨云华	男	1973.09	1992.11—1995.12	江苏淮阳高炮旅83422部队	衙前城建中队副队长
郑小平	男	1974.12	1992.12—1996.12	南京军区空三师空八团	衙前派出所
曹建华	男	1975.03	1994.12—1997.11	福建省武警总队	衙前镇派出所巡防大队大队长
钱潮军	男	1975.03			
项海行	男	1976.07	1994.12—1997.12	甘肃省天水市8485部队	浙江双可达纺织有限公司
汪建洋	男	1976.05	1995.12—2000.01	广东湛江麻斜38181部队海军936舰一级士兵	杭州宇荣纺织有限公司总经理
傅建松	男	1978.03	1996.12—1999.11	江苏省南京市武警一支队	凤凰村党委委员
傅永刚	男	1978.12	1997.12—1999.11	无锡武警8721部队	萧山坎山申月电气有限公司
杨观林	男	1978.11	1998.12—2000.01	武警部队福建省三门市支队	萧山区红山劳教支队
唐水刚	男	1981.09	1999.11—2001.11	上海武警总队第二支队九分队	衙前镇电管所
唐松青	男	1981.09	1999.11—2001.11	舟山东海舰队91991部队	杭州松涛传动机械厂
周国芳	男	1980.04	1999.12—2001.12	舟山海军96512部队班长	杭州煜佳化纤有限公司
徐利峰	男	1982.11	2000.12—2002.12	中国人民解放军95172部队	杭州杭淮商贸有限公司
邵林桥	男	1981.08	2000.12—2002.12	湖北武汉95388部队	衙前镇巡防大队
王栋梁	男	1982.12	2001.12—2003.12	南京军区73121部队警务员	个体运输
周伟	男	1981.01	2002.12—2004.12	南京军区73151部队73分队战士	衙前城建监察中队
傅青峰	男	1984.01	2002.12—2004.12	南京军区陆军三十一集团军	杭州吉成化纤有限公司办公室主任
唐卫江	男	1981.09	2002.12—2004.12	武警丽水市消防支队缙云中队	浙江恒逸集团有限公司
傅校明	男	1983.01	2003.12—2005.11	河北唐山遵化93514部队	浙江杭州萧山衙前派出所
陈方明	男	1983.09	2004.12—2006.12	天津93534部队	杭州建德市鸿幸驾校
周斌	男	1987.06	2005.12—2007.12	中国人民解放军66172部队	杭州大创电器成套有限公司
应杰	男	1988.09	2006.12—2008.12	福建福清7313部队	浙江美丝邦化纤有限公司
方磊	男	1987.11	2007.12—2009.12	武警河南省总队	浙江联鸿化纤科技股份有限公司 后勤主任
傅校军	男	1989.08	2007.12—2009.12	沈阳陆军总院	衙前华数有线电视
卫杰	男	1989.09	2007.12—2009.12	沈阳463部队	浙江美丝邦化纤有限公司
钱利翔	男	1990.11	2009.12—2014.12	福建漳州军分区	自由职业
周阳刚	男	1993.04	2011.12—2013.12	武警8610部队	杭州兴惠纺织有限公司
傅佳楠	男	1991.01	2011.12—2014.01	辽宁战警8610部队	衙前派出所
曹波	男	1994	2012.12—2014.12	成都崇州炮兵部队77115部队通信兵	上海鸢鸟网络科技有限公司
曹科卫	男	1993.11	2013.09—2015.09	南京军区空军94619部队	深圳前海雪球股份有限公司

续表

姓名	性别	出生年月	服役时间	服役部队	2018年工作单位
卫春富	男	1995.02	2013.09—2015.09	福建漳州91师直属侦察营	杭州市航民合同精机有限公司
傅建杰	男	1996.08	2015.09—	南京73670部队	在部队
卫义城	男	1996.02	2015.09—2017.09	陕西空军定襄场站93406部队	绍兴市袍江哈柏4S店

注：注：①按参军时间排序。②受奖情况：汪建洋，营嘉奖一次，连嘉奖二次；沃阿毛，三等功6次；邵林桥，优秀士兵；项岳元，连嘉奖三次；唐卫江，优秀士兵；钱利翔，优秀教官；杨云华，先进个人；傅永刚，优秀士兵；傅青峰，优秀士兵；傅柏松，三等功；郑小平，二等奖1次，三等奖1次；胡国良，优秀特种兵；傅佳楠，优秀士兵；赵忠德，1983年工作优秀奖。③翁友庆、王水火、沃岳兴、沃铭泉等具体信息不清。

凤凰村志 上册

第四编　村民访谈

第一章　现任村党委书记、村委会主任访谈
第二章　20世纪20—40年代村民访谈
第三章　20世纪50—70年代村民访谈
第四章　20世纪80年代村民访谈
第五章　外来人员访谈

概　述

　　2017年1月，《凤凰村志》主编莫艳梅提出开展口述历史活动。2—3月，莫艳梅拟出实施方案，针对不同的受访者撰写访谈提纲。3月29日始，进村入户访谈，主要访谈者莫艳梅、杨健儿。至6月1日，共访谈46人，其中凤凰村民33人（20世纪20年代1人，30年代7人，40年代6人，50年代9人，60年代6人，80年代4人），外来人员4人，沈定一的后代及知情人9人。访谈录音计40万字。6—12月，莫艳梅对访谈录音进行整理编辑。12月中下旬，46篇访谈录音文稿全部交返受访者审阅，其中沈定一的后代及知情人访谈录音文稿10多万字，另作他用，不录入该编。

表591　2017年凤凰村访谈情况

序号	口述者	性别	出生年份	身　份	访谈时间地点	访谈者
1	胡岳法	男	1949	村委书记	2017.04.21 下午村委会	莫艳梅
2	沃关良	男	1960	村主任	2017.04.21 上午村委会	莫艳梅
3	张彩琴	女	1964	村总会计、凤凰股份经济联合社董事	2017.06.12 下午村委会	莫艳梅
4	曹行舟	男	1949	村办公室主任	2017.04.12 上午村委会	杨健儿
5	沃　琦	男	1988	村务人员	2017.04.19 上午村委会	莫艳梅
6	翁洪霞	女	1987	村务人员	2017.04.14 上午村委会	莫艳梅
7	卫爱凤	女	1957	村务人员	2017.04.11 上午村委会	莫艳梅
8	胡和法	男	1941	村办企业负责人	2017.04.12 下午老年中心	杨健儿
9	徐建根	男	1961	村市场办主任	2017.04.07 上午村委会	莫艳梅
10	徐幼琴	女	1965	村三产办主任	2017.04.07 下午村委会	杨健儿
11	周岳根	男	1945	东岳庙原负责人	2017.04.19 下午村委会	莫艳梅
12	沃阿毛	男	1935	过去的村支书	2017.03.29 上午村委会	杨健儿
13	唐先根	男	1933	老会计	2017.04.20 上午村委会	杨健儿
14	唐关仁	男	1955	过去的生产队长	2017.04.07 上午村委会	杨健儿
15	项国安	男	1962	村民小组长	2017.04.20 下午村委会	杨健儿
16	卫子仁	男	1954	杭州凯成纺织有限公司负责人	2017.04.11 下午村委会	莫艳梅
17	傅华明	男	1955	过去的村主任	2017.04.25 下午傅家	杨健儿
18	陆惠祥	男	1967	杭州韵天织造厂厂长	2017.03.29 上午村委会	莫艳梅
19	傅小虎	男	1928	过去在生产队放牛	2017.04.21 下午傅家	杨健儿
20	卫松根	男	1933	腿残疾人	2017.04.19 下午卫家	杨健儿
21	卫仁水	男	1934	过去的经济保管员	2017.04.11 下午卫家	杨健儿
22	卫永泉	男	1940	过去集体企业负责人	2017.04.13 上午纪念馆	杨健儿
23	卫张泉	男	1945	过去的建筑工	2017.04.14 下午村委会	杨健儿
24	卫纪土	男	1957	过去的赤脚医生	2017.04.14 上午村委会	莫艳梅
25	周志根	男	1958	过去的赤脚医生	2017.04.14 上午村委会	杨健儿
26	周柏夫	男	1950	过去的民兵连长	2017.04.13 下午村委会	杨健儿
27	潘冬英	女	1938	过去的妇女主任	2017.04.21 上午潘家	杨健儿
28	邵东根	男	1950	做小生意个体户	2017.04.19 上午邵家	杨健儿
29	徐阿秋	女	1937	农村妇女	2017.05.23 上午徐家	莫艳梅
30	陈长根	男	1957	企业职工	2017.04.13 中午陈家	莫艳梅
31	陈　立	男	1987	萧山义蓬二中教师	2017.04.29 下午陈家	莫艳梅
32	汪洁霞	女	1986	萧山衙前二小教师	2017.04.29 下午汪家	莫艳梅
33	钱关潮	男	1932	基督教徒	2017.04.13 上午钱家	莫艳梅
34	陈楚儿	男	1958	萧山楚冶粉末冶金结构件厂厂长	2017.04.07 下午村委会	莫艳梅
35	乐桂兰	女	1975	老四川平头酸菜鱼店主	2017.04.14 下午村委会	莫艳梅
36	李桂发	男	1975	超市老板	2017.04.13 下午村委会	莫艳梅
37	刘继平	男	1971	创业新村工作人员	2017.04.12 下午村委会	莫艳梅
38	沈文信	男	1925	沈定一之子	2017.06.01 江苏沈家	莫艳梅
39	沈　力	男	1957	沈定一之孙、沈文信之子	2017.05.29 萧山城市酒店	莫艳梅
40	沈鹤年	男	1940	沈定一之孙、沈剑龙之子	2017.04.26 杭州沈家	莫艳梅
41	沈学根	男	1950	沈定一之曾孙、沈剑龙之孙	2017.05.04 萧山区志办	莫艳梅
42	沈先君	女	1946	沈定一之孙、沈剑云之女	2017.04.26 毕公桥沈家	莫艳梅
43	沈红卫	男	1971	沈定一之曾孙、沈剑云之孙	2017.04.28 凤凰村沈家	莫艳梅
44	沈大方	男	1937	沈仲清之孙	2017.04.26 凤凰村委会	莫艳梅
45	沈明奎	男	1937	瓜沥镇长巷村会计	2017.05.19 长巷村沈家	莫艳梅
46	李　娜	女	1983	衙前镇政府工作人员	2017.04.12 衙前镇政府	莫艳梅

第一章 现任村党委书记、村委会主任访谈

一、我当村干部 40 多年

——胡岳法访谈

访谈时间：2017 年 4 月 21 日下午
访谈地点：凤凰村委会胡岳法办公室
访 谈 者：莫艳梅
受 访 者：胡岳法

受访者简介：胡岳法，男，汉族，中共党员。萧山凤凰人。民国 38 年（1949）1 月生。1964 年 9 月任凤凰生产队会计，1974 年 9 月任凤凰生产三队队长，1976 年 9 月任凤凰生产大队大队长，1981 年 3 月任凤凰村委会主任，1992 年 7 月至今任凤凰村党支部（党委）书记。个人荣誉：1993 年被授予萧山市优秀党员荣誉称号，1997 年被评为杭州市"小康示范村"先进党支部书记，2001 年被评为省优秀共产党员，2004 年被授予杭州市劳动模范称号，2004 年被授予浙江

图 0723　胡岳法接受访谈（2017 年 4 月 21 日，沃琦摄）

省"双带"好党员，2004 年被授予浙江省劳动模范称号，2006 年被评为杭州市优秀共产党员，2007 年 2 月被评为杭州市优秀农村实用人才，2007 年被评为 2006—2007 年度杭州市社会主义劳动竞赛先进个人，2001—2009 年被评为萧山区优秀共产党员，2007 年 10 月被评为萧山区高级经济师，2012 年获浙江省新农村建设带头人"金牛奖"，2016 年被评为浙江省"千名好支书"。

27 岁当大队长，1992 年当书记至今

我祖父是造船的，父亲是划船的，我有 4 姊妹①：我，哥哥，两个姐姐。我母亲是有文化的，我的家庭教育也比较好，母亲经常教育我长大后要为民办实事、为人民服务。

我小的时候，不像其他小孩子那么调皮，我是很守则的。

---

① 当地称兄弟姐妹为姊妹。

我是 7 岁上学的。我上学时候的老师，现在都还在，一个叫瞿静芳，一个叫谢承天。这两个老师已经 90 多岁了。那天我去拜访了他们，我非常感谢他们对我的教育。当时全班有 37 个学生，我是以全班第二名的成绩毕业的。因为我的成绩好，老师对我比较器重。汪祖英是我小学六年级的老师，现在也还在，他是知道我这个学生比较优秀的。

后来我为什么不去读书呢？主要是家庭经济问题。当时我这个年纪，父母给我读了 6 年书，已经感觉到比较好了。因为家境贫寒，就没有继续读书了。我读书时候的好多同学，现在还在，他们也说我是同学当中比较优秀的。

15 岁的时候，在我哥哥（会计）的传授下，当了生产队的会计，一直当了十多年。当时当生产队会计，还是要劳动的，就是有个职位在那边。社员们看我这个会计比较能干，就让我当生产队长，我是 25 岁当上生产队长的，干了 3 年。

当时衙前有 3 个队最好，一个是明华五队，一个是凤凰三队，还有一个我不知道了。当时我是大队委员，政府（公社）要推荐比较能干的人当大队长。我是 1976 年当上凤凰大队的大队长的，1992 年当党支部书记，至今当了 40 多年的村主要领导。

推进农业集约化

当上大队长后，我就在想，老百姓的生活太艰苦了。当时老百姓有这样一句话：脸朝黄土背朝天。真的是太艰苦了。所以我在考虑什么东西呢？我在考虑如何机械化的问题。于是，我引进了两台插秧机，两台收割机，想搞农场化管理。我觉得我这个做法是好的，因为老百姓不再那么辛苦，可以用机械操作了。

1992 年，我又在思考如何再进一步进行农业体制集约化经营。当时都已经分田到户，我和老百姓讲，你们把土地全部交给我来管，搞集约化农场。第一次推进的时候，老百姓还都有看法，因为老百姓是以田为本，以田为主，我这样收了去，他们就业怎么办，还是有顾虑的。

过了一段时间后，我记得过了 3 年时间，老百姓有点儿认可了，还说我的好了。因为我全面向老百姓免费供粮，不算他们钱，他们不用耕地，还免费拿粮食，他们觉得这样好，就把土地都给我了。于是，农业生产逐步地全部集约化。凤凰村是整个衙前镇第一个实行农业集约化的。

第一步棋：创办全省第一个联营加油站

1983 年下半年，我听说浙江省要办一个加油站，我立马坐上公交车去浙江省石油公司萧山县公司，找到他们的经理。我说让他们随便什么条件都可以讲，我公路边很好的地理位置，希望他们把这个加油站放到凤凰来。这样通过好几次努力，我终于把这个项目得来了。

1984 年开始建造，1985 年开始营业，是全省第一家国营企业与村集体联营的加油站，叫萧山县衙前加油站，地点设在衙前老汽车站旁。总投资 150 万元，其中凤凰村出资 45 万元，浙江省石油公司萧山县公司出资 105 万元。当年盈利 15 万元，第二年盈利 40 万元。最初的利润分成，是他们得 70%，我们得 30%，按照双方签的协议，从第三年起，各得 50%。

这个加油站使凤凰村经济来源大量增加，收入增长，这应该是我的第一桶金。我记得当时有 8 个同志进入加油站工作，42 块钱一个月，这在当时是很好的了。当时的站长是上面石油公司派来的

图 0724　104 国道穿越凤凰村境内（2018 年 4 月 30 日，傅展学摄）

转业干部，我是加油站副站长，我跟着省石油公司、市石油公司跑跑，开阔了眼光，见识了很多知识。后来我们村分了 40 万元，那时的 40 万是很值钱的，比现在的 400 万还好。于是我赚了 40 万元，凤凰的第一桶金。

我在当大队长的时候，支部书记叫曹水根，比我小一岁，但他的能力不够，因此我在当大队长的时候，指挥权在我这里，他也很听我的。现在我们是朋友，我和他的关系也蛮好的。我跟他搭档一共搭了 14 年，从 1979 年一直到 1992 年。

图 0725　衙前加油站（2018 年 5 月 22 日，陈妙荣摄）

我在 1992 年当了村支部书记，当时农村都在进行改革，要搞工业化。我就考虑今后凤凰怎么发展，怎么使凤凰的老百姓富起来。于是我就以加油站为依托，进一步发展经济。

第二步棋：创办综合大市场

1995 年，我去转了两个地方，一个是香港，一个是新加坡。我去香港的时候，是在广州白云机场起飞的，当时杭州还没有机场。到香港后，那边是灯火辉煌，我就觉得香港灯光怎么这么好看，我看了很稀奇，哎呀真了不起！后来我又到了新加坡。我去这两个地方时，我在看他们那里为什么这么富裕，富裕在哪里。他们土地不多，香港没有这么多土地，新加坡也没有这么多土地，他们就是靠经商创业。

回来以后，我开始筹划市场，想要搞衙前消费品综合市场。当时村领导班子通不过，因为他们认为不要冒这个风险，市场搞起来有没有人来啊，市场办不办得起来啊，因此他们就有点不放

图0726 衙前农贸市场一角（2011年7月14日，徐国红摄）

心。一次会议不成功，就二次会议，二次会议不成功，就三次会议。最后，村领导班子通过了，决定建市场。凤凰村当时投资1600万元，其中1000多万元是从银行贷款来的，这在当时是很不容易的。

市场建好后，3年时间内生意很不景气。大家议论纷纷，就是我们村投入了1600万元，没有效益怎么办，大家有点担忧。当时我想，这不用担忧，因为时间还不到。果然，第四年，生意来了。我们不仅把1000多万元贷款全部还清，以后每年还有好几百万的收入。

加油站是我第一步棋，这个市场是我第二步棋，是成功的，而且市场的收入大大超过了加油站。

第三步棋：组建股份制公司

1999年的时候，我在想，如何使凤凰村的老百姓全部富起来。我们已经蛮好了，有加油站，有市场，但是老百姓还是比较贫困，怎么才能使老百姓全部富起来，有什么样的办法或者通过什么样的途径呢？可不可以建立股份制企业呢？

当时还是有蛮好的条件的。我的女婿大学毕业后，在我儿子的厂里打工。当时大学毕业还是包分配的，他原本被分配到钱江啤酒厂工作。我叫他不要去，就到我儿子的厂里去，做3年学徒，打工打3年。后来呢，刚好要建一个股份公司，我就跟我女婿说，这个总经理你去当，这个是老百姓的公司，很重要的，上不上得去，关系到我的命运。于是我当董事长，他当总经理。在2000年的时候，这个公司就上去了。一直到现在，效益都很好。

这是萧山第一家由农户与村集体合作组建的股份制企业。

当时我们是怎么参投的呢？我同三套班子说，你们不要去搞企业，由我去办企业，你们把所有的钱都拿出来投资这个企业。有的干部好像拿不出钱，我就跟他说去借点钱，要有点胆量。当时，十万、十多万，已经是把全部家产都拿出来了。

这个股份公司，我是全村覆盖的，让全村的老百姓都投股，至少投一两万元。想让老百姓富起来，就要办工业，办企业，我就要他们都来参股。光靠田里的一点粮食是富不起来的，我同老百姓这么讲，要他们来投资我办的企业，让老百姓自己签名同意，都是自愿的，都是公开的，老百姓自己想投就投。但我有一点承诺，如果我这个股本3年内亏本了，我可以自动把钞票还给他们，如果3年后他们说还可以，那么我要确认了，他们就要担风险，共盈利，共担责。

我们村当时是一个小村，190多户人家，70多户人家来我这里参股了。我当时说，要是多参点股就好了，最多的时候分红是1∶1.3。怎么算呢，就是如果你有10万元投到我这里，我一年中就给你13万元。这样一来老百姓的信心都来了。但信心来了，就是不好再投了。因为我们有公司规章制度，是股东代表大会产生的，就是在当时你投进了就投进了，当时你不投，也就这么算了。

我这个股份制企业是很成功的，到现在，公司还在转制。之前，我转过两次制，明确了股东每年分配，让承包者发挥他们的积极作用。到现在，我这个公司的股东，是一年30%的分配，比如一个老百姓有10万元投进去，那么每年他有不少于3万元的分红。

为什么要办这个股份制企业？我有两点想法：一是让我的干部不要到处去办厂，因为当时是可以办厂的，我让他们不要去办，我来办。后来有的干部也去办了，最后都倒了。二是我想让老百姓富起来，给他们赚点钱。刚开始的时候，老百姓是有担忧的，觉得把钱投进来，本金收不收得回？结果到现在，他们觉得那时的想法错了，应该多投点钱才好。这是非常明显的。

我的这两个想法是非常成功的。比如，凤凰纺织有限公司，去年是5000多万元的效益。其他的，也发展得比较好。这个股份制公司是我走的第三步棋。

与时俱进：深化改革

我这个人对于新的东西接受能力是很强的。有一年，我去日本看了一下，我就想，日本为什么环境这么干净，我们国家的环境为什么搞不上去，有一个较大的原因，就是与我们这个建筑投资短期性有关系。日本是造了房子就不改了，建设是一次性投资，这么长时间了，他们的老房子还在住。我们是今年造好，四五年之后又拆了再造，因此产生了很多的建筑垃圾。所以，我就想老百姓造房要一次成功，要实行住房改革。

1997年，我造了村民公寓楼，让老百姓不要造房子了，统统住公寓楼。我们要超前地走一条城市化道路。虽然实施起来很艰难，但最后还是成功了。到现在为止，我们还在坚持。如16层的凤凰大厦，下面3层租给三江超市，上面都是老百姓居住，不占集体土地，这样集体土地多出来可以发展经济。

没有创新就没有发展，我不会放弃任何机遇。之前说到的加油站、市场、股份制公司，后来又办创业新村，外地民工居住区，充分利用周边土地资源，把所有资源集中到凤凰村里。

现在凤凰村是网络化管理，私营经济和集体经济"两条腿"走路，集体经济要发展，私营经济也要发展。前段时间，中国第一村华西村来我们村观光取经，我觉得很光荣。他们来取什么经呢？就是来学习我们的私营经济。他们村现在也要转制，他们是集体经济"一条腿"走路，再搞下去就搞不好了。国家要转制，他们也要转制。现在华西村有3万多人口，以华西为龙头，拼进去13个村，有12个村的待遇可能是不一样的。我拼了3个村，全部待遇是一样的。他们来考察我这个东西，主要就是私营经济和集体经济共同发展，还有一个就是保障问题。因此我的想法，就是要勇于改革，与时俱进，进行改革，这是非常重要的。

我已经实行了股份化改革，我是2013年改好的，到2014年就全面推进了。全萧山像我这样的股份化改革还是很少的，而且我现在已经定权发证了。实行定权发证股份化的村，全萧山只有我们一家，找不出第二家。

今后，我还要改革，怎么改革？我在设想凤凰这个股份，老百姓的股本可以抵押、转让，企业和个人可以来认购。总之明年我还要改，要接着改，要实现集体资产不断增长，社会不断稳定，老百姓民主权利不断提高，体现三个目标。

图0727　凤凰山下农民公寓楼——凤凰新鑫花园小区（2018年10月7日，徐国红摄）

建立村级三大保障

在农村，原来村民是争着当工人，我家也是这样的，我儿子、媳妇、女婿都已经农转非了，户口都迁出了。1991年的时候，我认为，今后农村大有奔头，于是我儿子、媳妇、女婿又把户口迁回来了。现在想进农村户口已经进不来了，因为要控制农村户口，推广农转非。原来是一万块钱买一个居民户口，现在要花10万块钱买一个农村户口，还买不到。

我认为，农村基本生活保障是很重要的。农村改革开放后，要使老百姓富起来，大家有个生活品质，老人有个养老保障，生病有个医疗保障，才能使老百姓看到社会主义的优越性。在这个方面，我考虑得比较多。当时有一个领导叫王建满，是萧山区委书记。凤凰村老年活动室刚造好的时候，我宣布给村里老人每月发200块钱，王建满正好来参加这个会议，就表扬我，说我是个孝子。的确，我是个孝子，我是很尊重老人的，因为我的父亲母亲，那么艰难的时候已经过去了，但他们没有享到福就去世了。使村里的老人安度晚年并享福，这是我要做到的。

凤凰的老百姓都在说，我是村里的大儿子。的确，因为村级三大保障中有一个养老保障，我就像他们的大儿子一样，给了他们保障。我原先看到，老人要用点钱是多么的困难，有的媳妇、儿子素质低点儿，对父亲不像父亲对待，对大人不像大人对待，婆媳关系不和、家庭矛盾都源于老人没有保障，有的老人，给他在车库里住，钞票几百块都不肯拿出来给他，正如农村里的一句话"讨了个媳妇丢了个儿子"。

因此，对于老人们的保障，我是很用心的。我对自己也有要求，一定要给老人保障好。现在我们村里的老人保障费用已经达到了1000万元一年，460多名老人，每人每年2万多块钱的保障费，一次性发给，另外平常还发些慰问品。现在老人的开支一个人一个月最少是1730元，最高是3500元，平均是2000元一个月，一年每个人24000元，460多个人就是1000万元。我认为这笔钱用得是很值得的，能够使家庭和睦，社会团结，我感到很满足。因为老人都有钱，自己有保障了，不要媳妇、儿子的钱，不靠他们养老，村里给养老了，家庭矛盾就没有了。前几天，20多个老人还自己组织去旅游，真正是老有所依了。

另外，我亲身体会到，因病致贫是一个很严重的问题。有的人生了病，就不想医了，否则家产用光，家庭破裂，还被夺走生命。所以医疗保障很重要。去年有4个人的医疗费在10万元以上，他们自己只拿出了一点点。如今，国家的保险我们在买，村集体也在买，使凤凰人没有一户因病致贫。

我们还有一个大病医疗保障基金。这个保障基金，我认为是很好的。有的人30多岁生癌症去世了，留下一两个小孩，谁来管？这真是妻离子散啊。针对这些人，我们定出了政策，16周岁前，都由村里养。你只要符合这个特殊情况，我们特殊对待，给予保障，把他们抚养起来。有些人临死之前说，他可以放心了。我们凤凰就有这么好的政策。我想，如果我们不把这些人管好，我们当干部为什么？如果我们现在不把村里的老人、有病需要帮助的人保障好，我们赚再多钱也没有意义。反转来，老百姓保障好了，幸福了，产生了共同的动力，又会再推进经济发展。因此，他们都是关心爱护集体的，愿意为集体贡献力量的。我们这样想这样做就对了。

现在经济逐步好起来，老百姓有了保障，我又在想，我们农村最不方便的是什么？最不方便的就是吃早餐，老人早起要锻炼身体，小孩早起要读书，你烧点饭，我再来烧点饭，很不方便。我打算搞几个食堂，在每个片搞两个食堂，专门提供早餐，免费送早餐，就是以后大家都不用烧早饭了，一起到食堂吃早饭，提升生活质量。

这个我已经在考虑了。因为我出去旅游的时候，感到最高兴的事情就是在自助餐厅吃早饭，有馒头有水饺，什么都有。总之，我想逐步提升生活品质。我们现在的生活保障只是达到了一个基本的标准，没有达到比较高档的层次，以后要逐步改善。

赢得好口碑

作为一个村党委书记，一定要树立形象，对自己的行为高度负责。现在我们老百姓当官是很难的，一定要比老百姓多懂法律法规，要求群众做到的，我们要带头先做到，才能赢得好口碑。

我深深体会到，一个村的党支部书记，关系到一个村的命运，要不断学习与创新。我也一直在学习，过去有父母的教诲，老师的培养，现在要自学更新知识，不好吃老本的。如通过读夜校，我也被萧山区录用为高级经济师。学习是很要紧的。我的一些信息知识，多是通过看电视报纸，看新闻联播获得的。运用好新的信息知识，结合好自身的资源优势，如何搞好经济建设与发展，为百姓谋福利，我认为村党支部书记的作用是非常重要的。

最近杭州市人大常委会主任、副主任到凤凰村来，调查了40多户人家，每家每户都说我们凤凰好，我们凤凰的书记好。至今村里没有一个因病致贫的困难户，这是我感到很欣慰的。村里460多名老人，他们过着安逸的生活，感谢社会主义的政策，感谢中国共产党，说有我这么个大儿子给他们养老保障，我更是感到欣慰。

我觉得有两件事情很值得骄傲，一个是我的成功典例，一个是老百姓的好口碑。有一次我到杭州做经验介绍，他们都说我年年得到区镇的荣誉，很了不起，你看有多少企业倒闭了，而我成功了，并且持续发展。前不久村里换届选举，我提出我不当书记了，因为年纪大了，叫他们另选他人，结果122个党员给了我119票。有人说，选书记，我们是一定要参加的，胡书记这个人，我们是一定要给他选上去的。的确，有的人，尤其是年纪大的人，认为我多当一天书记，他们就是多享福一天，我倒了，他们认为可能没有什么希望了。他们这么说的，我就很感谢他们的信任，感到肩上的担子也更重了。

我上次到台湾去，与那边的人交流。他们也在说，谁给百姓最多的实惠，给老百姓最好的生活，谁就是好。好与不好，关键在于民生，在于民意。他们认为我们村已经这么好了，就感到很神奇。我当了40多年的村干部，能够得到里里外外这么好的口碑，我感到很光荣，很自豪。

图0728　2015年11月8日，中央宣讲团成员、中国社会科学院党组成员、副院长蔡昉（中左）莅凤凰村调研（徐国红摄）

我对凤凰村是充满信心的。我们的干部是轮流当的，今天你当，明天我当，后天他当，但是我们稳定的发展与稳定的环境很重要。反映在民生问题上，就看你支部书记、党委书记有没有把好关。作为第一责任人，我们要想尽一切方法，利用一切资源，把它发展好，稳定好，使老百姓得到实惠，共同富裕起来，这就是民生。老百姓信任你了，夸你了，这就是好口碑。

现在老百姓要长寿，追求生活品质，我认为是好的。所以我想要发展绿色经济，搞旅游产业。我现在在建造凤凰山生态文化园，还在改造官河沿河两岸，目的就是要搞旅游经济，产业转化。我要利用凤凰这个品牌，因为我们凤凰毕竟是现代农民运动的发源地，又有山有水，各方面条件好，不管怎么样，要创造条件，要保证凤凰再辉煌40年。

现在我们已经是全区第一了，去年我们村可用资金是4424万元，航民村是2500多万元，全区有20多个村在1000万元以上。如果我们的第一再保持40年，凤凰又会怎么样？那就不得了了。但是我们凤凰现在的资源已经不多了，老百姓的要求更高，发展因素更加受限，比如环境啊，一定要按照标准来。我想，只要有一个正确的理念，有一个与时俱进的精神，是一定能够搞上去的。我们不是无路可走，是大有路可走，对于如何把它发展、建设好，我是充满信心的。我们凤凰原来是人心涣散的，现在人心已经凝聚在一起了，已经有团队精神了，这就是我们的资本，团结就是力量，我充满信心。

当然，要保证凤凰的长期稳定发展，还要培养接班人，毕竟我们老了，要退下来的，要让年轻人上。早在五六年前，我们就通过镇政府帮助招聘了5名大学生，我们着重培养，包括能力培养、素质培养，让他们参加会议，学习锻炼，今年从中竞选了3名大学生村务员进班子。现在就是要更新换代，由文化人掌管，文化是很重要的。我们要"传帮带"，把他们培养进入班子。到时候，我们老一代退了，但老一代的勤恳，老一代的智慧，新一代还是要发扬的。

也有很多辛酸苦辣

你问我有没有受过挫折，有没有不被理解而感到委屈的时候？对于这个，我是有很大感触的。

我蹲过8个小时的班房，这是我一生当中最不会忘记的。有一个学生，家境非常艰难，但这个小孩的成绩非常好，他想去读书，却没有资本。当时我是村党委书记，就想帮助他，让他读书。他最后考进了浙江师范大学，后来读书读出来了，毕业了，回来了。回来工作怎么安排？我就给他动脑筋了。我与这里三中的校长关系很好，我就同他商量，是不是能够把我这个村民、这个大学生安排到他们学校里教书。因为我同他关系很好，他就说可以的。当时村里的经费也是很规范的，我们都不会乱花的，我就跟村长商量，请那个校长去吃顿饭。那个学生的家长就来跟我说，这餐饭他们就不去参加了，说他们都是老百姓，讲话也不会讲，就让我帮他们去招待一下，送点纪念品给他们。当时这对夫妻家长拿出10张卡给我，1000元一张，要我转交给校长他们。我说不要搞这个，他们经济也很紧张。我没想到，他们是通过他们的侄女去办的卡，他们的侄女就在我的厂里工作，借用了我的身份证去办的卡。既然他们一定要表示感谢，我就让他们的侄女自己去给校长，我带她去的。我跟校长说，这个学生的家长一定要请你们吃顿饭，因为你们给解决了这么好的工作，他们一定要表示点心意，这10张卡，你们就接受好了。那个校长当时不肯收，她就把卡放在那里了。

后来这名大学生也去教书了。后来那个校长因为书本的事情违了法，检察院对他立案追究，查出了一本笔记本，这个校长在笔记本里记了这么一笔：胡书记送了我10张卡，1万块钱钞票。这样，我莫名其妙地被检察院带了进去。检察院找我谈话，说我当了这么多年的干部，虽然有成绩有功劳，但也开始躁起来了，还逼问我到底受过多少贿赂。我哪里受过贿赂，我当这么多年干部，一直是忠心耿耿，实事求是地讲，我们凤凰已经很好了，我是不会让这种事情发生的。但检察院的认为我不老实，下午就把我关小房间去了。最后我们政府很重视，他们也知道、了解我的为人，就来跟我讲，说是因为我去帮这个大学生找工作送10张卡的问题。我才明白是怎么回事，向他们解释这卡不是我送的，是家长送的，因为他们的侄女在我厂里工作，拿了我的身份证去办的卡，校长误以为是我送的卡。

这个事情之后，我有这么个想法，我们当农村干部是很难的，我认为我自己是很努力的，直到那时为止，我也不知道我错在哪里。因为我为的是老百姓，不是我的亲戚。你有话就直说了，不要拐弯抹角来逼讯，侮辱我。我总感觉到我们当官太难了，有事情我们应该要追究，但是你要理解我们当农村支部书记的，因为我们要管好一个家。要是当时我受贿了1万块钱，我头早就被他们都剃光了。

我当了几十年干部，为这事我很伤心，我觉得有些事情要多体谅一下我们农村干部。当时我是不要当了，支部书记我不要当了，一定不要当了。镇领导高锦耀找我谈话，他们要我当，我不上去凤凰的发展就上不去。后来我还是继续担任了。我认为，有些事情不要过度扩大化，一就是一，二就是二。这件事情搞得我非常伤心。可能我在有些方面也有缺点，但是都是为了老百姓，不要这个样子追究得这么严重，我觉得很委屈。

实事求是地讲，我在凤凰当村干部，是凭着良心当，我是狠下决心的，要让老百姓富裕起来，让老百姓人人都得到好处。但是有些方面，我们也很难，不一定十全十美。

比方我现在搞拆迁，你看我下了多少决心，受了多少委屈。有一天早上，我老婆起来一看，门口黑乎乎的一大片，她说这是什么东西呀。我走近一看，全是猪血，满地的猪血，这不得了啊。因为我拆迁要征占村民的地，有几个钉子户，有头有脸的，原本就是土霸王，我要去动他，他们就集中对付我，就抓我的小辫子，把猪血泼到我家门口。我认为这个人报复得太凶了。但后来一想，我是为了村里的改造而拆迁，不是为了我自己的。我就跟我老婆说，趁现在还早，还没有人看见，我拎水，你打扫，把它们弄干净算了。我认为我们当村干部，酸甜苦辣是很多的。

还有一件事情，我也很有体会。我小舅子造房子，跟旁边一个邻居有矛盾，这个矛盾发生之后，邻居就来村里说了。我呢，是很公正的。本来这个不是我管的，是村委会管的。但他已经反映到这里来了，我就一定要管了，于是我带了一帮人就去把我二舅子的阳台敲掉了。我的舅嫂有想法了，说没见过这么欺负亲戚的，就跑到我家来，当时我们正在吃饭，她把我们放着整桌菜的圆桌翻掉了，说我这么搞不公正。这边的也就算了，得罪了亲戚也无所谓。那边呢，一

图0729　胡岳法（左一）检查工地（2010年9月30日，凤凰村委会提供）

个国家干部，处处矛头指向我，上告我17条罪状。好了，区纪委来查了。好在这17条罪状都不是什么原则上的问题，而是工作上的小问题，他们也找不到什么东西。我想事情过去了，我也不计较了。过了段时间，那个告我的人的儿子得了肝癌，媳妇得了乳腺癌，这家呢，一下子跌下去了。他呢，也不敢到我这里来说这事，好像对原先这么对待过我，搞得我这么难堪，甚至要置我于死地这个弄法，感到很难为情，不敢来见我。但我了解到了这个情况，就说这是两码事情，你现在有困难，就应该跟我来说，我们村委会会资助你们的，毕竟原来的事情都过去了，我也不追究了，你现在遭受了重大灾难，我不会不管的。后来，我把这户人家列为重点扶持对象。他的孙女读不起书，我也全力支持，现在她已经在教书了。为了这件事，去采访的人很多，那户人家就到我办公室来，一再地道歉，说非常对不起我，原先真的是太委屈我了。我说这个没有关系，因为我们当村干部的，有些不被理解是很正常的，说开了就行了。他们都说我这个人胸怀真大，一再地说感谢我的话。一个区领导也跟我说过，这个人太狷狂了，所作所为太令人气愤了。我说毕竟他是个村民，他这个家庭有困难，我应该全力支持，使他们家庭能够复苏。我没有别的什么想法，只要我站得正，不怕别人讲多大的话，当干部，辛酸苦辣自然是少不了的。

我认为，村主要领导不仅要有能量，有胸怀，还要有高素质，要真心实意搞事情。比如，我们拼村不是拼人，是拼心。一个人的能量有大小，我们就要有方式方法，把他的能量最大化地发挥出来，奉献给集体。我就掌握了这个方式方法。有些人虽然老实，但老实不一定好，因为他不会动脑筋。现在老百姓听不听话，关键在领导。如果我们管理得有水平，有能量，我们领导下的老百姓，不好的老百姓照样可以变成好的。如果我们自己管不好自己，没有好的方式方法，你身边的人好的也会变成坏的。

有一次，有个上级领导来我这里调研，说有个叫陈某某的到了省里上访，他为什么要上访呢？

因为我把他的三间店面给拆掉了。本来三间店面他有很多钱可收，拆掉之后一分钱都没有了，他肚子里有气，然后告状告到了省里，省检察院就来督察来了，那个督察员他怎么说的呢？他说，你这里有个老百姓到我那里上访，看来你胡书记不是没有问题啊。他的意思就是有人去上访，虽然从材料中看我没有猫腻，但他不相信。你看着多生气啊，他把我们说得一团糟，他作为一个省级干部，他在说什么东西啊！我就跟他讲，他是共产党员，我也是共产党员，我这个共

图0730　胡岳法（左二）看望贫困学生（2014年8月20日，傅展学摄）

产党员解剖开来究竟是红心还是黑心，还是他红心黑心，现在还不知道，既然都是党员，我们党员党性在哪里，这你比我清楚。后来他就灰溜溜地走了。他以为我们农村基层干部这么好当啊！最近到杭州开党代会，赵一德书记这么多人握手握过来，他到我这里的时候停留的时间最长，语重心长地说道我这个人，他对我这个人记得很牢的。因为我是明明白白做事，也不搞虚花头，我本来是不想当干部的，但我尽到责，要干一番事业，为老百姓造福利。有些人就是待在他的位子上也没有发挥到作用，我们国家还是有这方面的问题存在的。我想，搞好农村比办好一家企业要难得多，我跟我儿子、女婿讲这根本就是两回事，他们办企业要容易得多，我要管民生，要管民主，不搞民生、民主，工作就得不到村民的认可。

生活有规律，妻子很贤惠

你问我一天的时间安排？我一般早上5点起床。我有个习惯，早上醒来，总要拿起个笔记本，在上面写我今天要干什么，因为早上这个时候脑子最清楚，想着我今天要开一个怎么样的会，要讲几条，做几件事情。上班后，就开始一天的工作。我喜欢先到每个办公室去转一转，要做什么工作，基本上早上转一个小时就这样安排好了。

晚上呢，我们夫妻俩，就是吃好饭散散步，散步回来嘛，就看看电视。我从来不搓麻将的，因为我想我是一个干部，不能参与哪怕是小小的赌博，不仅花了钱，而且耽误了时间，影响也不好。

我们很有规律的，夫妻俩10点睡觉。什么跳跳舞啊，我一个都不会去，主要就是看看电视，有的时候也看看书，一般是看小说，但也不多。

一年当中，我会安排两次旅游，因我们家庭条件都还好，旅游我是很感兴趣的，夫妻俩去，参加其他团队。我们到美国啊，到欧洲啊，到澳大利亚啊，到新西兰啊，到俄罗斯啊，我都去转了转，看了很多。去年我们夫妻俩到了西藏。去年我是68岁，中秋节是在西藏过的，感觉非常好。

我有这么个爱好，喜欢在家里吃饭，每餐喝几两烧酒，但我这一辈子还没有喝醉过，也从来不劝酒，我这一辈子对自己的要求是很高的。

我不喜欢到外面吃饭，有重要的领导来时，我去招待一下，陪一下，一般的都不去陪了。

我妻子很贤惠。当时我是生产队里的会计，人黑，个子也不高，相貌也难看，但我的老丈人很

图 0731　2010 年 4 月胡岳法夫妇到美国旅游照（凤凰村委会提供）

看重我，不嫌弃我，还说我这个人很聪明，把女儿嫁给了我。我这个妻子很懂礼数的。我当书记这么多年，她从来没来过我办公室一趟。邀请我吃饭的人很多，她也从来不参与。有些人到我家里谈事情，她只是服务，从不插手，这是我的原则，她不好插手的，她也不会来插手。她嘴巴上是抓得很牢的，还说，要我当好官当清官，我们富裕不是富裕，要大家富裕，土地呢我们也不好买断，那是老百姓的财产。虽然有些企业土地是买断的，但我们到现在还是租的。说实话，我有权力，老婆可以来跟我商量，说买断就算了，但她没有说。她说，土地是集体的，要为集体用，我们当干部的，集体好就是我们好，我们钞票太多也没大必要，够用了就好了。因为我这个家庭，女婿一年给她几十万块，儿子给她几十万块，她已经很富裕了。以前穷的时候，她也不把钱看得很重，认为能够过得去就好了，现在有钱了，更加不做损人利己的事。

你可以去问任何人，我这个老婆，他们都说她很贤惠的。她也不参政，当然我也不允许，也不用我说。有时候，老百姓带两条香烟到我家里来，她坚决不收的，这是我家的原则。我在凤凰当了这么多年干部，只在我当加油站副站长的时候，企业送我两条香烟我是收的。当了支部书记之后，任何老百姓的礼物全部还掉，因为我说我比他们富裕，赚钱我比他们赚得多，他们这点钱来之不易。两条中华烟，要 1200 块钱，他们哪里来啊。我们有企业，我们村领导班子最富有的就是我老胡，因为我有强大企业，我们这个企业很会赚，我的儿子、女婿去年都是几千万的效益。我说我条件比你们好，就好像现在的工资待遇，我不要特殊，我只要够了就好了，有工资发就好了。

我现在的年薪大概是 15 万元。我是 6000 块一个月，7 万多元一年的工资，另外还有 7 万多元的奖金。我们 3 个正副书记都是一样的。

2005 年的时候，有个集团让我给他当书记去，他说这个村官你不要当了，你再当下去，没人传你的好了。他叫我到他那里去，说给我 50 万元一年。我在村里干是 10 万元一年。但是我没有去，我想我在这里虽然没有高薪，但我觉得很安慰，钱我儿子、女婿在赚，我应该把我的能量奉献给集体。我是这么想的，也是这么做的。我跟他说，我到他那里去，我是奉献给他的企业，但是我在这里，是奉献给我们集体，是奉献给凤凰村 2000 多老百姓，能够使他们得益，是我的幸运和幸福感所在。我这一番话，可以当着老百姓的面说。不是钱的问题。

我对工作是认真的，但对生活是随意的。早在十多年前，我穿过西装，现在我不穿西装，什么衣服随便穿穿，不怎么在意外表。我也是个老农民，我要什么装扮？我觉得还是多做点实事好。

在家里呢，我一件衣服都没有洗过，都是我夫人洗衣服。像我们这样的家庭，条件这么好，雇一两个保姆，都是雇得起的，但是我的夫人很勤恳，从来没有请过保姆。她自己洗衣服，而且我穿着的这个袜子,她现在还在缝缝补补。生活富裕了,但她这个勤恳的本质没有变。

早上是她洗衣服,我烧早餐,煮点蛋啊,泡一杯牛奶啊。她洗好衣服之后,就一起吃早饭。我们天天吃点水果,一个苹果、一个梨、一个猕猴桃,我们是很讲科学的,这些东西我都有准备。

家庭当中,我们夫妻俩平平淡淡中也会有小矛盾,但不是大矛盾,比如她嘟囔,你这个菜买来,我中午怎么烧?买菜都是我买的,烧菜都是她烧的,有时候没买好,她难免会嘟囔。我早上主要是锻炼,顺便四处看看,把菜买回来。

你问我玩不玩手机、微信、QQ?手机、微信这些东西,我都会看的,但我不会玩。我朋友也很少的,外面也没有广交朋友,我主要就是做好工作,办好事。去年我到台湾去,他们一定要建个微信群,我不会弄,他们就教我怎么搞,于是才有了五六个好友在里面。现在我们开通了党建网,我也没有微信发上去,我一个都不会发,但我在看他们,看他们怎么说。上次杭州党代表会议,我们这些党代表一定要开通微信,他们都在说这个说那个,我一句话都没讲,也就看他们怎么说,但是如果我开会要迟到点什么的,我会发个微信给他们。改革开放这么多年,他们也在说为什么凤凰村这么保守,就是与我有关系,因为我不喜欢这么搞。之前,年边(年关)我在凤凰度假村摆个二三十桌,把所有的领导都请到,吃一餐饭,就这么集中地聚会了,团拜了。当然,现在也吃不来了,我也不搞了。

我现在觉得很好了,对生活家庭感到非常满足。但是失去的,我也在补回来,主要是学习,不断提高自己的文化水平。现在到国外去,不会讲英文,交流起来很不方便。到医院挂号都是现代化了,我们也搞不了,有点落伍,难以跟进了。过去,我抢了很多机遇,但是失去的东西还是有的,这是满足中的不足。人生是短暂的,我一生当中干了几件事,还是成功的,这就行了。

图 0732　官河风光(2018 年 4 月 18 日,陈妙荣摄)

二、我当村干部 20 年

——沃关良访谈

访谈时间：2017 年 4 月 21 日上午
访谈地点：凤凰村委会沃关良办公室
访 谈 者：莫艳梅
受 访 者：沃关良

受访者简介：沃关良，男，汉族，中共党员。萧山凤凰人。1960 年 10 月生。1979—1984 年服兵役，1984—1992 年为凤凰企业驾驶员，1992—1998 年任凤凰村党支部委员、村委会副主任，1998 年至今任凤凰村党支部（党委）副书记、村委会主任。个人荣誉：2001 年被评为萧山区十佳敬老服务先进个人，2016 年被评为萧山区劳动模范、省级 G20 峰会先进个人，当选萧山区第十六届人民代表大会代表。

图 0733　沃关良（右）接受访谈（2017 年 4 月 21 日，沃琦摄）

19 岁当兵

我的家庭背景，有点悲伤。我 4 岁就没有父亲了，我妈妈把我们 3 姊妹抚养长大，我是最小的，上面有一个姐姐，一个哥哥。我父亲是个地下工作者，他以前在上海，是上海印染厂工会主席。他工作太忙了，去世早，当时我还小，没有什么印象。我妈妈比较辛苦，也比较勤劳，与周围人的关系都很好，邻居们看我妈妈一个人带 3 个小孩，都来帮我们。我妈妈省吃俭用培养我们，还让我们 3 姊妹读了书，都是读到初中。那个时候，读到初中也挺不容易的。

20 世纪 70 年代前，我二伯（沃岳金）在上海工作，1974 年他回到家乡农村，想为家乡做一些事情，用自己的人情关系和一技之长，提议办一个厂，来增加村的资金和村民的就业，得到了当时的公社和村领导的大力支持。因当时农村办不来企业，就和街道联合。起初审批了一个笱前街道综合厂，他任厂长，是凤凰生产大队队办企业的创始人。后来企业慢慢扩大，更名为萧山电器五金二厂和笱前剪刀厂。当时在萧山县还是一个有名的企业。

我姐姐（沃翠英）很小就很懂事，一放学就帮妈妈做家务，做饭，洗衣服，做花边。当时农村妇女普遍做花边。她初中毕业后，就到生产队干活，挣点工分，帮家里维持生活。在她 20 岁那年，因国营企业到农村来招工，我们凤凰村有 2 个名额，优先考虑 2 名男性，因为农村当时是男性为生产队主要劳动力，大家都不愿意去，后来就招了 2 名女性，其中一个就是我姐姐，被分配到萧山的杭州齿轮箱厂工作。我姐姐到了杭齿厂工作后，每月发的工资都会给我妈妈，自己留很少一点儿生活费。因我在家里最小，什么事都是我姐姐、哥哥去做。

我哥哥（沃关传）读书很好，他念到初中就参加生产队劳动，家里还养了猪，他割猪草喂猪等。他很想读书，全国刚恢复高考，村里领导就来叫他复习，准备高考。当时他考的成绩都很好，后来在检查身体上出现了一些小问题，最后还是没有被录取。后来在村办企业做职工，厂领导考虑到我哥聪明，肯吃苦，就叫他到其他企业去培训，当时到我姐姐在上班的杭齿厂，通过关系学习技术。回来后负责技术方面的工作，后来厂里的技术、生产都由他来管，他成了萧山电器五金二厂的副厂长。到1992年企业转制后，他自己办了一个小厂，到目前还在。他比较辛苦。

我15岁初中一毕业，就在生产队里做事了，就是务农。当时是按照工分来计算的，我们是一分半至两分一天来计算，就是一毛五至两毛钱。我这样干活干到了1978年。

1979下半年的时候，我当兵了，在南京舟桥旅，现在的南京军区83544部队，表上填的是5年，实际服役了4年多。我们从农村去的，肯吃苦。部队也比较看得起我们，给我们当汽车驾驶员，还叫我们留在部队。我们浙江人有这个习惯，就是在外面蹲的时间长了就想回来。后来部队又让我当志愿兵，就是让我去补习文化课。我学了半年后，他们觉得可以了，就让我在部队里当代理司务长。于是又蹲了一年。

图0734　沃关良穿军装像（1980年11月，沃关良提供）

1983年，南京军区演习。那时候南京只有一座长江大桥，万一长江大桥被坏人炸掉了，我们舟桥部队演习就要最多不超过两个小时把桥架起来。我们参与了其中的汽车比赛，我参加的是不用千斤顶换轮胎的比赛项目。我获得了舟桥旅比赛第二名。

下半年我就要求退伍了，领导不愿意，要我继续留在那里，还要我到南京军区去比赛。我实在不行，说我家里条件比较差，我妈妈、我哥哥经济条件不好。当时农村不像现在我们衙前这样富裕。我给他们讲了后，他们也同意了。

从驾驶员到村主任

我在部队里入了党。我是1984年回来的，回来后进了萧山电器五金二厂，是我们衙前凤凰的集体厂，做驾驶员。因为我以前在部队里学了驾驶员技术。

那时候驾驶员也比较少，好多地方都要我去当驾驶员。部队里来的驾驶员比较吃香，第一个是技术过硬，第二个是整个地方驾驶员比较少，汽车都没有。我们当时衙前镇只有两辆车子，镇里一辆，我们厂里一辆。现在想来，我在部队里锻炼了几年，学了一门手艺，到地方上还是比较吃香的，好多企业都叫我过去。那时候一般职工只有三十几块钱一个月，他们给我60块一个月，算高的。这样干到1990年左右，我们集体企业解散了。

我们凤凰村以前都是集体企业，不办个人企业，变压器都是村里控制的，不给你接电，你就办不了企业。后来村里考虑再不办个人企业的话，可能就跟不上别人了。基于这点考虑，村里就放开了，可以办私营企业了。当时萧山电器五金二厂转制，把每个车间都转让了。还有一个，就是集体造了新房子，允许一些新企业搬进来。那个时候我没有手艺，我只能开车，于是我就自己买了一辆车开出租车。

1992年，村里换届选举，上面领导来找我谈，说我是一个党员，又是部队里回来的，现在村里换届，让我到村里工作。说实在的，我那时候有点想法，我们厂转制以前我的工资是100块一个月，我自己开出租车能赚两三千块一个月，在村里能拿多少钱我也不知道，所以很矛盾。那时我年纪蛮轻，30多岁。几个朋友就和我讲，特别是衙前信用社的一个行长，周吉安，他和我讲，你年纪还轻，有这个机会应该到村里去锻炼一下，赚钱的机会还有的，并不是你现在赚钱以后就赚不了钱了，你去锻炼一下，认为能行就留在那里，老百姓信任的话，你就做下去，不信任的话，你以后也就下来了，这个机会不要失去。说实在的，我当时部队转业回来的也好，退伍回来的也好，有几个是公务员，有个战友就在我们衙前镇当领导，他也叫我去锻炼一下。这种情况下，我就说好吧。

那时候是上面任命的，等额选举。我到村里当了支部委员、副主任。村里先让我到萧山电器五金二厂当厂长。那时厂企转制以后，企业和外面的债务都没有搞断，村里要我负责五金厂的后期工作。因为我原来在厂里蹲过的，比较熟悉这个情况。我管理了两年之后，回到村里，一开始当治保主任、民兵连长。治保主任，主要负责了解村里的情况，解决老百姓的矛盾。当民兵连长，就是负责每年一次征兵和一次民兵培训的工作。老百姓和领导班子都比较认可我，我做了两届的村副主任。

1998年，村里换届选举，以前的村主任回去专门搞企业了，当时的村支部书记，也是现在的胡书记就推荐我当村主任。我当时想，我以前做的是副手，不是正手，可能吃不消。他说，你在村里都干过两届了，大家也比较认可，你就锻炼一下，反正我们都在的。从那时候开始到现在，我一直相信他，崇拜他。因为那个时候，他给我提了很重要的建议，他说你来干，干不好有我，干好了是你的。我想，有这么好的书记，我为什么不继续干下去呢？于是，我干了20年。

经济发展历程

我们村里的经济，从我们胡书记当村主任的时候，就办起了加油站，发展起来了。加油站是1984年开始办的（1985年正式营业），那时加油站是萧山的村集体和国营企业联营的，在浙江省是第一家。我当时听书记讲，第二年我们合股分红分了40多万元。我们这个钱放到农村信用社里，信用社周主任就说，你们凤凰村真有钱，以前银行都没有这么多钱。那时的40万元，比现在400万元都还值钱。

我们村有钱了，我们的胡书记眼光也比较远，考虑事情也比较多，也比较超前，后来就办起来了一个农贸市场。当时书记提出来办这个农贸市场（衙前消费品综合市场）的时候，我们班子里有很多人不同意。因为当时外地人也没这么多，老百姓来买买菜，我们也收不到多少租金。我们在外面也考察了好多地方，书记最后决定还是要办，因为镇政府所在地在我们这里。当时镇里要办农贸市场，房子由我们建造，周围的道路、环境由镇里负责建造。这样一来，我们的农贸市场在萧山农村是数一数二的,开业的时候,萧山的几个领导来给我们剪彩。到目前来讲,这个第三产业还是可以的。

此后,我们思路更宽广了。以前是搞农业(一产),这是一块,还有一块是工业(二产),工业都是个人企业。自从有了第三产业以后,就有了集体经济了,而且没有风险。于是我们就投资了固定资产,造了房子,审批了土地,本地人和外地人过来就经营,大大减少了我们的风险。租金也一点点地高起来了,我们村的集体经济一年一年地好起来了。

我们从1996年开始,老百姓的土地基本上集约了。之前分田到户,老百姓自己种地,后来办了集体农场,老百姓愿意把土地交给我们办。有两户人家认为自己种好,我们就说这两家的土地少,就从集体农场里拿了两亩土地给他们种。种了一年后,我们产量比他们高,人家服了,就把土地全给我们了。

我们集体办农场也是和老百姓签约的,每人每个月都分给粮食,这样算起来老百姓不种田也有粮食了。这个农场并不是萧山的定点农场,是我们自己搞的,自发的。王市长来看了一下,说我们自己搞的农场搞得这么好,就在农机方面给了我们优惠政策,给了我们两台拖拉机以及插秧机优惠政策。这样下来我们村一年比一年好起来,老百姓也一年比一年信任我们村干部。

到目前为止,我们村级可用资金在萧山排第一,第二是航民村。按照上面的统计口径,我们村经营性收入是4178.46万元,航民村是2500多万元,最少的一个村只有1.77万元。在书记的带领下,我们村要有的基本上都得到了,我们每年光是租金就2000多万元,老百姓的生活基本上得到了保障。

> 萧山区农业和农村工作办公室统计数据显示:2016年,萧山区421个村级组织村级经营性收入12.62亿元,村均299.78万元。年经营性收入1000万元以上的村有20个,50万—70万元的有101个,30万—50万元的有80个,30万元以下的有44个。全区村级组织经营性收入最高的衙前凤凰村达到4178.46万元,收入最低的村仅1.77万元。
>
> 2017年,萧山区421个村级组织村级经营性收入13.48亿元,村均320.20万元。年经营性收入1000万元以上的村有24个,50万—70万元的有101个,30万—50万元的有71个,30万元以下的有32个。全区村级组织经营性收入最高的衙前凤凰村达到4408.06万元,收入最低的村仅2.11万元。

村庄事务管理

现在村里最大的问题,就是老百姓建造房子。建房这一块,我们从1997年就开始控制了,不让在农田里建房子了,但旧房子改造翻建还是可以的。当时主要是为了节约土地,还有让老百姓住宅慢慢城市郊区化。老百姓肯定不太适应。当时老百姓都是田里干活干起来的，比较辛苦，回到家直接摆桌子吃点饭喝点酒。让他们住公寓里，农田里的农具也没地方放。到现在老百姓基本上认可了。以前凤凰村中片老百姓的建房问题确实没解决好，没得到老百姓的信任。从我们来讲，公寓楼是我们的一个措施和方向，从老百姓来讲，是不想到公寓楼住的。因为三个村并起来之后，北片卫家村和南片交通村还一直在解决老百姓的住房问题。现在的主要矛盾就是老百姓打围墙，左邻右舍的老百姓都说这块地是他的。我觉得现在田也没有了，

图0735　凤凰村民看官河改造前后对比图板（2018年5月10日，徐国红摄）

私有地也没有了，都是集体的，都要集体规划。老百姓则认为这块地原来是他的私有地，祖祖辈辈是他的，现在要来占有他的地，就不同意。

还有一个问题，就是计划生育。计划生育以前比较难做，农村都想生个男的，会偷生或者去外地生。有的老百姓家里有钱了，觉得一个小孩不够，也会去外地生，比较难管一点。前年开始，二胎开放后，这个工作就好做了，有的人甚至还不愿意生。

我们村里的日常工作主要有三块，第一块是搞建设，第二块是维护老百姓的生活环境，第三块

图0736　凤凰村官河沿岸景观（2018年5月12日，徐国红摄）

是关于村务的。现在村委会的工作比较散,我们村里的环境卫生早就给外包了。外包不是好事也不是坏事。因为有时候,打扫卫生的人,可能扫一下就走了。老百姓又认为,家里的卫生由家里负责,外面的卫生由村里负责。我们就说村里的事情也是老百姓的事情,家里的周边环境搞好了,整个村的环境就好了,里面搞得干净,外面脏兮兮的,从外面走到里面就会两个样子。和老百姓这样一讲,就有所好转了,老百姓都认可了,把家外面的搞好了,马路的环境则由村里搞好,这样村里的整体环境就好了。

村庄要发展就要搞经济,如果没有经济就发展不了。我们书记安排了村里三分之一的钱用在老百姓的民生上面,三分之一的钱搞建设,还有三分之一的钱留有余地,用于发点工资之类的。我们基本上每年在老百姓的三大保障上适当提高一点投入,因为每年村级可用资金都上去一点。我们村的建设方面,一开始我也管了一段时间,后来我们主要领导都不参与这个工作,由专门的人员来管。每年都有1000万到3000万元的钱在做项目,我们都做到公开、公平。我们督促得比较紧,老百姓有反映,我们马上给部门讲,及时给老百姓反馈。到现在为止,我们工程做了这么多,老百姓基本没什么反映。这就是我们班子成员在党委的统一领导下,做到了廉洁和自身的表率作用,按照村里的规章制度来做事。

关键是诚信,办事公正

我在村里和胡书记正式搭档是从1998年开始的,到现在将近20年了。这20年时间,我俩就像兄弟一样,他是我哥哥,我们大家相互信任,相互理解。关键的是,我信任他超前的意识和敢于担当的责任。

说实在的,我现在也不是主要领导,我是二把手,我认为我始终在大树底下乘凉。我们书记做了一个表率。不光我一个人这么讲,以前三个村合并起来的卫家村的卫传夫也说我们书记好,我们书记诚信,办事公开公正。

农村工作方面,村干部并不是要你有多大的本事,关键是要诚信,要让老百姓相信你,办事要公正。从这几届换届来看,我觉得换不换届,当不当干部,老百姓相信的就是你一个人。标准就是看你愿不愿意帮老百姓干事,你会不会帮老百姓办事。你干得好不好,老百姓看得很清楚。老百姓有困难,你要去说几句话,帮他解决一下问题,说说道理,他也会感激你。我认为要多下去和老百姓交流,多联系一下,多办实事,给老百姓确确实实地解决一些困难,老百姓一定不会忘记你。

从凤凰村来讲,我们的亲戚是比较少的,因为我这个沃姓的人很少,如果我要拉关系也拉不到,因为别人家族里面的人都是一大批。我自己认为要老百姓信任你,当干部第一是要自己廉洁,第二是办事要公开,第三是办事不能自己说了算。一般情况下,我们村委会的事情,要村委会的人大家商量。村委会遇到问题了,我们要汇报给书记,由党委来决定,不能冒失地去表态。你表态了以后,忽悠人,到时候上面不同意,那么吃亏的还是老百姓,所以办事还是要讲原则。

另外,我们村干部工作,团结最要紧,相互沟通比较好。我们的村干部分工不分家。虽然我们每一年或者每一届都有个网络化管理的表,就是每个人负责什么工作的表,但是到现在为止,不管哪个线上谁有困难,不管是不是你管的,大家都一起解决,这就是我们平常讲的分工不分家。这是由我们班子里书记带头做表率的,我们班子人员都能做到这一点,不管哪个人有什么事，大家都会去帮。

要让老百姓得到实惠

关于凤凰村以后的发展，我们现在有两个瓶颈，第一个瓶颈是我们土地没有了，第二个是镇政府所在地不在凤凰村了。我个人觉得，我们村如果要大力提高村级可用资金，是有点儿难度的，因为我们的比例高，4000多万元如果要提高10%，就是每年400多万元了。另外，我们的发展空间压缩了，要进一步发展凤凰村的办法是考虑旅游业。正好衙前有红色旅游发展这一块，我们凤凰村有凤凰山，有李成虎、沈定一等历史名人。

我们要打造凤凰历史文化名村，要搞凤凰山生态文化园建设，再搞一个游乐园。这个发展是新的思路，目前关键一点是时间问题。我个人想目前一两年内发展不起来，第一个涉及土地控制问题，第二个整个衙前红色旅游发展没有那么快。说实在的，衙前红色旅游还是我们在投资的，两边都在搞建设。还有凤凰的发展最重要的还是上面的领导支持，指导我们怎样发展，怎样规划。

还有我们的班子一定要凝聚人心。不管我们以后当不当村干部，老百姓的心一定要满足，我们要办实事，要让老百姓放心。老百姓很实在的，老百姓得到实惠了，说明村干部就干得好，老百姓得不到实惠，说明村干部就不行。我们的实惠就是要公平公正，不止是让一个人得到实惠。

还要培养接班人。书记始终说，他年龄是最大的，他是最后一班岗。我开玩笑说，我年龄也大了，要走我们一起走。我们这一届班子要加入大学生村务员，锻炼得好，就有发展前途，锻炼得不好，老百姓不认可，就慢慢来。最重要的，还是有一个好的带头人，在这个基础上，凤凰肯定越来越好。

图 0737　中国共产党领导的第一个农民协会旧址——东岳庙（2018年4月30日，傅展学摄）

婚姻家庭生活

我自己的小家庭，是我和我老婆、孩子3口人。我妈妈住在我哥哥那里。

当时我从部队回来的时候，比较穷，没有房子。后来，哥哥帮我盖了房子，我年纪也比较大了。因为我从部队回来时已经24岁了，在厂里干了几年活，开了几年车子。1987年，我和原卫家村的女孩结了婚，1988年生了小孩。她后来也在我们五金厂里工作，转制以后到集体厂里做了几年。

原卫家村个人企业发展比我们村早。我老婆的哥哥他们都在办厂，他认为我们也要办个小厂。当时投资了20万块钱，办了一个网络丝加工厂，干了3年以后，我又投资了50万块钱办了布厂。到现在为止，我在村委会，厂里的事情我基本上不管，由她一个人在负责，我也没有精力到厂里管。村里是我的职业，工厂是我的副业。所以到现在企业也不是太大。如果这么多年我不在村里干，说不定这个企业还要更大些。

我目前个人有两间的屋基地，占地面积78平方米，建筑面积200多平方米，是和哥哥联建的。在村里买了两套房子，一个在市场周边，还有一个在小区里。当时农贸市场办起来后，外面一圈房子是我们村集体建造的，建造以后，就卖掉来付我们农贸市场的工程款。当时动员全村来买房子，我买了一套2间3楼的房子。后来在小区也买了一套房子，在萧山也买了一套房子。现在的基本工资是镇里定下来的，3000多块钱，全部算上去四五千元一个月。

你问我有什么大的消费，是否经常出去旅游？我是想去的，但没有时间，一是村里有工作走不开；二是大家都有企业，一星期以上的旅游很少，自驾车出去玩一两天是有的，但没有什么大的消费。

我平时也没有娱乐活动，偶尔打一打乒乓球。凤凰人一般到凤凰山上去走一走，锻炼锻炼身体。有的人晚上打打麻将。你说的没错，农村的文化娱乐活动还是比较单一的。村里没有真正好的健身场所，只有一个老年活动室，创业新村那边有个健身房，老百姓一般不去那边玩。

至于我个人的心愿和想法，第一是要身体健康。我始终认为家里人钱多钱少无所谓，身体好才是关键，特别是前几年我腰椎间盘突出，身体不太好，加上年纪也大了，要干什么大事也干不了，我希望今后健健康康的，能配合大家做些力所能及的事情。第二是要和和气气，有点怨气就让它过去，大家能帮上点忙就帮，不管以前怎样，我们还是要平等对待他人。

第二章　20世纪20—40年代村民访谈

一、从日军枪口下逃生，日子由苦过到甜
——卫松根访谈

图0738　卫松根（右）接受访谈（2017年4月19日，沃琦摄）

访谈时间：2017年4月19日下午
访谈地点：凤凰村卫松根家
访 谈 者：杨健儿
受 访 者：卫松根

受访者简介：卫松根，男，汉族，萧山凤凰人。民国22年（1933）11月生。文盲，早期务农，1958—1961年为浙江省第三建筑工程公司工人，1961—1963年为杭州萧何预制厂工人，1963—1964年为浙江省第二建筑工程公司工人，1964年后在凤凰村办五金厂工作至退休。

日本人毁了我的家园

我家里一共有6个人，爸爸妈妈，两个姐姐，一个哥哥，还有我。抗日战争的时候，爸爸死了，姐姐们逃散了，哥哥被抓走了，只剩下我和妈妈，那时我才7岁。

日本人是在民国29年（1940）农历正月初十早上六点半首先开火的。当时驻扎在我们村里的是国民党军队某部第八支队，有上千人，基本上就分散住在每户村民家里面，我家里住了11个士兵。日本人突然开火的时候，第八支队还没有做好准备，战斗就开始了。只听见枪声远远地传过来，我们的士兵快速地爬起来作战。没多久，我家四周的子弹就打了一脚箩。

图0739　1937年11月5日凌晨，日军在杭州湾北岸登陆（选自《抗日战争在萧山》）

日本人的火力比我们猛得多，第八支队伤亡惨重，田畈里横七竖八地躺满了尸体。

本来我们是不会出事的，主要是我那时候小，不听话。原本躲在山上的，但是我吵着要喝水，所以爸爸背我到山下喝水。刚走了没多久，日本人就抄山路下来了，一枪打中我和我爹，子弹从我爹的腰部穿过，他当场就死了。这颗子弹还打中我的脚。我被打伤后躺在地上，日本人走后，我看周围没有人，就爬起来逃回家，当时脚上血直流，人都站不住。

我们家屋外有两挺机关枪在扫射，我们躲在屋内的八仙桌下，用被子包住桌子，然后躲进里面。后来大哥喊"着火了，着火了"，满屋的烟，我们赶紧逃出屋去，不幸又撞到火力扫射，堂哥被打中，我披着被子，沿着高地下方跑，逃了出去。

火是国民党放的，国民党被日本人围住了，他们放火，利用烟雾逃了出去，逃往绍兴等方向。

我们逃到山上，向下看去，村子里一片火海。日本人又放火烧山，卫乐庵、白马寺都被烧了，大火一直烧到晚上。我们看日本人往绍兴方向去了，才敢一个个下山来。

哥哥被日本人抓走，后来到安昌逃了出来，回来之后，家也没了。姐姐们当时就逃散了，后来都找到了。

我的脚受了枪伤，是去绍兴红十字会医治的，美国人医治的，但还是残了。现在我啊，都是病，看也不看了，头上三叉神经痛，身上有皮肤病，脚残了，饭也吃不了，吃下去会胃痛，只能吃一些面条，干活也是做一半活休息一半时间。

图0740　1940年1月22日，日军以大雪为掩护偷渡钱塘江，入侵萧山（选自《抗日战争在萧山》）

从苦日子到好日子

土地改革的时候，我们家有11亩地左右，有的人是一亩三，有的人是一亩四，我们家五个人，是拼在一起的。后来姐姐出嫁了，哥哥和我们分家了，我和我妈有三个人份的田。那个时候就是这样的，一个人两份田，两个人三份田。别人家有劳力，都是收稻，打稻，吃稻米，我们家就收又大又长的草，吃草籽。

"大跃进"的时候，粮食紧缺，我们吃食堂饭，当然吃不饱。我们就什么东西都吃，比如草根、草籽之类的。我预备一些粮食给我妈吃，自己吃草根或草籽，但我妈都没吃又给我留着。我们一般把晒干了的红花草籽放进粥里煮着吃。

我经常白天干活，晚上去抓鱼，第二天一早去卖鱼。我是穿着衣服去抓鱼的，浑身淤泥，又不换，所以现在我浑身都痒的皮肤病就是那时抓鱼导致的。

唉！我这人就是苦。别人家围垦都是哥哥去，我只能自己去。差不多每次都去，去了七八次，例如去挖渠、挑泥，很辛苦。我去过3次大围垦，没地方睡，不过吃是够吃。

由于我脚残疾，加上没有文化，上面照顾我，先后安排我到浙建公司、杭州萧何预制厂工作，当然也只能做些小事。我曾被安排去看小高炉，1人看3个小高炉，每天有1块3毛钱，基本上可以维持日常开销。由于我看的比较多，晚上大家都去睡觉了，我不能去睡觉。有一个晚上，小高炉炸了，我满脸是血，被送到水厂的医院医治。

图0741 入侵萧山的日军向中国军队射击（选自《抗日战争在萧山》）

从杭州回来之后，我就在小队里种田，一直种到没有田为止。我脚不好，一般都是晚上去给田里的庄稼放水。队里每个月分给我45斤粮食，比其他人都多。

后来，村里照顾我，让我去五金厂上班，1天3小时，1月28元，直到我年纪大了退休。

我是30岁结婚的，当时我还在杭州工作，一个月三四十元，没有什么身家，但吃饭还是没有问题的。我老婆是湖塘公社的，朋友帮忙介绍的，她比我小10岁。

我们有一个儿子，两个女儿。儿子现在在浙江开氏集团工作，一个女儿在衙前幼儿园做教师，另一个女儿自己开厂。我们夫妻俩跟儿子住在一起。

改革开放后，村里变化很大，都应了毛主席的话。毛主席当年说，现在是新民主主义，到了社会主义时代，有电灯、电话，工作也不需要了，最后你们只需要在床上看着北京所发生的事情。当时很多人都不信。你看，现在在电视里不是就可以看见北京大大小小的事情了？这主要依赖于科技的发展啊！这真的是应了毛主席的话啊！

图0742 日军沿萧绍运河向绍兴方向进犯（选自《抗日战争在萧山》）

现在，我们家儿子在做夜班，媳妇做

白班，我这个人闲不住，依旧在山上忙活，在地里干活。那都是些荒草地，山上的地，他们砍掉毛竹，我种了一些罗汉豆。

我有工资补贴的，一个月 1700 元的退休工资，还有残疾人补贴。我老婆也有养老金的，她在家做饭。大米、食用油、煤气都是免费发放的。我一般没有什么消费。我不去街上买东西，像剪头发这些小事，我们村里的老年活动室每周五会定期有这些服务，而且一日三餐我都是和儿子在家里吃的。

早上如果天气不错，我一般 5 点左右就起床，然后去外边溜达一圈，吃完早饭就出门了。不上山去种地，就去种点罗汉豆之类的。我的脚不太适合走山路，不小心摔倒就不好了，所以我一般走得很慢，摔倒了会给儿子添麻烦。等会儿我还要去转转的，山上有一些南瓜之类的，我要去照看它们，还有一些竹笋，有一些外地人看见了会把它们挖走，所以我要在山上看守这些作物。

晚上我一般喝点酒，吃点面，然后看电视，然后上床睡觉。我耳朵不太好，喜欢看战争片或者是动画片。

现在这个房子是 3 年前造的，380 平方米。我的日子过得悠闲、甜蜜。

图 0743　日军强抢民船，沿萧绍运河追击撤退的中国军队（选自《抗日战争在萧山》）

图 0744　86 岁的卫松根在家里悠闲地坐着（2018 年 6 月 2 日，陈妙荣摄）

二、共产党真是好

——傅小虎访谈

访谈时间：2017年4月21日下午
访谈地点：凤凰村傅小虎家
访 谈 者：杨健儿
受 访 者：傅小虎
受访者简介：傅小虎，男，汉族，萧山凤凰人。民国17年（1928）11月生。文盲，务农，曾在生产队放牛，承包土地种植，现居家养老。

图0745 傅小虎（左）接受访谈（2017年4月21日，沃琦摄）

那时的人跟蚂蚁一样，命很容易就没了

我的祖辈都是务农的。我姊妹5个，我是第三个，上面有哥哥和姐姐，下面有妹妹和弟弟。一家子这么多人，现在只有我一个了。

我们家的条件是最差的，吃不饱饭。那时的社会是那个样子的，实在没有办法。我小的时候，父亲生了病，我们家只包了四亩多的田，但是我们因为小还不会做，就叫人帮忙种。我们大了些以后，就一起帮着种田，家里条件才好点。

民国29年（1940），日本人偷渡钱塘江后，打到衙前，我是亲眼见到的。那时还可以看他们打仗，不会被抓走。农历正月初十那天，国民党军队某部第八支队在这里。五更天，天蒙蒙亮的时候开始打仗，一直打到第二天的傍晚才结束。衙前镇上和西边的路那边，死的人真是很多啊。最后失守了。

大概在1942年、1943年的样子，国民党伪军互相打起来，打得很厉害，一共打死了6个，其他人全部被抓。那时雪下得特别大，天很冷，被抓的人都没有

图0746 被日军烧毁的村庄（选自《抗日战争在萧山》）

穿衣服,被关到了一间楼房里。看守的那批部队很多都是靖江人,战斗力较差,守到半夜嫌太冷了就走掉了,里面那批人就借助一条河逃走了。

我们那时住在草所,地主要来收租,我们欠了地主几袋米,那些国民党伪军就把我们家的两袋米全部搬走了。那时我们没有好端端的衣服和鞋穿,如果你穿了有点好的鞋,他就把你的鞋抢走了。

衙前老街那里许多房子,包括卫家,都是很好的房子,但是日本人烧掉之后,全部变成了草所。打仗的时候,东边那么多房子,全部在第八支队和日本人打仗的时候毁掉了。

这边烧起来了,我们村里的老百姓被打伤了一个,他们就很害怕,于是就逃出去了,在新王路又被打死了30多个。是因为那边再打过来呀,这边再打过去,所以就被打死了,国民党和日本人都打死了很多人。那时的人就跟蚂蚁一样,命很容易就没了。我们百姓吃苦也是因为打仗啊。

瓜沥那边的战争,我就不是很清楚了。我只清楚衙前这边的战争,第一次第八支队和日本人打,还有一次是国民党伪军互相打,等新中国成立了,就没事了。

放过牛,承包过土地,对现在生活满意

我没有上过学,一个是家里困难,还有一个是没有读书的劲头。我们家住的是三间破草所,毛竹筑的,一点都不值钱,有些都烂掉了,拆掉了,我自己重新造了草所。现在的住房是后来买的。

土改的时候,我们傅家自然村土地算多的,多的人分进之后是一亩五,少的人分进后是一亩四。我们家8个人分了12亩多。自己种田,只要交一点国家规定的公粮就好了,够吃的。

新中国成立前我不是放牛娃,我们没有牛可以放的。我七八岁的时候,还不会干活,我外公家有牛,他们自己家养了两头牛,我就帮他们去赶几天牛,但时间不是很长。

1956年开始,我在生产队放牛。我们生产队只有1头牛,那可是宝贝啦。我放牛的话,工分我拿的跟别人一样的,他们多少,我也多少。

放牛当然辛苦的,牛不干活时,我就带它到路边去逛逛。牛吃草是有时间的,傍晚多给它吃点儿,干活的时候就不给它吃了。晚上,牛要拉屎拉尿,我每天晚上都要起来,把牛放到外面去。

我没有做过牛的生意,是他们叫我去买小牛,把老的牛卖掉。牛有好坏的,价钱自然不同的。我们队里的牛,好的有1000多块钱,当然六七百块钱的也有的。队里资金足一点,就买好点儿的;资金不足,就买差点儿的。但是在互助合作之前,也就是单干户的时候,我们周围的村都没有牛。

生产队里也不是一直由我看牛,是社员轮流看牛,不过我看牛的时候多些。我们社员的工作可以互换的。大多数的社员不会耕田,但我会耕田。

"大跃进"时期,别人都去做了钢铁工人什么的,但是我没有去做工人,主要是我没有文化,即使是"文化大革命"时,我也没有去做工人,只是看牛。

老百姓没有习惯集体生活,所以也觉得日子不是那么舒心。干活的话,白天要干,有时还要开夜工。那些会偷懒的人,就只是去搪塞一下,你说说看,天那么黑,怎么干活!工分都是有的,但是工分不值钱。"大跃进"时,10个工分是6毛钱,我们做1天就只有6毛钱。

我没有文化,我已经忘记了,大概从1958年开始吃食堂饭的,我还在食堂烧过饭,大家拿着饭票去吃饭的。那时不分大小,每个人1天就是7两米,吃不饱也没办法啊!1962年的时候开始分稻谷了,大家就开始自己烧饭了,不吃食堂饭了。

稻谷是按工分分的。工分多的可以多给，工分少就先欠着。我欠了700多分，我孩子还小，我一个人干活，工分不够，猪嘛，也养不起。那时候全靠凑，养猪的话，猪饲料是靠小队里出的，过日子就是靠这样凑一凑。但是我养不起猪，只靠这点工分根本不够，后来我两个孩子大了后，我们家才结束了欠钱的状况。

1982年田分了后，我还去承包过围垦。我们有老围垦和新围垦。老围垦是宏图乡，新围垦是前进乡。我包的是老围垦，10亩，承包3年。我们书记来看围垦的时候，觉得稻谷和络麻都种得很好。我在围垦种了3年，自己造了草所，后来土地要收回了，我就说："土地是大队的，我的草所要卖给你们。"

我觉得日子就是从承包围垦开始一点点变好的，土地分掉之后，我把麻筋都卖掉了，从朋友那儿借了点钱，在这里买了4间小屋，前面的草所拆了，把地基让给了我的哥哥。

图0747　傅小虎的住宅（左一）（2018年6月21日，陈妙荣摄）

现在的话，我反正就是吃吃玩玩，干不动活了。我凭良心说，多亏了共产党，我今年每月都有1900元的养老金可以拿了。我今年90岁了，从来没有听过老年人有养老金拿的事情。这个钱一开始只有30元，后来渐渐增加为70元，一点点变成了150元，到今年的话有1900元了，还不包括每月发放的大米、食物、煤气等。我儿子也不用负担我的生活了，这么多钱，我自己吃吃用用完全够了。

我是36岁结的婚，别人介绍的。我老婆寿命短，生了胃癌，跟我一起待了16年就走了。

我一共有3个儿子，第二个儿子在20多年前就死了，现在还剩下最大的和最小的。大儿子在修汽车轮胎，生意还可以吧，有时候一天能赚100多块，差的时候也赚不了多少。小儿子因为干活变成了残废，手和脚都有毛病了。

我40多岁的时候，身体不是很好，生了一年多的肺结核，打了180多针的链霉素才好的。现在身体也不是很好，老是要吃药，哪里都难受。我一年有一次检查的，要是去配药了，我就顺便去量下血压。

我对现在的生活是满意的，没有别的想法了，共产党真是好，国家、村里给我们养老，每月去拿一拿钱，生活是真的好啊！

三、我对现在的生活很满意

——卫仁水访谈

访谈时间：2017 年 4 月 11 日下午
访谈地点：凤凰村卫仁水家
访 谈 者：杨健儿
受 访 者：卫仁水
受访者简介：卫仁水，男，汉族，萧山凤凰人。民国 23 年（1934）2 月生。文盲，原卫家村经济保管员，有木工、水泥匠手艺，在厂企工作过，现在山林管理墓地。

图 0748　卫仁水（左）接受访谈（2017 年 4 月 11 日，沃琦摄）

新中国成立前的事

我的爷爷奶奶、爸爸妈妈都去世了，原来是农民，都是种田的。

我姊妹很多，有 7 个兄弟、3 个妹妹，其中一个兄弟到下码头做上门女婿，另一个兄弟到衙前的于家（自然村）做上门女婿。现在这些兄弟姐妹都还健在。我排行老二。

小时候家里条件蛮苦的。我 6 岁的时候，蒋介石的部队和日本军队在这里打仗，蒋介石的第八支队无法退出去，为了能够退出去，就烧了这里的房子。我家的房子也被烧掉了，我们就住到了交通村的舅舅家里。舅舅背着我去了乡政府后面的东岳庙，看到田里都是蒋介石部队士兵的尸体。晚上的时候，这些士兵冲出去打仗，日本人冲破了粮库后面的房子，把蒋介石的士兵都打死了。在这以后，我又住到外婆家。那个时候我还很小，房子被烧掉的事情都是我爸爸后来告诉我的。

我也忘记发生在什么时候了，是小时候留下的印象。我记得我们家里有块田，在东岳庙后面。为了防止日本人爬到田里偷东西，我们就在田旁边搭了一个草棚管着。日本人吃饭的时候，米饭吃不完就直接倒掉了。他们的米饭又白又好，我们小孩子就捡了他们倒掉的米饭来吃。我们年纪都还小，他们也不会来管我们的。

他们的米都是从日本带过来的。听我爸爸说，日本人喂马的麦子都是自己带过来的，害怕被中国人毒害。

也有欺负老百姓的，他们抢东西时就会打老百姓。

他们还是比较看重小孩子，不怎么欺负小孩子。

后来日本被扔原子弹，无条件投降的事情我也还记得一点。

那时他们都变得畏畏缩缩，路过我们这边的时候，已经投降，枪什么的都已经被政府收了。

我童年很苦，吃也吃不饱。田不是属于自己的，是地主的田，收租的。

我没有读过书。那个时候条件太苦了，读不起书。不像现在，在共产党的领导下，学生读书都不用交书费了，只要交吃饭的钱就够了。那个时候到处在打仗，连饭都快吃不上了，更不用说读书了。那个时候有一个衙前第一小学的，也有人读书的。我们经常去那里玩的。

新中国成立后的事

1950 年土改的时候，收田租的多，改出的人有 1 亩 3 分，改进的人 1 亩 2 分。有些人田多，有些人田少。比如我一个人有 5 亩，他一个人只有 1 亩，还有人没有田，所以要通过土改来改变。像我们这里，所有农户的田加起来算出总和，然后再平均分到每个人身上。不同的地方就不同，田多一点的村可以平均分到的田就多一点儿，田少的村可以平均分到的田就少。像交通村田多，平均每个人就有 1 亩 5 分田。

我家因为人多，一共分到有 12 亩多的田。以前我和哥哥因为年纪大一点儿了，会种田了，就向地主多租了几亩田，所以土改以后就有 12 亩多田，够种了。

土改以后，就要交农业税给政府。土改前，田都是地主的，老百姓要交钱给地主，农业税都是由地主交的。土改后，地主没有什么权力了，他们的田都被改完了，农业税都是由老百姓交，分到多少田就要交多少农业税，交给国家，交到粮库里。每户人家都有任务，要求你交几百斤，就拿多少去粮库里。剩下来的粮食就是自己的了。

一年中也有粮食不够吃的时候。五六月份有青豆什么的可以去买，七八月份的时候原来的粮食吃完了，新的稻谷都还没有成熟，就不怎么吃得够。这一段时间就吃吃杂粮来充饥。

后来搞了合作队，土地都属于合作队了，由小队上交给粮库。我们卫家村有 4 个合作队，比如每个小队有 70 亩田，就交多少粮食到粮库，按照不同的土地数量上交不同数量的粮食。政府拨下来的粮食都归小队了，每户人家的口粮也都从小队里拿。每次交粮食要晒干，才能够上交到粮库。

图 0749　卫家自然村一角（2018 年 5 月 9 日，陈妙荣摄）

农民的田都集中了，田都归小队，从小队交，从小队拿。如果有单干户，那就由单干户自己上交给国家，但是当时也很少有单干户了，都已经归属小队了。

"大跃进"的时候很辛苦的。那个时候政府很困难。苏联斯大林死了，赫鲁晓夫上台，我们原先和朝鲜打仗的武器都是苏联的，赫鲁晓夫上台后要求中国还债，国家要还外债，国内就很穷，再加上三年自然灾害，吃也吃不饱，只能吃菜叶，还要没日没夜在生产队里干活，干得多的人有12工分，干得少的只有三四分，女人的工分一般要少一半，生活很辛苦的。

参加过很多次围垦，生产队里要求我们去的，去挑大石担，围大坝，也很辛苦。

我做过卫家村的经济保管员。从很早以前我就做这个工作了，一直到分田到户才结束，做了将近30年。我主要是管村里的钱，比如山上的收入，工厂的收入，要交给村里一部分。会计算好钱，开了发票以后，我就到那个厂去拿钱。村里的拖拉机等机器需要修理，修理费用就由我付款。一般的话，就是我去帮村里去山上、去工厂里收钱，村里需要付电费、修理费、柴油费、机油费的时候我就付出去。我从来不贪图一点儿钱，做了20多年，收来的钱少了一两块，我就自己补进去一两块，我也从来不喜欢拍领导的马屁。"农业学大寨"的时候，我有3年没有工资。一般我帮村里管钱1年，算作72个工分，1毛钱1工分，就是7块2毛钱。在自己的小队里挣工分，别人挣12工分1天，我也挣12工分1天。

我们家人多，本来是不能走出去分家的，那个时候是吃人民公社大食堂饭，一旦分了家，饭盆就会被扣下。后来1958年的时候，我和我爸爸分了家，自己成了一个独立户，我也还没有老婆，白天在生产队里干活，吃的是食堂饭，所以钱是凑合着够用的。

我30岁结婚的，我老婆嫁给我的时候才19岁，比我小11岁。我们是通过她姐姐介绍认识的，她姐姐也嫁到了我们卫家村。我插秧在卫家村是第一名。虽然我没有什么钱，一共才给了100多块钱的聘礼，但他们说我脾气很硬，什么活儿都能干，比如泥水工、木工我也会干，所以我老婆也愿意嫁给我。造房子的时候只要给我一个地基，我就会造，因此有一点点额外收入。

我儿子是1966年出生的。以前我们养一个小孩很辛苦的。两间低矮的平房，家里挂着的䉛都被猫叼走了。我们很晚才收工回家，没有自来水烧饭，要去离家很远的井里打水，我在干活没空去打，我老婆胆子小又不敢去打，只好用很脏的水烧饭吃。就是因为喝这么脏的水，小孩子经常生病，头上生疮，白天我干活没空，我老婆只好抱着小孩子去坎山给他看病。那里的一个葛医生看病很好，也很有耐心。

村里面大家都是这么苦的，没有过得很好的人家。我们家还算不错的了，还有点儿钱赚，还可以过过年。现在生活好，有这样的楼房住，卫家村外面停着的汽车都要比自行车多了，都是靠了毛泽东，还靠了邓小平的改革。

还好我们和凤凰村合并了

改革开放后，卫家村办起了很多的厂子。我有手艺，人勤快，很多人请我过去帮忙。村里的阿土开厂，让我去种蘑菇，打破墙，再在房顶上开天窗通气。小牛开肥料厂了，让我去帮忙造厂，没有另外请水泥工，木工也是我自己做的。阿泉他们家开了针织厂，我给针织厂造了机器。阿王要开袜子厂了，我也给他们造机器。这样已经去了3个厂了。后来我又去了绿化厂，做好绿化给他们送到西兴，差不多做了一年。再后来我又被小根叫到针织厂，针织厂开始用合机了，又需要我帮忙，我一直工作到针织厂被卖掉了才离开。那个时候年纪也大了，我就在山上管理山坟。

三村合并前的卫家村是街前比较差的村。以前蛮好的，女孩子都要嫁到卫家村来，因为卫家村有山，靠山就有收入。我们卫家村一工分有一毛多钱，其他村只有三四分钱，稍微好一点的村也才五六分钱。后来我们的田都被干部买断了，被个人占了，一次性给了我们一笔钱，一下子也就用光了，没了，我们就没地方种粮，没有钱进账了。包产到户的时候，我们家差不多有三四亩田，都是我们自己种，先种些水稻，水稻种完就种了些油菜、小麦。后来分人口田了，人口田是每人4分，我们家5个人就分到了2亩田。后来田都用来造厂了，田没有了，只给了我们一些青苗赔偿费，一亩赔偿了三四百块钱。以后，本来是当口粮田的，都成了个人的了，我们老百姓的米钱就要没有了。

干部把开电厂的土地、庙后面的土地、凤凰山庄后面的土地都买断了。就是因为买断了我们的田，我们每年只有几百块钱可以拿，我们生活就差了。

图 0750　卫仁水的住宅（2018年6月29日，陈妙荣摄）

凤凰村他们的田就没有被买断，每人每年还可以有一两万块钱拿，年底还有1000多块钱分红。因为凤凰村没有买断，能在土地上造房子，房子下面出租开店，上面做了宿舍，赚了钱老百姓一起分的。我们卫家村把田买断了，老百姓都没有财产分的。

还好2005年我们和凤凰村合并了，不然我们不知要怎么过下去。合并以后，对我们老人就好了。比如我现在每月可以拿1700多块钱，中秋节村里还会给我们老人发月饼，过年的时候也会给我们分红，有500多块，我们都是沾了他们的光。粮食每人每月20斤，免费给的，也够吃了。如果不和凤凰村合并，我们在卫家村就没有那么多钱可以拿，没有这么好的生活保障。

我们对现在的凤凰村是很满意的，但对以前的卫家村是不满意的。因为卫家村把我们的土地都买断了，不买断的话，我们每年都可以有钱拿。

我老婆先是跟着我在肥料厂上班，后来厂没了，她去了棉花厂做徒弟，20块钱一个月，做过好多种活，做了几年就不做了。现在年纪也大了，在家养老了，每个月有1000多块钱，已经很够用了。

我们有一个儿子、两个女儿。儿子开小店做电焊，大女儿住在山南村，小女儿在萧山第四人民医院针灸科工作。

我们和儿子、媳妇一起住的。儿媳妇的姐姐家里开螺丝厂的，她就在厂里的食堂帮他们烧饭。上午烧饭，下午没事情了，她就自己找点活儿干。

孙子在杭州的中国美院读大学。他经常要外出考察的，去年去山西住了一个礼拜，下半年又去山东住了一个礼拜，现在在天台考察，也要住一个月。

天晴的时候，我6点就起来了，早点儿起来可以多干点儿活，晚上吃完饭6点就睡了。天下雨

图 0751　在路边卖菜的村民（2018 年 5 月 9 日，徐国红摄）

干不了农活，就多睡一会。现在人很健康。

家里都是我老婆烧饭的，她每天都起得很早的，大约 5 点半起来干活。

我们一般在山上种种庄稼，比如南瓜、番薯、玉米之类的。我老婆会拿到菜场去卖，一般卖不掉，我就让她别去卖了。

以前一天要喝两顿酒，最近我伤风感冒了，身体不太好，我女儿就让我不要喝酒了。香烟我不吸的，很早就戒掉了。有七八年没有吸烟了。

只要人不怎么生病，钱都是够用的。我儿子他们还需要用钱，孙子要结婚需要钱，房子有 380 平方米，够住了，只是三楼还没有装修过，估计要等孙子结婚才装修。

我没什么愿望，我对现在的生活很满意了，吃穿也不愁，还有钱拿，日子过得很舒服。

四、我今年83岁了，身体健朗

——沃阿毛访谈

图0752　沃阿毛接受访谈（2017年3月29日，沃琦摄）

访谈时间：2017年3月29日上午
访谈地点：凤凰村委会会议室
访谈者：杨健儿
受访者：沃阿毛
受访者简介：沃阿毛，男，汉族，中共党员，萧山凤凰人，民国24年（1935）10月生。1955年11月—1964年2月当兵，1964年8月任凤凰村民兵连长，1966—1969年任凤凰村党支部书记，1971—1974年任第四生产队队长，1975—1978年任衙前镇五金厂出纳，1979—1989年任衙前镇政府总出纳，1992年任凤凰村民小组长至今。

身　世

我是民国24年（1935）10月生的。我名叫沃阿毛，因为父母亲希望把我养大，而猫狗比较容易养大，所以取了这个名字。我父母一开始生了个女儿，后来又领养了父亲妹妹的儿子当亲儿子。我母亲生我的时候已经48岁了，可以说是老来得子，我的哥哥姐姐也和我差14岁、15岁。

我的父母亲一直务农，很勤劳，经常在田里干活，吃得又不好，最后是劳累死的。母亲在我3岁的时候去世，父亲在我6岁的时候去世。

父母死了以后，姐姐已经出嫁了，住在夫家了，只能临时来看看我。基本上都是领来的哥哥把我养大的。哥哥跟我同辈，我们也算是一起长大的。我6岁还不会干活，稍微大点，我就会选择干点小活，在这方面我很勤劳的，如农活耕田、锄苗，我都很在行的。

等我到读书年龄了，由于哥哥要满足三四个人的温饱，我只读了1年书，之后哥哥就没有办法供我读了。我10岁开始下地干各种农活。

1955年11月，也就是我21岁的时候，我到舟山定海当兵了，是陆军。由于那时候毛主席提出"深挖洞，广积粮，备战备荒为人民"这个口号，因此我们多数是打坑道，工作很辛苦，但我身体很好。

虽然部队里很辛苦，但他们给了我读书的机会，经常在晚上组织学习，上课。还着重培养我当干部。我打靶和工作都很优秀的，每年都被评为"五好"战士，还立过6次三等功。

我是1959年10月在部队里入的党。当时入党的动机就是为国家多做贡献。我家里困难，是部队给我读书和入党的机会，我只有做好工作，全心全意为人民服务，为人民办事情，多做贡献。

在部队和在家里是有区别的。由于我与家里的哥哥是表兄弟,虽然我和哥哥挺好的,但是和嫂子之间会有嫌隙。部队条件一般,士兵每月只有6块钱,钱是不多的,用来买点牙膏牙刷,但是我很开心。大家一起干活、训练,按时起床、出操、上课、休息,比家里自由,而且它是个大家庭。

我当了9年兵。当我退伍时,我已经到排长级别了。当时国家比较困难,让我们在援疆和回家务农二选一。由于新疆离家远,我又是家中独子,就选了回家务农。

1964年2月我退伍回家了,8月我成为民兵连长,后来又当了3年村党支部书记,当时可以算是村里最高领导了。

当村党支部书记一段时间后,正好是"文化大革命",我就不当了。1971年到1974年我当了四队生产队长,1975年到1978年当衙前镇五金厂出纳,1979年1月至1989年12月我在镇政府当了11年总出纳。

我勤劳,管得也很好,大家也很信任我,但是由于水平不够,到1989年我被换掉。后来我一直当村民小组长当到现在,平时主要负责通知开会,发粮票、油票、煤气补贴费,再管理些小事等。

见　闻

日本人侵入我们中国,那时我还很小。我七八岁时才稍微知道点日本人,他们骑很高的马到我们这边来,都站在屋顶上,看起来很凶很凶的。日本人要调戏妇女、杀害小孩的。

更坏的还是二鬼子——伪军。伪军是最坏的,要苛捐杂税,要抓壮丁,弄什么都要出钱,每个星期都要来拿钱。我哥哥当时经常要出壮丁,你不去就要出钱。由于我们这边是国道线,就很乱,二鬼子来了就要抓挑夫,我们都不得不躲到最后面的沙地去。

1949年5月5日萧山解放的时候,大家都很高兴。我的好几个堂兄弟、娘舅表兄弟到萧山去看新鲜。过了段时间有了电灯、电话,生活条件改善了。土改中,我们每个人分到1亩3分田。但是萧山解放后的那几年,每到三五月份我们还是会有点青黄不接,会去别人家借点粮或者找点马兰头野菜等来吃。

三年自然灾害的时候,我还在部队里,是有保障的,能让我吃饱。社会上很乱,有的人能吃饱,有的人吃不饱。

"文革"时我主要管理账,他们想到什么说什么,说我管得不好,又说我官僚主义不管账。我水平稍微低点,但管理还是管得很好的,活干得很好的。当时晚上开会,白天干活,都是无偿的,是真的为人民服务。但是在这种情况下还要被说不对,没办法了,我想想还是退了。退了之后,我去生产队做了3年队长,之后镇里出面帮我转到五金厂做出纳,做了一段时间,见我很勤劳,很老

图 0753　凤凰村一角（2018年5月10日,华兴桥摄）

实，又让我兼任保管员，还让我到镇上去做总出纳。一直以来我工作很好，思想很好，但水平低，没文化，只有高小毕业，不懂什么现代化，到56岁的时候，乡政府里的工作就不干了。

改革开放初期的包产到户，改变了当时以小组为单位时大家混工分、偷懒的情况，而且这个做法让大家的活儿减少了，收入反而提高了。我、老婆、女儿3个人分了1亩8分田，只要早上和晚上去地里干活就能完成。但是我们粮食中的三成仍然要作为公粮上交，余下七成自己吃，多余的可以比平常价格高点卖给国家。2005年取消农业税就不交公粮了。我们现在一分田也没有了。

三村合并的时候，稍微有点摩擦，但基本上还是顺利的。摩擦的产生主要是由于其他两个合并过来的村的老干部们不能再留在新凤凰村任职了。后来，他们中的年轻人来到新凤凰村任职了，年纪大的出去自己办厂了。我们村有七八十个厂。年轻人外出的少，基本留在本地工厂工作，或者自己办厂创业，挺积极上进的。成天搓麻将这种现象基本没有。即使家里有钱，自己照样样样都做，很勤快的。这边啃老的情况是不存在的。

村里的两个领导的脑子灵，办小五金厂，办加油站，办市场，办交通，造更高的楼房，造公寓式住宅，村里条件都好起来了。由于外地人很多，租铺面、租房子的人就多了，租金就多起来。这么一来，村里发油、发米、发票、发钱，我们生活就更好了。如果一户人家成员多，补贴都是用不完的。而且我们村是最先用管道煤气的，那是2011年的时候。现在的福利，给老年人发的都是一样的，但年终奖金，老凤凰村民稍微高一点，其他的都是一样的。

图0754　凤凰村老人上课（2014年11月6日，沃琦摄）

村里造了像城市一样的公寓式住房，外地人和本地人都可以当商品房买。这些房子原来10来万元一套，现在要20多万元，再大点好点的30多万元一套。这些都是村里的小产权房，镇外、外地人买的很多。还造了几百套的房子给外来务工人员住，在创业新村那边，都是外地人住。有了固定的住所，他们年年就和候鸟一样到这里来。

党组织生活每月一次。每月25日这一天，在村老年活动室开会，全村100多个党员都参加。有村党委书记讲话，镇党委书记讲话，呼吁党员同志在工作中起带头作用，做好表率。大家都来的，但有些年纪轻的，因家里办小厂，很忙，开一些时间就离开了。我们老党员每次都是先到迟退。去年还把我评为先进老党员，还让我到台上发言。

现在村两委委员里年轻人不多，大多50多岁了。胡书记69岁，村长58岁。由于胡书记是省劳动模范，只要有能力，能管好村，可以继续当的。镇村干部必须60岁退休。如果我们书记、村长不是省劳模，到60岁也只能退居二线。

马上要换届了，胡书记上届就不想当了，但村民们都要他当就选择继续当了，说不定接下来还要让他当。因为胡书记作为老一代毛泽东时代教育出来的人，水平和思想境界都是很高的。他严格要求自己，关心群众，而且把心都扑在农民身上。而且这类人他们身心健康，活得愉快，也就更加健康长寿了。

对村将来的发展，我希望村变得更好。村里计划到2019年提前实现小康水平，现金收入达到5000万元，总产值达到5亿元，社员人均年收入达到55000元。

家 庭

我和我老婆是在部队的副连长也就是我现在的连襟介绍下认识的，之后我们互相写信、谈恋爱。我们是1962年结婚的，当时我28岁，还在部队当兵。我们没有办酒席，只是把丈母娘家周围的亲戚和邻居叫在一起吃了顿饭，大概花了1000元。我也没有给我老婆任何彩礼。结婚后由于我还要回部队，我老婆就在她老家余姚租房子住，一年后我退伍，才把老婆带到衙前。

我当了9年兵，有福利的，回家的时候一次性拿了有八九百元。

最初我们住草房的，一年后花了100元向村里买了一间半旧瓦房，这一住又是30多年。之后我们在沿河边造了3间两层半的房子，后因村发展需要，拆掉了。拆房子的时候，我身为老党员，还在群众中起到了很好的带头作用。2009年我们在另外一个地方新造了一个占地108平方米、建筑面积324平方米的3层楼房，并于2010年8月搬入。造房一共花了28.5万元，只是简单装修，把墙面涂白，没有精装修。现在我们家有8口人，我、妻子、儿子、儿媳、女儿、女婿、孙子、外孙。平时我们老两口住，子女、孙辈都不在凤凰住，节假日的时候他们会回来看我们的。

我儿子、女儿也都好。我儿子是靠自己在外面创业，现在是萧山一家公司的副经理，收入较多的，也买了几套房子。我女儿在萧山，我外孙在杭州天健会计事务所工作，我的外孙媳妇也是注册会计师，他们是一个单位的。我孙子在天津财经大学，今年第四年，快要毕业了。由于我当兵28岁才结婚，我儿子也是28岁结婚，然后生小孩迟了，不然就可以四世同堂了。家里人都很好，使我平时心情很好。

我夫人是会计出身，很聪明的，今年78岁了，身体也很好的。和我一样，村里每月也给她发1700多元养老金。由于我在镇政府干了11年，有2700元一个月，她没有的。她在社保买了个保险，每月还能拿到额外的500多元。此外，每年镇里和村里还会分别拿1000元和1500元的红包来慰问我这个老员工，给每个老年人400元和600元过年红包，让他们开心开心。村里每年每人还有1300多元的分红，而且会逐年上涨100多元。总的来说，我们3个合起来一年也有8万多元的收入（女儿户口也在村里的）。

我们开销不大，除了小孩结婚要出点红包钱，人情世故用钱。

菜我们自己种点儿，也买点儿。没地，但我们会找点边边角角的土地种菜。我们吃饭不剩冷饭而且每餐吃光。早上吃牛奶馒头、杂粮，其他两餐饭必有鱼再加点菜，荤素搭配。

我们两人身体还健朗，也有能力管自己。

我平时在家里面看看报纸。我喜欢看《萧山日报》《老年报》。《萧山日报》是村里的，《老年报》是《萧山日报》里带来的。我们还有一份《都市快报》，是儿子给我们订的。平时看电视，喜欢看养生频道，了解怎么养生。

我们有老年活动中心，但我很少去，我喜欢自己单独活动，可以自由点。我夫人经常去那里打牌，我不喜欢打牌和搓麻将。

我不太喜欢旅游，所以去的比较少，只有年纪轻的时候出去旅游过。但我夫人比较喜欢出门走走，她最近就要去河南旅游了。我儿媳妇旅游比较多，她去过日本、英国等。

我们老一辈人，自己不会乱吃乱用，这些对孩子都是言传身教。就像我儿子，他虽然有钱，但是很节省，就算破衣服也要洗得很干净，如果不太能穿了，就问我能不能穿，如果还能穿就再穿穿。

我今年83岁了，脑子很清楚的。平时没有怎么保养，只是吃得比较均衡，选择多运动，多按摩按摩穴位。

每次体检，如血脂、血压都不高的，就是肾里稍微有点泡泡，但已经好多了，其他都还好的。总的来说身体还是不错的。现在条件好了，只要吃得好，吃得均衡，吃得清淡就好了。摆好心态，不抽烟少喝酒，适量锻炼就好了。心态还是很重要的。不要羡慕别人的钱，而且我也是有收入的。

我们生活保障很好。政府和我个人一起出钱买医疗卡，里面含大病保险，可以让我们老来多点保障。村里还会给我们每个年纪大的分配一个负责的医生，看病很方便。

图0755 沃阿毛的住宅（2018年6月26日，陈妙荣摄）

我还在当村民小组长，当了20多年了，一方面做了工作，另一方面锻炼了身体，能在工作中得到快乐，得到运动，是两全其美的事，对集体、对个人都有好处。

五、我的亲见亲历

——卫永泉访谈

图0756　卫永泉（左）接受访谈（2017年4月13日，沃琦摄）

访谈时间：2017年4月13日上午
访谈地点：衙前农民运动纪念馆
访 谈 者：杨健儿
受 访 者：卫永泉
受访者简介：卫永泉，男，汉族，萧山凤凰人，中共党员，民国29年（1940）8月生。1970—1974年任山林队植保员，后先后在卫家生产大队磷肥厂、大队党支部、衙前镇工业办公室、衙前镇船业化工厂、衙前镇金达公司工作，2006年至今为衙前农民运动纪念馆门卫。

亲见国民党退逃

我从小就是一个人，在我8个月大的时候母亲去世了，3岁时父亲去世了，9岁时嫂子去世了，11岁时哥哥去世了，在我11岁的时候家里就只剩我一个人了。

新中国成立前的战争我没有经历，但国民党部队退兵的时候我还是经历到的，吃过苦头的。

好像是1949年5月14日衙前解放，在4月27日、28日左右国民党部队退逃，在104国道有百来个士兵在那儿走。在4月29日，衙前乡政府里的人，叫代侍的（职员），来抓壮丁。那时候我才10岁，我哥哥还在世，在听说有人来抓壮丁后他们就叫我去桥头望风，我哥他们一群年轻小伙子逃到山上去。但那一大拨儿背着枪的人刚从山上走下来，正好和我哥他们碰上了，叫他们不用逃，说今天并不是来抓人的，是来执勤巡山的。然后，他们来我们家，哥哥让我从别人家那摘金蚕豆煮给他们吃。这个时候，国民党军队士兵有几个在这里放流动哨，那几个代侍想去缴他们的枪。为什么不打枪？因为都打的话子弹很快就会打光。后来在沈家园的桥头他们打了3枪，这时所有部队都停住了，起来保卫黄埔山（航坞山）。他们以为有土匪，事实上是他们自己人，也就是国民党的代侍，有国民党的编号，但这时候不管是不是自己人，他们都当共产党抓了。被抓了就死路一条。这时候是夜晚，他们（代侍）连夜都逃走了。然后他们（国民党）的部队就在我们家住下，那些不逃出去的人家在这里烧饭给他们吃，鸡也被他们杀光，凡是可以吃的东西都被他们吃光、拿光。我们家堂姐夫、三叔伯这些亲戚都被抓了，所以他们让我走过去给大家通知一声。我在路上被两个国民党抓住了。那个时候4月份，我也没什么衣服穿，我晚上是赤膊的。他们的枪从我腋下擦过，很痛，我就哇哇大叫。给这些国民党煮饭的婆婆听见就连忙和他们说："不是坏人，是我们自己这边的小孩。"于是他们把我给放了。我逃回了家，用棉被把自己包住，吓都吓死了。国民党部队把东西都抢光了。第二天部队退走了。国民党军队逃退时，我吃了不少苦。他们把东西都抢完了，还有年轻妇女被强奸。对，是国民党军队。这个时期我只知道这些事情，再之前我还小，不记事。

有一个划过来的地主人很好

1950年土地改革了，每个人可以分到1亩4分田，没有自耕田的人分到1亩3分田。当时我还小，不会种田。头几年都是叔叔帮我种的田。后来搞集体了，就不用叔叔帮忙了，就是今天我帮别人种田，明天别人帮我种田，这种形式大概搞了2年，就开始搞生产合作社了。我就是这么过来的。

种的不够吃的。那个时候的人和现在不一样，很能吃，根本不够吃。每户人家都是定量的，像我一个人在那时有800斤可以定，平常的人家有3个人或更多，成年男性可以定600斤，妇女500斤。到了下半年收粮了，像我们家3亩4分田算收成600斤，但那时候产量事实上没那么多，大概只有400斤的样子。反正算起来多的都要交给国家。人们哪里够吃，经常饿肚子，平常人家饿肚子都是很普遍的事。

新中国成立初期，大家还没有吃草什么的，后来自然灾害的时候大家开始吃几种草的草根，沙地人稍微好点，吃萝卜什么的。那时候1升米里要放四五斤萝卜，混在一起烧来吃。

我们村里没有地主，只有一家富农，两三家中农，其他都是贫农。因此也没多的土地分给我们。外村的人在这里的田，都被我们分了。我们那时候因为各种意外死亡的人特别多，也没有专门机构调查。

他们的姓名也没说，原先是来收收租的，但具体不知道是谁，说是义蓬人，住在义盛。

我的成分，是贫苦农。我完全没有条件读书，那时候有青菜淡饭吃已经是很好的生活了，更何况我只有一个人，条件更加艰苦。

虽然没有读过书，但我看书基本上字都认得。原来搞生产的时候有一个会计住我这儿，他教我认字，我虽然字不会写但认是认得的。

在集体企业工作过

"大跃进"时我们村庄还好。我们村有山，我们从山上砍柴什么的拿去卖，换点东西吃，别的村子没山情况就不知道了。但"大跃进"时还是不够吃的，我们总是从外面弄萝卜、番薯吃。在1957年到1958年上半年情况犹甚，1958年下半年开始好起来了，毛主席出了一个政策叫"见缝插针"，让大家能开荒的开荒，开出更多的地来种。我们在山上四处开荒种番薯，比别的地方有得吃。

"大跃进"的时候，自然灾害多，农药化肥又没有，国家也很困难，要搞建设，还要管我们温饱。粮食总要收吧，那时候我们种了田要上交粮，一亩田交80斤粮。现在不仅不用上交，还有补贴。

生产队里是通过评工分分配的。比如说最厉害的劳动力是12分，稍微差点儿的10分，以此类推。按照工分来分，一个小队总和起来有多少钱。1974年的时候我们这儿4个小队，每个小队分到5000多分，当时算多的了，我们1分工分最起码有1角4分钱。

关于粮食的分配，刚开始按照定量，后来按照人分，大人650—700斤、小孩300斤，这样分完还有多，就按照工分来分。

卫家村庄小，人口少，算工分总量在衙前排不到第一，但人均收入往往名列前茅。如1966年，卫家生产大队人均收入100多元，而凤凰、交通生产大队分别为80多元、90多元。1974年，卫家生产大队人均收入140多元，凤凰、交通生产大队分别为100多元、110多元，比我们大队人均收入少。

包产到户的时候，我们家分到2亩8分田。这个时候基本吃得饱了。肉啊，有钱的自己去买。肉票曾经弄过一段时间，主要是国家弄，村里不弄这个，但发都发过，像什么肥皂票、香烟票什么的都发过，没持续多久。那时凭票购买，没有票，有钱也买不到。分到6尺布票把它卖出去，有钱人再把票买进。

图0757　卫永泉的住宅（2018年6月29日，陈妙荣摄）

20世纪80年代，我们村办企业搞得很红火的，开办了纺织企业，老百姓的日子就更好过了。90年代初那几年，村民家的电灯和自来水费也都是村里出的，粮食税都是集体交掉了，个人不用交了。

在此之前，我到过村办企业磷肥厂工作。1978年包干到户后，老百姓能在农资合作部买到化肥了，磷肥厂就关闭了。后来，我在村里工作了一段时间，又到镇里工作了几年。镇领导叫我去衙前镇船业化工厂工作。它的前身是20世纪70年代初建立的羊毛衫厂，因为效益不好倒闭了。船业化工厂主要做梭机（纺织）、化工以及电镀、炸药、造船之类，又因为效益不好，没有出路，于80年代中期被当时的明星企业杭州江南电机厂（镇办企业）合并了。老厂员工都去了江南电机厂工作，旧厂址空了出来，被现在的浙江开氏集团有限公司使用。后来，镇领导又叫我去了一个叫金达的公司。金达公司主要做涤纶丝、棉纱等，我在这个公司一直工作到退休。我主要是跑供销，做得多，分到的钱就多。我在这个公司正式的工资是53元一个月，另外还有销售分到的钱，收入算高的。1980年我在镇工业办公室也只有55元一个月。

现在是最好的社会

改革开放近40年，村子里变化大得很，光是农民收入就大大增加。开放初期农民的收入大概1块8毛一个工的样子，现在差不多都200块一个工了，增了不知道多少倍了，小工都增加了这么多，更不用说其他人了。

我25岁结婚，有人介绍，办了十来桌酒（席）。那时候办酒没有很大排场，娶老婆用了160元彩礼钱，加上办酒都不到1000元。那时候娶媳妇的钱，买现在一件好点儿的衣服都不够。

当时女方的嫁妆有被子，2张布票，其他好像就没了。

老婆是张家埭人。她做过很多工作，如农机厂什么的。她现在有退休金，村里也有1400元1

个月，每个人都有的，只要是农转非。我每月可以拿 1600 多元，还有衙前红色纪念馆（农民运动纪念馆）的工资 1400 元。我不是农转非，是年纪大了，村里发的养老保险。除此之外，我自己还买了社保，每月还有 500 元可以拿，公司的退休工资也有 350 元。

我现在 78 岁。我觉得现在真是最好的社会。有句话这么说："农民有老保，开天辟地头一回。"有些人还不满足，我就说，想想以前造反动乱什么的。现在房子拆了又造新的，光我自己就造了两回房子。我儿子他们又造了新房子。

我的大儿子生病有十多年了，心脏动过手术。他本来管账也好，字写得也很好，和印章刻出来一样。幸亏有国家，他自己只需拿出 9 万元治病，也幸好 2 个弟弟照顾他。

我的二儿子在小学里当副校长，幼子在卫家村当了几年干部，后来考上了公务员，在镇里工作。

2006 年我开始在衙前红色纪念馆工作，当门卫。原来管纪念馆的人年纪大了，身体吃不消了，要找人接替。凤凰村那边的人翻户口簿找人，要求党员，年纪 60 岁以上，能认字，再加上村里副书记是我亲戚，就推荐我，说我条件都符合，所以我来管了。这个馆是 2013 年建的，投资 1700 多万元，镇里建的。

我在纪念馆的工资是镇里发的，工资少的，一个月 1400 元，还要每日都上班，没有双休日，连正月初一和年三十都要在这的。参观人很多。来参观的人

图 0758　衙前农民运动纪念馆（2018 年 4 月 25 日，陈妙荣摄）

五花八门，公安派出所、社企、学校、普通人都有的。以前不用登记，现在都要登记了。

我具体负责地面打扫什么的，打扫的地方有很多，墓前的台阶也要扫。双休日他们如果都不在，我就帮一些学生刷一下卡，学生来纪念馆可以给加分，叫作第二课堂，算爱国主义基地教育课。

我现在身体还好，但血糖有点高，其他毛病也挺多。我之前被车撞了一下，脚受伤了，中风也中了 3 回，但我的身体比较奇怪，心血管问题治疗好后，我现在没什么大的后遗症，只是稍微有点口齿不清，还算健康。

我没怎么锻炼，每天打扫卫生就要走好多台阶，来来回回好多趟。

我没有什么想法了，很满足了。

六、生活与时代的印记

——唐先根访谈

访谈时间：2017 年 4 月 20 日上午
访谈地点：凤凰村委会小会议室
访 谈 者：杨健儿
受 访 者：唐先根

受访者简介：唐先根，男，汉族，中共党员，萧山凤凰人，民国 22 年（1933）3 月生。1954 年 7 月任交通村农业初级社会计，1958 年任衙前乡政府会计、会计辅导员，1961 年任衙前四翔村（原前进大队）农业会计，1975 年任衙前工业办公室会计辅导员，1990 年退休回家。

图0759　唐先根（右）接受访谈（2017 年 4 月 20 日，沃琦摄）

因家穷失学，新中国成立后学会计

我们的祖上向来是种田的，祖父和父亲都是 70 岁左右去世的。

我有 6 姊妹，我排第四，上面有 1 个姐姐、3 个哥哥，下面有 1 个弟弟。姐姐今年 101 岁，她嫁到坎山镇工农村。我大哥 73 岁去世的。二哥今年 95 岁，他当过十几年的村长。三哥 70 岁去世的。我弟弟今年 83 岁，他原来是乡政府文书，后来是党委委员，再后来返回做文书，直到退休，他现在住在新街镇，退休金每月大概 6000 元。我今年 85 岁。

我小时候读书少。家里很贫穷，我的弟弟是新中国成立后高小毕业的，我是新中国成立前后读的书，停停读读，大概读了 4 年书。

那时候，生活很拮据，吃的是麦稀饭、麦糊糊。我们南方人吃这些吃不习惯，北方人比较喜欢吃这些。有这些吃已经算好了，有时三餐都不能吃到。因此我就失学了，去种田了。种田是很重要的，我们依靠种田吃饭的。新中国成立前人们认为文化不重要，大人说某某人一字不识有米吃，某某人一笔通天却饿肚子没饭吃，所以我之后不上学了。

新中国成立后我读夜书，下半年读夜书叫冬学。新中国成立初期青年人学文化被当作头等大事来抓，差不多国家公职人员都是工人农民出身，在文化方面抓得特别紧，我就是靠这种方法又学到了点知识。

土改时我们的成分属于中农。那时候有地主、富农、中农、贫农。贫农就是每人租的田不到 1 亩 5 分；中农是租的田有 1 亩 5 分；富农是有土地出租，自己种的田超过 1 亩 5 分；地主是自己不种田，完全靠剥削，土地收租或者开店开厂。1950 年土改时，地主、富农的土地分给农民种，原来的童墅、草漾、傅家自然村属于交通乡第七村，根据村里的土地多少，人口多少，人均分配 1.5

亩。分过还有多余的作为农会田，也就是机动田，以后有人口增加就分给他们。还有第二个机动田，是在改革开放后，把土地落实承包责任制，分到户耕种，先分口粮田，每人 0.5 亩，再分劳力田，还有余这也叫机动田。

我们家有父亲、母亲，我们 5 兄弟，种地主、富农的田有 10 亩 5 分，地主、富农要在下半年来看稻，分成是三七分或四六分，"三"给地主，"七"给种的人。按照三七开，多与少都是自己的，地主是不干活的，就是那样分成。土改以后不再这样了，地主和富农不能坐享其成了，10 亩 5 分田都是我们自己的了，我们的生活也变好了。

我参加过村里的各种大的活动，如基本建设等。杭甬铁路在"二战"时被日本人掘断了，1953 年我去挑这条铁路，铁路挑好后回来继续种田。

1954 年搞初级社，童墅自然村初级社是最早的，上级党委要重点培养，重点抓。村里的人没有什么文化，只有我还有点文化，就让我到萧山学习一个月的初级社会计工作。我在萧山东门干校学习收付账，收付复式账。复式账就是一笔账有两个账户登记。后来我又学了增减账。再后来我在高级社学了借贷账，按照这个全世界统一的记账方法，进行记账。从当农业会计到当工业会计，我都经过了学习培训，把握了一年分配一次学习培训的机会。我是在工作中不断学到知识的。

初级社到改革开放的印记

1954 年初级社的时候，没有几户人家自愿加入初级社。1955 年有个"互助合作大风暴"，不管你同意也好，不同意也好，大家都要加入。"互助合作大风暴"后，到了高级社，傅家自然村、童墅自然村拼在一起成立高级社，我当会计。大概 1956 年时，由草漾、童墅、傅家、凤凰（西曹）、翔凤、卫家几个自然村成立一个大的高级社，我当会计。那时我们的工作量很大，除了我还有另一个会计，那人年纪跟我一样大，现在眼睛失明了。那时是交通乡。新中国成立前有定一乡、吟龙乡，新中国成立后有凤凰乡和交通乡。凤凰乡在 104 国道线的一边，另一边是交通乡。交通乡政府成立在傅家自然村，现在已经拆掉了，以前有两进的屋子作为办公室，是交通乡政府的中心地方，后来迁至草漾新庵。凤凰乡政府就在大洞桥旁边的东岳庙，现在交警队的地方。1956 年交通乡、凤凰乡拼在一起为交通乡高级社，属坎山区，交通乡在人民公社时变为坎山人民公社交通管理区，我还是当会计。

1959 年，童墅、草漾、傅家、西曹开了一个大食堂。这时我在乡政府里做会计。食堂的规模相当大，最多时有

图 0760 20 世纪 60 年代，萧山县农村社员聆听毛主席的最新指示（童光中摄）

2000多人一起吃饭，大灶烧出来的饭菜挑到童墅、草漾、傅家、西曹。几年后，大食堂分成小食堂了，小食堂后来又分开，生产队分散成大小队，小小队，是贯彻毛主席的14句话分开的：统一领导，队为基础；分级管理，权力下放；三级核算，各计盈亏；分配计划，由社决定；适当积累，合理调剂；物资劳动，等价交换；按劳分配，承认差别。即在1970年，看情况不对了，就分开了。

1959年到1960年都是吃集体大食堂，中间没有断过。1960年后是小食堂，以自然村为单位，办了半年，就不吃食堂饭了。到1961年，食堂全部散掉了。这几年国家发生自然灾害，还有苏联赫鲁晓夫上台，原来抗美援朝时苏联用枪炮、飞机支援我们，现在要我们用大米偿还。一面要还债，一面是三年自然灾害粮食歉收，所以食堂散掉了。

在三年自然灾害时我们吃不饱。我们吃水草、树皮，把这些做成糕。后来再分小小队，按劳分配，多劳多得。

比如说我的定量是500斤稻谷，这个稻谷折成米，要吃一年，从分月到分餐，算出吃饭率。小孩240斤，老人300多斤，劳动力500斤，这个是分档次的。这个档次是基本定粮食，基本粮食小队里再按工分分，加起来多了，国家任务完成后有多的粮食，就可以放开肚皮吃了。

这是按工分算的，工分制以后，定量不作废，定量外再加工分，按劳量，一天有一斤或者两斤稻谷。

工分的制定有两种方式：一是按件计酬，计件制。一块田有几岭，几个人去锄，每岭是多少工分，1亩田或2亩田总的工分是18分，每个人得多少工分。二是死分活评，一个劳动力有基本的分。死分就是10折劳动力是10分，8折劳动力是8分，7折劳动力是7分，6折劳动力是6分，妇女一般都是6分，小孩是1分或者2分，就按照这个分。活评就是你表现好，任务提前完成，质量好的就给你加工分。

其他形式是暂时的。你去做，点工点好，我原来是10分，就天天是10分，如果我是8分，今天、明天、后天一直都是8分，按照这个分，8折劳动力拿8折工分，10折劳动力拿10折工分，7折劳动力拿7折工分，这是第三种形式，这个方法最简单。人们白天要工作，晚上还要"张弛动工"，"张弛动工"就是工作质量好的工分多一点，工作质量差的工分少一点。

评工分大概从1954年下半年初级社开始到中共十一届三中全会土地分到户，农业上的经营管理彻底解决为止。这时候我仍然是农业社的会计，在镇里做会计我只做了几年，后来在前进大队（今四翔村）当会计。起先前进大队和明华大队是拼在一起的，分开后，各分有几百户人家，1400亩土地，后来按队为基础分开，我去四翔村前进大队当会计，当了15年会计，从1961年到1975年。

到1975年，衙前乡政府开始搞工业，我到衙前工业办公室当会计及辅导员。我那时候既要在村里兼任农业会计，又要到工业办公室当会计辅导员，很认真的。

我是1971年入党的。我报告打上去，然后就批下来了，那时候没有预备期，直接就入党了。我入党是为了更加全心全意为人民服务，为群众多做有益的事情。我在1954年加入共青团，那时候加入共青团比较困难，家里有粮食要带头卖掉，卖掉的钱一部分存银行，一部分捐献给国家去苏联买飞机大炮——新中国成立初期我们没有飞机大炮。

生活条件的变好有一个过程，土改的时候日子好过些了的。最艰苦的时候是1959—1961年三年自然灾害，后来分小小队时，管理得好，工作效率提高，粮食又丰收了。1965年"四清"运动后，到"文革"时，粮食也还是丰收的。中共十一届三中全会后，粮食更多了，而且人们生活也比较舒服。

改革开放后土地分到户，还是有统一分配的种植任务，每户一年要种6亩，要种早稻、晚稻、络麻、大麦和春花作物。过了几年，只要种早稻、晚稻和春花。又过了几年，早稻不用种了，只要种晚稻，春花也不用种了，人们越来越轻松。再后来田也不用种了，都来办工厂了。

在1978年左右，我在乡政府，还要种试验田，去村里帮助双抢，还要到围垦地种田。过了几年，围垦的田都租掉了，试验田也不种了，就自己家里有些田，在自家的田里耕作。我的户口没迁出去，还是农村户口。

关于农业税统购统销问题。农业税按田亩数计税额，再折成粮食在统购数内。征购任务计算，首先以生产队为单

图0761　20世纪70年代，萧山农民把稻谷运往粮管所卖给国家（董光中摄）

位，总面积计划种植搭配粮食面积占80%以上，20%左右种络麻、大小麦等。这样计划每年不动，再制定粮食面积每亩指标产量数，制定出以人定粮，如整劳力每人580斤稻谷，半劳力480斤（包括老人）稻谷，1—10岁、10—16岁口粮数，再留起每亩种子数（春夏秋种子），留起生产队牧场饲料，除去后余粮征购粮。全年指标产量－口粮－种子－饲料＝征购粮（包括农业税粮）。如果超指标产量完成上述任务，超产量可按劳动工分和口粮分配二八或三七开，"八"按劳分配，"二"按口粮分配，这样有个劳动积极性，又照顾了困难户和五保户。山区、经济作物、渔民、牧民等，无征购任务。改革开放后，土地分到户，落实生产责任制，统购数怎样分配，以生产队为基础，每人0.50亩口粮田，其余按劳力分田，征购任务按劳动田分配。

关于土地问题。原交通村在土改时大约有648亩土地，"大跃进"时平整搬掉坟、塘、池、畦、杂地大约30亩。当时农业税、统购统销，按以上田亩总摊。改革开放后，造民房造路，公共设施建设（厕所、游乐场、公路），企业租地费用，自造厂房面积，这些情况及数据不清楚。

关于企业发展情况。原交通村大约在1987年有唐小龙、唐松仁二人办起织布厂，只有4张布机，厂基在傅家抽水机埠头，原交通小学（后改为初中），接下去有李金木、傅华明、小松、潘生根、陈求先、傅柏松等厂，地址沿国道线路，怕地下工厂付税，村里想办法戴上"红帽子"，叫作富强布厂，统一办理执照，统一交纳税金，是合伙企业性质。过了两年更进一步开放，以经济工作为重点，各显神通，自己办理执照，自己办理包税制，有办公司名称，可办一般纳税人，开增值税发票纳税，小厂变大厂，发展有恒逸集团公司、金洋集团公司等。后来几个厂倒闭，与管理有关，

就把危房拆建为标准厂房出租求生存。卫家企业，大约在1985年村民王关富办起袜厂，地址在卫家山上（原麻花厂），因原料接不上而倒闭。两年后有蔡校泉、蔡志尧、蔡光荣、蔡观根、卫月兴、卫月祥等办起织布厂。

结婚时没有家具，现在生活满意

我结婚比较迟，大概是在1957年结婚的。老婆是我第三个哥哥介绍的，她是草漾村的。那时候找对象是可以自己找的，因为《婚姻法》已经颁布了。我那时候年纪比较轻，说起结婚比较随便，是大人逼起来才娶的老婆。

我们结婚的时候没有什么家具，我们的床是在开交流会时买的旧床，没有别的家具。

我们没有办酒，办不起酒席。结婚证领出后，我们摇着船就回来了。我弟弟还要简单，他家里都不弄，他就在乡政府旁边的空房子结的婚。也没有猪肉吃。因为那时候是三年自然灾害，我哥哥挑着一担洋萝卜，一担白萝卜来烧烧，萝卜也是因为他在乡政府里当文书，是组织委员，到农场里去买的。没有猪肉，用兔肉代替。

我们一结婚就要吃食堂饭了。第二年生了大儿子。

我现在有三个儿子。大儿子在1980年办了织布厂。我从乡政府退休后，一直在我大儿子的厂里做账。今年我不在儿子的厂里做了，我的耳朵也有点聋了。这种小厂，我一个月只要工作三天便可以把账做完毕了，报表也可以报好了。我不会用电脑，我的孙子用电脑开发票。

二儿子起先也是开厂的，后来倒闭了，现在为别人打工，主要是管生产的。二儿子有两个女儿，一个在北京国家的公证单位做英语翻译，现在大学教书了，月工资有1万多元。她是外语系毕业的，西安外语大学毕业，再到北京大学进修，去德国留学。

前年我的小儿子造了2间屋子，他是在部队里的，大概是连长级别，今年已经49岁，也不想退伍或转业。他是医生，在宁波军医院，这是一所非商业医院，是军队里用来看病的。如果转业就要到医院里去工作，医院是集体单位，他也不想去，想在部队待到60岁退休。他有两间老房子要翻修成新房子，但他没什么积蓄，我们把钱用在了这里。其他的，如吃的方面，我们花费不大。

我们现在住的房子就是小儿子翻新过的房子，已经翻新几次了。先是在新中国成立前，我们5兄弟只有两间老房子，互助合作吃食堂饭时我们分家了。两间老房子就是我和我弟弟两人住的，爹娘就在我们这边吃饭，其他人就放弃了老房子。1956年刮台风，房子上的屋檐都刮走了，墙要倒了，我和我弟弟二人拆造，其他人都不管了。拆造以后，现在我二儿子三间，小儿子两间。因为小儿子参军，两间老房子就只有两间房子可以造。小儿子没什么积蓄，我们把我们的积蓄拿出来翻修，两间4层楼，300平方米。

图0762　童墅自然村一角（2018年6月30日，陈妙荣摄）

图 0763　唐先根的住宅（2018 年 6 月 21 日，陈妙荣摄）

我们现在生活的钱是够的。我的退休工资每月也有 3600 多元，照道理退休工资每月有 5000 多元，但是我退休得比较早，属于小乡退休，那时候螺山公社和衙前还没有并在一起。大乡退休待遇高。现在我们有 3600 多元的退休金，也差不多了。我老婆有 1700 元，年底还有分红，每年每人有 900 元，我和我的老婆两人 1 年就有 63600 元，生活条件是比较好的，退休工资也没有什么大用场，有多余。像我这样的理发不用钱，每月都能免费理发。

我们吃的足够了，我们猪肉不太吃，主要吃菜，在地里随便种一些菜。我们现在没地了，就在那些废弃的地上种东西，像在桌子地里种种。

养老保险也有的。是乡政府给买的，大病保险我参加七八年了，没有超用，在个人账户上都有多余，前年一年余 1700 元，今年打进 3500 元，只用了几百块。

我身体挺好的，不怎么吃药，就是血压有点高要吃药，平时感冒咳嗽我都清楚吃什么药能吃好，我自己能看病了。

村里的变化是大的。改革开放前没有轿车，我们结婚的时候是摇船进来的，后来是自行车上坐着推进来的，改革开放后，是轿车接的，还要办酒。现在的人摆阔气，讲场面。

我们是老党员了，党支部的活动也是经常有的，在每月 25 日。要在表格上登记，还要带着市民卡过去。前一段时间是烈士扫墓，还有上党课，表现好的党员讲讲话。我们凤凰支部还是抓得较紧的，党员里无人吸毒，贪污盗窃的，基本没有。

村里给 80 岁以上的老人每月 50 元，乡里也有 50 元，像我这样的每月 100 元。90 岁以上的老人每月有 200 多元，像我的哥哥 95 岁，他每月有 200 多元，区里有 50 元左右，加起来有 300 元左右，养老保险他也是有的，每个月工资有 1800 元左右，足够用了。说年纪大的去世会留下十几万元积蓄。

村里还派钟点工或者保姆来帮老人家搞卫生。村里可能有个组织，我们这边有十几户人家，有人来帮他们洗衣服，搞卫生。换下衣服后，打个电话到村里，到时候有人会帮他们洗好晒干后拿过来，让洗的人签个字就行了。

村里的老年协会平时会组织我们去参观，去年组织我们到杭州参观 G20 峰会的会场，门票、车费也是村里报销的。

我们对村里是比较满意的，对生活是比较满意的。

七、那个时候跟现在都大不一样

——卫张泉访谈

访谈时间：2017 年 4 月 14 日下午
访谈地点：凤凰村委会小会议室
访谈者：杨健儿
受访者：卫张泉

受访者简介：卫张泉，男，汉族，萧山凤凰人，民国 34 年（1945）12 月生。1964—1972 年在卫家村生产队务农，1972—1984 年在衙前建筑队，1984—1989 年办预制厂、个人承包建房，1989—2003 年开织布厂，现居家养老。

图 0764　卫张泉（右）接受访谈（2017 年 4 月 14 日，沃琦摄）

那个时候的病，现在是不太会死人的

我没有见过我的祖父，我祖父有 4 个儿子，其中 1 个出生时就死了，我父亲是第三个。

我的祖父是在民国 34 年（1945）死的，当时，他只有 52 岁，我大伯 18 岁，我父亲 13 岁，我小叔 9 岁。

我的祖母是 1964 年"四清"时发高烧死的。那个时候不和现在一样医疗水平高，发高烧就变成肺炎，就透析，透析了一天一夜，然后死掉了。

我的大伯是 1957 年发高烧死的。对现在来说，医疗这么发达，那样的病是不太会死人的。现在的人粪都是排出去的，排到阴沟管子里。那时候的人粪供应相当紧张，因为可以做肥料，我们没有化肥就要到人家家里、公厕里去把人粪舀回来。半夜里我大伯到萧山去舀粪，撑船过去买。我们这里到萧山有 14 公里路。天还很黑我大伯就撑船去买了，去买的时候感冒了，发烧了，后来一弄两弄就变成肺炎了，是急性肺炎。那个时候萧山人民医院还在东门那个地方，氧气是已经有了，但我大伯就在人民医院死掉了，才 41 岁。

我的父亲是 82 岁的时候死的，我的母亲是 83 岁的时候死的。按现在来讲也有点老了。我母亲在 76 岁还是 77 岁的时候中风了，中风之后又有七八年，2006 年死的。

我兄弟姐妹多，有 7 个。我最大，有 2 个妹妹，4 个弟弟。老二，就是我之后的弟弟，1969 年去当兵了，到上海警备司令部。他当兵年数也长，后来到营级才转业的，去了萧山航道管理所，算航管区。

我的第二个弟弟是衙前初中毕业的，后来去杭州读师范学校，之后做了体育老师，去年刚刚退休。

第三个弟弟已经死了，是食道癌，死了 4 年了，死的时候只有 54 岁。

图 0765 20 世纪五六十年代，凤凰一带农民划船进城（衙前镇政府提供）

最小的弟弟也是部队里的，在河南空军一技校，毕业之后也是做了老师。他的老婆是河南信阳的，在河南信阳空军一技校，现在也转业了。他们都有十几年的军龄。他回来后，先是在萧山区纪委工作，后来到临江开发区当纪委书记，再转到萧山劳动局当纪委书记，是社保里的，现在因为年纪大起来了就调下来了，在萧山残联里当副理事长。

再就是我的 2 个妹妹，都是务农的。大的妹夫是开厂的。小的妹夫也是部队里转业回来的，他是 1968 年去当兵，转业回来在工商行政管理所工作，现在也退休了，因为年龄到了。我家就是这样一个情况。

那个时候连树皮草根都吃，现在大米食油免费拿

我们小时候吃、穿、住的情况真是和现在大不相同。那个时候，我们 7 姊妹还有我的父亲母亲，一共有 9 个人，只有一间平房。等我读书的时候，在我们房子旁边建了半间草屋。现在的人可能连什么样的屋子叫草屋都不知道。后来我稍微大一点了之后，半间草屋后面又建了半间屋子，等于是一间半屋子住了我们 9 个人。

一间屋子只有十几平方米，也不大。前半间是大厅，后半间是厨房。房间里这么多人住不下，上面有个阁楼，在边上放一个梯子，然后一个人爬进去。天热的时候，阁楼里透过瓦片射进来的阳光非常烫。一般的话，我们晚上在家里吃和睡。在卫家村那里有一座桥，天热的时候我们会在桥上放一张草席在露天下睡觉。早上队里面出工，我们就直接去干活了。我们都是这样过下来的。我现在是想通了，那个时候哪里会想到有现在这样的日子。

过去吃的话，最困难的时候是吃食堂饭。那个时候是"大跃进"，我们也是和凤凰村合起来吃的。食堂里都是粥，一两米粥，拿一个饭盒过来，有多少人就煮多少粥，一勺一勺舀给我们。

那个时候日子过得很苦，粮食很紧张，根本吃不饱，肚子饿得慌了连草根都吃。那时候有芦花草籽，在畈田里，田里有这样的草我们就去拔来，再把草跟粥一起煮一下再吃，甚至用手指去刮碗，把饭桶里剩下的都吃完。

原来晚上还要去割稻，现在田也没有了。那时候吃食堂饭，如果晚上割稻割到十来点钟回来，食堂里有番薯烧着，有个番薯可以当夜宵吃，我们高兴都高兴死了。说起吃白米饭更是高兴坏了。那时哪里有白米饭吃，有粥吃就不错了。因此你们现在这一代人是幸福了，我们现在也算是幸福了。

那时候年纪不大就要干活做事，不干活做事就没有工分。生产队里的工分是按等级来分的，最高是10级，10级劳动力干活干不过别人的时候就算9级、8级。10级劳动力的工分是12分，按照这样的意思来推，9级劳动力打9折，8级劳动力打8折。有些扣半个工分，12分的话只有11.5分，或11分。我们这种青少年做活力气也不够，种田什么的各方面都不会，就是割割草，往田里撒一些柴烧下来的灰什么的，只有几分的工分。

吃饭的工分是一级一级的，一个年代一个年代不同的。

初级社之前，是单干户，每户人家的地，你一块我一块的，跟承包田的性质是一样的。单干户的时候有一个自主权，如果种田是一个人在种的话，可以请短工，有些做不完的人，可以去叫田少的人来做短工。家里割稻、打稻只有我父亲一个人，因为我们家田有点多。我舅舅、外婆去世了，只有我母亲一个人了，所以我外婆的地也是归我们的，那我们的田就多了。田多的话，干活就来不及，所以承包给别人，让别人帮我们做完。忙的时候割稻需要很多人，我们再去把帮工叫来。那个是有自主权的。

后来到初级社了，我们没有参加。大家一起拼起来称为初级社，等于是都合作了，互相帮助，你给我做，我给你做。

人民公社就是一切都归集体，干活都要集体去干，合伙干。割稻也要集体去割。高级社搞过以后就是人民公社，吃食堂饭。"大跃进"弄得吃饭也都合伙吃了，一起吃食堂饭了。

最先是单干户，单干户变初级社，初级社变高级社，高级社就是田都归集体了，合伙干了，到"大跃进"，连吃饭都一起吃了，吃不饱连树皮草根都吃，就是这样一个过程。

图0766　21世纪初，凤凰村民私家车随处可见（陈妙荣摄）

凭票供应是后期，人民公社之后才出现的，是六十年代的时候。1965年就都要用粮票、用油票、用肉票、用布票了。原来像居民、工人这样的人都有供应券，除了布票、粮票、油票、肉票以外，那时候糖也紧张，所以有糖票，任何东西都要用票。

那个时候农村里讲订婚，要拿过去多少钱，多少布票。那时候衣服不是随便就有得买的，大多数是要做的，要用布票的。做的时候，就会说一套衣服要几张布票。做棉被被单也要自己去买布。

这个布票每个人发到的都很少，只有几尺。有些人结婚的时候没有布票，就去问亲戚们要，有些亲戚之间直接送票。还有些人自己不用布票就拿去卖钱，结婚的人就问他们去买，就像现在的黑市市场一样，多少钱一尺这样去买回来，也像是现在商业城里卖票子的人那样的。

那时候黑市交易是不在一个固定的地方的，都是听说谁家想要卖掉，然后去那里买。有些人是直接送人的，因为自己家不去扯布，衣服也不增多，旧衣服穿穿还够的，那么谁要布票就送给谁了，一般是亲戚、朋友。有些人是想着能换点钱也好的，衣服也不添置，那就把布票什么的卖些出去。

粮票也是一样的情况。粮票有全国粮票和浙江省粮票，有各种形状。全国粮票是全国通用的，那时候就算到饭店里去吃碗馄饨也要粮票，吃碗面要二两半的粮票，馄饨是一两的粮票。钱和粮票都要，很烦琐，不是现在这样只要钱就够了。

买衣服的话除了布票，也要钞票的。大概是什么时候停止的，这个我一下子也说不出来。

我跟我老婆大概是 1968 年结婚的。那时候有人介绍的，不像现在这样谈恋爱的。

那个时候结婚讲随礼，现在不讲随礼了。现在有些出 18 万、20 万元什么的，那时候我们是 368 块随礼钱、6 套衣服、几张布票、金戒指、金耳环等。现在金戒指、金耳环已经说不上话了，要讲轿车之类的了。

我们在家里办了 10 多桌酒，是可以坐 8 个人的四方桌，也不像现在可以坐 10 多个人的大圆桌。

结婚的时候，我们住在小小的平房里。平房是石头垒起来的，毛石块搭起来的，因为砖头买不到。有些人家是用隔板隔起来，然后用泥土填进去造的。现在造房子钢筋要用几十吨，水泥要用几百吨了。

改革开放包产到户的时候，我们家已经有 5 个人了，按人头分的承包田，我们一共分了 1 亩 3 分多的田。当时我还在建筑队里干活，但是季节到了，我们就请假回来割稻、种田了，那个时候要放农忙假的，可以请假回家干活的。

包产到户之前，生产队里就把谷分到户里面了。在刚才我说的"大跃进"时期，家里是不能拿这些的，都是归集体的，那时集体来收。饭也是集体在食堂里烧，每户人家都没有谷没有米的。谷种出来都是集体的，没有分到户。后来以生产队为单位了就分到户了。先是生产队粮食分到户，再是生产队解体了就分田到户，承包到户了。一家管一家种，自己说种什么就种什么，收成也是归自己。就是这样的一个过程。

图 0767　凤凰村民粮油免费供应（2010 年 1 月，凤凰村委会提供）

那时候我们吃的米基本上是自己种的，不是商品粮。因为自己收起来都是归自己的，收起来之后再晒干，然后再到碾谷场里去碾好，把米碾出来，很麻烦的。那时候路边都要晒谷晒草什么的，现在都没看到了。

现在种田的地方都没了，种菜的地方也没了。现在商品粮吃吃是舒服的，村里把粮票发给我们，我们只要到市场里去拿就可以了，不要钱的。一个人一个月20斤米，还有25块钱补贴，还有煤气票、油票。过年的时候还会发糯米和面粉之类的东西。

现在吃的都很舒服了，特别是我们凤凰村更加好，其他地方没有这样的条件。

农业税也不用交了，分田到户的时候还要交农业税，要出钱。现在都取消了，我们连田都没有了，都是吃粮食了。

农业税取消之后老百姓怎么会不高兴，老百姓只要有得分、有得拿肯定高兴。

那时候欠学费老是被留下，现在交学费只要写一句

我小时候读书是在现在还在的那个衙前农村小学里读的。那时候我们读书的人不多，有些同龄人都没有读书，我们都是一、二年级的人在一个班，三、四年级的人在一个班，五、六年级就分班了。我只读到四年级，没有上五年级。我年龄稍微大一点了，家里就让我干活了，我是把几本书藏在衣服里带出来这样读的。现在的话，只要想读就能读书。我们那时候想读，但是因为人看起来年纪大了，家里就让我们到队里干活去了。

村里的大队干部也叫我去干活的，他说："你这么大个人还要去读书？要到队里去干活了，再去读书饭篮子就要被扣下了。"因为是吃食堂饭，再读书就要没有饭吃了。那时候自己要读书，但是那些干部不让我读了。他问我这么大个人为什么不去干活。

我最小的弟弟读书的时候形势已经变化了，他高中毕业之后就当兵去了，像他们这样的就有提升的机会了。

他读书的时候，我们父母也是这样说的："你这么大个人了还要读书。"因为读高中年纪已经有点大了，起码是十八九岁了，我们都在干活了，我的小弟还没有干活。他们都觉得这么大了不用再去读书了，但是我是支持他读书的。我想的是那时候我没有书读，现在可以读书了，就要听自己的想法了，不用在队里干活，因为哥哥们都大了。我就跟他说："去读就去读，你去读好了。"我是支持他读书的。

学费之类的，是我父母付的，因为那时候的学费还是比较便宜的，不像现在我的孙子读书要花很多钱，那时候很少。

我刚读书的时候，我们家的生活条件也还行，因为那时候我们是有山和田的，田多的人就变成富农和地主，我们是中农。中农自己家里也是有一些自留地和田的。后来参加合作社了，就变成初级社、高级社、人民公社了。我读书的时候，是中农，是没有减学费的，我还记得我读书的时候是2元7角学费。

贫农一类的人，学费是可以减免的。我们那时候都是种种田也没什么钱，问父母去拿钱的话，母亲会问："怎么别人家不用钱，你怎么要钱？"因为年纪大了，没什么文化知识，她不知道国家是什么样的规定，只知道问"为什么别人家不用出钱"。所以我老是被留下来。傍晚的时候，老师会报名字说，某某人留下来。因为学费没有交，老师老是叫我留下来。然后我到家里去说，大人又说我们没有钱，别人不用出钱我们却要出钱。那时候我们读书压力也比较大，老师像这样催钱，我们

心里也不是滋味，难受。

那时候我们的学费是先欠着的，不拿出来每到傍晚放学的时候就老是要留下来。老师不会到家里去说，只会跟我们讲：某某某，你的学费没有交，等下留下来。所以我就老是被留下来。现在我孙子交学费只要轻描淡写一句明天要多少钱，钱就马上拿去交了。

我孙子在萧山三中读书，下半年要考大学了。我的大外孙女在美国读大学，已经好几年了，今年23岁了。我的孙子是最小的。我有3个孩子：两个女儿1个儿子。大外孙女在美国读书，二外孙女在杭州的职高音乐学院里读书。

两个女儿家里条件都挺好的。我们家的话，算是比较早在萧山开茶馆的。原来小女儿是在衙前邮电所管总机，算是电信局里的。那时候电话都是要耳朵里听着，接进来接出去这样接的。后来她离开电信局，去萧山开茶馆。开茶馆需要买茶叶，有一个萧山茶叶研究所里的人来卖茶叶，两个人就交上了朋友。我大女儿在萧山人民法院东大门的工人路开茶叶公司，他们的生意还比较好。

我的儿子开了个小厂，做涤纶丝，做外面缠绕的东西和用来把纸箱封口的胶带。

孩子们都挺好的。

从搞建筑到开织布厂

我以前是搞建筑的。衙前建筑队成立以后，我们去杭州干活。我是初小，稍微有点文化。其他人因为是农村里出来的，所以读书都少。那时候我们干活要看图纸，我慢慢地自学，然后有些会看了。后来萧山第二建筑公司成立了，第二期培训班开始的时候，我去那里培训。培训以后，我搞施工，搞建筑，做包头工。后来在建筑队里，我做了小领导，1980年我当了建筑队队长。

后来建筑队队长不做了，我在老马路上开了个预制厂，多数是做楼板，预制品。

后来又去包工程，因为我以前正业就是包工地的，所以有这么点技术。凤凰村有个五金厂，还有衙前加油站，以前那边还有另一个加油站，上面的雨棚是我造的。

那时候当包工头，也不像现在，钱也难赚的。既然是这个职业，也就这样一天天过去，不一定有多少钱可以赚。别人说几十万几百万这样赚，我是没有的，先赚一点，然后慢慢地把自己家里的房子建好。

我是1985年造的房子，别人家屋顶上都是盖瓦片，我全部是用水泥现浇的。在衙前我也算是第一批。那时候材料紧张，水泥、钢筋、砖块都要用指标，开后门是没地方买的。我们衙前有个水泥厂，水泥票子开出但要去提货的时候却提不到。

解决起来很烦琐，换票要去排队，还要去说好话，类似于什么时候给我拿几吨这样的话。现在如果要钢筋，只要打个电话，把钱付了，要多少钢筋马上就有人送过来，但那个时候买点钢筋真的是非常困难。我那点白水泥是我从正在杭州工作的建筑队那里好不容易才弄来的，都是要有指标的。我们的建筑队属于城南区，我们大家经常开会、学习，队长跟队长之间经常见面的，大家朋友间都有点关系，他们有门路，然后就想办法给我弄了一点出来，像是水泥什么的，不太好弄得到的。

再后来像现在这样土地紧张，我业务接不上就改行了，在家里开织布厂了。

当时衙前都开始织布了，轻纺我是一点都不懂的，我去把织布机买来在家里慢慢地开。这样一干再干，规模越来越大，到最后我一共有了20多台织布机。后来因为设备要更新，我个人胆量比较小，贷款要贷很多我也吃不消，旧织布机织出来的布质量不好，行情也不好，后来我就不开了。不开以后，我又开始开小圆机，圆机布织了一段时间后，我身体就不太健康了。2003年美国打伊拉克的时候，我到邵逸夫医院去动手术了，化验出来我得的是癌症，之后就开始做化疗。这样之后我就不开厂了，也不干活了。我就在家里种种自留地，休息休息。

　　现在身体还好，2003年我动完手术之后光化疗就做了6次，我复发的情况是没有，主要是各方面都没有让我生气的地方。我的儿女们在经济等方面对我很好，村里的书记也是比较关心我的，大家都很关心我。前年我的肝里面长了一个囊肿，就到萧山医院、上海肿瘤医院去看。我是参加了社保医疗保险的，按照规定我们到了退休年龄可以报82%，自己负担18%。我在社保报销完之后，药费总共用了十来万元。后来村里的书记跟我说："你不用担心你在医药费上面的经济负担。"他们也给了我一点补助，大概补助了3000块钱。

　　现在的话，我身体也比较好，也经常去检查，政府部门对我们也很关心，我们自己也感到心情舒畅，没有什么压力。

　　我家里的房子，现在已经造了第四次了。第一次造的时候是1967年，别人家都是茅草房，我们家用小石子垒起来造了一座房子，是我父亲造的。后来再造平房。现在我们住在老街旁边。卫家村在里边，我们已经搬出来在衙前老街前面了，在外边了。我跟我弟弟两个人造了4间平房。4间平房拆掉之后，又造了3层楼，就是我刚才说的1985年造的，当时是衙前一流的房子。去年又拆掉了，现在又在造了。

　　实事求是地说，那时候我的开创精神还算是很早很新的。后来身体也不好了，步子也慢下来了，年纪也大了，今年已经73岁了。

图0768　卫张泉的住宅（2018年6月21日，陈妙荣摄）

现在的村民生活和年轻人观念

作为大凤凰村来讲,应该是在合起来的时候生活大有好转的。我们的胡书记比较有经济头脑。原来马路边是那些乱七八糟脏兮兮的小房子,他把那一片全部规划好了之后又全部造起来。商品楼房的上面是出卖,下面是出租。菜市场也建起来,都设计得相当好。有些村里没有经济头脑的领导,乱七八糟一弄,店都被个人占用了,地皮也占用了,弄到最后集体也没有什么收入。这点他是弄得很好的。

我们卫家村就比较差了。原来最早的时候,我们卫家村在衙前说起来也是好的。那时候卫家村范围里的企业,都是公社企业,没有个人企业。公社企业造的厂房,都是占用我们卫家村的地的。原来我们的建筑队、预制厂、农机厂、丝织厂等好多的企业,都是占用我们卫家村的地皮,地都被集体占去了。有些地是在办企业时被占用的,后来都变成个人的了。这点就是村干部的水平不够高,结果被个人占便宜了,都被买走敲了印章转到个人手里了。像我们现在凤凰村的老胡书记就有经济头脑,集体的地盘就没有被占用掉,都回收进来。原来的供销社等因为现在要建16层楼了就都回收进来了。现在我听说那边的邮电所也回收进来了。而另外的像老汽车站都被个人买走了,一点集体收入都没有了。这就说明当干部也要有经济头脑,要为后一代着想。当时确实是拿到了几块钱,但是就这样被买断后来就没有了。

1985年的时候,我们家的经济条件即使第一名排不上的话,第二、三名总是排得上的。后来就是发展比较快,魄力大的人家里经济就上去了,我们就落后了。早几年我身体不好,现在年纪也大了,但我们现在的生活水平一般来说也不算偏低。我的养老保险是我自己买的,买了16年,因为

图0769 凤凰村门墙上的家风家训(2017年11月14日,范方斌摄)

是失地农民又补贴了8年，现在拿的话社保里也有2800块了，还有村里每个月补贴800块，这样我每个月就有3600块可以拿。

养老保险的钱，我老婆跟我基本差不多。现在生活水平已经算好了。多的人六七千还嫌不够，我已经心满意足了，我只是个农民，你说是不是。粮食也不用担心，只要去拿就可以了，只要保持身体健康，身体健康最重要。

我们的家庭消费也还好。我们自己家房子后面还有块地，我们两个人种种菜。我老婆70岁，我73岁，我们差3岁，都是老年人了，就种点菜。我的儿子媳妇还有孙子都住在萧山，我们家里就两个人，女儿们都嫁出去了。

我们也出去旅游。早几年我们香港、澳门都去过的，跟我们的女儿一起去的。

要说自己的愿望的话，我现在有房子在造，刚刚结顶，还要粉刷，我就希望能把房子造好。

至于现在的年轻人跟我们那时候的年轻人有什么不同，我认为社会在发展，形势在变化，按照我们的角度来看，现在的年轻人"勤俭节约"4个字是没有了，年纪大的人有些能节约的东西还是要节约，能省则省。现在社会上的年轻人，比如说现在有一碗菜，有大半碗没有吃，那我们会把它留到晚上再吃，年轻人的话像我的儿子、女儿都倒掉了。从浪费方面来讲，现在的人和我们那时候的人是大相径庭的。年轻人要讲卫生，卫生当然是要讲的，脏兮兮的东西吃进去对身体有影响，但有时总归是不够勤俭节约。

我们这种年龄的人原来是那么穷那么艰苦地过来的，人的本性还没有改变。饭也好，菜也好，中午吃的有的多，就想着晚上还能吃，年轻人没有这么艰苦过来的，饭什么都扔掉了，有这么点儿区别。

八、希望做过的能得到承认

——潘冬英访谈

访谈时间：2017 年 4 月 21 日上午
访谈地点：凤凰村潘冬英家
访 谈 者：杨健儿
受 访 者：潘冬英
受访者简介：潘冬英，女，汉族，萧山凤凰人，中共党员，民国 27 年（1938）7 月生。务农，曾任五六年农村民兵分队长、十五六年农村妇女主任，现居家养老。

图 0770　潘冬英（左）接受访谈（2017 年 4 月 21 日，沃琦摄）

我是爷爷奶奶抚养长大的

我是坎山镇勇建村人。我的爷爷奶奶是务农的。我的爸爸在上海做工，他在我出生后就死了，是死在上海的。后来我的妈妈到上海去了，妈妈去了上海也不回来了。她在上海那里给老板人家做嬷嬷的，在那里安定下来后就不回来了，把我们两个孩子抛弃了。那时候我还小呢。后来我的叔叔领着我去上海找妈妈，我的妈妈已经嫁在那里了，已经不朝向我们潘家的人了。然后我们住了没有几天，叔叔又领我回到了爷爷奶奶这边。是我们爷爷奶奶抚养我们长大的。

我本来有一个哥哥的，我的哥哥早就去世了，去世有 30 多年了。原来我们苦啊，我和我哥哥是爷爷奶奶抚养长大的。后来我的哥哥是病死的，那时家庭生活相当困难，没有钱看病。

爷爷奶奶原来是山上捡树枝捡松果的，到坎山施家村的地方卖，现在是可以开车驶过去的，以前是不可以驶过去的。他们下午去挖，弄个锄头去挖，然后第二天去卖掉，卖掉了以后买点东西给我们吃。

爷爷奶奶抚养我长大了以后嘛，我就跟着爷爷奶奶在地里干活。我有 1 亩 3 分地的，我的哥哥也是有 1 亩 3 分地的。然后我在小队里赚工分，我自己一个人做，我掘地也是自己掘，禾木也是自己栽种，我工分赚来，然后我的奶奶就弄东西来给我吃。

后来爷爷死了，我就只有奶奶一个家人了，然后我和奶奶经常在地里干活，空了嘛就去山上捡柴。我后面有个小屋，砍柴用过的工具都在那里收藏着。

我们有个叔叔，就是我爸爸的弟弟，也在上海的。后来我们叔叔要娶老婆了，也有自己的家人了，就剩我和奶奶两个人过生活的。

我这个人没有文化，没有爸爸妈妈，爷爷奶奶给我们吃就已经很好了，哪有钱读书，还有什么文化呢？

后来我去读了一个月的夜书。吃完晚饭就到后面的孙家弄堂，弄堂后面不是有个大平台嘛，就在那里读了一个月的夜书。我记性有点好的，他们写字，我就都是硬记的，或者有的时候我是心里这么记的。我原来会写几个字的，现在年纪大了，我字是没几个认识的，但我自己的名字还是认识的。有时候看看报纸新闻，我都是凑合着看看的。

16岁参加民兵，做过十多年妇女主任

我是16岁参加民兵的，那个时候女的也收的。我们晚上值夜、站岗。我每个晚上都去的，值夜要到后半夜，值夜就只有我这么一个女孩子，别的都是男的。到后来男的也不要去了，我说，你们不去我去，然后就我到队里啊。以前也有不好的人的，然后我就蹲着看。有个人，她的老公半夜里要弄死她，我就一个人过去帮，就是不让她被弄死，后来她嫁到了新凉亭，现在儿子女儿也很多。我不是吹牛，我实际就是这么做的。

我在坎山做过妇女中队长，那时候妇女中队长也是很大的称呼了，相当于现在村里的干部。我做过很多年干部，坎山妇女主任也做过，然后我在这里凤凰大队也做过妇女主任。今天那个老太太没来，她经常说："你以前做干部时，总是饭都不吃做事。"我真的是饭都不吃做事，就是忙工作，晚上要到一两点钟才睡。其他嘛，搞试验田、学农机具，我都做的。我在家里不怎么待的，经常在田里头啊，经常搞工作的。

我在坎山，他们个个对我好的，过去他们都"冬英姐姐，冬英姐姐"地叫我，我到这么老了他们也总记得我。我对待别人也都很好的，我帮助过许多人，他们做不动了，东西挑不动了，我去帮他们挑，东西背不动了，我去帮他们背，晚上拿稻草，路都看不见了，几个人不会挑，我都给他们挑到家里，我力气一点都不藏的，我有力气就帮他们做。

我家自己的稻草都扔在后面，等到第二天天蒙蒙亮，我再把自己家的稻草去挑回来。

我这个人不太计较的。原来不是开食堂嘛，有时候，我干活迟了、累了就在食堂里靠靠就算睡了一夜了。我这个人从小身体比较好的，我心不是很计较的，我很放得开的，他们叫我做什么我就做什么，只要他们用得到我。我是这样的思想。我这个人思想很好的，从小到大不在背后弄别人的，人家不好我还要去帮救的。

我后来是怎么回事呢，我没有文化，然后队里支教，我说我不去，因我没有文化的。后来我还是去了临浦、义桥去学习使用一种农作机器，学会了以后我来宣传帮教，都让他们学会。这个机器非常大，在田里开起来非常重，坏了，我拖啊拆啊，一个手拖一个手拆，田里非常泥泞，我都这么做。后来我自己生了场大病，累死了。

我到了这里啊，十大功劳一笔勾销。我们那时候很苦的，就是政策在改变，嫁到凤凰大队以后，生活开始一点点好起来。

我的能力是有点强的。我也做过凤凰大队的妇女主任，我们全大队的妇女都是归我管的。做花边，我去把花边拿来，每户人家、每个妇女都分给她们做，什么时候要回购了，我就挨家挨户去收起来，集中再送出去，把钱换回来，又挨家挨户再去分给她们钱。我没有文化的，然后有个食堂会计在帮我记账，一笔是怎样的，一笔是怎样的。真的再和你说，这里的人都是高中生、大学生、博

士什么的，很有文化的，我文化没有的，读了几天夜书能认识几个字。我的记性有点好的，我是硬记记的啦，就这么心里记记，脑子转转。

总共当过五六年的民兵分队长，十五六年的妇女主任，妇女主任的工作就是开会、种田比赛、学习交流、参观等。没有工资的，只有4分的工分，最多5分（那时1个工分只抵几分钱），有时候去开党员会了，会有一点点补贴钱，别的没有的。我当了这么多年的干部，一点工资都没有的，我现在也是接受了，不想了，不要了，我只要够用就好了。

19岁结婚，过去吃了多少苦啊

我19岁结婚的。那个时候有媒人、介绍人的呀。我是在坎山的，我老公的妹妹嫁在我们坎山那边的，她介绍的。也可以说，我是我的小姑说过来的。我的老公原来是船厂做船的，也是很老实的人啦，不太说话的，然后我在他家住下了。

图0771 农村妇女样样农活拿得起，是名副其实的"半边天"（董光中摄）

我老公有4姊妹，他们也苦的。我们和公公婆婆一起住了七八年。我对待公公婆婆都很好的。我就是早上起床就到田里头干活，干到9点钟回来洗菜做饭，吃过早饭又到田里头干活，到中午回来洗菜做饭，吃过饭又去干活，到晚上回来做晚饭。吃过晚饭，还要点煤灯挑花边，后来有电灯了，一整晚我都在做。这些花样呀，花线呀，我是去花边厂里拿来的呀，拿回家后，就照着图样挑制，挑制好了就去回给花边店，换点钱，有时候挑制5张花边只有1斤半米可以买。

那时候，我白天没有睡的，也没有空的，我们的田头很远的，有3里路呢，一天要走好多趟的，现在都有自行车、电瓶车，那时我们都是两只脚走的呀。晚上也不得空的，也在做活。做的活也刚够吃呀，一点都没有多的，这样还算过得去的。我这么说说我要哭的啦，我苦啊，我吃了多少苦啊，真的非常非常苦。

后来，我有3个小孩了，1个儿子，2个女儿。然后我们就分开了，没有跟公公婆婆一起住了。我这个人向来老实的，我到现在走出去都没有人说我差的。

我白天、晚上干活，一会儿都没空的。小孩没人管啊，爬来爬去的。我的大儿子从桌上摔下来过，摔得喊不出声，死了。没办法，我早上出门中午才回来，哪里有现在这么好，还是现在舒服，我家里米淘一下电饭煲烧烧，以前哪里有空，小孩子都没有人管。

我们有时候还没有菜吃的。地里的菜，人家都割走了，我去把菜根削下来，真的只有一点点，然后我老公把它洗干净，烧来吃。盐都没有，酱油更不用说了。家里有3个小孩，端午的时候，就到街上买3根黄瓜，不多买的。我们这里迷信的，我就先供奉太太，完了再分给小孩子吃，本来端午要吃五黄，我们没有钱买，只买了黄瓜，给小孩吃。

那时候我老公不在家里，我们的工分是少的，多的人家堂前叠满谷子，照工分来分的呀。我和我儿子两个做做那么点工分，我不是常做的。我当妇女干部的，经常去开会的，经常在萧山开会，公社里开会，村里开会，因此我工分少。以前我赶来赶去的，我老公船厂里工资只有33块一个月，给我婆婆3块，我们自己要买黑市米吃呀，30块钱要买黑市米吃，屋里头的日常开支都要用，也不够的。

有时候我在萧山待一个星期，开会回来以后，家里米都没有一颗。我回来，家里说两天没有饭吃了，我说别吵别吵，我会去弄来的。隔壁人家很好的，说："你们家饭没得吃？"我说："是呀，我不在家他们哪里有得吃，我在嘛我会想办法。"我老公真的很老实的，话都不怎么会说的。那时候孩子也小，我老公不会弄。我从汽车站回来了，他和儿子就来接我了。

我买塑料小手枪回来，我儿子高兴死了。那种玩具5块也有的，3块也有的。我开会回来给他买点回来，他就高兴死了。我在萧山开会我自己也不买东西吃的。袋子里有几块钱，但是我一点都不去买点吃的。我买了10颗糖，花了1角钱，1分一颗，回来一个人两颗糖，婆婆和我们分开的，我照样也拿去给婆婆吃的，她3颗糖，还有7颗糖我们这里3个人分，给儿子3颗，两个女儿一人两颗。

有的时候生病了，郎中都没得看，他们过来帮我刮痧。就是在背上刮痧，到了下午出一层汗，人清爽了就好了。

后来小孩长大了，会赚钱了，一点点赚起来，从农村到工厂，从赚工分到赚工资，维持一家人的生活。

书让小孩读呀，他们懒惰不肯读呀，刚刚你看到的那个人（大女儿），我把她送到学校里去的，书包也给她放好，说"你好好读书"。我出门的时候，她又在我屁股后面走出跑回家了。3个人都给他们上学的。

我的儿子读到初中。以前我们没得吃，学校学农就到农场里干活，每天有半斤米票分给他们的，我儿子蛮懂事，也蛮忠厚的，不太爱讲话，农场学农干活为了赚一些粮票贴补家里，后来粮票没有分，我儿子生气了，在三中读到一半他说不要去读了，我米票也没得拿。我们劝他去读，他就是不要读了。我们这里也花钱那里也花钱，没多少赚的，儿女很心疼的，都读到一半不读了，逃回来的。我说："你自己没有文化，你不要怨我，我送你去读书的。"

小女儿也读到一半。她在学校里和同学吵了架，也不去读了。是因为米票，我们家没得吃，别人有米票她没有就不开心了，不读了。我说："你们有得读不要读，我没得读想读都没有读。"我只读过一个多月夜书啊。如果让我读，我可能就有文化了。我只读了一个月，报纸上看看也有几个认识的。

现在是好，条件也好，真是在享大福。吃也不用愁，用也不用愁，穿也不用愁，还有钱拿。

现在我是四代同堂啦。我儿媳妇是坎山勇建的，孙媳妇是余杭临平的，我曾孙女叫叫2岁啦，我儿子他们房子也造了，占地90平方米，三层的。我老公退休后在家里，几年后死了，今年他已经死了10年了。现在家里很热闹，大家都在一起住。

我现在每个月有1500多元的养老金可以拿，用用够啦。以前20块钱一个月也过了，现在这么多钱了，我怎么会花完？又没有什么大事情的。有时候自己去买点吃的，有时候也不用买，儿子媳妇会买回来的。水果啊，糕饼啊，摊着我也不要吃啊，不想吃啊，以前是想吃都没得吃，烂苹果都想要咬几口，现在是有得吃不要吃了。现在生活条件真是好啊。

我女儿有时候也给我买衣服的，媳妇也给我买的，这件我自己买的。现在吃也有得吃，穿也有得穿,还穿不完。

我是个党员,每次村里通知单拿来叫我去开会,我都去的。旅游我也去的。前年我儿媳妇花钱让我去了次北京。现在年纪大了怕摔跤,我就不去了。

年代不一样,风俗不一样

我们那时候结婚,人家介绍的。我儿子也是媒人做介绍的,孙子找对象,是他们自己谈的,自己说好的。

我结婚没有什么仪式的,没有钱,办酒是长辈凑钱起来办的。我们那边就是我们叔叔从上海回来帮我们办的酒席,叫了自己姓氏的人吃了一餐,等轿子来了就抬去了。

那时候是八仙桌,不是现在的圆台面。那时候的菜也没有很好的,有一些东坡肉、扣肉就非常好了。以前很苦的,现在清明过节的菜都比那时好,高兴高兴的。

我儿子结婚有点好的,家里有房子了,装修了一下,做了点新家具,比我们那时好多了。

我在医院里也生过一个的,别的都在家里生的,去叫来了接生婆。那时候没得吃的,做产妇也没得吃的,就是腌白菜。现在做产妇真的是做产妇,一个月里都不做事的,以前生孩子不到一个星期家里的活就要做了,现在和以前大不一样了。

生小孩也没有人来探望的,都是自己生自己弄。现在生孩子,别人送来的东西吃都吃不完,以前没有的。

我孩子还小的时候,我的公公婆婆都死了。那个时候都是土葬的,有个棺材的,放进去到山上葬。以前都是这么葬,现在都要去火葬场。

我们迁过坟的,迁到公墓了。老式的人不迁的,换是换过地方的,但还是泥葬的。我老公就在公墓的,我的也已经买好了。

公公婆婆没了以后,东西一点也没有的,连桌子都是张破桌子,然后谁要就谁拿走。我们家没有什么东西好分的,不存在分家产。

传统节日嘛,现在我们端午什么的就买点吃的,烧来吃,或者有节气就买点吃的,以前我们没有的,不弄的,没有钱弄的。过年倒是弄的。有钱的话就去买一块条肉,没有钱的话就猪头买一个,这么弄弄。有鱼的话鱼买一条,鱼很小的用来请菩萨,没有钱要过年只有慢慢筹一点起来的。

请菩萨就是选个好一点的日子请。我们有什么就用什么请。米盘里盛下,盐盘里盛下,酒茶盅里倒倒,蜡烛点一点,香点一点,请请。自己有牲畜的话就杀来请,没有就买猪肉,猪肉哪怕没有钱也要买,一年了呀总要买点来的。有时候猪头买一个,猪头便宜呀,肉贵呀。猪头买个请请。

现在也请的。现在好了,和以前真是天和地啊。以前有什么呢?鸡倒是自己养的,鸡还是大的,我们自己养,总算鸡是有的。以前我们杀个两只,小孩子要吃啊,菩萨请完要斩来给他们吃的,小孩子要眼馋的。

现在不养鸡鸭了,养起来很脏的,去买来吃就好了,现在都是去买的。以前鸡也是自己养的,后来好起来的时候,我们猪也是自己养的。我们过年杀一只猪,一户拿一点去,另一户拿一点去。我们也卖掉一些,赚点钱的,一年我们不止养一只。那个草柴我弄起来烧烧。我们那时候自己有谷、糠,拌拌给它们吃,那时候已经好起来了,再以前没有得吃的,菜都没得吃的。

那时候的猪肉和现在味道不一样了,现在的不好吃,没有多少油气,也不香。那时候我们自己养的烧起来真的香啊，我们都是自己的谷、糠拿来，自己的糠好呀，然后别的东西我弄得来，外面大锅给它们烧饲料。我们人吃整颗的米，米屑都烧来给猪吃。后来家里好起来了我们就这样了，一年一年地好起来呀。

清明节，有空的话我就叫一群老太婆来念佛，老太太她们没有空来家里念佛的话，我就自己到外面店铺里去买佛（冥币），买来烧给死去的长辈。去世的长辈也要记得他们的，他们也在盼望啊。以前我们自己也没得吃，他们也没得吃。

请老太婆来念佛，要付她们钱的，现在贵啊，现在要800多块钱，13个老太婆念一天佛要800多块钱。

我自己不去念的，有时候念大佛去去，别的我不去的。因为家里走不开。他们人也没有，饭要烧的，菜要烧的。这几年我也不要烧了，我不要弄了，他们也嫌弃我烧得差了，我没有办法，只用电饭煲把饭烧熟，菜儿子他们自己下班回来烧。

八月半，有时候猪肉去买一块来，现在有得吃了，猪肉也不要吃了。要么去买一只鸭子来。我儿子经常买排骨的，要吃骨头，要吃排骨了。干菜焖肉还要吃的，别的都不要吃了。

冬至，也要做庚饭，做给祖宗大人们吃。

对，一年一般要做四次庚饭，清明、七月半、冬至、年三十夜。比如说有人去世了，按旧习惯还要有死节气。

农村人的习惯是冬至大如年，所以要做冬至庚饭。清明也要做的，还要去坟头上坟。再过一个月，我老公要做90岁阴寿了。

那一般的庚饭，小弄的话，我女儿她们来，我把菜买来，然后她们做，做好了就叫他们一起来吃饭。我的小女儿在大队里搞卫生的，她有时候回来做，或者我儿子有空早点回来，这么弄。大家都很忙。我做"万寿无疆"时认识的老太婆，她们家是儿子早班中班晚班换的，还好。她是自己煮自己吃，不用管儿子了。我家里还要管的，有时候孙子出去了，回来要吃的。我儿媳妇出去了，我早上帮她买个饭团。

我们那时候出工、开会，我要在桥头吹哨子的，让大家排队排好，给他们做"万寿无疆"，做好了就可以走了。"万寿无疆"是什么意思？就是喊口号，就是要出工去了。以前出工、收工、开会都要吹哨子的，做"万寿无疆"的。

现在老了，就是一日三餐做饭。家里有事，有人来了，要招待他们，有人要来吃饭我总要去买点菜烧饭的。我儿媳妇在村里做会计，要到11点多才回来，烧饭也来不及了。别的，茶煮煮，煤炉烧起来，也没有什么事。有时候上街去

图0772　潘冬英做家务（2018年6月13日，陈妙荣摄）

买点东西，街上聊天也要花点时间，一会儿就中午了，晚上了。下午茶煮煮，也没什么空的，自己的衣服要洗洗，他们要帮我洗，我不要的，自己还行就自己洗，不行了就以后再说了。

现在身体好的。前段日子生病，去挂了3天盐水。人是在挂盐水，心还是在家里，没有煮饭心里很急。他们要回来吃饭了，我家里饭还没有煮。没办法呀，我饭总要烧的，我80岁了呢。

图0773 潘冬英的住宅（2018年6月29日，陈妙荣摄）

对，我管着家，就是这个屋子我管着。只要我在这儿，没有陌生人来就好了。家里东西没有的话，我去买点来。现在东西贵啊，蔬菜便宜一点，荤菜比较贵。虽然有钱了，但也省着点花。要花钱的地方多着呢，比如谁家要结婚了，我们还要送送礼的，现在400块钱也拿不出手，起码600块、800块钱。

麻将，我不弄的，有时候大家坐在一起聊聊什么。他们叫我去老年活动室打打牌，我以前会打，现在都不会打了。

邻居对我很好的，我对他们也很好。那几个老太婆经常来聊天的，只要不说来说去，不惹是非，没事的。我80岁了，永不和人吵架的，不去说别人的，人家也不说我。有时候家里人要说："你不要走来走去，人多口杂要有是非的。"我说我一直在门口坐着，不走到哪里去。

这么多年，村里的变化是大的。我们十大功劳一笔勾销，工作做了很多，好处没有，坏处也不说。我这个人想得开了，过去我在公社里是有名额的，可是等到后来公社里发老干部补贴名额就不是我了，我多少也晓得里面的原因，我要去说，家里人劝我勿要去说了，现在日子好过了，算了。后来我就听家里人的了，就没有去说。村里党员照片也贴着的，我是1959年入的党，好多年了，我还是姑娘的时候就在坎山参加了新民主主义青年团。现在我这个人思想是这样的，村里给我多少养老金我就拿多少，不给我我也不会去说的。好过就这么过，粮食有得拿就好，饭有得吃就心满意足的。

我个人的愿望就是，希望做过的工作能得到承认。

九、我不用他们管，我自己一个人很活络

——徐阿秋访谈

访谈时间：2017 年 5 月 23 日上午
访谈地点：凤凰村徐阿秋家
访 谈 者：莫艳梅
受 访 者：徐阿秋

受访者简介：徐阿秋，女，汉族，萧山凤凰人，民国 26 年（1937）7 月生。一生务农，1975—1983 年间任凤凰村妇女主任。

图 0774　莫艳梅（左）、徐阿秋（中）、沈云海（右）合照（2017 年 5 月 23 日，陈妙荣摄于沈云海家）

这些房契山契是我婆婆传给我的

我叫徐阿秋，今年 81 岁。我出生在这里，也嫁在这里，爸爸妈妈、公公婆婆都是在凤凰大队里的，种田的。

你问的那些房契、地契、山契，已经湿掉了，粘住了，看也看不懂了。我小儿子叫我藏好，我说我现在已经藏好了，他说有人要看这些东西。

这些东西有很多很多年头了，具体的内容，我也不知道。我又不认识字，我就放好。我任何东西都不认识，但我真的任何东西都放好的，怕万一有什么用，没想到真的有用。

你看这些房契、地契、山契是什么时候的？（莫艳梅回答：这两张是清朝光绪年间的，这几张是民国年间的）

你问老沈家过去有多少家产、田产、店铺？这些都没有的，我们祖上都是务农的，家里没有什么钱的，就是劳动得来点钱，得了钱买进点东西，买进后，我们还是劳动的。比如这山是我们的，我们去山上折柴，卖钱，然后买米吃。

这是老祖宗传下来的，是我的婆婆又传给我的。

我婆婆也是凤凰村生的，她有 8 个小孩，大儿子、二儿子、姑娘、小儿子活了下来，其他都夭折了。

这个房契、地契、山契，原先算是家产，新中国成立前有这张纸是收官纸，意思是这块山是我们买的，山是我们的，如果没有这张纸，他们会说，你们的山买在哪里谁知道呢？新中国成立后就没有用了，改革掉了，大家都合拢了。

那时候一点小屋也有房契的。我记得那时候这里有个大操场，解放军用来放炮。那时候我不知

图0775 徐阿秋家藏的房契、地契、山契（2017年5月23日，莫艳梅摄）

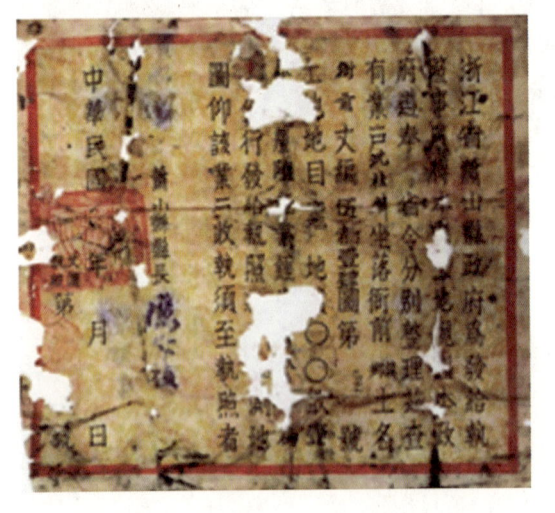

图0776 徐阿秋家藏的民国时期的土地证（2017年5月23日，莫艳梅摄）

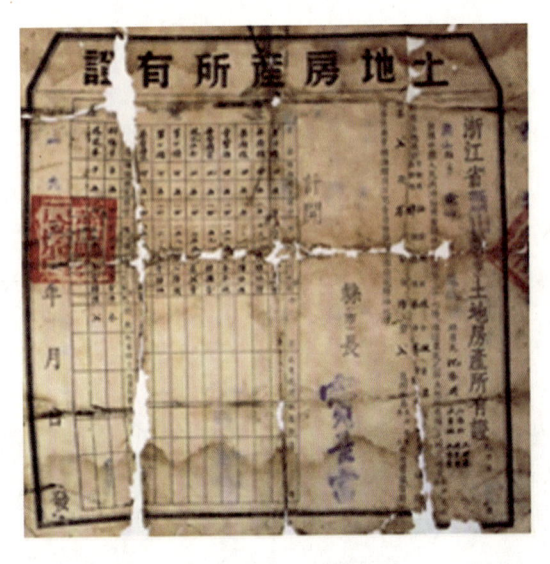

图0777 徐阿秋家藏的1951年的土地房产所有证（2017年5月23日，莫艳梅摄）

道有这个形势，不然这些地方用来造房子可宽敞了。现在我有这些地造房子就已经很好了。以前这个大操场是没人家的，我们就这点小屋，现在房子造着造着就造满了。

现新造的房子基地，这是我家过去的3间小屋，我们家只有一点点的朝东的房子，要住很多人。再往后一点，我的几个阿伯也有一点点屋子。另外，地都造屋子用掉了。

这些纸，他们兄弟两个都不知道的，也没有分过家产，原来都不分家的。只有我知道一点点，是我的婆婆存下来的，她把祖上买来的山和地的协议都放起来了，她去世前交给我的。

我婆婆是1995年，92岁的时候去世的。她也是一直藏着也没有用，一直保存下来，直到去世的时候交给我的。

家里有这么多房契、地契、山契，一直保存至今。那时候我婆婆的弟弟相当于村长，会来通知有什么"运动"来了，所以一直保存了下来。

我婆婆交给我后，我又不认识字，就把它们收在一起。后来我让我的儿子看看这是什么，他们说让我放好不要扔掉，就保存了下来。

孙子说奶奶在整个中国都不会迷路的

我祖上都是农民，向来是种地的。现在地都被用来造房子了，我们就轻松多了，现在我们只有一点土地了，就用来种种菜。

我出嫁之前也是种田的，我每样都做过：粮站里灌袋头，背袋头，挑石头、黄沙。现在已经都不会做了，挑不动了。真的我都做过，而且我轻的活做过，重的活也做过。我去过饭店里做馒头，去过食堂里烧饭，也做过打麻包。那时候家里没有吃的，我们去打工，去赚两年。因为我是大姑娘，所以我动作算是快的。拎半篮饭，走到靖江，第三大路，这样要从晚上开始走。那时候我算动作快的，给我6角钱，然后我走到坎山的东升丝厂，走出去走回来，半夜出去半夜再回来，每一天都是这样。这样来赚钱。

我做大姑娘的时候，家里没有吃的，赚钱把米量回来，我们就有得吃了。那时候要问别人借一升米，可气了，那时候真的很苦。

我是20岁出嫁的，老公家也是凤凰村的。我婆婆说沈家是很久很久之前，大概是晚清的时候，从大义村迁到这里来的，不是从长巷村迁到这里的。

以前生活很苦的，现在生活好了，我们翻身了。以前要去地里干活，但是没有什么吃的。以前我什么都吃过，像革命草、蒜瓣苋、夜郎鸡都吃过。

1960年前的我老公种田，在食堂里吃。那时萧山在造小高炉，他去那里工作了2年还是3年，后来去了小凤（地名）。种田讲的是多劳多得，我一个人在小队里工作，我们有3个小孩，负担很重。因为多劳多得，做得多的有得分，像我一个人做就没得分。他先在小高炉后来去小凤，有一天我叫他逃出来，那时候眼光放得近，那里养老保险都有得拿。我的阿叔先去把棉被拿回来，他就在半路上逃回来，逃回来之后他的户口就没有了。我在5队里工作，他被划到4队。户口没有的话，粮食先拿一点给我们吃，这样弄弄，就把他带进去，又变成农民了，后来就后悔了，再后悔就来不及了，以前是农民户好，后来又是居民户好，农民比不上工人，现在又是农民好了。那时候要赚工分，我想没人就让他回来，他后来养老保险也没有了，一直在种田。

我以前没有读过书，那时候生活苦。我的儿女们读书的钱也是借来的。3个小孩读书，我们根本就没有钱，我到处去借钱，要是借不到就哭一场。

我的大儿子是高中毕业，那时候高中毕业比现在你们大学毕业要好。我的女儿初中毕业后，我让女儿去读高中，

图0778　徐阿秋小儿子的住宅（2018年6月21日，陈妙荣摄）

图0779　徐阿秋家四代同堂共进晚餐（2018年7月2日，陈妙荣摄）

她说不要读。村里的人说我重男轻女，我说我没有重男轻女。晚上我和女儿去大队里，我叫我女儿自己说。我女儿说不要读，我说："你们看我说让她读书，她不要读，不要读没办法的，你们不要来说我让小儿子高中读完，小儿子也不要读高中。"现在我说，他们要后悔了。我小儿子说他不要读，我说："以后你们不要说让大儿子高中读完，小儿子高中没读，是你自己不要读的，不要来说我。"我前几天说他们"你们知道迟了，是你们自己不要读书的"，但是他们现在都还不错。

大儿子沈海明在开五金厂，小儿子沈云海在村党委当委员，女儿嫁到山南（村）。女儿之前在食堂里烧饭，因为身体不太好已经退休了。女婿在公社里，从坎山公社调到瓜沥公社。儿子、媳

妇、女儿、女婿、孙子、孙媳妇都孝顺。

我现在就是东做做，西做做，这个做做，那个做做。那个时候，大孙子出生后，我去医院里搞了几年卫生，接着去厂里搞了12年卫生，我老公死掉后我就有5年没去工作了。

关于我的收入来源，村里每月会给我1660元，再加上我曾做过妇女主任，额外还有92元。另外，我自己也买了养老保险，加起来一共有2000多元。以前2000多元一个月想都不敢想，现在日子真的变好了。

我现在经常在想，人民政府真好，现在我还有养老保险拿，儿子们生活条件也很好。我自己拿养老保险自己用，儿子们叫我和他们一起吃饭，我也不和他们一起吃。现在我的牙齿咬着咬着要掉下来了。

我自己一个人生活。我的大儿子跟我说，让我吃得好一点，用得好一点，身体健康一点。我说现在我吃不下了。以前的时候想吃还没得吃，真是可怜，现在是有得吃却吃不下。他们要弄东西给我吃，我不要吃。

以前老头子在的时候，我们俩老人在大儿子家里煮饭吃，在小儿子家里睡觉；老头子没了之后，我的两个儿子叫我和他们一起吃饭，我说我不要吃。他们问我为什么不跟他们一起吃，我说我一个人感觉比较好。我一人想上灶烧点吃就上灶烧点吃，我喜欢买东西，你们也不用来管我。我的小孙子说，我的奶奶真让人省心，别人的奶奶走出去可能会失踪了，要去找，我奶奶不会失踪的，也不用去找她。我们家云仙说，你们的奶奶大概在整个中国都不会失踪的。我不用他们管，我自己一个人很活络。

我没有什么心愿了。现在真的比以前好太多，想想以前要养孩子，没钱没吃的，现在能有的都有了，很满足了。子女们也生活得很好，小孩子好才是真的好。

健康长寿的秘诀就是乐观开心多动动

我婆婆是长寿的，92岁。我老公是81岁的时候去世的，连病都没生就死了。我也是长寿命。我老公去世有5年了，要是他不死，我还会在厂里干活，搞卫生。

我现在从早到晚，种种地，还有在家里做做元宝。

地是集体多余的地空下来的，种的菜是自己吃，没有多的卖。

我晚上睡得少，早上四五点钟起床，吃掉冷饭，挑100多斤化肥、农具等到菜地干活。中午、晚上再去一趟，这样才有钱赚。

平常自己一个人住，自己煮饭烧菜吃。

除了干活、种菜、煮饭烧菜，就是参加庙会，组织捐钱，联系大家凑钱。1年两次，10月24日一次，5月13日一次，一次能凑1万多元。你看，都在这里，多少人口多少钱，要是有多，就让他们算好，存到银行，下次再拿出来用。

你看，这一页记的是去年10月24日

图0780　82岁的徐阿秋喜欢用翻地种菜来休闲（2018年4月7日，陈妙荣摄）

城隍菩萨生日的时候，23个人捐了11208元。这几页记的是前年关帝菩萨生日的时候，148人捐了12000元。有捐500多元的，有捐1000多元的，捐多少完全是自愿的。

捐来的钱，叫我的儿女们或邻居其他人登记好，买东西也都要记账的，买进多少，卖出多少，全在这个本本里。我们有3个人，我不去银行的，有多余的话，他们拿着我的身份证把多的钱存到银行里。现在已经有存款了，我去拿肯定有钱的，现在还有7000多块钱。

我现在经常在想，现在我年纪大了，形势也变好了。在凤凰，我有2个儿子，2个媳妇，2个孙子，2个孙媳妇，2个曾孙女。我有钱，他们都不要我的钱，有时候我就给他们烧烧饭。他们需要什么东西要办什么事，我这里有的，就让他们拿去，我拿着又没有什么用，死掉又带不走。比如，家里祖传下来的箱柜子，好扎实的，他们拿去给村里的民俗展览馆了，我没有反对，无偿捐出去了。

他们对我都很好的，儿子好，媳妇好，孙子好，孙媳妇也好，都很看重我。孙媳妇要去上班了，会对我说"奶奶我走了"，也会买东西给我吃，我只是牙不太好，吃不下。

我现在生活很好，在享福了。人要思想乐观、开心、健康，能多活几年。

我身体很好，什么都爱吃，什么都可以吃。有些人有忌口，我都不忌口的，只是现在吃不多了。晚上吃过饭后，要去旁边人家家里聊聊天，走动走动。

你看我抽烟，酒也喝的。

在大姑娘的时候，只抽一点点尝尝，后面就有瘾头了，到现在抽了30多年了。

一天喝两顿酒，喝烧酒，一顿喝一两多，三四十度的样子。

身体健康，没有什么大问题，我体质好，什么疾病都没有，高血压、糖尿病都没有的。

图0781　徐阿秋干活归来（2017年11月15日，莫艳梅摄）

我每年都检查的。我以前都不吃药的，感冒什么的就用刮痧这种传统治疗方法。我医院里的200元药费基本上用不完。不过，我的脚因为跌了好多跤，有时会疼痛。

我这个人心态很好，觉得小病小痛没必要当回事儿，因为年纪大了总是会有一些不舒服的地方，不必太担心。

村里像我这样活到80多岁的人，多的。他们不大出去活动了，我还是闲不住的。我今年上海也去过了，之前北京、天津也去过了，我蛮喜欢活动的。

长寿的秘诀，首先是生活条件变好了，没有以前那么劳累，然后就是我这个人很乐观，很想得通，没什么烦恼；最后就是多动动，能做什么事就做什么事，想做什么事就做什么事。

图0782　徐阿秋在老屋做元宝（2018年7月16日，陈妙荣摄）

十、村里发展经济大多是我在提建议

——胡和法访谈

图0783 胡和法（左）接受访谈（2017年4月12日，沃琦摄）

访谈时间：2017年4月12日下午
访谈地点：凤凰村老年活动中心
访 谈 者：杨健儿
受 访 者：胡和法

受访者简介：胡和法，男，汉族，萧山凤凰人，中共党员，民国30年（1941）7月生。1955—1957年任坎山八大村生产队会计，1957—1958年任凤凰生产大队出纳，1958—1962年任明华生产大队助理会计，1962—1974年任凤凰生产大队会计，1974—1981年任衙前街道综合厂副厂长兼会计，1981—1987年任萧山电器五金二厂厂长、凤凰生产大队党支部委员、副大队长，1987—1995年任凤凰村党支部委员管组织、工业，1995—2014年任凤凰村老年协会会长，2014年至今任凤凰居家养老服务站负责人。

出身雇农，当过村办企业厂长

我爷爷是造船的，父亲原来是种田的，后来是划小船送客人的，母亲是管家务的。

我有4姊妹，老大是姐姐，我是老二，老三是妹妹，老四是弟弟。弟弟胡岳法就是现在的村党委书记。

小时候家里很困难，很苦，只有1亩多租的土地，靠爷爷在船厂里打工和父亲撑船送客过活。

当时也就是勉强过活，低保生活。住的是平房，一间半老房子。穿的是土布，都是很差的布料。

我们算雇农，雇农是农民中最困难的，贫农的下一级。土改时，村里给我们一家6口人分了1亩多田，分在山坳里，还是不够用，要靠我父亲工作维持生活。改革开放后包产到户，我们家6口人，分到2亩4分土地（一人4分田），粮食问题可以说是解决了，但生活条件还是没好转。后来我父亲生病，而我弟比我小8岁，整个家庭就靠我工作维持。

我8岁开始读书，当初读书都是在祠堂里。我读书读到新中国成立后，15岁时从定一小学毕业，那年是1955年，我就在田里劳动了。

十六七岁的时候，我到坎山八大村当了一年多的小队会计。后来回到自己村里，当了半年多的大队出纳。又到萧山参加会计培训班。培训班出来后，我被分到明华村当一个小队会计，然后又当大队助理会计。

那时候我学会了摸冠鸡（河蚌类），用来改善伙食。明华村有一条河，天气热的时候，我这个当助理会计的和另一个会计一起下到河里,去摸冠鸡。这个事情要有一套办法,要有一只大的篮,旁边缚着一根竹。一开始篮里面都是石头,摸到一个冠鸡,一次性拿它不起,就靠这个篮定位定在那,第二次再下去,把冠鸡摸起来后,石头扔出一块,把冠鸡放进去。摸好了以后,我们两个人把冠鸡剖开,晒晒,和霉豆腐一起烧,当小菜吃,十分美味。

1962年下半年,我回到了村里,因为村里要求我回到凤凰村当大队会计,当时财务队伍整顿,刚好那个大队会计是地主反革命的儿子,所以他就不当了。

我这个大队会计当到1974年,我们村办五金厂,我就去当副厂长兼会计,一直当到1979年。我们这个五金厂是靠衙前街道综合厂的牌子办的,原先我们村是没有营业执照分的,不能办企业的。我们这个厂是城南区骨干企业,也是萧山骨干企业,办得比较好的方面是企业管理,比如企业质量管理、生产管理等。

图0784　扒螺蛳(2018年,邵江飞提供)

厂里有财务科、生产科、供销科、技术科,各科室是齐全的,而且那时候我们有200多名职工。

1979年因为我们这个厂是骨干企业,我们村农业生产又搞不上去,上面就说我们村重副轻农,就把我们厂一个跑供销的停职了,把我也停职了,一停停了66天,66天中刚好是过年。这场运动把一批认真工作的人打下去了。运动后,我不兼厂里会计了,原厂长调为副厂长,我由副厂长调为厂长。运动过后,村里又要把经济搞上去。村里要发展,就要我和我弟弟入党。但是因为运动太多,我们当时并不想入党。

在此之前,李区长到我们这儿来视察,感觉我们村搞得不好。他到下面走访后说,我们凤凰村想搞好就要我担任书记。但当时我不是党员,他们就和我谈话,让我打报告填志愿书之类的。原来的书记认为我一当书记,他就要被调走,就让我自己保管志愿书。所以这个资料最终没有送上去,上面没有批,而我也不想入党。一年后,李区长又到我们村来了,又让我填了一份志愿书,但是我还是放着。后来在一批"双打"运动中,从我办公室搜出两份志愿书,他们问我为什么放着,我说村支部书记叫我放着,我就放着,但是其实我自己也不想交。

运动一过,我和弟弟就在1981年入党了。当初碰上组织改选,村里让我当书记,我不愿意,当了副大队长,管工业,兼五金厂厂长。因为办得有成效,1984年我被评为杭州市乡镇企业优秀供销员、萧山县办厂能人,1987年被评为萧山县工业先进生产者,这是上级对我们的一个认可。也就是1987年,我到村里管全村企业,不当厂长了。后来也有好几个人去五金厂当厂长,再后来1992年工厂转制,动产拍卖,不动产也转租给个人。1992年时,我也52岁了,从支部委员的职位上退下了,因为有规定村级干部年龄到50周岁就不能继续当了。后来我担任村委委员,当了一段时间也退掉了,改当老年协会会长,平时慰问老年人,开展老年活动,搞搞老年教育,请外面的老师、医生每个月来上课等。

改革开放以来,村子经济方面发展比较好,发展了工业和商业。我们村靠农业富不起来,要靠

图0785　2009年3月胡和法到台湾旅游照（凤凰村委会提供）

企业。在1992年前，是搞村办企业，后来是个人企业，建好厂房和营业房出租，目前为止收入还是以租金为主。现在，农民收入提高了，可用资金来源比较多了，福利待遇提高了，村民都得到享受了，老年人的养老金提高了，60周岁以上老年人还发助养金。

目前集体企业不搞了，村里正在发展旅游业。因为凤凰村是农民运动的发源地，所以利用这个优势发展旅游业。

虽然现在我们这个村的经济发展上去了，但如果当初我没调到凤凰村来，是上不去的。当时我们村里很多村办企业，要在村里把村子发展好，是要动相当多的脑筋的。我们村几个书记都没有多少文化，发展经济各方面大多是我在做参考、提建议的。

条件改善，五个小孩在国外读书

我是24岁结婚的。我老婆是明华村人，是我还在明华村当会计的时候，别人给我介绍的。老婆是种田的，没有文化。

那时候我已经回自己村了，是1964年举办的婚礼，当时按照农村的风俗，用船去接新娘，还办了七八桌酒。

现在我们已经退休，一年养老金加起来一共6000多元，两人收入十一二万元。

我参股了凤凰纺织，凤凰纺织是我们村民组织起来的股份制企业。

我现在是60万元参股，一年30%的利率，每年可以分红18万元。参股上百万元的人也有的。

现在住在村背后，原老房正在翻新。翻新毛坯房大概花了80万元，装潢没有什么底，几百万块也有可能，几十万元的也有。装潢好了，也是我们二老住。

4个孩子，大女儿在社区担任书记，大女婿搞五金，二女儿搞轻纺，三儿子相当可惜，浙大电子工程系无线电专业硕士毕业的，但是早两年去世了，才40多岁，当时已经是副厅级了。他是金华移动公司总经理，得了肠道癌，去香港治疗的，保守治疗治不好，相当可惜。小儿子现在凤凰纺织当副总，我弟弟的女婿在担任总经理。

儿女很孝顺的，他们很关心我。我

图0786　胡和法的住宅（2018年6月12日，陈妙荣摄）

现在生活可以自理,他们足够供 5 个小孩在国外读书。大外孙女 28 岁,在美国读完书了,目前在谷歌公司工作。二外孙女也在美国读书。二女儿的儿子在美国读研究生,今年 4 月 30 日毕业。大儿子的儿子 21 岁,在加拿大读大一。小儿子的女儿在英国读美术系,搞服装设计。费用每年 30 多万元,他们自己出的。

我平常兴趣爱好,就是喝点酒,抽点烟,看看电视。

我现在居家养老,没有什么愿望了,只希望毛病少点。现在血压和血糖高,长期吃药。

也希望村班子能够稳定。

图 0787　胡宅庭院里的石榴红了(2018 年 8 月 14 日,陈妙荣摄)

十一、我的人生经历

——曹行舟访谈

图0788 曹行舟(右)接受访谈(2017年4月12日,沃琦摄)

访谈时间：2017年4月12日上午
访谈地点：凤凰村委会小会议室
访 谈 者：杨健儿
受 访 者：曹行舟
受访者简介：曹行舟，男，汉族，萧山凤凰人，中共党员，民国38年(1949)5月生。1964年在家务农，1969—1974年在部队服役，当过给养员、班长，1974—1975年在家务农，1976—1977年任杭州十一中农场教师，1977—1982年在萧山城南区造纸厂、印刷厂工作，1983—1986年任衙前镇五金厂车间主任，1987—1989年任凤凰塑料厂副厂长，1990—1991年任萧山无线电二厂生产科副科长，1992年至今任凤凰村委会办公室主任。

工农兵、教师都当过

我的祖父母和父母都去世了，他们都是以务农为生的。我的父亲当过凤凰大队长，在63岁时患食道癌去世了。

我们家有8姊妹，3个兄弟，5个姐妹。有一个姐姐在33岁的时候因为心脏病抢救无效去世了，所以现在还剩下4个姐妹。在兄弟中，我排老二，在所有兄妹中，我排老四，他们基本上都住在附近的村里。

我父亲是1920年生的，他小时候讨过饭。到我们小的时候，家里条件仍然很差，住的是草房，后来才借钱从别人手里买进了一间小房子，我们那么多人就住在一个小房子里。我们睡觉的时候就是这么隔开睡。后来我们长大了，家里空间不够，就睡到别人家去。

那时候的生活是相当苦的，老大穿的衣服给老二穿，老二穿完再给老三。我总是说，我们做老二的最吃亏，老大穿新的衣服，我们穿他的旧衣服，除非老二的身材穿不下了。

当时没有什么好吃的，以吃稀饭为主。后来吃食堂饭了，中午和晚上靠生产队里的食物，根本吃不饱。这个时候我还是10岁左右。

我12岁就开始干活了。家里穷，我只读了6年书，初中还没有读完，就参加生产队劳动了。

那时根本没有什么趣事，就是在田里干干活，日子就这么过去了。

"文革"的时候，我年纪还小，没有什么深刻的印象，那时就是"横扫一切牛鬼蛇神"，家里祖宗的牌位什么的，都清扫干净。

我 21 岁去当兵了，当了 4 年兵，在江西乐安。

为什么想到去当兵呢？一个是响应国家号召，另一个是身体许可。人家都是 19 岁就当兵了。我父亲当时是生产大队长，他不希望我去，因为总希望儿子留在家里。后来村里有些人向我父亲反映，说你们干部子女就不用当兵，我们普通人就要去当兵。后来我 20 岁的时候去体检，身体素质不符合当兵要求，又过了 1 年去体检，就过了，那是 1969 年。

我们是部队的炮连。我是农村出来的，心里想要在部队好好干。部队里领导对我的印象也很好。我第一年当战士，接着在炊事班里当给养员，就是买菜的，第二年当班长，第三年就入党了。

我那时候经历过野战。原本是在井冈山施工，井冈山是毛主席创建的第一个根据地，我们都知道，后来因为林彪想在井冈山搞复辟，也没有搞成，我们就在井冈山修好公路以后，到了江西永丰，后来又回到江西乐安。

1974 年退伍回来，也没有分配工作，就在农村里务农了。

再后来，政府给我们当兵回来的安排工作了。我也换了好几次工作。一开始我在杭州十一中农场做过农民教师，教学生在农场里好好锻炼锻炼，熟悉熟悉农作物。后来镇党委书记很重视我，又考虑到我的工作表现，给我在城南区新建的造纸厂安排了工作，我是作为我们镇区的代表去的。后来又调到了城南区印刷厂工作，过了两年，又回到衙前镇五金厂里工作了好几年。后来我们跑出去了。因为我们这个厂的书记，工作蛮好的，利润也是年年要翻的，我们认为蛮好的，他们认为不好，我们也是存心为厂里搞好的。他们领导就是这样的，搞好的人，反而把他调走，要提拔其他的人，我们也是想不通，就跟着他一起走了，一起到他那里去了。过了一段时间，想想在人家那里工作也没有意思，就回到自己村里的厂子工作了。

我还去喇叭厂（萧山无线电二厂）工作了两年。当时我们村里搞了一个电子原配件厂，没搞好，就找喇叭厂的厂长讲，你们出去的时候能不能给我们拉点业务。他的意思是说，你们这个凤凰村太多样化，多样化是搞不好的，最好搞单样性。我们就想，干脆作为他的一个分厂，给予加工，结果他同意了。我们村把生产车间托给了他，还把我这个人也分给了他们厂。现在这个喇叭厂还在，就是生产形势不太好。它原来是萧山三中（衙前中学）的校办厂，现在是私人的了。

我是在 1992 年调回村里当办公室主任的，一直干到现在，有 25 年了。

当办公室主任，什么事都要做的。当初没有电脑，什么都要手写的。其他的，如村里的房子出租，要卖出去，上交款，原来的煤气也需要我去采订，还有矿泉水、报纸的购买，东岳庙的会计也要兼。后来书记看我工作太忙，给我减了一点儿。

我现在是 69 岁了，是留用人员，村领导说可以留用，我们就留下来了。不过现在还是要村里申请、镇里审批同意才能留用。

为人夫为人父都不容易

我家里的情况在村里来说，一直是中下水平。

我 26 岁结婚的。我老婆和我原来是一个生产队的，通过大家介绍好上的。我们在 19 岁就订婚了，我当兵回来后才结的婚。也没有讲什么排场，就办了几桌喜酒，把亲戚邻居叫来一起吃餐饭，给了女方 200 块钱的礼金。

当时我还很穷，结婚时我连一件新棉袄都没有。后来在印刷厂的时候，我才买了第一辆旧自行车，还是花了 90 块钱买的破车。因为上班路程太远，又买不起新的自行车，一个月工资才二三十块钱，而一辆新的自行车要 100 多块钱，根本买不起，于是买了辆破车。下雪天骑自行车路太滑了，会摔跤。有一次我的自行车把人给撞了，让我赔钱，当时赔了 20 块钱的误工费。

我老婆身体不好，原先在村里打扫打扫卫生，后来腰椎间盘突出，不能正常走路了，也不能工作了，只能在家里做做家务。

家庭联产承包责任制的时候，我家里分到 1 亩多田，当时我，我老婆，还有两个年纪尚小的女儿，每人 4 分多一点的田。光靠我老婆是做不了的，所以我又要种田又要工作。在村里衙前镇五金厂的同事也来帮我一起种田。不过田里的收入还是不够生活的。

现在我家的户口簿上有 4 口人，除了我和我老婆以外，还有我的小女儿和外孙子。这个外孙子，今年 4 岁了，在读幼儿园。他是我小女儿违规生育的孩子，我为此交了 7 万块钱的罚款。当时我的小女儿离婚了，年龄也大了，就没有再婚，一直住在我家里。后来我小女儿和女婿感情又好了一点儿，有了这个小孩。我小女儿也有腰椎间盘突出，也没有工作，在家里带带孩子，做做家务。现在一家 4 口人，靠我们的养老金过日子。后来我在村里打了一张贫困报告，拿了 300 块钱的贫困补贴。

我老婆也有 68 岁了，她有农转非养老金，每个月 1700 块钱。我的养老保险、退休金（200 块）加上村里的工资，一年有 4000 块钱，就满足吃和穿，能省则省，就这样过日子了。

图 0789　曹行舟的住宅（2018 年 6 月 21 日，陈妙荣摄）

我们夫妻俩住在 2 间 3 层的老房子里，女儿她们住在新买的 4 楼公寓里，当时买的时候是 40 万块钱左右，136.23 平方米，2600 块钱一个平方米，产权是永久性的。这个房子本地人和外地人买的价格是一样的。

如今我也没有什么愿望了，就是在家里管管外孙子，照顾照顾老婆，平平淡淡地过日子。

三村合并是成功的

2005 年 3 个村合并的时候，我已经在村里工作了。了解到卫家村和交通村这两个村是比较落后的，每届都要换领导，搞派系。我们凤凰村基本没有换，稳定，讲团结，经济也是一直领先的，所以他们两个村并入了我们凤凰村。

三村合并是顺利的，其他村的合并都不怎么成功，我们村的合并倒是很成功的，主要是靠村民、领导的度量大，和和气气的。合并以后，村里的会计、书记、村长都是我们凤凰片的，如果我们偏心的话，那村里的合并计划就会被打乱，就没有那么顺利。三村合并是上级的要求，不然我们发展较好的村也不会主动去合并发展较差的村。

因为大家的度量，我们现在三个村（片）的关系都很好。我们村的村民相比其他村的村民要好一点。村民也很看得起我们这些干部，干群关系也很和谐。

凤凰村还没合并之前就没有农田了，也没有务农的农民了，已经有20多年了。

村民没有田种了，都自己找工作了，大多到厂里打工了。

因为我们村是有粮食发的，每人每月发30斤粮食，现在调整为15块钱，20斤粮食。因为有的人粮食充足，不需要再去买粮食，有的人粮食不够，就可以拿钱去买，这样更灵活机动。以前我们是烧煤的，现在用天然气，每个月还有天然气补助。

因为现在集体企业没有了，都是个体企业，所以要自己工作。村里会给年纪大的人找比如传达室、保安之类的工作。

去外地打工的人很少。因为我们这里企业发展得比较好，所以一般都是外地人来我们这里打工，本地人很少出去。

在村里办厂，土地有优惠政策的。原来是根据企业大的有优惠，土地价格高的有优惠。优惠力度，是根据田亩多少来算的，10亩以上优惠大，10亩以下优惠少，然后小的企业就没有优惠。这好比是批发价和零售价。

主要是为了发展企业，因为靠务农发财是不太可能的，我们祖祖辈辈都是在农村，靠土地承包也赚钱不多的，主要是靠办厂来赚钱。

五金是我们很早就做的，当时是和街道联营审批合作的，后来集体经济不好经营，破产以后就搞小五金了。轻纺是一个村主任从别的地方引进的，被村里吸收，先在村里集体办，后来个人开始经营。有头脑的人就会更新设备，搞不好的就会破产。

其实到现在我们村里可以开发的东西都已经开发了。三村合并后，我们书记也花不少心思，第一个就是改造三岔路口的房子。到现在我们已经造了130多套房子，卖出去了30多套，得到了1000多万元的资金，发展得不错，起码没有借款。对旅游业的发展还是有点担心，投入是很容易的，但是可能收效甚微，主要是地方小，来的人少，这对我们村的租房卖房都有影响。作为领导，要改革，搞开发，出发点是好的，但也充满担忧，当前形势依然严峻。总的来说，我们村的发展还是节节高的，我们村干部也会支持配合村里的发展的。

当了三届的股东代表

在三个村合并之前，我们凤凰村已经有了股份经济联合社，每年有分红的，而交通村、卫家村是没有股份经济联合社的，每年也没有分红。

并村后的凤凰股份经济联合社，原来是按原始股本金的多少来分红的，2015年开始为了缩小地域经济差异，在中片和南片开发发展起来的东西都三片统一分红了，搞平均分配了。中片和南片是有发展余地的，北片已经没有开发余地了，如果按照原始股本金来分红，北片是没有分红的。所以现在搞平均分配，不是南片管南片、中片管中片、北片管北片，而是三片平均分红了。这样我们中片是吃了亏的，如果没有我们发扬风格，北片的差距会越来越大，如果没有我们这样的气度，三片是不可能团结好的。领导班子也一样，现在是团结的、稳定的，这次换届选举也不会乱的。有的村换届选举就比较乱。

中间经历过股份制改革。2014年发放股金权证，原来人死了就没有股份了，现在死了的人股份照发给子女。股本金不管是出国，还是死亡，还是坐牢、出嫁，女儿找上门女婿也好，这些股本金都是照发的。

一般一年分红一次。当初是按原始股本金，三个片是不均衡的，现在按开发发展的情况，三片是统一分红的。但总的算下来，我们中片的最多，去年凤凰片人均发了1400多块钱，交通片人均发了1000多块钱，卫家片人均发了600多块钱。

原因是我们的原始股多，按照各片拼进来的经营性资产作为原始股来分红的。交通片比卫家片条件好一点，交通片开发的项目比较多，经营性资产就多，比如工业园什么的，还有沿公路的房子等，现在发展得和我们凤凰片差不多了。当然，现在改革了，在交通片、凤凰片新开发的项目，卫家片都有份儿的，统一分红的，但总的来说，原来卫家片拼入的经营性资产少，原始股少，平均分红就少些。

在2006年成立的新的股份经济联合社中，我被村民推选为股东代表，现在也是股东代表。只有一届差了一票没有选上，其他几届都当选为股东代表。

股东代表与一般村民的区别在于，股东代表在思想上要比一般村民进步一点，要学会怎么样去为群众谋利益，并给群众树一个榜样。

作为股东代表，具体工作也说不好，就是有什么事就要开股东会，讨论决定，举手表决。股东代表和村民代表是同一拨人。按5%的比例选举产生。我们村的人口是2204人，实际上有选举权的1000多人，有60人不到的村民代表，由村民选举产生。

图0790　凤凰村股东代表大会（2009年12月16日，凤凰村委会提供）

自始至终，凤凰股份经济联合社，都是胡书记亲自抓的，抓得很成功，很得民心。有什么政策主要靠我们股东代表（村民代表）做宣传工作。一般的话不会开群众大会，只开村民代表大会、股东代表大会，村民有什么想法，上面有什么政策，我们负责上传下达。

很少有老百姓不同意、不支持上面的政策。现在的老百姓就是分红多，日子好过了，不会有意见闹事的。特别年底分红发下去，老百姓过年不愁了，看病也不愁了，可以报销。基本上我们村的老年人，如果没有养老保险的，会由村里来承担，村里会想方设法按照养老保险的标准给予购买。而农转非的，如果田征用了，就可以享受农转非的养老保险，田没有征用的，如果你的年龄到了60周岁，还没有养老保险的指标，你可以交2万多块钱到村里，同样可以在村里享受农转非的待遇，每个月能拿到 1700 块钱的样子。这样这些老年人在生活上就有了保障，基本上吃穿用度是够了。在我们村，80 岁以上的养老金还要多，90 岁以上的养老金还要多，年龄越大的拿钱越多。

改革开放近 40 年，村民的收入水平肯定是提高了，那时候一个月 30 块钱算多了，现在就是几千块钱。

收入来源以前是种田，现在村里有房租、企业上交款、市场。老百姓有村里的物质享受，还有股本金分红，还有自己的工资，有免费的粮油、天然气、面粉领取，其他要自力更生了。

图 0791　凤凰腰鼓舞起来（2013 年 2 月 22 日，凤凰村委会提供）

十二、东岳庙迁建情况

——周岳根访谈

图0792 周岳根（左）接受访谈（2017年3月29日，沃琦摄）

访谈时间：2017年4月19日下午
访谈地点：凤凰村委会办公室
访 谈 者：莫艳梅
受 访 者：周岳根
受访者简介：周岳根，男，汉族，中共党员，萧山凤凰人，民国34年（1945）8月生。1956年开始务农，1966—1968年任生产队副队长，1968—1972年任生产队队长，1972—2000年任村电工，村委会委员管农业，2001—2016年任东岳庙管委会主任，2017年1月退休养老。

我7岁上学，9岁放牛，12岁下田干活，22岁当生产队副队长，24岁当队长。28岁当电工，后成为村委会委员管农业。2001年2月26日，也就是我57岁的时候，书记叫我去建庙了。从庙开始动工到我退休，一共在庙里待了16年。

老东岳庙在官河边，衙前交警队里面。

原来面积很大的，是衙前农民协会旧址。大约是民国29年（1940），东岳庙烧香拜佛的殿堂被日本人烧掉了，官河边只剩了3间庙舍。后来东岳庙所在地成为乡政府机关办公场所，3间庙舍改作仓库，菩萨被搬到了民舍柴房，1983年又搬到傅家自然村，2016年搬到新建成的东岳庙里。官河边的3间庙舍，现为民俗展厅，摆放些旧式农具、用品。

新东岳庙选址在凤凰山上，是看过风水的。本来是朝南的，在衙前中学附近，考虑到庙里有时候办佛事，噪声太大影响学生上课，才改在凤凰山北的那个地方。

光批土地我们就用了3年的时间。

我们从2001年上半年开始建庙，到2016年上半年才完全弄好。时间花费这么长，是由于钱不够，有一点钱就造一点。建庙总共花了1300多万元，主要是靠大家募捐，企业老板等按自愿原则出钱。建庙修佛，大家是很热衷的。

2011年，在施工的过程中，有人向上面汇报，说在观音殿工地发现了一处东汉砖石古墓。萧山文物部门过来花了四五天时间查看，没发现什么东西，里面都是空的，早几年都被盗走了。

在观音殿后面的那条路那边，有萧山名人沈定一的墓，在"文化大革命"的时候已经被炸掉，那里也已经没有东西了。

竣工的时候，没有举行什么大型的仪式。开光算大事，我们上报了萧山区民族宗教事务局等政府部门、公安部门。凡有大型佛事，我们都要打报告，上报上述部门。

新庙有八九亩的面积，总共有7000多平方米，6个大殿。建筑规模是原来的两倍吧，如果按照现存的老东岳庙 3 间庙舍比，就有几十倍大了。

庙里的菩萨惟妙惟肖的。菩萨的样子是我去普陀山拍来的，好几个地方一起做的，而且是谁请的哪个菩萨，由谁负责找人做。

我们这个庙，是有历史意义的，宗教事务局有批文的。萧山一共有 24 个有档次的庙，我们是其中一个，在省市宗教局得过奖的。

竣工后，来烧香拜佛的人不少，他们不说信佛信道，只说信菩萨。宗教有道教佛教的区分，我们这边的老太太不区分的，就是信菩萨。

天天有本村的老太太在庙里敲打念经，是轮着来的，今天你来，明天我来。

常规性的活动，上半年多一点，下半年少一点，3 月份最多。东岳菩萨是最大的皇帝，他是管凡间百姓生死的，不只萧山有，其他地方也有的，但有的地方不正规，我们是正规的。正式的东岳菩萨是三兄弟，我们这边这个是最小的，萧山城隍庙有一个，最大的在杭州法华寺。三兄弟的生日分别是三月二十八、二十六、二十二，这时候来人最多，基本上一天有三四百人，都是从外面来的，江苏、上海、绍兴、福建过来的，达到 300 人以上我们就要打报告到上面批示的。

他们知道萧山有这个东岳庙，所以就找来烧香拜佛。有捐钱的，我们给开发票，捐得多的，我们在花岗岩上面刻个名字，写某某某捐多少钱。这个钱就放在庙里面，造庙修庙用。管庙人员的补贴也是这里出，水电费、煤气等也是这里开支的。

庙里还住着一个和尚，福建人，由上海人介绍过来的，他们出资的。一个老实的小和尚，叫他来做做佛事，每月给他补贴 600 元。平时搞搞卫生，有佛事了，他就服务香客，基本上和我们做的一样。他在庙里一天就补贴 20 元，如果不在庙里就没有补贴了。

我原来在村里拿工资的，我是农业办公室的。管庙以后，每个月有 600 元的补贴，其余的话是村里补足的。比方说原来工资是 2000 元，那有 1400 元就由村里补足，实际月工资是 2000 元，一年算下来有 2 万多元吧。我 2017 年 1 月退休的，现在管庙人员的补贴提升到 1100 元了，比我那时一个月多 500 元。

图 0793　周岳根的住宅（2018 年 6 月 29 日，陈妙荣摄）

我们这个庙归萧山民族宗教事务局管，我们自己这边的话有东岳庙管委会，原来我是庙管委会主任，我下面有 2 个委员，到去年底一共有七八个工作人员。

我 70 多岁了，没什么想法了，就休息了。我今天上午在萧山民族宗教事务局汇报庙的情况。上面说了，我们要开发一下，作为旅游景点，几个景点要连成一片。

图0794 位于凤凰山上的东岳庙（2007年6月26日，徐国红摄）

图0795 东岳庙观音殿落成（2014年10月11日，徐国红摄）

十三、人与人之间要和谐相处

——钱关潮访谈

访谈时间：2017年4月13日上午
访谈地点：凤凰村钱关潮家
访 谈 者：莫艳梅、陈妙荣
受 访 者：钱关潮
受访者简介：钱关潮，男，汉族，萧山凤凰人。民国21年（1932）1月生。高中毕业后在衙前公社政府办公室做文书，后到工厂工作。有2子2女。全家人信基督教。

图0796 钱关潮（左）接受访谈（2017年4月13日，莫艳梅摄）

我过去是乡里（衙前镇）的文书。

我有4个兄弟姐妹。我哥哥因为当时医疗条件跟不上，去世了。现在还有一个姐姐、妹妹和我3个人在，都80多岁了，长寿。

我有两个儿子、两个女儿，他们都住在萧山（城区），有自己的房子。

我们全家人（我们夫妻俩以及两个儿子、两个女儿）都相信耶稣，我的有些亲戚，如姐姐、妹妹也相信耶稣。

我相信基督教44年了。我认为，信耶稣，要有诚心、有耐心。

宗教信仰是有活动的，任何一个团体都有。我们的活动有聚会、祷告、读圣经、唱诗歌等。

村里不会来干涉我们信仰基督教，信仰自由，现在是开放的。

我们信教，看看《圣经》，有时在家里祷告祷告。

儿子有时候也来参加活动，有时候工作忙，就不来了。

我们的村叫凤凰村，原卫家村、交通村的经济状况不是特别好，和现在比

图0797 钱关潮的住宅（2018年7月13日，陈妙荣摄）

有距离。现在变化很大。衙前镇凤凰村最突出的变化，就是村领导得力，正如火车开得快，全靠头来带，车厢连接，两头配起来。这样的意思懂吗？就是要靠班子好。

　　我对村和社会的建议，就是人与人之间的人际关系要和谐，要衔接，紧密联系起来，不要出现"断层"。村里也在做这方面的工作。我觉得这个工作很要紧。社会要和谐，人与人之间的人际关系就要搞好，要和谐相处，互相帮助，互相扶持，互相关爱，这样大家才能生活安心，生活温馨。也不是说谁家谁家如何如何。哪里都是这样的。如果不关心群众生活就会与群众脱节。村领导班子也好，村民也好，要做到心往一处想，劲往一处使，齐心努力，才能不断改善生活状况，幸福安康，才能使经济社会长足发展，永立潮头不落伍。

第三章 20世纪50—70年代村民访谈

一、村里的换届选举、股份分红以及福利待遇
——张彩琴访谈

访谈时间：2017年6月12日下午
访谈地点：凤凰村委会会议室
访 谈 者：莫艳梅
受 访 者：张彩琴
受访者简介：张彩琴，女，汉族，中共党员，萧山凤凰人，1964年11月生。1981—1990年任萧山联合纤维厂会计，1990—1993年任萧山第二化肥厂会计，1993年至今任凤凰村会计，1995年进村委会班子，为凤凰村股份经济联合社委员、会计。多次被评为萧山区村级财务规范管理先进个人，2011年被评为第六次人口普查省级先进个人，2014年被评为第三次经济普查省级先进个人。

图0798 张彩琴（右）接受访谈（2017年6月12日，沃琦摄）

今年的换届选举

今年的换届选举和以前是一样的，有村党委换届选举、村委会换届选举、村务监督委员会换届选举、村股份经济联合社换届选举。3年一次。

时间安排上，先是村党委换届选举，在4月份；然后是村委会换届选举，5月份；最后是村务监督委员会和村股份经济联合社换届选举一起进行。分三个时间段。

具体操作上，最早是选举新一届的村民代表和村民小组长，选举工作人员由上届的村民代表、村民小组长及村务工作人员组成。分三个片，凤凰片、交通片、卫家片，每片有一个负责人，由村党委领导班子兼的，按15个村民小组，设立15只流动票箱，一个投票中心（凤凰老年活动中心）。每只票箱由4个工作人员负责，共60个工作人员。工作人员早上5点钟就到村委会集合，早饭是村里提供的，每人一份（一个馒头、一瓶豆奶），接着每个小组把选票、选举箱、有关资料等带走，然后就开始去村民家挨家挨户地敲门让他们投票。从早上5点多集中出去，一般到10点钟就可以结束了。

一般早上5点多多数村民都在家里，好找，有的工作小组早上9点多就结束了。

也不是找所有的农户都能一次成功的。有的人开店经商，有的人在厂里上班，家里这个时间段刚好没人，那工作人员就要来回去几次等人家。还有几户户口在，但是人不住在这里（有住杭州城区的、萧山的、绍兴的等），工作人员就要去找委托人（一般是亲戚），就要跑来跑去好几趟。

好在这个选举不是每个人都要投票，是以家庭为单位的，一户投一票，因此工作起来就方便一些，只要家里有人就可以完成了。

投完票以后，我们所有小组共15只流动票箱都要到投票中心集中开箱、监票、计票，每组高票的人当选本届的村民代表。（每组的村民代表人数按比例分配）

村民小组长，也是在本次选举中产生，高票的当选，共有15个村民小组长。

没有候选人，是海选的，完全按票数决定的，高票的当选。

图0799　凤凰村村民委员会换届选举流动投票箱（2017年5月4日，华兴桥摄）

村民他就是按自己的意愿去选，他只会相信自己选出来的。

凤凰村自2005年拼村以来，已经有五届选举了，除第一届有一些小的意外，以后再也没有发生过类似的情况。刚拼过来的时候，第一次选举时，各片的老百姓都有一点本位观念，都认为自己各属于自己的村子，脑子里还有分片的概念，这是人之常情，都可以理解的。现在就不一样了，都认为我们生活在凤凰这个美丽、文明的大家庭里了。

第一次选举的时候选了两次，第一次没有成功，因为出了点小的意外，有的候选人票数不过半数，那就要重选。我们跟村民讲，你们的选票票数不集中，太分散了，你们现在选出来的村干部是来带领我们建设大凤凰，发展大凤凰，让我们凤凰老百姓富裕起来的；你们要把有能力、会办事、办好事的人选推选到村干部岗位上来。后来第二次选的时候，跟第一次截然不同，出现了高票当选的候选人，这就看到村民目光是远大的，意识概念是清晰的。

现在大家早已经没有了那种狭隘的区域观念。我们都属于凤凰村，全村村民的待遇也都是一样

图0800　凤凰村村民委员会中心投票站（2017年5月4日，华兴桥摄）

的。卫家片的原经济基础稍微薄了一点，但并村后村民的日常待遇都调整到全村一个样。大家慢慢地放开了，老百姓也都想通了。村里工作都做得非常好，以后的几届选举再也没有发生过类似的情况。

这次换届选举，胡岳法连任村党委书记，沃关良连任村委会主任，都很成功，没有悬念。

凤凰股份经济联合社

原先我们凤凰小村的时候，在1995年就已成立了凤凰股份经济合作社，每年村民到年底都能分到钱。2005年小村并成大村的时候，原交通村、卫家村是没有搞股份经济合作社的，老百姓是没有股份的，没有分过钱的。

胡书记想想觉得这样不好，他说现在我们是大凤凰了，村民的待遇享受应该都要有的，所以2006年就成立了新的凤凰股份经济联合社，把交通片、卫家片搞了一个和我们凤凰片一样的模式，把每个片的经营性资产折合成股本，分给老百姓股份。并村前只有小凤凰村老百姓才有股份，并村后交通片、卫家片的老百姓也有了属于自己的股份了。

这算是并村后的第一次股份制改革。

并村前3个片原集体经营性资产不同，成立股份经济联合社时，每个片总的集体股本金有多有少，因此每个片股东的股份是有高低的。2006年底分红的时候，我们凤凰片是最多的，交通片第二，卫家片最少。那个时候卫家片就有几个村民来反映：已经是大村了，为什么我们的分红那么少，凤凰片的多？然后村里就单独把卫家片的党员、村民代表等召集在一起开会，解释清楚为什么这次股份分红卫家片分得少。村民股份是根据原小村的经营性资产来折合股本金分配的，也就是原始股份。村民分红是依据每片原始股按分配比例来结算的，村民原始股份少分红也就少了。原卫家片并村前经营性资产是最少的，所以卫家片的村民股份少，分红也就少了。

我们股份经济联合社是按照股份来结算分配的，总体就是，每片并村时带过来的原经营性资产多，折合股本金就多，分配给村民的原始股就多，年终分红自然就多了。好像一个女孩子你娘家家底殷实，带过来的嫁妆就多。

我们有《村规民约》《股份经济联合社章程》规定的，哪个片村级有新开发建设的，新增的经营性资产70%归这个片增加股东股本金，30%归凤凰大村，用于全村村民的待遇享受（粮食分配、老年养老金、村民医疗保障、天然气补贴等）。

以前我们年终分红是按现有人口分的，股本金是动的，死掉的人，嫁出去的人，是没有分红的，户口迁出去了，股权就自动取消了。

2014年我们凤凰村又进行了新一轮股份制改革（第二次股份制改革）。方案是贯彻"一稳、二改、三不变、四不能"的原则。全村新增加的经营性资产实行股本金量化，不再分片按人头结算，而是全村统一结算量化，以家庭为单位结算量化到户，每5年调整一次股份。

按照规定，2006年4月1日起至2013年12月31日止，这段时间已经死掉的、迁出的股东，原被取消了股东股本金的，全部给予恢复，可以享受一年一度的股金分红权，由直系亲属继承。

2014年1月1号开始，新出生的，新嫁进来的，都没有股本金了，不享受年终股份分红，但可以享受村里的基本福利，如粮食、医疗、养老等这些都有的。我们到2013年12月31号止每户人家的股本金基数固定了，农户家庭你以后人口增加、减少变动，股本金基数是不会变了。

跟那个30年承包制是一样的。比如我以前承包了土地，现在我死掉了，我的土地给我的子女继承下去，你新出来的，没有土地。

2014年4月，村里将21340万元总授权股金，确权至578户农户，共2041名股东终身持有权和继承权。凤凰片由2006年原始股97004元/人，提高到139185.29元/人，人均增长0.43倍；交通片由2006年原始股26826元/人，提高到101873.37元/人，人均增长2.8倍；卫家片由2006年原始股16774元/人，提高到41892.14元/人，人均增长1.5倍。以前原始股我们凤凰村最高，每人有9万多元，卫家村刚进来的时候每人只有1万多元，现在他们增长到4万多元。增长最快的还是交通片，人均增长2.8倍。

2014年5月28日，我们把《凤凰股金权证》发放到每户农户，这是凤凰的一件大喜事。股东们吃了一颗定心丸，村民对村级股份经济联合社的改革和发展更加充满信心。

图0801　凤凰股金权证颁发仪式（2014年5月28日，沃琦摄）

我们胡书记1992年起至今已经当了26年书记。他的思路蛮新鲜的。其他村九几年的时候都在承包土地，家家户户都在耕种，我们凤凰村土地已集约化经营，由村里发粮食，村民不用到田间去种田了，你有能力要么去外面创业，要么自己开公司、开厂或经商。凤凰村1996年的时候就把土地全部集中起来了。胡书记说，我们的村集体可不可以跟公司、企业一样，来一个股份经济？他就这样试着搞起来了。村民想，反正田里也不用去种了，也不用去辛苦了，自己可以根据各自的特长赚钱了，村里有粮食发，年底还有分红。

那个时候股份制改革是成功的，萧山农经委还奖励我们村8万元的股份制改革奖奖金，还说其他的乡村一时还搞不起来。

图0802　凤凰股金权证（莫艳梅摄）

土地全部集中起来后，村集体统一规划，统一造厂房、商铺，造好以后，租出去，既增加了集体经济，又保障了村民的福利待遇。老百姓的分红、养老金、医疗保障等就有着落了。

今年，村里换届，修改了《村规民约》，把5年结算一次的规定写进去了。2013年12月31日，我们的总股本是21340万元，到2018年的12月31日，要按照2014年、2015年、2016年、2017年、2018年这5年当中，每年底股本金分红比例的多少，

图 0803　凤凰村民分红乐滋滋（2018 年 1 月，华兴桥摄）

加起来，按比例结算分配，增加每户的股本金。比如这 5 年间每年底分红的比例，加起来，共分了 5% 的股金，就是 1067 万元，按原始股结算比例分配到每户上面，最受益的是现在股本金基数最高的那户人家。这个区别蛮大的。

比如说，2006 年某农户家持有股本金的有本人、老婆、儿子，父母亲和 2 个妹妹。如果今年父母亲去世了、2 个妹妹都出嫁了，但他们的股本金都在的，不会减少的，那么这户农户家里的股本金基数就高了。到 2014 年以后，儿媳妇嫁进来了，又给生了一个孙子，儿媳妇和孙子是没有股份的，也没有分红。股本还是原来的不变的。

也就是说，以前人口多的家庭，股本金基数高，每 5 年涨幅就大，受益就大。2014 年以后新增的人口，包括嫁进来的儿媳妇，新生的孙子、孙女，都没有股份的。又比如，以前 7 口之家，现在只有 3 口人，却有 7 个人股本金，基数高，受益就大。以前 3 口之家，现在有 7 口人，却还是 3 个人的股本金，基数小，受益就小。就是这个样子，新一轮的股份制改革按照"谁创造，谁受益""既尊重历史事实，又体现公平共享"原则。

你问以后会不会有新的规定出来？那要看以后新的领导班子了，随着时间推移肯定会有变化。2003 年开始到 2013 年 10 年间，人数没有变动的家庭，股本金也不变；有去世的，嫁出去的，迁进来的，家庭人口变动的，股本金也随着变动。2014 年 1 月 1 日开始就固定了，就是以 2013 年 12 月 31 日的基数为准，以后就没有变动了，可以说是吃老本。但嫁出去的，钱不给她本人的，钱不跟人走。钱都是给户主的，由他们家里自己去处理，这个我们村里不管。

有人还开玩笑，再过 50 年，有几户人家？人都没有了，股本金还在。当然 50 年后，领导班子换过好几届了，可能下下一届班子，不认可现有的章程，要修改，也说不定。政策是人定的。

你说按这种形式分，村民有没有不同的意见？这个倒没有的，大家都已经习惯了。2006 年股份制成立后，大家心里都有底了，特别是卫家片的，他们也清楚，并进来的时候小村经营性资产少，家底薄，现在分的也相对少点儿，这也是既成事实，没办法。

村民福利待遇

我们村的村民福利待遇在大村合并后都一样了。

以前我们分粮食，每人每月30斤。老百姓反映说，30斤吃不光了，20斤够了，那剩下的10斤，给我们钱好了。

后来都是每人每月20斤大米，补贴现金15元，加天然气15元，一共是90元一个季度。每人每年还有食油6斤，面粉2斤，糯米2斤。死去的、嫁出去的，就没有了，迁进来的纯农户口能享受福利。

我们村与其他村最大的不同，就是有老年人的助养金，其他村没有这个待遇，我们的助养金与萧山区内农转非人员养老保险是基本同步的。

我们村凡是60岁以上的，不论男女，每月有1660元助养金，这是我们村最大的一个特色，80岁的每月还要再加50元，85岁的每月再加50元，90岁的再加，95岁的再加，100岁以上是每月2000元养老金了。其实年纪大，他反而没什么消费能力了。

参加农业医保的，门诊报销72%，我们村出钱给衙前医院，衙前医院每个季度过来村里结算一次。现在我们给衙前医院一个季度十几万元。住院这一块，我们最高的是报销95%，比如你住院看病付了1000元，你医药费最高可报销950元。

凤凰的农医保比职工医保好一点，老年人住院基本上付不了多少钱。

一般年纪小的、年纪大的村民，都参加农医保，可以享受到这个福利。

在企业上班的，规定要买职工医保。参加了职工医保或城镇医保的，不再享受村里的农医保待遇，由村里补贴给每人每年350元。

有的人有意见，想享受村里的95%的住院报销、72%的门诊报销。村里就出台政策，你要么退出职工医保，参加农医保；要么不参加农医保，你自己自愿去买职工医保，那村里就每年补给你350元。

老人除了生病有点小开支以外，他的钱是用不完的。我们每年底还要给老人发红包，每个人600元。老人的钱基本上够用了。

以前政策宽松的时候，我们每年都安排老人（女的满50岁，男的满60岁）出去旅游，由村里组织，每次四五个大巴出去。后来为了保障老年人的安全，我们就不组织他们出去了，每年发给他们100元，让他们自己跟子女一起出去玩。

按照我们村里的政策，女的到了50岁，村里每月给320元助养金，55岁每月给500元助养金，男女60岁以上向村办理好缴费手续，按类似农转非待遇发放。

这个钱，其他村都没有的，所以别人想成为凤凰的村民。

土地征用的农转非，以前的社保，最早大概280元每月，后来一直补，补到600元了。土地征用是8年的时间，你再去补交7年的养老保险，就和职工的15年养老保险是一样的了。

土地征用农转非，以前是按年龄排下来的，我们村女性1963年12月31日以前出生的人全部都农转非了。我是1964年出生的，就排不进去了。我到50岁了，就可以领到村里发放的每月320元的助养金了。

2000年的时候，我是自己买养老保险的。按照我这个年龄段，如果到50岁时15年养老保险还没有买满，就继续买，等买满15年，就可以拿到社保养老金了。

2014年的时候，我50岁到了，也买满了15年职工养老保险，可以领社保局退休金每个月1600多元，村里助养金每个月320元。

如果今年我们村的土地征用有名额，按年纪排下去我们这个年龄应该可以排到。征地农转非可以抵8年，还要一次性补交7年27928.26元才满15年，才可以办理社保退休手续，但是我自己15年的社保已经买满了，这个7年2万多元的社保不用交了，不急，我可以交给村里，村里每月发给我840元的助养金。这就是我们凤凰股份经济联合社的惠民政策。

今年到60岁的村民，如果没有土地征用的名额下来，那我们就根据《村规民约》《章程》规定，按照社保局缴费27000多元给村里，村里就发1600多元每月的助养金，与社保缴纳养老金是一样的，基本同步增长。

村里的人多多少少都有社保，也可以拿村里的320元助养金，这个320元助养金，是不用你事先交什么钱的，到了年龄，村里就给你320元的。

我现在的工资，按照村委会的规定，每月3400元左右，一年4万多元，年底还有点奖金，是政府考核奖金，有3万—4万元，不一定的。到年底，政府给我们的各个指标，都要考核的，像我这样一年工资收入加奖金差不多10万元，我们衙前的可用资金在萧山是最高的，我们凤凰村在衙前又是最高的。

现在我们村，非农户口的人，户口挂靠的人，是不能享受村里的福利的，以前考上大学的，或者是到企业工作的，户口迁出去了，是不能享受村里的福利待遇的。比如，沈某某，户口转迁到企业了，成非农业户口了，现在想转回来就不行了，不能享受本村的这些待遇。你自己要迁出去的，就是没有享受了。如果是读大学，国家规定要户口随身带着去的，我们《村规民约》规定的，如果大学毕业回来当非农了，是可以享受村里的福利待遇的，你出生的小孩子也可以享受的。

早几年的时候，公安局有文件的，非农子女不好迁到你自己的父母亲户口下面。我们村里有一个非农户的集体户口，你只能放在那个集体户口下面。你的父母亲的户口里，你是放不进来的。所以有十几户人家的子女放在一个集体户口里，搞都搞不清楚谁是户主，他们的户主不是他们自己的父母亲，而是第一个迁进集体户口的人。现在公安局又出来两个文件，非农户口可以迁到父母亲那里挂靠了，但挂靠在父母名下的非农子女，也是不能享受本村村民的一些待遇的。

本村村民是非农户口的，不是很多。以前大学生是非农，户口迁出去了，现在村里面待遇好了，你想同时两边享受待遇，或者想迁回来，就不行了。要看我们的村规民约，有时间界定的，什么时候迁出去的人群可以享受的，你是什么性质出去的，要定性定调，有规定的。

家庭生活状况

我们家里，我婆婆、我、我儿子，是享受村里的福利的，我老公没有享受。我公公是集体企业退休的，退休后，我老公就顶上去了，现在他已经回来在村里上班，他也是非农，也不能享受村民的这些福利待遇，包括每年的股份分红都没有。我的儿媳嫁进来，我的孙女去年出生，村里的股份她们都没有，但她们的户口在村里，可以享受村里的粮食、补贴、医保等福利待遇。

我婆婆、我、我儿子共有40多万元的股本金，去年分红了4000多元。全家年收入20多万元吧。

我 1995 年进的班子，担任凤凰村股份经济联合社委员和会计，一直到现在。

我们村集体经济发展快速，日常琐事繁杂，每个村务人员工作天天都忙。

我们现在都还是以现金的形式发放村民待遇，不打卡，我们都会在月度、季度、年度按时准确发放到村民手中。

我们家的消费主要在家用电器上，换旧的买新的。吃吃喝喝也不太讲究，穿的方面也一般，夏天的衣服，100 多元的就差不多了，1000 多元的不划算，穿一两年也不穿了。冬天的衣服，可以多穿几年，花费 1000—3000 元一件也值。一般我不买太贵的东西，我感觉不需要。化妆品，我现在是用 800 多元一套的，还是我儿媳买的，我儿媳的小姐妹是搞旅游的，代购过来，一套差不多用半年。

近几年差不多一年出去旅游一次。去年去了西藏，欧洲大概是 5 年前去的。都是自己组团去的。我儿子和他们的那帮小兄弟，有时也会一起开车出去玩。

对于凤凰经济联合社的发展前景，现在主要是看我们村党委，特别是我们的胡书记，他虽然有些年纪了，但他的发展思路很清晰、开阔，即向高水平的小康发展。

现在村里投入力度最大的是旧村庄改造、环境整治，又准备搞传统文化村落，分片区改造，主要靠村级自筹资金投入，今后肯定会把凤凰建设成一个严党风、正村风、美民风的新时代富强、美丽的新凤凰。

个人的想法和愿望就是在村里工作这些年，我会尽力踏实把自己的工作做好。

二、过去的生活跟现在没得比

——唐关仁访谈

访谈时间：2017 年 4 月 7 日上午
访谈地点：凤凰村委会小会议室
访 谈 者：杨健儿
受 访 者：唐关仁
受访者简介：唐关仁，男，汉族，中共党员，萧山凤凰人，1955 年 8 月生。15 岁务农，22 岁当交通村生产队队长，34 岁当村电工，2012 年起任凤凰村水电办副主任至今。

图 0804　唐关仁（右）接受访谈（2017 年 4 月 7 日，沃琦摄）

在生产队的日子

我的父亲还健在，95 岁了，我母亲 76 岁时去世的。家里有一个姐姐，两个妹妹，我排行老二，父母就我一个儿子。

家里以务农为主。我父亲当了 21 年的生产大队长，资格比较老。我姐姐、妹妹和母亲在家里挑花边做女红来赚点补贴，平时还是要去务农劳动的。一天最好的劳动收入是 10 分的工分。

我小的时候，生活和现在是没得比。

1958 年左右，村里办起了人民公社大食堂，粮食不够吃，人们把草籽和野菜当饭吃。平时家里是吃不饱饭的。因为我是家里唯一的男孩，在我四五岁的时候，父母把我送去了幼儿园，让我能在那里吃饱饭。在幼儿园也只有午饭吃，晚上还是要回家的。那时候幼儿园不是每个人都能上的，村里也就四五个小孩上幼儿园，所以我是比较幸运的。我在幼儿园生活了几个月，后来上面有政策，幼儿园取消了，我就回家了。直到我七八岁的时候又上了小学，读了两年书之后，就开始在小队里干活挣工分了。

"文化大革命"期间，我一直在生产队劳动，没有参加过红卫兵的活动。我印象较深的是，有大学生游行经过我们这里，还有地主们戴着高帽子游行。生产队每天早上要喊"毛主席万寿无疆"的口号，读毛主席语录，这也算是生产队里的必修课，每天都要重复上演的。

我 22 岁的时候当上了生产队的队长。生产队队长要带头劳动生产，先做秧田，把春粮收购起来，再把早稻种下去培育，等到把早稻收起来就要把晚稻种下去，还有 20% 的络麻收入。

络麻就是把秆子烧烂了，把麻皮放在河塘水中进行表皮腐烂，卖给国家做麻袋。这样对河水的污染很大，络麻放到河水里腐烂，河里的鱼就会死亡，水也因为受到污染而不能食用。小队就撑船去铁路外面的西小江里打水，让大家来挑水，因为那里的水没有受到络麻的污染。

一整年下来我们的劳动就是春粮、夏粮、秋粮、络麻这几样翻转，所以特别忙，没有特别空闲的日子，只有在大雨天或者大雪天等天气，人走不出去，才会歇个半天，如果下午天气好了，还是要出去干活。下雨导致队里的稻谷晒不干，还要到镇上的油厂里去炒、烘干。我们要到大年三十才放假，正月初五又要上班。

"双抢"最辛苦。春粮要收，夏粮要种，早稻要打起来，晚稻要种下去，时间特别紧，要抢种抢收，不能超过立秋。我们做到筋疲力尽，全部种完收完了，才可以休息一天，这还是很特殊的情况，平时是没有休息的，不存在星期天，更没有双休日。

因为是记工分的，大家都很积极地参加劳动，个别的人也会去外面搞点副业，如商贩、水泥工等，但也要到生产队出工，如果不出工的话，会被队长指责，而且没有工

图 0805　农民在浸络麻（董光中摄）

分。在生产队劳动力充足的前提下，队长也会允许大家出去搞点副业。

我当了3年的生产队队长。我的父亲是生产大队的大队长。那时候没有什么人要来当大队长，因为太辛苦了，干的比别人多，也没有多的工分。早上带头出工，8点半有半个小时的休息时间，父亲就回到家里来。休息时间结束，父亲又要吹哨出工。后来政策有了改变，有一等奖、二等奖、三等奖的奖金了，当干部的才多了一点奖金收入。

我们小队每天挣10分的工分，也就是1块钱。后来小队开了一个蘑菇房，种植蘑菇，由供销队采购，有点集体经济收入了，年底每人还有一份钱可以拿。

生活是苦的，跟现在也没法比。我们就这么点集体经济收入，其他的靠种田没有多少收入。我一个月有280分到300分的工分，差不多30块钱的样子。碰到下雨天，就拿不到工分了。

在吃的方面花不了很多钱，菜是自己种的，想吃肉也有肉票限制的，每餐都是一碗素菜，家里养了鸡打个鸡蛋煮算是荤菜。到了过年，家里养猪的人把养大的猪卖给小队，小队会把钱返给他们，多的可以拿五六十块钱的样子。当然，如果做得不好，还会出现欠生产队饲料钱的情况，需要等到明年宽裕的时候再还给生产队。

那时候子女娶老婆要钱，要造小房子，要存好几年的钱。一般的吃完用完了。因为每个人的粮食都是定购定量的，按照人头来分的，大人几百斤，小孩几百斤；也有按照工分分配的，也就是按劳分配。一般分配粮食、柴火、农作物，在参与围垦的时候还有番薯、萝卜等。有的家庭粮食不够吃，就要问别人借或者去黑市买，或者生产队里有多余的话，也可以去借来吃。

说起大围垦，衙前的第一次围垦还是在1969年我父亲做大队长的时候，在大江东那边，公社里的人还一起去看了那里的潮水。第一次围垦我没有参加，因为家里和小队里也要留几个人值班。我参加过六七次的大围垦，都是赶到义蓬那里，每个小队20来个人去参加围垦。

大围垦是整个萧山县统一组织的，一般由县里分任务到衙前公社，再由生产大队分配到各生产队，各生产队再根据任务安排去围垦的人数。如果生产队劳动力比较少，也会选力气大的妇女。各生产队按照地域早就划分好了的。

围垦很苦的，一般都是下半年12月，等霜降结冰就要准备去了，因为这时候潮汛最小。天寒地冻，天气相当恶劣。赤着脚去围垦，一会儿要蹚水，一会儿要上岸，走得脚趾头很痛。一个下半年可以挑两次围垦。现在有挖掘机可以挖，那时候都是人来挑的，起码早上5点钟起床，走个10里路到围垦的地方，工作一个礼拜到十天，等挑好了才可以回家。当然参加围垦也会给你每天10分的工分和2角的伙食费补贴。

图0806　萧山围垦场景（董光中摄）

改革开放后的日子

家庭联产承包责任制是1982年开始实施的。上面工作组下到村里来，先按照人头分口粮田，每人4分不到，多了再按照劳力分责任田，按工分分田，如果还有多的田就按照机动田分，按这3个标准来分。

比如我们家有7口人，口粮田有3亩，工分田有4亩，机动田有1亩多，加起来有八九亩的田。自己种粮食和菜以及经济作物。

皇粮国税，是一定要交的，因为解放军在帮我们守大门。根据生产队的田亩分摊决定上交多少粮食和农业税，大概占农业收入的30%。上半年早稻，基本上交给国家了，剩下来的不多，下半年种的晚稻基本上是自己留下来吃。也有的早稻产量不好，可能还不够交农业税的，就需要拿晚稻来抵。

那时候的粮食够吃了，还有多的卖给国家当议购粮。粮食多了，猪也多养了几头。除种田以外，还可以到外面去做点小生意，这个时候不算是投机倒把了，是政策允许的了，如做泥水小工，骑自行车到大街上卖冰棒，外出打工，做小本生意逐渐地开放起来。

现在已经十多年不交农业税了。村里要办企业，要造房子，就把田占了，农民建房也要占地，田越来越少了，村里统一发粮食了，不要钱的。

我自1989年开始在村里做电工，主要是单位和个人房里的变压器破了坏了时去修修，负责路灯、广播、水电的维修，不收费的，就是为人民服务。我们的工资是村里发下来的，每个月4000元左右。

2005年三个村合并后，村民生活大大改善了，老凤凰村会分配粮油、煤气、医保，这些我们也都有，一样的，只是股权分红有差别。

现在村里的基础设施还在上改下的阶段，整个凤凰已经基本上改好了。我们的自来水是先买后用，智能刷卡的，村民用电都是供电营业所管的，他们负责抄表、收费，坏了也是归他们维修的，我们水电办无权去维修电表。现在城市里都是买电卡,我们农村就是把钱存在存折里把每个月的费用扣除,如果没有及时缴费,供电营业所就会发单子催款。

新农村建设比其他村要建设得好一点,主要体现在旧村改造,道路设施、水电设施改造,绿化、清洁卫生等方面。我对村里的建设很满意。改革开放近40年来,村里大的变化表现在:房子造得更高更大了;道路都铺成了柏油马路,以前都是泥路和石子路,现在汽车都能开到家里;路灯都能在晚上正常照明。之前几十年走的不是可持续发展的道路,河道和空气都不是特别干净。近年来,不断改善,使得空气和河道都在慢慢改善。老百姓的生活水平大大提高了,一般每户人家有两辆汽车,年纪大的人都有劳保,只要安享晚年就好了。

我是1978年结婚的,我和我老婆是经别人介绍认识的,那时候自己也不会找对象。订婚2年后结婚的。结婚那天先去女方娘家待一天,然后敲锣打鼓地把新娘接回来。我结婚办了10多桌的喜酒,每桌10多碗菜,每桌只要几十块钱。那时候没有现在这么讲究,只是在自己家里请了亲戚好友和小队里的几个人。关于彩礼,一般是男方拿368块钱到女方家里,还有花被,布票两三丈,金器两三钱,新娘带来几床被子和几个箱子、桌子椅子等。我老婆之前也是务农的,后来到私人厂里上班,现在不上班了,在家养老了。

我造了好几次房子,先是两间平房,后来拆掉了,造了两层平的房子,后来又拆了,在2002年造了现在的三层半别墅式的房子,330平方米。

图0807 唐关仁的住宅(2018年6月21日,陈妙荣摄)

现在我们一家7口人,我们两老和儿子、媳妇、孙子、孙女,还有我老爸,四世同堂,日子也很幸福。

家庭年收入20多万元。我和我老婆主要是退休工资和村里的养老金,加起来各有2万多元。媳妇在厂里做会计年薪10多万元,儿子在衙前供电营业所里工作,年薪8万元左右。

开支方面,除了儿子、媳妇两辆车,两个孩子读书费用以外,亲戚间的来往、红包等开支也不小。因为家里亲戚很多,过春节要花费好几万元,请客吃饭有十几桌,送往来礼品等。去年我和我儿子坐飞机去了四川旅游。儿子媳妇在元旦、国庆节假日也会出去旅游。

我的四叔唐先根做了一辈子的会计,家庭和生活都很和睦,已经85岁了,身体还很健康,就是耳朵背了点。我的父亲唐阿利是他的二哥,已经95岁了。我的父亲还有个大姐,已经101岁了。大伯唐长根、三叔唐叶根已经去世了,分别是73岁、70岁。五叔唐发根还在,住在新街,现在83岁了。他们6姊妹,都高寿的。

图0808 两村民认真挑选志愿者书写的免费春联(2010年2月6日,徐国红摄)

三、我们与上一代不一样，与下一代又不一样

——项国安访谈

访谈时间：2017年4月20日下午
访谈地点：凤凰村委会会议室
访 谈 者：杨健儿
受 访 者：项国安

受访者简介：项国安，男，汉族，萧山凤凰人，1962年10月生。1975年开始在交通生产大队务农，1980—1982年为杭州泥水小工，1982—1987年为杭州工程塑料厂临时工，1987—1989年在钱清菜市场卖菜，1990—1994年在浙江金洋纺织有限公司做纤经，1994—2001年为杭州萧山欢达纺织有限公司职工，2001—2009年自己开绣花厂，2010年至今收废丝。

图0809　项国安（右）接受访谈（2017年4月20日，沃琦摄）

当小组长与小队长不一样

我当凤凰村南片第一村民小组组长有9年了。村民小组长是选出来的，3年选一次。自2005年并村以来，我们已经选了四届了，我当了三届。

刚才在开会，也是选村民小组长。

村民小组长的工作，主要是将我们村里的村民意见向村里汇报一下，还要按月按季度分发粮票、油票、生活费、水电费等。村里两个月开一次会，安排具体要做的工作，村民小组长可以在会上反映情况，有的在会上就可以解决；还可以对村里的建设提出意见建议，好的话也会被采纳。当然，村里的有关事情，我们也负责给村民传达或解释。

第一次当村民小组长的时候，我什么事情都不懂，要问他们的，现在也习惯了，像发通知、分粮票之类的，只要是村里安排给我的工作任务，我一定要做好的，就算再晚也要做好。这是我作为小组长的职责，一定要有责任感。如果不做好的话，村里不会相信你，也会被村民说的。

现在老百姓客气了，经常问候我饭吃了没有。

因为我们的小组大，分布散，有时候遇到村民家里没人，就要两趟三趟地去。

粮票之类的是按月发的。有一次给一个老头发了粮票，他说掉了。村里说，如果粮管所有粮食没有人来拿的话，他就可以去拿走，有人来拿的话就没有办法了。我就告诉他，让他最好去村里打个报告，让村里人都知道这是他的粮，就不会有人冒领了。反正我就是把工作做好，做到家，尽到责。

又比如去年那个五保户死了，没有人管，村里就叫我们去管一下，我们就花了几天时间去解决

好后事，虽然有老百姓看热闹的，讲闲话的，但我们做好我们的就可以了。

最近要开展的主要工作就是选举，比如选村主任的话，我们先要通知他们（村民）什么时候选村主任以及村主任的人选。举行时可以在候选人名字后面打钩，也可以填空另写名字，就看村民喜欢。现在选举都是按照常规选的，把选举的票投到选举箱里，计票产生。

既然是选举，就有人选你，有人不选你，不会每个人都选你的。一般来说，村子里的人喜欢你才会选你，不喜欢你就不会选你。比如，我当选为村民小组长的时候，也有人不同意的。你要干下去的话，就要和气生财，不能跟村民闹矛盾，不能让村民说你的闲话，就要跟村民讲道理，你不讲道理，村民就老是给你找麻烦。你老是跟人家吵架的话，人家就不会选你，你不跟他们吵架，他们才会选你的。还有他们有什么事情的话，你要去了解，去帮助解决。你做好了，他们满意了，就不会说闲话了。比如分粮分钱，我们都是现付的，不是存款打钱的，如果没弄好，老出错的话，他们就说你做不好了，不要你做了。

原来外来人口比较难管，主要是卫生上难管理。本地人都好说话，我们去说一下就好了。外地人多，租房子的人也多，就比较难管理。去年我们搞垃圾分类，搞了一个月，每家每户去宣传要怎么做怎么做，主要是和外地人讲，讲过之后效果也不错了。

我们村民小组有正副两个组长，村里有什么事情的话，我们沟通以后才会去解决，一人半组，互相通气。

当村民小组长的话，每年有500块钱的补助，其他没有了，这样9年了。

我爸爸以前是交通村第一生产队队长，相当于现在的村民小组长，他做了16年，分产到户的前两年，因为年纪大，生病了，就不干了。

那个时候我们交通大队有670多亩田，我们这个小队有27户人家，有160多亩田，只有二十几个男劳动力，其余都是女的。那时候还很穷，我爸爸也做得很累，每天早上要安排别人干活，自己也要干活，经济上压力也很大，很多人吃不饱，要给他们解决，没有钱，也要想办法赚钱。

说起来我真的要掉眼泪，我家里也只有我父母两个劳动力，本来就不宽裕，还有几户贫困人家比我们更辛苦，因为没得吃，还到我家借几斤米去吃。现在他们家的儿子跟我一样大了，见到我都很客气的，他们还记着呢。

后来稍微好一点了。一个叫唐关仁的是跟我爸爸一起做小队长的，我爸爸年纪大一点，开了一个蘑菇房，情况就好起来了。那个时候我们小队是交通大队4个小队里最好的一个小队，一天有11个工分，10个工分就是1块钱，一天就是1块1毛钱。现在1块1毛钱小孩子都不要了。

蘑菇房是1977年搞起来的，是我爸爸跟唐关仁搞起来的，搞了3年。人家都到我们这里来参观，我爸爸也到别人那边去参观。那时候小队里也有钱了，没有钱搞不起来的，人家饭都没得吃怎么搞得起蘑菇房？一定要村里有钱，有积蓄才能搞起来，也要镇政府相信你。你把国家粮食交齐了，你村里才能分到一点，交不齐村里都没得分。我爸爸当小队长真的太辛苦了。

我13岁开始在小队里做事，做到17岁就不做了，太累了。我们那时候要去杭州那边买粪便用作肥料，那时候没有摩托车，都是挑回来的，挑回来施到农田里，又脏又累，还没得多的钱赚。2005年以后村里基本上没有农田，没有农活干了，也不用交农业税了。现在我当村民小组长，就是开个会，发个通知，分个粮票之类的，轻松多了，与以前的小队长完全不一样了。

打工做生意赚钱都不容易

我17岁到杭州去做泥水小工，做到20岁，就到长山那边一个厂里去做临时工了，做了3年，就回到家里娶媳妇，然后做小生意，做了两三年，我姐夫又开了厂，我就到姐夫厂里去做事了，第一年还赚不到钱，做了两年以后形势好起来了，工资才高起来。我一个月的工资有2000多块钱了，因为我技术好，在布机上面做纤经这道工序的。

我们两夫妻一起在厂里做了5年，每年都有5万多块钱的收入。那个时候胆子小，没钱赚的；胆子大，就有钱赚。后来我家里建房子，我家本来是一间半的瓦片房子，那年台风来的时候把瓦片全吹走了，我就把房子重新建起来了，把债还出，然后自己开了一个厂，搞了两张绣花机在做。

我大概是1995年建的房子，2001年开的绣花厂。建房花了17.6万元，有2万多元的借款，没有借款是建不起来的。2001年，人家说开绣花机厂好的，建议我去搞两张绣花机自己做做，赚得比工资高一点。我就想多赚点钱，于是花了11.4万元，去搞了两张绣花机，做了8年，前面几年有钱赚，后面几年就没钱赚了。

因为后面几年形势一直不太好，工人的工资又要涨，招工也不容易，就赔钱了。大概是在2001年到2005年这几年比较好，2006年后半年开始差了。本来我们工资只要1200块钱一个人就好了，因为外地人刚进来嘛。后来一直涨到3000多块钱，就没有涨了。我们本来就是小作坊，这样做下去要赔完了，又逢2008年金融危机，2009年就把厂子卖掉了。

卖掉了以后，我玩了一年。老婆说我没活做怎么办，等儿子长大了媳妇都没得娶了，我就开始搞废丝。厂里两三千块的活也有的做，就是不想做，没有技术的两三千块，老婆让我去做，我说不去不去，这几块钱肯定能赚到的，我去做小生意。

搞废丝，开始几年好做，这几年又不行了，因为环境污染大，那种厂子都取消了，那种废料没地方卖，卖不出去，价格就掉下来，一直掉就赚不到钱了。只有远的地方还能卖出去，绍兴那边还能卖得出去，就在这边收下废料卖到绍兴那边去，这里卖不出去，萧山环境污染抓得严，卖不出去。生意从去年开始不太好的，今年也不好。

废丝卖出去，是去做涤纶短纤，涤纶短纤是纺纱厂里纺纱用的，可以用来织布的，要过很多道工序才能做出来的。这个生意懂的话，有钱赚的，不懂的话，就没钱赚的，要赔钱的。

这个生意要做到什么时候，这个要看形势的，形势真的不行的话，又要动脑子转行了。

这几年来，我们老百姓赚钱是很难赚的，特别是去年、前年，真的很难，因为厂子形

图0810　项国安经营丝头废料（2018年6月4日，陈妙荣摄）

势也不是很好，打工的人也难做了，因为生活水平高了，赚钱赚得少的话，就过不下去了。现在你要生个小孩，带大的话，要好多钱。

时代在变化，社会也在变化。

像我们村，像我这种做生意的，好的话，赚钱很快的，不好的话，就老是玩。其他的村民，好的也有的，不好的也有，一般的话，十五六万块钱一年是有的，如果这样没挣到的话，这个家庭过不下去的，因为消费真的大。

像我家里的话，我一年的收入，好的话，有十几万块钱，不好的话，就四五万块钱。我老婆在家带孙女，每天要花六七十块的生活费，一年要花 5 万多块钱。吃的，用的，还有请客的，都要花钱的。比如亲戚娶媳妇、做寿，亲戚生病了去看望，到年底了请客吃饭，都要花钱的。

我儿子、媳妇原先在我姐夫的厂子里做工。后来我姐夫的厂子不对了，卖了，小两口又到另一家纺织厂做工，一个是机修工，一个是小会计，五六千块一个月，他俩去年工资合计 12 万多块钱。年轻人的话，还有汽车，要消费的，一家两辆汽车，是很正常的，还有买衣服，要花钱的，比我们老年人的消费要大得多。

村里变化太大，与我们小时候完全不一样

改革开放以后，村里有翻天覆地的变化，现在村子里的老房子都没有了，我们小的时候都是小的茅房、草房、瓦片房子，现在一间都找不到了，每一户人家都建了两三次房子了，你不重新造还要被人家说的。你造得好，我要造得更好，越造越好。每年都有人家在造房子，有的时候有五六户人家同时在造房子。这个变化太大了。几年不回家的话，真的不认识了。

我们小的时候路都没有，走都走不出去，我十五六岁的时候买个自行车都运不进来，要背进来，有的自行车买来没地方骑，以前的那种路上都是石块，自行车不能在石块路上骑的。现在好了，马路都通了，轿车都随便开，轿车成了主要交通工具，一辆车上百万元的也多了去了。

原先住老房子，走小路，交通不方便，生活水平低下，人的素质也低下，吵吵闹闹，打架的事，经常发生。改革开放以后，大家都是你赚你的钱，我赚我的钱，年轻人多在厂里赚钱，老年人也有安置的地方，有养老金拿，有各种生活补贴，生活条件好了，吵吵闹闹也少了，人的素质也高起来了。

我们村现在不是年轻人给老人钱了，是老年人给子女发钱了，子女住在这里，父母每个月给子女钱。

我也有个妈妈。我妈妈现在一个月 1900 多块钱的养老

图 0811　项国安 20 年前建的私宅（2018 年 6 月 29 日，陈妙荣摄）

金，她还在干活，还有钱赚，生活比我们过得还要好一点，她还在补贴我。我妈妈住在我弟弟那边，也不用我去管。

主要是村子发展了，村民生活好了，村民的素质就好了，这个社会也进步了，否则没有钱的话就会吵吵闹闹，人的素质就差，没有钱的话，就有民怨，各种矛盾就多。

关于村子里今后的发展，有书记在谋发展，有村子的发展规划，总体上是好的，没有落后的。我们小组长也跟村领导讲过了，现在主要是环境问题，因为村里只有一条主街道，进出的车子多，路边又有绿化带，停车占去了两边的车道或人行道，希望这条主街道能有所改造。另外，村子里出租房多，小屋的改造也要考虑进去，小屋一则占用集体的土地，二则影响到了绿化的改造、道路的拓宽，对环境也有大的影响。上届我就提过了，小房子的改造，村里一定要出个方案，因为村里没有方案下来，村里的道路建设改造没法动，新房子建好以后不能再建小房子了，有的大房子建好还在建小房子，是不行的。据我所知，村子里80%的人家有小房子，40%的是可以拆掉拓宽的。为什么道路一定要拓宽？因为家庭经济收入在增长，车子多了，停车位不够，进进出出，堵得很，乱停乱摆，更堵。一个村的道路拓宽，与经济、生活、环境卫生都有关系，你只要路做宽了，经济一定会更发展，生活一定会更舒适，环境卫生一定会更美，反之就会影响经济、生活、环境卫生向好的方面发展。

图 0812　凤凰村民近10年建的私宅（2015年12月16日，沃琦摄）

家庭生活与消费观念的变迁

我爷爷是种田的，我二爷爷是在杭州做棺材的。后来我爷爷生病死了，我爸当时只有12岁，是在我二爷爷家长大的。我二爸入赘别人家当了女婿，就住在我们家附近。我小爸过继给别人当儿子，后来他去当了兵，在青岛海军当营长，退伍后在一家塑料厂工作，现在退休了，六七千块钱一个月，他住在萧山，老婆跟两个女儿也都在萧山，过得很好的。

我二爷爷嘛，有两个儿子，也不错，也有钱，去当过兵，开车的开车，开厂的开厂。

我爸爸13岁就去干活了，在亲戚家做长工，做到了20多岁，后来在生产队当上了小队长，有了点钱后，买了隔壁的两间茅草屋住，20多平方米一间，一共40多平方米。

我爸爸是在60岁时生病死的，当时我老婆刚生了孩子，我爸爸就去世了。

我有一个姐姐、两个弟弟。

我小学毕业就不要读书了，干活去了。我姐姐、我二弟也不读书的，只有我最小的弟弟读到了初中，后来他开了个厂子，都没用我们，因为开厂要靠算的，我姐姐跟二弟都没有文化的，他们名字都不会写，只有我跟我最小的弟弟认识一点字。

我26岁结婚的。我老婆是别人介绍的，是衙前镇明华村的。那个时候经济上不够好，娶老婆也很难，现在年纪轻的人没大人帮忙也娶不到老婆。

我们在1987年正月里结的婚。那时花了2600多块钱，其中彩礼1660块钱，办酒席要了1000多块钱。从父母那里拿的钱，也借了一些，后来我们自己还的。

我们结婚的时候，没有拍婚纱照，只拍了结婚证上的照片，那个时候结婚也要登记的。迎亲、办酒、拜堂需要两天的时间。前一天要搭好棚子买好酒菜，去把姑娘的东西都拿来，桌子、柜子、各种盆、棉被，都要用船先去拿来，再去接新娘子，然后第二天办喜酒。我们办了15桌酒，中午一餐，晚上一餐，那个时候是8个人一桌，来的都是亲戚：外婆家的人、丈人家的人、舅舅家的人、

图0813　村民在河边洗衣（2018年4月19日，陈妙荣摄）

姐夫家的人。邻居也要请，小队里的人都要叫上。现在只有关系好的邻居才会叫。那个时候红包一个两块钱，家境很好的人家有6块钱的红包，现在至少600块钱一个红包。其实也差不多，那个时候6块钱与现在的600块钱也差不多，那个时候猪肉只要4角3分一斤，现在要十多块钱一斤。那个时候谁家有事情，大家都会去帮忙的，现在都只有亲戚帮忙了。

我只有一个儿子，他是大专毕业。在他身上我们花了很多钱。他聪明是聪明的，就是钱赚得不多，一年也就6万块钱的样子。

他结婚不像我们那时了，买了辆轿车20多万元，房子装潢要了20多万元，彩礼用了16万元，办酒办了35桌，要了13万元，也是中午一餐，晚上一餐。他是2014年结的婚，总共用了70多万元，到现在我们还背了20万元的债。

我们这一代的消费观念跟儿子媳妇的消费观念不一样的。因为我们这个年代的人是吃过苦的，小的时候没有钱用，爸爸妈妈也没钱，有那么一段过

图0814　老人在门口闲坐（2018年7月10日，徐国红摄）

程，到现在近六十了，也有这种省一点的想法。年纪轻的人，消费得多的，认为只要有钱赚，积蓄肯定有的，现在多花点无所谓的。他们这一代跟我们这一代肯定是不一样的。

我不太想出去玩，太累了，之前没有去玩过，开绣花厂没有时间去玩，跑废丝生意也没有时间出去玩，像我50多岁了，火车都还没坐过，就是衢前、绍兴、萧山跑来跑去，胆子小。其实我也可以去外面做生意的，只是我不想出去，就这样给村里做做事情，当好自己的小组长就行了。

现在村里的年轻人跟我们以前的人不一样了。现在的年轻人，开放，我们那个时候不开放，生活条件也很差，如果不省钱的话，生活过不下去。现在年轻人只关心怎么花钱，不用管赚钱了，跟我们以前不一样。现在60岁左右的人，跟年轻人都有代沟，文化水平也有差异。因为我们说话有时候很难听，别人听不下去，有文化的人听不下去，有文化的人讲大道理我们也听不下去。

我们村里的人，独生子女的多，老的小的住在一起的多。村里的婆媳关系一般还过得去，有的就是沟通上少，老人都想省点，多省下点，小的就是用了再说，总的来说还是经济上的问题，经济上宽裕点婆媳关系也好一点，经济不宽裕的婆媳之间总有嫌隙。有的时候大人也不多说什么了，媳妇上班回来带孩子，婆婆在家做饭，这样也过得不错，基本都是这样的。现在多数的家庭房屋也建好了，年纪大的人都不干活了，都在照顾孩子，婆媳间闹别扭的也有，邻居也会来劝。

我个人没有什么想法了，希望自己身体健康，拿拿养老保险，再找点事情做做，家里屋子能再重新建造一次，就是这个心态。

四、挣到钱了还要舍得花钱

——卫子仁访谈

图 0815　卫子仁（右）接受访谈（2017年4月11日，沃琦摄）

访谈时间：2017 年 4 月 11 日下午

访谈地点：凤凰村委会小会议室

访 谈 者：莫艳梅

受 访 者：卫子仁

受访者简介：卫子仁，男，汉族，萧山凤凰人，1954 年 3 月生。14—25 岁务农，26—37 岁任卫家村委会委员，37 岁以后办企业，为杭州凯成纺织有限公司法人，现其子接班成为法定代表人。

家族企业由小到大

我们是凤凰村北片的，祖辈都是种地的。因为家里比较穷，我只读了 4 年半的书，14 岁的时候，就去参加生产队干活了。

1978 年，我是卫家村委会的委员，后来也当了 1 年的生产队长。

1992 年之前，村里搞集体企业承包，我承包了两年。后来别人家包走了，我们就自己买了 3 台布机，在家里搞个体了。

1992 年办起私营企业，然后一步一步、一点一点大起来，也没有一年就发展得很大。

2007 年的时候，把布机卖掉，盖棉纺厂了，由织布改为纺纱了。父子俩一起干的，当时儿子 25 岁。现在他 36 岁，基本上是他干了，我去帮帮忙。

我儿子高中毕业就回家了，他自己跟了一个小兄弟做生意，搞了 3 年外贸，直到 2007 年才回自家的厂里跟我一起干。

企业原来在村里，占地 5000 多平方米，征用的土地，后来嫌地方小了，又买不到地，2013 年就搬到新街（镇）去了，在新街元沙村租了一块地，13000 平方米，厂房也是租的，原先在凤凰的厂房租出去了。

现在又要搬到衙前镇山南富村了，在那里买了一块地，33000 多平方米。

企业就是这样一步一步地成长起来的，逐步扩大。

企业主要生产棉纱，就是做内衣的针织纱，T/R，涤纶，70% 是涤纶。

生产竹节纱，AB 纱，50% 涤纶，50% 粘胶。

每天能纺 20 吨纱，21600 环锭，11 台涡流纺，这样的规模。

年产值大概是 1 个亿，销售额也是 1 个亿，去年缴税 300 万元，净利润 100 万元。现在有 160 多名工人。

刚开始办厂的时候，规模很小的，贷款也少。2007 年以后，盖棉纺厂了，企业大起来了，就贷款了，到 2013 年以后，贷款更加多了。

我现在住在村里，厂企那边也天天去。

厂里的员工基本上是农民工，95% 是农民工，安徽的最多，湖北的第二，其他的杂七杂八的都有的。还有 3% 的员工也是从湖北聘请过来的，原来他们是在那边当厂长的，那边的棉纺厂不好了，我们就把他们聘请过来当我们这里的厂长。

萧山本地人还是少的，30 人左右。

从 2007 年开始到现在为止，有 60%—70% 是老员工，就是去年在我这里打工的，今年又来了。因为我们这个企业发工资也高，其他的也好，都很正常的。每月 10 日发工资，一直坚持了 10 年。

从来没有拖欠工资的。有的人做到春节，说明年不想来干了，我们就把所有的钱结给他，结果这人第二年又来了，他就是钱放在兜里放心，第二年还是要出来的，就又来了。

工资最高的当然是厂长，年薪 6 万元。下面的几个班长，年薪 5 万多元。普通的工人，年薪 4 万元左右。

我们全部是做 8 小时的，很少加班的，有的厂企做 12 个小时的。

我老婆在家里，儿子、媳妇在厂里。

我儿子就是厂外、厂内的事都是他在干，儿媳就是配配零件，钱她来掌管，会计出纳技术她还是有的。

我每天去厂里，开车大概 15 分钟。我的工资是儿子说了算。他们每个月给我 4000 块钱，我按月领的。但开支起来，家里厂里也不是分得很清楚的。比如儿子说老爸你去把什么东西买来，我去帮他买来了，也不去拿钱或报账，我把自己的钱用掉了。有时候我们老人要出门旅游，比如我们不是马上要去菲律宾吗，我就跟儿媳妇说一下，要 1 万块钱，我儿媳就把钱打到我账户上，就这样的。

我儿子、媳妇也是按月领工资的。儿子 5000 块钱一个月，儿媳妇 4000 块钱一个月。领工资只是一种形式，要用钱的话，都可以从厂里拿的。

比如我们在萧山的那套房子，金地天逸小区，2012 年买的，160 多平方米，单价 22000 元/平方米，精装修，加一个车库，总共要了 380 万元，130 万元是首付，250 万元是按揭，到今年 8 月份的时候就付清了。现在这套房子值 500 多万元了。

我们基本上没有分你的钱我的钱，反正儿子的钱是老子的钱，老子的钱也是儿子的钱。我要用了就向他要。

不过我管事的时候，他不领工资的。他要用钱了就问老爸要，要多少就给多少。但我儿子也很节省的，他不多花钱的。

我们除了办厂以外，没有其他的投资项目，也没有去海南买房。萧山的房子是自住的。钱基本上都用于企业发展，没有用来炒房。

开厂也好，炒房子也好，负债不能负得很高，负债负得高有风险的。你有一块钱就只能做一块钱的生意。

现在的办厂环境比过去好，税务也好，工商也好，很正常的，反正你按章纳税就好了，没有雁过拔毛的现象。

至于优惠政策，原先有的，现在少了。

原先你投资了多少钱，譬如我们到新街去，一次性投了4000多万元，新街人民政府奖了我们100万元，按2.5%的比例给的，但超过100万元，上面就不加了。最高是奖励100万元。

新街有，凤凰也有的。你投资到哪个地方，哪个地方的政府奖给你，属于招商引资政策。

现在这个政策没有了。

厂企要随着时代发展的。

我们是传统企业，但是里面的品种都更新了。

我们现有11台涡流纺，是全世界最先进的细纱机，2013年换的，每台机器大概300万元人民币，折成美金为42.1万美元/台。

关于今后发展的思路，一要机器换人，提高效率。比如，原先一天10人生产1吨的东西，换成机器人，1人就能完成。二要做更适应市场的新品种。如果一直做老品种，那你肯定拼不过人家的。外面地方的劳动力又便宜，土地资源又便宜，你在这个工业最发达的地方，如果不从机器的地方、从产品的地方动脑筋，肯定是竞争不过人家的。

孙子是香港户口

我有一个孙女，一个孙子。

孙女今年11岁，在萧山湘湖师范小学读书，今年三年级。

孙子今年7岁，在东方幼儿园，他的户口是香港的。

我媳妇是坎山的。她是舟山卫校毕业的，毕业以后，一边在浙江省儿童保健医院工作，一边自学考本科，考出来了，她现在也是本科。

他们是2006年结婚的，2010年我儿媳妇就从单位辞职回家了，因为要生二胎。原先不是不能生二胎吗，再加上她是浙江省儿童保健医院的护士，是不能生二胎的，反过来在企业还可以。后来她辞职辞掉了，就怀孕了。

他们办了香港旅游证，到了香港，又办了个准生证，在香港生了第二胎。

那时只要你在香港办了准生证，国内也不强制管你生二胎的事情。

就是以前说的"双非"，父母亲都不是香港户口的"双非"。现在已经禁止了，不能去了。

我们家族是这样想的，我本来只有一个儿子，如果他再生一个女儿，一胎总不够，要想办法去生二胎。

有两个了就够了。要是早放开二胎，就没这回事了，就不用去香港生了。

村务监督与热心公益

我是村务监督委员会委员，从2005年大村并起来开始到现在，主要是监督财务，每个月看一下财务账目，检查检查。

我不用天天来上班的，一个月来一两次就好了。

如果有工程，村里都会组织我们去看的。

这是兼职的，不领工资的。春节到了，他们发一点东西给我，平时我来的时候不拿钱的。

我们这个胡书记，他是可以的。上次开会我说了，通过30年的努力，把村建设管这么好，这个是不简单的。

现在我们村里最大的负担是每年发给老百姓的1600多万元，还有分红啊，工资啊，等等。

像我们这种老头，自己买了15年社保，那村里要按照国家一模一样的标准，再给我们每人一份。我拿的是两份工资，一块村里拿，一块国家里拿。我现在的月工资是3500元左右，国家那一块有1700多元，村里那一块也有1700多元。村里企业这块负担也很重的，但问题不大。毕竟我们这个地方，厂房、店铺是出租的，有很多租金收入。去年我们村可用资金是4424万元，这么多钱过来的话，有1600多万元用到老百姓身上。这些我们村务监督委员会要公布的。

图0816　凤凰村孩童钓鱼乐（2010年5月4日，肖仲光摄）

图0817　老年人娱乐生活（2012年9月27日，凤凰村委会提供）

关于村民福利，像我们这种人要大病保险的，那些不用大病保险的人，跟我们大病保险的人是一样的，村里都给他包掉了，90%以上都报了，特别是村里有的人家钱不多的，生了病以后把钱用完了，基本上村里帮他解决了有关困难与问题。这个方面是做得最好的。

三大保障，有三个方面。

第一，是生活方面，每月发20斤米，25块钱，这是大头儿，其他的还有小头儿，比方说油票、面粉等。

第二，是工资方面，60岁以上都要发退休工资，跟国家一样的，由村里出钱给老人。

第三，是股份分红。因为我们有一个股份经济联合社，每年年底要按照股份分红一次。

他们老凤凰村的人，分得多一点。我们北片的，分得少一点，有1000多块钱的，有四五百块钱的。因为并村的时候，我们卫家片投到新凤凰村的钱少，他们老凤凰的人钱多，那么这个钱是按照原先入股的股份算的，一口人一口人分的。

我儿媳妇是非农户口，没有分红的。她原来读书的时候把户口迁出去了，就迁不回来了。在我们这里，非农户口想变成农村农户，很难很难。

我们家有4人是有分红的。我、我老婆、我儿子、我孙女，分红的金额都是一样的，400元左右。这个钱都是我老婆去领，我也从来不打听的。

其他福利都是一样的，发粮食呀，拿退休工资呀，报销医疗费呀。春节的时候，60岁以上的老人还分600元一个人。还有端午节呀，有八月半啊，九九重阳节啊，也发一点钱。

在回馈社会上，我十多年前资助了一个浙江公安学校的学生，100块钱一个月，我资助了他3年。那个时候这个钱比较值钱的。此外，衣服呀、鞋呀什么东西也买了给他。

他叫张海峰，诸暨市五一镇人。

我是看电视时看到有一个公益活动，我就打了一个电话过去，工作人员告诉我：现在很忙，你的电话号码我们也知道了，过两三天我们会联系你的。

后来他们联系上了，说结一个对子，要求近一点的，有一个诸暨的男孩。我说蛮好的。工作人员的意思是每年给他的学校打1000块钱，作为他的伙食费，那他去学校食堂吃饭就不用自己掏钱了。

这个活动跟现在的彩虹行动是一样的，是大型公益助学行动，浙江6频道有这个栏目。

他毕业以后到诸暨枫桥派出所工作，现在他已经调到丽水去了。

在他大学期间和毕业以后，我们都是有来往的。我不是年年去，有时候一两年去一次，有时候两三年去一次他那里。他结婚我也去了。

他也到我家来，买一点诸暨的土特产带来。

我是这样跟他说的，我说给他3000块钱，你可能给我5000块钱都不止了。他在公安系统工作，生活条件好了，结婚了，也可以的，但他的情义蛮好的。

他老是买东西给我吃。我原来的时候也想着我没有目的。我想一个人最苦的地方是两个苦：一没有钱读书，二没有钱看病。一个病人送到医院里面，以前没有绿色通道，家属要交5000块钱，拿不出钱来的时候，病人躺在那里你说心里多焦虑？还有读书很好的学生，家里付不起钱了，读不了书那可能就会影响他的终生。

我还去他们学校看过他，我们夫妻俩去的。一开始他也不认识我们，我们也不认识他。我们到学校里问了一下，他认出来了。我们到杭州大厦吃了一顿饭。吃了中饭以后，给他看看衣服啊什么的，买了一点给他，看到以后再买的，因为也不知道他长什么样。

后来他放暑假的时候到我家来了，住了三五天。他读书的时候每年都来的，在诸暨的时候也是每年都来的，到春节或是别的什么时候来看看我。现在他在丽水工作了，去年不来，今年的正月要来的。

后来我还资助了两个，一个小学生，一个初中生，结果那两个没有资助好，资助了两三年以后中断了，那两个是龙泉的，也是丽水地区的。

我是从杭州吴山广场那里去认领的，看了一下那人的资料，填一个表格，把钱交一下就行了。好像是6频道电视台搞的活动，就是现在的彩虹行动。以后和他们没见过面，也没有联系，就断了。

村里面组织的捐款活动不少。我只在东岳庙建设上出了2万块钱，不算多，多的人家捐了10万元，20万元。村里很多人都捐钱的。

家庭生活及老年消费

我家庭生活还可以的。

我是1980年结婚的。那时候对象是有人介绍的。但说老实话，那时候特别穷。

当时我还是生产队长，但没有什么特殊化的，跟老百姓一样，集体干活，同工同酬。我的生产能力是12工分，老百姓的生产能力也是12工分，一样地出工，一样地记工分。结算时，按挣的工分多少分粮食。村干部无非多开几个会，多辛苦点。那时候，吃大锅饭，大家都一样，没什么贫富差距，基本上是平衡的。也没有吃吃喝喝的现象。

我老婆是坎山的。结婚没有什么讲究的，连买个自行车都买不起，其实那个时候自行车已经很流行了。

我结婚花了300多块钱彩礼，几尺布票，几斤棉花。

办酒席应该有10多桌酒。农村里都有这习俗的，自己家里办的，像亲戚啊，朋友啊，吃一餐就好了，特别简单。

现在全家收入一年应该有100多万元吧，这在村里算中等以上。

消费方面，是一年两次旅游，夫妻俩去的。去年跟我们胡书记去了一趟泰国，去了一趟西藏。

家里有3辆车，我的是雷克萨斯，儿子的是宝马，媳妇的是马自达6。

住房面积380平方米，是2006年造的，凤凰的老宅地改造。

其他也没有特殊的消费，吃啊都是普普通通的。

中午在厂里吃，跟工人一起吃食堂，早餐、晚餐在家里。很少出去吃，我这个人不喜欢吃酒店的。

我们这儿的农民，小时候是没有钱的，就养成这种惯性了。60岁、70岁的老头子，一年拿那么多钱他还是存银行，他没有消费习惯的。

像我们这种人，有退休工资了就

图0818 卫子仁的住宅（2018年6月21日，陈妙荣摄）

不用存钱了。只要活到80岁、90岁，每年国家退休工资都得给你加钱。但是农村里还有很多人想不通，有钱了，却不消费，那年纪一大，到自己没有能力消费了，不是钱作废了，而是你的钱作废了。到时候你生病了，只能待在家里了。

所以，要出去玩啊，消费啊，穿啊，吃得更好一点。

要舍得花钱。这个钱花掉了是自己的，我自己享受掉了。如果赚来的钱放在银行里不用，那这个钱不是你的。有一天你百年之后，好一点的女儿、儿子还是高高兴兴的，老爸留下了钱把它分掉，不好的儿女还得吵架。杭州《和事佬》这个电视栏目里老多争遗产的。但这种人在生活里毕竟是少数。

个人想法：70岁以前多旅游，多出去跑跑，70岁以后年纪大了，路走不动了，你一个人出去，或两夫妻出去，儿子也都不放心了。我就是有这个理念。

从我跑来跑去看到的，最好的是杭州西湖，这个地方是全世界最好的。从六公园到少年宫，到断桥、平湖秋月、灵隐寺，你再往南走，到花港观鱼、雷峰塔，这一圈地方，包括三潭印月、小瀛洲，最迷人了。杭州是花园里的城市，也可以说是城市里的花园，特别好。你说到西藏去，空气是特别好，但是氧气也没有，地上也特别脏。

我去过韩国、越南、澳大利亚、新西兰，国内去过昆明、西安、洛阳、郑州，东北我也去过，峨眉山、九华山、五台山、普陀山、黄山，我都去过。

我们都是自己组团去的，但我们的团又是特别的，村里组织的，自己出钱的，十五六个人一个团，春秋两季都有。一般我们出一趟门比人家贵一点，宾馆要五星级的，这是自己定的标准。

印象深刻的，西藏天特别蓝。澳大利亚、新西兰特别舒服、干净，在那里往海里面一望，那一片天好像跟海差不多了，连一起了，天海一色。这是它们的好处，但是中国可能做不到。澳大利亚是我们国土面积的70%，它只住了2000多万人口，相当于我们浙江省人口的一半。新西兰跟我们四川省面积一样大，它只住了200多万人口。现在我们一个浙江省住了那么多人，人多肯定会产生污染物。

还有我们的文明素质也不如他们，但是我们的下一代会好的。我有这个信心，会好的。中国人现在闯红灯穿马路的比较多。这跟一个人的教育有关系的。比如我们这一代，我就读了4年书，我们父辈一代，读的书更少，女的基本上不读书。但我们的下一代素质会好的。因为中国毕竟历史悠久，澳大利亚只有200多年的历史，新西兰只有100多年历史，我们中国有5000年的文明史，原先"文化大革命"的时候糟蹋了许多东西，可惜了，但以后会越来越好的。

图0819 "这是我捡的垃圾"（2010年4月30日，肖仲光摄于衙前文化中心）

五、办个小厂赚点利息就好

——傅华明访谈

访谈时间：2017年4月25日下午
访谈地点：凤凰村傅华明家
访 谈 者：杨健儿
受 访 者：傅华明

受访者简介：傅华明，男，汉族，萧山凤凰人，中共党员，1955年3月生。1972年为交通村生产队会计，1986—1998年任交通村委会主任，1984—2001年任交通机械修配厂厂长，1992—2013年与村里共用执照开办自己的布厂，2013年至今为杭州正然纺织有限公司负责人。

图0820　傅华明（左）接受访谈（2017年4月25日，沃琦摄）

从生产队员到村主任

我姊妹3个，我有一个哥哥和一个妹妹，我是老二。

我家是中农，因为成分比较高，我读了6年书就不读了，去生产队干活了。如果能继续读下去的话，我成绩会很好的。

那时候读书讲成分，成分高的家庭不能读书，当兵也讲成分，成分高的都不能当兵。

像我家这样的中农，在几次大运动比如土改、"大跃进""文化大革命"中，还算没有受到什么影响。像那些地主、富农、反革命、坏分子等，都受到影响了。

我小学还没毕业，"文化大革命"就来了，就乱糟糟的，也不管毕不毕业算是读完了。

那时印象深刻的事情，是"文化大革命"时期乱糟糟的，一天到晚开会，斗四类分子和游行。斗地富反坏右，横扫一切牛鬼蛇神。成分不好的人家会被横扫，就是有人去搜这户人家，他们家的金、银、铜都要被拿走、处理，全部东西都会扫走。扫走的东西都拿到哪里去了，这个我不清楚，可能折价或者没收，比如出价几元钱卖给别人了。那时候村里有革命领导小组，专门管这事的。我不是什么红小兵、红卫兵，村里也没有红小兵、红卫兵，我14岁就去生产队干活了，村里有会是要参加的，当然就知道怎么回事了。

我17岁当了生产队的会计，一直做到生产队分散为止，具体做了多少年我也不记得了。那时候的会计，就是计工分，分配杂草和粮食，收集农家肥，并记一个明细账，每天工分都要上墙公示。基本是半脱产劳动。

我的工资也是按日计，一天10个工分的样子，跟田里干活的工分一样的。

那时候的粮油、柴分配，基本是20%根据工分分配，80%是根据口粮分配。如果你是成人，口粮是600斤谷子，小孩则是400斤谷子，我们是这样分配的。

有一次分粮令我印象深刻。那时的粮食是公社分配的，一个月分配一次，不是一次性分配的。有一次按月分粮，遇到了生活最困难的时候，小队里有的人家吃不饱，我们就提前分配了。结果我们被叫到公社去待了一晚上，受批评了，因为我们违反政策了。

那时田地没有施化肥，粮食产量低，人们生活水平低，吃不饱。我去杭州铲过鸡粪，也去绍兴买过鸡粪，都拉回来，给田里施肥。

我在生产队这么多年，最大的体会就是我们一年到头都在田里干活，空点时去河里挖河泥当肥料。当时我们4个人去萧山买造船需要的材料，去杭州清理鸡窝，去绍兴买鸡粪。一年下来，除非下雨，没有什么空闲时间。而且那时运动不断，10%的人天天在开会。

人们收入来源主要靠在生产队里挣的工分。最低的人一天只有5分工分。生产队那时收益分配，是按口粮分，其余按工分分配。那收入的钱是按一个工分多少钱分配，我们生产队是5分，情况好的时候能到六七分。一个劳动力一年只有200—250元的收入。

包产到户的时候，是按人口分口粮田、按劳力分责任田。一个人分几分口粮田，多余下来的农田都是机动田。那时候基本够吃了。

我是1986—1998年担任交通村村民委员会主任的。那时的主任是由公社和村党支部协商后推荐一个候选人的形式选出来的，不是现在的普选。也没有其他候选人，就是推荐一个候选人让村里人们选。

我当主任，村里的一切事务都要管理。

那时村里有几台拖拉机和收割机，农忙时大家都要用。有一个村民把收割机的皮带割断了，收割机不能用了。晚上我去找他谈话，让他道歉、赔偿。我还告诉他，如果他不同意，我会告到派出所去。他也没有办法，只好赔偿。

那时的村民比较好管理的，但是要拆房子，拆得不好也要乱的，乱的村也挺多的。任何事情都要想到简单的和不简单的地方。有的事情要想想怎么对付，你有理由的话村民也没办法了。因为我当了十多年村主任，所以大家还是比较尊重我的。

每个村都有几个不想干活的人，说他们身体不好，家中小孩读书还要学费，要求村里多照顾

图0821　在生产队的日子（董光中摄）

点。对这些人我们会根据实际情况照顾一下，能批就批一点。有的时候他们买东西缺钱，我就自己掏钱给他们。情况属实的话，村里是可以报销的，所以有时候我们就给他们三五百块钱，其实也不太麻烦。

真心说，还是以前当村主任比较容易，现在比较难当。现在任何事情都不会去问村民要钱，请人扫地的钱都是村里开支。那时经济不富裕，一部分是村里承担，一部分是个人承担。现在有人心不平的情况，是因为人们收入有高低，还有些人不想干活又想吃得好。

我不当村主任以后，有一种两田制。两田制就是指口粮田和机动田。这不是由村里同意决定的，是由公社决定怎么实行的，村里没有权力的。每人都分到几分口粮田，剩下的就是机动田。我们的处理情况是把田地让恒逸征用起来。新上任的主任和书记去镇上开了半小时的会，回来就把田给他们了，没有征用条件的，要征用签个字就行了。那时可以，现在这样做就行不通。

土地确权登记的情况，应该和两田制差不多。那时每户人家土地证和房产证都有的，被征用后就都没有了。所以我说那时不是和村里、村民商量。这块田如果要收走，定多少钱我们是没有话语权的。

现在村里没有田了，凤凰村可能还有点，我们交通村没有了。

一般情况下，土地集中起来的效益比土地给个人要好。村里有经营头脑的人没有兴趣为了几块钱去管这几块田地的。如果由经营头脑不足的人去弄就是浪费钱，不是什么人都能搞得好的。做这件事情要有经营头脑，有眼光，看什么能赚钱，不然要亏损的。搞得好是优势，搞不好是负担。

家庭作坊年收入百万

我原来在村交通机械修配厂做过，是集体的，管了十几年，后来关闭了。因为技术跟不上，职工年纪大、文化低、体质也不好，村里不敢投入，而且办好以后还是集体的，就散了，如果不是集体的，可能还是能办得下去的。

我是1992年开始办布厂的，当时已经算晚了。我用村里最后一点地办了布厂，一直到现在都在管理布厂，叫杭州正然纺织有限公司。

布厂是租的地，租金算高的。当时村里没有其他经济来源，只能靠租金，还有电费。变压器是村里的，每度电上交5分钱。这些收上去的钱作为村里日常费用和田间费用。那些自来水、有线电视都要安装，还要整改电线，装变压器，修路，等等。书记比我早办几年，是因为当时村里没有钱，我们就自己上交让村里先用。

那时村里有十多家厂，好多搞不好亏了。所以前面说的田是集中好还是不集中好也是一个道理。有三分之一办得好，有三分之二办不好。

为什么会亏损？因为经营不善，做正品就会赚钱，用次品就亏本。那时衙前公社发展比较快，一个村里有15—20家厂，办得好的厂少，所以留下来的可能只有三四家厂，到最后只剩下一家厂还在经营。

亏损了怎么办？就自己去干活或者卖掉，职工工资可以减少一部分。厂倒闭了后，家里人吵架的也有。我们村里有一家厂开了七八年亏损了20来万元，后来开厂的夫妻离婚了。

原来我的布厂最多时有五六十人，现在只有十多个员工。

以前的设备和产品都落后了，我是突然之间停止更换的。有的客户订了几万米布，做好了不来取，还有的说好了下个月给钱，但到时间了却没有给钱，他们也拿不出来。这样下去我就要搞不下去了。

后来改做机包（氨纶包覆），是织布用的材料，如果布匹要有弹性，就把我们生产的丝掺进去，就是氨纶、锦纶。

目前生意还算正常。像我们萧山、绍兴这些地方，生意稍微好点大家就一哄而上，还是冷清点可以多做几年。要不然今年做得好，明年可能就倒闭了。适者生存，适应不了就倒闭。如果你厂里现在只有20台机器，别人有80台机器做得好的话，明年就会增加到180台机器，这样不出两年，你的厂一定会倒闭的。

目前行业也比较冷清，我们就是折旧赚点利息，用资金赚点利息。有的人贷款后买了100台、200台机器，这些马上就要倒闭的。规模上去后市场马上就饱和了。我们这里做轻纺太简单，每天可以织很多布的。

因为我们是私营小企业，不贷款的，也不需要招工，厂里百分之八九十是老职工，因此没有多大困难。

房租费不高，但每度电交4分，一年上交村里10万元左右。

职工工资高的，每人一年就要六七万块钱。员工五金一险一般是自愿买的，但按国家规定是不允许的。我们不管什么保险就是一脚踢，直接补贴员工多少钱一个月。因为有的职工今天做得不好可能下半年就不做了，所以我们工资开得高一点，每人6000元左右。他们工作也轻松的，像我们这里可能有三分之一的员工上班时是玩手机的。

我认为市场经济对国家、集体和我们自己都是有贡献的。我税不少交，村里税不少交，我们就自己赚点钱。乱七八糟的事和治安的事都搞好了，这样我们做点小产业也没有什么心事。

改革开放快40年了，我觉得村里的变化之一，是房子变化很大。原来房子不能造，后来每户人家3间房，有的造了三四次，有的造了两三次。

房子造得好，住宿条件好了，但环境差了。恒逸这么多年用地对我们这里危害最大，有气味对身体不好。我们村里有300多亩田被它征用，3万多元一亩，造成噪声及其他污染。但有一点好处，是村民房子租给恒逸了，能有钱赚，没有这么大的厂就没有职工来租。实惠也是有点的，可是环境、气味都不好，还有噪声。

对凤凰村的办厂环境，我们也没碰到多少问题，不过碰到有事的情况凤凰村也会给我们解决的，也算比较负责了，而且对企业要求也不是很高，总的来说我还是比较支持办厂的。但我们交通片在南边，已经没有地方办厂了。

现在村里主要在搞旅游景点，如李成虎墓、东岳庙等，我觉得这个是好的。

我个人没有什么愿望了。我年纪也差不多了，就这样再搞几年，也不想怎么样了，因为我性格就是这样的。

对，和性格有关系。我就想办一个小厂，不用多大精力，不用向银行贷款，也不用去求别人。做事一方面要有爱好，另一方面要有决心。我的性格已经定型，不想怎么干了。就像我刚才说的，行情还是冷清点好，我就赚点利息就好了。

我不是我家厂子的法定代表人，我老婆才是法定代表人，我只是负责人而已。原来我想当法定代表人，但因为修配厂由我管理，而一个人只能当一个厂的法定代表人，所以让老婆当了法定代表人。反正我们是家庭作坊。

我是1981年结婚的。我老婆是别人介绍的，是草漾村的，就在我们村的边上。她以前在镇办厂里做职工，现在在家管孙女。

我们结婚办酒都是家长搞的。也就是办了几桌酒，不过我们办得挺大的。我们亲戚朋友都很多的，办了三四十桌酒，四五百块钱一桌。

我家送了礼金，但不多。当时我家条件在生产队里算比较好的了，因为我父亲母亲、哥哥妹妹都会干活。

现在条件在村里也不差。我们夫妻俩都有养老保险领，儿媳在银行上班，儿子在厂里一起管理，家庭年收入加起来有100万元左右。另外有房子出租，一年有五六千元收入。

我们住的这个房子是2003年造的，3层半，有十三四年了，共造了两次。第一次是1987年造的。第二次就是这个房子，占地面积130平方米。我们和儿子、媳妇住在一起。我就一个儿子，有两个孙女。

我们一年消费应该有10多万元。日常生活用品都是我老婆去买，其他费用由我儿子、儿媳自己管。

我不爱旅游，家里其他人经常出去的。有一次我想去日本，结果地震了就没去。

图0822 傅华明的房子、车子（2018年6月21日，陈妙荣摄）

六、办厂起家顺利，多读点书就更好了

——陆惠祥访谈

访谈时间：2017年3月29日上午
访谈地点：凤凰村委会小会议室
访谈者：莫艳梅
受访者：陆惠祥
受访者简介：陆惠祥，男，汉族，中共党员，萧山坎山人，1967年11月生。1986—1991年在部队服役，1991—1998年在企业就业，1999年至今办个私企业，任杭州韵天织造厂厂长。

图0823 陆惠祥（右）接受访谈（2017年3月29日，沃琦摄）

办厂起家

我原先不是衙前镇凤凰村的，是坎山镇东社村人。

我爷爷是坎山供销社主任。我父亲以前是小队里的会计，后来是大队里的出纳。我爷爷辈和父辈都是农民出身，比较本分的。我爷爷是个老党员，那时候做事情很单纯的。我记忆当中，我父亲一辈子没有跟人吵过架，主要是务农挣工分。

我是1974年上小学的，那时候农村读书的氛围没有现在这么好，我上完初中就不上了，到本村的乡镇企业干活去了。

我做过很多活，去过电风扇厂、油漆厂、皮鞋厂，还当过五金仪表车工就是小车床工，这些活都干过。

1986年11月我当兵去了，共当了4年多兵。

那时候退伍就没有包分配了，自己择业。

因为我处的对象就是现在的老婆，是凤凰村的，所以1991年3月退伍回来的第一份工作，就是在凤凰村做专职驾驶员。

从当驾驶员到我办厂之前，有六七年的时间，中间换了一家企业，在浙江开氏集团开车。后来，要成立一个发电厂（新光电厂），我去搞筹建，1995年正式发电。从企业的筹建到生产，我都参与进去了，得到了锻炼。

1999年4月，我开始自己办企业，就是现在的这个企业。

当初办企业，村里都是统一的，有一个总的规划。那个时候分给我的厂名是第十六布厂。企业的模式不像现在都是个人独资或者是股份制，而是全部挂靠在村的名下。

刚办厂的时候，规模还很小，一共只有4台织布机，5个职工，总投资在50万元左右，是在村

里的一个老厂房里办起来的。

主要做的是出口的窗帘布。

主要出口到欧洲,都是通过外贸公司在销售,我们自己是没有成立外贸公司的。

现在年产值有3000多万元,固定资产1300多万元,企业设备74台,员工60多人。

员工不要说是本村,浙江省的都很少,95%以上是外地的。四川的比较多,要占三分之一,剩下的是安徽的,其他还有杂七杂八的省份,有江西、贵州、湖北的。一般都是普通员工,以挡车工为主。原先有一个大学生,她母亲在这里做,她一时找不好工作,就来这里工作了一年,后来又走了。其他的都是农民工。

给职工的工资,我是分两种,自愿做12小时的,一天分两个班,高的工资每月在7000多元。上8小时的,一般在5000元左右,算是可以的。

图0824 外来农民工赤膊上阵(2018年7月25日,陈妙荣摄)

我们厂里两夫妻的比较多,好多都买汽车了,有十多辆了吧,好的车也有20万元左右。吃住都在我厂里,住宿是免费的,但是吃的是自理的。

我们厂是标准厂房,有宿舍的,住宿都是免费的。其实他们现在工资有这么多,真正算起来还不止,我们还要给他们买社保,5年以上的买一半。平常还有工龄奖,还有来回车费都要报销的,过了年开年还要给他们红包。这个费用总的算上去,一年每个人也要五六千元。这个是多支出的钱,因为现在职工比较难找,只能增加福利。

工资都是按整个行业来的,我增加一下,大家不就乱套了?所以只能福利方面不断在变。

现在我就担心一个东西:用工是越来越少。早个六七年以前,还有上门来,问要不要学徒工。近六七年以来,已经没有学徒工了。我企业的用工这一块,基本上是从其他厂家的熟练工跳槽到我这儿,或者是老的这一批延续下来,没有新的职工招进了。

一般是自己去写广告,到衙前这边的招工站写一写。

电子商务这块我们接触得还是比较少。我有一个驾驶员是通过网上招的,其他基本没有。

图0825 企业招工(2014年2月16日,徐国红摄于凤凰村)

我们本来也考虑过企业网站这一块,自营外贸这块肯定要做网站,但是我们现在还是以生产性加工为主。没有通过互联网销售,还是传统的,通过外贸公司接订单,来给它做加工。如果是要自行进出口的话,还要成立外贸公司,这就涉及这个问题了,感觉自身管理这块是缺失的,最起码效益不会很好,而且人员管理这块,包括业务这块跟不上,所以一直没考虑。

同行之间竞争相对来说是良性的。衙前做我们这个产业的比较多,不会说是我来挖你的客户,把价格报得很低,亏本做,这种基本上不会有。衙前企业生产环境还是比较好的。

企业发展中的问题,通常有两个,一个是融资的问题,一个是厂房的问题。因为是小微企业,在融资方面碰到问题相对来说比较多。当初办厂的时候,企业还比较容易一点,利润是比较高的,融资这一块不是很突出。到现在为止,我还是没有贷款,都是靠自有资金积累,把企业规模扩大。融资这块虽有压力,我也解决了。最大的问题是厂房的问题,村里起到了很大的作用,2007年创建了一个凤凰工业园,把我办厂的最大问题也给解决了。

现在我的企业主厂房有3300多平方米,办公楼500平方米左右,宿舍楼20间,一年租金37万多元。

因为还属于小微企业,不是规模企业,所以厂里也没有党组织,我是在村里统一过党组织生活的。

去年我参加了一个30周年的战友聚会。我们同期的萧山兵有45个,留在部队考军校、转志愿兵的差不多有三分之一,其余的大多数是务农的。像我这样办企业的很少,也有几个在企业打工,或自己搞点小作坊,发展不是很理想。

发展感悟

创业这么多年,最大的感想就是勤勤奋奋做事,老老实实做人。因为办企业不像其他,肯定要一步一个脚印过来。现在有好多企业是不成功的,发展速度太快,资金链缺失,管理缺失,已经开不下去了。

这几年经济发展的环境,相对来说是很好的。从我这个企业的角度来说,是我自己都想象不到的。因为以前开厂的时候,50多万元的资金投入,生活条件也算是不错的,但也只有一辆摩托车。通过18年的发展,我自身的生活改善了,汽车已经换过好几次了。现在最好的车买到160万元、170多万元了,有保时捷,还有奥迪Q5,我2001年买的帕萨特早就报废了,不用了。现在拥有3辆生产用车,3辆小车。

开始办厂很辛苦的,但我们坚持了下来,否则就没有现在的好日子了。现在想想当年的苦也是值得的。

办厂初期,我们夫妻俩自己做挡车工。厂房周边都是农田,环境是比较恶劣的。我们就睡在车间里,那个时候夏天不可能有空调,就支了一个床板,把自己做的窗帘布做成蚊帐。早上起来,蚊帐里边的蚊子都是吸饱血的,一抹手都血红血红的。

那个时候我和我老婆都有单位的。她和我一样,初中毕业后在乡镇企业打工,打了四五年工。1992年到开氏集团上班。1999年我们自己办厂后,她白天要上班,我白天也要上班,我们下班后才到自己的厂里上班,自己做挡车,轮流休息睡觉,白天就交给机修工管理。当时规模小,业务量没有那么大,就是家庭作坊式的。到2001—2002年的时候,企业管理这块基本上都是我老婆在做了。

我老婆家里对我们的支持是很大的。她家的经济条件比我家优越得多,我们办厂的启动资金基本上都是她家出的。

可能也是这个原因,当初没有考虑贷款、扩大再生产,也就没有风险。我们1999年办起来的很多企业规模已经很大了,也有几个倒闭了。

我感觉我的一生还是比较顺利,没有什么大的波折和坎坷,没有磕磕绊绊的事情发生,也没有大的货款收不回来的。比如外贸公司倒闭了,欠了几百万元收不回来了,这个也没有。因为我的客户选得也比较慎重，这一块做得还是可以的。但是这种企业发展的模式有好处也有坏处，好处是稳，没有大的风险，不足之处是企业发展速度慢，只能靠自己的资金积累，做一个设备的改造啊，升级换代啊，但算不上规模企业。

我自己最大的缺陷是管理，管理跟不上的问题，在于我学历太低，文化太低。

我们夫妻俩都嫌自己学历太低，初中的话确实是很不够。如果当初能读到高中，有英语基础的话，厂里的外贸公司早就成立起来了。因为什么都不懂，起码的合同条款都看不懂，通过下面人来做是有很大问题的。

我们已经碰到这种问题了，有些外贸公司，下面招的业务员，等到有一定实力的时候就都跑了，所以一个企业反而变成了一个培训基地，有这个问题。

如果我们能掌握一定的文化知识的话，最起码的涉外合同能看得懂，自己能谈的话，自己就能把握一些东西了。如果自己跟国外企业都不能沟通的话，主动权还是掌握在业务员手里。现在企业里就有很多业务员都是大企业出来到我们这里做。所以我们也是看到这个情况，就没有再办外贸公司的念头了，还是因为知识不够。

其实我们夫妻两人也去上过函授，有单门英语课、法律课，还有一些中专程度的知识。但是因为企业在发展，加上我老婆怀孕了，我们上了两三个月就没有坚持下去。读书太少了，对我们还是有比较大的制约。

读书少，对我们对事物的看法，包括自己对企业发展的规划，都是有影响的。别说大学了，当初如果我能读到高中以上，企业发展肯定不是现在这个规模。

图 0826　凤凰村内创业新村社区图书阅览室（2014 年 11 月 1 日，凤凰村委会提供）

凤凰的办厂环境是很好的，不光是村里的干部很支持，而且这边老百姓对办厂的阻力也比较小。不像有些乡镇，办一个厂，旁边老百姓感觉难受，就给你出点岔子，挑点事做。可以说衙前整体办企业环境是很优越的，企业与企业之间的竞争都是良性竞争，不是恶性竞争。我当初企业发展厂房有困难，村里干部也都及时地解决了。当初如果厂房解决不了，我这个企业现在也不可能会有这个规模。

在 2001—2002 年以后，凤凰的承包地基本上已经没有了，村里面整体规划了。这个思路也是对的，如果不是这样做的话，村级经济就不会这么好。现在靠种承包田过日子的已经没有了。在凤凰村要找个工作，打打工，在企业里面，三五千一个月，随便都是找得到的。因为企业多，用工还是一个很大的问题，做农民的话，还是没有到企业打工来得轻松。

现在我要想把企业再扩大一半的规模，按现有的能力是没有问题的，关键是厂房用地的制约，因为我们衙前特别是凤凰村的土地基本上没有了，没有发展的余地。

解决的办法还是有的，比如村里的老厂房改造。以前的老厂房都是单层的，而且都是危房。现在如果能够考虑把老厂房进行改造，那么企业生产面积利用率就提高了。

打个比方，以前占地面积是 100 平方米，现在盖 3 层，那就有 300 平方米，能扩大很多。地方政府和村里应该考虑这个问题。

村民生活

我这一生中有两条路是走对的。第一是去当了兵，从一个农民有所转变，开阔了视野，无论个人素养、谈吐，各方面都有很大的转变。第二是走对了地方，在凤凰落了户。因为凤凰这么多年下来，班子人员没有特别大的变化，而且对村容村貌，包括村里整体经济发展规划思路清晰。凤凰现在自身的环境、条件以及村级经济发展，包括村民福利、养老保险这一块，可以说是很典型的，走在前面的，一般的村都做不到这一点。

前几天也有一个访谈在说，我们凤凰村是不会造成因病致贫这个问题的。特种病报销额度是100%，像癌症这些是100%报销的，个人不用承担费用的。一些大病的报销额度也都在95%以上。农村医保报过之后，还有一部分在村里报销。这个凤凰村做得很不错的。包括60周岁以上村民的养老保险问题，而且随着年龄的增长，养老保险还有增长。从我们国家的体制来说，这一块要跟得牢、跟得上，不光是思路要对，关键还有一个支出问题，没有钱怎么支出，光喊口号是没有用的。我们村与整个社会提出的口号是很切合的。

凤凰在萧山的地位，那应该是数一数二了吧。像我们出去，人家问你是哪儿的，我说是凤凰的，人家就竖大拇指，说你们凤凰好。都知道老年人有退休工资，我们吃的大米、食用油，包括一部分面粉，都是凭票免费供应。只要户籍人口在凤凰村的，大米、食用油都是免费的。农村户口的，年底还有股份分红。

我一家4口人，我、老婆、女儿、儿子，每年都有股份分红。

我和我老婆是1994年底领的证，1995年10月1日办的酒席。

是别人介绍的。我老丈人是萧山电影放映队的。电影队解散后到镇里的文化站，也是放电影。他是在编制内的，现在有退休工资的。

我老婆家里也是农民，在村里有土地的，以前在凤凰都是种田的。

那时结婚也讲排场。要好一点的车。我的房子在翻修之前也是很漂亮的，两层的小别墅。

我们在衙前丝绸大酒店摆了20多桌酒席，花了两三万块钱。来的都是女方亲戚，我们企业的同事和领导，我在坎山那边的亲戚没有叫过来。

现在的家庭年收入有300多万元吧，包括企业收入。

生活方面，不像以前的观念，有钱留起来不用。现在只要经济条件允许，该消费的消费，包括其他地区商品房的购买，自建房的改造，交通工具的升级换代，都是比较跟得上的。

我们现在的消费算是比较超前的吧。社保、商业保险、家庭支出、旅游支出，算下来费用就很高了，一年全家4口人差不多要50万元。

住房的话，刚说过老房子翻新，有330平方米，就在村委会的旁边，很不错的。

我们还在海南有2套半房子，价值300多万元，装修好的。在湘湖威尼斯水城有1套房子，550多万元，已经买了10年了。其他店面房、商业用房也有几套，如中纺城有1套，当初买下来是90多万元的，桐乡那边也有1套。

拥有生产用车、小车各3辆。

大概一年安排一次旅游，也要六七万元。

穿的方面，我自己比较普通一点，不讲究。我老婆的包啊、鞋啊这块消费，相对来说就比较大了。

因为经济条件允许，子女教育方面做得也不错。女儿现在温州医科大学，儿子现在读衙前初中。

我女儿明年就要大学毕业了，就要开始考虑给她买车的问题了。

每年给她的钱没统计过，她要用多少就给她多少。但是我女儿还是比较节约的，女孩子消费方面还是不大的。

一直在跟她交流，我们希望她能够再读研究生，但她现在下不了这个决心。

毕业后在萧山还是到外面去，她都没有考虑成熟。我昨天也在跟我老婆商量这个问题，因为女儿今年暑假回来就要把这个事情定下来了。本来想让她到国外去，她考到一半不肯考了。我们还是希望她能够读下去，女孩子想让她学历高一点，到国外发展也是一条路子。如果不能到国外发展，自己学历高，以后自己创业面就会广很多。不像我们就比较窄，只能做加工。其他想法基本就没有了。

对儿子，希望他超越我，这是肯定的。但是对他今后事业发展这一块，我们没有一个固定的模式去规定。现在对他们的要求就是学习一定要学得好。我们已经经历过了，就是因为读书读得少，所以发展的余地就比较小。如果读书读得多，接触面广，层次也就不一样了。读书读得多，相对来说能力还是强的。

图 0827　陆惠祥的住宅（2018年6月26日，陈妙荣摄）

生活环境方面，感触比较深。前几天做访谈时我也说，1991年时来到凤凰，河里可以下去游泳洗澡。晚饭的时候，摸点螺蛳上来一煮就可以吃的，那时候还能见鱼虾。现在鱼是有，估计虾早几年就没有了。

因为经济发展到一定地步，在环境方面肯定会有一些损失，这也是避免不了的。但是回过头来想想，如果现在环境方面再不注重，以后再要去搞，难度就比较大了，而且会影响到下一代。我们赚到钱了，但是我儿子他们看到蓝天白云的日子基本上是没有了。

因此，我对自己村建议，主要是环境整治这一方面，这其实已经刻不容缓了。村容村貌这一块做得比较到位了，如家庭生活污水这一块，包括平常生活垃圾的处理，基本上已经解决掉了。但是对大环境的整治，比如对官河的整治，也不是村里能解决得了的，希望村里能配合地方政府，多出出力气，动员动员，包括企业也好，个人也好，都要求他们参与进去，把这个事情做好。前几天访谈的时候，我说哪怕到时候村里有些费用支出碰到问题，到每个企业去筹集一点，企业都能答应的。如果一个企业出5000—10000元，那么多企业加起来就是一笔不小的数字。其实每个企业都是能够理解的，因为对环境的破坏我们都是有责任的。

我的企业是做半成品，基本上是没有污染的，但是不能说是一点儿也没有。这么多员工在我厂里住，生活污染也是污染的一部分。我招这么多员工进来，对当地环境还是有影响的。所以让企业支出一部分，企业也应该都理解，也是能够做得到的。

七、从赤脚医生到私营企业主

——卫纪土访谈

图0828　卫纪土（左）接受访谈（2017年4月14日，沃琦摄）

访谈时间：2017年4月14日上午
访谈地点：凤凰村委会小会议室
访 谈 者：莫艳梅
受 访 者：卫纪土
受访者简介：卫纪土，男，汉族，萧山凤凰人，1956年7月生。1970年务农，1974—1988年为卫家村赤脚医生，1976—1978年任卫家村团支书，1978—1987年任卫家村委会委员，1981—1986年为卫家村会计，1988—1990年任卫家村东鹤楼饭店经理，1992年与人合伙经营布厂，1995年独资经营布厂至今，为杭州萧山卫业纺织有限公司法定代表人。

因为生疟疾要当赤脚医生

我爷爷奶奶、爸爸妈妈都是务农的。我三兄弟，我是老二，我跟我哥哥相差7岁，我弟弟比我小11岁，我们住在卫家村。

1974年6月8日，我去参加赤脚医生培训班回来的时候，我奶奶去世了，那年我刚刚19岁。

在我当赤脚医生以前，我是读书读到初中没有毕业，没有毕业的原因就是家里穷，到学校里读书都没有像样的衣服，自己也感到自卑，懂得了什么叫好坏。又因为那时候正值"文化大革命"，文化不值钱，我需要的圆规等，学习用具，家里也没有给我买，连一把锁家里都买不起，我跟另一个人同用一把锁，那个人不来读书，我就打不开抽屉。两天不读书，我就感到跟不上。于是我就读了一年初中，那个时候初中是两年制，我没有毕业就去务农了。

那时候，我几乎每天晚上去捉鱼，用网箱抓鱼，有的时候睡在露天的环境中，这样对身体很不好。

15岁的时候，我生病了，是疟疾，当时家人没有医疗知识，五六天以后才送我去医院，这病是通过蚊子传播的，因为村里也没有赤脚医生，就没有根治，每年都要复发。

到我19岁时，就是1974年，我不信这个病治不好，就自己去跟村里的书记讲，这个赤脚医生我来当，我说，我会好好地把这个赤脚医生当好，一定会把群众服务好。村里几个干部也都同意了。

我这个人很要强的，做什么都想要比别人强。参加劳动的时候，在同龄人里面，我都是领队的，什么事情都比他们要做得好，同年龄的人都向我靠拢。

我去当赤脚医生，不但能治好自己的病，身边的人发生同样情况的话，我也能很好地去帮他们。还有就是，当时我们这个地方疟疾比较常见，虽然现在国家已经消灭了这种病，但是像我这样的情况是特殊的，这个病始终没有治好，疟疾的病原体在我的肝脏里住下来，把我的身体搞坏了。我吃了这个苦头，就很想当赤脚医生，希望不但自己能够把身体搞好，同时遇到这样的病人，我也能帮助他们治好这个病，所以当了赤脚医生，主要是出于这个目的。

所以我对赤脚医生这门工作很上心的。我记得很清楚，那个时候用康复法治疗才根治了这个病。我们村里有人生这个病，我就一定会帮他们根治。

在我15年的赤脚医生的生涯中，我自己觉得是勤勤恳恳的。不管是白天黑夜，不管怎么忙，有人来叫我，我一定上门出诊。后来我不做的原因，就是随着改革开放，大家都在为经济着想，搞经济去了。

当时村里只有我一个赤脚医生

我去培训过很多次的。我还记得很清楚，第一次培训的时间是45天，第二次、第三次培训分别是3个月，都是在萧山工农学校，后来到楼塔中草药培训班又培训了1个月，后来还到衙前医院里培训了6个月，一共5次。平常小的培训也有。通过这些培训，在理论上也好，实践上也好，给了我学习研究的机会。因为自己生了这个病，我是尽心尽力的。

当时我们有许多人要到萧山朝晖中学去考试，由杭州卫生局的人给我们考试。那次我们22个人去考试，只考进了6个，6个当中我考了第二名。就是文化不太够，自己还是很努力的。到现在为止，我对医疗方面还是特别关心的，尤其是营养方面，虽然我们现在吃的方面不愁钱，但在这样好的经济条件下，很多毛病都是吃出来的。要减少疾病的痛苦，因此我一直在努力看书学习。

我们那个时候的医疗室条件很差的，当时村里只有我一个赤脚医生，村里不管谁生病，我都是细致大胆地干。我自己在这个方面做了大量工作。在十多年赤脚医生的生涯里，我走遍千家万户，无论刮风下雨，白天黑夜，反正有人来叫，我一定去。

后来开始有村长制，有村民代表制度，我的选票是远远领先别人的，因为我是赤脚医生，给村民留下了好的印象，村民基础比较好，所以在选举上面我是很有优势的，所以我当了村民代表，还当上了卫家村委会的委员，共当了三届9年。

当时我有几个身份，一个是卫家村赤脚医生（1974—1988），一个是卫家村团支书（1976—1978），一个是卫家村村委会委员（1978—1987），一个是卫家村会计（1981—1986）。

因为文化水平方面我还是高的，所以村长、书记做什么事情，都是我给他们写报道的。团支部有活动，我写的报道肯定会在广播里播出来的，播一次我积极性提高一次。一般的话，我也跟他们一起做活动，他们做额外活动的话，我就在晚上把稿子写好第二天送上去。

虽然我是赤脚医生，但村里的会计也是我当的，担子很重，工作也很忙。那个时候各种票子也很多的，什么肥料票、肥皂票、油票，我每天都要敲好章去分。那时候我家里事情也少一点，有时间就投入到工作里。

到1988年的时候，我们这里办了一个第三产业，就是饭店旅馆（东鹤楼饭店），这个管理也是我来担当的，我当了3年的经理。我在这3年里，放弃了村委会委员的工作，因为很忙，所以我当了3届的村委会委员后，也因为当饭店经理，事情太多，没有当第四届。

再一个是我们这里位于衙前镇的中心位置，离医院比较近，我就把赤脚医生的工作下了，不当赤脚医生了。当然村里对我的培养，到现在我仍然铭记在心。后来虽然不当赤脚医生了，有人找我帮忙，我还是都去给看一下病的。

我一共当了15年的赤脚医生。开始当赤脚医生的时候，因为村子很小，我们是半天制，看病必须到我这里先看，我能给治的就一定给治。关于工资报酬，起初的时候，我当半天赤脚医生，还有半天是下地劳动，工分是按照做一天算一天的，我每天都是一整天的工分。后来因为太忙了，书记跟我说，让我全日制。

那个时候报酬是记工分的，工分的价值是按照村里小队的工分报酬一年下来的总收入来分配计算一个工分多少钱。当时我们村里的报酬是不错的，一个工分有1角5分左右，我们一天12分，全日制是12分，我就是12分，一天就是1块8角，已经算不错了。

我可以算给你看。比如说我们村按照年终方案，我们整个村子20户人家，总的工分比如说有10万分，每一个工分比如说是1角2分，你一年总的工分就去乘这个总收入，一个小组，原来是一个生产队，一年的总收入去除总工分，用你自己的工分去乘这个数，分配粮食的时候就按照你有多少工分分到多少粮食，比如你一个人就3750工分，你是乘1角2分，就是你的收入450元，稻谷你拿了500斤，你就减去50元，还剩400元。你的稻草1000斤，2分一斤，就减去20元，你450元的钱涉及粮食稻草就要计价，分配完毕后你剩下了200元，到年底就拿到了200元。

那稻草分了用来烧饭，这些植物都是要计价的。

当时我们生产队确实很穷，几乎没有经济来源，主要是有一个中心田，副业收入就是我们卫家村跟凤凰村比较多，且都要算到总的生产中去，我们村里1角2分一个工分，有的村里就只有8分，有的时候你做了一天一块钱都没到。

那个时候收入很少的，我们只要吃饱就可以了，有的人家连温饱都还解决不了。所以当时，我们一年一个人，布票是一丈五，如果你还想要多的话就只能去买黑市布了，这个是很贵的。那时候是按照人口发放的人口布票，有的人家小孩子也是一丈五，小孩子不用穿那么多，就把布票卖了，补贴家用。

那个时候村子确实很穷，改革开放以后才快速发展了。那个时候就是集体生产，大家都差不多，只要有得吃就很好了，吃的也差不多，有的人连布都买不起，没钱买。

原来凤凰村、卫家村都是连在一起的，很多田是串联在一起的。后来改革开放，农用田征用得比较快，企业都发展得比较快，农田征用以后，大家都按照经济来计算，比如这是你的田，那就给你1000斤粮食作为补偿。

我想想，那个时候没什么经济效益，所以我们村搞了这个东鹤楼饭店，大家都同意的，我是在村里当会计的，我也想试试。当时凤凰村也有一个饭店，这两个饭店在衙前也是旗鼓相当的，都是集体所有的，是企业收入的主要来源。后来饭店就变成了个人承包的形式，我也不在饭店干了。在饭店当经理的时候，我村里的赤脚医生也不当了，因为事情太多了。

办厂创业经历及体会

后来我们村里办了布厂，叫作振卫布厂，我去当了一段时间厂里的保管员，当了两年，不当了。当时改革上面，企业已经开始转制了，集体所有的企业都开始转制，我们这边有个振卫布厂，那边也有一个卫家布厂，都是集体的。后来我们这里有人来转制了，那边转制的时候没有那么多资金，我们3个人承包经营了那个布厂。当时我们没有资本，从银行贷款，没有抵押，银行也不肯贷，我们靠自己的信用，个人去借钱，才把转制的钱付清。

我们投资了30多万元，那个时候30多万元很值钱的，转制是1992年，后来我们3个人分开了，就是我一个人做，大概是1995年分开了，我们合作的时间不长，因为我们这里空间小。

后来我一个人经营，主要销往绍兴柯桥。因为这个市场是面向全国的，有的时候客户到我们这里来，有的时候我们上门推销。因为资金不足，始终比较难做，还有一个我们机器都比较陈旧，都是老化的东西，不到一年我们原来的设备都换掉了，都换新的了。

我们是自己生产布，原料买来自己生产。当时我们厂里人也不多，60多个人，不到70个人。开始都是用绍兴本地人，因为方言听得懂，脾气也好，后来办厂越来越多，都用外地人了。

现在厂里只有30个人左右，因为机器多，人少，现在一个人管8台机器。现在都用无梭机，当时转制的时候都是有梭机，后来我们就把有梭机器都卖了，买了无梭机，几年后又换了，前面的设备统统卖了，因为发展进度太快，两次卖掉，买了新的机器，当时要8万多元一台，再早两年要17万元一台，后来只要6万多元一台。这种东西发展快，掉价也快。现在的设备淘汰很快，办这个厂，这方面也不好。

早个七八年的时候，我办了针织厂，是跟我们原来的老村长一起办的，一天营业额10万元左右，一个月300万元的营业额。后来因为市场上跟不上，就把它卖掉了，我们也是受到了很大的伤害。

图0829　杭州萧山卫业纺织有限公司生产车间（2018年7月25日，陈妙荣摄）

布厂还在，但现在经营方式已经改变了，从国内贸易开始做了国外贸易，我们已经做了十多年的外贸了，面向世界，主要销路以中东、非洲为主。

这个布主要是民用，就是作为服装面料，化纤制造，国内销得少，外贸销得多。原来是包税制，十多年前转制以后，就是一般纳税人，布厂一年交30多万元的税，一直就这样经营。

互联网销售的比较少，主要做传统渠道，去跟外贸公司打交道。我有两个女儿，我因为家庭原因没有上学，女儿长大了我就给她们读书，我一个女儿是浙江理工大学外贸系毕业的，一个是浙江工商大学外贸系，现在都在给人家做外贸，一个已经成家了，一个还没成家。成家那个在凤凰村的，女婿是上门的，早几年他是给人家卫浴厂干活的，老板也待他不错，我女儿也跟去了，做了科长，生了孩子后就不去了，现在在做外贸。小女儿还没成家，外贸也做得不错，直接跟外国人打交道的，我也可以通过她销售我的布，她现在打算开外贸公司。

收入不好说，有的时候一年收入五六十万元，有的时候赚了七八十万元，算不错了，有的时候针织上面做也做不好，赔个 10 多万元也有的，去年有一次特种原料做得不好到现在还没卖掉。总的来讲，这几年比较难办，有亏有赚。

我们现在工人的月薪按档次的。机器修理工是 6800 元加养老保险，今年我打算 7000 元加养老保险。职工都是 5000 多元，如果太少的话他们坐不住的，时间都是 12 个小时，劳动法要求是 8 小时，他们都要求做 12 个小时的，工资都是 5000 元到 7000 多元。

工人主要来自四川、江西，也有少量的绍兴人，安徽人也有。工人们都来自各地，因为地区关系，个性有点不一样。安徽人没有像重庆人一样积极，能吃苦，比较配合。有的时候我们也有错误，安徽人就不太配合，个性不一样，但大多数人是好的。重庆人比较吃苦耐劳。

我办厂也十几年了，受国内国际大环境方面影响，也有风险的。比如"非典"那年，那边的客户来订布，他说要十几万米，我们做了 15 万米出来，因为"非典"，商家都不来。当时这个布 6 块 3 角一米，有人来拿说 3 块钱一米，我不同意，因为亏太多了，后来有个人加了我 5 角，我卖了，这个布赔了几十万元。有时候是我们产品没做好，有时候是对方生意没做好，没钱了，钱就拿不回来。有一次我去绍兴柯桥，想去讨 30 万元的款，他吸毒负债累累我到现在也收不回来，就成了死账。我们办厂不分白天黑夜，有的时候整夜不睡觉也有的，比较吃苦，吃不了苦办不好厂的，大厂跟我们不一样。

图 0830　外来农民工边吃饭边照看机器生产（2018 年 7 月 13 日，陈妙荣摄）

经历了那么多，觉得影响企业发展的最大因素就是三角债，客户一般都是不付钱，拿了布，卖钱了才还。客户一般都是 3 个月给钱，过去一手交钱一手交货的情形已经没有了。2000 年以后就都是这样了，外贸也是这样的。

直接做外贸还好一点。跟外贸公司合作的话，我们没有定金的，就凭信用和关系，做出来没有事情，他们就往外国发货，这样才给我们钱。直接做外贸就是先付 10% 的定金，按照他们的要求做好，他们派代表来验货，验好货以后就装箱，装出去以后到对方码头，到港以后再付钱，我们把账单寄给他们。这样的方式时间也要一个月到两个月，这样先付 20%，这样叫作 TT，信用制，就是到港，他们给你钱，还有一种就是问银行要钱。直接外贸还好一点，但是也有收不回来的，我这里直接外贸的还是没有，我女儿给人家做的就是宁愿不做外贸，因为要做得很精，她给人家做了十多年的卫浴，钱都是收回来的，但是我女儿已经生孩子了，就把她的客户给别人做了，但是那人马上就收不回来了，因为做的方式不一样。好的客户都是写我们自己单位收款，这样没有收不回来的，如果他们公司收款，钱就不给你。现在外国人都不肯这样做，大部分就是用信用制，这样也有风险，我那个女儿在柯桥做，她的同事做了一单就没收回来，后来是跟大使馆打电话，叫大使馆帮忙,最后老板自己出去,收回了一半的钱,很麻烦的。

关于鼓励跟优惠政策,因为我们厂房的地都是村里的,这个方面村里已经给了我们很多的优惠了,都是鼓励我们。后来为了村里的发展,凡是转制了的企业,收费都是很优惠的,我们村里的风气很好的,书记带头,厂都搞得很好的,他们都是大力支持的。

对凤凰办厂环境的看法,我主要还是关注污染的整治问题。我们村里跟上面配合得很好的,有什么事情都是及时处理。有一次我们村里为了企业环境污染的问题,也开会好几次,有的企业一早就通了污水管道,没什么污染。厂房好不好,村里书记、村长都来调查的,做不来的就叫你整改,村里还算不错的。

个人与村未来发展的看法

我们本来打算是生一个的,计划生育的证也领了。后来按照国家的政策,生了二胎,间隔9年。第一个已经结婚孩子很大了,另一个还没成家。

我老婆是本镇光明村的,原来是织布厂织布的,结婚以后就与我同甘共苦料理这个厂,她虽然没有文化但是很吃苦耐劳。

我们家已经算得上大户人家了,共有7个人(我们夫妻俩、大女儿、上门女婿、孙子、孙女、小女儿),光是汽车就有4辆,大女儿、女婿各一辆,小女儿一辆,我一辆,车子都是中档的。我们在萧山有一栋房子,260多万元买的,我去看了一下,都是他们付的钱。我们在凤凰也有一栋房子,已经造好10年了,占地180平方米,三楼半,小女儿和我们一起住在这里,大女儿跟女婿这边住几天那边住几天,女婿也是大学毕业,是搞建筑的,工程师职称。

我平常大的消费不多,就是国内旅游,一年走出个一次两次,我现在没有职务,但以前一直都是村民代表,原先是卫家村村民代表,2005年三村合并后,我是凤凰村村民代表。村里有什么重大的改造啊,投资啊,都是通过村民代表表决的。村民代表3年一选,明天就是选举日,我们明天10点前一定要搞好,老的村民代表选新的代表。我们这里3个片2000多人,要选出46个代表。明天就是村里的工作人员拿着选举的箱子,挨家挨户去选,无记名投票。候选人也有,以前都是海选,现在不是海选,我们早上5点钟就要来这里吃饭,吃了饭以后就每家每户去选举,再回到这里来唱票。

图0831 卫纪土的住宅(2018年6月21日,陈妙荣摄)

从个人方面讲,我没有多少想法,就是想把这个厂再做几年,希望我两个女儿能把外贸公司开好，我也协助她们把外贸做好。还有把自己身体管好，有的时候我锻炼锻炼身体，打打太极，就是这样。我们现在比女儿她们幸福得多呢。外贸做得好也辛苦的，两个女儿都在柯桥，没在身边，我的意思还是做商贸的好，做实业太辛苦，我的厂房最好还是为她们的外贸服务。

  对凤凰的未来发展，我也有个人的看法。我们那边的房子上有"敢为人先"几个大字，原来这里是衙前镇的中心位置，我们这块牌子写在这，我们凤凰村确实走在前列，我们村一年有4000多万元的收入，整个衙前镇的总收入，我们凤凰村占43%。我们的书记确实有经济头脑，改革开放以后，他就把农贸市场造起来，租出去，把钱都收回来，凤凰村在这个方面占尽地利优势，在整个萧山来看我们凤凰村也是做得好的。现在，村里老房子的改造也在进行，我想的话，今后的发展，在纺织方面，应该稳住，但最主要的发展还是第三产业或者旅游业。因为如果再去改革纺织的话，也没有地方可改，无非机器更新，此外我们也没什么高科技行业，因此纺织行业要进一步搞好，凤凰山的改造也要进一步搞好。我们村民代表开会好几次都提出来凤凰山要改为旅游，因为我们晚上的时候这里很热闹，都去凤凰山上玩，人很多。凤凰山这一块我们要改造，因为土地方面已经受到了限制。这一块要投入很多钱，现在已经在逐步实施，这里造了个庙，已经投资了1000多万元，加上这一块修的柏油路，一共投入了2000多万元，因为凤凰山一直是红色基地，是衙前农民运动的地方，红色纪念馆也在下面，有发展旅游业的优势，凤凰山在衙前镇的中心位置，除了这个地方也没其他好的地方了。

八、从赤脚医生到私营企业主

——周志根访谈

访谈时间：2017年4月14日上午
访谈地点：凤凰村委会小会议室
访谈者：杨健儿
受访者：周志根
受访者简介：周志根，男，汉族，萧山凤凰人，1958年5月生。1973—1984年为凤凰村赤脚医生，1984年1—12月自己办厂，1985—1990年在凤凰五金实业公司上班，1990—1996年创办衙前镇压具厂，1996—2013年为凤凰五金实业公司股东，2001—2010年创办凤凰花式丝厂，2010年至今为杭州凯豪化纤有限公司法定代表人。

图0832　周志根接受访谈（2017年4月14日，沃琦摄）

从小没有干过农活

我的爷爷奶奶、爸爸妈妈都是农民。我有四姊妹，我排行老二，上面有一个姐姐，下面有一个妹妹、一个弟弟。

那时候家里吃穿住是比较困难的。一年当中有几天吃不到饭，要吃粗粮。穿的话，我因为是家里的长子，穿得比较好，我弟弟一般穿我穿过的衣服，重复利用。住宿方面，因为我爷爷孩子比较多，房子小，一家6口人分到的面积就五六平方米，最开始是瓦房，1968年的时候盖了间稍大一些的草房，草房不太牢固，基本要每年修一次。1974年的时候又盖了面积更大的瓦房，有100平方米左右。

村里其他人的条件也都差不多，有劳动力的家庭能解决基本的温饱问题，我家因为我父亲每年都要生一次病，所以劳动力不够，有时不能解决自己的温饱问题。那时分粮食是4分靠人口，6分靠工分，所以粮食分得比较少。

长大后我也没有去田里干活，而是直接去了学校上学，读到初中后就做了赤脚医生。当时我在村里算文化高的。1973年的时候，我本来已经考上了衙前中学，但是由于家里的经济原因，最终选择了放弃。那时候的书记告诉我可以做一个赤脚医生，所以我从出生到现在就没有干过农活。我弟弟上学是读到了高中，那时候重男轻女，姐姐和妹妹都没有学习的机会，就在家里干活。现在我弟弟办了自己的厂，姐姐和妹妹都是家庭主妇。

我的童年趣事，就是简单的玩，如打水仗啊。有时候桥东、桥西的小伙伴，约定着晚上一起玩，用泥土做的手榴弹假装打仗。这都是男孩子玩的游戏。女孩子的话一般不怎么玩，就踢踢毽子。

当时能上学的人，家里条件都还是不错的。我家里条件应该说没有那么好，但是因为家里没有有文化的人，所以父母就让我去上学，加上我成绩也不错，就读了下来。那个时候读书总共就两个班，一个班50多个人。上学的女生非常少，我们村上学的女生就两个人。

那时候上学学费不贵的，有助学金，书费是要的，一两块钱，每年的学费是3块8角8分，但是这笔钱是不用自己出的，学校里看一些学习比较好和家庭生活条件比较差的会给免掉学费。

15岁当赤脚医生

我是1973年3月17日当赤脚医生的，那年我15岁。

早在1968年的时候，村里办起了农村医疗合作站，是现在的书记夫人办的。但具体情况，因为我当时还小，所以不是很了解。当时这个医疗站中间停办了一年，后来我就补位上去接班了，大概到1984年过了年，我就不做了。我在那里工作了十多年。后来我自己想办厂，但是当时不让办厂，我去外面闯荡了一年之后，又回到了村里。

我当赤脚医生之前，是接受了培训的，培训的都是全科。最开始1973年在衙前医院培训，1974年、1975年在萧山的医院培训。后来为了提升自己的水平，1979年我又自己去参加了培训，因为我对自己的要求比较高。

培训的时候，我第二天就拿到了处方权。当时整个村里就我一个赤脚医生，平时到了晚上就会特别忙，因为他们白天都在干活。一般都是些小毛病，就给他们开点药、挂挂盐水，但是天天晚上都没得睡，到现在我还有失眠这个毛病，这也是我后来放弃赤脚医生的一大原因。

那个时候的医疗条件是很差的，针管都很难买到，要去萧山的医疗中心采购。那时病人看病的钱，基本是村里出一点钱，自己出一点钱。那时一些小毛病都是到我这里来看的，或者到医疗站，大一点的病胃炎啊什么的，去衙前医院看，一些慢性病的话就去看中医。那时候看病也比较便宜，看病一次最多就几毛钱。衙前医院一天的收入就几十块钱，我的收入是算工分的，一天大概是4毛钱，大概18岁后，村里给我12分。

印象深刻的事就是，给一个病人打针的时候过敏了，但是做皮试的时候是阴性，好的。后来也采取了一些紧急措施。那个时候挂盐水比较少，青霉素、抗生素等基本医疗公司都是严控的，定量配的。到了1980年后，这些放开了，因为那时候肺结核有点多，所以医疗公司就配的量比较多。

那时候传染病不多，主要是上呼吸道感染。但是那个时候大家身体素质都比较好，稍微吃点药就好了。我有一次扁桃体发炎，吃了一次药就好了，因为那时候抗药性没有这么大。那个年代应该来说还是胃病比较多，20世纪四五十年代出生的人，基本上胃都不太好，因为吃不饱，那个时候癌症啊什么的几乎没有。

现在癌症发病率这么高，是因为社会发展，环境污染，关键是吃的东西有污染。现在的大米都吃不来，以前的大米都像糯米一样，吃下去都不用和菜吃，很香。现在的青菜也不好吃，现在什么东西都不好吃，只有带鱼这样的东西还没怎么变，其他都变了。

那时村里对医疗卫生条件也重视，经常组织开会，村里啊，书记啊，也都重视。但是我做赤脚医生的时候，医疗条件应该来说没有大的提升。

20世纪80年代医疗合作站关掉以后，村民就去附近的卫生院看病。后来都是报销制度，村民先拿自己的钱去看，再报销。我们现在村里的报销达到了72%。如果去萧山看病的话，村里报30%左右，如果是大病的话，萧山那边先给报销，村里再给报销。总的来说就是看的病越大，报销的越多。

我们都是自己个人买医疗保险、养老保险等。我们自己买养老保险的话，村里每年给我们400块钱，医疗保险也有的，具体多少我记不太清了。

26岁开始办厂

我是1984年开始办厂的，办了1年之后发现不太行，村里也不支持，就没有再办下去，村里就把你东西拿走了。中间这段时间就在村里的企业里做工，就赚点工资。1990年又重新开始办五金厂，那时候开放了，就想到了办厂。那时候我们村里有几家厂，有纺织厂，有两家试点私营厂，还有两家公办的厂。

我的五金厂，以前是做汽车配件的，做做模具，2001年开始做轻纺。

办企业遇到困难是很正常的。客户有的时候觉得这个没做好，有的时候我们给他做好了，但是客户却不要了，看上了更好的，那么我这几万块就白花了。

厂里的员工大多是老员工了。2000年以前，工人比较稳定，现在工人的流动性比较大，可能做到夏天不想做了就走了，但是你工资又不能少他。温家宝讨薪那个政策出来后，这种问题就更加多了，招工慢慢困难起来。

我们厂里总体就20多个人，都是外地人，都是老职工了。一方面是因为大家共事久了说话说得比较开，另一方面我个人虽然看上去比较凶但是对待他们还是比较好的。

村里差不多都是这种厂，我的规模算小的。年产值是四五千万元，总的来说还是亏损状态，但是就算是亏损还是要给工人发工资。税收的点是两个点左右，交到村里。

负担有点重的，晚上经常睡不着。不过现在我把大多事务都交给我儿子去办了，我再等一年就可以退休了。

村里的话，1990年之后就鼓励办厂了，但是具体没有什么鼓励的措施。

改革开放已经近40年了，村里变化大了，道路建设啊，房屋建造方面，更是变化大了。现在的房屋是原来的4倍大，有的人家的房屋占地面积就80多平方米，算小的，我的话还比

图0833　周志根的住宅（2018年6月21日，陈妙荣摄）

较多，有140多平方米。

我25岁结婚的，1983年结的，那时我算是自由恋爱结婚的。我结婚时的场面应该还算好的，办了10多桌酒，有肉啊、鸡啊、鱼啊。280块钱彩礼，缝纫机、单车、戒指，这些都有，办酒具体花了多少不清楚，是我母亲弄的，我估计不会超过600块钱。那时我老婆那边发过来的嫁妆还是很多的，棉被啊，电视机啊，等等。到我儿子结婚的时候，我的思想比较传统的，给那边发过去了8.8万块钱的彩礼，办酒花了10多万块钱，那是2011年的时候。萧山城里的房子是儿媳那边分的安置房。

我现在的收入不太稳定，可能年收入几百万元，也可能要亏，具体看厂里的收益情况，但是生活是没有问题的。办厂的人基本不存积蓄的，特别是我们这种小厂。

家里开销大的，主要是有两个小孩（孙子、孙女），8岁的一个，6岁的一个。我们每两周都要带他们出去玩一次，为了开阔两个小孩的眼界。我本人是不怎么喜欢旅游的，主要还是为了两个小孩。我的兴趣主要还是看报、看电视、打打牌啊，现在也关注一下股票，主要是退休后打算炒股。

要说愿望，我应该来说还是很满足了。以前条件苦过来的人，都觉得还不错了。主要就是吃的方面，我还是希望能吃得健康点。去年我家开始自己种地种菜。平时就带带小孩，接送他们。

对村里未来的发展，我个人没什么建议了。我们村的胡书记智商相当高，我们想到的没想到的，他都已经想到了，现在拆迁啊什么的，他都安排得很稳妥，我还是很相信他的。

九、从民兵连长到开拖拉机搞运输

——周柏夫访谈

访谈时间：2017 年 4 月 13 日下午
访谈地点：凤凰村委会小会议室
访谈者：杨健儿
受访者：周柏夫

受访者简介：周柏夫，男，汉族，萧山凤凰人，中共党员，1950 年 11 月生。1962—1968 年务农，1968—1973 年为安徽合肥机械兵，1973—1984 年任凤凰村民兵连长，1984—2014 年开拖拉机搞运输，2014 年至今为凤凰村门卫。

图 0834　周柏夫（右）接受访谈（2017 年 4 月 13 日，沃琦摄）

当兵回来当民兵连长

我爸是种田的，在村里当过小队长。我有 5 个兄弟姐妹：3 个兄弟，2 个妹妹，我是老二。

我小时候读了两年多书，我父母想让我上学，但我读不进，读书时经常贪玩，读到二年级就不读了。小时候比较穷，我就开始在田里干活了，在生产队里放牛，生产队里的牛归我管，一分半钱一天。那时候还只有十几岁，放了四五年牛，后来工钱开始高了，3 工分一天。

到我 18 岁时，就是 1968 年，开始去当兵了，部队在安徽合肥，是军直属单位。我是六〇四八兵种，是机械兵，负责发电，开空压机等。在部队里有继续学习，学习机械化，文化上自己锻炼，现在基本上认得字。

我当了 5 年兵，在部队里入了党，1969 年 10 月入的党。因为在部队里表现好，当了 10 个月兵就入党了。

为什么要入党呢？那个时候年纪还轻，我相信党组织可以培养我。我们班长跟我讲："你年纪轻，文化程度也低，好好在部队里干。"然后他帮我写了入党志愿书，过了没几个月，连里党支部同意我入党了。又过了一年，我转正了。

我在部队里当了两年班长，那时候没什么其他事，营里的口头奖每年都会有。

从部队回来是 1973 年，回来后在村里干活，整个村里还没有几个党员，一共就 4 个党员，包括书记、村长、妇女主任等。那时候我记得民兵连长是周狄夫，他也是党员，连我一共 5 个。后来没过几个月，1973 年下半年，我们村里要办厂了，原来的民兵连长开始搞企业了，就叫我做了民兵连长。

那时候的民兵组织工作，一个是夜禁，什么节日都是要值班的，这些值班都是义务的，没钱的，像春节巡视马路、边沿铁路啊。还有一个是搞军训，每一年都要训练，训练下面的民兵。有时候是院里组织，去萧山训练，训练打靶，搞军训。那时候我是民兵连长，每个连队都有几个人抽过去，五六个人去萧山训练。那时候会多，平常开大会的时候，民兵要去维持秩序，负责村里的社会事务。那时候还有捣乱分子，我们要随时管教。我印象深刻的事情是，"文化大革命"后期，有很多捣乱分子，不老实，要我们去教育，有几个听，有几个不听。不老实的，我们就让他们写改悔书，但不关他们也不打他们，有几个年纪很大了，有六七十岁了。

那时候的当兵动员工作，都要民兵做的。我当民兵连长时，有些小孩子要去当兵，大人不让他们去，我们就要给大人做思想工作，告诉他们当兵是好的，现在的村长也是我送去当兵的，当时他妈妈不让他去，后来我就劝他妈妈。好几个都是我送去的。

"文化大革命"后期，青年知识分子多，我们住在这里，坎山有一批小流氓也住在这里，我们这儿的知识青年和他们那儿的知识青年吵架，起矛盾。我们就组织民兵天天晚上值班，去保护他们。本来大队是在村子背后的，后来我们搬到山上集中，跟他们住在一起。

那时候民兵年龄要求是18岁到45岁，后来又有一批年纪较轻的，18岁到23周岁，这批人是正式民兵，是要训练的，乡政府组织他们每年要打靶。

参加民兵除了年纪有要求，成分也有要求的。要求贫下中农，中农不要，下中农表现好的也可以参加，大多数是贫下中农。富农就不说了，肯定不参加的。参加民兵组织的比较光荣，组织、训练等都有份儿，基本上每年都要训练一次。

我从1973年开始到1988年，当了12年民兵连长，那时候是没工资的，只有工分，工分里的钱是不给我的，是给小队的。那时候大队里也没钱，全大队如果有1000工分，分到5个小队，每个小队200工分。如果哪个小队没干到200工分，就要把钱交到大队里去，把钱匀给干得多的队。多劳多得，少劳少得。我干一天10工分，小队里就给我记一天。

到萧山去训练有工分拿，晚上值班是没有钱的，白天干活有钱拿。晚上值班有时候在马路上，我印象很深，那时候马路边的树被偷了，后来部队里说沿马路的民兵晚上要值班保护树，我们晚上就要去那里值班。

白天有工分就行了，白天我们也在田里干活，就算是书记，也只有半天工分可以拿。半天是财务工分，半天是要自己去大队里干活。我们如果白天开会，就有财务工分拿，不开会就在生产队里干活。

民兵组织一直都有的，在我当民兵之前就有了，到现在也都一直存在。但实际上分田到户之后，基本上没有民兵了，民兵组织还在，主要负责征兵工作，值班、夜巡什么的已经不弄了，有了专门的夜巡队。原来春节等都是要民兵值班的，前几年开始不用了，现在都是由夜巡队负责了。

当了12年民兵连长，这怎么说呢，民兵组织要负责军训、征兵、开会秩序，村里的治安也要管。我那时候干活没有工资的，晚上也是尽义务。夜里值班，我们是4个人一组，前半夜4个，后半夜4个，巡逻整个村子。如果民兵队里人数不够，村里的干部也要轮着去值班。平常不用值班，节日的头和尾要值，白天安排2个人，晚上4个。那时候村子里有什么事情，民兵都要起一点带头作用，干活也要勤快点、积极点。

开拖拉机搞运输收入高了

村子里分田到户后，我自己辞职了，买了一辆拖拉机，农忙时种自己的田，农闲时搞运输。那时候买拖拉机挺便宜的，是村里买的，折旧给我们。不是大拖拉机，是手扶式的，农忙时要去帮村里农民翻耕，农闲时就自己搞运输。

以前我们算是最穷的村，改革开放后，厂办起来，条件渐渐好了起来。作为老百姓，收入也高了，做生意的做生意，办厂的办厂。我没有其他活干，就开拖拉机。搞运输比较能赚钱，收入比一般种田的人好。大概1989年时说的"万元户"，我们这些开拖拉机的就是，那时候村里5辆拖拉机，5个万元户。比我们多的人也有，但我们作为普通干活的，也算不错了。

我驾驶证是1984年考的，1980年就开始开了，拖拉机开了30年都不止，一直做到3年前，现在在村里管传达室。

家庭生活也越来越好。

我是1975年结婚的。我父亲和她父亲是朋友，那时候村子合并，我父亲跟她父亲说这事，她父亲就同意了。

我们一共就送了240元彩礼，另外也没有东西。办了五六桌酒，那时候办酒很便宜的，贺礼也就几块钱。现在的彩礼动不动就几百万元。

那时候住在我们家，就一间屋子。原来我们有3间平屋，3个兄弟每人一间。后来翻造过了，翻造成了3间2楼的房子，一间半一人。还有一间小破屋，归我的小弟。那边造好后，1994年，我就在这里造了房子，现在住的就是1994年造的。这个是村子安排的，三层楼，一层90多平方米，我们夫妇两人住着。两年前，我儿子买了一套商品房，是二手的，55万块钱，是村子里造的公寓楼，但刚造好时我们还没钱，没买，现在原房东要把这房子卖了去萧山买房，我们就买了。

我就一个儿子。那时候是计划生育刚开始，我还是党员，又是民兵连长，就只生了一个。现在儿子在厂里做机械工，收入是5600元一个月。我有一个孙女，一个孙子，孙女15岁，读初二，孙子8岁，读二年级。

现在没有跑运输了，家庭年收入大概10万元。我个人退休工资是3400元一个月，是我自己买的养老保险再加上村里的农转非补贴，在村里传达室工作1300元一个月。我妻子是居民，原来是在坎山，2900多元一个月，也是社保养老金。以前她在坎山绸厂工作，工厂倒闭后，她自己买了养老保险。

去年分红分到了1300多元，前年是1200多元，每年增加10%左右，拿了五六年了。我们村比较多，因为以前结余下来的钱比较多。

家里只有一辆车，我儿子在开，他在绍兴滨海新城工作，早上去晚上回，车子买了五六年了。

家里我买菜要两三千块钱一个月，粮油、煤气、水电费都是我交的，生活费用开销都是我出的。

去年我出去单日游去了六七次，去了临安、宁波，跟着旅游公司去。还跟

图0835　周柏夫的住宅（中）（2018年6月21日，陈妙荣摄）

妻子去了香港、澳门玩了一趟，去了4天。香港很好，建筑很好，物价比较高。明天我们就要去河南玩了，20来个人跟团一起去，8点上车，11点的飞机，去4天，2480元一人。

我今年都68岁了。愿望吧，就是身体健康就好。

十、我在市场办工作 20 年

——徐幼琴访谈

图 0836　徐幼琴（左）接受访谈（2017 年 4 月 7 日，沃琦摄）

访谈时间：2017 年 4 月 7 日下午
访谈地点：凤凰村委会小会议室
访　谈　者：杨健儿
受　访　者：徐幼琴
受访者简介：徐幼琴，女，汉族，萧山坎山人，中共党员，1965 年 2 月生。1986 年为萧山三中校办厂办公室工作人员，1997 年任衙前消费品综合市场办副主任，2009 年至今任凤凰村三产办主任。

衙前消费品综合市场是我们凤凰村投资建造的，1997 年开始运营的。

我 1997 年开始在市场办工作，任市场办副主任，2002 年任市场办主任，2009 年任三产办主任，在市场工作。（现在的市场办主任是徐建根）

市场办就是服务窗口，我们主要是管好市场的秩序，租赁好市场的房子，收好市场的摊位费和房租费，帮经营户办营业执照，还有平时收水电费等各种杂事。

市场办一共有 3 个人，有点忙的。有 1 人负责食品检测，1 人负责市场秩序、环境卫生等，我负责财务，比如收各种费用；做报表；帮人家弄营业执照，嘱咐人家要带哪些材料，像身份证复印件、照片、市场登记证等。碰到收房租费、摊位费这种大的事情的时候，我们就一起干。

我们一年收一次摊位费，具体多少钱，这个不一定的，要根据村里的规定来的。市场刚开始的时候，一个摊位只要 500 元，目前最少 2000 元。如价格调整，涨百分之几的话，每一个摊位都要按比例涨价。

店面的房租费，我们是一次性收 3 年的。最初一个店面 3 年的租金是 11000 元，现在位置差的店面 1 年就要 4000 多元，位置好的店面 1 年要 11000 多元。租金价格的高低是根据位置的好坏来决定的。

据经营户反映，相较而言，去年、今年的店面和摊位生意都不好，而且到目前为止，小商品市场里面还有 2 间店面没租掉。最近外地人减少，也是生意不好的原因之一。

市场总的营业面积是 19000 平方米。根据去年统计，一共有 622 个摊位和店面，包括蔬菜、猪肉等摊位以及小商品市场的店面。另外，凤凰村还有一个家电市场，都是我们市场办在管的。

市场经营户中，本地人和外地人数量差不多，外地人要稍多一点。在蔬菜摊位这边，本地人会稍微多一点。

总的来说，每天出现什么事情，我们就解决什么事情。一般来说，除了老年人来卖菜的时候秩序会乱一点，其他的还可以。摊位费和房租费的收缴，都是比较顺利的，基本上能一次性收回。

这么多年做下来,我感觉我们的市场还是可以的,我们的工作也还是可以的。

我们的上班时间跟村里的上班时间是一样的,只是收摊位费、房租费的时候会稍微延迟一点,如果正赶上双休日,那就要加班了。

2005年三村合并前后,市场与生意都差不多,没有大的变化,但在合并之后村里又建了个家电市场,建在傅家自然村的土地上。

我是1990年从坎山胜利村嫁到凤凰村的。嫁到凤凰村之前,凤凰村的具体情况我不知道。之后,凤凰村的改变是很大的。1990年,村里还是石板路,小房子,打电话都要经过总机转的,发电报都是要写好字再去邮电局发的。现在都是水泥路,高楼房,通信方便就更不用说了。

图0837　2010年5月徐幼琴在美国旅游照(凤凰村委会提供)

村民收入年年有增长。我们在市场办,一年工资五六万元,从村里领的,市场办也是属于村里的一个办公室。另外村里的分红,去年我们家,我、我老公、儿子,3个人一共拿了4000多元。我媳妇户口不在这里,没有的,孙女户口是在这里的,但是刚出生(2016年12月生),也没有的。

我们家庭年收入应该在40万元以上。我儿子自己开设计公司的,我们家他收入最高。儿媳妇是医生。我们的房子是2013年造的,占地面积108平方米,造了3楼半。家里有3辆车。平常的消费,就是汽油钱,吃、穿、用,水电费和燃气费。现在请育婴保姆也是很大一笔开销,一个月要付5000元,一年下来要6万多元。

我的愿望就是全家平安健康。村里的话,需要我们,我们就继续干,不需要我们了,我们就回归家庭。村里干活挺安心的,同事间关系也很和睦。

十一、在衙前范围内我这种十全十美的人家不多

——邵东根访谈

图0838 邵东根（右）接受访谈（2017年4月19日，沃琦摄）

访谈时间：2017年4月19日上午
访谈地点：凤凰村邵东根家
访 谈 者：杨健儿
受 访 者：邵东根
受访者简介：邵东根，男，汉族，萧山凤凰人，1950年11月生。1968—1973年任交通生产大队第一生产队队长，1973—1979年为衙前镇采石厂负责人兼出纳，1969—1979年参加萧山大围垦，1979—1981年在衙前镇农业化工厂工作，1981—2005年任交通村村民小组长（生产队长），2005年至今开小卖部。

从大围垦到小生意

1969年，萧山大围垦了，那时候就需要我们去。我年纪也轻点，于是就去大围垦了。大围垦10年，我的工作就是采石，船拖石头，轮拖船到围垦那里后，再派人来抬，空船再开回来。采石场的时候，也是我们自己采的，山上打炮打下来的。

印象最深刻的，就是下雪的时候，我们还赤着脚的。从围垦回来有10里路，我们就睡在自己搭的草棚里，吃饭就在那种饭盒子里扒着吃，就着榨菜、干菜头这样吃，而且就算困苦也不能逃出来，一定要干完的，下雨下雪也要做的。最后一次围垦我没去，因为我在轮拖船那里了，有个固定的工作了，吃食堂饭了。

大围垦很艰苦的，围垦回来我还是做生产队队长，生产队队长也艰苦的。

当时生产队队长是靠推举的，不是靠拉票的。我那时候做小队长，收工晚了也不拿工分的，去开会回来也要赶紧拿起铁锄去干活，老百姓都看着的。小队长都要带头的，早上5点多快6点起来开始做，早8点钟休息，休息半小时，然后做到中午，11点再出工，做到晚上7点多。那时候时间做得长，回到家只有一碗干菜头，一碗腌白菜，一碗萝卜，蘸蘸酱油，没有荤腥吃的，什么肉啊、鱼啊，一点没有吃的，人多的人家就蒸三碗腌白菜或者两碗干菜头，从早吃到晚。

生产队里的人，14岁就要开始做了。原来的时候是搞工分的，是10分制，10分工分，1角钱一个工分的话，一天就是1块钱的样子。14岁起先做小活，可以拿3个工分，16岁就加半个工分。那时候点名很严格的，要记分的，某人几月几日几分都写好的，早走一步就要扣半个工分。那时候小队长难做，比书记还难做。一个地方的小队长是全责的，比如上头下来命令要打农药，治虫，但是小队里没经费，分配下来的化肥已经到供销社了，要自己想办法，向人家或者各小队周转。没化

肥，稻谷是焦黄没收成的。

那时候我记得很清楚，有罗马尼亚、日本、美国进口的那种尿素，每斤要2块钱，工分一天也就1块钱，老百姓都买不起的。当时我们一个小队是115亩田。现在的凤凰村，是由交通村、凤凰村和卫家村拼起来的，我本来是交通村的，我们那个小村有517人，614亩田，我做小队长这些都要背出来的，二十四节气也要背出来的，决定什么时候播种，农民就是靠节气吃饭，种粮食总共就三季，第一批是小麦，第二批是早稻，第三批是晚稻。

后来，改革开放了，到1980年，中央政策出来了，分田到户，承包到户，各家各户都有私有地，有承包地，有口粮地，而且有劳力地，每个人都是按照劳力分配。要做工的人就去做工，做农的人做农。但是在企业里做工的，他们只有口粮地的，劳力地不分给他们的。后来厂都转制了，都转制到了个人那里，谁想承包就承包，承包了厂也承包了地。

没搞承包制之前，农民是真的苦。搞承包之后大家各干各的了，但是也是

图0839 20世纪70年代萧山大围垦场景（董光中摄）

图0840 围垦民工采石场景（董光中摄）

苦的人苦，不苦的人不苦。没力气的人就吃亏了，水和肥料要放到地里去，他挑不动，那不就是苦了？所以我当初说，应该要承包到劳动力上去。去打工的人宁愿不要这个承包地的，承包了之后地就变个人的了，原本是集体的。承包之后，不管是兄弟还是父子之间的关系，都有点分裂了。比方说同样的一方田在放水，把你的水断掉，我这边的水先放满，这样的情况下隔壁邻居什么的概念都没了，没有团结的思想了，矛盾出来了。原本是集体的时候有个负责人的，喊一声大家总要互相帮助的，各干各的以后，邻居也不帮忙了，这就是个缺点。那时候粮食还要年年交的，这是国家的征购任务。

如果交不出，肥料也就不分配给你了。有的人家劳动力不够的，家里种田没有时间，女的多男的少，男的在种田，女的又不会做，所以家里的粮食都霉烂了。

当时不出去做工的，住在生产队里的，生产队就按劳动力分田，叫劳力田。劳力田也分两种，一半种水稻，一半种络麻，事先要说好指标，要是不能完成指标，就不让你承包。一户人家，比如有4个劳动力，就有4亩田，就两亩种水稻，两亩种络麻。早稻种好了就种晚稻，晚稻种好了就种油菜，油菜种好了就种早稻，一年换一换，这就是轮作，肥料可以省好多。口粮田就可以自己安排，喜欢种茭白就种茭白，喜欢种水稻就种水稻，那时候是1985年。我们衙前镇承包到户是

图0841 石块运往围垦工地（董光中摄）

1984年。

分田到户要是不种，口粮田还是给他的，口粮田是不能侵犯的。给这些不要田的人，比如有的当兵回来的，给他们留着机动田的。

东西种下去，总归有时间空的。我空的时间，就去跑运输，好赚钱买化肥，家里好买菜。运输执照我也有，开卡车。那时候是1986年，就整个萧山区、杭州城区，我都在跑的，东西也运，人也运的。那时候还没公交车，人也可以带，现在就不能带了，毕竟有交通规则，出了事情就不好了。运输一天也就赚个三四十块钱，油费要出，养路费要出，修理费要出，能力强点的就自己修，我车都是我自己修的。去修理厂要好几天的，我自己买东西来修，第二天照样营业的。早上就跑运输，中午就去田里，田里我老婆管着的，我老婆文化不多，气力大。

当初汽车是自己买的，买的时候也很艰苦的，贷款利息是2分，口袋里就1000块钱，是以前结余下来的，买一辆车要5600块钱，除了1000块钱是自己的以外，其余的是问了3户人家借的。第一个人的钱花了5个月还了，毕竟2分的利息，吃不起，第二个人8个月还了钱，第三个是一年还了。车买来也要做筋骨，不要让它坏掉。那时候跑运输还要交税的，营业税交掉后就是自己的。

后来小孩大了，我运输也不搞了，回来培养小孩读书。后来就造了3间房子，小孩也有地方睡了，也有地方写字了。小孩看到我们大人这么辛苦，读书也认真了，我们地里要做到六七点，他们4点就放学了，还烧好面给我们送到地里来。

我50多岁的时候，开始开小卖部，就是卖卖副食品，搞搞复印，打打电话机这种。当时是因为我和老婆精力不够，孩子都在读书，两个人就开了个小吃部。小吃部也有证的，虽然比打工挣得多点，但是开着也蛮辛苦的，后来就不开了，开始卖饮料，开了十多年。我为什么说精力不够？一是精神上的精力不足，还有一个是经济上的收入不够，当时要是想开一个厂，没有50万元想都别想。我的这个小卖部生意也不算好，房子是租的，水电费、租金要拿出来，现在就保持还可以过这么一个状态，饭菜能够自己买来吃，粮食村里会给我们，老保一年可以多出来2万块钱，我们都存在银行里不去动它。

一家十个人算满意了

我和老婆是1974年11月结婚的。

我们两个不是一个村的，她是坎山工农村的，两个地方相差10里路。当初我们萧山围垦，我出去围垦的时候也就20来岁，气力也有的，文化也有点的，大字也会写几个。我当时是在围垦指挥部里。有次去她们那里开会，有人做介绍了，我老婆就是看中我这个小伙子会出山的，有志气，前途一定有的。"苦任他苦，房子没有随他去，只要跟着他一定会幸福的"，她现在还在说这句话。而且我还尊重老人。我老婆还有两个阿哥，我看老婆不光看她，还看阿舅，看阿舅到底忠厚不忠厚，如果很油滑，我这个人就不要。她的阿舅是个共产党员，还是个小队长，现在他也80多岁了。不光看阿舅，我还看舅嫂，还看生活中的细节问题，看他们是不是一户实惠的人家。那时候她要留我吃饭，我看他们对我客气是真客气还是假客气，因为我把家里的情况都对他们交代清楚了，我也希望他们对我交代清楚。我做人就是这样的，喜欢直接的，工作也是这样的，把小队里的每个人的工作都分好，家里剩下几个劳动力，出去几个劳动力，夜晚仓库门谁管，等等，白天工作分好，晚上就好分工分，10分就10分，9分就9分，收工了要是多做半个钟头，就多给半个工分。

我和我老婆结婚之后，就生小孩，生了2个。我大儿子是1975年生的，小儿子是1976年生的。我刚刚生出小儿子，就计划生育了，刚好给我赶上。1977年就计划生育了，想生都不能生了，人家就只能生一个儿子了，要是第一个是女儿还能再生一个，要是想生两个男孩的话，除非罚款。

我们这种人家是罚不起的，罚款拿不出要拆房子的，电视这些还有家具都要拿走，有些像我这样年纪的多生的人，都逃走了。那时候计划生育有点法律管不了的样子，拆房子都是镇政府拆的，现在拆房子还可以说侵犯人权什么的。有一些当官的人认为自己权大，无法无天。农村地方，的确是权大，不是法大，但是我一直和他们说，总是法大。我开了一家小卖部，他们拆房子人来我这里的时候，我就和他们说，你们要好好地解决，即使他们违法了，也要好好地解决问题，你们有你们的道理，他们有他们的道理。

现在我们家坐下来总共有10个人，大儿子一家4个，小儿子一家4个，加上我们2个。我这种情况算少的，大部分都是独生子女，没有这么多子孙。

我们小时候爸妈没什么房子，只有两个小房子，三兄弟分开之后，自己搭草棚。改革开放之后，就都搭起了房子，培养小孩子读书，小孩子读书读出来后，也都有了工作，我自认为我的子女还算争气的。

现在后一辈都有文化了，我们那时候文化是不多的。我们总共没读几年书。我们读书的时候还是艰苦的，1958年、1959年，那时候吃食堂饭，大人宁愿我们去割点土菜，家里还能吃点，认为去读书的话，回到家里饭都没得吃。那时候吃食堂饭还要饭票的，我们赤着个脚。现在的孩子算幸福了，上学汽车去汽车回。

像我这种六七十岁的人，都是这种经历，我自己觉得我还算幸福的，身体健康是第一个幸福，经济条件是第二个幸福。而且我的两个儿子都成家立业了，房子都买起了，在整个衙前范围内比起来，我都认为我算满意了。

大儿子高中读出来后，本来做广告，现在开了个历史博物馆，在东岳庙那里。大儿媳妇也是做广告，凤凰村要做字牌什么的，基本都是在她那里做。

小儿子大学毕业后，在萧山的交警队里。

我对他们算满意了。有钱的人多得是，我这个人不算有钱的，但是我心里很平，平就平在两个儿子。第一个，小孩子是公务员，孝顺大人；第二个，他们也不让我们操心，别人都在传的。

我对他们的教育是比较严的，我小儿子是执法的，我要是听到了老百姓在骂他，就要他回来开小卖部，种田去。两个儿媳妇也很孝顺，平常出国旅游也会给我带点东西回来。

我不夸张地说，在衙前范围内，我这种家族生活十全十美的人不多的。我两个儿媳妇老漂亮了，

2个孙子和2个孙女也很有礼貌的,平常端午节什么的,我们一家坐下来10个人,也算十全十美。

我们住的房子都是自己造的。当时农村里的房子都是3间,宽度是3.8米,长度是11米,当时农村造房子都是这样的。后来儿子成家了,另立户口了,也造了3间,他的房子也不大不小的,宽度也有3.6米到3.8米,长度10米,3楼半。在老百姓之中,我自己觉得算是满意了,两个儿子,两套房子,4辆轿车,钞票虽然不多,但是像我这种人家也不算多的。

家庭年收入嘛,我和老婆两个人收入有5万多块钱,支出有3万多块钱,支出在烟啊,酒啊,有时候买螃蟹啊,有时候花在亲戚上。亲戚里我们算大辈了,亲戚也很多,给亲戚的小孩儿一点钱花花。有时候去看望那些比我年纪还要大的病人,给他们一点钱。

两个小孩子也不问我们要钱。两个儿子都成家立业,房子都弄好了,也挺好过的,如果他们过得不好我也会给他们钱的,但是实际上他们不向我们要的,我的衣服什么的,儿媳妇都给我买的,虾啊、蟹啊,也都不用我自己买,我老婆的万把块钱的貂皮大衣也是儿媳妇买的,我们不向他们拿,他们也不向我们拿。

十年没看病不是吹牛皮

我锻炼身体锻炼了十多年了,主要是爬山。锻炼也分很多种的。我认为身体健康,吃是第一位,洗澡是第二位,是个人卫生问题,我哪怕下雪天也要洗澡的,还是冷水洗,都是早上洗的,洗好就坐下吃饭。

我不吹牛皮,我的病历卡上有10年不看病了,周围人都知道的,雪落得老大,我都赤膊的。

人的体质这种东西啊,要自己调节的,不调节的话,年纪大了都是毛病。

我早上睡醒,山上逛一圈,再坐下就很舒服了,出汗了要洗澡的,不洗澡衣服里面就冰冷冰冷的了。早上我吃盐汤,淡淡的盐汤,先给它凉着,等衣服穿好,身体擦好就好吃了。晚上要睡了就吃蜜糖,两勺蜜糖,放碗里用开水泡泡喝了,电视看到九十点就睡了,一觉就睡到天亮。

现在有的年轻人晚上12点睡,早上起不来了,还有的年纪大的3点钟就起了。我就教他们吃蜜糖,蜜糖是有中药底子的,像冰糖、白糖这种人造的东西,有糖尿病的人肯定不能吃,蜜糖就不一样了。

晚上10点钟我电视看好了,就去睡了。睡前要洗脚,洗脚也不能随便洗,脚趾头连着全身神经,一桶水要浸满,洗完脚然后去睡觉肯定睡得好。

我认为我们凤凰村发展得还算好的,就是卫生问题和道路问题弄得还不好。道路有的地方,是有的人的房子还不肯拆之类的,路就造不好,这种问题干部要弄好。还有就是造房子的问题,有些房子造得不伦不类,挡住风水什么的,旁边的人家就有意见了。还有些造房子不公平的地方,标准不一样,老百姓也不高兴。

图0842 邵东根爱下厨(2018年6月6日,陈妙荣摄)

十二、30 年间造了 3 次房子

——陈长根访谈

访谈时间：2017 年 4 月 13 日中午
访谈地点：凤凰村陈长根家
访 谈 者：莫艳梅
受 访 者：陈长根

受访者简介：陈长根，男，汉族，萧山凤凰人，1957 年 4 月生。高中毕业后务农，1984 年为衙前公社农机厂职工，2000 年为杭州恒逸纺织有限公司职工，2004 年为杭州兴惠集团惠邦纺织有限公司职工。

图 0843　陈长根（左）正在与莫艳梅交谈（2018 年 7 月 5 日，沃琦摄）

1984 年、1994 年、2009 年 3 次造房

1961 年之前，我跟着我爸爸在苏州，之后我们被精减回乡，到了童墅自然村。当时，我的太爷爷和爷爷在这里有一幢朝西的老房子，砖瓦木结构的 32 平方米左右的房子，我们都住在里面。家里比较穷，我有 6 姊妹（3 男 3 女），我们都住在老房子里。后来我爸被请去打锡箔了，月收入 150 元，这比当时生产队每月 30 元的收入高很多，由此家里的生活条件也好起来了。

大概在 1984 年的时候，我们家第一次造了 2 间 2 层的新楼房，大概花了两万元，是自己买来砖瓦水、泥造的，亲戚朋友帮工的。

后来我们三兄弟分家了，我和老二在 1994 年第二次造新房子，以拆屋建屋建了两间半 3 层楼房，花费了 23 万元左右，用掉了三十几吨水泥、近 9 万块红砖。老三到了原来的老房子里，后来老房子被村里规划掉了，给了老三一块地基，他也造了两间半大小、两楼半高度的房子。也都是自己买来砖瓦水泥造的，亲戚朋友帮工的。

2009 年的时候，我家的房子又拆掉了，那时候我们没什么钱，孩子还在读书，我们前后花费了 3 年时间才把房子造好，建成了 3 间 4 层的楼房，大概花了 100 万元，承包给建筑队造的，包轻工的。

现在我家房子在东边，老二在中间，老三在西面，占地面积都是 137 平方米的样子，建筑面积 520 平方米的样子。

我们两夫妻没什么钱的，造房子欠债数额较大，后来儿子结婚，又对楼房进行了装修，加上办酒席，买车子，也欠了好多钱。我儿子是老师，我媳妇是邮政储蓄的职员，都挺不错的。后来经过我们二老二小的努力，已经扭转困难局面，现在开始好转了。

我们在村里的水平算很一般的

我们这批人读书还是很有用的。但是那时候家里兄妹多，爸爸又是锡箔上顶师傅，不太会种

图0844　陈长根住房外观（2017年4月13日，莫艳梅摄）

田，不能成为一个十足的劳动力。因此那会儿我上午读书，下午去挣工分。我记得我的语文、数学还可以，但是英语、物理和化学一点也不懂。

那时候我还考上了衙前中学。我记得1978年的高考作文题目是《路》，我感觉我的作文写得挺好的。

我们那批高中同学，后来大多在县乡镇政府或者学校任职。

我是1984年考进衙前公社农机厂的，那时每个月工资是18元。第二年由于我表现良好就转正了，月工资变成了30.5元，一年之后又逐渐增加。按照厂里的安排，我应该是做会计的，后来被换掉了，就做了统计工作。后来厂子倒闭了，我16年的工龄，厂里给了我1600元。之后，我到了浙江恒逸集团纺织有限公司，刚进去时候，月工资只有40多元，后来慢慢变高到60多元，100多元，第三年月工资就有三四百元了，到了第四年的时候工资有600多元了。后来2004年纺织公司又倒闭了，我就到了兴惠集团惠邦纺织有限公司，直到现在。

我现在一个月有3080元工资，250元的全勤奖，每年有500元左右的保养费，年收入将近4万元。

关于年终凤凰村分红，我们老两口分别是1015元。儿子的户口在这边，有80%的分红，媳妇户口不在这儿就没有分红，孙女也没有。我们村是5年动一动，具体怎么变化不知道，记得前年是900多元，去年是1015元，今年多少还不知道，分红按年底的收益减掉开支再计算，每年会有高低的。

我只有一个儿子，他已经教了4年书了，他是体育老师，去年还被评为义蓬区先进党员。

我老婆之前在纺织厂做挡车工，现在在家带小孩，孙女2岁了。

家里现有两辆车，儿子一辆，媳妇一辆。

我们家这样的情况，一幢楼房，两辆车子，在村里面的水平是这样的，如果把村里所有的人家分成10层，我们家从下往上算是第4层，上面还有6层。我们村里有很多人办厂，有企业打工的，有做生意的，有做干部的。

图0845　枣子熟了（2018年8月15日，陈妙荣摄于凤凰村）

儿子挺孝顺的，房子装修，一开始他给了我们10万元，第二年又给了我们15万元，一共25万元。生小孩办事情，小孩子剃头，办了14桌酒席，我们花费了2万元，其他都是儿子他们付的。今年正月里小孩子1周岁办酒，我给了他们1万元，其他也都是他们自己付的，在我们自己家里办的。

关于其他消费，一般不生病问题不大的。

我们不去旅游的，萧山市区都不太去的，天天在家干活。我们觉得做人要勤劳。

凤凰村没有特别的节日，但是每年老奶奶们会聚在一起念佛，祈求上天保佑平安。这个都是由当地老板牵头，村里人按自愿原则出钱，定一天念佛。当天，老奶奶们会从别的村里镇里过来念佛，一般是三四月份，具体哪天不确定的。

我一生中也没什么印象特别的事情，我们两夫妻就这么干活干过来，日子过过来。

我以后的打算，就是多挣点钱，多积攒点钱，再做几年就不做了，孩子挺孝顺的。

十三、我很喜欢戏曲这一行

——徐建根访谈

访谈时间：2017年4月7日上午
访谈地点：凤凰村委会办公室
访 谈 者：莫艳梅
受 访 者：徐建根

受访者简介：徐建根，男，汉族，萧山凤凰人，1961年12月生。1978年高中毕业，后务农，考入萧山曲艺团唱戏，在衙前建筑工程队学做木工，当过衙前船化厂五金车床工。1984—1993年为衙前建筑工程队出纳，1993—1994年供职于萧山第四建筑工程公司财务科，

图0846 徐建根（右）接受访谈（2017年4月7日，沃琦摄）

1994—1997年个体经商，1997—2002年为衙前消费品综合市场保安，2002年至今历任市场办公室副主任、主任。

成长经历

我生下来的时候，我的祖父祖母已经没有了，他们年轻时就去世了。我小时候，我父亲是做厨师的。农村里有酒席什么的，都会叫他来烧菜。那时候，很多老百姓都去围垦，村里也是叫他去烧菜给大家吃。他83岁去世的，已经去世4年了。

我们姊妹4个，我是老三，最大的是个姐姐，然后是一个哥哥、一个妹妹。

20世纪60年代的时候，条件跟现在比肯定蛮差的。有的人家吃了中饭，没有晚饭，淘米的淘箩都是拎来拎去。我们家还是过得去的，因为我父亲是做厨师的，有一门手艺，人也很勤劳，有饭吃。我母亲是个赤脚医生，给人接生的，那时医院条件比较差，她都是到农户家去接生。每个村子都有一个接生员，我母亲就是负责我们凤凰村还有原卫家、居民村的接生工作。

我姐姐比我们两兄弟大几岁，大人没时间带孩子，就开始小孩带小孩。所以我哥哥读到了初中，我读到了高中毕业，我妹妹初中毕业，但我姐姐一天学都没有上过。

我1978年高中毕业后，就到生产队干活了，主要是出工，种田地。后来有社办企业了，我考了进去，交了500元的经费，就分到了衙前建筑工程队。在进建筑队之前，我还在萧山曲艺团工作了3个月。

衙前建筑工程队有100人左右，主要是造房子，修修补补，工地是在杭州。我哥哥是泥水匠，已经做得很好了。那个时候都是做手工艺，所以我爸妈准备让我在建筑队里做木工，就是做造房子时用的木板。我当学徒，一天有8毛钱，加班的话还有4毛，这样一天可以有1块2毛钱。

在那里做了一年多，领导看重我，派我做出纳员，之后做了整整10年的出纳员。我工作都很

认真的，很勤劳，为大家服务的。原先在曲艺团也是一样，曾经还在早起练声的时候抓了一次小偷，大家都很舍不得我走，那个时候我19岁左右。

到了1992年，衙前镇和螺山乡合并了，两个乡镇的建筑企业也统一合并了，我们的衙前建筑工程队并入了螺山的四建公司了。所以，我们上班就要去那边上班了，我做了4个月，就不去了，因为上班远了。

然后，我就个人经商，和我哥哥一起买木头，再在木材市场经销。做了两三年，改革开放了，村里大搞建设，造了消费品综合市场，木材市场就没有了，于是我就在村里报名了，在这个消费品综合市场里做起了保安。

我在市场里做了几年保安之后，村里就叫我去做工程监督员，做得也不错。到2002年，村领导就让我去市场办公室工作了。那时工资也蛮低的，几百块钱一个月。后来我当了主任，管的事就比较多了，包括市场秩序、消防安全、环境卫生，还有店铺的损坏修补，等等。我做任何工作，领导都挺相信我的。

戏曲爱好

我读初中的时候，就是有名的好声音。

那时班里要在"十一"文艺演出中排一个合唱《闪闪红星》和《映山红》的节目，但是班主任老师还不知道谁唱歌比较好，一位同学就告诉班主任老师，说我唱得还不错。班主任就把我叫去，让我去当领唱。演出第一天领唱之后，第二天红榜就张贴出来，光荣榜上表扬某班某位同学唱得很好。从那一次开始，虽然我个子不高，但是大家都发现我领唱时的声音很高亢很洪亮，大家都记住我了。后来每次的文艺演出，我都是独唱表演，老师同学都很熟悉我。

那个时候文艺演出比现在多，我算是学校的文艺骨干分子了。

后来在生产队务农的同时，我也参加大队里的文艺活动。

我们大队里有个文艺宣传队，有五六个人，经常排戏演出。宣传队里有一个文艺骨干，叫沈中良，他来叫我，我们一起排了一个戏，叫《九斤姑娘》，我演张箍桶，他演石二，还有一位演九斤姑娘。这个戏取材于绍兴民间故事的越剧，十分火的。当时看电影都是样板戏、京剧、越剧在萧绍一带十分流行。

我们白天务农，晚上排练。除了在大队演出以外，还到萧山那边会场里演出。

后来我们这个民间组织，并到街道去了，那边人多而且多是年轻人，还有几个专业的老师傅，每天晚上都去排演。

我们没有经费的，完全是自己爱好，是农活之余的活动。

那时，萧山曲艺团的团长跟沈中良比较要好，他到我们这里看排练，看中了我和另一个年纪小一点的女生，就让我们俩去考曲艺团。后来我就考进了萧山曲艺团。同时考进去的，还有杭州电视台方言节目《我和你说》的主持人翁仁康，他是萧山瓜沥人，唱莲花落的。沈中良没有去考，他比我大十多岁，他很有天赋的，也很喜爱戏曲，这方面也比我们懂得多，懂得识谱，而我们都只能唱唱。

我那个时候很向往曲艺团，以为考进了曲艺团就变成非农户口了。但是萧山曲艺团也是个民间组织，属于萧山文教局管的，下面有好几个团队。

我们被分到许水泉团长的越剧团里唱戏。

那个地方唱戏，不是按照街道里的剧目编本，也不是按照剧本上的唱，而是萧山地方方言，还是路头戏，所以我们搞不太懂。比如，台后面有人说时间有多，那前面那个唱戏的就唱得多一点，如果台后面有人提醒时间差不多了，那台上的人就缩短了。还有那里的人，年龄也比较大，容易吵架，为了要争一个角色唱。

我在曲艺团里做了3个月，我就和爸妈说，在那里工作滋味真的不是很好，我不想做了。那个时候有社办企业，如我们衙前有纺织企业，有建筑队、水泥厂等。我和爸妈说，如果这些企业招工，你就帮我去报名。后来就有这些企业在招工了，我爸妈就帮我报了名，我就离开了曲艺团。

我虽然进了企业，以后又干了个体，又到了村里工作，但我对戏曲的爱好仍十分浓厚，时不时唱几出。

1985年8月，我在城南区裘江乡影剧院举办的"业余戏曲清唱选拔赛"，获得二等奖。

不久后，我在报纸上看到有浙江省首届越剧清唱大奖赛。那时我到杭州的工地上，刚好有事，看到比赛报名地址，就到杭州龙翔桥旁边去报了名，然后参加了比赛。

我第一轮比赛，唱得还可以，那边回复说让我参加复赛。结果复赛没有通过，我收到了一张复赛资格的荣誉证书，没有进入决赛。但我自我感觉嗓音还是过得去的。

到了40多岁的时候，衙前又建立起了一支戏曲队，我们8—10人经常一起唱唱戏、拉拉二胡等，还在村里的文化中心演出过几次，有村民来观看的。

坚持了三四年，之后队伍就没有了。但是萧山、绍兴等周边地区有活动，我也会去唱唱戏。

我对戏曲这一行就是很喜欢，但没有拜过正规的老师。

在高中时，还有几个杭州师范大学音乐系快毕业的老师来衙前中学实习，说凭借我的嗓音条件，如果去考音乐学校，一定能考上。但那个时候就是没有这个信息，不知道怎么走这条路，只是凭借天赋，在民间自己学学，和别人一起演出。

图0847 徐建根参加衙前镇第三届文化艺术节"迎中秋庆国庆"戏曲专场比赛（2012年9月27日，凤凰村委会提供）

很遗憾没有走上专业这条路，现在只是民间的爱好者，不是专业人员。

但我不管走到哪里，有人叫我去唱，我就会去唱，当地的老百姓很喜欢听的。

现在年轻人唱的比较少，我们这里没有什么人会唱戏了。村里凤凰广场都是一些外地的中年人在跳广场舞，年纪轻的可能有其他的爱好，中老年人就是晚饭吃完，在官河路周围散散步，或者上凤凰山上走走。唱传统曲目的队伍已经没有了，我个人爱好而已。

家庭生活

我27岁结婚的。我老婆也是村办企业的，工作时由人介绍认识的。

那时候结婚的开支比较大众化的，就是办个酒席，十几桌吧。

现在老婆在开店,近几年来网购越来越多,她在小商品市场里的生意就不太好了,以前一年就四五万元。

我一个月的工资3000多元,一年5万元左右。

原先实行股份制企业,村里挨家挨户来通知,每家每人可以入股1万元。我家4人入了4万元。入股之后,每年分红2000元,因为是每个1万元里面分500元给个人,那我们就是2000元了。后来,我们入股的那个企业效益不太好,并到凤凰纺织去了,钱就打折了,4万元变成只有2万多元了。但是那里分红还多一点,企业效益也好一点,现在每年可以拿到8100元。

村里的分红,去年是1492元一个人。我爸爸4年前去世,算到2013年年底,拿到的钱就少几十元。我大女儿是萧山事业单位编制,农村户口变为非农户口了,拿的钱比我爸的还要少一点。是按照户口迁出去的日子算的,我女儿和我比的话,少了200多元一年。

我的房子是1996年造的,占地面积86平方米,3层半楼房。车子一辆。全家年收入就是10多万元,在村里属于中等水平。

图0848　徐建根20年前建的住宅(2018年6月21日,陈妙荣摄)

现在每年花在娱乐活动方面的开支,会有千把块钱,主要是买服装、戏服。

我现在也快60岁了,也没什么更多的要求了。大女儿在萧山第一人民医院上班,也还可以;小女儿在读大二,是地铁系统的专业,工作也差不多落实了,和专业也是挂钩的。两个女儿的招工也算比较顺利。大女儿当时想留在杭州的实习单位,但是我还是让她回到萧山,因为萧山卫生系统也会统一招收编制人员,福利待遇不比杭州差。现在大女儿结婚了,丈夫是同一个医院的,河南人。去年他们在萧山御景湾买了房子,170多万元,还不错的。

村里的发展,不管什么方面,都很好了,特别是去年河两边整治得很好,环境卫生方面也很不错,经济上也很好。村两委班子都很团结稳定。确实这几年发展得很不错。

虽然生活质量比以前好了很多了,但文化娱乐活动我觉得比以前相对少了,可能大家都忙于工作,忙于挣钱了,变得不太注重这方面了。

唱戏这方面,如果有人来叫我,我会走出去唱一唱的,这个爱好,会伴随我终生。

第四章 20世纪80年代村民访谈

一、我的成长经历
——沃琦访谈

访谈时间：2017年4月19日上午
访谈地点：凤凰村委会小会议室
访谈者：莫艳梅
受访者：沃琦

受访者简介：沃琦，男，汉族，中共党员，萧山凤凰人。1988年生，2011年大学毕业，2012年到凤凰村委会工作至今。

图0849 沃琦（右）接受访谈（2017年4月19日，陈妙荣摄）

学生记忆

我爷爷活到98岁，他有4个儿子、3个女儿，我爸是最小的儿子。

我爷爷去世的时候，我爸爸才7岁。那时候家里条件不好，我奶奶一个人把这么多小孩子带大，不容易。

到我懂事的时候，家里也是一般般的条件，都是务农的，主要在地里干活，那时没有企业上班的。后来村里实行改革，把土地全部征收，发展集体企业，村里福利好了，我们的生活也慢慢地好起来。

我上学比较顺利，平平常常的，从幼儿园到小学，从初中读到高中。

大学是在杭州读的，浙江工业大学分院。也是一般般，不差，也不拔尖儿。

说起印象深刻的，还是村里的奖学金制度。

村里有这个制度已经很多年了。还没有三村合一之前，凤凰村就实行奖学金制度了，对考进重点高中（萧山中学、萧山二中、萧山三中、萧山五中）、重点大学（一本、二本）的村民子女颁发奖学金。

刚开始的时候，考进重点高中，村里奖500元；考进重点大学，村里奖800元。2005年的时候，分别提高到 1000 元、1500 元。以后还会有提高。

这个奖学金制度到 2016 年止，已经实行 31 年了，非常难得。有统计过，共奖励了 336 人，总计 26.9 万元。

所以说，我们胡书记是比较注重教育这一块的。他觉得，以前农村经济条件不好，人的素质也会低一点，教育观念就差一点。我们胡书记先是发展经济，经济发展以后，就要把人的素质提上去，就要注重教育。因为你一个村再好，经济再好，村民没这个素质，照样也是不行。

据我所知，这个奖学金制度，在萧山，凤凰村算是第一个吧。制度实行比较早，至今坚持的年数也比较多。主要也是有条件，村里越来越富。

虽然奖金不是很多，主要是精神上鼓励学生。但领到奖学金有一种荣誉感，颁发证书还有一种仪式（优秀学生表彰大会）。学生跟家长还要戴大红花，这在村里是比较光荣的。

工作 6 年

我 2011 年大学毕业。那时候，我有一个舅舅在临江开发区（今大江东）百合花集团，集团是做颜料的，就是水笔这种颜料，我就托他的关系到他那边工作了。

我在那边工作了半年。

我有一个朋友家是开公司的，他妈给我打电话，问我能不能从那边出来，帮他儿子一起搞那个公司。我们之前是高中同学，关系也比较好，爸妈都认识的，他想让我帮他嘛，我就答应了。

我把那边的工作辞掉，就去他们公司里了。

那个公司叫明珠纺织，做棉纱的。公司不大，也不小，就中等那种。

我去的时候，跟他们一起跑业务。第一年生意是好的，我去的那年生意就不景气了。不是受国内国际大气候的影响，而是棉纱生意本身难做。

我妈就觉得这样下去也不是办法。毕竟我刚毕业就这样混，跑跑业务，说难听点，就是今天想去跑就去，不想跑也没关系。没有一个正常的生活规律。

我还在读大学的时候，凤凰村招大学生村官，由镇统一考核，有一个笔试和一个面试，我参加过。

我从 2012 年 3 月 15 日开始，就在村里上班了。

刚进来的时候，每个月也就 2000 多元，一年工资也就 4 万多元，现在有 6 万元左右了。

还没进村的时候，村委会工作给我一种感觉，是基本没什么事情，天天就是玩玩电脑啊，事情不多的。但是进村委会以后，这个观念就改变了。第一，事情蛮多的；第二，事情比较杂。

我刚进来是管村务这一块。没进村委会的时候，这种事情都不会去想的。进村委会以后，接触到的老百姓打架吵架这种事情很多。那时候，主要是跟领导学习，当他们助手。村里面工作确实不容易，你要有方式方法去对待老百姓。老百姓本身素质参差不齐，有些人理直气壮地跟你说，你就得用合适的方式方法对待他们，要得到他们的尊重和信任，这也是一种经验。

我们新进来的几个大学生村官，工作也不是很固定的，有阶段性的。比如，前段时间，我要把农户建房审批的资料全部填写好，送上去，其他的，能多做一点就多做一点。综治方面的工作我也帮忙做，村委会的工作我也做，平时忙的话，我们几个大学生村官如果有谁来不及了，只要其他人中有谁先完成就去帮助别人。

平时也有工作压力，是间断性的，不是一年365天都有。因为村里有些工作比较急，比方说你本来今天工作不多，但是明天一个文件下来，几天之内就要把这个工作弄好，这样的突发性事情比较多。我平时就按照领导的要求完成工作，小事情比较多。去年的G20峰会前期，工作就很多。那段时间比较累，天天晚上加班。虽然G20峰会就几天，但我们每天都要报表格，每天要巡逻，有很多事。

工作中也有时间冲突的时候。比如，这个领导叫你做这个事情，那个领导叫你做那个事情。一开始我觉得比较棘手，因为这个事情还没做完，又要做那个。比方说现在的口述历史工作，需要联系人，还要送你们到年纪大、行动不方便的村民家里去访谈，村里事情又比较杂，4月份刚刚村党委换届选举，接着又要村委会选举，还有村民小组长选举，事情比较多，就感觉凤凰村里的事情无从下手了。又比如，金老师这边又要企业简介，上个星期催过我了，他说小沃你做得怎么样了。我说金老师现在真的没办法了，5月份选举之后再说。他说好的好的，选举比较重要。这种情况我以前也经常会碰到，就感觉没完成，心里总会想着，着急，希望能尽快完成。

到现在，我在村里待了快5年了。我感觉就像我们胡书记说的，在村里是为人民服务，是一件很光荣的事情。在企业，人家是老板，你毕竟是打工的，虽然有可能是中层，或慢慢升职，但服务性质不一样。那个是为老板、为公司工作，这个是为人民服务。

至于发展前景，我认为，也要看自己的努力和能力，只要自己努力了，有能力，上面领导肯定会看重你。

胡书记今年69岁了，但他跟我们年轻人没有代沟。他定期会找我们几个人谈话，问最近工作怎么样，对村里的看法，或对村里工作的想法和建议，听听我们的意见和想法。

我觉得，我们胡书记的思路比我们还超前，有些我们还没想到的事物，他已经想到了。凤凰村要发展，首要问题是现在土地比较紧张，因此有些项目开发就比较困难。有资金但没土地，开发就很难实现，有局限性。我们胡书记要开发凤凰山生态文化园和红色旅游项目。这种项目，我们几个大学生想都不敢想。因为我们觉得这个项目开发出来能得到什么效益还不知道。但是我们胡书记就比较超前，他开发的项目都比较成功，有出乎意料的收获。

家庭消费

我是2014年结婚的，我老婆是通过家人介绍认识的，她是我们隔壁村坎山的，做会计的。

礼金不多，就意思一下。结婚办酒也算一般，我们家40多桌，她们家40多桌，一共80多桌。那时候女方管女方办，男方管男方办，分开两地办的。

我们结婚没有刻意开销多少钱。萧山有的地方是比较苛刻的，比如你一定要拿50万元或者100万元才会嫁，但是我们这边这种风气少一点。

房子、车子也算开销的一部分。结婚之前我房子、车子都已经买了。房子是买在本村的，还比较便宜，现在萧山买套房子都300万元起步，这样压力就大了，我们那时候还好。

我们这边小孩大学毕业之后，家里不一定要给他们买车买房，至少在2011年、2012年的时候还没有这个概念。现在不一样了，人一毕业都要买辆车，不管是几万元还是几十万元，一定要买一辆车。至于在萧山买房子，都是家里条件比较好的才买，家里条件一般的很难买得起，有的就在自己的老房子上翻建。

当然，我结婚的时候也花了差不多100万元，那时候房子便宜也要四五十万元，车子20多万元,加上办酒、礼金就差不多100万元了。

房子是2010年买的。原先一直住老宅基地造的房子,后来买了套公寓楼用于我结婚后的新房,有125平方米。还在我读大学的时候,我妈打电话问我要不要买一套房子,我说房子能买最好。那时候我们家庭条件还算比较紧张。有一个村民在村里买了一套房子,只交了一半的钱,还有一半没交,村里就把这个人的房子退掉了。刚好有这么个机会,我妈就叫我考虑考虑。价格我也不是很清楚,是家里付的钱。现在新建起来的这种公寓楼已经没有了,只有之前盖的还没卖完的。

刚开始规定本村人才能买,除非是本村人买了再转给外地人。因为村里建的商品房没有房产证,卖得也便宜,外地人买也有顾虑,买了也不值钱,到时候卖不掉。我们本村人自己住还好,现在基本饱和了。

我有了一个儿子,2014年12月生的。我爸妈平时上班,我们是请一个邻居阿姨帮忙带小孩的。

现在没有打算生二胎。第一,生二胎对第一个不公平。生两个,父母肯定有偏爱的,不可能很公平地对待两个小孩子。第二,生两个经济压力也大。第三,我老婆也没说要生第二个,我们一致认为生一个就够了。双方父母也没说要生两个还是几个,主要看我们自己。

爸妈那一代可能还会有重男轻女,那时候计划生育就生了我一个。现在虽然准许生两个了,但是经济压力很大。

我的朋友中,有的有一个小孩,有的有两个小孩,其中有些是两个儿子。

我跟我朋友开玩笑说,你生个儿子,从小开始培养到结婚至少四五百万元,随着发展以后四五百万元可能还不够,因为现在房价又涨了,钱江世纪城那边地皮都四五万元起步了,买100平方米的房

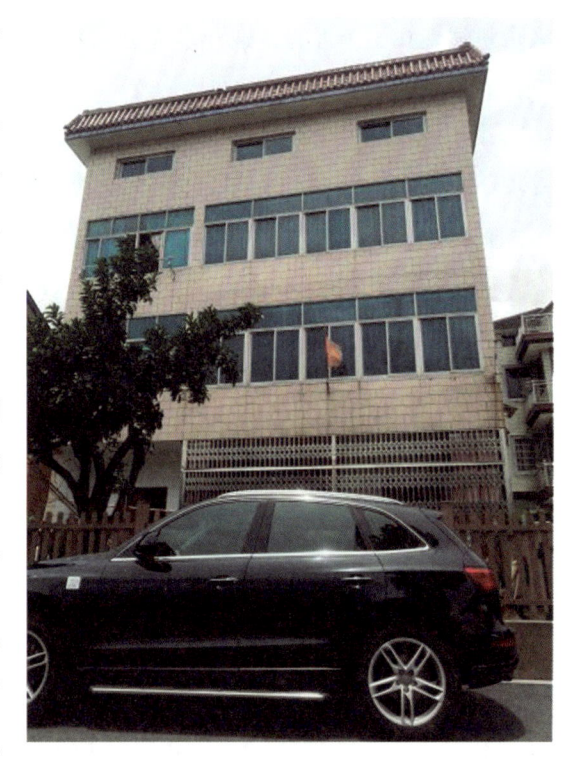

图0850 沃琦的房子、车子(2018年7月11日,沃琦摄)

子就四五百万元,再加上酒店的酒席、车子、礼金,至少在500万元,两个儿子就要1000万元。我工作再好,一年也就挣十几万元,挣个1000万元要多少年啊。

我们打算几年后在萧山买套房子,先付个首付。因为想小孩子发展得好一点,就必须在萧山买套房子,这样可以在城区读书。

我们现在有两辆车,我的是2012年买的,去年我老婆抽到车牌号,又买了一辆。原先那辆是大众,25万元,现在这辆奥迪,45万元,是一次性付款的。

我们一般一年出去旅游一次。今年过年的时候,我跟我老婆去了韩国。

我跟我老婆还是比较节俭的,吃穿用开销不大。

开销大的是我儿子这方面,每个月的奶粉钱、尿不湿、玩具等。

我们的娱乐消费也很少。以前我还没结婚的时候,会唱唱歌,跟朋友自驾游,结婚以后这些娱乐消费都少了。

我们不经常看电影。刚开始跟我老婆认识的时候,基本上一个星期要看两三次电影,结婚以后

没有时间出去了，只偶尔看一下电影。例如，你说在做口述历史，要谈谈年轻人的消费观，因此我特意在上星期到萧山看了场电影。我已经很久没进电影院了，因为现在家里也可以看电视，在电视里点播电影也方便。

我们也很少出去吃饭，偶尔在外面买一点东西吃，没有非要到餐馆消费的观念。以前我们也办健身卡，但是坚持不下来。

老辈观念

我跟我老婆算机缘巧合吧。我们刚开始也没想过要找个近的还是远的，这都无所谓。刚好有这么个机遇，找了个近的，她开车去公司就十多分钟。她爸妈也想找个近一点的，这样可以互相照顾，因为她还有一个妹妹。

比如说我们大部分萧山人找对象只想找本地的，不想找外地的。很多父母有这个思想，不想找外地的，哪怕你外地人再优秀，即使是博士生也不要。即使你找了一个公务员，本身条件还好，但父母会说，你干吗不找个本地的公务员，这样语言沟通起来也顺畅。同等条件下，一定会找本地的人，这边有这个偏见。

当地人也不喜欢外出工作，一方面本地经济还可以，就业机会多，没必要外出打工，因此在本村、本区工作的多。除非你是很优秀的，才会到大城市里发展。例如，胡阿素的女儿沃梦怡，初中的时候就是国家派送到美国读书的，现在在美国谷歌公司工作。

虽然现在外地人已经比本地人还多，有的人工资还比本地人的工资高，社会地位也高，但到了谈婚论嫁的时候，本地人还是希望找一个本地人，彼此说话听得懂些。离家近，还可以照顾到双方的家庭，关键是认为我们本地人各方面条件也不差。

图0851　2017年9月29日，凤凰村参加衙前镇歌咏会（徐国红摄）

未来期许

今后打算，主要是以家庭为重，一家人健健康康，孩子有一点成就，日子平平常常的就好了。有的人说，你没有远大的目标，人生没有意义。我觉得这种说出来也不切实际。一生就平平常常，开开心心就可以。至于其他的，顺其自然，不会刻意去实现什么目标，但只要努力，有些目标自然而然就实现了。

作为"80"后，我的生活比较平凡，心态比较好。在村里上班，虽然有的时候有压力，但是回家会比较放松。我朋友都说我现在的生活像老年人的生活，以我的长相、年纪来说，不应该这样。但是我就喜欢在家里养养花，养养鱼。他们说这种生活应该被年轻人淘汰了。

我还讲一点对小孩子的看法：

我小时候下课之后，就是书包一扔，先跟小伙伴玩，玩好之后，再做作业，做完就没事情了。现在的小孩子，学习压力太大，很累，从上小学开始，就要去补课，参加兴趣班等，没有自己的空间，都是父母给安排的。这种情况以前城区多一点，现在农村也这样。我们小时候，只有成绩差一点的，才会去补课，成绩好的不会去补课。我读初中的班主任，刚开始她就说，对小孩子补课这个事情是不赞成的，女儿喜欢什么课程我才给她报名。后来他女儿说，她发现成绩好的也补课，并且现在考试的一些题目，课本上都没有，都是课外题，逼着你去补课。

现在的孩子也灵活的，看得多，见识广。我们小时候都很老实的，一个班里面只有一两个调皮的。现在小孩子，10个里面有9个调皮、鬼怪的，大人都不一定说得过孩子。

你问我是否向往成为城里人？我认为，我们凤凰村跟城区差不多，有时候各种福利比城区居民还好，房子、车子、钱，样样都有，工作生活也没有城区人压力大。但是我觉得，为了孩子着想，还是要往城区靠的，毕竟农村跟城区有区别。工作看孩子他自己的发展了。我希望他往大城市发展，各个方面更好。

二、大学毕业后在凤凰工作安家

——翁洪霞访谈

访谈时间：2017年4月14日上午
访谈地点：凤凰村委会小会议室
访 谈 者：莫艳梅
受 访 者：翁洪霞

受访者简介：翁洪霞，女，汉族，中共党员，萧山凤凰人。1987年8月生，2010年大学毕业后，在凤凰村委会工作至今。

图0852 翁洪霞（右）接受访谈（2017年4月14日，沃琦摄）

大学毕业后回村工作

我爷爷以前是务农的，我爸爸从事过五金、苗木、纺织行业，家庭条件一般。

我小学、初中都是在本镇上的，高中在萧山十二中读的书，后来考上了湖州师范学院，享受到了村里的奖学金。

村里的这个奖学金制度实施好多年了。一般是家长或学生本人拿着录取通知书到村里登记，然后由村里通知召开表彰会议的时间。只有考上重点高中、重点大学才有奖励。表彰会当天，镇里的领导、小学及初中校长也参会，受奖励的学生和家长都披红戴花，上台领奖，合影留念，场面比较隆重。那一刻，我真的很激动，有一种荣誉感。

我是2010年6月大学毕业的。3月份的时候，学校让我们自己找实习单位，我的目标不是很明确，正好村里的警务室有空缺，我就到那里实习了。我自己一直想当老师的，在那里实习的时候，顺便看看书，本来想考个教师资格证。

警务室是做暂住证的地方，我在那里实习了4个月。刚好，我们村里招人了，好像是因为上面派下来的3个大学生村官都考上公务员走了，村里就一下子缺少熟悉电脑操作的人员。我们村里的干部年纪相对较大，不太会电脑，村领导就要我暂时代一下。后来，村领导意识到，外来大学生锻炼几年就会走，本村的大学生会稳定一点，村里经济好，就不会走了。当然，本村的大学生如果有能力走出去也可以的，不走的话，还可以培养后备干部之类的。于是，村里就通过镇里的组织部招考本村的大学生，有六七个人报名。通过笔试、面试，又录取了2人：傅玉刚和陈波。这是本村第一次录取本村的大学生村务工作人员。后来，又录取了2人，分别是沃琦、傅佳丽。

我是2010年8月正式上岗的。村里的事情比较多，因本人在大学期间已入党，村领导就让我配合组织委员分管组织建设这一块。刚进来的时候，只要是电脑上的活儿，基本上都是我做的，那时候比较辛苦，常常加班。

我们是没有编制的，整个村委会都不存在编制。工资嘛，第一年2000多块钱一个月，现在有4000多块一个月，一年五六万块钱吧。工作年限长了，会增长工资的。

以前没进入村里工作的时候，一直觉得村里的活儿就是只要把涉及老百姓的事情做好就好了，比较简单。但是真正到村里工作才发现，跟我想象的不一样。一方面跟老百姓打交道的事情要做好，另一方面是要完成上级政府派下来的各类任务。我进来的时候，凤凰村就已经是比较有名的村子了，我们做的各种比如申报材料之类的工作，应该比其他村子更规范、更出色一点。党建这一块的材料基本上都是我在写的，书记他们都会看的，我觉得到现在自己在这方面的能力还是欠缺的，工作压力比较大的。

当然，这个岗位是很锻炼人的，可以锻炼自己的写作能力、沟通能力、服务能力。原先还想过考公务员，考教师，现在对村里的工作熟悉了，村里又越来越好，有盼头，就没有再考的想法了。干好村里的工作才是最重要的，一样也有前途的。

老公跟我在凤凰安家

我是2011年结婚的，我老公是绍兴柯桥人，婚后我们就在凤凰安家了。

我和我老公是读书的时候由别人介绍认识的。我在湖州上大学，他在绍兴，是我一个亲戚介绍的。他家在农村，比我们这边偏僻得多，经济条件也差得多。他家住在半山腰的，在柯桥区王坛镇丹家村，从山脚开车到他家要半小时。他毕业后，在绍兴钱清一个印染厂做技术员。因为我们这边好些，他就来了我们这边。我也不太想走，村里的待遇的确很好。

结婚前，我爸妈在村里给我买了一套公寓，140多平方米，还给我买了一辆丰田车，22万块钱左右。

婚宴是在酒店里办的，20多桌，3000块钱左右一桌。房子、车子、婚宴，总共要近100万块钱。

父母负责子女的结婚开销，萧山基本上都是这样的。

他们家比较穷，我们家没收他们家的彩礼，也可以说是招的上门女婿。

现在，我已经生了一个女儿、一个儿子。女儿在读幼儿园中班，儿子3岁，我妈现在带着。我爸以前在凤凰纺织有限公司工作，现在因为整治劣五类水，官河沿河15米要拆掉，他所在的车间拆掉了，他就没有工作了，现在在家。

我老公现在在柯桥开了一个卖窗帘布的小企业，他自己买了一辆车，别克，高配置的，30多万块钱。

其他的开支，用在孩子身上的比较多。家里一般的开销都是父母在承担（饭菜、水电费等），我们偶尔会出去吃，带孩子们出去玩。所以，孩子这方面的开销比较大一点，我自己的开销比较小。

我们还没打算给孩子请家教，进培训班。我个人意见是小孩在幼儿园期间能多玩一点是一点。

我自己也没有瑜伽、健身之类的开销，主要是时间方面的原因。我们村是实行单休制的，一周休息一天，我一般选择在家搞卫生，带孩子玩。我自己基本上没有什么娱乐活动，我老公可能多一点，有时候要应酬，因此经常出门。

旅游嘛，也很少。我们村里，老年人出游的频率高于年轻人，他们时间比较多，如果孩子都上幼儿园的话，一年四季都会出门的。我们传达室的老伯，一年可能要去旅游四五次，去周边玩，他们比年轻人更懂得享受生活。

我们结婚到现在，电影看得少。我老公在柯桥工作，我们有空去柯桥那边玩会比较多一点，开车半个小时的路程。我们开车五分钟遇到的一个收费站就是属于绍兴的了。

比较而言，柯桥那边的消费低一点，萧山的消费高一点。我们去柯桥，主要是购物，买衣服，带孩子过去玩一玩。

现在村里是一周上 6 天班，休息一天。国庆假 7 天，我们一般放 3 天假，大家休息 3 天，值班 3 天。村领导考虑的比较多，一是村里开展的工程多，二是为了方便更多的村民办事。很多领导适应了这种工作模式，我们几个年轻人虽然也工作了这么多年，但是还是不太适应的，还是期望节假日能多放几天假，平常可以双休。这样我们也有更多的时间用于娱乐之类的，也可以有更多的时间陪伴孩子。

关于今后的打算或愿望，我希望父母身体健康。父母的健康对我们来说是最大的财富了，以前老话常说上有老下有小，这句话很适用于现在的我，父母健康是我们子女最大的福气。我没有特别期望孩子以后能怎么样，就是希望上学后能以学业为主，成绩好，不要完全放任。

自己的话，对职务级别没有什么追求，就是做好自己的分内之事，不要因为自己的失误给凤凰村带来损失，平平淡淡就好。我有几个朋友经常跳槽，我经常跟我朋友讲，心不要太浮躁，干一个工作，不要总想着要干到什么阶层，要认真做好自己的分内事，总有一天会得到领导重视的。

图 0853　翁洪霞的住宅（2018 年 7 月 16 日，陈妙荣摄）

三、我的教学生涯

——陈立访谈

访谈时间：2017年4月29日下午
访谈地点：凤凰村陈立家
访 谈 者：莫艳梅
受 访 者：陈立

受访者简介：陈立，男，汉族，中共党员，萧山凤凰人，1987年10月生。2012年大学毕业。2013年8月至今任萧山义蓬第二初级中学体育教师，曾获萧山区"教坛新秀"称号。

图0854 陈立（右）接受访谈（2017年4月29日，沃琦摄）

当体育教师4年

我于2013年8月被分配到义蓬第二初级中学当体育教师，当时义蓬属于萧山区，2014年8月起属于大江东（杭州大江东产业集聚区）新区了。

我们那时候都是考的，没有毕业分配的。萧山跟杭州主城区是有区别的，杭州是有针对性的，你要报哪个学校就去考哪个学校，萧山是统招统考的。比方说我们萧山要招10个体育老师，10个学校挂在那里，考分第1名的可以从10个学校里面任意选，越往后面的名次可选的学校就越少。我那一年可选的好的学校不多，基本上比较偏远了，如高桥初中、党山初中、义蓬一中、义蓬二中、义桥初中等，共有7个名额，我考了第6名，选择余地不多，所以选了那所学校。

我很意外的是，学校第一年就让我从事班主任工作。小孩子很新奇的，因为体育老师做班主任比较少。

我很有感触的是，我高中的班主任就是体育老师，他对我影响很深。我的很多教学方法都是跟他学的，他一直是我比较熟悉的一位老师。

我刚到的时候，内部都知道有重点班和非重点班之分，我接手的是最差的那个班。全校前20名学生，我们班只有1名。可能体育老师性格跟一般老师不一样，他们比较容易跟我亲近、交流，我做工作也好做些，这样我慢慢把这个班带起来了。

去年我把第一届学生带完，从初一到初三，带得也还不错。在优质生源流失比较严重的情况下，我们班保送上4个学生进入杭州排名前6所中学，又通过中考考上2个。我带的那一届初三，体育成绩在大江东是全区第一名，前面那一届的时候是垫底的，体育平均成绩只有25分多，我带的平均28.4分，全区第一。

今年是我从教的第四年，学校觉得我做得还不错，又让我直接带一届初三。因为校长觉得我可以继续带,正好九年级一个班主任身体不太好,说不能带了,并且这个班的体育基础不大好,校长说"那就你带吧"。他做了我4次工作,也就是找我谈了4次,后来没办法,我把任务接下来了。

前段时间我们体育中考也考完了,平均分还是28.1分,排在全区前3名左右,虽然没有去年那么好,但是校长还是满意的,因为我们预期平均是27.5分左右。

今年我们学校总共20个保送名额,我们班里6名,其中5名是正规保送的,还有1名是体育特长生,基本上确定杭州四中要她了,她在浙江省运动会拿到两个第一名,是个女孩。

我现在还是4个班的体育老师,一个星期有12节体育课,我做班主任还有一堂班会课,实打实的课我就有13节。另外还有很多的训练课,因为学校里有队伍要参加各种比赛的。我们学校是比较小的学校,体育老师只有"3个半",因为有个是中层,他课上得比较少,训练队是不带的,基本上是我师父,我,还有一个屠老师来上课,屠老师年纪比较大了。

田径队是每个学校必须存在的,每年必有比赛的。这一块是我挑主头的,我师父帮帮忙。健美操队完全是我负责。足球队是我师父主要负责,我帮忙。去年开始有个乒乓球队,也是我师父带,我帮帮忙,因为我是初三班主任,事情也比较多,师父说让我队伍少带一点,他是专职的体育老师。

我在学校里是比较忙的。学校的广播站也是我在负责,我还是学校学生处助理。因为我们中层职位不多,我还不是中层,但已经做这一块工作了。

我工作有压力。干体育这一行的好胜心都比较强的,都比较喜欢争胜的,所以体育老师都是劳碌命,都不喜欢在学校里工作比其他老师差,都比较认真的,也比较累。毕竟我们的工作要跟升学挂钩的。中考总分600分,体育占30分,语文120分,数学120分,英语120分,科学160分,社会50分。因此,初中老师有中考这一个硬杠杠,压力会大一些,小学老师可能轻松一点,他没有中考这个硬杠杠在。

有许多心得感悟

可能因为自己也刚从学生时代走出来,年纪又跟他们比较相近,不像很多老教师那样总觉得学习是第一位。我感觉我不是这样,我会跟他们先做朋友,以此了解他们。

我经常会找他们谈话,并且通过写周记的方式知悉他们的想法,当然不是写一些奇奇怪怪的东西,我会给他们命题,比如"你们眼中的班主任是怎样的"或者"你有什么心里话要跟我讲"。有些初中生还是比较愿意表达的,他们会写在周记里跟我讲,或者当面来跟我讲。

体育课上也是一样,大家开开玩笑,他们会自然地把内心的很多想法告诉我,我就会更多地了解他们。

班会课上,有些老教师可能会讲一些正规性的话题,但我可能会从他们喜欢的话题去切入。比如说,鼓励他们好好读书,给他们从侧面说我的大学生活是怎么丰富多彩的,然后通过我以前大学的一些生活照、风景照、视频来给他们讲解。他们会很好奇:大学生活原来是这么轻松,这么丰富多彩的。然后他们会有一种憧憬。之后我会说:如果你们想上这么好的大学,第一步应该怎么做,就是先把中考考好,好的高中是上这些好大学的前提。

我印象比较深的是一堂学生潜力课,我鼓励他们:"你们自己的潜力是很大的。"我也不是简简单单从理论上跟他们讲。我做了一个实验,这个实验也是我在网上看到的。我准备了一个纸杯,里面放满水，然后用胶头滴管往里面滴水，一滴一滴地滴，让他们猜能滴几滴水才会溢出来。学生一般比较单纯，他们说二三十滴就会溢出来，有胆子大的说百余滴就能溢出来。然后我做实验，结果差不多有400滴。这个东西也是我开始想不到的，因为我原来觉得400滴滴下去，基本上又有一杯水的量了。通过做实验，他们觉得原来这么神奇，一个已经差不多满的水杯还能往上滴400滴水。我通过这个跟他们说："你们的潜力也是无穷无尽的，要相信自己。"

此外，我上的一节母爱的课，一节感恩的课，也是选了一个比较有趣的话题：绿叶对根的情意。这还是区级公开课，这节公开课上得我自己都差点忍不住哭了。通过一个视频来跟学生交流，我觉得效果也挺好的。

我的鼓励方式可能比较低级，因为这个年纪的学生可能爱玩、爱吃，一般月考了，我给他们布置任务，并和他们说，你们完成多少任务，陈老师请客。他们就很可能会完成。

有一次我印象蛮深的。我跟他们说，前10名我们班能达到2个，我就请全班吃肯德基。结果我们班考出来有3个，超额完成。我买了4个全家桶请他们吃，他们开心我也开心。

像达标运动会，还有体育中考，我也跟他们说，成绩能达到多少，我请喝饮料，包括一堂体育课也是如此。有时候我们测800米、1000米，学生是比较抵触的。那我就说，你们今天跑下来，有几个达到满分的，陈老师请喝饮料，他们就会比较认真。因为他们这个年纪应该比较喜欢这些东西，如果光单纯地说教，现在的学生跟以前的学生不一样了，可能不是很爱听。

当前体育老师做班主任，业界不是很认同的，因为让一个副课老师做班主任的现象很少。我上次写过一篇文章，就是希望给体育老师一些地位和空间。具体题目我也忘记了，我就写了体育老师做班主任的一些优势。首先，我们体育老师时间多，上午时间基本上是空余的，就完全可以做班主任的工作，我们也不用批改作业。第二，我们身体素质摆在那边，我们可能不会像一些文化课老师那么累，精力比较旺盛。第三，我们本身的气质和形象都是积极阳光的，学生比较喜欢，可能对他们也是有感染的。

我们与文化课老师的交流方式也是不一样的。他们整天是以学习为主，我们可能更多的是以教育为主，慢慢渗透到文化课里面，我觉得这样的效果可能要比一般的说教要好。

所以学生们很羡慕我们班，因为我们班班会课很多都是讲与学习无关的东西。很多文化课老师班会课还要去上节课。学生本身就不怎么想上课，还上一节课，他们可能就会觉得比较累，会比较抵触。我给学生上班会课就说，该放松就放松。我甚至组织他们去操场上放风筝，或者在操场上开座谈会，反正形式五花八门，这样学生觉得学习不是那么枯燥了，还是比较有乐趣的。

初中很多班主任都是坐堂制的，自修课之类的都要班主任坐在那边。我这个班基本上不怎么有。我初一就训得比较好，因为我觉得该严的时候严，该松的时候松。我讲规矩的时候大家都是要听我的，其他时候大家有说有笑就跟朋友一样。所以说该做什么事的时候，他们也应该知道自己做什么，把这个习惯养成了，做班主任其实也不怎么累，我觉得我蛮轻松的。我中午只要去逛一圈就好了，因为我觉得他们都很自觉地在做作业，我坐在上面，学生反而有压力。再说我也不是文化课老师，文化课老师他们有不懂的题目还可以问一问。

游泳教龄长达10年

教学方面，我可能实战经验比一般人要多，我从大一开始就在外面做游泳课的教学。其实这两者性质差不多，都是上课与教学。

我本身走上体育这条路，是比较偶然的。

我初中的文化课成绩还是可以的，不会去想搞体育，但我的体育成绩也还是可以的，只是喜欢，不是体育特长生。

图0855　2014年陈立在萧山区十七届运动会上获蛙泳一等奖（陈立提供）

在高一，很偶然的机会，我与体育保送生一起比赛。因为学校运动会有一个400米比赛，他在萧山区比赛都是数一数二的，保送进去的，那时我正好是我们班体育委员，班主任让我报一个400米试试看。同学们都笑我说："你肯定会被落后很多。"但很凑巧的是，我比他跑得还快，体育老师就相中我了，问我要不要练体育。于是，我就在高一的时候，开始练体育了。

练体育有得也有失。练体育后，文化课就顾不了了，成绩往下掉。因为有时候练得比较苦，上课也没法集中。真的太累了，就趴着睡着了。所以导致成绩开始下降，但不是说掉得很离谱的那种，在学校中等还是有的。

我第一次高考落选了，我爸就跟我说：要不你再读一年吧。因为毕竟以前我成绩还是可以的。我也是做了很多思想工作以后，才选择了高复。高复也是很苦的，心理负担也重。

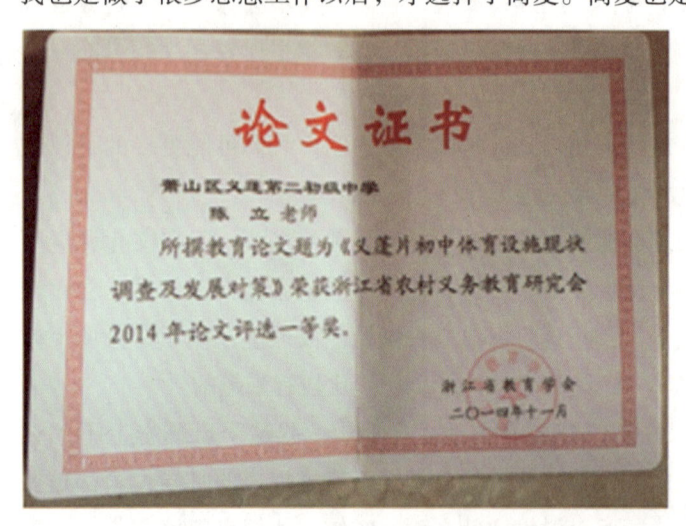

图0856　2014年，陈立《义蓬片初中体育设施现状调查及发展对策》论文获奖证书（莫艳梅摄）

第二次高考，我印象很深。数学选择题全错，我也不知道为什么，很简单的题目全错。不知道是我填错的还是怎么样，我自己觉得试卷上是对的，为什么数学分数这么差。后来我想可能中间少涂了一个，具体我记不清了，因为我自己也蒙了。但是我体育成绩还可以，高考考了89分。省体工队来说：要不你来我们这里专业练体育。我想想其他地方也没什么好去的，就去练体育了。然后在大学里练了3年的跆拳道。

我去的那个浙江体育职业技术学院，就是现在的浙江省省队，我们浙江省奥运冠军，像孙杨等都是那边出来的。

我在体校读了3年，属专科。之后有一个机会可以读本科，就是浙江师范大学，在金华。我几个亲戚他们都说不要去读了，叫我跟他们一起做生意，报酬不会少的。但是我家里觉得文化还是第一位的，有机会总要去读的，所以我还是选择去读了。

于是，我又读了2年，全日制的，在浙江师范大学体育教育专业。

我考上的这个浙江师范大学，当然算一本，但我没能享受到村里的奖学金。村里说这个不算，他们可能有他们的政策。因为我是从大专上去的，不是直接从高中考上去的。

我觉得我人生中成长最快的，就是大学这5年，拿到了本科文凭（体育教育专业），还做了5年教练。

我在体校的时候做班长，一边练跆拳道，一边去外面做兼职（游泳教练），我觉得这些对我锻炼很大。

我大一就开始教游泳，因为那个时候游泳也是我的爱好。游泳在杭州很热门，但游泳教练比较难考，我就想去考考看。140多个人报考，考出了十几个，我是其中一个。

现在教游泳都是要双证的，救生员证和社会指导员证，要两本证才能做游泳教练。

我考了证，第一年在杭州政苑做救生员，因为游泳馆不可能让你大一的学生直接去做教练，他们也不信任你。之后也比较凑巧，8月初的时候，有个胖子跳进深水区溺水，我跳下去把他救了起来。我们馆长觉得我这个小伙子工作还蛮认真的，他问我有没有教练证，我说有的，他说那第二期你来当个助教吧。然后我做了一期助教，馆长对我很满意，第三期就让我单独带班了，主要是游泳教学。我的游泳教练生涯就这样开始了。

第二年我去了千岛湖，因为馆长在那边新开了一个馆，我去帮忙。

第三年我在杭州大关游泳馆做教练。开始是普通的游泳教学，后来由于我们的班主任跟那边的游泳教练认识，是同学（师兄弟），介绍起我，那教练觉得我还可以，就让我带苗子班。

苗子班就是奥运冠军最起步的那些班，训练方式比较残忍的，这跟家长都沟通过的。小孩是幼儿园的孩子，很多不怎么听话，你跟他说他都不理你，有时候对你的训练很抵触。你也知道竞技体育很残酷，我经常要把小孩子直接往水里扔，采取比较极端的方法。

孩子都是家长送过来的，要经过选拔的。训练之后也要选拔，通过选拔的，就进杭州市队训练，一步步往上走的。

毕竟他们这么小，虽然喜欢游泳，但不知道是这么残酷的训练。估计也不是他们自己选择的，因为他们可能还不是特懂，应该是家长给他们选择的这条路。

我也是在那里开始接触正规游泳。因为杭州比较有名的叫叶诗文的游泳教练，也在大关游泳馆，他是我们的总教练。我们在他下面做教练，接触了比较正规的游泳。以前说正规也正规，但是比起能拿得出手的，还是有差距的。我在那边学到的东西还是蛮多的。

我在杭州大关游泳馆做了3年兼职游泳教练。虽然苦，收入还蛮高的，暑假一个半月有四五万块钱收入。

之后我大学毕业了，要找工作了，以为没有什么机会教游泳了。

这时我们馆长托人找到了我，说杭二中（杭州最好的高中）有个游泳馆，让我过去帮帮忙。他对我很好的，我要知恩图报，于是就答应去了，在杭二中游泳馆又做了3年兼职游泳教练，到现在还在做游泳教练，都是在暑假。

杭二中有个特色，就是每个高中生毕业前都要学会游泳，毕竟它也是一种救生技能。杭州的学生基础都很好，基本上85%的学生本身就会游泳，因为我们中考游泳是其中一项。很多家长第一为了求生，第二为了锻炼，第三为了中考，让孩子从小就学游泳。所以说为什么杭州的游泳这么火，就是因为这个原因。

我们主要帮他们带军训游泳教学这一块。他们上午军训，下午学游泳，我教他们游泳。

从大一做到现在，我有10年的游泳教龄，比我教师生涯还长。

我有台湾的学生，我做他的私人教练，一对一，周末上午练跆拳道，下午练游泳。

但我现在有小孩了，要兼职教游泳越来越困难了。

家庭生活消费

刚开始去义蓬教书的时候，因为路远，我在学校住了一年。后来因为结婚，我就回来住了，没继续在那边住。

我是2015年1月15日结婚的。

我和我老婆是我舅妈介绍的。我舅妈跟我岳父是同学，他们说起，撮合，我们就认识了。她在邮政银行工作，也是考上的，在瓜沥上班。

我们是在家里办的酒席，中午加晚上一起有40来桌，用了10多万块钱。女方那边也办了酒席，分开办的。

一般来说，子女有工作了，家里都会给他买房买车，为他以后结婚做准备。

我的车也是结婚前买的，因为那时候工作比较远，老爸就给我买了一辆车。但大部分的钱还是我自己出的，因为我自己十多年游泳教练做下来，多多少少有点存款，比起一般刚毕业的大学生，我还是算有点存款了。

我现在有一个女儿，1岁半了，我父母在带。

我是一个比较宅的人，跟很多运动男生不一样，大部分节假日喜欢宅在家里，看看书，看看电影，带带小孩。因为我老婆上班没有固定的双休日，一个月只休息8天，还是轮休的，所以说很少能碰到周末。我平时又都是周末休息，我们老是碰不到一起，就不能经常一起出去，所以我也就选择不出去了，在家待着。有空可能去跑跑步，现在也比较懒了，人也越来越胖了，也不怎么运动了。

大学毕业的时候130斤，现在160多斤了。

我现在户口还是在凤凰村，我是挂靠户口，但是村里的各种待遇享受，我已经都没有了，因为我已经是居民户口了。

村里的分红我还有，因为分股份的时候我还在萧山读书，户口还没有迁出去，按照村里的规定，分红是有的。

虽然现在分红我还有，但以后可能重新股权分配，估计就没有了。因为我已经在享受事业单位的优惠补贴了，这边应该也不会有了，现在是双层享受了。

我教书的收入，刚进去的时候，4000多块钱一个月，现在拿到手的有7000多块钱一个月，年底能拿2万多块奖金，再加上杂七杂八的补贴，一年总收入有14万块钱左右。我老婆的工资也有十多万块钱一年。

我们大江东的教师整体工资，比萧山同一级别的教师要多1000多块钱一个月，奖金也比萧山的多，工资也涨得快些。

我们家开支不大，最主要的开销还是小孩子的奶粉和尿布，1000块钱一个月是最起码的，还有我们两辆车一个月1000来块钱的油费总要的，其他也没什么。我衣服买得比较少，因为我们体育老师一年有1000块钱的服装补贴，买买运动服够了，每年都有的。

我们现在与父母同住，房子有520平方米。但是，我们还是自己想去外面买房。

大江东现在发展比较好，我听说可能会成为第二个浦东。现在杭州市地位在提升，马上要亚运会，以后杭州也会成为一线城市。大江东是一个后起之秀，它发展比较迅速的，所以我想在义蓬那边买房。

考虑到我老婆上班比较远，我又想在瓜沥买房，但瓜沥没有特别满意的好的小区，又考虑到瓜沥有一个航民企业，污染比较大，所以现在也想不好。

如果在萧山买房，我上班比较远。从这里（凤凰）到我上班的地方单程就要开25公里路，如果买萧山的房的话我将近要开40公里路，来回就要80公里路，也不大现实。

所以现在也考虑不好，再等等看吧，因为我老丈人在瓜沥买了一套，我们第一打算还是在瓜沥买一套房。

我觉得现在的房价偏高，中国的楼市都是泡沫。但我们都有公积金，如果不买房等退休了再去拿这笔钱，我觉得不划算。因为我算过，我现在一年将近3万块钱住房公积金，我退休要35年，到那个时候100多万块钱还值多少钱呢？不如买套房，自己花不了多少钱，只要首付付掉，基本上公积金付付够了，所以也不是特别影响生活质量，这套房子总在的。

图0857　柚子飘香（2018年9月6日，陈妙荣摄于凤凰村）

很多家长买房是为了学区房，为了选择更好的学校，更好的老师。但是我自己在做老师这一行，觉得教育这一块我是最不担心的。第一小孩子如果能带到我这个学校去读的话，我可以选择最好的老师，放到最好的班，这个我是一点都不担心，所以这也省去了很大的烦恼。

我下步的打算，就是买一套适合自己的新房，当然在学校能做上中层更好，因为我本身已经在做这一块工作了，只是没有职位而已。

四、如果没有村里照顾，我们无法完成学业

——汪洁霞访谈

访谈时间：2017年4月29日下午
访谈地点：凤凰村汪洁霞家
访 谈 者：莫艳梅
受 访 者：汪洁霞

受访者简介：汪洁霞，女，汉族，萧山凤凰人，1987年9月生。大学毕业后，2010年8月至2015年6月任益农镇小学教师，2015年8月至2016年6月任回澜小学教师，2016年8月任衙前镇二小教师。

图0858　汪洁霞（左）接受访谈（2017年4月29日，沃琦摄）

家里遭遇很多变故

我爷爷是工人，爸爸是个体户，经营五金，我妈一起帮忙。我3姊妹，弟弟妹妹是双胞胎，我比他们大8岁。

我读小学的时候，家庭条件还是好的，只有我一个小孩。我爸爸对我的学习管得很严。他教过我一些句子："万般皆下品，唯有读书高。""读书破万卷，下笔如有神。"如果我学习不认真，或者考试考差了，他就会批评我，我就哭一场，妈妈就会说下次努力点。

我小学的时候，比较调皮，老师总是对我又爱又恨。初中的时候，稍微懂事点，学习成绩还行。

村里有奖学金制度。2003年，我考上了萧山中学，得到了500元奖励。2006年，我考上了浙江师范大学，得到了1000元奖励。

奖学金颁发时，村里要举行仪式的，家长也来参加的。我作为代表，上台讲过一些获奖感言，对村里表示感谢。我考入高中后获奖发言过一次，考入大学后也获奖发言过。

我觉得非常光荣，村里墙头有我的照片，也有我妹妹的照片，我妹妹考上了重点高中，也得到了村里的奖学金。

没想到的是，在我读大一的时候，我爸爸就病逝了，家里遭遇了很多的变故。

我爸爸挺保护我的。当时我快要期末考试了，他把考试看得很重，不要我回来，让我考试完再回来，他觉得自己可以撑下来。他已经动过几次大手术了，觉得自己没问题。那天，我是半夜2点的时候接到电话说我爸不好了，我的姑父他们把我从金华接回来的，他们没直接和我说，就说我爸不好了，其实那时候我爸已经不在了。

我爸病了3年，他患的是食道癌，很痛苦的。但是我没有看到他痛苦的过程，我觉得我很不孝

的，也很天真很傻。爸爸说没事，妈妈也说会好起来的，我就以为爸爸转个地方动个大手术就会好过来，又不好了时，又动个手术又会好过来了。我非常不懂事。我爸从来不在我面前讲他的病情，也从来不跟我说他多难受多痛苦，也不让我妈妈打电话要我回来看他，他把我保护得很好。

不仅如此，我妈也有病，是乳腺癌，比我爸的病早一年发现。她比较幸运，手术动完就好了，比较干净。后来我爸就查出来了。那时候我在读初三，我爸让他们不要告诉我，因为我要中考，之后我考上了萧山中学，我爸爸挺高兴的。虽然当时我妈也生病住院，我也不知道她什么病。后来我知道了，爸妈也不让我多花时间陪他们，说动动手术，又好了的。

我爸生病期间，我在读高中。后来我考上大学，分数还挺高的，他更是高兴。说来也有点幸运，我的两次考试（中考、高考）他都看见了，就是我后来考进老师岗位他没看见。

妈妈的病虽然治愈了，但化疗对身体有影响，加上她本身就体弱，我爸又去世了，整个家就不好了。

村里对我们非常照顾

我爸爸生病的3年时间里，为了治病，家里花的钱很多，可是没有治好，家里基本空了。虽然现在各种补贴都有，可以报销很多药费，亲戚之间来帮助的也有，但那时候都是实打实地拿出去很多钱，自己家的钱也是空了，没了。

那时我弟弟妹妹还小，读小学二三年级，我又要读大学，一年学费5700元，家里的经济情况很不好。

这时，村里给了我很大的资助，就在我爸去世的第一年，直接给了我1万元的奖学金。后来又每年给我补助5000元，直到我大学毕业。我每年的学费是5700元，学费和补助相抵，我就不用操心了，可以放心求学了。

后来，我弟弟考上了南通大学，我妹妹考上了湖州师范学院，都是三本，费用很高，家庭负担重。村里分别给了我弟弟、妹妹一次性补助1万元。

平时要是有企业做慈善补助的机会或名额，村里都会通知我们，让我们去争取弟弟妹妹的名额，有时有3000元，有时有4000元的补助。基本上每年都有。

我妈妈现在没什么收入，就帮别人管管厂，收入很少。村里只要有符合的机会，比如关怀妇女或者老人方面的，也会考虑到我妈妈，涉及弟弟妹妹的，也会考虑到我弟弟妹妹，给我们争取条件和机会。

村里的这个政策是比较好的，对我们非常照顾。

虽然我后来工作了，也有一定收入，但还是不够用的。弟弟妹妹大学学费一年就要4万元左右。我们家是穷人家，也没有什么靠山，但既然考上了本科，就要让他们读出来，因为以后找工作也有一个进去的门槛。

如果没有村里的照顾，我们是无法完成学业的。

我大学学的是师范，毕业后自己考进了老师岗位。

我第一年被分配到益农镇小第三分校，在那里教了5年，我是小学英语老师。

后来我有一个机会在回澜小学交流学习一年。去年下半年，转入衙前二小。我也是想回自己家乡来，毕竟这里培育了我，虽然在哪里教书都一样，但我更希望把我学习到的东西放到家乡学生身上。另外，离家里近一些，还可以照顾奶奶。奶奶之前身体不太好，现在好一些了。

我爷爷今年81岁，奶奶76岁。我爸爸去世的时候，我弟弟妹妹还小，爷爷奶奶就一起过来帮忙照看我们。

没想到后来我奶奶也得了病，直肠癌。

我就感觉天要塌下来一样，即使是中彩票也没那么高的概率吧，我们家有3个长辈得了癌症！

以前我照顾爸妈少，这次我会在医院里陪奶奶，照顾奶奶，学校、医院、家里，来回跑。我是我们家的顶梁柱吧。现在这个病很多，医疗技术也比以前先进多了，我基本上了解了全部病情，照顾她吃中药，现在病情稳定下来了。

奶奶的医药费很贵的，但村里可以给报销95%以上。

村里还给老人交了大概8000元，具体多少，我不是很清楚。爷爷奶奶就可以像我妈那样拿社保养老金了，每个月1600多元的样子。还好，现在老人的基本开支够了。

弟弟妹妹也快要毕业了，我就感觉要苦尽甘来，没有什么事了。

教学感悟与生活期望

我挺喜欢教师这个职业的。

一开始教学会有些怯场，不敢讲话，现在已经习惯了。有时也会觉得学生很调皮，心情烦躁，但他们大部分时候很天真、活泼、可爱。

我现在教六年级，一个星期有14节课。先是1个班的班主任，4个班的英语老师，每个班3节英语课，1节班会课。

图0859　汪洁霞正在给学生上课（2015年12月，汪洁霞提供）

我每天要去学校，准时上下班。大概每天3节课的样子，没上课的时候改作业，还有备课，六年级的教学任务会比较重。

虽然小学没有排名，只讲优秀，但是我们还是会有教学质量这方面的压力。我们班主任和任课老师，还是希望小孩能够掌握知识、思想德育方面有提高，两个方面都要抓。现在他们还小，需要把好关，三观要正。

现在他们条件更好，教学能够用网络，上课都可以用PPT，回家后手机电脑都可以听英语。我们那时候是用磁带。如今他们的父母比较有文化，能够自己教一些。不过现在小孩学的知识难度比我们那时的大，以前我们到初中才正式学英语，现在他们三年级就正式学英语了，有些知识比较靠前。现在大家都在进步，要求也就越来越高了。

我们压力大，他们压力也很大。虽然我们不说孩子差还是好，但还是有接受能力强和接受能力弱之分的。有的能够把知识学得很轻松，有的就没那么轻松，比如别人花一天的时间接受，他们可能要花两三天掌握，所以他们也是有一定压力的。

我是一个不太出门的人，较少出去旅游，有时候在附近做做家教。在大学时也有勤工俭学，比如在学校管理学院电脑房，负责开关电脑和门窗，每个月有150块左右打到饭卡里，这个工作我从大一做到毕业。周末我在大学附近做家教，20块钱一小时。开学季还帮移动公司摆摊售卡，5块钱一个小时。

我现在还没有结婚，还没有小孩。以前对小孩没有太大的感觉，现在我认识到每个孩子都是家里面的宝贝，都要好好地对待他们。不同的小孩有不同的性格，要因材施教，对脾气倔强的要迂回一点，能够讲道理的就讲讲道理，需要冷静的就冷静一下。小孩还是很多样化的，都有自己的个性。我觉得教师这个职业还是很有意义的。我不觉得像别人说的，教师很神圣，是人类灵魂的铸造者，这个太有高度了。我们也都是普普通通的人，凭着良心做好这份工作，好好对待每个小孩子，希望他们以后都是正直的人，能尽量地多掌握一些知识。

我工作第一年工资是每月3300元，现在是班主任，每月4300元，比上不足比下有余，除开五险一金，加上奖金，每年到手的有7万多元的样子。

我自己攒了多年的钱，买了一辆速腾，15万元不到。这个过程很乌龙的，现在不是摇车牌号嘛，很难摇中的，结果我摇了3个月就摇到了，但如果6个月之内不买车就要黑名单了，就要又过2年才能摇号，所以我就咬咬牙，买了车。

我家的房子100多平方米，1995年建的，现在已经是很老的房子了。

我的工资收入可以支付我弟妹的学费了。他们挺懂事的，我半年给他们买一次衣服鞋袜就好了，我自己也是。车子要保险，家里的生活用品我也会买好。

我今年31岁了，还没有交男朋友。我希望找个适合我的老公，稳定点的，近一点的，过过小日子，希望弟妹毕业找个不错的工作，希望爷爷奶奶还有妈妈身体好一点，大的身体健康，小的有好的发展，我们开开心心过日子就好了。

老一辈人可能有这样的观念，找外地人不太光彩，类似于以前上海很排外的那种，还有杭州本地人也是一样。

我们这一辈的人还好啦，我不介意是本地人还是外地人，外地人能够在这里立足，其实本身也是很厉害的，大家合适就可以了，但我还是想找近一点的。

环境吧，希望越来越好，现在雾霾也比较严重，还有水，现在在搞五水共治，会很有起色的。

生活质量嘛，希望有所提高。比如现在我想买个东西，会考虑价格，要是以后弟弟妹妹自己工作了，我自己的工资自己花，就不用考虑那么多了，不过以后我结婚了，有小孩了，也还得为他们着想。生活总会越来越好的。

图0860　汪洁霞的住宅（2018年6月29日，陈妙荣摄）

第五章 外来人员访谈

一、外来办厂发展较好，就是文体活动少了
——陈楚儿访谈

图 0861 陈楚儿（左）接受访谈（2017年4月7日，沃琦摄）

访谈时间：2017 年 4 月 7 日下午
访谈地点：凤凰村委会小会议室
访 谈 者：莫艳梅
受 访 者：陈楚儿

受访者简介：陈楚儿，男，汉族，中共党员，萧山瓜沥人，1958 年 4 月生。1975 年插队落户支农，去大元公社靖一大队十三生产队务农。1978 年 12 月进萧山粉末冶金结构厂工作，先后担任车间主任、技质办主任，全厂生产总调度，兼厂工会文体委员、团总支部书记。1993 年辞职离厂，开办萧山华龙粉末冶金厂。1999 年 6 月搬迁至衙前凤凰村成虎桥南，更名为萧山楚冶粉末冶金结构件厂，任该厂厂长至今。

外来办厂得到村里支持

我们杭州萧山楚冶粉末冶金结构件厂，是五金机械行业中一种特殊的加工机械行业。从来凤凰办厂算起，到现在已经有 18 年了，时间也不算短。

我是从瓜沥镇过来的，路也不算远，也就十几公里。来凤凰之前，我们已经在瓜沥镇低田畈村办了 6 年了，那时叫杭州萧山华龙粉末冶金结构件厂，属于乡村村办企业，也就是集体企业。从 1996 年开始，这个厂就归个人所有，也就是成了私营企业。因为我自己不想冒太大的风险，所以都是等资金慢慢积累起来以后再开始增加一点设备，这样慢慢办起来的。

在 1999 年时，有个朋友介绍说这里有个机会，我就转到这边发展了，主要是考虑到这边交通更便利。现在的凤凰村是由 3 个村合并组成的。我刚来的时候，是到卫家村，当时有一个企业刚刚倒闭，我就把那个厂转租下来了。刚好这边又有机会进行改造，我就把他们 1991 年造的老房子，可以说是平房、危房，改造成三四层的楼房，下面用于生产，上面的楼层用来做仓库和办公室。

我来到凤凰村以后，感觉他们对我们还是比较尊重的，因为这里主要是以轻纺业为主，机械行

业并不多,所以我到这里办厂,就得到了很多朋友、领导、老师傅的帮助。

我们厂就在村委会的马路西面一点,原来是一个五六人的小厂,现在有20多人,固定资产1000万元左右。厂房面积也不算小,建筑面积就达到5000多平方米。说起来,在建房过程中,也得到了他们的很多帮助,因为我们这个小厂到这里发展也不容易,而且也符合当地政府的要求,所以他们都很支持我们,可以说只要是他们能够做到的,就都给我们厂开了绿灯。

由于我们这个行业比较特殊,属于粉末冶金,就是将铁磨成粉,然后放在模腔里面施压成型,一次一个形状,再放到高温炉里烧,烧成后形成一个零件,一个材料。所以目前像这样的厂还比较少,特别是在我们这个地方。在衙前镇上就我一家,在瓜沥镇上只有两家,萧山那边可能还有几家。

现在劳动力成本高,也比较欠缺,所以我们就更新设备,把淘汰的旧设备进行改造,同时引进先进的全自动的机械设备,就是数控的那种,这样经济效益也出来了。

目前我们厂的发展趋向还是挺好的。

销售的范围非常广,因为我们零件的品种、种类非常多。原来是以生产纺机配件为主,除此之外,还有一种产品叫作粉末冶金,它替代了原来的铜套。一方面是因为铜属于稀有金属,比较贵;另一方面是我们产品的性能比铜套好。因为粉末冶金是多孔材料,它经过粉末成型、烧结、精整、真空渗油等多道工序而成,而油起到了一个润滑耐磨的作用,所以噪声就比较低。现在国家都在加强环保、控制噪声,所以任何机器设备的噪声都是越低越好。用了我们的这个零件,它不但噪音降低了,同时耐磨性也好了,而耐磨性好它就不容易磨损,使用寿命也更长了,这是我们产品的特点之一。还有一个特点就是我们专攻异形结构件。比如我们有些材料的形状比较复杂,但是我们能一次成

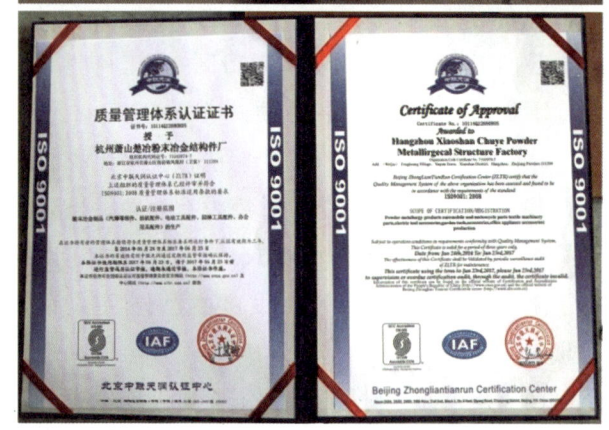

图0862　萧山楚冶粉末冶金结构件厂产品及质量证书(2017年4月7日,沃琦摄)

型,把它压好以后就是一个产品,甚至不用再加工。所以无论是在原材料,还是总加工工序上都减少了,这样效率也就提高了,因此我们厂的发展趋势还是比较好的。

村领导也是看到了我们厂的这个优势,认为我们厂的发展前途还是不错的,所以一直对我们都非常支持,比如增加用电量,将安全检查、设备安全等指导性的文件直接下发到我们厂里,这样也给我们提供了方便。我们对他们也没有其他太高的要求,就是保证我们厂用电正常就好。总的来说,我们是非常满意的。

目前我们厂一年的纯利润在100万元左右,生产量在500万件左右,估计今年的生产量可以再增加20%左右。现在的原材料比较贵,如果像钢材那种加工材料的成本下去了,那么相对来说我们的利润也就高了,因为这个加工比较容易,工时也比较省,我们的利润空间也就相对大一点。

员工以外来打工者为主，也有几个亲戚在帮忙。

外来打工者一般来自江西、安徽、四川、河南等地，相对来说江西人多一点。我感觉江西人更聪明、勤快一点，四川人也比较肯吃苦，安徽人、河南人在思想上相对懒散一点。说实话，因为我们这个行业有点脏，本地人不太愿意做这个工作，所以外地人就比较多。

他们都是农民工，没有大学生，因为设计、开模这一块工作是我们自己在做。我培养了我自己的一个外甥，而且我儿子大专毕业后经过专业进修和多年的实践，在这方面也已经比较靠谱了。

他们的工资，一个月平均有4000元左右。当然工资也有高低的，高的工资是7000多元一个月。我们厂基本上是每个月都发的，然后到年底结清。

因为员工不多，加上场地也有限，所以我比较保守，而且我也已经快60岁了，因此我也就没有想过要把厂办得多大。关键还是看我儿子的态度，如果我儿子认为还可以再把规模扩大一下，那么我们就再投入一点资金，把厂办得再大一点。如果他认为这样的规模差不多可以了，那么也就不想再办得更大了。

我儿子也是在厂里上班，他是工大这类的大学毕业的。他对这方面的工作还是比较有兴趣的，基本上能够接上我的班，所以我还是蛮欣慰的。

想扩大厂房购买宅基地

现在的制约因素是，厂房场地有限。

我们工厂的对面，就像闹市区一样。快餐店、娱乐中心都在这里，很是热闹，我们停车、进出、下货、装货都非常不方便。

在六七年以前，村里有个想法，就是让我们换个地方，但是当时我们认为这个地方交通比较方便，装货卸货也都比较方便，就没有大动。当时没有想到这个地方会发展这么快。现在如果有合适的地方，我们很愿意换个地方。听说因为要建设景观工程，官河两边都要拆迁，但是正式文件还没有下来，如果真的要拆迁的话，对我们肯定是有影响的，因为在官河边我们也有房子，就是一个宿舍楼。

两三年以前，村里建设了一个工业园区，土地使用权的租金是20000元一亩，相当于30元一个平方米，厂家需要每年都向村里上交租金，厂房也需要自己造。当初他们优先考虑本村人，所以我们外来的也就排不上队了，而且我当时为了让自己省心，也没去，现在已经没有这个机会了。

现在看来我们厂的地方确实是小了一点，进出的道路也比较拥挤，这应该算是目前我们厂遇到的一个瓶颈。

关于以后要怎么解决这一问题，我们想都不敢想，因为这个也不是我们自己说说就能算数的。

资金这一块不存在瓶颈，因为我们一直是自己积累一点资金就投入一点，也没有什么大的投入。

其间也发生过一件事。当时我厂房旁边的一个大概40平方米的小厨房影响到了村里拆迁造房子，然后村里跟我们商量说，我的这个小厨房使得他们的车子进出、材料堆放都挺不方便，所以希望我们能把那个小厨房拆掉。当初跟我们讲好的是给我们置换一块地方，但是后来迟迟没有给我们解决这个事。后来我们自己在改造厂房时，顺便就在我厂房的南面建了一个面积不算大的简易工棚，当时村里也不是强烈反对说我不能在那里建造，但是也有说我这样会影响到他们在那里的停车场的通畅。我说我们厂和村里是有一张协议的，村里没有给我们置换一块地，我就当它是置换地了。但是去年G20峰会时，衙前镇里把我的这个简易工棚当违章建筑拆了。镇里说如果我自己不拆的话，就由他们强行拆。我们还是从大局考虑，自己拆了，镇里给了7000元的补偿费。我是觉得置换地的事没有解决好，虽然这也算不上什么大事。

厂房是我买下来的，具有永久性使用权的。原先卫家村出公告公开卖的，还是比较便宜的。因为除了有些厂房空在那里，别人租在那里的租金也收不回。为什么收不回来呢？当初办企业风险很大、波动很大，像轻纺业企业，经常出现上半年好、下半年坏或是今年好、明年坏的情况，所以导致房租总是收不回，集体资产也不断流失，所以村里就有一个想法，干脆直接收一笔费用，转让给别人。我就买下来了。

现在很多人喜欢炒房，觉得办企业不如炒房，我也有这个想法。

我在厂房旁边的娱乐中心买了一套房子，是村里造的房子，属于商品房，用来自住。

我还在成虎桥后面凤西路1号买了1套房子。最初我是把上面的楼层买了下来。当时他们村里造好房子以后，打算下面楼层用于出租，上面楼层用来售卖，但是前几年店面房还不是很走俏，所以下面的楼层一直空在那里没人租，因此村里也让我买了下来。这些都是小产权的厂房。

我还在绍兴柯桥万达广场那边，买了2套小房子，主要用于出租。

其他地方没有买了，因为我们办企业，资金周转需要一定空间。

在我们的老家瓜沥镇有套老房子，自从我妈去世以后就一直空在那里，现在主要用于出租。

我们现在全家5口人，我、我爱人、儿子、儿媳，以及去年刚刚有的孙子。

我们的户口现在还在瓜沥镇，但我的组织关系已经到这里来了。

全家人都住在这里，也算是半个凤凰人了。

至于迁户口，我们有这个意向，其实我们早就有申请。早几年我就提出来我们想把户口转到这边来，但是因为我们原来是居民户口，所以没法迁过来。现在能不能迁过来，我也不太清楚。原来我们在瓜沥镇东灵村时，农村户口可以转为居民户口，但是居民户口没法转为农村户口。

我们一直都有一个想法，就是我们非常想在当地有个宅基地，可以自己建房自己住，但是这个可能不太现实。

我们不是很习惯住楼上的房屋，不太方便，更何况以后年纪大了就更不方便了。最好有排楼，或是小的别墅型的房子，这样我们的生活就算是永久性地安定下来了。如果是有宅基地的话，我们还能有个自己的园地。

关于自己建造房屋的事，我们有跟村里沟通过。村里以前是说如果我们能支付100万元的土地费就同意我们建房，建房的样式需要跟村里统一，但是现在这也不可能了。

希望村里多开展文体活动

关于本地人是否排外，是否好相处的问题，我觉得本地人还是蛮好的。我刚来这里时的小村，也就是卫家村，也有几个人不太友好，当然这只是个别现象。他们可能觉得把这么好的一块土地给我，我赚到了。我们也不与他们去争辩，觉得没有必要，也可以理解。当时卫家村的租金总是有收不回来的情况，我们都是第一个交，而且一次性交齐，水电费也从来不拖欠。我总觉得这是我们必须要做到的，不管怎么说我们还是先做好自己。如今我们在这里住了这么多年，大家彼此已经比较熟悉了，都很好说话。

关于2005年三村合并时村民的想法及心态，这个我也只是道听途说。当时卫家村的村民觉得自己村是一个小村，凤凰村是一个大村，合并以后自己村的话语权好像没有了，因为当时卫家村人在合并以后的领导班子里就占了一个名额。其实我觉得还是合并好一点，这样能够综合考量如何进行规划。现在老胡书记他们的工作做得还是蛮让人心服口服的，村干部实力强，就有话语权，一些小事情也就都能够解决。有些村的工作做不好，就会产生很多矛盾。

关于今后的打算，就企业来说，希望能够有一个比较大的发展空间。如果说有这个可能的话，我们想换一个地方。

就生活质量来说，希望自己能够有块小的土地，然后建个房子，这样就算是有个长期安定的家了。我们希望能够成为一个真正的凤凰人，我们现在也算是半个凤凰人了，因为全家都在这里，生活工作都在这里，而且我的党组织关系也早就在这里了。

图0863　凤凰村民休闲场地（2010年4月，傅展学摄）

凤凰村有个股份经济联合社，老少都有分红，而且数目可观。关于外来人口是否能够跟他们一样享受到同等的待遇的问题，这个我们倒是不敢想，因为我们自己对村里也没有做出多大的贡献。

早几年村里有一个扶贫项目，就是到年底时企业出资资助一些贫困人员，这也都是企业自愿的，但是现在也不建议做这些事情了。如果现在村里还有在做这一工作的话，我们厂也是愿意适当地给予一些赞助，因为我们企业在这里也是得到村里很大的帮助。所以说如果我们没有什么贡献的话，我们也是不好意思提出来要一起享受这些福利的。

我觉得能成为村民更好，这样就有自己的土地可以建房。除此之外，现在村民购煤气有优先权，享受生活、医疗、养老三大保障，这都是非常好的福利。但是作为外来居民，我们在这一方面是没法享受的。

所以说，这里农村比一般城镇还好。就浙江省里来说，凤凰村就是一个典范，村里很富有，外来人口就有4000多人，如果能享受同等待遇就更好了。

我对凤凰村的未来发展还是很看好的。凤凰村已经开始进入一个良性循环，各方面都已经做得比较到位了。其实一个村里有钱的话，等于什么都可以做得到，就算不是实体的东西也可以做得很好。现在有很多领导来参观，这个时代都是靠数据说话。

除去你问的问题，我再讲讲我个人的喜好和希望。

我是比较喜欢玩的，我原先在瓜沥镇集体厂里当过工会文体委员、团总支书记，经常参加文体活动。

我希望村里可以多搞一些文体活动，使生活再丰富一点，比如打篮球、乒乓球。

村里有一个娱乐中心，后来又有了老年活动中心，但是这些地方并没有真正地把活动开展起来。所以一到晚上，就会感觉生活比较单调，没有什么地方可以去玩，最多是去后面的凤凰山走一圈，如果是下雨天，就没有地方去了。

去年镇里组织了一次篮球比赛，凤凰村最初没有组队报名，后来我们厂提议并找了一帮人，让村里出面帮我们报名，因为当时需要通过工委报名。最后这场篮球赛我们得了冠军。

其实村里完全有条件组队参加比赛，因为不缺资金，也不缺人，所以像这些活动都应该去参加的。

以前我就很喜欢篮球、羽毛球、象棋、围棋、游泳，现在这方面的生活比较少了。到了我这个年龄才会知道身体是最重要的，所以企业办得过得去就可以了，不能让自己太累了。

其实村里的经济还是发展得很好的，村里也有场地，建设设施好像也有，就是活动组织得比较少，这就跟凤凰村这么响亮的名字有点不相称了。

现在镇里的活动也很少，原来有个棋协，不知道怎么的都解散了。

以前村里也会在上半年组织一次春游，下半年组织一次秋游，可能现在没法这样了，所以现在好像就没什么活动了。

图0864　凤凰村举办老人节文艺晚会（2011年9月28日，凤凰村委会提供）

我觉得能够组织的活动还是蛮多的，可以在这方面做得更好一点。比如成立一些乒乓球队、羽毛球队，组织书法比赛，或者是成立兴趣小组，这些都是可以做到的，也很简单。早几年村里有老年人腰鼓队，还有老年健身舞蹈队，我也有参加，现在可能也还有，只是到了五一节和国庆节才有活动，平常的活动氛围不浓，有组织性的活动少，自发性的活动更少。我希望能开展起来，活跃起来，如果需要我们出力出面，我们都愿意的。

图0865　凤凰村民在官河边长廊里休闲娱乐（2018年4月17日，陈妙荣摄）

二、外来经商的经历可以写一本自传了

——乐桂兰访谈

访谈时间：2017 年 4 月 14 日下午
访谈地点：凤凰村委会会议室
访 谈 者：莫艳梅
受 访 者：乐桂兰
受访者简介：乐桂兰，女，汉族，重庆市忠县高洞乡乐群村人，1975 年 7 月生。1991 年初中毕业后学做服装裁缝，1994 年到衙前凤凰做服装，1999 年改做餐饮至今。

图 0866 乐桂兰（右）接受访谈（2017 年 4 月 14 日，沃琦摄）

初做裁缝后做餐饮

我们的经历真的是挺多，我以前常跟我老公说，我们俩的经历可以写一本自传了。

我们来自重庆，以前是重庆忠县一个镇上的。我现在是老四川平头酸菜鱼店的店主，我叫乐桂兰，我老公叫莫桂林。

我们 1994 年来的衙前。

刚开始来的时候，我们夫妻两个都是做服装的。那个时候我们还没有结婚，来了一两年之后回去结了婚，结了婚也一直没有孩子，想等稳定了后再要孩子。

我喜欢做服装，我老公不喜欢做服装这行。后来他去学了开车，准备往开车那个方面发展，不久又放弃了。再后来他想学烧菜，选择做餐饮。

之后我一个人在衙前做服装，主要是做裁缝。他就回我们忠县的学校，花了 1 万多块钱，只学了 13 天餐饮。可能他心里着急，觉得时间等不起，就一心想出来自己做了。

刚出来的时候，他推一个三轮车在衙前那里搭个棚子做夜排档。虽然也是一窍不通，但他完全凭兴趣，一边做一边学。我继续选择做服装，我想假如我也放弃了我的工作跟他做这个的话，怕做不下去。

做夜排档起初一点收入都没有的，但他爱钻研，悟性也比较高，我晚上也帮他一起做。平常来吃的客人，我们就问他们，请他们给提供意见什么的，勉强过得去。这样熬过了第一年，我就放弃了我的服装生意，两个人一起搞餐饮了。

可能我们两个人做餐饮的运气也比较好，萧山周边的餐饮，别人说哪里比较好吃，哪里有好吃的菜，不管大店小店，我们基本上都去他们家吃饭，取长补短，就是学经验。这样子一步一步学起来。刚开始做的两三年，完全是学手艺，一边做一边学。

大排档做了两年之后，我们就在老市场那里租了两个店面。那个时候我们也有儿子了，寄养在别人那里，我们也没有老人给我们带小孩。我儿子是2000年生的，1周岁不到时，我们托给别人带，花费550块钱一个月，就感觉带孩子的费用都有点吃不消。后来到他进托儿所，上幼儿园，我们已经开始稳定了。

我们搬到老市场的时候，在周边名气基本上已经有了。

2009年我们开始搬到现在这个店里，至今有七八年了。

为什么取"平头酸菜鱼"的店名？当时开店要注册，而且要挂一个广告牌，我们想了半天想不出什么名字，店里面主要的特色就是酸菜鱼，衙前周边的这些人都叫我老公"平头"，我想索性就叫"平头酸菜鱼"。因为做餐饮长期有油烟，他就一直是平头，大家都叫他"小平头"，然后我就取了这个店名。没想到后来大家反而都不知道他的真实姓名了。

刚开始我们对做酸菜鱼也是完全不懂，反正我们就从网上看，还有书上看，再结合到外面去吃，就琢磨出来了。之后我老公自己配了配方，这样子一步一步地做出来。

我们的好多亲戚，看我们做得好，都来投奔我们。有的在我们这里上班上个两三年，就出去开店了，开和我们一样的店。反正我老公带出来的这些人，他们也都在浙江，也都买了房，买了车。

我们买车买得比较早，刚开始买了一辆摩托车，要去萧山的西门菜场进菜，当时利润也很低的，不像现在可以到批发市场去买菜，还能降低成本。

我们每天晚上做大排档，一般我们做完夜宵收掉摊子时，都1点多甚至2点钟了，然后我们马上就去西门菜场。天没亮就要在那边拿批发，拿回这里时天还没亮。骑摩托车买菜，如果不下雨，天不冷还行。两三年之后，我们花45000元买了一辆二手面包车。再过一年多，条件好一点了，又把面包车卖掉，买了一辆长城。搬到现在店面的第一年，又换了现在的车子。

买房是为了我儿子读书，我们外来人要有户口才可以参加考试。于是我们在江湾绿苑买了房，接着我跟我儿子两个人的户口就迁到这里来了，我老公没迁，因为我们想万一要想回去比较方便。可能也是想给自己留个余地，因为户口迁出来了，回去就应该没那么容易了。

我们1994年就到这里了，这么多年早就把这里当成了自己的第二故乡，平常我们回去也很少。有时候过年回去一下，反而觉得还不习惯，就是习惯了衙前这个地方，这个环境。我们的生活圈子当中，朋友也都是衙前的人。

现在我们还住那边。因为我们买房的时候那边就剩下小户型了，80多平方米，40多万元，也都装修了的，相对来说还算便宜，毕竟是村落。当时衙前周边这里没有房产。

我们夫妻两个人都自己有车的，来回上下班也比较方便。

租金涨幅难以承受

现在这个店店面100多平方米，租金一年差不多10万元。

这些店面不是在村里直接租的，他们不认可我们这些租客的，都是租给本地村民，我们再从二手房东那里转租。这个店面原先租给你了永远就是属于你租的。所以我觉得衙前其他都好，就这一点不好，因为基本上每个店面都是二手房东。

这个产权应该属于村里的吧，不属于镇里。

我们店面是三年一租。有一次，我们还和房东都闹到村里去了，因为这个东西（租金）永远没有满足的。他们觉得这个房子地段好了，就涨房租。本来我们刚开始租第一个三年的时候，才19.5

万元,平均一年6.5万元。到了第二个三年的时候,他一下子就要30万元,说你愿意租就租,不租就算了,别人有人要。那我这是开饭店,毕竟还要装修什么的,装修一次几十万元,然后三年一到,这样子怎么可能说涨就涨,说走就走。房子是三年一租,但是继续租是有优先权的,除非我们不租。我们不得不租下去。现在第三个三年快要到了,我这个心又是悬着的。

我们认为这属于扰乱市场。那次我们闹到村委会去了,村里也不好说。他(二手房东)认为村里给他涨了多少,他就以这样的幅度涨了多少。但是涨价也不能太离谱了,我们肯定不愿意的。

我觉得在衙前这个地方,其他都好,就这个东西真的是不好,店面房价乱来的,对我们经商的人来说,是一个太大的负担。

如果直接跟村委会签合同可能会好一点。可是村里不会管这个房子现在是谁在租,只会管第一个租进的人,以后我直接找村里也是不可能的了。

我在买住房之前,一直是租房子住的,只是今年才开始没租的。

还在老市场的时候,租了一套两室的房子,50多平方米,租金一年4000多块钱。

搬到这个店面以后,重新租了一套房子,80多平方米,租金一年1.3万元,大概一个月1000多元,是装修过的套房。

配料独特生意红火

还好,我们的生意挺红火的,一直很稳定。

我们店只有100多平方米,桌子只有十几张,七八年以来都比较稳定,一年收入除去吃的用的支出,三五十万元还是有的。

地方也小,晚上吃饭的时候好多客人都没位子。本来想过很多次换大一点的地方,可是在衙前我们的店已经家喻户晓,基本上有这个市场了,便舍不得抛弃这里,一直就这样维持了。

也有很多人想加盟我们的店,这些我们都没做,毕竟店太小,规格无法顾得上。

别人来学我们的经验,我们就提供招牌给他们使用。

比如我老公带出来的一些人,到下面开店,大概有6家,都在周边镇上,如柯桥、杨汛桥,还有靖江,也是用我们的招牌,也叫我们这个"平头酸菜鱼"。这不算连锁店,因为我们没有股份的,只是每年他们多少给我们一点红包,因为他们跟随我们已经学到了很多。他们去开店的时候,我们都会给配方,都是些老乡亲戚朋友。

我们的特色菜就是酸菜鱼,配料完全是自己琢磨出来的,全部是大料,中药材,有30多种。

要专门去买配料的地方买药材。萧山有个专门的批发市场,这种调料店一般都是我们老乡开的,原材料都是我们重庆那边运过来的,品种太多了。我们先是去那里买,全部是专门提香的中药材,买了之后我老公再拿来给它加工,加工之后就是像那种市面上卖的火锅调料,一包一包的那种。但是我们自己全

图0867 主打菜酸菜鱼(2018年6月27日,陈妙荣摄)

部要再加工的，每加工一次的话都要七八千块钱的样子，因为要放很多油，每次买油都要二三百斤，然后做成好几桶油，基本上是一个月做一次。

我们做酸菜鱼，汤里都要放一包自己配的这种相当于火锅底料的配料。因为每个人的配方都不一样的，所以说我们店在整个萧山都有名了，就是配料跟别人不一样。

主料是黑鱼，鱼片要切得很薄。我们的鱼片铺在有字的桌板上面，这个字就能看得出来，就是要薄到那个程度。我老公自己亲自掌厨的，他主要做酸菜鱼，然后带了厨师做其他的小炒。切鱼片基本上是我一个人做的。整个酸菜鱼的主要工序都是我跟我老公两个人完成的。

他是主厨，我就做这些技术活，我们夫妻亲力亲为。

我们店小，必须要有特色才行，要不然你没法维持下去。

一天当中，晚上最忙。上午10点半之后基本上就有客人了，做到12点半之后，我们就不接生意了，来了也不接。下午基本上5点钟开始，8点半就不接生意了，因为我们两个人都是亲力亲为做的，忙不过来。

我们家基本上都是老客，都知道这个规矩，会按照这个时间来。

因为生意红火，我们一站就是几个小时。很多客人说我们干吗自己不雇人，两个人还拼命地做。我就想这么小的店，只有100多平方米，你全部交给别人肯定不行，必须要自己亲力亲为做出特色来才能求生存，万一别人吃了不好吃就不来了。所以就一直做到今天。

我们到这边做了七八年，客人一般是本地的多，许多机关单位的人都在我们这里吃的。

我们的酸菜鱼是按斤称的，黑鱼，42块钱一斤，最小两斤开始卖，最大的八九斤，价格在100—400块钱一份。

小份的100块钱左右，一般两个人吃够了。有的人他胃口好一点，两个人也要吃个4斤，就是156块，然后再加点青菜小炒，一个人基本上七八十块钱、100块钱的样子。我们拿鱼的话，基本上都控制在10斤以下，10斤的话就是400多块钱。

都是要整条鱼的，活鱼现杀的，客人选好了哪一条然后现杀。

我现在请了5个人，云贵川的比较多一些，没有本地人，本地人不愿意干我们这种苦力，云贵川的话和我们的口音相差不了多少，这样代沟比较小一点。像其他什么安徽那些地方，我们不怎么喜欢，可能是心理的原因。

一般我贴招工，他们就来问。我选员工也是有标准的，第一的话就是一眼看起来人比较干净，个人卫生素质这些方面必须要我看得上，我才愿意要。我店里基本上是小伙子，25岁以下的，个个看起来都挺精神。我从来不要比我年纪大，又不干净的人。

他们都没有结婚，自己在外面租房子住，在我这里吃。

我们每个月每个人给他们贴100块钱的房租费，他们自己租个小房子也就是100多块钱一个月，铺个床睡觉而已。他们也可以几个人合租。到过年的时候，一般我会去给他们每人买一件像样一点的衣服，或者说发红包。

他们工资都在3500元以上一个月，因为吃住都是在我这里，平常过节我也会给他们发红包，200块钱左右。他们每人的收入一年大概有4万多块钱。

他们做一两年才会不做。今年还相对稳定，最长的有做过三年的。

不过只有亲戚朋友才会学到一些东西，外面的他们只是来帮我们做些事情，不会来学配料的。

学东西的人中，有些是我们的亲戚，一开始来跟我们学配料，学好了出去开店，我们配方都会给他们的。还有些是老乡的孩子，他们学校毕业了之后到我们这里来拜师学艺，也要给我们师父钱。

抱着这种目的的学徒，是不给工资的，一般是两年才让他出师，出去开店。

因为手艺这个东西必须要有足够的时间才行。说句实在话，现在的人完全不能和我们那个年代的人相比的，就是吃苦这一方面比较差。学徒的2年学习一般先从打杂开始，他们来的时候都一窍不通，肯定先打杂，因为你自己要开店必须是全套，任何事情，哪怕搞卫生这样很小的细节也必须都懂，这样你以后才能维持，要不然肯定不行。做餐饮本来就是一个很苦的行当，没耐心是做不了的。

配料都是我们自己配的，别人不知道。因为外面招的，他只是在我这里做服务员，还有在我们这里学习。刚开始一年是没有工资的，但我们也会每个月给几百块钱，或1000块钱的零花钱。一年到了之后，有的人还不愿意出去，第二年开始我们也就按正常的给他们发工资。有的也一直在我这里做，没有去开店。

我们店现在还是传统的营销方式。提前电话预订的很多，像网上订餐我们没做过。因为每一个网站他们都要收取一定的费用，而且我们的电话网上也有，在网上输入我的店名上面就有电话，可以直接打电话提前订餐。那种平台订餐我们没做过，我们店太小，不需要跑量，是相对实惠的团购，只有场地大、人员多的，才去跑量。再者餐饮这个不可能有真正便宜的。

我们外出经商那么多年，基本上没有碰到很难跨过去的坎。刚开始的时候，我们两个人是门外汉，一窍不通的，只能自己摸索。那个时候觉得比较困难，现在已经没有了。

养孩子我是失败了

小孩今年17岁，在读高一。说起他来，我挺心酸的。

因为生意忙，没有时间管他。

他1岁多的时候，托儿所还不收。我们找了一个三中老师的妈妈帮我们带，550块钱一个月，就是把小孩带到她们家里去，十天半个月让小孩回家住一晚，第二天又来接走，反正离得比较近，有时候也会把孩子带来让我们看一下再走。

到3岁能上幼儿园的时候，我们就送他去了幼儿园，晚上回家我们自己带。

从小学一年级以后就全托了，去了诸暨读书。

图0868　外来民工子弟在凤凰山练球（2015年5月21日，徐国红摄）

他起初是在衙前农村小学读一年级的，那个时候我们还在刚刚创业最艰难的阶段。他有好多家庭作业，每天晚上放学回家的时候，正好我们也开始忙了，没有时间帮他看题目。我们也没有老人帮我们带小孩，后来又发生了一件事情，我就决定送他去住校了。

当时我们在老市场店面的时候，有人说我儿子在马路上被摩托车撞了，我就被吓住了，那个时候孩子一米四都不到。我的心里接受不了，想着万一出事怎么办，下次又这样怎么办，我担心安全问题，就下决心把他送走了。他是个男孩子，又特别调皮。

我们把他送到了诸暨市海亮外国语学院读全托。因为萧山没有小学一年级就全托的学校。

他到诸暨读书的开销是比较大的。在衙前读书的福利就很好，只要你有符合条件的证件，有养老保险，都是跟本地人一样待遇。学费都不用交，只需要交生活费。可是在这里读，没办法管他。幼儿园不用写作业还好，小学作业多就没有办法了，又考虑到安全问题就给送走了。那个时候一年要交2万块钱，有时候还不止2万块钱。孩子又很小，而且那边有生活老师，每次还得给生活老师一点红包，让他们耐心一点来关照一下自己的孩子，毕竟离得很远。

他在小学就花了我10多万块钱，那也是没办法的。那时候我们挣的钱并不多，搬到这里七八年了才稳定下来，孩子也慢慢大起来，现在有点积蓄了，刚开始是没有的。

初中的时候，他回到衙前读，也是住校。现在读高一，也是住校。

孩子从小没在自己身边，亲情方面现在比较淡，也没培养出好的脾气和性格。

这也算是一个遗憾。像我们走到今天，我觉得养孩子我是失败了，只顾到生意没顾到家，等自己有点经济实力，有点条件了，孩子也已经长大定型了，也没办法。

喜欢这里，想成为这里的村民

今后的打算？

住的话，打算换个大一点的房子。衙前这边有一个楼盘，我们报了名，就是不知道有没有号，这里都是通过摇号的。

生意的话，我们比较安于现状，觉得已经40多岁了，没那个冲劲了。现在一年净利润也有几十万块钱，也比较满足了，如果扩大的话，心会更累一点，而且夫妻两个人身体都不太好。

我们一直都熬夜，肝脏不太好。我初中毕业就开始做缝纫，刚开始做缝纫的时候都是坐通宵的。从十几岁的时候，这个生物钟就习惯了晚上晚睡。后来接触餐饮做大排档，每天晚上要到一两点才结束，回去洗洗要三四点才睡觉，所以说肝脏受损了。

现在基本上不做夜宵了，晚上一般10点半回家，洗洗睡觉也要到12点。以前孩子在这里读初中，天天要早起的，现在不在这里读初中，就比较轻松，8点钟起床。

对下一代的希望？

我通常跟我儿子这样说的："你也看到爸爸妈妈没有比做这个餐饮更辛苦的了，我们只有这点文化水平，只能做这个。"只希望他以后不要从事我们这个行业，可以让他不再像我们一样受苦。反正户口都迁这里了，而且我们那里肯定要落后许多，你在这里肯定要和其他人作对比，竞争。

有没有想成为城里人？

我挺喜欢这里的。

很多人劝我们去萧山城市里买房子，但是我还是比较喜欢镇上，我还是比较喜欢这里，所以想在衙前周边买。我觉得城市不太适合我，我在这里各方面都习惯了。城市里停车这些方面都不太好。在镇上我觉得环境很好，空气还好一点。我每天早上到这个凤凰山来跑跑步。我觉得跟大家聊聊天都挺开心的。我习惯了凤凰山这里的好空气，我就觉得这里挺好的，挺习惯这种小镇生活。

我觉得相比较周边几个镇上来说，我还是喜欢衙前。这的人经济条件也都蛮好，还有素质水平也靠近萧山，生活质量也靠近市区，总的来说还是可以的。

要说这里不歧视外地人，那完全是假的。你外地人要在这里立足的话，必须各个方面，人品啊，肯定要取得一定的口碑，之后就不会另眼相待了。比如那些品行不正的，肯定是被别人歧视的，看不起的。

我现在是感受不到萧山人对外地人的歧视了。我刚刚开始创业的时候，心态跟现在完全不一样，因为现在的话我各方面都还可以，就感受不到了。我们夫妻在他们每个人的心中，应该来说形象还算可以。

刚开始的那个时候肯定是不行的，也接受不了别人喊我们外地佬。我记得我们刚开始来这边做缝纫，租的房子也比较小，100多块钱一个月，哪怕你来一个老乡，房东也会害怕有什么事情。现在以我的心态我已经感受不到那些了。

有没有想成为凤凰村民？

想啊，但是不可能。

我户口是迁过来了，在毕公桥社区。外地人迁过来的户口都统一在毕公桥社区，因为不是农村户口，是居民户口。

凤凰村村民福利待遇特别好，股份分红也有。我们想成为凤凰村民，也享受这种待遇，但是不可能的。

我知道他们这里的大米、水（矿泉水）、油、煤气，都是不要钱的，反正一切的福利都挺好，而且每年有分红，村里的老人到了一定年龄工资应该也比其他周边的地方都高。他们的福利在整个萧山区是最高的，人均纯收入5万块钱。

图0869　凤凰村墙绘（2018年5月10日，陈妙荣摄）

还有凤凰这边很老的老人，他们只要能动都还在赚工资，这一点我最受启发，像我们老家的人，这么大岁数早就都不干了，他们这里的人还是很勤劳吃苦的。

如果以后让我成为凤凰村民，我完全愿意，但这是不可能的。

我现在的朋友圈，基本上是跟我同龄的，有共同语言的，大都在衙前周边开店的。我这个人比较直，要跟比较合得来的人来往。我们夫妻两个人没有老乡圈子，基本上都是衙前这边的人，我们已经融入了当地。

三、有吸引我们的，我们才会留下来

——李桂发访谈

访谈时间：2017年4月13日下午
访谈地点：凤凰村委会办公室
访 谈 者：莫艳梅
受 访 者：李桂发
受访者简介：李桂发，男，汉族，安徽省阜阳市颍泉区苏集乡大齐村人，1975年3月生。1992年到萧山坎山服装厂打工，1995年到萧山经济开发区服装厂打工，1999年到衙前小商品市场做服装生意，后开超市至今。

图0870　李桂发（右）接受访谈（2017年4月13日，沃琦摄）

从开服装店到开超市

我来自安徽省阜阳市颍泉区苏集乡大齐村。我大概是在1992年就来萧山打工了，那时候年纪还很小，才十七八岁。因为我们家乡穷，所以我在上初中的时候会趁着暑假去职高服装厂里打工，顺便学一些例如裁剪这样的技术。来这儿打了几年工以后，我感觉这样下去没有什么前途，因为作为一个男人来说，总归要有一点积蓄，所以我自己就开始学着做生意。

我一开始在萧山的坎山服装厂里做了两年多，在那里认识了我的老婆，她也是安徽的，但我们不是一个地方的。我们一起又到萧山经济开发区服装厂做了三四年，后来又到服装店里帮工，一边做，挣钱，一边学习服装定制，让技术更好些，然后就到衙前镇凤凰村做生意，一直做到现在。

我一来萧山就到厂里打工，然后以此为踏板，开始自己做服装，比如裁剪、定做甚至是卖布。后来我年纪也大了，做服装又累，身体吃不消了，所以就在凤凰工业园区附近开了个超市，叫鑫鑫超市。

相比之下，我们在萧山经济开发区服装厂的时候，待遇还是可以的，像我们是组里的骨干，老板对我们不错的。工资也挺好，一个月工资有1000多元，已经是很高了。当然跟现在的工资没法比，现在有6000元、7000元左右了。

我到衙前镇凤凰村做生意是1999年。那时候刚刚有了小孩子，我作为一家之主，一个月工资就1000多元，再加上还要养孩子，家里根本就没有什么多余的积蓄，所以我就想着要做生意，想开服装店。我做衣服的手艺是原先在家乡学的，当时学了裁剪、定做，就是量体定做。那个时候这边刚刚开始发展，而我们那儿还比较落后，但是来这边打工的人还是很少的，自己有一门手艺就比较好找工作。

当时我在衙前小商品市场上租了一间10多平方米的店面，什么都要重新开始，什么东西都要重新买，可以说起步很是艰难。因为我们的条件并不好，所以当时我们的吃住也都是在店里。因为那时候经济比较紧张，如果再租一个房子用来住，我们也没有那么多的钱。

店面的位置也不是很好，就是在巷子里面。那个时候的租金，以3年为一周期的，3年10万元，一年就是3万多元租费。

大概是两年时间的过渡期之后，我们就在我们店上面租了一个房子用来居住，这样就比较方便一点。

那个时候一年的纯收入大概有10万元，凭借我们的手艺，在小商品市场里，没有人不知道我们店名字的，我们店的名字叫阜阳服装店，是打我老家的牌子。

我光做服装生意就做了十几年，一方面我们自己做衣服卖，另一方面也卖成品衣服。那个时候定做衣服是最多的，反而买衣服的人很少，特别是到下半年的时候，我还聘请了两三个人一起做，时常加班到晚上11点、12点左右，不然的话，衣服做不出来，不像现在，只要用钱买，各式各款都有。

开服装店生意最好的时候聘请了4个人，有安徽的老乡，还有贵州、江西的。他们都是自己找上门来的，我们一般是不会到外面去招人的，就是在自己店门口贴一张启事，招熟练工，如果有人来应聘，我就让他试着裁剪布料以及做一下衣服，只要能达到我的要求就会被我录取。像我们做服装这一行业的人，只要自己有手艺，要么就是自己开店，要么就是去别人的店里干活。

我请了人以后，我们都是住在一起的。楼上的房子是用木板隔起来的，有两间大房间。

那时候是计件算酬劳的，衣服裁剪好了以后，谁要做就可以做，衣服做得越多工资就越高。比如说你做10件衣服就可以拿到做10件衣服的钱，做2件衣服就是拿到做2件衣服的钱。如果想多赚一点钱，可以选择加班。当然如果有人不愿意加班，我们也是不会说他的。有的时候如果衣服来不及做了，我们就自己做。

他们中拿到高工资的人，一个月就有1700元、1800元左右。如果做得不好，那么就要返工，这就比较麻烦。我们每件衣服谁做的，就在上面签了谁的名字，如果有顾客说哪里不满意，那么谁做的这件衣服就由谁去改。

我主要是负责进货以及裁剪，我们一天可以做成15套西装。

西装、衬衫、连衣裙以及旗袍等，我们都有在做。比如说有人来我们店里，让我们照着画报做件衣服，只要布料拿过来我们就都能做出来。

我们的布主要从杭州四季青面料市场进货，还有就是从柯桥的小商品市场批发部进货，杭州四季青的质量更可靠些，所以说我们一直很注重从质量上去抓。

那时候男女老少都流行定做衣服，价格也比较实惠便宜。要先看你用多少面料，算好面料的钱，然后再加上加工费，一般一套衣服也就100多元，便宜点的话就是70元、80元左右，高档的很少，结实牢固就挺好，不像现在这么讲究。

现在的情况是大不一样了，买一件上海地区的衣服，1天或2天就可以到了。在网上买衣服还挺便宜，只要选好付钱就直接可以给你发货。

后来我不做服装了，而是开了超市，因为做服装太辛苦了。那些员工在我们店里做了两三年以后，一般都自己回家开店去了，所以就我们夫妻俩专门管这个服装店太累了，不仅要进货，还要做衣服，像我这样个子比较高的，裁剪的时候就需要弯腰，就容易得腰椎间盘突出，导致腰痛，而且像我们这样裁剪布料时间长了，手上就会都是老茧。

那时候做衣服全是凭手艺，半个月时间做好还算是快的。很多顾客要得比较急，我们还要赶工。有时候到时间了，我们还做不出来。比如说有一个人来我们店里看好布料后，要做一件衣服，说好是半个月就可以来拿，但是到了日期我们交不出货，就要跟他们道歉，并沟通好让他们下次来拿。这些事都是很麻烦的。

后来我们开了超市，就在凤凰工业园区的旁边。自己租的店面，有90多平方米，主要卖副食品，比如饮料一类的东西，都是吃的用的东西。

我们大概投入了20万元。主要从萧山商业城里进货，其次是从衙前的批发店进货，像饮料一类的东西，只要打电话，他们就会送过来。

我们没有进行网络销售，还是传统的实体店进行销售。网络进货的比较少，因为很多时候还是不太相信他们的质量。现在网络进货的平台太多了，比如阿里巴巴，我们可以通过好几个平台进货的，因为那些平台的业务员会直接来我们店里，然后进行沟通并登记。但是我们不太相信，总觉得不太靠谱，因为有的时候进来的货我们并不十分称心如意，毕竟我们需要把那些东西都卖出去。

图0871　李桂发的鑫鑫超市（2018年7月16日，陈妙荣摄）

我们在超市里，一般早晨5点多就要开门，晚上12点半或是1点关门，冬天的时候是晚上12点半关门，夏天的时候大概是晚上1点到2点关门，没有多少时间可以休息。

我们超市旁边是卖早餐的，有人会买一些水或者是香烟。提前一个小时起床开门，就可以多挣几十块钱或是几百块钱。

收入跟以前差不多，一年也就10万元左右，然而我们自己就觉得比较轻松了。就我们夫妻俩，没有请人，请人也付不起工资，因为现在工资都这么高，利润又小。

之前我们在衙前开服装店开了十几年了，到现在我们开超市也开了六七年了。

在凤凰买了房子没迁户口

我的第一个小孩是刚到衙前的时候生的，后来我们把他送回老家去了，让父母帮着带，因为带着小孩在身边，就没有办法做生意。

等孩子要读幼儿园的时候，我们又把孩子接了过来，让他在这边上幼儿园，读小学。等到孩子要读初中的时候，因为孩子不能参加这儿的高考，所以又把孩子转到老家去了，没办法，如果我孩子参加这边的高考，就只能考职高。在这边，我孩子没有户口，属于借读的，要交三五百元的借读费，所以我们的孩子上学总比本地人要多交钱。

现在第二个孩子跟我们在一起，在衙前农村小学读书，他是2006年生的。大的孩子现在已经不读书了。当初第一个小孩回老家读初中，等到初三的时候，他就不愿意读书了。从小他都跟我们在一起，突然让他一个人回家读书，一个是他不习惯，另一个是我们没在他身边监管，他成绩就下降了，最后直接厌学了。不读书以后，他就到这里来待了一年多，今年去当兵了，是我们老家的指标，因为我们户口都在老家。没有办法，他自己愿意当兵，小孩子做什么事都需要他自愿。

我们在衙前的开支也大了，需要花钱的地方太多。在外面随便买什么东西都要花很多钱，例如我有100元，有30元是要花出去的。挣钱难，花钱快。因为挣钱难，所以奢侈品也舍不得买。

我们在衙前凤凰南苑小区买了一套房子，具体哪年买的，这个我忘了，差不多有四五年了，90平方米左右。买的时候才3000多元一平方米，共花了20多万元。没有房产证的，这里都是没有房产证的，就是跟村里签一个协议，因为这个房子可以说是村里开发的。有使用所有权，没有年限的，是永久性的。

对于我们来说，如果能把户口迁过来是最好的，孩子上学就方便了，但我们没有迁。如果把户口迁到这里来，也享受不到什么待遇，但是如果不把户口迁到这里来，在老家总还有土地。其实我们也没有想那么远，如果单就孩子上学这一问题考虑，把户口迁到这里来肯定是最好的，因为当时我们买房子时也是考虑到买了房子以后孩子就可以在这边参加高考，而不用转回老家，父母年纪也大了，再让父母去照顾孩子也是不可能的。如果把孩子的户口迁到这里，或者我们夫妻俩之间有一个人的户口迁到这里，我们就会觉得比较稳定了，而且孩子上学以及参加高考的时候我们也不用觉得很有压力。

我们是想迁，但是好像还不好迁，迁不进。我们只有通过托关系，让孩子进本地的学校读书，因为本地的学校教学质量比较好，我们所有拼搏挣钱都是为的孩子。

生意好坏要看人缘

以前生意还行，但从去年G20峰会以后，生意就开始不太好了，现在生意还是比较难做的，前两年倒还是不错。

难做的原因是人少，今年差不多少了三分之一的人。原先厂里的人比较多，只要厂里的人多了，我们的生意就比较好了，人少了，我们的生意就不好了。以前他们厂里下班以后，我们店里差不多是走一拨儿来一拨儿，现在根本没有这种现象，所以现在的效益比较差。

来这里以后，感觉遇到的一个大的问题，就是这里的人际关系不好处理，特别是跟本地人的人际关系很难处理。因为他们有点排外，有的时候你想跟他们好好说，但是他们会戴着有色眼镜来看你。现在好像好多了，因为大家的素质都高了。像前几年，排外的人真的很多，我们跟本地人说几句话，他们就会说我们是外地佬，可以说10个本地人中差不多有8个人会这么说，虽然这不算是脏话，但是还是很伤我们的自尊，所以那个时候我们对他们也是很排斥的，但是现在不会了，因为人的思想都在进步，觉悟也高了。

我们结交的朋友中，本地的朋友也还是很多的。我们在衙前市场里做服装的时候，本地人开店的比较多，外地人开店的比较少，所以交往交流的人也都是本地人。至于与他们之间有没有竞争，这个没有办法说，毕竟都是同行。有的本地人素质比较差，他们根本就不跟你讲道理，他们就是觉得我们是外地人，所以需要看他们的脸色。我是这么想的，我到这里是来打工赚钱的，不是来闹矛盾的，如果大家都是平起平坐的话，就多说几句话，如果他是戴着有色眼镜来看我们的话，我们也不会理他的，因为我觉得人与人之间只有平等了才可以继续交往，如果他自己认为高人一等的话，我们也觉得你们是人，我们也是人，并没有比你们低。

我们曾经跟本地人有过一次吵架，但是跟外地人吵架还是很少的，因为我们都会觉得同是外地人出来打工，都挺难的，我们总是说在家靠父母，出外靠朋友。

我觉得影响生意好坏的一个最大的因素是人缘，只要有人的地方，生意就好做，没人的话，生意就不会好。比如说一样东西1元，人缘好了我一天可以卖10件，我就可以赚10元，但是如果人少了，一件东西就算是1.5元，我一天却只能卖5件，那我就只能赚7.5元。

我觉得凤凰经商的环境不怎么样。人多的地方，环境差一点都无所谓，人少的话，就算是天堂的环境也没什么用的。

这里虽然交通方便，但是交通方便没有什么用，因为马路再宽，风景再优美，如果没人来，那还是浪费土地。

如果给我们一些好的福利的话，我们会选在这里发展

关于今后的打算，这地方如果能够待下去的话，我们就待下去，不能的话我们就回老家。因为老家现在也在开发，我们回去发展的话也饿不死，孩子要想读个好点学校也是有的，甚至现在这边已经有很多人到我们那边去投资了。但是不管怎么说，我们的房子在这里，孩子也还在这里读书，如果政府能够给我们一些好的福利的话，我们也会选择这里发展。说实话在哪里都是生活，我现在在阜阳就已经买了一套房子。

是的，以后也有可能回家的，但现在还是以这边为主，如果这边发展不下去了，那我们就打道回府。

家乡与这里相比的话，在家乡我还没有做过生意，但是听朋友说现在我们家乡的生意也还是比较好做的，因为政府给了很多优惠的条件，比如我们现在回去办个私营小作坊，他们在税收等方面都会给我们一些优惠。

作为一个外地人来说，对凤凰村未来的发展，我倒是希望他们发展得越来越好，因为村里的经济上去了，我们也是有好处的，如果能够多留一些人在这里，我们生意就会好做一些。现在很多人留不住，往外跑了。

其他要说的是，哪个地方经济发展得好，比较有前途，人就会往哪里去。人不总是固定在一个地方的，如果这个地方没有吸引我们，那么我们在这里再耗下去也就没有什么意思，因为我们本身就是外地人，只有吸引我们了，我们才会留下来，毕竟我们也会考虑到如果再换个地方的话，我们又得一切都从零开始，比较麻烦。不管怎么说在这里的时间已经很久了，也算是已经把路铺出来了，我们只要往前走就好，如果实在走不下去，那我们也是没有办法。

我们老家就是农村，我们本身就是农民。

你问我有没有想成为城里人，以前倒是想过要进城，或者是把户口迁到城里去，现在我感觉农村人比城市人更觉

图0872　外来农民工在室外切菜（2018年5月10日，陈妙荣摄）

得有优越感，一个是城里的空气环境并不好，另一个是现在乡村道路都完善了，各家各户门前都是水泥路，车子可以直接开到家门口，而且以前我们老家那边好的房子是瓦房，比较差的房子就是土坯房，但是现在的房子都是2层、3层地盖起来了，所以回到家里也是很舒服的。

你问我有没有想成为萧山人或者是凤凰人，想是想，毕竟我人生的一半时间都在萧山。我们在这里打拼也有20多年了，可以说没有功劳也有苦劳，多多少少对这儿也是有所贡献的，所以希望政府可以看得到我们的付出，然后给我们一些优惠的条件。就像我们的孩子出生在这里，生活在这里，除了逢年过节回一下老家，平常一年四季都是在这里，他都差不多已经把这儿认定为他的家了。

图0873　外来农民工不回老家，包饺子欢度春节（2010年2月13日，徐国红摄）

现在一家人在这儿生活还行。因为我们出来就是为了做生意，如果是像本地人那样出去旅游，我们想也不敢想，一个是经济上不允许，另一个也是没有什么时间。像本地人可以享受免费组织去旅游，但是我们没有这种待遇，而且我们在这里做生意，如果一天不开门，就要损失很多钱。

开超市的房租一年二三万元，今年又说要涨20%。生意是一天比一天差，但是房租费是一年比一年高，那肯定是留不住人的。如果有吸引我们的，比如说可以享受村民的一些福利待遇，那我们外地人肯定是会留下来的。

四、外来务工算是成功的，能成为凤凰村村民就更好了

——刘继平访谈

访谈时间：2017年4月12日下午
访谈地点：凤凰村委会办公室
访 谈 者：莫艳梅
受 访 者：刘继平

受访者简介：刘继平，男，汉族，河南省信阳市淮滨县防胡镇路沿村人，中共党员，1971年3月生。1993年大专毕业到衙前务工，先后在恒泰公司、东方印染有限公司、浙江恒逸集团从事治安工作，2009年为凤凰村"和事佬协会"会员，2013年为凤凰创业新村社区居委会委员，多次被评为萧山区"十佳和事佬"。

图0874　刘继平（右）接受访谈（2017年4月12日，沃琦摄）

从保安到和事佬

我是1993年年底从河南老家来到萧山的。那时刚刚大专毕业，在家里也没什么事，经济也不景气，家里各方面也不宽裕，就出来了。

我刚来的时候，在萧山找工作，也没有顺心、合适的。最后，跟着几个同学一起到衙前这边来看看，觉得这个地方还是挺不错的。他们说到这个地方迷方向，说这边的山是斜的，人到了这边分不清东南西北，但我从来没有迷失过方向。

最初我听说凤凰的杭州恒逸印染公司在招收保安，但我没有去成，因为还太嫩。他们觉得我还是比较爽快的人，说可以让我到化纤车间去当操作工，我去做了一个多月。后来他们那里要人了，说恒逸宾馆差个名额，我就到他们那边上班去了。

又过了一段时间，凤凰山度假村那边的一个恒泰公司招收治安巡防队，他们介绍我过去，我就到恒泰这边来打工了。这边的工作比较轻松，我就在这边安心地做事情。

1995年恒泰公司成立治安联合分队，领导感觉我还可以，人不错，身体素质也好一点，就叫我管这一块工作，包括度假村的保安部这一块工作。之前的凤凰山度假村是三星级酒店，比较乱的。

1999年恒泰公司不存在了，转制了，转成个人的了，我就没做了。

后来，我又在东方印染有限公司的保卫科做了3年，感觉不太顺心。个体企业就是这样的。再后来我就又到恒逸保卫科做了近3年。

我考虑这样打工下去不是办法。刚好这时有一个企业单位搬走了，办公楼空着没有用，我就把它租下来了，开了一个旅馆，取名和平招待所，有十多个普通间。这个是属于我们凤凰村管辖范围内的。

过了没几年，我的招待所被拆掉了，属于老房子拆迁，村里拆的。我考虑到这些旅馆设施没有地方放，就自己在凤凰村造的商品房里买了两套房，大概180平方米，每套90平方米，把它整合改成了一个旅馆。对，2007年买的，大概要了40万元。想想总是要生活的嘛。

其间，我在治安上是下了很大的功夫的。这个地方是三岔路口，人员比较集中，相对混乱的。我这个人就是这样，遇到什么事情，比如吵架和矛盾纠纷，就帮他们说和，把这个事情说过去了，就没事了。

凤凰村拼成大村以后，我出面的事情多了，领导也熟悉我了。最后他们说，你干脆来我们村里成立一个"和事佬协会"，这也算一个工作，我就同意了。

这是一个民间自愿组织的团体，2009年成立的，我主要是配合村里协调解决一些个人矛盾与纠纷。

那一年，我搬到了新交付的商品房居住，我的新旅馆也开张了，我的党组织关系也迁过来了。领导说，你既然来了，就安心在这里好了。当时创业新村刚好组建成立，村里就把我的党组织关系放在了创业新村。

这么多年来，我走遍村里的各个角落，与大家都谈得来，相处也融洽。他们有什么不方便出面的事情，我就出面去协调一下，把好多处在萌芽状态的事情给解决掉了。2011年起，我是镇里调处和解案例最多的人。原先衙前镇司法所的所长钱永生，比较重视我的表现，多次上门给我打气，给我鼓励，促使我在以后的工作中多次被评为先进，萧山"十佳和事佬"。2011年至2013年都是我被评上先进，萧山"十佳和事佬"，这是领导给予的肯定和荣誉。

当选为居委会委员

2013年我还被评上第一届新衙前人。村领导认为我各方面都可以，创业新村的治安比较乱，要我去那边帮忙管理。反正旅店也用不了这么多人，我妻子自己也可以管理自家旅店，我就在2013年10月1日去创业新村社区管理治安这一块了。

这才是真正的村里的工作，之前的"和事佬"工作是没有工资的，现在的这份工作是有工资的，2000多元一个月。到2013年换届选举的时候，村领导建议我参选创业新村社区居委会委员，我就被选为居委会委员。

图0875　刘继平获奖证书（2018年6月25日，陈妙荣摄）

在成为委员之后，我还上了《萧山日报》。

2013年至2015年期间，我工作也是勤勤恳恳的。我被评为杭州地区的十佳法律调解员，基本上每一年我都被评为萧山司法系统"十佳和事佬"。这些都有证书发放的。

我现在在创业新村上班，除了治安管理工作有2000多元以外，居委会委员还有每个月500元的补贴。

卫生这一块我也在管，如小区里的

绿化带、花坛、马路、厕所的卫生。我管得比较严一点，每天早晨都去检查一遍，卫生不太理想的地方就再清洁一下。

"和事佬"的事儿多。人们大多是为了鸡毛蒜皮的小事发生纠纷，比如说停车问题，争论这个车位是谁的，还有其他一些磕磕碰碰的小事。因为外地人比较多，人多嘴杂，情绪不太稳定，自以为是老大，彼此都不服气，就很容易吵起来。吵的时候如果不制止，就很容易打起来，类似的事情很多。你的电瓶车蹭我一下，我的电瓶车碰了你一下，都是些鸡毛蒜皮的事。

虽然工资不高，上班时间长，事情又比较琐碎，但我觉得这样去做也是一种责任。

做人就是这样的，有快乐也有痛苦的地方，无所事事也是不行的。我觉得在别人吵架时去做一个中间的调节，制止流血事件发生，能给我很大的欣慰，我觉得这是一件很有意义的事情。走在马路上，垃圾纸屑到处乱飞的现象也没有了，垃圾也分类了，这让我心情很舒畅。人与人交流的方面，我们社区也建立了微信群，大家有困难也在群里说。如果村里的领导没时间，那我就会去调节一下，了解一下什么情况。像早年一些树木的修剪、车位堵车等小事，帮大家调节好以后，我就觉得小区和谐了，各方面也有亲切感了。我觉得人不可能是不声不响没有作为的，工资倒无所谓，毕竟自己有在做小生意，多少也有收入。既然领导也对我比较信任，我就决定坚持做下去。

工作就感觉到很快乐。大家配合得很好，领导也没把我当作外人。我们村里的胡书记也经常会鼓励我，和我也比较谈得来。过年的时候，书记、村长也会一起来慰问我，我就觉得很欣慰。钱不是问题，只要大家在一起开心就好。

群众也比较熟悉我，也喜欢我。不论年龄大小，大家有困难的事情都会来找我。有时候电工、修水管道的事情我都会去帮忙，因为我自己是开旅馆的，这方面的事情也懂得一点。各方面举手之劳的事情，我能解决掉就帮他们解决掉。在没有安全隐患的前提下，能帮助一下他人也是很好的。

外地人没有被看不起

我爱人也是河南信阳的，是我在老家就确立了关系的，我们也是回老家结了婚才来这里的。

她跟着我在这里第二年就有了孩子。之后我自己做了小生意，孩子也上学了，她就管理一下旅馆，做一些前台登记的事情。

因为是小旅馆，价格也比较便宜，也在路边比较方便的。现在一年收入十七八万元。

孩子现在在衙前初中上学，16岁了。

消费方面，主要是孩子的学习用品和生活用品，没有一些大的开支。

我们也很少旅游，就到附近的地方玩玩。

2010年的时候我买了一辆瑞丰的车，10万块钱左右。

我作为外地人，听他们讲我还算是比较成功的，没有一波三折的事发生。有房有车，有工作有生意，也算是比较好的了。

图0876　居住在凤凰创业新村社区的外来民工子女（2012年11月，傅展学摄）

图0877 创业新村社区超市（2010年4月，傅展学摄）

其他的老乡过得也可以，在单位上班一个月也有五六千元的工资。如一个老乡在恒逸集团做化纤，妻子孩子都在这边，也有5000元一个月。企业都是有夫妻房的，他们住在企业的公寓房里。

与我们的老家相比，这里经济发达。北方没有厂区，大多是平原，以农业为主。

这边又有什么不足之处？你问的是有没有看不起外地人？

我的印象中还是好的，我接触的领导、群众对我都比较亲切。不知道是不是我人缘比较好的原因，大家也都很看得起我，经常来找我聊聊天，都能谈得来。有时候遇到什么困难，大家也都愿意帮助我。比如说，领导在我工作的事上，不会给我设置障碍，这样好多事情就比较容易开展。遇到外地人的事，他们也都认为我是外地人的一员，比如市场里有外地人打架，我去调节一下，大家也都比较给面子，都比较听劝。这么多年了，大家互相都了解了，我这个人为人如何大家也都知道，我不会因为关系而偏向谁，只站在有道理的一边。大家心平气和地说清楚，讲道理讲得大家心服口服，大家都会尊重你，如果有事情做得不平衡，大家也就不会尊重你了。

早几年萧山人有点看不起外地人，但这几年随着素质的提高，改善了许多，再加上这几年外地人做了这么多的贡献，没有外地人也撑不起这些企业，对外地人的轻视也没这么明显了，越来越往好的方面发展了。各个老板见了外地人都是客客气气的，而往年许多外地人不仅拿不到工资，还要挨打，也有许多劳动纠纷。萧山经过这么多年，一系列的保护外来民工的法律法规和措施都做得比较完善，各个劳动执法部门也比较严格。加之现在每个村都有"和事佬"，现在也可以找老板协商了。今年确实比较和谐了，打架、斗殴、排外的现象也少了，最起码没有这么明显了。我觉得这个发展趋势是比较好的。

我老乡也都是这么认为的，在一起聊天的时候也经常说，现在都没有拿不到工资还要挨打的现象存在了。有的话也有渠道可以解决，可以维护自己的权益，现在村里、镇里都帮你解决。

希望能成为凤凰村村民

我的户口现在还在老家，是农村户口，我老家还有房子，有土地，所以还没有迁户过来。我妻子、孩子的户口都在衙前镇毕公桥社区，是居民户口。孩子是在这边生的，也是在这边上学的，我认为还是在这边发展好。我父母都还在，我们以后回去照顾一下父母，如果父母不在了也可以再回来。生活都是需要一步一步走过来的，工作、生活各方面都顺心、开心就好了，如果收入越来越高就更好了。

萧山这边的社保是很好的，大病医保和养老保险都连在一起了。还有社会治安，整个杭州地区比北方好。你一旦报警，公安出警都很快，处理也比较快。以前打架斗殴事件都比较多，这几年基本上都没听到过。

我接触的凤凰村民都是勤劳本分的，不是那些没事找事的人。现在社会发展了，大家都想过安安定定的生活，人与人之间没有利益冲突，也就没必要去争执了，人际关系也是比较和谐的。

凤凰村村民的待遇和福利都比较高，股份经济联合社里有分红。对于这个，每个人都是比较向往的。如果实际一点，我们都希望成为凤凰村里的人。凤凰村里的人在生活上的柴米油盐各方面都有保障，其他村里也有优惠措施，但是条件没有这么优越，城里的居民也不一定都有。

现在大家都想成为凤凰村村民，村民土地被征用了会有企业的应征款，这些都以柴米油盐、股份的形式，当作福利发放给村民了，当然经济强大是更重要的福利保障。

图0878　创业新村社区健身公园（2007年7月，傅展学摄）

我当然也希望成为凤凰村村民。我上次开玩笑，说你们村里在改革的情况下，可以让那些有特殊贡献的人享受到作为村民的待遇，不用给股份，可以给一些生活上柴米油盐的家用补贴。就是希望把村民这个范围扩大到长期在当地且有贡献的人，让他们能享受村民的同等待遇，但是也没有奢望分到股份之类的。如果换位思考的话，这样或许可以保留一些有上进心的大学生和企业单位的人才，是一个吸引人才的方法，可以让我们凤凰村更有活力。不要求股份制，一些简单的柴米油盐补贴就可以，我觉得这样一个小措施可以提高一些知识分子的积极性，让他们都有成为凤凰村一员的想法。设立一个名誉村民，我认为这样也可以行得通。

这也只是我个人的建议，这样可能更吸引外来人口。有好的建议的话就应该去实施。

图0879　创业新村社区农民工的私家车（2018年7月25日，陈妙荣摄）

|凤凰村志|上册|
第五编　凤凰村民未来期待调查

第一章　问题的提出
第二章　凤凰村村民的七大未来期待
第三章　民之所望　施政所向

第一章 问题的提出

一、研究背景及意义

近年来,以习近平总书记为核心的党中央多次强调要坚持把解决好"三农"问题作为全党工作重中之重。习近平明确指出:"中国要强,农业必须强;中国要美,农村必须美;中国要富,农民必须富。"① 民富与国强互为依存,相得益彰。民富为国强奠定了基础,国强为民富提供着保障。在社会主义初级阶段,民富尤其是农民的富裕被摆在更加重要的位置,"我们追求的发展是造福人民的发展,我们追求的富裕是全体人民共同富裕"。② 当前,中国正处在推进农业供给侧结构性改革的关键时期,而农民增收是供给侧结构性改革的核心目标。今年的中央一号文件再次明确,推进农业供给侧结构性改革是一个长期的过程,要协调好各方面利益,确保农民增收势头不逆转。在党中央、国务院的高度关注下,中国农村居民收入在过去的十多年时间里实现了快速、持续的增长。据公布的中国经济数据显示,2016年中国农村居民人均可支配收入达到12363元,实际增长6.2%,增速高于城镇居民收入增速0.6个百分点,城乡居民的收入差距持续缩小。③ 沿海发达地区的富裕农村,农民的人均可支配收入接近甚至是超越了城市居民的收入。但我们也必须清醒地看到,中国经济社会正处于转型升级的关键期,富裕农村发展中的不平衡、不协调、不可持续问题依然突出,农村发展的环境、条件、任务、要求等都发生着新的变化。经济发展与环境保护、个人眼前利益与社会整体利益、新型城镇化进程与乡土故园依恋、守成知足心态与开放创新思维等之间的冲突和矛盾,呈现出错综复杂的关系。农民对未来发展还有不少忧虑,教育、医疗、养老、收入、就业等关系群众切身利益的领域问题还较多,各方面压力与需求使这些地区面临新一轮挑战。

"乐民之乐者,民亦乐其乐;忧民之忧者,民亦忧其忧。"④ 农村的改革发展,首先就是要了解存在的现实问题和农民的未来期待,把握"三农"发展新常态,坚持正确的发展理念,不断想方设法地解决这些问题,让人民忧虑越来越少,获得感越来越多。因此切实了解村民所思所盼,明确存在的突出问题,探索新农村建设发展新途径,促进富裕农村的可持续发展,这对加强社会主义新农村建设、推进城乡一体化发展、全面建成小康社会、实现中华民族的中国梦有着重要的现实意义。

二、个案背景及调查基本情况

改革开放以来,萧山经济和社会发展取得长足进步,国内生产总值一直领跑杭州各县区,多次获得"全国农村综合实力百强县(市)""全国明星县(市)""全国十大财神县(市)""国家卫生

---

① 《习近平在农村改革座谈会上强调》,《人民日报》2016年4月29日第1版。
② 《中共中央召开党外人士座谈会》,《人民日报》2015年10月31日第1版。
③ 数据来源:国家统计局发布的《中华人民共和国2016年国民经济和社会发展统计公报》,2017年2月28日。
④ 《卷二·梁惠王下》,《孟子》,中华书局,2006年,第29页。

城市""浙江省品牌强县（市、区）""中国最令人向往的城市十强""浙江省科技综合实力第一名""中国大陆极具投资地第一名""全国百强县市第七名""中国园林绿化产业基地"等称号，是浙江省的首批小康县（市）。近几年，全区国内生产总值、工业总产值等主要经济指标居浙江省县（市、区）级首位。2016年，全区（不含大江东）实现地区生产总值1632.18亿元，比上年增长7.7%。[①] 2016年，全区421个村社集体资产总额达到192.33亿元，村均4568万元；全年实现村级可分配收入15.91亿元，有98个村社可分配收入超500万元。[②] 衙前镇位于萧山中东部，具有"革命历史光荣、民营经济发达"的特点，不仅是中国现代农民运动的发祥地，也是"中国化纤名镇""国家钢结构产业化基地""国家装配式建筑产业基地"，工业综合实力位居全省第八、全市第一。

萧山区衙前镇凤凰村是中共领导农民运动的发祥地和衙前农民运动领导人李成虎烈士的故乡。现在的凤凰村是在2005年6月由凤凰、卫家和交通3个村合并而成的。2016年区域面积2.44平方公里，耕地586亩，农户581户，人口2204人，工业企业82家，专业市场3个（农贸市场、小商品市场、家电装修市场），联营加油站3个。多年以来，凤凰村获得了全国敬老模范村（居）、浙江省五星级民主法治村、浙江省农村基层廉政建设示范村、杭州市社会主义新农村建设标兵村等荣誉。2011年底，凤凰村

图0880　调查问卷发放（2017年6月29日，莫艳梅摄于凤凰村）

成为萧山历史上第一个"全国文明村"。在各级党委的领导下，衙前镇凤凰村以"美丽凤凰"为建设目标，创业创新，使得红色农运精神在改革开放中得到继续弘扬，带领全体村民乐业致富。2016年，实现村级可用资金达4424万元，村民人均收入49555元，村级可用资金、村民集体福利连续多年排名萧山各村（社区）第一。因此选择此个案对富裕村民未来期待的调查具有典型样本意义。

2017年6月，杭州市萧山区委党史研究室（萧山区人民政府地方志办公室）、杭州师范大学政治与社会学院联合开展《富裕起来凤凰村民的未来期待调查》。10月，完成调查研究报告。该调查内容涉及村民对党的基本路线、地方政府工作成效和美丽乡村建设的态度倾向和期望，以及个人的婚恋人生价值取向、物质价值取向和精神价值取向等方面，采取随机抽样和入户个案访谈相结合的形式，共发放调查问卷520份，回收有效问卷501份，回收率为96.34%。

被调查者中，男性319人，占63.67%，女性182人，占36.33%。从年龄分布来看，2.4%为18周岁以下，17.17%为18—35周岁，16.37%为36—45周岁，38.12%为46—59周岁，25.95%为60周岁以上，年龄覆盖面较全面。调查对象既有乡镇、村干部，又有商业服务业者、企业经营者；既有从事专业技术人员，又有从事经商和外出务工人员。调查结果具有较强的代表性和可参考价值。

[①] 数据来源：萧山政府网 http://www.xiaoshan.gov.cn/col/col1302842/index.html。
[②] 数据来源：萧山政府网 http://www.xiaoshan.gov.cn/art/2017/8/18/art_1303235_9670075.html。

表 592 2017 年凤凰村村民调查样本的基本情况（N=501）

单位:%

变量	具体指标	百分比	变量	具体指标	百分比
性别	男	63.7	政治面貌	群众	83.2
	女	36.3		共产党员	15.6
	—	—		其他党派	1.2
年龄	18 周岁以下	2.4	文化程度	小学及以下	32.5
	18—35 周岁	17.2		初中	32.5
	36—45 周岁	16.4		高中/中专/技校	20.8
	46—59 周岁	38.1		大专	7.6
	60 周岁以上	25.9		大学本科及以上	6.6

该调查组采用社会调查的方法，充分运用问卷调查数据和入户个案访谈资料，以历史唯物主义为指导，运用政治学的相关原理，进行多个层面的统计分析。数据使用 SPSS 软件进行统计分析。本文参考文献大体有四大类：第一类是社会问卷调查和入户个案访谈，这是核心分析使用资料。第二类是政府有关的档案材料和相关文件。第三类是有关农民问题的学术专著和学术期刊。第四类是媒体报道，包括报纸、杂志、网络资料等。本文通过实证调查的方法，充分利用资料，研究比较细致具体，并能着眼于富裕农村和谐有序可持续发展目标实现的路径探索。

第二章 凤凰村民七大未来期待

一、村民望更富：盼发展农村经济，增收致富

据2017年3月萧山区农办提供数据显示：2016年萧山区421个村级组织村级经营性收入达12.62亿元，村均299.78万元。从整体水平看，萧山区的村级集体经济增长势头良好。统计显示萧山2016年村级经营性收入达1千万元以上的村（社区）有20个，全区村级组织经营性收入最高的衙前凤凰村达到4178.46万元。①

（一）致富之路多途径。 在被调查者中，凤凰村村民家庭年收入在5万—10万元的比例最高，占总调查者的27.71%，3万—5万元的有24.9%，1万—3万元的有17.07%，10万—20万元的占14.66%，20万元以上的占9.04%，另有6.63%的家庭年收入在1万元以下。家庭结构从众数来看，是一家5口人。从交叉分析表中也可看出职业分布与家庭收入状况的关系。2016年，村民人均收入达到了49555元，不仅远远超过2016年浙江省农村常住居民的22866元人均可支配收入，甚至也超过了38529元的全省居民人均可支配收入。②

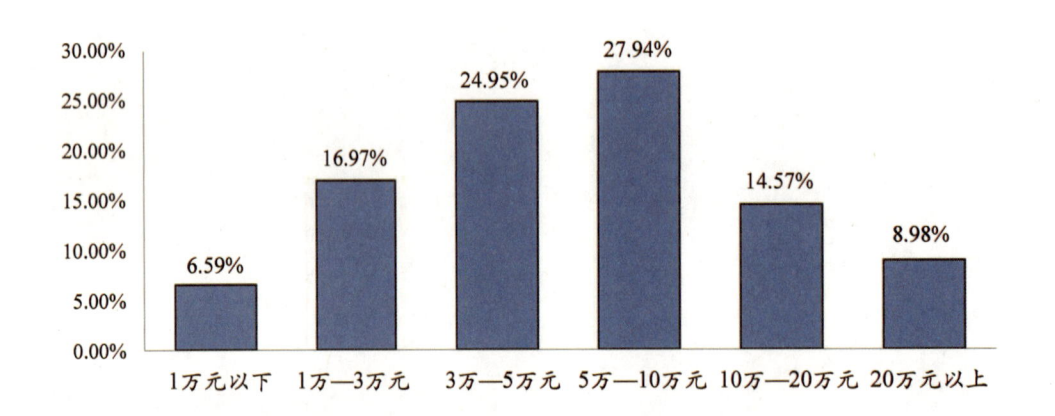

图0881 2017年凤凰村村民家庭年收入情况（N=501）

调查中村民收入的最主要来源是单位工资（54.30%）和养老金（24.80%），其他还有经商（13.40%）、加工业（9.00%）、村集体经济分红（7.60%）、养殖业（3.40%）、种植农林作物（3.00%）、炒股、基金等理财（3.00%）、渔业（1.20%）等来源。因为没有土地，很少有村民靠种植农林作物或养殖业来获得收入，主要的经济来源于单位企业的工资、养老金。其中股份制改革也给村民带来了可以传代的财富。

---

① 数据来源：萧山政府网 http://www.xiaoshan.gov.cn/art/2017/8/18/art_1303235_9670075.html。
② 数据来源：夏丹：《2016年浙江城乡居民收入交出成绩单》，浙江在线2017年1月20日。

[图表：2017年凤凰村村民职业分布与家庭收入情况]

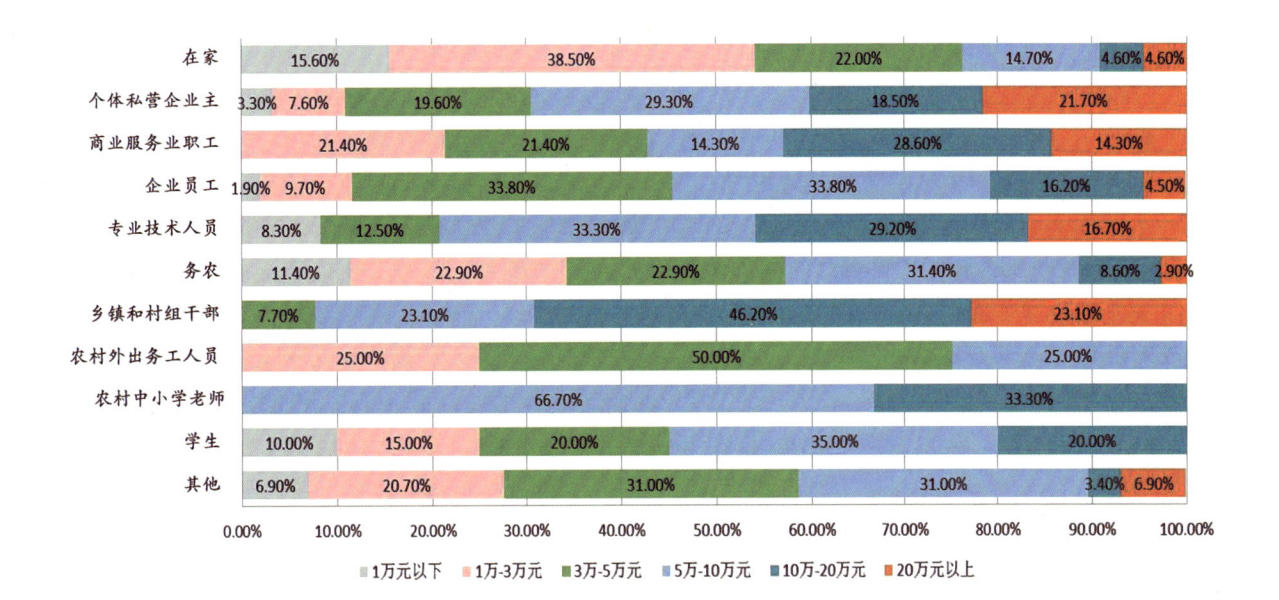

职业	1万元以下	1万-3万元	3万-5万元	5万-10万元	10万-20万元	20万元以上
在家	15.60%	38.50%	22.00%	14.70%	4.60%	4.60%
个体私营企业主	3.30%	7.60%	19.60%	29.30%	18.50%	21.70%
商业服务业职工		21.40%	21.40%	14.30%	28.60%	14.30%
企业员工	1.90%	9.70%	33.80%	33.80%	16.20%	4.50%
专业技术人员	8.30%	12.50%		33.30%	29.20%	16.70%
务农	11.40%	22.90%	22.90%		31.40%	8.60% 2.90%
乡镇和村组干部		7.70%	23.10%		46.20%	23.10%
农村外出务工人员		25.00%	50.00%		25.00%	
农村中小学老师				66.70%	33.30%	
学生	10.00%	15.00%	20.00%	35.00%	20.00%	
其他	6.90%	20.70%	31.00%	31.00%	3.40%	6.90%

图0882　2017年凤凰村村民职业分布与家庭收入情况（N=501）

表593　2017年凤凰村村民收入主要来源情况（N=681）

单位：%

项目	个案百分比	项目	个案百分比
单位工资	54.3	村集体经济分红	7.6
养老金	24.8	养殖业	3.4
其他	16.4	种植农林作物	3.0
经商	13.4	炒股、基金等理财	3.0
加工业	9.0	渔业	1.2

凤凰村在2014年实行了股份制改革，首次在萧山区明确了股东股金的终生持有权和继承权利。衙前镇凤凰村党委书记胡岳法认为股份制改革加快了凤凰村的整体发展。"股份制改革首先在我们衙前开始施行，我觉得股份制改革现在对于村子的发展是非常重要的，我将它概括为三个'进一步'。首先，股份制改革可以进一步稳定民心。民心稳定是经济发展的前提，如果民心不稳，经济就无法进一步发展，所以股份制改革最大的好处就是稳定老百姓的心。第二，可以进一步得到村民群众对我们工作的大力支持。因为股份制改革将短期变长期，使得财富可以传代，所以老百姓对此很满意、很安心，因而就加大了村民建设我们村子的积极性，从而促进了村子的发展。第三，进一步加强了村级资产、资金、工程项目的民主化管理，从而产生更大的民主，激发村民管理村子的积极性与热情。"[1]

近年来村集体共投入3.2亿元资金，推进"三园两区"建设，基本实现产业集聚、居住集中，建设多层集体标准厂房12万平方米、多层集体商铺3.5万平方米，年租金2600多万元。胡岳法书记表示，凤凰村党委坚持集体、个私经济"两条腿"走路，富民强村。经济发展实现集体经济与个私经济"两条腿"走路，富民与强村的统一。目前全村每7户人家，就有1户在办企业，全村劳动

---

[1] 访谈者：赵燕明。被访者：胡岳法，男，67岁，村党委书记，中共党员。2016年11月14日。

力转移到第二、第三产业。①

在调查村民最为关心的问题时,"个人收入问题"为第三位,仅次于"身体健康状况"和"子女教育问题"。而"生活富裕"是村民普遍认为的成功人生标准。在访谈中,村民也谈到将来的理想生活是安居乐业,过上高水平的小康生活,但这种生活需要经济支撑。所以村民都希望有稳定的收入和不断积累的财富。虽然现在村民生活富足,但还是要努力想办法继续增收致富,提高收入。

"从现阶段来说,希望目前企业能够正常地运行发展,在生活理念上我们还是比较超前的,也比较追求生活质量。我们应该已经算是达到了我们的理想生活,因为拥有理想生活首先需要金钱的支撑,比如要旅游、吃得好、住得好,这些都需要钱,我们在经济上基本具备了条件,现在住房上我还在努力中,正在装修。"②

"在做好本职工作的前提下,在外面争取和朋友搞点投资,多赚点钱。好像是马云说的,这个社会不是钱难赚,而是赚钱的方式变了,我觉得这句话挺适合我的。未来五到十年,我们赚了钱以后就是买车买房,现在还是奋斗的年纪。先把基础打好……10年后的生活就是希望不为钱发愁。"③

(二) **影响收入多因性**。村民认为影响收入的主要因素有主客观因素。依次为"缺乏资金"(39.00%)、"缺少专业技术"(34.50%)、"市场大形势不好"(28.70%)、"自身文化水平低"(27.50%)、"身体状况不好"(24.80%)、"企业经营效益低下"(22.80%)等,村民意识到影响收入有个人的因素,如缺少专业技术、自身文化水平低,身体状况不好等,也有客观因素,如缺乏资金、市场大形势不好、企业经营效益低下等,因此村民希望政府能加大资金扶持力度,对村民进行技术技能培训,对企业管理人员进行经营管理培训,搭建创新创业新平台,给村民提供更多的致富途径。

表594　2017年凤凰村村民影响收入的主要因素频率情况（N=1027）

单位:%

项目	频次	个案百分比	项目	频次	个案百分比
缺乏资金	193	39.0	其他因素	78	15.8
缺少专业技术	171	34.5	缺少劳动力	75	15.2
市场大形势不好	142	28.7	现行农业政策不合理	17	3.4
自身文化水平低	136	27.5	外出打工等增收机会少	15	3.0
身体状况不好	123	24.8	缺乏农产品销售渠道	9	1.8
企业经营效益低下	113	22.8			

(三) **消费观念特殊性**。农民是中国社会的主体,他们既是社会最大的生产者,也是最大的消费者。消费观合理与否影响着其消费行为。由于受着传统农耕生活、现代城市生活和自身素质等方面的影响和制约,富裕起来的村民消费观也呈现出特殊性。

在调查中,未来三年可能的消费开支列前五位的分别是:购房建房(44.4%),医疗保险(44.0%),教育培训(41.2%),装修住房(30.8%),衣食等生活消费(28.0%)。村民们在富裕

---

① 龚洁:《凤凰村党委:强村富民"美丽凤凰"展翅飞》,《萧山日报》2017年7月5日第2版。
② 被访者:陆某,男,50岁,个体企业主,中共党员。2017年7月6日。
③ 被访者:陈某,男,31岁,村务人员,群众。2017年7月6日。

起来后，希望能买车造房，能给子女经济上的支持，可以享受生活，多出去旅游。在访谈中，村民普遍认为现在凤凰村农民地位比居民要高，除了村集体经济发展较快、福利待遇医疗保障条件较好外，还有一点是村民有自己的宅基地，可以自己建房，比居民在城里买房，先天条件要优越很多，凤凰村村民能建三层半。建房安居一直是农民最大的愿望，作为不动产的房屋，既不能隐藏也无法转移，其面积、外观、装修都是直观的，这就成为评价农村家庭是否富裕的显性标识。因此，富裕起来的村民首先想到要建房购房改善居住环境。在谈到理想的生活时，也有不少村民提到理想的生活是要住得舒服，准备对原有住房进行改建，或者进行装修，让家人有个更为舒适的住宅。"就是想多赚点钱，年纪大了也不想创业什么的了，十年里就想再赚个四五十万块钱给儿子就好了……住房现在也是好的，但是希望重新造过。"① 虽然只有18.0%的村民准备购买汽车等，但因为村里汽车普及率比较高，部分家庭并不准备近三年内添置新的汽车，有的家庭是要买第二辆、第三辆车。如村民陆某说："以后想在两三年里买房子，我们现在已经有两辆车了，我还想再添一辆。"②

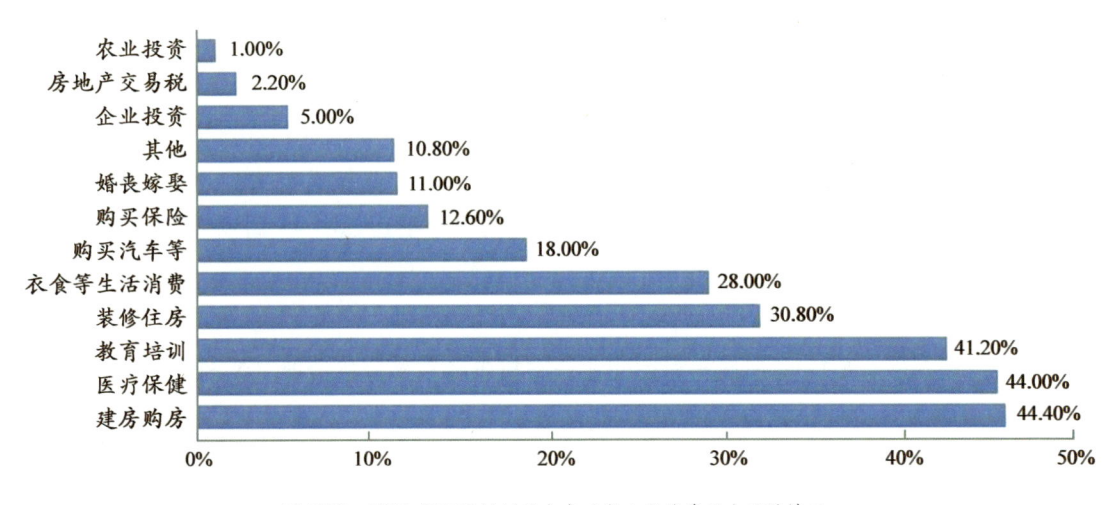

项目	比例
农业投资	1.00%
房地产交易税	2.20%
企业投资	5.00%
其他	10.80%
婚丧嫁娶	11.00%
购买保险	12.60%
购买汽车等	18.00%
衣食等生活消费	28.00%
装修住房	30.80%
教育培训	41.20%
医疗保健	44.00%
建房购房	44.40%

图0883 2017年凤凰村村民未来三年主要消费开支预计情况

在物质生活得到极大满足后，村民也获得了比以前更多的闲暇时间，人们开始追求更高层次的文化消费产品，比如教育培训、旅游等。子女教育支出也是主要的文化消费开支，相对于自身的素质学历提高，村民更愿意尽可能地支持子女多读书，教育经费成为未来三年村民家庭的主要开支。有不少村民表示以后有时间希望多出去旅游。"我的理想的生活方式是有钱去外面旅游。我工作到老了，估计60岁可以达到理想的生活方式。"③"生活水平提高了我想去看看外面的世界。"④

从调查访谈中可以了解到，富裕的村民消费理念上存在重后代轻自身的不平衡现象，即更多地想把钱累积起来用在支持子女教育和创业上；在消费行为方面，人情消费出现攀比的现象，萧山地区的彩礼比杭州市其他地区高，婚丧嫁娶容易出现大操大办，铺张浪费的情况；在消费内容上主要仍是注重物质消费，但同时教育消费、休闲消费比重有所上升。

---

① 被访者：张某，男，62岁，村民，群众。2017年7月6日。
② 被访者：陈某，男，31岁，村务人员，群众。2017年7月6日。
③ 被访者：汪某，男，52岁，个体户，群众。2017年7月6日。
④ 被访者：沈某，男，54岁，村党委委员，中共党员。2017年7月6日。

二、村民求真知：盼丰富文化生活，尊知重教

文化是民族生存和发展的重要力量。习近平强调："一个国家，一个民族的强盛，总是以文化兴盛为支撑的，没有文化的发扬，就没有文明的继承和发展；没有文化的弘扬和繁荣，就没有中国梦的实现。"① 农民精神文化是维系农村社会稳定的基本精神力量，提升农民文化生活水平，不断满足农民精神文化需求，是农民维护自身权益的迫切需要，也是提高中国共产党执政能力的重要内容之一，更是中国文化建设的必然趋势。

本次被调查者的文化程度不一，从学历来看，被调查者中有32.53%的村民是小学及以下学历，32.53%的是初中学历，20.76%的是高中学历，7.58%为大专学历，还有6.59%的是大学本科及以上学历。在调查中发现村民对文化需求有以下特点：

（一）意识到文化水平对经济发展的制约

从职业分布与年龄交叉分析表来看：36—45周岁的壮年村民是企业员工的主力，有25.1%的46—59岁的村民是个体私营业主的中坚力量，有54.6%的60周岁以上的村民已经退休在家，其他35.4%的老年村民仍在做着力所能及的工作。因为没有了土地，仍在务农的主要集中在少数46周岁以上的中老年村民，劳动力都转移到第二、第三产业。从事专业技术和农村中小学教师职业的主要集中在18—35周岁的村民，他们有着较高的学历和较强的专业技术能力。商业服务业人员主要集中在46—59周岁的中老年村民。而乡镇和村组干部成员主要由36—45周岁大专以上学历的青壮年村民组成，年富力强又有创新管理能力。

表595　2017年凤凰村村民职业分布与年龄交叉分析情况（N=501）

单位:%

项目	在家	个体私营业主	商业服务业职工	企业员工	专业技术人员	务农	乡镇和村组干部	农村外出务工人员	农村中小学教师	学生	其他
18周岁以下	0.0	0.0	0.0	8.3	0.0	8.3	0.0	0.0	0.0	83.3	0.0
18—35周岁	3.5	22.4	2.4	34.1	5.9	1.2	4.7	1.2	3.5	10.6	10.6
36—45周岁	8.5	17.1	0.0	59.8	3.7	0.0	6.1	2.4	0.0	0.0	2.4
46—59周岁	14.7	25.1	5.8	32.5	5.8	9.9	1.0	0.5	0.0	0.5	4.2
60周岁以上	54.6	8.5	0.8	10.8	3.8	12.3	1.5	0.0	0.0	0.0	7.7

表596　2017年凤凰村村民职业分布与学历交叉分析情况（N=501）

单位:%

项目	在家	个体私营企业主	商业服务业职工	企业员工	专业技术人员	务农	乡镇和村组干部	农村外出务工人员	农村中小学教师	学生	其他
大学本科及以上	6.1	12.1	0.0	18.2	15.2	0.0	9.1	0.0	9.1	18.2	12.1
大专	0.0	13.2	5.3	44.7	5.3	2.6	13.2	0.0	0.0	5.3	10.5
高中/中专/技校	6.8	29.1	2.9	40.8	1.9	3.9	3.9	1.0	0.0	5.8	3.9
初中	13.5	19.6	4.3	41.7	5.5	8.0	0.6	1.2	0.0	2.5	3.1
小学及以下	47.9	12.9	1.2	13.5	3.7	11.7	0.0	0.6	0.0	1.2	7.4

---

① 《创造中华文化新的辉煌》，《人民日报》2014年7月9日第15版。

随着城乡一体化发展,身处社会的转型期和知识经济时代的新型农民,要增加收入不能仅靠一般"肩扛手提""日出而作,日落而息"的体力劳动来获得,还需要有智慧、智谋的能力和创新的思维意识。村民也意识到知识学历和能力素质在当前社会的地位作用,认为"文化程度低"是制约农村经济发展和家庭收入增长的一大障碍。如在调查中有27.50%的村民认为"自身文化水平低"影响了家庭收入增长,而其中有80.2%的都是初中以下的学历。进行卡方检验（$p=0.001<0.05$）后得知,学历水平对"自身文化水平低制约家庭收入增长"认同有明显差异。

表597　2017年凤凰村村民"学历水平"与"自身文化水平低影响收入"交叉情况（N=136）

单位:%

学历水平	百分比	学历水平	百分比
小学及以下	32.4	大专	0.7
初中	47.8	大学本科及以上	2.9
高中/中专/技校	16.2		

（$X^2=30.56$　$df=4$　$p=0.001<0.05$）

访谈中,村民也谈到未来新型职业村民要具备高素质和技能,需要不断地学习提高。"关于未来农民的地位,这真的是一个难题,因为社会在发展,无论从事什么行业,知识必不可少,包括农民,不可能再像以前的农耕时代一样,纯粹地进行体力劳动,而是需要在机械化操作、信息变化等方面都有所了解和掌握。"[①]

（二）趋向于尊知重教

习近平一直十分重视教育工作:"教育决定着人类的今天,也决定着人类的未来。"[②] 农村孩子的教育更是直接关系到中华民族未来的整体素质水平,农村要发展,关键是农民的素质要提高。以前由于农村经济落后,文化落后,教育水平低,农民家庭收入不高,不能支付孩子过多的学习费用,严重影响了农村家长对孩子教育的重视程度,培养出来的下一代农民素质不高,建设家乡的能力就弱,农村也难以快速发展,这就形成了恶性循环。

现在由于老一代农民吃了文化程度不高的亏,他们在经济条件好转后,也特别重视培养下一代,想给孩子创造一个广阔的发展空间。在调查中,有75.60%的人赞同"尽可能让子女接受更好的教育"的观念,有45.50%的人表示如果"有条件会选择送子女出国接受教育",还有22.40%的村民认为"读书是最好的出路,多读书才能多赚钱",14.2%的人希望子女"读一些实用的专业如会计和金融,不要读就业困难的专业",但仍有9.80%的村民认为"孩子教育费用太高,难以负担"。持有"只要能赚钱,不必多读书""读个大学就可以了,不必读太多,耽误挣钱""女孩反正要嫁人务农,不用多读书"观念的均低于5.2%以下。村民的教育理念发生了较大的变化,在条件允许的情况下,村民都希望给子女提供更好的甚至是出国留学的受教育机会,"读书无用论""重男轻女"的教育观念有较大改观。

---

① 被访者:陆某,男,50岁,个体企业主,中共党员。2017年7月6日。
② 《全面贯彻落实党的教育方针　努力把我国基础教育越办越好》,《人民日报》2016年9月10日第1版。

表598　2017年凤凰村村民教育观念分析表（N=896）

单位：%

项　目	个案百分比
尽可能让子女接受更好的教育	75.6
读书是最好的出路，多读书才能多赚钱	45.5
有条件会选择送子女出国接受教育	22.4
读一些实用的专业如会计和金融，不要读就业困难的专业	14.2
孩子教育费用太高，难以负担	9.8
只要能赚钱，不必多读书	5.2
读个大学就可以了，不必读太多，耽误挣钱	4.6
女孩反正要嫁人务农，不用多读书	2.2

十年树木，百年树人。在村党委的领导下，凤凰村形成了"尊重知识、重视教育"的良好氛围，凤凰村是萧山区第一个把"表彰优秀学生"写进《凤凰村规民约》的村子，自1986年开始至今，凤凰表彰优秀学生已坚持有32年，据统计，共表彰了348名学子，发放奖学金28.7万元。重视教育已蔚然成风。村党委书记胡岳法认为："我们国家要实现复兴的梦想，文化是不可或缺的因素。那么对于我们这个村而言，想要建成高水平的全面小康社会，文化是最关键的，我们所有人都必须重视文化。截至目前，凤凰已经表彰了31届优秀学生。我们现在任用的村务员，也有很多是从大学生之中选拔出来的。所谓文化育人、知识使人成长，我们会继续抓好文化的培育工作。"①

在凤凰村的影响下，衙前镇11个村中，目前已有9个村先后出台了表彰优秀学生的规定。今年8月，衙前镇凤凰村在衙前农民运动纪念馆隆重召开2017年凤凰村优秀学生表彰大会。在会上，镇党委书记俞沈江希望优秀学子："要有家国情怀，心中要有大'家'的概念，有'国'的思维和格局；要有吃苦精神，面对竞争激烈的当下，要勤努力，肯钻研，不断进取；要有创新意识，培养创新思维，努力向本领域的制高点奋进；要有读书习惯，养成良好的读书习惯，把看书作为生活的一部分。"②

在访谈中，有些目光长远的村民赞成凤凰村社区化，是因为对下一代成长教育有好处，可以共享城市教育资源。村民陈某说："我倒是希望这样（变成社区）。可能老一辈不情愿，但是走城市化道路反而对后一代的教育之类都有好处，包括赚钱渠道也会更多。"③

（三）肯定传统文化的学习意义

习近平多次强调"优秀传统文化是一个国家、一个民族传承和发展的根本，如果丢掉了，就割断了精神命脉"，指出"中华优秀传统文化是中华民族的精神命脉"，"中华传统美德是中华文化精髓，蕴含着丰富的思想道德资源"④。要善于在传统文化中提取民族复兴的精神之钙，"在继承中发展，在发展中继承"，并"与现实文化相融相通，共同服务以文化人的时代任务"。在访谈中，虽然村民并说不清楚传统文化的思想内涵和现实价值，但是他们认为传统文化需要中国人的继承发展，孩子如果喜欢，他们也会尽力支持孩子去学习。

"我文化程度不高，但是我喜欢传统文化，我和儿子说传统文化不能丢。因为我们下一辈的素

---

① 被访者：胡岳法，男，67岁，村党委书记，中共党员。2016年11月14日。
② 资料来源：萧山政府网 http://www.xiaoshan.gov.cn/art/2017/8/21/art_1302907_9715890.html。
③ 被访者：陈某，男，31岁，村务人员，群众。2017年7月6日。
④ 习近平：《习近平谈治国理政》，外文出版社，2014年，第164页。

质和道德各方面上有待提高。我觉得中国的传统文化一代接一代传下去，学习传统文化也是为了下一代。"①

"我觉得孩子们学习传统文化还是比较有意义的，因为中华文明几千年的文化一直得以流传，这些文化总归需要有人去继承，所以关于子女学习传统文化，我觉得如果他们能够坚持学下去是最好的，但是最终还是要看他们自己的兴趣。"②

"传统文化，我也有让他们学一些，但是现在的孩子都不喜欢，甚至还是比较抵触的。我觉得学习传统文化还是有意义的，因为传统文化毕竟还有一个传承的问题，如果每一个人都不去学习和掌握，那么传统文化的传承可能就会断裂。"③

镇、村党委领导和村民希望衙前凤凰村的红色历史和"敢为人先"的红色精神也能进一步传承下去，让后代铭记红色历史，把这种红色精神与社会进步的潮流紧密地结合起来，为凤凰的明天增光添彩。为此，村党委也采取了不少措施传承红色历史。"首先，我们凤凰准备用三年时间，花费四五十万元来写一部凤凰村史，重点记录我们凤凰村的农民运动。其次，我们已经投入了2000万元，对李成虎故居、沈定一故居、农村小学校、东岳庙等省级文物保护单位以及记载了农民运动的红色遗迹进行修复。同时，我们还准备建设一个主题为'凤凰过去'的陈列馆，我们要将这些红色的历史传承下去，让后人铭记，让后人看到我们凤凰光辉的一页。在优秀学生表彰大会上，我们也努力传播着凤凰的红色历史，让他们铭记我们的祖先为了新中国的成立所付出的巨大努力与牺牲。"④

在凤凰村优秀学生表彰大会上，镇党委书记俞沈江希望凤凰学子铭记历史、珍惜现在，并用一副对联"红色展馆，展历史、展未来，敢为人先；凤凰学子，学知识、学做人，永不满足"，勉励大家要继承衙前精神，发扬优良传统，为凤凰将来添砖加瓦。⑤

在访谈中，村民用质朴的语言表达了对子女品德教育的重视，希望他们在工作中诚信、敬业、踏实、正直，村民们对子女德行上的要求其实也正契合了社会主义核心价值观的基本理念。

"我一直教导他们，要热爱生命、热爱生活、自强不息。我希望他们做人先是本本分分、脚踏实地，然后再是努力去争取，所有的一切都要靠他们自己，需要他们一步一个脚印地去走。"⑥

"我们希望下一代能成为人才，作风要正派，不要犯错误和弄虚作假。一个家庭的后代好或不好，素质是关键。长辈的言传身教对年轻人素质培养有关键作用。"⑦

"我说你要好好工作，做事情、做工作一定要好好干，以后一定有希望。首先不能乱讲话。第二不能说谎，还要实事求是，这样工作肯定能做好。"⑧

（四）希望丰富休闲文化

村民拥有为数不少的闲暇时间，许多农村的公共休闲文化产品比较少，而众多村民也缺乏对文化的主动追求。虽然村委会也想了不少举措来加强公共文化场所的建设，但由于中青年村民忙于工作，老年村民要带孩子忙家务，利用率并不高。"由于我们这些老人都要照顾自己家，村里的老年

---

① 被访者：沈某，男，54岁，村党委委员，中共党员。2017年7月6日。
② 被访者：张某，女，40岁，村务人员，群众。2017年7月6日。
③ 被访者：陆某，男，50岁，个体企业主，中共党员。2017年7月6日。
④ 被访者：胡岳法，男，67岁，村党委书记，中共党员。2016年11月14日。
⑤ 资料来源：萧山政府网 http://www.xiaoshan.gov.cn/art/2017/8/21/art_1302907_9715890.html。
⑥ 被访者：徐某，女，46岁，个体户，群众。2017年7月6日。
⑦ 被访者：胡某，男，77岁，原村会计，中共党员。2017年7月6日。
⑧ 被访者：傅某，男，58岁，泥工，群众。2017年7月6日。

活动室很少有人去。我们没有时间去活动,有的老人还在工作,有的老人在照顾家庭。"①

在调查中,看电视是众多村民的主要休闲方式,占被调查者的80%。其次是看手机或上网(49.50%),读书看报(47.90%),另外富裕起来的村民也希望能多出去旅游,看世界,有14.20%的村民经常外出旅游,喜欢跳舞健身和爱打牌打麻将的村民分别占11.40%和6.80%。

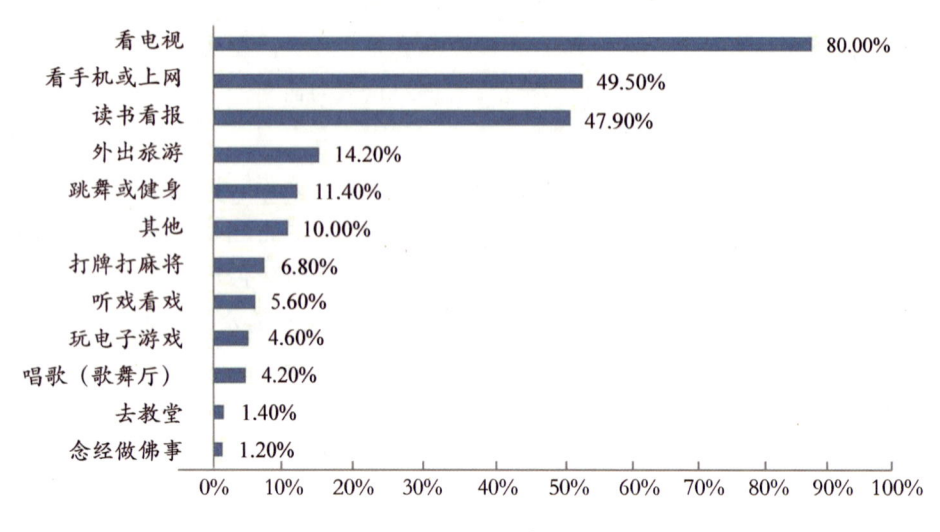

项目	百分比
看电视	80.00%
看手机或上网	49.50%
读书看报	47.90%
外出旅游	14.20%
跳舞或健身	11.40%
其他	10.00%
打牌打麻将	6.80%
听戏看戏	5.60%
玩电子游戏	4.60%
唱歌(歌舞厅)	4.20%
去教堂	1.40%
念经做佛事	1.20%

图0884　2017年凤凰村村民日常休闲娱乐活动情况

中国政府在农村地区投入的公共文化基础设施明显不足,而且基层组织没有足够的财力来满足广大农村地区公共基础设施的建设需要。没有公共文化设施的增加,就会进一步遏制村民进行文化消费,互相影响制约。在对于丰富文化活动的期待的调查中,有66.10%的村民希望多建文化娱乐活动场所,54.80%的村民希望多建图书馆和阅览室,有40.3%的人希望多举办健康、文艺、技能讲座,这与缺少专业技术和自身文化水平低影响家庭收入的担忧相关。另外有29.60%的人选择举办健身舞蹈、棋牌类比赛,有28.60%的人选择多举办送戏下乡活动,还有23%的人选择多组织村民参与、自编自演的节目。

表599　2017年凤凰村村民丰富文化活动期待情况(N=1247)

单位:%

项　　　目	个案百分比
多建文化娱乐活动场所	66.1
多建图书馆和阅览室	54.8
举办健康、文艺、技能讲座	40.3
举办健身舞蹈、棋牌类比赛	29.6
多举办送戏下乡活动	28.6
多组织村民参与、自编自演的节目	23.0
其他	8.9

从调查表中可以发现,在平时的休闲活动中,除了看电视、看手机上网之外,有47.90%的村民在读书看报,在丰富文化活动调查中,有54.8%的村民希望多建图书馆和阅览室,有40.3%的

---

① 被访者:胡某,男,77岁,原村会计,中共党员。2017年7月6日。

人希望多举办健康、文艺、技能讲座，有越来越多的农民希望通过这些途径来提升自己的技能素质。这也是村民文化期待的一个重要变化。村党委书记胡岳法也常常在思考一个问题："我们凤凰村现在到底缺什么？我们村已经有了非常好的物质生活保障，我认为目前最缺的、最需要抓的就是四个字，即'美丽'与'文明'。其实，我们早在三年前就开始采取各种措施紧抓这两个方面的建设……在娱乐方面组织开展各项活动，比方说利用我们的凤凰广场组织广场舞，让村民跳起来；组建凤凰腰鼓队，让村民舞起来；开展演唱会，让村民唱起来。我们还组织了对成年村民的培训，每人每年不少于三节课，使他们能够懂得更多的礼仪礼节。这些活动都营造了一种很浓的精神文明极大丰富的气息与氛围。"①

引导村民合理利用闲暇时间，注重村民休闲文化和休闲品味的提升，是社会主义新农村建设的重要内容。

三、村民期乡美：盼建成三美乡村，绿色文明

"绿水青山就是金山银山"。杭州市把治理乡村"脏、乱、差"和培育农村新型经济业态有机结合，自觉将美丽价值和文明理念贯穿到农村建设方式、生产方式、生活方式之中，有力推进了生产美、生态美、生活美的"三美杭州"建设。早日建成"三美乡村"也是凤凰村民的期盼。

（一）盼村容更整洁，实现生态美

建设社会主义新农村，离不开村容整洁、生态环境美。在调查中，村民认为要改善村容现状的紧迫性依次为：加强对外来务工人员的管理、整治污水排放、改善环境卫生、做好村庄房屋建设规划、垃圾分类和垃圾处理、扩大人工绿化、增添公共卫生设施等。

项目	比例
加强对外来务工人员的管理	59.70%
整治污水排放	58.50%
改善环境卫生	54.90%
做好村庄房屋建设规划	45.30%
垃圾分类和垃圾处理	45.10%
扩大人工绿化	38.50%
增添公共卫生设施	36.50%
其他	6.80%

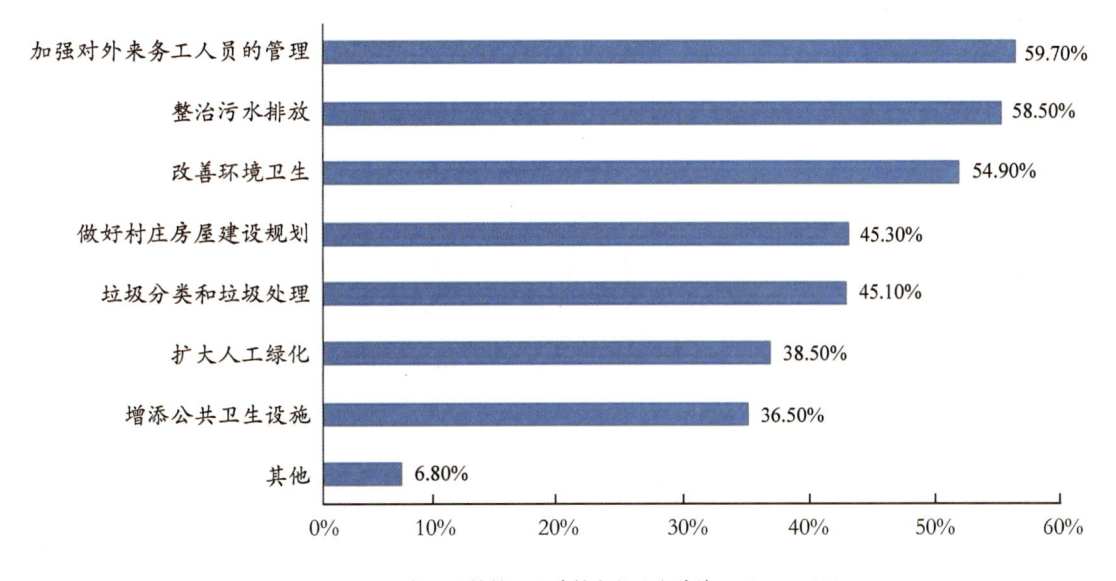

图 0885　2017 年凤凰村村民改善村容整洁期待情况（N=1723）

目前凤凰村村民有 2118 人，而外来务工人员是 12000 多人，是本地村民数量的 6 倍。大量外来务工人员，加大了管理难度。访谈中大多数村民也提到，外来人员对凤凰村的企业发展做出了贡献，村民是欢迎的，但因为外来人员素质不一，会带来一些卫生环境问题，出租房用电用水也会带

---

① 被访者：胡岳法，男，67 岁，村党委书记，中共党员。2016 年 11 月 14 日。

来一些安全隐患，影响村容整洁。希望村委会加大对外来务工人员的教育和管理，制止乱扔垃圾的行为，使他们能与本村村民共同建设好环境整洁的凤凰村。

"外来务工人员到我们凤凰村也好的，因为人越多，社会越会发展。不过打工的人也有好坏，对我们凤凰村的卫生、文明都是有影响的。"①

"外地人有的好有的差，外地人住的出租房都不爱卫生，乱扔垃圾。"②

"我们家旁边就有外来务工人员居住，他们的垃圾都是乱扔的，晚上也特别吵闹，我们都无法好好休息，一幢楼就住了十几户人家，人员特别混杂，我们要有什么东西放着也都很不放心，所以如果他们要来凤凰村，就单独给他们一处房子用于居住，不要和我们本地居民住在一起，虽然外来人员中总有一些不好的人存在，但是总的来说80%的外来人员还是好的。"③

（二）盼生产更绿色，实现生产美

建设生产美、生态美、生活美"三美"杭州，核心是要实现生产美，关键是要建设大量"三美"企业。只有实现了生产美，尤其是绝大多数工业企业成为"三美"企业，才能不断促进生态美、提升生活美，最终实现"美丽中国建设样本"和"两美"浙江示范区建设目标。从图0885中可以看到，村民认为要达到村容整洁目标的第二位是要做好"整治污水排放"工作，凤凰村胡岳法书记意识到生态环境在21世纪的重要性，关系到人类的生存和发展。凤凰村在全力推进"三园两区"（工业园、商贸园、文化园、村民居住区、外来民工居住区）建设过程中，主抓"美丽"与"文明"这两个方面，"美丽"指的就是环境。"对于要进入我们凤凰村工业园的产品，第一个要求就是要环保，达到环保标准的才能进入生产，不达标的产品一概不准进入。其次，工业园厂区内已经全面建设了污水管道网，并实施了纳管处理，做到了污水不外流、不污染河道。而且凤凰村的工业园区建设了绿色工程，已经做到了全面绿色覆盖。我们将竭尽全力将工业园区的污染降到最低，在保护环境的前提下发展经济。"④

村民对生产美也有着更多的期待。"对村里的话，因为现在大家都在进行五水共治，希望水更清，天空更蓝，村庄更加整洁，村民素质有所提升，村里的软件和硬件设施能够跟上时代的脚步。"⑤

村民沈某认为将来理想的生活方式是："老百姓住房宽敞点，空气质量好点，污染少点，村庄干净点，生活安静点"，他认为要达到这样的生活状态，需要政府的严格管控和大力治理，"我觉得未来要什么时候到达理想的生活方式，要根据国家政策了，如果国家严控点很快的，五年十年就可以了。例如现在整治五水，污染都控制了，如果长期治理下去我估计不用十年就可以了。"⑥

可见，村民对治理水污染成效有着较高的评价，希望地方政府继续以这样的力度来整治环境，实现农村的"三美"。

（三）盼乡风更文明，实现生活美

"乡风文明"作为农村精神文明建设的一项重要内容，反映了新形势下建设社会主义新农村的客观要求。2016年11月28日中宣部、中央文明办召开"倡导移风易俗，推进乡风文明"电视电话会议，对农村的"天价彩礼""大操大办""盲目攀比"等现象进行点名批评。厚葬薄养、铺张攀

---

① 被访者：傅某，男，58岁，泥工，群众。2017年7月6日。
② 被访者：舒某，男，69岁，个体户，群众。2017年7月6日。
③ 被访者：王某，男，47岁，村巡防队员，群众。2017年7月6日。
④ 被访者：胡岳法，男，67岁，村党委书记，中共党员。2016年11月14日。
⑤ 被访者：翁某，女，33岁，村委、经济联合社董事，中共党员。2017年7月6日。
⑥ 被访者：沈某，男，60岁，村巡防队员，中共党员。2017年7月6日。

比、封建迷信等问题在浙江一些农村还不同程度地存在，必须要引起高度重视。

村民认为要加强文明乡风的建设，需要改进的地方依次为：不讲环境卫生，不愿孝顺赡养老人，打牌赌博现象突出，大操大办红白喜事，封建迷信活动盛行，好吃懒做、贪图享乐，宗族派系问题严重等。

表600　2017年凤凰村村民"加强文明乡风建设改进建议"情况（N=1333）

单位：%

项　目	个案百分比	项　目	个案百分比
不讲环境卫生	64.2	封建迷信活动盛行	30.6
不愿孝顺赡养老人	48.2	好吃懒做、贪图享乐	26.3
打牌赌博现象突出	39.3	宗族派系问题严重	15.6
大操大办红白喜事	36.4	其他	9.3

作为农村风俗的改革，移风易俗不仅是考量农村文明程度的标尺，也是衡量中国社会主义精神文明建设的重要尺度。要建设美丽宜居新农村，村容村貌、环境卫生问题仍是首要问题。而随着农村人口老龄化趋势，老人养老问题也是不得不重视的重要问题，因为每户只能建一处房，有的父母与子女关系不好的也只能住在一起，不能分开建房，加剧了家庭矛盾，这些问题需要村干部的积极调解，进一步弘扬孝敬老人的传统美德。有村民反映："我们的住房条件变好了，住房令人满意。家庭关系好的住户对房子是没有问题的，家庭关系不好的住户家中的老人就会住得不好。现在是一户一处房，老人必须和子女住在一起，不管老人户口与子女户口分开与否都只能有一处住房，有户口不等同于可以造房子，老人户口必须依靠子女处。"[①]

在富裕的农村，经济发达，生活条件优越，空闲时间增多，花钱大手大脚，打牌赌博现象就会有抬头趋势；红白喜事大操大办，礼金居高不下，也出现了互相攀比现象。据"世纪佳缘"婚恋交友网站发布的《2016—2017年中国男女婚恋观调研报告》显示，抽取了16525人的调研数据，其中男性占比53%，女性占比47%，给出了大数据。杭州女性认为，男性在结婚时应给的彩礼起步价为102391元，高于全国平均彩礼起步价69416元，也高于北京彩礼起步价75058元。而萧山区彩礼起步价也是高于杭州市的，这就容易形成攀比浪费的风气，需要引起重视。

随着社会开放进步，思想日益多元化，越来越多的人转向宗教来寻求精神安宁、保佑家宅平安。在被调查的村民中信奉佛教的占总人数的61.45%，信基督教的占2.81%，信其他教派的占1%，只有34.74%的村民表示不信教。可见宗教特别是佛教在农村中依然有较为广泛的群众基础。党和国家对于宗教采取信仰自由的政策，公民有权信仰宗教也有权不信仰宗教，对于正常的宗教信仰应当给予保护。但当前一些农村干部和村民因无法区分宗教信仰和封建迷信，采取放任自流的态度，以至于一些封建迷信活动依托宗教信仰开始死灰复燃。封建迷信在中国传统文化中影响比较深远，特别是在农村，文化生活匮乏，封建迷信活动就会乘虚而入。村民在建房选墓时会请风水先生测算吉凶，占卜算命、念经超度等一些迷信活动，既败坏了社会风气，也造成了很大的浪费。

一些农村党员干部也开始信仰宗教，参与迷信活动。在本次调查中，党员中也有50.6%的人信

---

① 被访者：胡某，男，77岁，原村会计，中共党员。2017年7月6日。

仰佛教,这是违背党的纪律的。2015年中央印发的《中国共产党统一战线工作条例(试行)》强调:共产党员应当团结信教群众,但不得信仰宗教。2016年1月1日,新修订的《中国共产党纪律处分条例》对党员干部组织、参与迷信活动也作出了明确的纪律处罚规定。党员干部要分清宗教与迷信的界限,保护群众的宗教信仰自由,坚决抵制封建迷信活动。

表601 2017年凤凰村村民关于宗教信仰与政治面貌交叉分析情况(N=497)

宗教信仰	频次	占比%	政治面貌%		
			群众	共产党员	其他党派
不信教	173	34.8	31.9	48.1	66.7
信佛教	305	61.4	64.0	50.6	16.7
信基督教	14	2.8	3.1	1.3	0.0
信其他教派	5	1.0	1.0	0.0	16.7
合计	497	100.0	100.0	100.0	100.0

"好吃懒做、贪图享乐"的风气,这主要存在于富裕起来的村民和村民子女之中。访谈中有村民谈到村民富二代的问题,优越的家庭条件使子女缺乏吃苦精神和创业精神,在家啃老。

"我认为现在的年轻人没有担当,只要有吃的,有车开就不管以后怎么过,没有自己的打算……近年来问题慢慢显现出来了。衙前有几个大老板的子女一天到晚都在玩手机,吃吃喝喝,由保姆照顾。如果这些年轻人不改变,今后的社会会变成什么样呢?我虽然没有文化,但还看得懂现状,今后年轻人真正能有担当的,十个里能有两三个就不错了。"①

要建好文明美丽的凤凰村,村委会也出台了不少举措,村党委书记胡岳法说道:"我们举办家家户户评选文明户的活动,鼓励村民创建文明家庭。同时配套相应的奖励,在年底进行'最美家庭'的表彰,每年评选的户数大约为十三四户。今后,我们致力于将家家户户都变成'最美家庭',这样才能体现我们凤凰村的文明进步。"②

在对凤凰村将来建设方向调查中,村民赞同的前三位分别是:绿色生态园、美丽宜居新农村、红色文化园,希望水更清,天更蓝,地更绿,建设一个美丽宜居的新农村。同时也可以充分发扬萧山衙前作为共产党领导下第一个农会所在地,烈士李成虎的故乡,建设好红色文化园,可以将爱国主义与人文历史融合起来。

目前凤凰村已经形成了"三园两区"(工业园、商贸园、文化园、村民居住区、外来人口居住区),村党委领导对凤凰村未来发展也有明确的思路和规划:"我认为我们凤凰村拥有多方面优势,主要有以下几点:一,衙前农民运动就发生在我们凤凰,我们村红色文化深厚,这是一张金名片;二,我们凤凰有着大好山水,已经开设了很多经典的景点,如东岳庙、创业新村、新农居;三,我们凤凰有着强大的经济实力,有能力也有把握发展旅游观光业;四,我们还有这么好的班子、团队,何乐而不发展呢?现在,国家提倡绿色经济,所以我们顺应时代发展,提出了'红色衙前,绿色发展'的口号与目标。那么,绿色经济发展什么呢?我认为就是要开发旅游,虽然无法在短时间内完成开发任务,但是随着景点网络日益密化,村内游客自然就多起来了,这也是我们现在工作的

---

① 被访者:王某,男,65岁,个体企业,群众。2017年7月6日。
② 被访者:胡岳法,男,67岁,村党委书记,中共党员。2016年11月14日。

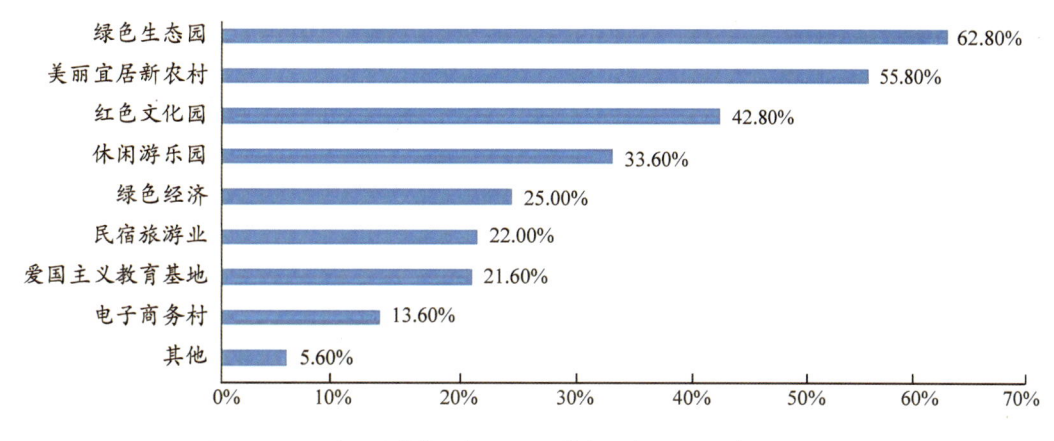

图0886　2017年凤凰村村民关于"凤凰村今后建设方向"情况（N=1414）

重点。另外，我们凤凰还在审批国家级的爱国主义教育基地、国家级的美丽宜居新农村。如果这些都能通过审批，那么才能算得上真正完成了绿色发展，开创了绿色产业。"①

四、村民希安稳：盼完善保障保险，后顾无忧

健康是促进人的全面发展的必然要求，是经济社会发展的基础条件，是民族昌盛和国家富强的重要标志，也是广大人民群众的共同追求。习近平在2016年8月召开的全国卫生与健康大会上强调："把人民健康放在优先发展战略地位"，"努力全方位全周期保障人民健康"。② 2017年6月，浙江省老龄办发布《浙江省2016年老年人口和老龄事业统计公报》显示，截至2016年底，全省60岁以上户籍人口为1030.62万，占总人口的20.96%，比上年同期增加46.59万，增长4.73%。③ 全省呈现出人口老龄化形势日趋严峻、老年人口不断增长的新形势，人口老龄化的高峰即将到来，创造价值的劳动力相应减少，因此要切实关注农村健康和养老问题。

（一）盼老有所养，病有所医

在本次调查中，村民最为关心的问题中排第一位的是身体健康状况（53.90%）、第四位是医疗保障问题（42.70%）、第五位是自己养老问题（29.30%）、第六位是老人养老问题（23.20%）。

表602　2017年凤凰村村民最为关心问题情况（N=1565）

单位：%

项　目	个案百分比	项　目	个案百分比
身体健康状况	53.9	住房问题	20.6
子女教育问题	46.9	就业问题	14.0
个人收入问题	44.1	子女抚养问题	13.0
医疗保障问题	42.7	子女婚姻问题	13.0
自己养老问题	29.3	其他	6.8
老人养老问题	23.2	家庭婚姻问题	6.0

---

① 被访者：胡岳法，男，67岁，村党委书记，中共党员。2016年11月14日。
② 《把人民健康放在优先发展战略地位　努力全方位全周期保障人民健康》，《人民日报》2016年8月21日第1版。
③ 数据来源：浙江省民政厅 http://www.zjmz.gov.cn/il.htm? a=si&id=8aaf80155c49672b015cc3551fa907d2h。

从年龄与最为关心问题的交叉表中可以看出：36—46周岁的村民最关心老人养老问题，因为这个年龄段上有老下有小，长辈正在逐渐衰老，老人养老问题非常迫切。61周岁以上的老人也是更关心自己养老问题。而各年龄段都关心自己身体健康状况。（百分比和总计以响应者为基础）

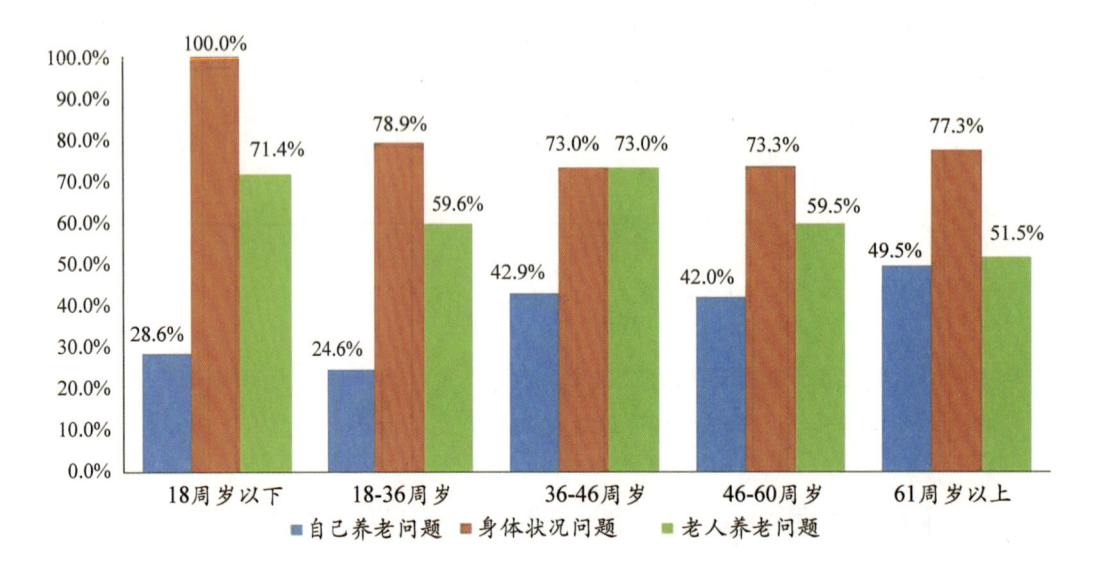

图0887　2017年凤凰村村民"年龄"与"最为关心问题"交叉分析情况

从养老模式选择来看，有74.65%赞同传统的居家养老模式，15.57%希望能进公办敬老院或福利院，另外有4.59%主张社区养老模式，有2.99%的村民愿意进民营养老机构养老，还有2.20%希望尝试新式的抱团养老模式。而从养老模式与年龄结构的交叉表来看，60周岁以上的老人选择居家养老、公办敬老院养老和社区养老，老年人担心开支过大不愿意去民营养老院，也没有人选择抱团养老模式，而年轻人会尝试这样的新鲜养老模式。传统中国一直以孝顺赡养老人为社会美德，老人进养老院或依靠社区养老会被人认为是子女未能尽孝、家庭关系不好的标志，子女面临着巨大的道德压力，老人也认为"孤老才进养老院""进养老院子女脸上不光彩"，即使是空巢老人也不乐意去养老院养老。而且社会养老机构收费高，床位紧张，老人也会产生离开亲人的孤独感和被抛弃感，村民并不赞同离家养老。当前村民家庭主要模式为五口之家，有老有小，还有第三代需要老人照顾，居家养老，老人既可以帮助带孙辈，有亲情的交流，又能得到子女的贴身照顾，有情感上的归属感和个人价值的实现。因此居家养老成为农村社会最主流的养老模式。访谈中有村民希望村里能开办老年食堂，帮助老人解决养老问题。不离开村，又能得到适当的照顾，帮助子女分担养老的压力。

表603　2017年凤凰村村民年龄与选择养老模式交叉分析情况

单位:%

项　　目	18周岁以下	18—35周岁	36—45周岁	46—59周岁	60周岁以上
居家养老	75.0	68.2	67.1	80.1	80.5
公办敬老院\福利院	16.7	20.0	18.3	13.6	14.1
民营养老机构	0.0	2.4	8.5	2.6	0.8
社区养老	0.0	3.5	7.3	4.2	4.7
抱团养老	8.3	5.9	3.7	1.0	0.0

注：百分比和总计以响应者为基础。

（二）盼医有所保，贫有所助

在调查中发现，村民最希望得到的社会保障是基本养老保险（88.80%）和大病医疗保险（71.3%），希望得到最低生活保障的占28.70%，选择商业保险的占17.5%，选择农业种植业保险的只有5.80%。在"未来三年可能的消费开支"调查中占第二位的是"医疗保险"（17.7%）。在村民对未来生活条件改善期待中列第一位的是"医疗设施改善"（66.3%）。由此可见，"老有所养，病有所医，医有所保，贫有所助"，是村民们最为关心的问题，也是最期待能够得到保障的现实问题。

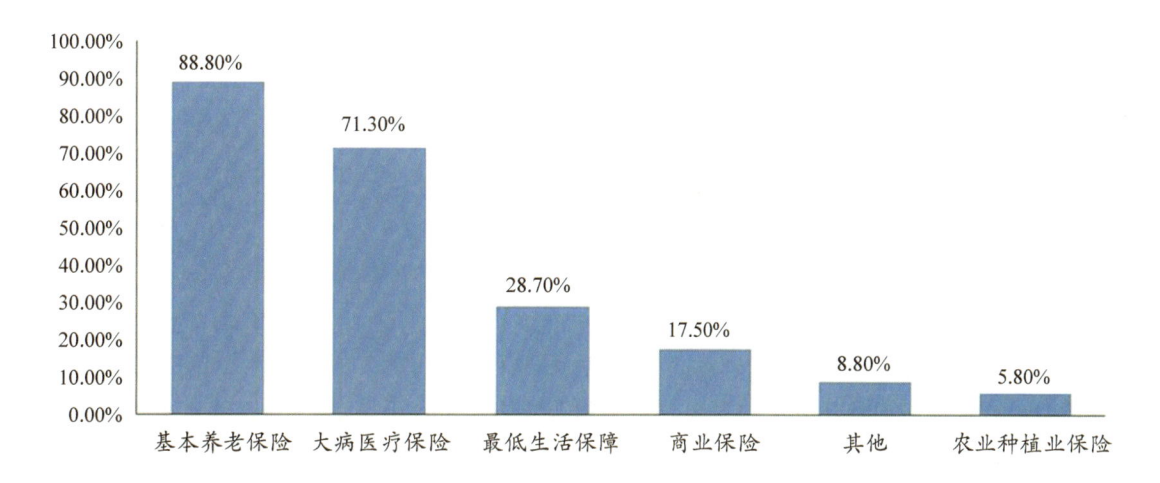

图0888 2017年凤凰村村民最希望得到的社会保障情况（N=1100）

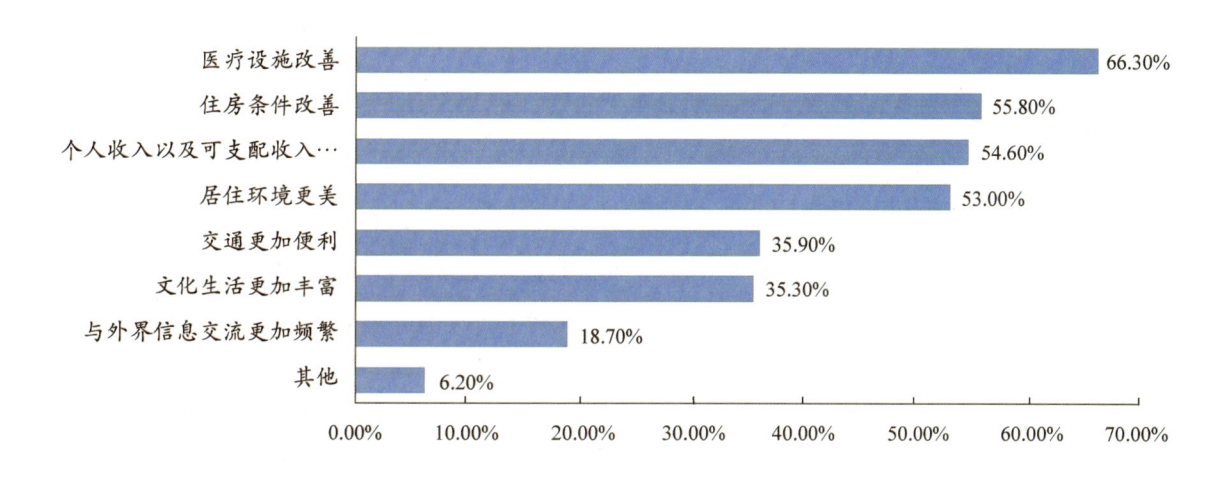

图0889 2017年凤凰村村民关于"农村生活条件改善期待"情况（N=1623）

如今的凤凰村建立了"村民基本生活、医疗和老年人助养"三大村级保障，生活在凤凰的村民都感受到了这份幸福。村集体免费向老百姓供应着米、油和天然气。就医方面，不管是门诊还是住院都有一定比例的报销。60岁以上村民可在村集体领取1000多元的养老金。村民子弟有教育补贴，考入重点中学、大学有奖励……发放助养金、养老金时，常有老人说，村集体是自己的大儿子。[①]

[①] 龚洁：《凤凰村党委：强村富民"美丽凤凰"展翅飞》，《萧山日报》2017年7月5日第2版。

凤凰村民不仅在基本生活上无忧，而且精神文化生活也十分丰富，村文化艺术团、老年活动室、人口学校和健身场所一应俱全，还建立了全区首个村级特困救助协会。此外，村里还建立了困难帮扶机制，3名单亲家庭的孩子由村集体抚养到16周岁。76岁的汪小根和71岁的周菊英这对老夫妻是村里的普通一户，他们经历了人生中最大的不幸，大儿子先于他们不幸去世，留下多病的大媳妇和年幼的三个孙子女。是村里向他们伸出了援助之手，不仅每个月让他们俩享受助老金待遇，还负责几个孙子女的抚养费用，到了过年过节，村里的干部还来看望慰问，为这户遭遇不幸的家庭雪中送炭。

从访谈中发现，村民们对凤凰村的福利保障和医疗报销制度还是相当满意的，得到了村民的交口称赞。

"养老院原来有的，现在都在家里养老。老年人都发钱的，没有老保的发600多元。有养老金的更多，我买了15年养老金，社保有2600元，村里发840元，再发（传达室管理人员工资补贴）1300元，还有年终分红，加起来有5000多元。我老伴退休金也有3000元左右。我们两个老人有7000多元一个月，我觉得这样的生活已经足够了。"①

"我们村的老人享受的经济收入还是不错的。有的家庭孩子收入不高，甚至要依靠老人的收入来维持生活，养老保险我们都是自己购买的。"②

"比较理想的生活肯定还是要提高生活水平的……我们的钱还不够多，养老保险要10000多元一年，我赚的钱也只有10000多元一年就只能买养老保险，全靠村里发的1000多元生活。"③

"我们凤凰村的医疗保险福利很好，住院看病要花费10000多的治疗费我们只需要拿出不到1000元的费用，其他都由村里负担……我们3个合并的村基本上每个村都有一到两个人得癌症的，每到下半年会有赞助，药费100%报销，还有三到五千元的补助金，并且村里免费提供大米。煤气、天然气等每人每月有15元的补贴，一年一共180元。"④

目前，凤凰村共有465名60周岁以上的老人。现在每位老人每月都在享受着村级三大保障，不但享受免费供粮、供油的惠民政策，而且拥有医疗保障和养老金保障。从今年开始，养老金发放每月最低1660元，最高3200元，并且还在不断提高，而这些都有利于提高老人们的生活品质。老人们对这些措施也都十分满意，他们一直说着这么一句话："村集体是我们的大儿子，共产党真好。"村党委书记胡岳法认为敬老是中华美德："凤凰村的老人都是过去对凤凰村的发展有过贡献的人，对他们尊重也就是对自己尊重，对他们爱护也就是对自己爱护。孝敬老人是中华民族的优良传统、社会的美德，我们每代干部都会致力于让老人们过上幸福的生活。"⑤

胡书记说凤凰村的医疗也很得民心："村民就医享有72%的门诊报销和95%的住院报销。今年，我们凤凰村有5位村民的医疗费用在5万元到10万元之间，但他们自己只需承担几千元的费用。这是完全可以接受的，也就是说他们完全可以承受大病带来的医疗负担。这几年来，凤凰村还没有出现一户因病致贫的家庭，这是事实。而且凤凰村的村民能够在生病的时候马上到医院接受检查与治疗，保障了身体的健康。这与我们的医疗保障有着直接的关系，所以

---

① 被访者：周某，男，68岁，村传达室管理人员，中共党员。2017年7月6日。
② 被访者：胡某，男，77岁，原村会计，中共党员。2017年7月6日。
③ 被访者：张某，男，62岁，村巡防队员，群众。2017年7月6日。
④ 被访者：王某，男，65岁，个体企业，群众。2017年7月6日。
⑤ 被访者：胡岳法，男，67岁，村党委书记，中共党员。2016年11月14日。

才会这么得民心。"①

凤凰村的"村民基本生活、医疗和老年人助养"三大村级保障走在了地区的前列,为村民保平安、共富裕,赢得了村民们的大力拥护,也使村民生活得更安心、更放心。

五、村民求和顺:盼家庭安居乐业,顺其自然

在调查中发现,富裕地区的村民婚育观、择偶观、就业观、家庭观都有一定的变化。主要有以下特点:

(一)家庭观念强,望优生优育

由于农村传统养儿防老的观念、社会保障还不健全、与城市迥异的劳动方式和生活方式等原因,传统上农村整体的生育意愿一直高于城市。但根据历年来多家研究机构所做的生育意愿调查,20世纪90年代以来,农村人的生育意愿出现显著下降。中共十八届五中全会提出,推进健康中国建设,坚持计划生育的基本国策,完善人口发展战略,全面实施一对夫妇可生育两个孩子政策,积极开展应对人口老龄化行动,注重家庭发展。② 当前随着城乡一体化发展、农村劳动力外流、老龄化程度不断加深,家庭规模小型化,群众的婚恋生育观念也发生重大转变。

当问及"生几个小孩是最理想的",有将近七成的村民选择两个,14.69%的人赞成一个就够了,只有4.39%的村民认为越多越好。随着农村经济发展、医疗保障完善、家庭抚幼养老功能弱化,加之生育教养不断增加成本,村民已不再执着于"多子多福"的传统观念,二孩放开的政策比较适合当前凤凰村村民的生育观念。"重男轻女""养儿防老"的观念也大为改观,少生优生成为凤凰村生育观念的主流。

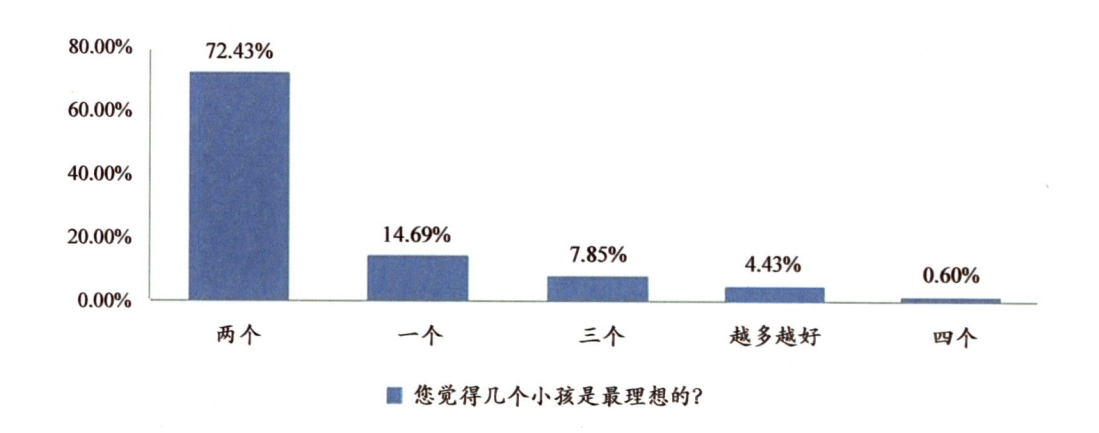

图0890 2017年凤凰村村民关于"生育子女理想数量"情况(N=501)

相对于多生孩子,现在村民更注重的是子女的教育问题。在调查村民最为关心的问题中,选择子女教育问题的占46.90%,排名第二,仅次于"关心身体健康状况"(53.90%)。他们把对未来生活的向往寄托在子女身上,尽可能地培养自己的孩子过上父母心中的理想生活。在调查中,有

---

① 被访者:胡岳法,男,67岁,村党委书记,中共党员。2016年11月14日。
② 《关于"十三五"期间(2016—2020年)深入推进婚育新风进万家活动的意见》,国卫宣传发〔2016〕42号。

75.60%的人赞同"尽可能让子女接受更好的教育"的观念，有能力资助子女，提供资金和技术指导，但也不希望子女全部靠家里。没有经济能力的就希望子女能通过努力创造更好的生活。

"教育小孩有一个前提，就是让他们往上看，往好的看。比你差的人很多，比你好的人更多，你肯定要往好的方向发展。如果懂得向好的人看齐，就会进步，如果向差的人看齐，就只能原地踏步，这是我教育小孩的态度。"①

"现在一户好的家庭应该要有传承。父亲传给孩子，孩子也要学会动脑保持住家业，这就是我最大的希望。有的家庭父亲很有钱但儿子不肯动脑，就无法保持住家业了。"②

村民自我意识相对淡薄，家庭观念较强。在访谈中当问及"活着为了什么"，大部分村民不约而同地说是为了家、为了孩子，而自己只要身体健康，知足安稳就行。

"我觉得人活着为了生活，下一代，还有家庭。我没想到发家致富，我觉得现在生活也可以了，中等水平以上就可以了。我现在上班想升职，不想当老板。"③

"我觉得活着当然为了家庭和睦，为了子女，都是这样的……企业规模差不多就好了，钱够用就好了，太多也不好。关于子女希望他们成才，多教育教育他们。"④

"我觉得活着为了家庭和子女，这两者都一样的……我希望子女工作上有成就，家庭方面逐渐变好，把中国传统文化传承下去。我希望他有自己的事业，把公司发扬光大。我觉得有一定成就后，有些方面也要做一定贡献。"⑤

"人活在社会中主要是为了一代一代传下去。同时也是为了村里的发展和自己的后代能够一代比一代更美好，生活质量提高而活着。"⑥

（二）乡土观念重，望发扬光大

《汉书·元帝纪》曰："安土重迁，黎民之性；骨肉相附，人情所愿也。"中华民族的"安土重迁"思想根源是中国古代农耕经济的发展。越富裕的农村地域观念越强，因为上一代已经打下了经济发展的良好基础，希望下一代能回到家乡继续建设，发家致富。

凤凰村村民对子女就业、择偶的地域观念比较强，对行业的选择却顺其自然。有近七成的村民最希望子女就在本市、本区、本村工作，另近三成村民对子女工作地域表示"无所谓，看子女自己"。在调查村民希望"子女的配偶是哪里人"时，其中有35.9%的村民选择萧山人，14.2%选择杭州人，8.2%选择浙江人，有4.8%选择本村人，同时有35.1%的村民选择"无所谓，看子女自己"。从表604中可以看出，村民有比较强烈的乡土情结，希望子女配偶也是在萧山本土本乡附近，但也有三成开明的家长认为地域无所谓，子女自己喜欢就好，距离不是问题。对于子女就业的行业选择，有近三成村民认为"无所谓，看子女自己"，有25.50%的村民希望子女到企业去工作，有23.90%的村民希望子女能考公务员。另外有经济实力的村民也希望子女能自主创业，有10.24%的村民愿意提供资金资助子女办厂开公司，还有0.8%的村民希望子女能继承家族产业并发扬光大。

---

① 被访者：陈某，男，31岁，村务人员，群众。2017年7月6日。
② 被访者：王某，男，65岁，自办五金店，群众。2017年7月6日。
③ 被访者：卫某，男，27岁，村务人员，群众。2017年7月6日。
④ 被访者：鲁某，女，55岁，村务人员，中共党员。2017年7月6日。
⑤ 被访者：汪某，女，52岁，个体户，群众。2017年7月6日。
⑥ 被访者：胡某，男，77岁，原村会计，中共党员。2017年7月6日。

表604　2017年凤凰村村民对子女就业地域、配偶地域、行业选择情况（N=501）

单位：%

子女就业地域选择		子女配偶地域选择		子女行业选择	
杭州市	32.5	萧山人	35.9	无所谓，看子女自己	31.1
萧山区	30.3	无所谓	35.1	到企业工作	25.5
无所谓	29.3	杭州人	14.2	考公务员	23.9
凤凰村	5.0	浙江人	8.2	资助他们办厂开公司	10.2
国外	1.6	本村人	4.8	在本村村委会工作	4.6
北上广	1.4	外国人	1.0	参军	3.8
		外省人	0.8	继承家族产业	0.8

"刚刚开始办企业的时候，规划比较长远，不满足于现在企业的规模，经历了20年的发展，也觉得现在的规模差不多了，因为第一是自己的能力不够，企业如果要扩大规模发展，凭自己的能力肯定已经不行，所以未来的5到10年，我有可能就退休了，因为现在资金积累基本上可以满足我们这一辈和下一辈的吃穿用度，当然我们赚的钱是为了给他们创造一个好的发展环境，而不是直接把钱都给他们用，如果是让他们直接用我们的钱，也等于是害了他们。"①

"对我儿子要求高一点，年收入要在50万、100万以上，我只能给他投资一次，后面靠他自己……我们未来的一代，肯定不会只是留在这里打工。我们都得往外发展，我们都是浙江人，浙江人自我经营、创业的能力强。"②

"至于工作方面，我们年纪大的人总是希望他们能回来工作。不过在国外工作也没差别，有任何重大的事情都可以联系他们……我希望他们日后能从事比较热门的行业，比如说收入比较多，待遇好的工作。他们国外留学回来地位和经济收入应该比较好。"③

可见，在中国传统的乡土社会中形成的乡土观念并没有随着改革开放而淡化。这种观念不仅存在，而且在江浙富裕乡村中对村民的择偶观、婚育观、就业观仍有着深厚的影响。因为在经济发达的富庶地区，尽管地处郊区农村，但依托城市发展规划和城镇化快速发展，为青年人提供了大量创业创新的平台，加上家庭自身的财富积累，能给子女提供发展的广阔空间。相对于偏远贫穷地区的农民希望子女走出去，富裕地区的村民更希望子女能留下来。

（三）知足常乐心，望顺其自然

知足常乐是一种农耕社会的文化心态。在传统农业社会，生产力水平低下，物资匮乏，官府重农抑商反对竞争，使广大农民挣扎求生。为了平衡有所求与求不得的矛盾，农民不得不抱着知足常乐的心态艰难地生存下去，不敢有过多的欲望与要求。这种"足"是比上不足比下有余的"足"，是低标准的满足，财富够吃够用就行，小富即安。这种心态使农民容易满足于现状，缺少积极进取、大胆创新的精神。在调查中发现，富裕起来的村民仍崇尚知足常乐、小富即安，凡事顺其自然。在访谈中，村民对现在的生活也挺满足的，平淡安稳即可，对子女未来带着顺其自然发展的态度。

"我对于我现在的生活就已经挺满足了，我觉得一家人平平淡淡、够吃够用、身体健康就可以

---

① 被访者：陆某，男，50岁，个体企业主，中共党员。2017年7月6日。
② 被访者：陈某，男，31岁，村务人员，群众。2017年7月6日。
③ 被访者：胡某，男，77岁，原村会计，中共党员。2017年7月6日。

了。关于10年后的生活,我希望我儿子可以有好的发展,像我们自己的工作也不会有什么改变,所以只要能够平平淡淡地过生活就好了。"①

"工作方面就自己努力工作,领导器重,剩下的就顺其自然。但是如果考虑得远一点,那就是我退休以后了,也就是要平平淡淡过生活,出去旅旅游看看外面的世界。"②

"我儿子自己在厂里想他发展好一点,差不多就好了,不需要很好。我觉得10年后生活肯定越来越好,企业规模差不多就好了,钱够用就好了,太多也不好。"③

在教育子女过程中,村民主要是带着顺其自然发展的心态,但也越来越看重传统道德和品德的培养,期望子女具备正直诚实、踏实本分、努力成才、自强不息的品格。

"我觉得子女他们自己要创造更好的条件,最大愿望是他们最好自己创业。我希望子女能自己生活,自己有自己事业最好了。我现在对他们工作没有要求,要子女自己去创造,我们就在资金和精神上资助一下就好了,我们只要支持他们。"④

"我对子女也没什么期望,希望他们健康快乐就好了。关于成为什么样的人也没什么要求。在哪里工作就看他们自己了,我也没有要求。"⑤

"子女的成长以及工作都要看他自己的想法,他想做什么事都让他自己做主,我只希望他越来越好。"⑥

"希望子女钱多一点,工作好一点,主要还是看她自己。关于成为什么样的人,我女儿大学学会计的,做财务方面的工作,她自己想去哪里工作就去哪里工作。"⑦

"目前来说,我希望小孩开心、身体健康就好了;读书以后,希望孩子学习成绩优异,找到一个好工作。至于希望孩子以后干什么工作,就顺其自然根据孩子兴趣来,他喜欢金融可以去银行工作,喜欢体育可以去当体育老师等。对于偏向于让孩子在哪里工作,能留在我身边是最好,但是如果他有自己能出去闯的能力,那我也支持他的。"⑧

"我不会去安排子女的工作,但是在做人做事方面,我希望他正直、有修养、有素质、有品位,总的来说我的要求是不高的。"⑨

"我对子女的期望一是做人正直、诚实,二是有份好的工作,三是成立一个好的家庭,这是最基本的一个愿望……做什么工作就取决于他们自己的选择,我们只会做个指导,如果他愿意听我们,我们就会配合,如果他不愿意,那我们也会尊重他自己的选择。"⑩

在社会转型期,富裕的农村婚姻家庭观念也在悄然发生着改变,多元化的择偶观、优生优育的生育观、传统观念与现代思维交织的家庭观以及顺其自然的就业观,既有农耕社会、小农经济的烙印,又有时代变迁、城市工业文明的冲击,徘徊于传统与现实之间。需要进行引导,帮助树立科学、文明、进步的婚育家庭观。

---

① 被访者:王某,男,47岁,村巡防队员,群众。2017年7月6日。
② 被访者:沃某,男,32岁,村委,治保主任,中共党员。2017年7月6日。
③ 被访者:鲁某,女,55岁,村务队员,中共党员。2017年7月6日。
④ 被访者:沈某,男,60岁,村巡防队员,中共党员。2017年7月6日。
⑤ 被访者:卫某,男,27岁,村务人员,群众。2017年7月6日。
⑥ 被访者:陈某,男,55岁,村巡防队员,群众。2017年7月6日。
⑦ 被访者:汪某,男,52岁,个体户,群众。2017年7月6日。
⑧ 被访者:沃某,男,32岁,村委,治保主任,中共党员。2017年7月6日。
⑨ 被访者:张某,女,40岁,村务人员,群众。2017年7月6日。
⑩ 被访者:陆某,男,50岁,个体企业主,中共党员。2017年7月6日。

六、村民愿参政：盼政府更民主公正，执行力强

（一）盼农民地位不断提高

习近平2015年在吉林调研时强调："任何时候都不能忽视农业、忘记农民、淡漠农村。必须始终坚持强农惠农富农政策不减弱、推进农村全面小康不松劲，在认识的高度、重视的程度、投入的力度上保持好势头。"① 中共十八大以来，随着中央对"三农"问题的日益重视，农民也越来越感觉当前的社会地位正在不断提高。在访谈中，大部分村民都肯定了农民社会地位的提高，认为与过去相比有明显提高。

"我觉得现在农民地位高了，政府对农民有相当好的政策，把农民放在第一位。未来，我觉得老百姓会安居乐业，有稳定收入，有稳定的居住，地位会越来越高。"②

"现在农民地位很高了。我想我们凤凰村，一般五十多岁的人自己不种菜都有很好的吃了，不像以前，现在生活水平提高，过着这样的生活很满足了，未来社会地位会更好。"③

"农民的地位现在挺好的。原来我们既没有吃的又没有可以做的活，现在我们挺享福的。原来我们做农民没有享福的空闲，要苦到死。现在没有田就不用种地了，轻轻松松就能赚钱，形势很好。我觉得未来农民地位肯定还要再提高。"④

有些村民认为富裕农村的生活条件甚至比城镇居民、工人、农民工等群体的生活都要好，不愿意农转非。他们也希望农民社会地位能继续提高，真正实现城乡一体化，能让村民与城镇居民同样享受到改革的成果和实惠。

"农民的社会地位是越来越高了，我们村的农民享受的待遇肯定比其他村要高……感觉现在农民比居民拥有的更多，农民有建房基地，但是居民是没有的，我们村和其他村相比待遇会更好，因为村民不仅仅享受生活保障还能享受年底的分红。"⑤

"现在农民和居民基本上是一样的，我自己包括我老公都是农民，我们从来没觉得自己低人一等，有些农民比有些居民还更好，我们可以造高楼、别墅，居民可能就没有这个机会，他们只能购买，但是现在的房子房价很高，都买不起。现在的农民大多数都已经不是真正的农民了，因为很多都离开土地去城市打工或是自己创业，我认为未来农民都和其他人一样。"⑥

"我们农民地位实际上比工人高，现在要成为农村户口反而难度比较大。条件好的村里，非农业户口的人无法享受任何待遇。以前的居民可以拿油票和粮票等，农民没有，但现在还是农民条件比较好。"⑦

"我觉得在我们村里，农民的社会地位还是比较高的，但是农民中还存在一个农民工群体，我觉得他们的地位并不高。关于未来农民的社会地位，因为现在国家也都在逐步统一农村户口变成城市居民，所以也就不存在农民了，总归一切都在一步步地提高。"⑧

---

① 霍小光：《保持战略定力增强发展自信 坚持变中求新变中求进变中突破》，《人民日报》2015年7月9日第1版。
② 被访者：沈某，男，54岁，村党委委员，中共党员。2017年7月6日。
③ 被访者：鲁某，女，55岁，村务人员，中共党员。2017年7月6日。
④ 被访者：张某，男，62岁，凤凰村巡防队员，群众。2017年7月6日。
⑤ 被访者：翁某，女，33岁，村委，经济联合社董事，中共党员。2017年7月6日。
⑥ 被访者：徐某，女，46岁，个体户，群众。2017年7月6日。
⑦ 被访者：胡某，男，77岁，原村会计，中共党员。2017年7月6日。
⑧ 被访者：张某，女，40岁，村务人员，群众。2017年7月6日。

(二) 盼地方政府工作加强

在关于政府工作加强期待的调查中,依次为医疗卫生服务(58.30%)、环境保护(47.30%)、社会保障和救助(35.50%)、树立良好社会风气(29.30%)、维护社会治安(28.50%)、义务教育(26.90%)、依法办事(20.40%)、实现社会公正(18.00%)、发展经济(17.80%)、科技发展与推广(10.80%)、促进产业转型(7.80%)、其他(2.40%)。可见卫生医疗、就业保障、文化教育等问题都是民之所忧,地方政府要坚持以人为本,遵循客观规律,尊重村民意愿,推进包括完善社会保障、改善公共服务、整治村庄环境、树立文明新风、提高村民素质等在内的各项建设,关注群众多方面、多层次的需求,创新方式方法推进改革,多谋民生之利、多解民生之忧。

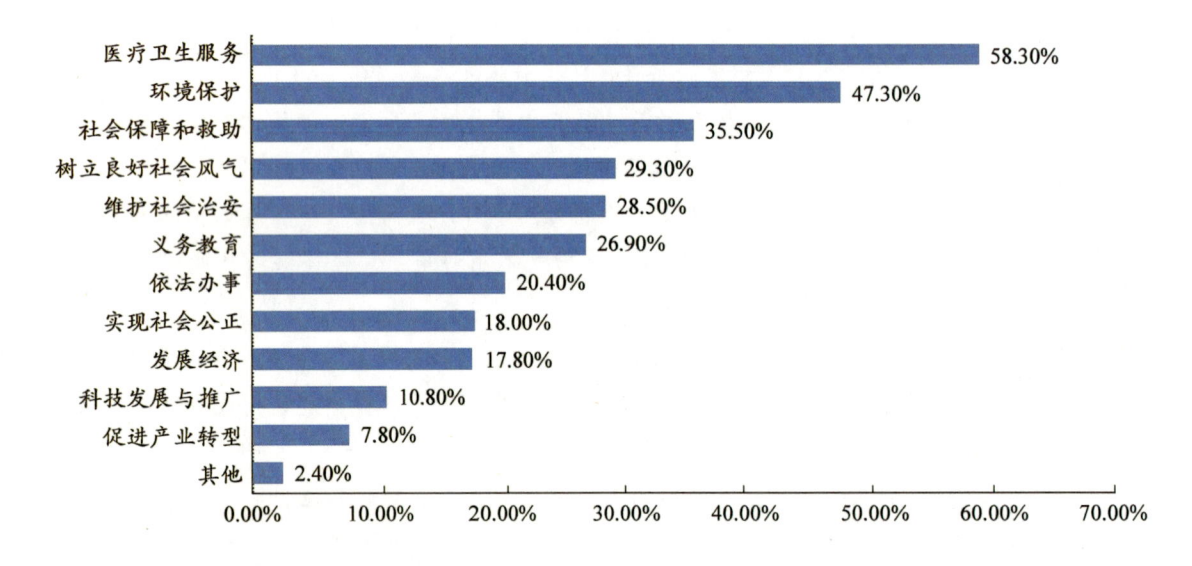

图0891 2017年凤凰村村民对地方政府工作加强期待情况(N=1512)

在2017年召开的中央农村工作会议中,部署了2017年农业农村工作,提出要深化农村产权制度改革,改革财政支农投入使用机制,加快农村金融创新,健全农村创业创新机制。

那么,村民希望政府资金扶持的重点落在何处呢?调查中发现,最受关注的依然是医疗和社会保障(52.6%),其余依次为:搭建创业创新平台、改善农村文化娱乐活动设施、解决大众就业、进行水电路等基础设施建设、扶持村企业和种植大户、扶贫、促进和扶持产业转型升级、扶持新型职业农民、扩大生产经营规模和其他。

表605 2017年凤凰村村民对政府资金扶持期待分析表(N=1190)

单位:%

变 量	个案百分比	变 量	个案百分比
注重医疗和社会保障	52.6	扶贫	13.9
搭建创业创新平台	42.2	促进和扶持产业转型升级	10.8
改善农村文化娱乐活动设施	33.1	扶持新型职业农民	9.8
解决大众就业	32.1	扩大生产经营规模	5.6
进行水电路等基础设施建设	19.9	其他	4.0
扶持村企业和种植大户	14.9		

（三）盼村领导班子勇挑重担

村委会是村民自我管理、自我教育、自我服务的基层群众性自治组织，村民自己的事情自己决定，民主办理，改变了过去政府包办一切的管理模式，在一定程度上推动了农村政治体制改革的深入。把村干部的选举任用权交给了村民，改变了原来村干部只接受上级指令，只对上级负责的状况，使村干部更有可能倾听来自村民群众的声音和接受村民的监督。

为村民无私奉献了 40 年并担任了 25 年村党委书记的胡岳法，责任心强，勇于改革，甘于奉献，有魄力、善于抓住机遇。从建造浙江首家加油站到建造大市场再到创立股份制公司，他和领导班子齐心协力，一步步带领村民发家致富。凤凰村不仅成为萧山区集体可支配收入最高的一个村，也获得了全国文明村、全国敬老模范村、浙江省五星级民主法治村等称号，领导班子获得了浙江省模范集体等荣誉称号。他个人赢得了不少荣誉，比如省级优秀共产党员、省级劳动模范、杭州市劳动模范等，2011 年获得了第二届萧山区的"美德标兵"称号。他认为之所以村集体能取得这样的成绩，"最重要的，就是我们的班子要有一个正确的理念，一个发展经济、造福百姓的理念。第二，要思路领先，要有一个懂得如何发展、懂得如何让决策项目获得成功的思路。第三，要创新发展，要勇于改革，让我们的每一个决策都快一步、先一步。第四，我们的班子要树立一个良好的形象，成为一个让百姓拥护的好班子"。① 2016 年杭州市萧山区组织了暗地走访，凤凰村领导班子的群众满意度是最高的，说明村民信任村党委的工作。

凤凰村领导班子之所以能获得群众大力支持，首先是班子成员秉着"造福一方百姓是我们的责任"的发展理念来工作，处处以身作则。胡书记说道："作为'班长'，要有思路、会管理、能奉献、德才兼备，这样才能带领班子一起努力，让老百姓看得到、享受得到民主化管理的成果，从而得到老百姓的信任。比如招投标，首先，我提出了书记、村长不参与招投标的要求。因为在一些事情上，领导干部必须要以身作则，从自己做起，让老百姓相信是他们自己在管理村务。得益于合理的管理模式，凤凰才会有今天这么辉煌的一天，我们才会得到老百姓的信任与支持。"②

村民们也赞扬村干部工作态度好，起到了模范带头作用。"现在国家政策真的好，我们过着富裕的生活，老百姓现在基本都有钱了，本来我们农村想变成居民户，现在我们还是要农村户口，我们凤凰村多好，每个季度都发米，还有油……在我们吴书记领导下基本上是公平的，不公平很少的。"③

其次，领导班子思路领先、勇于创新。比如股份制改革首先是在衙前开始施行，既促进了村集体经济发展，又稳定了民心，激发了村民自我管理村子的积极性与热情。又如修路时能根据产业发展的远景来进行规划，以长远的眼光制定道路建设标准，虽然"现在凤凰村的几条路还是我十多年前造的，但是道路的宽度到现在还是够用的，说明这些路直到现在也没有落后，这就是因为我当初考虑到了交通长期使用的情况"。只有创新，才能成功，"例如我们创业新村、三园两区的建设。此外，我们 1985 年就开始建加油站，1992 年土地全部集约化，1996 年建设大市场，1997 年老百姓盖房不占土地，这些全都是创新发展的结果"。④

再次，能一心为群众谋利益。"凤凰村的三大保障离不开经济支撑，可经济从哪里来呢？我用

---

① 被访者：胡岳法，男，67 岁，村党委书记，中共党员。2016 年 11 月 14 日。
② 被访者：胡岳法，男，67 岁，村党委书记，中共党员。2016 年 11 月 14 日。
③ 被访者：鲁某，女，55 岁，村务人员，中共党员。2017 年 7 月 6 日。
④ 被访者：胡岳法，男，67 岁，村党委书记，中共党员。2016 年 11 月 14 日。

办法创，用创出来的钱造福百姓，实行三大保障。于是，老百姓得到了实惠，我们得到了民心。老百姓想什么，我们做什么；老百姓要什么，我们给什么。做到这种地步，老百姓哪有不信任的道理？我们的工作自然而然也就好做了。比如拆迁，即使拆迁户数量庞大，只要有了老百姓的支持，我们就能拆迁成功；即使有那么多的坟墓要搬迁，只要有了老百姓的支持，我们就能搬迁成功。因为我们的工作符合老百姓的利益，所以才会如此顺利。"①

凤凰村做到了三个公开，即"党务公开、村务公开、财务公开"。村民对此评价也是比较高的。

"就凤凰村来说，还是公平公正的，我们书记也当得很好，一般都是向社会公开过的，对家家户户都是安排好的。有困难跟村里说，都会得到妥当解决。有事跟他们说，大家就开个会议，该通过就通过，不该通过就不通过，不是一个人说话可以算数的。村里有一点点事情我们都是知道的，他们都向社会公开的。比如年纪大的老保费，都是你有多少我也有多少。就算有人多一点也会公开告诉我们，他是在什么情况下会高一点，那我们心里也会很清楚明白的。"②

"我认为村里还是公平、公正、公开的。我们村的财务基本上每个月公开。至于公正，一般我们村里有重大决定都要召开村民代表会议（一共1200多个村民，53个村民代表，会议之后村民代表会把这些消息告诉村民，村民同意才实施）。比如我们村打算造游泳池，主意是村里出的，但是这个决策最后需要老百姓的认可才能实施。关于公开，比方说村规民约的规定，我们会把村规民约制成小册子发放到村民手中。"③

"比如别的村里企业要交款，应该按照多少平方米交多少钱的规定，但有的人缴费有的人不缴费。而我们村是必须每个人都缴费的，哪怕是杭州人到凤凰村来办企业也是如此。还有我们村中的房子，哪怕是外国人来租房经商也要缴费。一间房子25000元，村民也是同样的价格，费用都是公平的。选举也是由村民推选的，医疗、养老保险也都是最公平的。衙前有十多个村子，我们凤凰村相比别的村算是比较公平的村子。但有的事情没有绝对的公平。我们村刚合并的时候有些事也挺乱。最近这两年，也是因为村书记做事年份长，所以他自己该交的都会先交掉，不拖欠房租费，情况好多了。"④

在访谈中，村民也提到村委会工作还有做得不够的地方。主要反映的问题是历史遗留问题。最集中的是在三村合并时出现的建房层数和面积问题，另外还有环境污染等问题。村民选举的规范化、民主化有一定程度的提高，但有人反映由于村大人多，选举时有的村委会候选人都不知道他的基本情况，选举宣传做得还不够。

"我觉得公平程度挺好的。像我们村里都是财务公开，账务公开，都做得很好，对老百姓都做得很好。我觉得不公平的也有的，我们村主要是房子问题，有的两层，有的三层，我们原来住的都是两层。我觉得其他方面都差不多。"⑤

"不够透明，我们这边还有几只烟囱，从我读初中就开始放毒，一直到现在都没改善。我也打过12345，也都举报过，没用，这就说明问题了。如果上面重视，根本不需要老百姓去说，上面就已经解决了。这就是社会不透明的地方，这是和我们生活息息相关的。"⑥

---

① 被访者：胡岳法，男，67岁，村党委书记，中共党员。2016年11月14日。
② 被访者：傅某，男，58岁，泥工，群众。2017年7月6日。
③ 被访者：翁某，女，33岁，村委，经济联合社董事，中共党员。2017年7月6日。
④ 被访者：王某，男，65岁，私营业主，群众。2017年7月6日。
⑤ 被访者：周某，男，68岁，村传达室人员，中共党员。2017年7月6日。
⑥ 被访者：陈某，男，31岁，村务人员，群众。2017年7月6日。

"村里处理事情基本上都是公正的，说话态度也很好。我去村里时，每个干部态度都很好。不公正是由各方面的事情凑起来的。比如说造房子，这方面就不太公平。"①

"我们村村民的社会地位跟其他村比确实高很多，包括生活质量、家庭收入，确实比别的地方好。但是社会地位可能还有一些不足的地方……还有我自己感觉村里选举这块做得不够好，很多老百姓在选的时候实际上并不了解候选人，不知道他有没有这个能力来当选，这是个比较大的问题。"②

村民也意识到不可能有绝对的公平，因为有各种因素和考量，分配时往往会触及不同人的利益，有人欢喜有人愁，满意的人说公平，不满意的认为不公平。

"我觉得现在社会公开公平公正应该还可以。但是一定要公平公正也是很难的。比如我们农村以前遗留下来的东西，比如我们农村老百姓房子的大小，肯定会有人不满的，会到政府说不公平。我觉得现实一定要做到绝对公平是不可能的。关于公平的例子比如政府建设工程，肯定都经过招标的，都是公平公正的，很规范的。"③

"而且有的事情公平不公平和人们有没有意见是两回事。比如一户人家穷，但不是村里让他们变穷的，因为同一个村里有人能做好但他们却做不好。当村里有人生病，年底打了报告，这时候村干部给他们五千元补助金是合理的。房子方面的问题是有历史原因的。交通村、卫家村和凤凰村这三个村现在只有凤凰村这一片的老百姓比较亏。交通村、卫家村每户人家都有三间房子，凤凰村每户人家有两间房子。"④

"公正公平，真正要达到很难。我们村里做得比较公平公正的事情是老年人的福利待遇比较公平。老年人的享受、治病这方面做得比较好。村里在粮食发放、抚养金发放这些方面也做得比较好。不太公平的地方就是建房方面，有些人造两间房，有些人造三间房，住起来条件就不一样了。还有违章建筑问题，有的管理严格，有的管理不严。比如村民中有些比较凶的就管得不严，比较老实的就管得严格些，能拆就拆了。还有就是村干部换届都是村民选的。如果村干部当得好，或者做得公平公正，那么下面的村民一定对他意见大，下一届选举的时候就会碰到问题。因为村民素质不高，村干部当得好的、确实应该做得公正公平的他们反而不能理解。如果某个问题你对他很严格，他肯定反对你的，下次肯定不会选你的。所以造成了干部们不敢放大胆子管，就变得不健康了。"⑤

虽然凤凰村村民非常信任村委会的工作，但从调查中可以看到，村民们对村委会工作有更高的要求和期待。在关于"村委会工作改善的方面"期待调查中，依次为密切联系群众（62.10%），增强责任意识（58.30%），增强廉洁自律（49.30%），改进工作作风（41.70%），提升工作能力（39.50%），管理民主（34.90%），做致富带头人（31.10%），开阔视野、增长知识（23.80%）。

村民的政治意识也在不断增强，关心着国家大政方针。在调查中发现，村民了解党的方针政策主要通过广播电视（68.50%）、报纸（51.60%）和网络（44.40%）这三大信息渠道，靠村干部传达和村里专题学习教育分别占17.50%和16.30%，因此，村委会和党支部要注意工作方法，解

---

① 被访者：张某，男，62岁，凤凰村巡防队员，群众。2017年7月6日。
② 被访者：陈某，男，31岁，村务人员，群众。2017年7月6日。
③ 被访者：沈某，男，54岁，村党委委员，中共党员。2017年7月6日。
④ 被访者：王某，男，65岁，私营业主，群众。2017年7月6日。
⑤ 被访者：胡某，男，77岁，原村会计，中共党员。2017年7月6日。

释政策要到位，切实保障村民的知情权、参与权、表达权和监督权。也要加强对国家大政方针，尤其是与村民有关的政策进行解读和宣讲，增强村民的改革获得感。

类别	比例
密切联系群众	62.10%
增强责任意识	58.30%
增强廉洁自律	49.30%
改进工作作风	41.70%
提升工作能力	39.50%
管理民主	34.90%
做致富带头人	31.10%
开阔视野、增长知识	23.80%

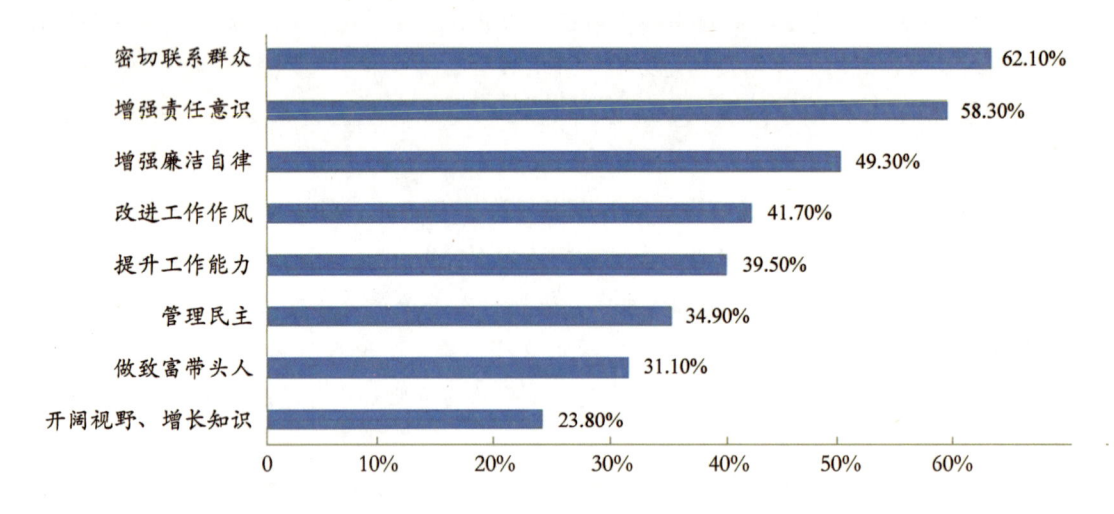

图 0892　2017 年凤凰村村民对村委会工作改善期待情况（N=1700）

七、村民谋发展：由顺从守旧走向主动追求，但仍保守惧变

传统农民顺从、保守是主流价值文化心态，主要表现为对权力的顺从，对艰难环境的隐忍，惧怕变化，知足守成，对于新事物往往接受程度不是很高。而当代富裕地区的村民对社会发展、对于新事物有了更加开放成熟的心态。

（一）盼普及农村网络化，融入智慧城市

互联网行业持续稳健发展，互联网已成为推动中国经济社会发展的重要力量。根据中国互联网络信息中心（CNNIC）2017 年 8 月发布的《第 40 次中国互联网络发展状况统计报告》显示，截至 2017 年 6 月，中国网民规模达到 7.51 亿，占全球网民总数的五分之一。互联网普及率为 54.3%，手机网民规模达 7.24 亿，网民中使用手机上网的比例提升至 96.3%。中国网民中农村网民占比 26.7%，规模为 2.01 亿。

城乡互联网普及率持续提升，但城乡差距仍然较大。普及接入层面，农村互联网普及率上升至 34.0%，但低于城镇 35.4 个百分点；互联网应用层面，城乡网民在即时通信使用率方面差异最小，在 2 个百分点左右，但在商务交易类、支付、新闻资讯等应用使用率方面差异较大，其中网上外卖使用率差异最大，为 26.8%[①]。

在对凤凰村民关于网络的利用的调查中，上网的村民主要利用网络进行网上购物（48.8%）、了解时事新闻（48%）、社交聊天（36.50%），网络理财和支付也较为普及，有 33.7% 的村民会用网上银行进行转账或理财，有 32.70% 的人进行网络支付。还有 22.30% 的村民选择用网络导航，还有玩网络游戏、记账的分别为 11.40%、6.4%。这与杭州智慧城市发展密切相关，杭州已悄然成为全球最大的移动支付之城，杭州人出门带个手机就行，智慧交通、智慧医疗，共享单车不断，坐公交车、地铁都可以移动支付。98% 的出租车、超过 95% 的超市便

---

① 数据图表来源：中国互联网络信息中心（CNNIC）2017 年 8 月发布的《第 40 次中国互联网络发展状况统计报告》，http://www.cnnic.net.cn/。

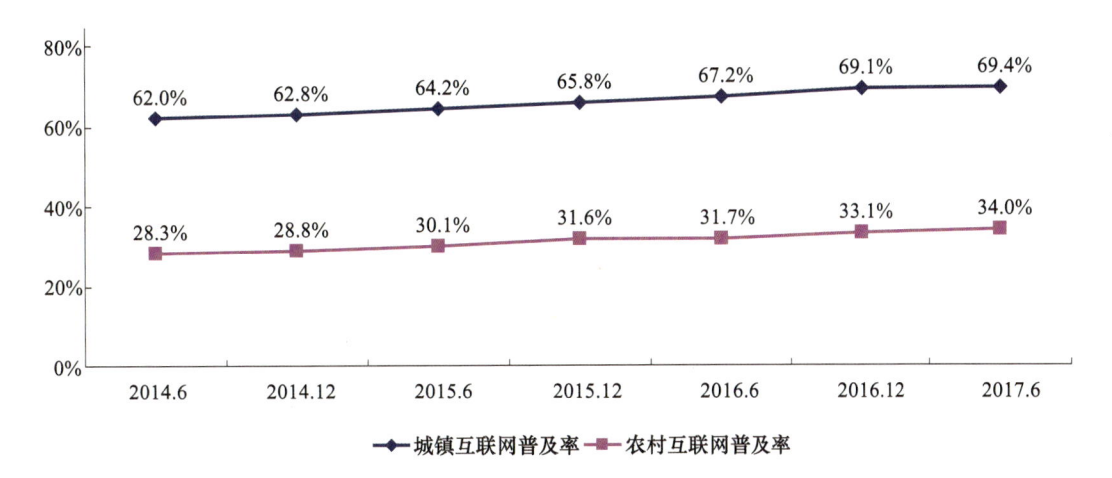

图 0893 2017 年中国城乡互联网普及率情况

利店、超过 50% 的饭馆，甚至是路边小店、小菜场都挂着可用来支付的二维码标志，出行、购物、消费、看病越来越便捷。

表 606　2017 年凤凰村村民利用网络现状分析表（N = 1300）

单位：%

项　目	个案百分比	项　目	个案百分比
网上购物	48.8	网络支付	32.7
了解时事新闻	48.0	导航	22.3
社交聊天	36.5	其他	21.1
网上银行转账、理财	33.7	网络游戏	11.4

从年龄与网络利用交叉表的百分比堆积图可以看出，18 岁以下的村民在社交聊天和网络游戏方面比其他年龄段用得更多，其他如了解时政新闻、购物、支付、导航、记账理财等都是 18—46 周岁的中青年常用的网络功能，而老年村民由于文化程度低、年纪大学不会而不用或很少用网络，上网也主要是用来看时事新闻和记账。（百分比和总计以响应者为基础）

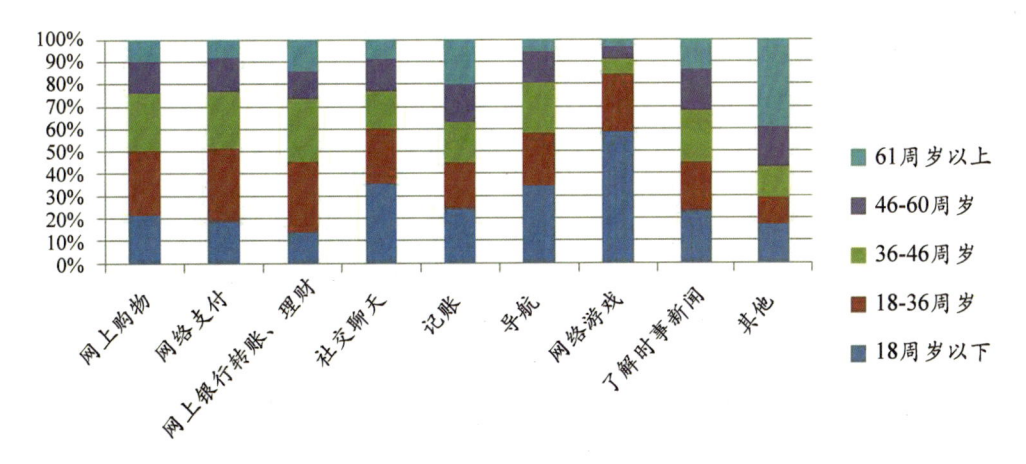

图 0894　2017 年凤凰村村民年龄与网络利用交叉分析情况

经常上网的村民主要集中在中青年，32岁的村民傅某说："我们这个年纪的年轻人对互联网的使用都是很普及的，我平时用手机看新闻、消费、淘宝。现在杭州都是支付宝支付，将来的话互联网肯定会越来越普及。"① 除了日常用网络了解新闻、信息、购物、用微信 QQ 即时聊天等，村民在工作、经商、处理政务上也感受到网络的便捷。

"我喜欢网络，一般是用来了解时事政治以及金融经济，毕竟我自己有个企业，所以会比较关注这一方面，同时也比较关注国家政策法规这一类。"②

"现在已经是网络时代了，我经常通过网络了解社会新闻，网购。至于网络未来给我们带来的方便，其实现在网络让我们足不出户就能购物，已经给我们带来了很多方便。至于工作方面的话，政府现在已经实行网络化管理了，比方说之前上级领导都是自己来看我们的纸质台账，现在可以坐在办公室直接通过网络进行。"③

"网络也用的，我一般发票都用电脑登的，微信在手机里用，不太用网购了。基本都是刷刷，看看网页。"④

"我还是蛮喜欢网络的，主要用于查资料、了解新闻。因为我老公做生意，所以需要通过网络了解更多的信息，所以希望将来网络在销售上、财务上能提供更多的方便。"⑤

也有村民担心网络影响孩子的学习而刻意减少使用网络。"网络功能齐全，用起来比较方便，但是我不是很喜欢网络，因为我家里有个孩子还在读书，所以我会尽量少用网络，这样让他也少用网络，不然容易影响到他的学习。平常用到网络的时候，一般是用来查找资料，了解一些国际形势，包括在外时可以了解周边有什么风景。希望将来网络可以带来生活上的便捷，像现在都可以交电费，消费时直接支付宝扫描。"⑥

随着在线政务、共享出行、移动支付等领域的快速发展，网络成为改善民生、增进社会福祉的强力助推器。村民希望将来农村网络支付更普及、带来更多的便利。

"我平常用网络看新闻、购物。我希望将来网络可以在以下几方面给我带来便利。希望以后网上政务和移动支付更贴心。第一是工作上，我们村里经常需要拿着纸质材料跑到镇政府和萧山，我希望以后网络能给工作带来更多的便利，更加人性化，比如纸质稿上需要一个章，拍个照传过去取代自己亲自跑过去。第二是生活上，我们农村的去菜市场和水果店消费，可以直接用网络支付。"⑦

"用网络来看新闻、跟朋友之间交流、投资，主要是了解信息。以后最好是出门不用带现金，因为现在网络已经普及了，在城区一般都会用到，在农村还是不够普及。我们在村里上班，一般都在乡镇，去城里的次数肯定少。"⑧

"我希望将来网络可以更加便捷，因为在金融方面，现在基本上可以实现无现金进行交易，包括我们企业也已经基本上在用这一方式进行交易；还有就是让生活更加便利，我现在正在建房装

---

① 被访者：傅某，男，28岁，创新新村社区支部委员，中共党员。2017年7月6日。
② 被访者：陆某，男，50岁，个体企业主，中共党员。2017年7月6日。
③ 被访者：沃某，男，32岁，村委，治保主任，中共党员。2017年7月6日。
④ 被访者：鲁某，女，55岁，村务人员，中共党员。2017年7月6日。
⑤ 被访者：张某，女，40岁，村务人员，群众。2017年7月6日。
⑥ 被访者：徐某，女，46岁，个体户，群众。2017年7月6日。
⑦ 被访者：翁某，女，33岁，村委，经济联合社董事，中共党员。2017年7月6日。
⑧ 被访者：陈某，男，31岁，村务人员，群众。2017年7月6日。

修，也会考虑到在装修上进行智能化，这都需要网络的推进。"①

不上网的村民主要的原因是年龄和文化水平的限制。有的是文化程度低、不懂网络、不懂拼音等输入法而不上网，有的是不需要、不感兴趣而不上网，有的是年纪大不会用电脑、手机而不上网。"网络我不会弄，智能手机和微信也不会。"② "网络喜欢是喜欢的，但是年纪大了不好学，我有一点懂的，微信懂一点。希望以后用网络办事，可以方便一点。"③

村民王某认为网络购物不少商品质量不好还不如实体店买质量放心，而且网店的快速发展会影响到实体店的经营，对实体店发展造成冲击。"我不懂网络，不会玩智能手机，我是文盲。网络弄起来以后实体店变得不好开，不过我们店还可以，因为基本上都卖家里用的东西。……年轻人都会在网上购物，像我们这样年纪的人就不会。我实事求是地说，网络的发展对年轻人而言是好的，但对经商的人肯定是不好的。"④

提升非网民上网技能，降低上网成本以及提升非网民对互联网的需求是带动非网民上网的主要因素。据《第40次中国互联网络发展状况统计报告》显示，截至2017年6月，非网民中愿意因为免费的上网培训而选择上网的人群占比为22.1%；由于上网费用降低和提供无障碍上网设备而愿意上网的比例分别为21.8%和19.3%；出于沟通、增加收入和方便购买商品等需求因素而愿意上网的比例分别为24.8%、19.6%和14.6%。⑤

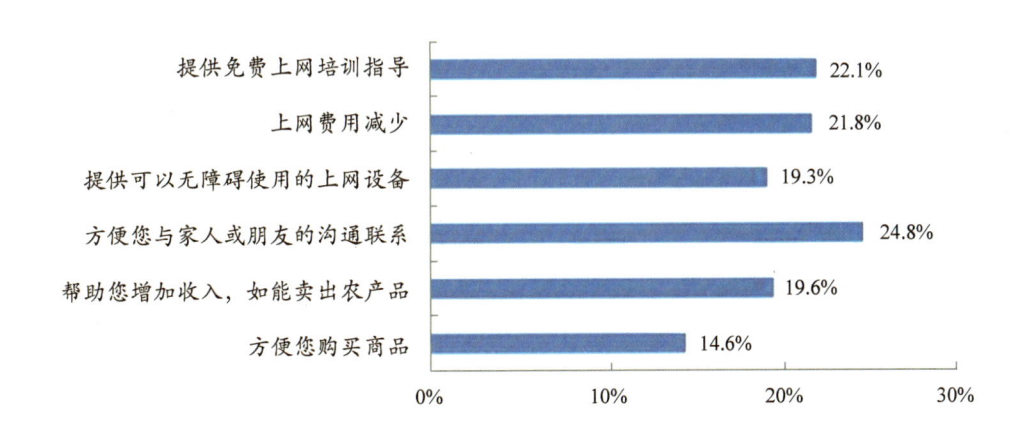

图0895 2017年6月中国非网民上网促进因素情况

以互联网为代表的数字技术正在加速与经济社会各领域深度融合，成为促进中国消费升级、经济社会转型、构建国家竞争新优势的重要推动力。普及接入层面，提升农村互联网普及率，提升农村非网民对互联网的需求，使更多村民能共享智慧城市和互联网发展的成果。

（二）盼金融理财有规划，守财走向生财

富裕地区的村民收入已经有了显著提高，村民的剩余财富在不断增加。但由于缺乏基本的理财知识，包括资金预测、筹集、财务评价、规划，现金流规划知识，他们不能将自己所拥有的资金、

---

① 被访者：陆某，男，50岁，个体企业主，中共党员。2017年7月6日。
② 被访者：胡某，男，77岁，原村会计，中共党员。2017年7月6日。
③ 被访者：张某，男，62岁，村民，群众。2017年7月6日。
④ 被访者：王某，男，65岁，自办五金店，群众。2017年7月6日。
⑤ 数据图表来源：中国互联网络信息中心（CNNIC）2017年8月发布的《第40次中国互联网络发展状况统计报告》，http://www.cnnic.net.cn/。

技术和经验更好地利用起来，合理、科学地理财，有的村民缺乏分辨力，甚至把资金投入了非法集资、变相传销或者民间非法借贷中，这无疑增加了农民的创业和致富的风险，给新农村建设带来一定的影响。

在调查中，少部分村民因为钱主要花在购房及装修，或者在经商需要资金投入，没有多余的钱去理财。如村民陈某因为装修了房子没余钱："现在家里房子搞了一下，也没有多少钱，水电费、养老保险也要交，生活也要开支，没有多余的钱。"[1] 个体企业主陆某把资金投入了生产运作上："一个企业的钱基本上都投入在企业的生产运作上，或者是投资在房产上以及一些个人的生活保障这一方面，不可能有余钱。关于支付宝付钱，我已经在用了，且已经用了好几年。把钱放在支付宝里面，还是比较放心的，因为额度不高，但是如果是达到一定的额度时，也会考虑安全性。"[2]

其他村民主要还是信任银行，更愿意把钱存银行。村民们对新型的互联网金融略有了解，但有些老年村民因为不会使用网络和智能手机，怕误操作反而带来不必要的损失，都不愿意使用互联网金融理财。访谈中村民张某说道："这个东西（支付宝）我也不会弄，一般我们都到银行里存钱，是给我们票子的。把钱放在互联网金融机构里我肯定不放心的。因为我不会弄手机，钱没了也不知道。我没有文化，这么做我不放心，也觉得不好。"[3] 村民徐某说："我们基本上都是存在卡里，也就是说更倾向于放在银行里。为了大家方便，一些小的金额就直接在支付宝上进行转账。如果把卡绑定了，我认为不好，因为万一手机丢失了，就会产生不必要的麻烦。"[4] 村民周某说："我不用支付宝这一类的互联网金融的，有钱肯定存在银行里的。由于怕支付宝转账或者其他过程中操作失误，引起不必要的麻烦我不会考虑用支付宝的。"[5]

相对老年村民，年轻村民更愿意用支付宝支付，希望农村也能更多地普及各种网络支付和金融理财。村民陈某把钱"都放在支付宝的，银行里没什么钱，平时都用支付宝、微信购物、消费"[6]。村民张某认为做生意来往钱款使用支付宝、微信转账支付更为方便："我基本上都是把钱放在支付宝和微信里，也经常用支付宝来付钱，因为操作比较方便。之所以把钱放在支付宝里主要是因为方便，因为我们接触的客户绝大多数都是通过支付宝和微信进行转账，而不会直接把钱打到我的银行卡里。"[7]

村民普遍对互联网金融安全性有顾虑，但对支付宝还是比较肯定的。"我的钱都存在支付宝里，它比较灵活，而且消费便利。对于把钱放进支付宝里面我是有一定的担忧的，这个需要支付宝所在的企业把好关。"[8] "其实我觉得存在银行还是支付宝里都是一样的，因为它们是互通的，完全可以实现从银行转到支付宝，支付宝也可以转到银行卡里。但是会更偏向于支付宝，因为在杭州买东西、吃饭基本上都可以通过随身携带的手机支付宝付钱，但是一般不太会把银行卡带在身上。对于

---

[1] 被访者：陈某，男，61岁，机修工，群众。2017年7月6日。
[2] 被访者：陆某，男，50岁，个体企业主，中共党员。2017年7月6日。
[3] 被访者：张某，男，62岁，凤凰村巡防队员，群众。2017年7月6日。
[4] 被访者：徐某，女，46岁，个体户，群众。2017年7月6日。
[5] 被访者：周某，女，53岁，个体户，群众。2017年7月6日。
[6] 被访者：陈某，男，31岁，村务人员，群众。2017年7月6日。
[7] 被访者：张某，女，40岁，村务人员，群众。2017年7月6日。
[8] 被访者：傅某，男，28岁，创新新村社区支部委员，中共党员。2017年7月6日。

支付宝的安全问题,我会有这个顾虑,但是随着它的普及还是感觉比较安全的。"① 村民翁某也谈到了支付宝的转出金额限定带来了一定的不便:"我一般是把钱放在银行里的,支付宝相对少一点。前段时间支付宝的利息比较高,我把钱放在了里面。但是支付宝对每天转出的金额有限定,这一点给我们造成了一点不便,我就把之前放在支付宝的钱放到了银行卡里。安全方面应该还可以,我之前在支付宝里做过理财,后来都取出来了。"②

有些村民认为银行与互联网金融安全性差不多,没有绝对安全。"我一般把钱放在银行。我现在不会用支付宝,用起来也麻烦,不太适应。我觉得现在把钱放在哪里都一样的,互联网也差不多,P2P 也差不多,银行也差不多,都没什么保障,银行也不保障,自己家里也不保障。我认为把钱放互联网还是放心的。但如果说不放心也没办法,因为放哪里都一样。"③ 村民沈某认为互联网金融存在着不安全性:"我有一部分钱放在支付宝理财,挣得多余的钱会考虑投资理财。我不喜欢互联网投资,第一是诈骗多,第二是我们这个年纪操作不方便。我不会用支付宝付钱,都是用现金。现在小青年都把钱放在支付宝,像我们这个年纪都不喜欢放在支付宝里,我感觉不安全,也不习惯。放在银行里安全。"④

可见,在富裕的农村,不少村民对财富的支配开始有了新的认识。他们已不单单满足于把钱存在银行、把银行当作保险箱,而是开始接触银行理财产品、互联网金融理财和产品投资,由原来单纯地"守财"向"生财"发展。互联网各类理财产品具有随存随取的便捷性、高于银行存款的收益率以及风险低的优质品牌的安全信誉,越来越多的村民有了理财需求,也能比较理智地对待银行和互联网金融的安全性问题,不再盲目信任,了解投资有风险。

(三)盼推进新型城镇化,互惠一体共进

随着经济社会的发展变化,农村社会建设相对滞后、公共服务资源匮乏的问题凸显;村民在解决温饱、基本实现小康之后,对居住条件和生产生活环境也提出新的更高的要求。新型农村社区建设,就是要不断满足农村居民的这些要求,逐步打破城乡二元结构,让他们共享经济发展、社会进步所带来的物质和精神文明成果。

在关于凤凰村改社区的调查中,有 65.2% 的村民赞成改社区,有 14.0% 的人表示不愿意,还有 20.8% 的村民无所谓。在访谈中,村民谈了把凤凰村变社区的忧虑。凤凰村福利保障好,有集体分红,每月还有米、油可以领,有较好的医疗报销制度,生活条件甚至比城市居民要好。因此将近两成的村民对改成社区并没有迫切意愿,只是说改不改无所谓,如果政府要改那也没办法。但还有 14.00% 的村民明确表示不愿意,尤其是老年村民,他们住自建房,可以有自己的地种种菜,日子过得比较舒心,不喜欢成社区后像城里人一样生活,住拥挤的高楼。

在访谈中,赞成改社区的村民中主要可以分成三类。第一类村民认为主要看政府的规划,村民个体服从安排就可以了。"我肯定赞成变成城市社区。国家怎么办就怎么办,我们老百姓不去想,现在凤凰村生活已经过得很满足了,他们怎么搞都一样的。"⑤ "我觉得都一样了。反正现在也没有土地了,他们要规划变成城市居民,我们也没什么办法。我也没有什么顾虑,现在都住公寓楼商品

---

① 被访者:沃某,男,32 岁,村委,治保主任,中共党员。2017 年 7 月 6 日。
② 被访者:翁某,女,33 岁,村委,经济联合社董事,中共党员。2017 年 7 月 6 日。
③ 被访者:沈某,男,60 岁,村巡防人员,中共党员。2017 年 7 月 6 日。
④ 被访者:沈某,男,54 岁,村党委委员,中共党员。2017 年 7 月 6 日。
⑤ 被访者:鲁某,女,55 岁,村务人员,中共党员。2017 年 7 月 6 日。

房了。"① "大势所趋，只能跟形势走。但还是现在好，作为老人，住得高感觉不舒服。"② "我们还是希望变成城市社区的，变为城市社区更好点，看国家层面规划，我们没有权利决定。我想现在农村户口和城市居民都一样的，以前也这么认为。因为本身都是靠自己去发展，自己去创造，所以都一样的。关于顾虑也不是没有，对我们村来说村庄弄得好一点，房子住得好一点就行了。希望村里规划好一点，住房搞得好一点，其他都靠自己去努力。"③

第二类村民赞同变社区，他们希望在不影响村民原有福利保障的前提下改社区，这样可以缩小与城市的差距，享受更好的教育和生活资源，对农村和村民未来发展有好处。村民陈某说："我倒是希望这样（变成社区）。可能老一辈不情愿，但是走城市化道路反而对后一代的教育之类都有好处，包括赚钱渠道也会更多。"④ 沃某认为"农村户口和城市居民都一样，现在我看到的一些新闻好像也没有农民和居民之分了。如果凤凰村城市化，那么农村就会变成城市化管理了，我觉得再好不过了，比如我们的社会地位提升了，环境会越来越好，人的素质会有所提升"。⑤ 村民傅某认为："由于我们村的待遇比较好，如果变成居民我们享受不到村里的待遇，所以出于这点我不会想成为居民。"但如果解决了这个问题的话他还是赞同变社区的："凤凰村城市化了，没有顾虑，反而这么一来企业可能会搬迁，外来人口减少，违章建筑生活污水会减少，环境会有所提升，医院和学校等配套也可能会跟上去。"⑥ 还有村民认为改社区后出去读书或者买房不用迁户口更方便。"现在农村户口和城市居民都一样的。城市化也是好的，假如我们小孩出去外面读书，城市化后农民和居民就一样了，户口还在农村，不用再迁出去了。假如去萧山买房，居民户口的话就不用迁出去也可以买了。"⑦

第三类村民赞同变成社区，但还是有不少顾虑，比如希望不要改变原村的分配待遇、福利保障、配套设施和发展规划等。

"我愿意凤凰村变成城市社区，但是我不愿意放弃农村户口。如果凤凰村城市化，我的顾虑主要是在待遇分配这一问题上，这也不只是我一个人的担心，我相信绝大多数的老百姓都会有这个顾虑。"⑧

"我希望凤凰村有变成城市社区的趋向，毕竟农村正在开始城镇化了。变成城市居民是大势所趋。主要顾虑是：凤凰村生活已经这么好了，今后能否还保持现在的待遇，不知道能否进入一个新的台阶。"⑨

"我不仅是凤凰村人我在凤凰村也工作很多年了，我对凤凰村有一定的感情，如果让我放弃农村户口转为城市居民肯定是不愿意的。听很多人说农村以后都会转型成为社区，我认为它的性质变不变无所谓，而且这是国策我们不能违背它，但是希望村领导的思想和理念不要变。比如无论谁上

---

① 被访者：汪某，男，52岁，个体户，群众。2017年7月6日。
② 被访者：陈某，男，61岁，机修工，群众。2017年7月6日。
③ 被访者：沈某，男，60岁，村巡防人员，中共党员。2017年7月6日。
④ 被访者：陈某，男，31岁，村务人员，群众。2017年7月6日。
⑤ 被访者：沃某，男，32岁，村委，治保主任，中共党员。2017年7月6日。
⑥ 被访者：傅某，男，28岁，创新新村社区支部委员，中共党员。2017年7月6日。
⑦ 被访者：鲁某，女，55岁，村务人员，中共党员。2017年7月6日。
⑧ 被访者：张某，女，40岁，村务人员，群众。2017年7月6日。
⑨ 被访者：沈某，男，54岁，村党委委员，中共党员。2017年7月6日。

任，我们凤凰村的整体规划不要改变。"①

村民胡某提出变社区的话要根据股份制改革的章程来："要变成居民户口还有两点不能变。一是经济联合的股东股民不变，原来在凤凰村是农业户口的人就是股东，非农业户口的无法成为股东或股民，这点上是有界限的。二是之前的村民可以享受村级经济来源，后来者不可以享受，外来者可以拥有凤凰村的户口但也无法享受该待遇且不能当股东。"② 村民徐某认为农村社会"总归是要往高处发展，顺应潮流，通过多方面的努力来健全社区的发展。我还是愿意变成城市居民的，因为走在这个浪尖上就必须跟着走。如果凤凰村城市化，肯定是有顾虑的，比如今后对我们子女的保障、配套设施等，因为我们的根在这里，我跟我儿子说不管他飞得多远，根都是在这里"。③

对于外来人员是否能加入凤凰村并持有凤凰村股份的问题，大部分村民表示不同意，他们认为虽然外来务工人员为凤凰村的发展也做出了贡献，但是凤凰村的股份是原村民辛辛苦苦干出来的，不能让外来人员拥有。"我觉得外来务工人员除了移民的，一般是不能加入的。如果他们加入，肯定是要享受福利，我们这个福利是整个凤凰村这么多年来这么多老百姓辛苦取得的，包括领导辛苦努力的成果，别人不能平白无故地享受。"④ "我觉得我们凤凰村资源太少等各方面因素，地方太小了，如果外来务工人员进来太多，会不适合我们进行城镇化的居住环境。有条件加入可以，如果对凤凰村有突出贡献的可以加入凤凰村。我觉得外来人员不可以持有凤凰村集体股份，我们的股份原来都是有章程规定的，第几年到第几年都规定了的，村规原来都有写明的。能否有条件加入股份，有待今后村委商量。"⑤ 村民翁某认为："这首先要看领导政策的决定，其次肯定会召开村民代表会议，让全体村民商议这个事情。从我个人出发，我不想他们加入，但是这个不想不是一种排斥，而是认为像我们这个年龄的还能区分哪些是本村人，哪些是外来人员。但是到了我们孩子那一代，就没有自己村和其他的区别的，也少了一份乡亲的亲切感。而且对于外来人员持有我们的股份和分红这点，大部分村民应该也会反对的。"⑥

有少数村民提出除非外来人员对凤凰村做出特殊的贡献，才可以加入凤凰村户口，但是否能分配股份还要再协商。"关于集体股份，外来人员倒可以有的，这个规定不是死的，有能力为凤凰村经济做出贡献可以给他们股份。"⑦ 村民卫某认为外来务工人员加入凤凰村是可以的，因为"他们加入凤凰村也是为了凤凰村的建设。这个无所谓的，他们在凤凰村工作也有贡献，要有一定制度和考核，才能让他们加入凤凰村。关于外来人员加入凤凰村集体股份我觉得比较困难的，比如我们当地的男孩子结婚娶老婆如果不是我们凤凰村的，都还没有股份，那外来人员更不可以了。如果要有条件持有凤凰村集体股份，要看以后凤凰村发展得怎么样，我觉得现在还比较困难"。⑧ 徐某说："关于外来务工人员加入凤凰村，我觉得没关系，就像外国一样把精英人才招进来，因为他们毕竟也在为我们以及我们子孙的发展做贡献，但是还是需要门槛，比如已经在这里工作了很多年，为这

---

① 被访者：翁某，女，33岁，村委，经济联合社董事，中共党员。2017年7月6日。
② 被访者：胡某，男，77岁，原村会计，中共党员。2017年7月6日。
③ 被访者：徐某，女，46岁，个体户，群众。2017年7月6日。
④ 被访者：陈某，男，31岁，村务人员，群众。2017年7月6日。
⑤ 被访者：沈某，男，54岁，村党委委员，中共党员。2017年7月6日。
⑥ 被访者：翁某，女，33岁，村委，经济联合社董事，中共党员。2017年7月6日。
⑦ 被访者：沈某，男，60岁，村巡防人员，中共党员。2017年7月6日。
⑧ 被访者：卫某，男，27岁，村务人员，群众。2017年7月6日。

里做了贡献，因为他们既然付出了，也理应得到回报，还有就是像女孩嫁到我们这里来，她们选择我们这里，愿意在这里生活，我们也还是欢迎的。关于凤凰村的股份，是我们以前一点一滴打拼下来的，如果外来人员以后也能享受这个股份，也要看村里以后的制度，我们只是可以参与讨论，但是到底怎么实行还是要看具体的政策。"①

但也有极少数村民对外来人员抱着包容开放的心态，愿意外来人员加入凤凰村享受福利。"我们凤凰村有100多家企业，他们能有今天的发展也是依靠外来人口的贡献，我愿意部分外来人口加入凤凰村，享受我们的一些福利。我们现在提倡共同富裕，在我们富裕的基础上也让他们享受部分福利包括给部分外来务工人员分红。"②"随着社会的发展，我觉得让外来务工人员加入凤凰村还是比较好的，因为有竞争才有发展，但是肯定需要一些条件，比如他们是高素质、高文化、高水平的人，这是最基本的条件，这就跟杭州引进人才一样，这样我们村村民的整体素质就提高了。我觉得外来人员也可以持有凤凰村集体股份，但是需要一定条件，就是他们必须是人才。"③

可见，村民能够支持各级政府对新农村的总体规划部署，但希望稳步向前，有序发展，在不影响原有福利待遇的前提下，能共享城市发展的公共服务和基础设施，改变农村面貌。

---

① 被访者：徐某，女，46岁，个体户，群众。2017年7月6日。
② 被访者：傅某，男，28岁，创新新村社区党支部委员，中共党员。2017年7月6日。
③ 被访者：张某，女，40岁，村务人员，群众。2017年7月6日。

第三章　民之所望　施政所向

"人民对美好生活的向往，就是我们的奋斗目标。"[①] 这充分体现了习近平总书记情系群众、关注民生的为民情怀，也指明了新的历史条件下党对人民的责任。"中国梦归根结底是人民的梦"，解决好老百姓关心关注的民生问题，使人民学习得更好、工作得更好、生活得更好，是人民的期盼，也是中国梦的重要组成部分。

一、村民对美好生活的向往

习近平总书记在2017年7·26重要讲话中着重强调"牢牢把握我国发展的阶段性特征，牢牢把握人民群众对美好生活的向往"。[②] 这"两个牢牢把握"，是我们谋划和推进党和国家事业发展的重要前提。

在调查村民"最为关心的问题"时，排在前五位的依次为身体健康状况（53.90%）、子女教育问题（46.90%）、个人收入问题（44.10%）、医疗保障问题（42.70%）、自己养老问题（29.30%），其他还有23.2%的人关心老人养老问题，20.6%的人关心住房问题，关心子女抚养和婚姻问题的均占13.0%，另外还有6.0%的人关心家庭婚姻问题。

问题	比例
身体健康状况	53.90%
子女教育问题	46.90%
个人收入问题	44.10%
医疗保障问题	42.70%
自己养老问题	29.30%
老人养老问题	23.20%
住房问题	20.60%
就业问题	14.00%
子女抚养问题	13.00%
子女婚姻问题	13.00%
其他	6.80%
家庭婚姻问题	6.00%

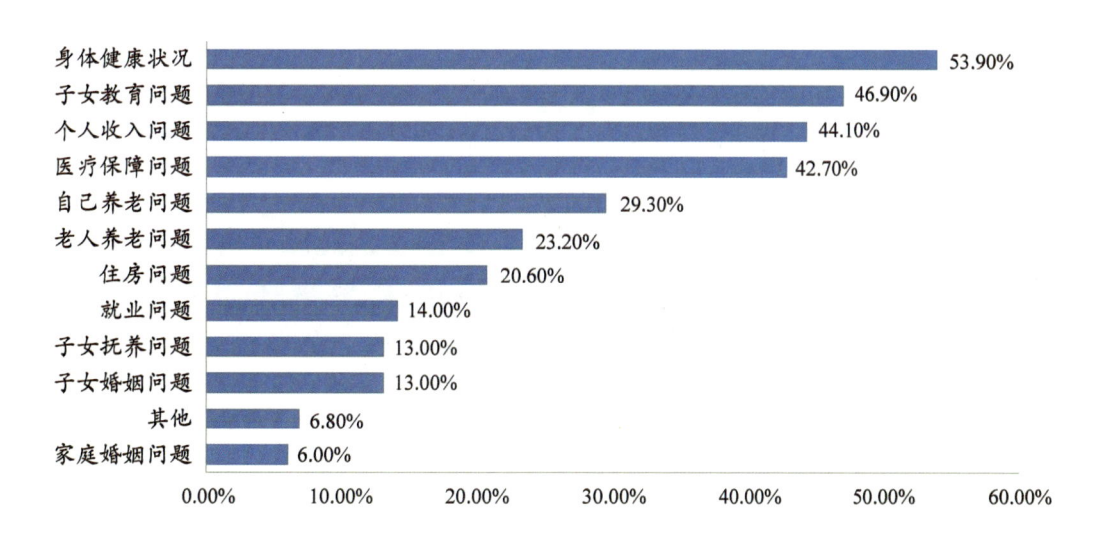

图0896　2017年凤凰村村民最为关心问题统计（N=1565）

在对村民"未来的发展规划"的调查中发现，有61.2%的人选择"继续做好目前的工作"，希望事业有成，有54.5%的人选择"锻炼身体，颐养天年"，"照料家庭"占30.00%。其余依次为"干个体做生意""扩大经营规模""自办公司""外出打工""发展种植业或养殖业"等。

---

① 习近平：《习近平谈治国理政》，外文出版社，2014年，第4页。
② 《高举中国特色社会主义伟大旗帜，为决胜全面小康社会实现中国梦而奋斗》，《人民日报》2017年7月28日第1版。

表607　2017年凤凰村村民关于"村民未来发展规划"情况（N=928）

单位:%

项目	个案百分比	项目	个案百分比
继续做好目前的工作	61.2	扩大经营规模	7.4
锻炼身体，颐养天年	54.5	自办公司	6.0
照料家庭	30.0	外出打工	2.6
干个体做生意	11.9	发展种植业或者养殖业	2.2
其他	10.9		

事业、健康和家庭是村民们目前最关心且规划未来时首先考虑的问题。村民张某说："我觉得人活一辈子不容易，都是为了家庭幸福美满，这是最基础的一点，因为如果家庭不幸福，其他的想都不要想，所以一是家庭幸福，然后子女平平安安，老人身体健康就可以了。"①

在关于"成功人生的标准"的调查中，村民普遍认为人活着是为了家庭、为了子女，选择"家庭和睦"和"身体健康"是成功人生的主要标准的分别占89.20%和82.60%，如村民徐某在访谈时说道："我觉得生活过得平淡一点、安静一点就好，身体健康一点、家庭和睦一点、邻里关系和睦一点，村里经济等各方面都发展得好一点，差不多现在就已经算是达到了理想生活的样式，一切都还是蛮好的。"②选择"事业有成"和"生活富裕"的分别占54.80%和48.20%，还有36.00%的村民认为成功的人生是"实现理想和抱负"，如村民沈某认为："人活着第一个为了组建一个祥和的家庭，第二要活得有价值。比如干点事，就是像中国传统文化一样给小孩做一个榜样。关于未来五到十年打算，第一我自己在单位想好好工作，第二是希望家庭和谐，子女有些方面要指导一下。"③村民沃某认为人活着要有目标："我觉得人活着总要有个目标的，小的时候的目标是读好书，到了该工作的时候希望自己有个好工作，结婚生子后就开始为下一代着想。总的来说要健康快乐地活着。未来五到十年，希望通过自己的努力能够升职，希望小孩学业有成，健康快乐。"④

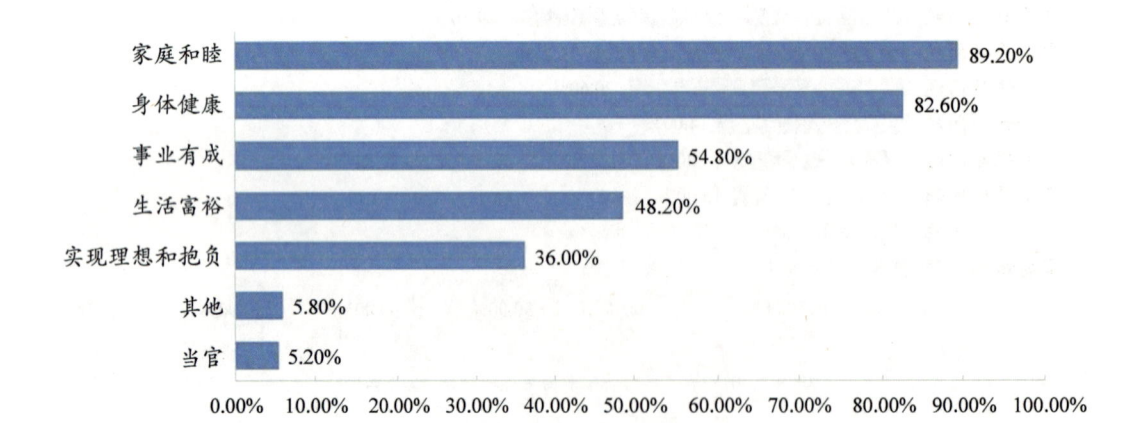

项目	百分比
家庭和睦	89.20%
身体健康	82.60%
事业有成	54.80%
生活富裕	48.20%
实现理想和抱负	36.00%
其他	5.80%
当官	5.20%

图0897　2017年凤凰村村民成功人生标准情况（N=1609）

---

① 被访者：张某，女，40岁，村务人员，群众。2017年7月6日。
② 被访者：徐某，男，56岁，村市场办，中共党员。2017年7月6日。
③ 被访者：沈某，54岁，村党委委员，中共党员。2017年7月6日。
④ 被访者：沃某，男，32岁，村委，治保主任，中共党员。2017年7月6日。

在关于"未来生活条件改善期待"的调查中,有超过半数的村民首先希望能改善医疗设施(66.30%)、住房条件(55.80%),希望个人收入以及可支配收入提高(54.60%)以及居住环境美丽整洁(53.00%),其他还有35.90%的人希望交通更加便利,35.30%的人希望文化生活更加丰富,18.70%的村民希望与外界信息交流更加频繁。

表608 2017年凤凰村村民"未来农村生活条件改善期待"情况(N=1623)

单位:%

项目	个案百分比	项目	个案百分比
医疗设施改善	66.30	交通更加便利	35.90
住房条件改善	55.80	文化生活更加丰富	35.30
个人收入以及可支配收入提高	54.60	与外界信息交流更加频繁	18.70
居住环境更美	53.00	其他	6.20

在访谈中,村民们不仅关注着自身和家庭的发展,也关注着村庄、地区、社会、国家的发展,希望生活能越来越好。访谈中村民沈某谈到理想的生活:"就是高水平的小康生活。我想现在已经过上小康生活了,尤其是我们凤凰村。随着经济发展今后会越加好点,现在也知足了。我希望10年后的生活不愁住房,生活方面更人性化,旅游各方面更便捷,用什么都很方便。希望子女们有做出好的成绩,生活水平提高了我想去看看外面的世界。"① 张某也希望10年后"国家发展更好更加稳定,村庄的环境变得更好,我们农民各项条件都有所提升"。②

村民翁某对家庭和乡村建设都充满了期待:"对村里的话,因为现在大家都在进行五水共治,希望水更清,天空更蓝,村庄更加整洁,村民素质有所提升,村里的软件和硬件设施能够跟上时代的脚步。对家庭的话,希望爸爸妈妈能够退休安享晚年,自己工作得到领导肯定,老公的企业生意越来越好,子女学业有成。"③

个体企业主陆某除了希望家庭幸福、子女成才外,还希望将来科技会更好地改变生活:"如果从大一点的方面讲,我想科技的发展肯定是无法想象的,10年以前和10年以后肯定完全不一样,我希望科技在关于人的生活、生命健康等方面能够有长足的进步,比如帮助延长寿命,这样我们也能够多享受几年,其次就是希望法治、公平、正义都能够得以加强,这样普通百姓也都能平平安安地过日子。"④

从村民关心的问题、对未来生活条件改善的期待以及未来的规划、成功标准的调查中可以看到,发展中的不平衡、不协调、不可持续问题依然突出,人民还有不少忧虑,教育、医疗、养老、收入、就业等关系群众切身利益的领域问题还较多,人民对美好生活的向往十分强烈。对此必须有清醒的认识。改革发展,就要了解群众关心的问题,不断解决这些问题,补齐民生短板,让人民的忧虑越来越少,获得感越来越多。

---

① 被访者:沈某,54岁,村党委委员,中共党员。2017年7月6日。
② 被访者:张某,男,51岁,村巡防队员,群众。2017年7月6日。
③ 被访者:翁某,女,33岁,村委,经济联合社董事,中共党员。2017年7月6日。
④ 被访者:陆某,男,50岁,个体企业主,中共党员。2017年7月6日。

二、对策思考

习近平总书记在7·26重要讲话中指出:"经过改革开放近40年的发展,我国社会生产力水平明显提高;人民生活显著改善,对美好生活的向往更加强烈,人民群众的需要呈现多样化多层次多方面的特点,期盼有更好的教育、更稳定的工作、更满意的收入、更可靠的社会保障、更高水平的医疗卫生服务、更舒适的居住条件、更优美的环境、更丰富的精神文化生活。"① 这就需要各级政府关注群众多方面、多层次需求,创新方式方法,多用善用会用多予少取、放活普惠的办法推进改革,多谋民生之利、多解民生之忧。

(一) 三级联动,推进"三美三化"建设

浙江省着力在农业绿化、农村美化、农民转化上下更大功夫,全力打造"生产美、生态美、生活美"的城乡一体化浙江样板和"三农"发展标杆省份。②

三级联动,完善治理体系。基层治理要积极推动街道、社区、网格"三级联动"工作机制完善。实现责任清晰、条块结合、互补互助、资源共享的新格局,推动资源向基层倾斜,管理服务重心向基层下沉,发动村民群众,实现网格化管理,推动智慧化城市管理综合运行系统的有效运行。

"退二进三",实现绿色生产。随着产业结构的优化,萧山经济从第二产业占主导地位的"231"时代进入第三产业占主导地位的"321"时代,服务业成为萧山的首位经济。大力实施工业节能降耗工作,联合工业节能科技企业,发挥各自的专业优势,开展节能技术改造、设备更新、清洁能源替代和电能替代等工作,实现绿色生产美。③

因地制宜,搞好人居环境。要从实际出发,统筹规划,做好村庄规划,发挥和保留各村的特色和优势,留住田园乡愁。如萧山乡村可以借助历史文化的积淀、优美的村庄环境和城市休闲文化的发展,开发休闲游乐、民宿、旅游项目。综合整治,解决好污水垃圾处理问题;合理安置外来务工人员,提升人员素质,共建家园。

移风易俗,树立文明乡风。虽然村民物质生活得到了很大的提高,但精神生活没有得到相应的发展,这使得一些陈规陋习仍有较大的影响力。要以乡风文明为重点,倡导尊老爱幼、邻里团结、遵纪守法的良好乡风民俗,崇尚科学、破除迷信;节约资源,反对铺张浪费、婚丧大操大办,用文明言行来抵制各种歪风邪气,推进农村乡风美。

(二) 引导合作,推动"三位一体"改革

浙江农民历来有着合作精神和"勇立潮头""敢为天下先"的拼劲。在大革命时期,萧山衙前就成立了共产党领导下的第一个农民协会,开始了浙江的农民运动。当前,农民在发展农村合作经济的实践中,也逐步认识到单一的专业合作社、资金互助社等不能完全实现稳定增收,正在尝试进行多种形式的合作组织间联合和重组,浙江农民合作意识更是不断增强。

构建生产、供销、信用"三位一体"的农民合作经济组织体系,是习近平总书记在浙江工作时亲自点题破题的农村改革"命题作文"。2017年中央一号文件首次明确提出积极发展生产、供销、信用"三位一体"的综合合作。2017年8月,浙江省农民合作经济组织联合会(以下简称农合联)

---

① 《高举中国特色社会主义伟大旗帜,为决胜全面小康社会实现中国梦而奋斗》,《人民日报》2017年7月28日第1版。
② 王国锋:《浙江:加快推进农业绿化农村美化农民转化》,《杭州日报》2017年4月1日第1版。
③ 李俊、徐国锋:《杭州萧山书写绿色发展新画卷》,《人民日报》2016年12月22日第14版。

成立。农合联是由农民合作经济组织和各类为农服务组织（企业）组成的农民合作经济组织的联合组织，是党和政府联系基层合作经济组织和农民群众的桥梁纽带。省级农合联的成立，标志着浙江省率先自上而下构建了省、市、县、乡纵向的四级体系。会员覆盖到全省较为规范的农民合作经济组织和涉农服务组织、企业。这是深化农村改革、推进农民合作经济发展的重要举措，也是构建"三位一体"新型农村合作体系的实践成果。①

农合联要以乡镇为支点，发展三种合作功能。要加大对农合联的政策支持力度，将农合联及其成员合作社作为农业扶持资金的重点支持对象，充分利用现有组织资源，使现有的具有合作制名义的组织互融吸纳，同时不断催生新生的合作力量，逐步使其成建制、整区域地拿出购销渠道、人才、信息等资源，融入三位一体合作组织，要逐步推动现有的农民资金互助社向三位一体综合性合作社发展，推动各种各类合作社建立联合组织，并发展内部资金互助和信用机制，逐步扩大合作组织的内部合作金融，在更高层次、更大平台、更广范围上实现合作与联合。在新的起点上，要深入推进"三位一体"改革，激发生产、供销、信用三大合作的协同效应，培养村民合作意识，拓宽村民增收的路子。

（三）共建共享，提升公共服务水平

虽然发达地区富裕农村农民收入快速增长，城乡贫富差距在缩小，但应当看到财富增长的背后依然隐藏着较大的城乡差距，农村教育、文化、卫生、体育等社会事业以及基础设施建设远远落后于城市。要扭转这些城乡差距扩大的趋势，必须把城乡发展作为一个整体，科学筹划，协调推进，建立以工促农、以城带乡的长效机制。

建立家庭养老为主和村组服务相扶持的养老模式。随着老龄化趋势扩大，养老问题始终是村民最为关心的问题之一。习近平在北京市供热企业和敬老院考察民生工作时表示："要完善制度、改进工作，推动养老事业多元化、多样化发展，让所有老年人都能老有所养、老有所依、老有所乐、老有所安。"② 在调查中，村民普遍赞同居家养老、与子女同住的传统养老模式，但又希望村组社区帮扶养老。村组养老服务可为村民提供家政服务、家庭医疗保健、失能老人照料护理等服务。开展邻里互帮互助，组织志愿者、低龄老人、健康老人参与力所能及的社区服务工作。为维持必要运转，可以提供保本微利的有偿服务，既补充经费不足，又可安置村民就业。村里可兴办老年食堂、茶室、托老所、老年病防治站、法律咨询服务站以及各种老年文体设施等，面向老年人提供全方位、多功能、多形式的系列服务，加强老年人权益保护，弘扬敬老、养老、助老社会风尚。

加快补齐农村公共服务短板，着力缩小城乡社会事业发展差距。近年来我省基本公共服务体系建设取得显著成效，基本公共服务覆盖面持续扩大，服务设施得到明显改善，但仍然存在总量不足、投入水平偏低、发展不均衡、服务供给市场化不足等问题。要实现城乡居民基本权益平等化、城乡公共服务均等化必须要守住"底线"，基本公共服务供给要向农村、欠发达地区和困难群体倾斜。要坚持需求导向，深入研究新常态下人民群众公共服务需求特点，促进公共服务供给有效匹配农村多层次、多方面、多样化需求，积极引导社会资本参与农村公益性基础设施建设，推进城乡基础设施互联互通、共建共享。③

大力发展社区志愿服务，健全公共服务网络体系，改善村民的生活质量。倡导"奉献、友爱、

---

① 谢晔：《省农民合作经济组织联合会成立》，《浙江日报》2017年8月23日第1版。
② 霍小光：《习近平元旦前夕在北京市看望一线职工和老年群众》，《人民日报》2013年12月29日第1版。
③ 《健全城乡发展一体化体制机制 让广大农民共享改革发展成果》，《人民日报》2015年5月2日第1版。

互助、进步"的志愿者精神,加强社区服务中心网格化平台管理,从社区成员多种需求出发,组建以村民志愿者为主体的组织网络,开展民政救助、社区养老、家政保洁、市政公益设施维护等社区志愿服务活动,协助解决社区问题。建立志愿服务时间累计和绩效评价制度。志愿服务的时间累计数和绩效评价结果作为考核、表彰志愿者的重要依据。

(四)精准帮扶,完善社会保障制度

从2013年国家提出全面深化改革目标以来,以医保和养老保险为首的农村社会保障制度不断完善,农民生活发生了重大的变化。近年来萧山加大民生投入,各项社会事业不断发展。2016年末参加基本养老保险人数达63.18万人;参加医疗保险人数57.42万人;参加职工工伤、生育、失业保险人数分别达45.35万人、45.35万人、45.86万人。城乡居民养老保险和医疗保险参保率分别达到97%和99%。①

加快城乡社会保障制度整合,完善农村三级医疗卫生网络。在农村医疗卫生和社会保障方面,要充分利用社区的作用和价值。通过政策的制定、实施和支持,改善农村医疗卫生条件,落实乡镇卫生院人员绩效工资和乡村医生公共卫生服务补助政策,为乡村医护人员提供技能培训的机会,提高医疗素养和专业知识,保障医疗安全,增加村民对社区的卫生条件信任度,加大乡村医疗卫生设施的利用率。要实行医疗、医保、医药联动,推进医药分开,"要推动医疗卫生工作重心下移、医疗卫生资源下沉,推动城乡基本公共服务均等化,为群众提供安全有效方便价廉的公共卫生和基本医疗服务,真正解决好基层群众看病难、看病贵问题"。②

完善医疗救助制度,改善特困村民的医疗条件。随着老年人口的增加和老年村民退休后收入的减少,又没有土地,"以地养老"不适用于一些新型城镇化进程中的农村。老年村民除了子女资助外,主要依靠的还是养老金和村级助养资金。如果没有必要的保障和救助,很可能因病致贫。进一步完善以社会保险、村级救助、村级福利为基础,以大病保险、商业保险为补充的养老保障体系,提高大病报销额度,精准救助工作,全面建立针对经济困难高龄、失能老年人的补贴制度,稳步提升特困村民生活保障水平,让村民感受到切实的优惠。

加大农村金融改革创新工作力度。当前金融机构在积极发展普惠金融,为中小微企业、乡镇企业等薄弱领域提供信贷投放、项目融资,扩大金融服务覆盖面,逐步实现"村民办理基础金融不出村,综合金融不出镇"。金融机构可以智能手机等多样化的终端为载体,在电商平台中整合新农合、新农保以及各类涉农补贴等代付业务,农村水、电、燃气、手机缴费等代收业务,为"三农"客户提供丰富的代理服务。同时,开通理财、基金、保险、贵金属等投资类产品线上销售渠道,为"三农"客户提供丰富、便捷的投资理财等金融服务。

(五)提高素质,加快培育现代农民

建设社会主义新农村,最终需要有文化、懂技术、会经营的新型农民。要提高农民素质,培养造就新型农民队伍,离不开对农民的教育培训。习总书记指出:"把培养青年农民纳入国家实用人才培养计划,确保农业后继有人。要把加快培育新型农业经营主体作为一项重大战略,以吸引年轻人务农、培育职业农民为重点,建立专门政策机制,构建职业农民队伍,为农业现代化建设和农业

---

① 杭州市萧山区统计局:《2016年杭州市萧山区国民经济和社会发展统计公报》,《萧山日报》2017年3月15日第6版。
② 霍小光、王骏勇:《主动把握和积极适应经济发展新常态 推动改革开放和现代化建设迈上新台阶》,《人民日报》2014年12月15日第1版。

持续健康发展提供坚实人力基础和保障。"①

开展精准培训教育模式。要充分利用农村空闲学校、礼堂和活动室，选调优秀教师，以开发当地资源、发展优势产业、增收致富为原则，科学遴选培育对象，分产业、分类型、分层级、分模块实施教育培训，强化规范管理、政策扶持和跟踪服务，积极培养服务农业农村的各类人才。同时也要积极鼓励社会力量和民间资本提供多样化教育服务，完善资助体系，实现家庭经济困难学生资助全覆盖，"努力让每个人都有人生出彩的机会"。②

开展成人职业教育模式。坚持开展以农村党员干部、农业技术人才及骨干专业村民为对象的中专学历教育，稳步开展农村人口转岗培训和绿色证书教育，分形式、多层次地对村民进行技术培训。采取集中培训和现场指导相结合的形式，拓宽教育面，把新技术、新项目送到农村乡间，增强村民发展第二、第三产业和务工经商的技能和本领。

开展网络信息知识技能培训模式。对村民进行必要的网络信息技能培训，加快村民科技网络"智慧屋"和智慧农民云平台等建设，推动各类学习资源开放共享。用活"互联网＋"手段，多层开展跟踪服务，通过互联网技术手段，实现延伸培训、政策咨询、产销对接、金融对接、互动交流等多种形式的跟踪服务工作，巩固教育培训效果，促进村民创业创新。

（六）责任明晰，抓好基层组织党建

治国安邦，重在基层；管党治党，重在基础。只有基层党建抓好了，才能筑牢堡垒，推动基层党组织建设全面过硬、基层政权全面稳固。多年来，历届浙江省委都高度重视抓基层、打基础工作，将其作为长远之计和固本之举，以"整乡推进、整县提升"为重要抓手，高标准落实农村基层党建"浙江二十条"，使浙江农村基层党建得到了全面进步、整体提升。

坚持责任明晰。班子成员要有明晰的党建项目责任清单，以表单化管理解决党内责任长期存在的难具体、难抓实的问题，树立以人促事，责任到人，监督到人的正确导向。市、县区组建常态化的党建工作督导组，对年度目标任务和阶段性重点工作，明察暗访、跟踪问效，确保各项工作都有人抓、能落实，对一些基础性工作常抓不放，直至抓出成效。

坚持细抓实干。农村基层党建工作要抓细抓实，也要敢抓真抓。村干部和党员开展"网格化管理、组团式服务"，努力做到"四必到、四必访"，通过走访深入群众，了解群众关心的问题和矛盾纠纷，在工作中多推出一些切口小、作用大的措施办法，以细节促规范、以细节出特色、以细节见成效，把更多精力放在抓落实上。

坚持助推发展。农村基层党建所有工作要围绕强化党组织领导核心作用、推动经济社会发展展开，坚持党建服务中心，通过党建工作与经济社会发展一起谋划、同步推进，把党建优势转化为发展优势，把党建资源转化为发展资源，把党建成果转化为发展成果，使"党建＋"的工作方法在农村全面铺开，使基层党建压舱石和推进器的作用得到充分发挥，在统筹协调中推动各方面事业均衡发展。

坚持从严管理。党组织建设离不开党员，必须从严从实抓好党员教育管理，通过公开承诺、无职党员设岗定责等多种形式，为党员履职尽责、发挥作用搭建平台，引导把党员形象树在生产、工作、社会生活的方方面面，主动公开，接受党员群众监督。制定合理有效的管理制度，引导党员严于律己正言行，立足岗位做奉献。在从严管理党员队伍的同时，也要发挥优秀党员模范带头作用。

---

① 《中央农村工作会议在北京举行》，《人民日报》2013年12月25日第1版。
② 倪光辉：《更好支持和帮助职业教育发展 为实现"两个一百年"奋斗目标提供人才保障》，《人民日报》2014年6月24日第1版。

通过评选干事创业有思路、村务管理有规矩、服务群众有感情、带领队伍有办法、廉洁公道有口碑的优秀村党组织书记和基层党员，用他们的行动和精神来激励广大党员，起到榜样示范作用。培养好接班人，让年轻党员能从老党员、老班子成员身上学习继承到他们的勤恳、务实、智慧和魄力，弘扬基层党组织优良风气。

总之，"让老百姓过上好日子是我们一切工作的出发点和落脚点"①，作为浙江富裕农村，坚定不移沿着"八八战略"指引的路子走下去，深刻理解"两个高水平""六个浙江""四个强省"等举措的内在逻辑和现实要求，要关注群众多方面、多层次的需求，创新方式方法，多谋民生之利、多解民生之忧，不断增强人民群众的获得感、幸福感，努力为经济社会发展大局作出新的更大的贡献。

附录一

萧山区衙前镇凤凰村村民未来期待调查问卷

您好！非常感谢您百忙中抽空填答这份问卷。请仔细阅读下面的问卷，填上符合自身情况的答案（题目中注明【可多选】的是一题可以选多个选项，请在选项前打"√"）。

您的性别是（　　）

1. 男　2. 女

您的年龄是（　　）

1. 18 周岁以下　2. 18—35 周岁　3. 36—45 周岁　4. 46—59 周岁　5. 60 周岁以上

您的学历是（　　）

1. 小学及以下　2. 初中　3. 高中/中专/技校　4. 大专　5. 大学本科及以上

您的政治面貌是（　　）

1. 群众　2. 共产党员　3. 其他党派

您家里有几口人？【请填数字】（　　）

您所从事的主要职业是（　　）

1. 在家　2. 个体私营企业主　3. 商业服务业职工　4. 企业员工　5. 专业技术人员　6. 务农
7. 乡镇和村组干部　8. 农村外出务工人员　9. 农村中小学教师　10. 学生　11. 其他

您家庭收入主要来源【可多选】（　　）

1. 种植农林作物　2. 养殖业　3. 加工业　4. 渔业　5. 经商　6. 单位工资
7. 炒股、基金等理财　8. 养老金　9. 村集体经济分红　10. 其他

您的家庭年收入（　　）

1. 1 万元以下　2. 1 万—3 万元　3. 3 万—5 万元　4. 5 万—10 万元
5. 10 万—20 万元　6. 20 万元以上

您是否信教？（　　）

1. 不信教　2. 信佛教　3. 信基督教　4. 信其他教派

您主要是从什么途径了解掌握党关于农村的路线、方针、政策的？【可多选】（　　）

---

① 《深入实施创新驱动发展战略　为振兴老工业基地增添原动力》，《人民日报》2013 年 9 月 2 日第 1 版。

1. 报纸　2. 广播电视　3. 网络　4. 村里专题学习教育　5. 村干部传达　6. 与人闲聊

您目前空余时间的主要文化娱乐活动是【可多选】（　　）

1. 看电视　2. 读书看报　3. 看手机或上网　4. 跳舞或健身　5. 打牌打麻将
6. 念经做佛事　7. 唱歌（歌舞厅）　8. 外出旅游　9. 听戏看戏　10. 去教堂
11. 玩电子游戏　12. 其他

就个人而言，您目前最关心的问题是什么【可多选】（　　）

1. 个人收入问题　2. 子女教育问题　3. 子女抚养问题　4. 子女婚姻问题
5. 家庭婚姻问题　6. 自己养老问题　7. 身体健康状况　8. 医疗保障问题
9. 就业问题　10. 住房问题　11. 老人养老问题　12. 其他

您老了以后，会选择什么养老模式？（　　）

1. 居家养老　2. 公办敬老院、福利院　3. 民营养老机构　4. 社区养老　5. 抱团养老

在子女就业方面，您希望他们如何选择？（　　）

1. 考公务员　2. 在本村村委会工作　3. 到企业工作　4. 资助他们办厂开公司
5. 继承家族产业　6. 参军　7. 无所谓

您最希望子女的工作地点在哪？（　　）

1. 本村　2. 本区　3. 杭州市　4. 北上广深　5. 国外　6. 无所谓，看子女自己

子女的配偶，您希望他（她）是哪里人？（　　）

1. 本村人　2. 萧山人　3. 杭州人　4. 浙江人　5. 外省人　6. 外国人
7. 无所谓，看子女自己

您觉得几个小孩是最理想的？（　　）

1. 一个　2. 两个　3. 三个　4. 四个　5. 越多越好

在子女教育方面，您赞同下列哪些说法？【可多选】（　　）

1. 读书是最好的出路，多读书才能多赚钱　　2. 尽可能让子女接受更好的教育
3. 只要能赚钱，不必多读书　　　　　　　　4. 女孩反正要嫁人务农，不用多读书
5. 有条件会选择送子女出国接受教育　　　　6. 孩子教育费用太高，难以负担
7. 读一些实用的专业如会计和金融，不要读就业困难的专业
8. 读个大学就可以了，不必读太多，耽误挣钱

平常的时候，您主要利用互联网做哪些事情？【可多选】（　　）

1. 网上购物　2. 网络支付　3. 网上银行转账、理财　4. 社交聊天　5. 记账
6. 导航　7. 网络游戏　8. 了解时事新闻　9. 其他

未来三年您家庭最大的消费支出主要在哪些方面【可选三项】（　　）

1. 医疗保健　2. 教育培训　3. 建房购房　4. 装修住房　5. 婚丧嫁娶
6. 衣食等生活消费　7. 购买汽车等　8. 农业投资　9. 房地产交易税
10. 企业投资　11. 购买保险　12. 其他

未来三年您觉得会影响家庭收入增加的最主要原因是【可选三项】（　　）

1. 缺乏资金　2. 缺少专业技术　3. 缺少劳动力　4. 缺乏农产品销售渠道
5. 自身文化水平低　6. 现行农业政策不合理　7. 企业经营效益低下
8. 身体状况不好　9. 市场大形势不好　10. 外出打工等增加收入的机会少　11. 其他因素

农村家庭最想得到的社会保障是【可多选】（　　）
1. 基本养老保险　2. 最低生活保障　3. 大病医疗保险　4. 农业种植业保险
5. 商业保险　6. 其他

未来三年您认为政府对农村的资金扶持重点应该放在【可选三项】（　　）
1. 搭建创业创新平台　2. 扶持村企业和种植大户　3. 解决大众就业　4. 扶贫
5. 进行水电路等基础设施建设　6. 改善农村文化娱乐活动设施　7. 扶持新型职业农民
8. 扩大生产经营规模　9. 注重医疗和社会保障　10. 促进和扶持产业转型升级　11. 其他

未来三年您希望地方政府工作从哪些方面进行加强？【可选三项】（　　）
1. 医疗卫生服务　2. 社会保障和救助　3. 义务教育　4. 环境保护
5. 科技发展与推广　6. 树立良好社会风气　7. 维护社会治安　8. 依法办事
9. 发展经济　10. 实现社会公正　11. 促进产业转型　12. 其他

未来三年要达到村容整洁，您认为我村还需要改进哪些方面？【可多选】（　　）
1. 加强对外来务工人员的管理　2. 扩大人工绿化　3. 整治污水排放　4. 改善环境卫生
5. 垃圾分类和垃圾处理　6. 增添公共卫生设施　7. 做好村庄房屋建设规划　8. 其他

您希望村里怎样丰富农村休闲文化生活？【可多选】（　　）
1. 多建文化娱乐活动场所　2. 多建图书馆和阅览室　3. 多举办送戏下乡活动
4. 举办健康、文艺、技能讲座　5. 举办健身舞蹈、棋牌类比赛
6. 多组织农民参与、自编自演节目　7. 其他

您觉得要形成文明乡风，农村中哪些风气最应该改变？【可多选】（　　）
1. 封建迷信活动盛行　2. 宗族派系问题严重　3. 打牌赌博现象突出　4. 好吃懒做贪图享乐
5. 大操大办红白喜事　6. 不愿孝顺赡养老人　7. 不讲环境卫生　8. 其他

未来您希望村委会在哪些方面作进一步加强？【可多选】（　　）
1. 增强责任意识　2. 密切联系群众　3. 管理民主　4. 做致富带头人
5. 增强廉洁自律　6. 提升工作能力　7. 改进工作作风　8. 开阔视野、增长知识

未来10年，您希望农村生活条件在哪些方面有明显变化？【可多选】（　　）
1. 住房条件改善　2. 医疗设施改善　3. 个人收入以及可支配收入提高　4. 交通更加便利
5. 文化生活更加丰富　6. 居住环境更美　7. 与外界信息交流更加频繁　8. 其他

您认为凤凰村今后建设的主要发展方向应该是【可多选】（　　）
1. 红色文化园　2. 绿色生态园　3. 休闲游乐园　4. 旅游业　5. 绿色经济
6. 爱国主义教育基地　7. 美丽宜居新农村　8. 电子商务村　9. 其他

您是否愿意凤凰村变成城市社区？（　　）
1. 愿意　2. 不愿意　3. 无所谓

您未来的主要发展规划如何？【可多选】（　　）
1. 锻炼身体，颐养天年　2. 继续做好目前的工作　3. 自办公司　4. 干个体做生意
5. 扩大经营规模　6. 外出打工　7. 照料家庭　8. 发展种植业或者养殖业　9. 其他

您觉得什么样的人生是成功的人生？【可多选】（　　）
1. 家庭和睦　2. 事业有成　3. 身体健康　4. 生活富裕　5. 当官
6. 能实现自己的理想和抱负　7. 其他

附录二

萧山区衙前镇凤凰村村民未来期待访谈提纲

1. 您喜欢网络吗？您通过网络主要用来干什么？您希望将来网络给你带来哪些更多的方便？
2. 您喜欢把钱放在银行里，还是喜欢放在支付宝等现代互联网金融理财里？以后您会不会用支付宝来付钱？把钱放在互联网金融机构里您放心吗？
3. 您觉得人活着为了什么？对未来的五到十年，您有什么样的打算安排？
4. 您知道传统文化吗？您会让您的子女学习传统文化吗？您觉得孩子们学习传统文化有什么意义？
5. 您觉得现在社会公平、公正、公开程度怎么样？您有什么看法？您身边有没有这样的例子？
6. 您对您的子女有什么期望？希望他（她）成为怎么样的人？您会让您的子女在哪里工作？做什么方面的工作？
7. 您觉得现在社会农民的社会地位怎么样？未来农民的社会地位应该怎么样？
8. 您是否愿意将来凤凰村变成城市社区？您是否愿意放弃农村户口变成城市居民？如果凤凰村城市化，您的主要顾虑是什么？您是否愿意让外来务工人员加入凤凰村，或者有条件地变成凤凰村村民？外来人员可否有条件地持有凤凰村集体股份？
9. 您理想的生活方式是怎么样的？您觉得未来什么时候能达到您理想中的生活方式？请简单谈谈您所期望的10年后的生活。

附录三

萧山区衙前镇凤凰村村民未来期待访谈记录

访谈记录1：

姓名：周彩芬　　性别：女　　年龄：53岁

政治面貌：群众　　职业：个体户

1. 问：您通过网络主要用来干什么？您希望将来网络给您带来哪些更多的方便？

答：我平时会用微信和家人朋友语音，儿子还会经常网购，但是我不会网购。将来网络肯定很方便，买东西都可以网上买。

2. 问：您喜欢把钱放在银行里，还是喜欢放在支付宝等现代互联网金融理财里？以后您会不会用支付宝来付钱？把钱放在互联网金融机构里您放心吗？

答：我不用支付宝这一类的互联网金融的，有钱肯定存在银行里的。由于怕支付宝转账或者其他过程中操作失误，引起不必要的麻烦，我不会考虑用支付宝的。

3. 问：您觉得人活着为了什么？对未来的五到十年，您有什么样的打算安排？

答：为了小孩多赚点钱。我现在53岁，估计还能工作十年左右，退休之后可以去老年活动室打打牌。

4. 问：您知道传统文化吗？您会让您的子女学习传统文化吗？您觉得孩子们学习传统文化有什么意义？

答：这个我不太了解的，而且我儿子也不想学这个东西，这些以后让我儿子的小孩学一学。我觉得孩子学传统文化，就多了这一方面的知识，这个肯定是好的。

5. 问：您觉得现在社会公平、公正、公开程度怎么样？您有什么看法？

答：我觉得现在做的都是很好的。

6. 问：您对您的子女有什么期望？希望他（她）成为怎么样的人？您会让您的子女在哪里工作？做什么方面的工作？

答：他和他的大学同学合伙在柯桥开外贸（卖布）公司，希望他无论工作艰难与否都要坚持下去，公司的生意也能蒸蒸日上。我儿子毕业于绍兴越秀外国语，希望他从事和他大学时候学习相关的外贸工作，而且也希望我儿子自己出去闯一闯。

7. 问：您觉得现在农民的社会地位怎么样？未来农民的社会地位应该怎么样？

答：农民的社会地位很好，叫是叫农民，其实和居民的社会地位一样，像我们村就更加好了（保障好，我们50岁了就有320元可以拿）。未来农民会越过越好。

8. 问：您是否愿意放弃农村户口变成城市居民？如果凤凰村城市化，您的主要顾虑是什么？您是否愿意让外来务工人员加入凤凰村，或者有条件地变成凤凰村村民？外来人员可否有条件地持有凤凰村集体股份？

图0898　周彩芬的住宅（2018年6月29日，陈妙荣摄）

答：我听说我们现在都变成居民了，但其实衙前也有居民社区，对比之下还是我们村农民的保障和福利好，我们的医疗保险也减轻了我们的开销。关于外来人口加入我们凤凰村，这个事情是好的，它能够加入我们凤凰村企业并确保它的正常运行，推动其发展。如果说户口落到我们凤凰，其实只是挂靠，而且户口都是在园区的社区里的。如果他们能拿到分红，村民肯定是不愿意的。

9. 问：您理想的生活方式是怎么样的？请简单谈谈您所期望的10年后的生活。

答：10年以后我63岁了，那个时候小孩也上学校了，我和我老公可以去旅游了。至于我们家的厂，由于外来务工人员在我们这边生活成本高，家乡的迅猛发展等原因会使他们选择回家乡，找不到外来务工人员的情况下就选择退休安享晚年了。关于住房方面，听说未来我们这边都要拆掉住高楼大厦，但其实我更偏向于现在自己家这种房子，但是如果国家出政策变成那样了，我们肯定是听国家安排。关于孩子方面，就希望他们越来越好。

访谈记录2：

姓名：翁洪霞　　性别：女　　年龄：33岁

政治面貌：中共党员　　职业：凤凰村村委会委员，经济联合社董事

1. 问：您通过网络主要用来干什么？您希望将来网络给您带来哪些更多的方便？

答：我平常用网络看新闻、购物。我希望将来网络可以在以下几方面给我带来便利。第一是工作上，我们村里经常需要拿着纸质材料跑到镇政府和萧山，我希望以后网络能给工作带来更多的便利，更加人性化，比如纸质稿上需要一个章，拍个照传过去取代自己亲自跑过去。第二是生活上，我们农村的去菜市场和水果店消费，可以直接用网络支付。

2. 问：您喜欢把钱放在银行里，还是喜欢放在支付宝等现代互联网金融理财里？以后您会不会用支付宝来付钱？把钱放在互联网金融机构里您放心吗？

答：我一般是把钱放在银行里的，支付宝相对少一点。前段时间支付宝的利息比较高，我把钱放在了里面。但是支付宝对每天转出的金额有限定，这一点给我们造成了一点不便，我就把之前放在支付宝的钱放到了银行卡里。安全方面应该还可以（我之前在支付宝里做过理财，后来都取出来了）。

3. 问：您觉得人活着为了什么？对未来的五到十年，您有什么样的打算安排？

答：人活着每个阶段都有他该干的事情，学生时期就该好好学习，开始工作了就该好好工作。人活着并不是为了开心，而是你每个阶段完成了自己的事情才会觉得是开心的。未来的话，希望自己做好本职工作，希望我的两个孩子在今后的学习生活中尽力而为。

4. 问：您会让您的子女学习传统文化吗？您觉得孩子们学习传统文化有什么意义？

答：我的大女儿在上幼儿园，她已经能背诵几段《三字经》了，她们还学了葫芦丝，学了一学期之后还能完整地吹奏一个曲子。我认为这个乐器挺好的，希望她能坚持下去。另外，周末我们还给她报了一个画画班。虽然现在孩子还不懂传统文化，但是随着她年龄的增长，她会自己去研究，对葫芦丝包括传统文化追本溯源，有更深的了解。

5. 问：您觉得现在社会公平、公正、公开程度怎么样？您有什么看法？您身边有没有这样一些例子？

答：我接触外界比较少，但是认为村里还是公平、公正、公开的。我们村的财务基本上每个月公开。至于公正，一般我们村里有重大决定都要召开村民代表会议（一共1200多个村民，53个村民代表，会议之后村民代表会把这些消息告诉村民，村民同意才实施）。比如我们村打算造游泳池，主意是村里出的，但是这个决策最后需要老百姓的认可才能实施。关于公开，比方说村规民约（三套班子选举以后对村里的一些事情）的规定，我们会把村规民约制成小册子（内容包括对村干部、老百姓的要求，评选需要符合什么条件）发放到村民手中。

6. 问：您对您的子女有什么期望？希望他们成为怎么样的人？您会让您的子女在哪里工作？做什么方面的工作？

答：对他们的学习还是有点要求的，不能懒散，总的来说希望他们顺其自然。希望孩子们工作了离自己越近越好，对于他们未来工作的要求，就让他们做自己感兴趣和擅长的事情。

7. 问：您觉得现在农民的社会地位怎么样？

答：越来越高了，现在出来的政策是不分农民和居民了，但是比方说我们村的农民享受的待遇肯定比其他村要高，想迁进我们村的是可以迁的，但是有一定要求的。从户口上已经不分农民和居民了，从性质上说是同等地位，感觉现在农民比居民拥有的更多，农民有建房基地，但是居民是没

有的，我们村和其他村相比待遇会更好，因为村民不仅能享受生活保障还能享受年底的分红。

8. 问：您是否愿意凤凰村变成城市社区？您是否愿意放弃农村户口变成城市居民？如果凤凰村城市化，您的主要顾虑是什么？您是否愿意让外来务工人员加入凤凰村，或者有条件地变成凤凰村村民？外来人员可否有条件地持有凤凰村集体股份？

答：我不仅是凤凰村人，我在凤凰村也工作很多年了，我对凤凰村有一定的感情，如果让我放弃农村户口转为城市居民肯定是不愿意的。听很多人说农村以后都会转型成为社区，我认为它的性质变不变无所谓，而且这是国策我们不能违背它，但是希望村领导的思想和理念不要变。比如无论谁上任，我们凤凰村的整体规划不要改变。至于外来务工人员，这么多年来我们没有将外来务工人员落户我们凤凰村的先例，那如果是在这个假设的基础上，我认为首先要看领导政策的决定，其次肯定会召开村民代表会议，让全体村民商议这个事情。从我个人出发，我不想他们加入，但是这个不想不是一种排斥，而是认为像我们这个年龄的还能区分哪些是本村人，哪些是外来人员。但是到了我们孩子那一代，就没有自己村和其他的区别的，也少了一份乡亲的亲切感。而且对于外来人员持有我们的股份和分红这点，大部分村民应该也会反对的。

9. 问：您理想的生活方式是怎么样的？请简单谈谈您所期望的10年后的生活。

答：对村里的话，因为现在大家都在进行五水共治，希望水更清，天空更蓝，村庄更加整洁，村民素质有所提升，村里的软件和硬件设施能够跟上时代的脚步。对家庭的话，希望爸爸妈妈能够退休安享晚年，自己工作得到领导肯定，老公的企业生意越来越好，子女学业有成。

访谈记录3：

姓名：傅玉刚　　性别：男　　年龄：28岁
政治面貌：中共党员　　职业：创业新村社区党支部委员

1. 问：您通过网络主要用来干什么？您希望将来网络给您带来哪些更多的方便？

答：我们这个年纪的年轻人对互联网的使用都是很普及的，我平时用手机看新闻、消费、淘宝。现在杭州都是支付宝支付，将来的话互联网肯定会越来越普及。

2. 问：您喜欢把钱放在银行里，还是喜欢放在支付宝等现代互联网金融理财里？您把钱放在互联网金融机构里您放心吗？

答：我的钱都存在支付宝里，它比较灵活，而且消费便利（我都是支付宝消费的）。对于把钱放进支付宝里面我是有一定的担忧的，这个需要支付宝所在的企业把好关。

3. 问：您觉得人活着为了什么？对未来的五到十年，您有什么样的打算安排？

答：我觉得人活着需要事业有成，也需要培养下一代，为下一代和自己更好的生活努力赚钱。未来五到十年，希望自己工作方面更加努力，给小孩找个好的学校，课余多上培训班。

4. 问：您会让您的子女学习传统文化吗？

答：我会让她学一些古筝、《三字经》等，但是更加注重孩子跳舞、钢琴方面的培养。

5. 问：您觉得现在社会公平、公正、公开程度怎么样？您有什么看法？您身边有没有这样一些例子？

答：现在社会还是比较透明和公开的。至于公平的话，比方说现在的小孩，家里条件好可以去很好的学校，家庭困难的孩子根本享受不到这种待遇。学校里放学后也没有机会到课外培训班上课的机会。至于公开的话,现在社会有些东西还算公开的。

6. 问:您对您的子女有什么期望?您会让您的子女在哪里工作?做什么方面的工作?

答:希望孩子将来学业有成,听父母的话,孝顺。此外,我会努力发现她的兴趣并希望她在自己感兴趣的方面有所造诣。至于想让她以后做什么工作,我觉得顺其自然就好。工作地点的话,我没有什么想法,到时候看她自己。

7. 问:您觉得现在农民的社会地位怎么样?未来农民的社会地位应该怎么样?

答:像我们这个地方称呼农民也不太恰当了,因为我们根本没有田也没有地,只是户口上写的是农民户口。如果根据户口上来,我们是农民,其实地位和居民也没什么区别。至于农民未来的社会地位,应该和居民也没什么区别。

8. 问:您是否愿意放弃农村户口变成城市居民?如果凤凰村城市化,您的主要顾虑是什么?您是否愿意让外来务工人员加入凤凰村?或者有条件地变成凤凰村村民?外来人员可否有条件地持有凤凰村集体股份?

答:由于我们村的待遇比较好,如果变成居民我们享受不到村里的待遇,所以出于这点我不会想成为居民。如果凤凰村城市化了,没有顾虑,反而这么一来企业可能会搬迁,外来人口减少,违章建筑、生活污水会减少,环境会有所提升,医院和学校等配套也可能会跟上去。至于是否愿意让外来务工人员把户口落进来,我认为我们凤凰村有100多家企业,他们能有今天的发展也是依靠外来人口的贡献,我愿意部分外来人口加入凤凰村,享受我们的一

图0899 傅玉刚驾车去上班(2018年4月7日,陈妙荣摄)

些福利。我们现在提倡共同富裕,在我们富裕的基础上也让他们享受部分福利包括给部分外来务工人员分红。

9. 问:您理想的生活方式是怎么样的?请简单谈谈您所期望的10年后的生活。

答:10年里面,希望小孩健康,学业有成;自己事业有成;家庭各个成员身体健康。住房的话,希望10年以后能在萧山市区买房子,享受那里更好的配套设施和生活环境。

访谈记录4:

姓名:张海　　性别:男　　年龄:61岁

政治面貌:群众　　职业:凤凰村巡防队员

1. 问:您喜欢网络吗?

答:我没有文化,不喜欢网络的,而且也没有时间去上网。

2. 问:您喜欢把钱放在银行里,还是喜欢放在支付宝等现代互联网金融理财里?

答:我没存什么钱,基本都放在口袋里的。

3. 问:您觉得人活着为了什么?对未来的五到十年,您有什么样的打算安排?

答:年轻的时候在生产队干活,年纪大了承包土地,土地被规划之后靠村里给的补贴以及巡防

队的收入，养育一家老小。接下来几年之后差不多也要退休了，希望到时候自己健健康康，拿养老保险过日子。

4. 问：您会让您的子女学习传统文化吗？

答：子女都不学这个的。

5. 问：您对您的子女有什么期望？您会让您的子女在哪里工作？

答：希望子女走正规的道路，挣的比我多。我的孩子在外面工作，但是还是希望她在我身边，平时还能帮家里做点家务。

6. 问：您觉得现在农民的社会地位怎么样？未来农民的社会地位应该怎么样？

答：农民的地位在逐步提升，吃穿住行条件都在稳步上升。接下来的话，年轻的人想要各方面有所提升，但是经济提升是最主要也是提升其他的关键要素，多挣点钱。

7. 问：您是否愿意放弃农村户口变成城市居民？如果凤凰村城市化，您的主要顾虑是什么？您是否愿意让外来务工人员加入凤凰村？或者有条件地变成凤凰村村民？外来人员可否有条件地持有凤凰村集体股份？

答：就目前看来，无论是农村户口还是居民户口享受的都是一样的，据我所知原先的居民和农民户口的变动是很大的，但现在看来在我们这个区域两者区别也不大。如果外来人口加入我们凤凰村，在不影响我们的经济利益的情况下我们是欢迎的。

8. 问：您理想的生活方式是怎么样的？请简单谈谈您所期望的10年后的生活。

答：我希望10年后国家发展更好更加稳定，村庄的环境变得更好，我们农民各项条件都有所提升。住房方面随着家庭经济情况的好转会做更好的装饰，那个时候我也退休了，在身体条件允许的情况下可以出去旅游。

访谈记录5：

姓名：沃琦　　性别：男　　年龄：32岁

政治面貌：中共党员　　职业：凤凰村村委，治保主任

1. 问：您通过网络主要用来干什么？您希望将来网络给您带来哪些更多的方便？

答：现在已经是网络时代了，我经常通过网络了解社会新闻，网购。至于网络未来给我们带来的方便，其实现在网络让我们足不出户就能购物，已经给我们带来了很多方便。至于工作方面的话，政府现在已经实行网络化管理了，比方说之前上级领导都是自己来看我们的纸质台账，现在可以坐在办公室直接通过网络进行。

2. 问：您喜欢把钱放在银行里，还是喜欢放在支付宝等现代互联网金融理财里？以后您会不会用支付宝来付钱？把钱放在互联网金融机构里您放心吗？

答：其实我觉得存在银行还是支付宝里都是一样的，因为它们是互通的，完全可以实现从银行转到支付宝，支付宝也可以转到银行卡里。但是会更偏向于支付宝，因为在杭州买东西、吃饭基本上都可以通过随身携带的手机支付宝付钱，但是一般不太会把银行卡带在身上。对于支付宝的安全问题，我会有这个顾虑，但是随着它的普及还是感觉比较安全的。

3. 问：您觉得人活着为了什么？对未来的五到十年，您有什么样的打算安排？

答：我觉得人活着总要有个目标的，小的时候的目标是读好书，到了该工作的时候希望自己有

个好工作,结婚生子后就开始为下一代着想。总的来说要健康快乐地活着。未来五到十年,希望通过自己的努力能够升职,希望小孩学业有成,健康快乐。

4. 问:您会让您的子女学习传统文化吗?您觉得孩子们学习传统文化有什么意义?

答:我觉得现在的小孩和我们那个时候的小孩子是完全不一样的,我们那个时候读好书完成好作业就可以了,但是现在的要求更高了,小孩子要上很多兴趣班,学古筝这一类的。但是我的小孩以后就让他按照自己的想法来,如果他愿意学就去学,他不愿意我也不会勉强他的。在我看来,小孩子学习传统文化可以提升他的素质、为人处世的能力。

5. 问:您觉得现在社会公平、公正、公开程度怎么样?您有什么看法?您身边有没有这样一些例子?

答:社会公平、公正、公开程度我觉得可以的,但对于社会我也说不上有什么看法。结合我们村的话,我们村的财务是公开公正公平的,而且我们村对于每个老百姓都是公平公正的。

6. 问:您对您的子女有什么期望?您会让您的子女在哪里工作?做什么方面的工作?

答:目前来说,我希望小孩开心、身体健康就好了;读书以后,希望孩子学习成绩优异,找到一个好工作。至于希望孩子以后干什么工作,就顺其自然根据孩子兴趣来,他喜欢金融可以去银行工作,喜欢体育可以去当体育老师等。对于偏向于让孩子在哪里工作,能留在我身边最好,但是如果他有自己能出去闯的能力,那我也支持他的。

7. 问:您觉得现在农民的社会地位怎么样?

答:其实现在的农民和居民我觉得是一样的,像我们这边说是农村,其实也相当于一个小城市了。总的来说农民和居民除了住的地方有所区别,其实生活品质等其他的都是差不多的。

8. 问:您是否愿意放弃农村户口变成城市居民?如果凤凰村城市化,您的主要顾虑是什么?您是否愿意让外来务工人员加入凤凰村?或者有条件地变成凤凰村村民?外来人员可否有条件地持有凤凰村集体股份?

答:我觉得农村户口和城市居民都一样,现在我看到的一些新闻好像也没有农民和居民之分了。如果凤凰村城市化,那么农村就会变成城市化管理了,我觉得再好不过了,比如我们的社会地位(由农民变成城市人了)提升了,环境会越来越好,人的素质会有所提升。至于让外来务工人员加入凤凰村,让他们落户在凤凰村这个是完全不可能的。那如果抛开村的管理制度不讲,如果这个假设成立,我觉得也没什么顾虑的,因为我们现在有两千多人,有他们的加入集体会变大,这是有益于凤凰村的发展的。而且如果他对凤凰村有贡献,那他就是可以得到分红的,如果没有贡献拿到了分红就是不公平的。

9. 问:您理想的生活方式是怎么样的?请简单谈谈您所期望的10年后的生活。

答:我理想就是家里人身体健康,开开心心。其实十年并不长,和现在的差别也不会很大,子女的话,这会儿还在读小学初中,就希望他们读好书,有正确的价值观和理念;工作方面就自己努力工作,领导器重,剩下的就顺其自然。但是如果考虑得远一点,那就是我退休以后了,也就是要平平淡淡过生活,出去旅旅游看看外面的世界。

访谈记录6:

姓名:曹爱娟　性别:女　年龄:50岁
政治面貌:群众　职业:家庭主妇

1. 问:您喜欢网络吗?您通过网络主要用来干什么?您希望将来网络给您带来哪些更多的

图0900　曹爱娟的住宅（中）（2018年6月21日，陈妙荣摄）

方便？

答：会用来购物、通信，聊聊微信。有时在微信上看看投资方、开发商、大众好商机。现在网络已经很方便了，比如买东西，今天购买的物品，明天就到了。现在我的女儿在海南，同她聊天，只要视频就可以。原来没有网络很不方便，现在有网络了，做事都很方便。

2. 问：您喜欢把钱放在银行里，还是喜欢放在支付宝等现代互联网金融理财里？以后您会不会用支付宝来付钱？把钱放在互联网金融机构里您放心吗？

答：有些人觉得把钱放在银行更安全一些，有些人觉得可以去投资，冒一下风险。我现在看大众商机，里面说人一定要冒一下风险。把钱现在放在支付宝里也放心的。虽然现在没有用支付宝付钱，但将来会用的，我原来手机、微信都不会，但是现在慢慢都学会了。

3. 问：您觉得人活着为了什么？对未来的五到十年，您有什么样的打算安排？

答：人乐观是主要的，但是没有钱也不行，现在很多时候都用钱来衡量人。人重要，钱也重要，比如人老了一定要存一点钱。因为我们现在还年轻，在未来五到十年，总还想再做一些事情。

4. 问：您知道传统文化吗？您会让您的子女学习传统文化吗？您觉得孩子们学习传统文化有什么意义？

答：现在文化很重要，像我们现在走出去都不会用滴滴。传统文化也是很需要的，有些年轻人没有传统文化，走上社会了真的一点也不懂。

5. 问：您觉得现在社会公平、公正、公开程度怎么样？您有什么看法？您身边有没有这样一些例子？

答：公正的。现在我们凤凰村也搞得很好，在开发，门口的绿化、卫生也做得很好，我们的书记都做得很好。

6. 问：您对您的子女有什么期望？希望他们成为怎么样的人？您会让您的子女做什么方面的工作？

答：现在我的大女儿已经工作了，希望小女儿走上社会找一个好的工作。她现在在海南大学，学的是财务管理。我想让她做外贸，想让她把英语学得好一点。

7. 问：您觉得现在农民的社会地位怎么样？未来农民的社会地位应该怎么样？

答：实际上真的比较好了，我们每个月也有粮食和钱分的。20斤米一个月，在其他地方是没有的。未来总希望要更好一点，现在居民，还是农民好。

8. 问：您是否愿意凤凰村变成城市社区？您是否愿意放弃农村户口变成城市居民？如果凤凰村城市化，您的主要顾虑是什么？您是否愿意让外来务工人员加入凤凰村，或者有条件地变成凤凰村村民？外来人员可否有条件地持有凤凰村集体股份？

答：我愿意的，统一安排也没办法。但总的来说还是农民好。凤凰村人太多了，不愿意外来人口加入，这些都是我们年纪大的打拼下来的，外来人员不能享受这些。

9. 问：您理想的生活方式是怎么样的？您觉得未来什么时候能达到您理想中的生活方式？请简单谈谈您所期望的10年后的生活。

答：我现在也好的，未来的话，想让两个子女发达，工作做得好一点。在住房方面我也很满意，所以我们凤凰村的干部真的很好。前段时间，我女儿休息了三天，我到香港去旅游了三天，自费的。去年去了黄山、千岛湖，那里风景很好。以后孩子长大了，我也想多去旅游，多去外面见识一下，看一下外面的发展情况。

访谈记录7：
姓名：陈长根　　性别：男　　年龄：61岁
政治面貌：群众　　职业：机修工

1. 问：您喜欢网络吗？您通过网络主要用来干什么？

答：家里电脑有很多，但我从来不去玩的。还是要靠小辈去学这些东西。

2. 问：您喜欢把钱放在银行里，还是喜欢放在支付宝等现代互联网金融理财里？以后您会不会用支付宝来付钱？

答：不去搞的，现在家里房子搞了一下，也没有多少钱，水电费、养老保险也要交，生活也要开支，没有多余的钱。平时也没用支付宝。

3. 问：您觉得人活着为了什么？对未来的五到十年，您有什么样的打算安排？

答：活着就是为了家庭和睦一点，社会发展对我们也有好处。未来五到十年我就想养老保险和医疗保险买好，再做两三年就不做了，可能会有第二个孙子或者孙女，在家带小孩。

4. 问：您知道传统文化吗？您会让您的子女学习传统文化吗？您觉得孩子们学习传统文化有什么意义？

答：传统文化我也想了解，但是没有资料，而且现在没有时间去了解，但是我还是很喜欢传统文化，很有意思。以后也想让孙女了解，是很好的，以前的东西要讲给他们听听，但是我儿子对传统文化好像没有什么兴趣。他现在在教体育，他多年来是班主任，他班里的事情搞好就好了，家里事情一般很少来过问。

5. 问：您觉得现在社会公平、公正、公开程度怎么样？

答：我觉得不够公平。比如我以前的田没有了，指标没有了，所以在养老保险上出现了一些问题。

6. 问：您对您的子女有什么期望？希望他（她）成为怎么样的人？您会让您的子女在哪里工作？做什么方面的工作？

答：我儿子、媳妇都在工作了，我们只能挣辛苦钱，他们稍微轻松一些。希望我儿子能上升就最好，他现在干得还不错。主要看他们自己的努力，我儿子还可以，也是大江东先进党员中的一名。

7. 问：您觉得现在农民的社会地位怎么样？未来农民的社会地位应该怎么样？

答：农民的社会地位很高，外面的人想进来都进不来。对未来形势好像不是很乐观，这几年发展不是很理想。

8. 问：您是否愿意凤凰村变成城市社区？您是否愿意放弃农村户口变成城市居民？如果凤凰村

城市化，您的主要顾虑是什么？您是否愿意让外来务工人员加入凤凰村，或者有条件地变成凤凰村村民？外来人员可否有条件地持有凤凰村集体股份？

答：大势所趋，只能跟形势走。但还是现在好，作为老人，住得高感觉不舒服。外来务工人员来凤凰村是没有办法的，但是肯定会对我们的经济有一些干涉，比如说要分红，要持股份肯定是有条件的进来，假如进来办企业，就需要缴税，肯定是要对凤凰村经济发展有贡献的。

9. 问：您理想的生活方式是怎么样的？您觉得未来什么时候能达到您理想中的生活方式？请简单谈谈您所期望的10年后的生活。

答：子女只要不犯错误，固定工资不会少，要看他们自己努力了。要求他们不能去赌博，我也从来不抽烟、不赌，这些我很反对。在住房上，我儿子他们可能想去买房子的。我想等我年纪大了，不干活了，看一些古书，但是可能没有时间，要带小孩。我也喜欢看看电视，很喜欢看《百家讲坛》这些节目。

访谈记录8：

姓名：陈波　　性别：男　　年龄：31岁

政治面貌：群众　　职业：凤凰村村务人员

1. 问：您喜欢网络吗？您通过网络主要用来干什么？您希望将来网络给您带来哪些更多的方便？

答：用网络来看新闻、跟朋友之间交流、投资，主要是了解信息。以后最好是出门不用带现金，因为现在网络已经普及了，在城区一般都会用到，在农村还是不够普及。我们在村里上班，一般都在乡镇，去城里的次数肯定少。

2. 问：您喜欢把钱放在银行里，还是喜欢放在支付宝等现代互联网金融理财里？

答：我都放在支付宝的，银行里没什么钱，平时都用支付宝、微信购物、消费。

3. 问：您觉得人活着为了什么？对未来的五到十年，您有什么样的打算安排？

答：人活着肯定要有理想、有目标，要奋斗。我也有两个小孩了，第一肯定要把小孩带好。我们以前读书时，没有上过什么兴趣班，没有什么才艺。以后要让我的孩子在这方面都补上去。另外，我们的生活质量要提高，特别是物质水平要提高，还有就是也应该要孝敬父母。事业上就是要多赚点钱，以后想在两三年里买房子，我们现在已经有两辆车了，我还想再添一辆。未来五到十年，第一要出国旅游两三趟，去看看外面，对增长我们的见识，包括对小孩都是好的。第二在做好本职工作的前提下，在外面争取和朋友搞点投资，多赚点钱。好像是马云说的，这个社会不是钱难赚，而是赚钱的方式变了，我觉得这句话挺适合我的。未来五到十年，我们赚了钱以后就是买车买房，房间里可以用空气净化器，用安利净水器，生活品质肯定要提高。

4. 问：您知道传统文化吗？您会让您的子女学习传统文化吗？您觉得孩子们学习传统文化有什么意义？

答：学的，肯定要学，我以前文言文很好。作为一个国人，最基本的要入门，这是人的一种基础。我想二十多年以后，我女儿、儿子出去旅游、工作可能都要跟老外打交道，如果有些老外懂得比你多，你到时候就等于走不出国门了。以后社会肯定国际化了，现在已经国际化了，只是我们在一个小村庄里。我们未来的一代，肯定不会只留在这里打工。我们都得往外发展，我们都是浙江人，浙江人自我经营、创业的能力强。

5. 问：您觉得现在社会公平、公正、公开程度怎么样？您有什么看法？您身边有没有这样一些例子？

答：不够透明，我们这边还有几只烟囱，从我读初中就开始放毒，一直到现在都没改善。我也打过12345，也都举报过，没有用，这就说明问题了。如果上面重视，根本不需要老百姓去说，上面就已经解决了。这就是社会不透明的地方，这是和我们生活息息相关的。

6. 问：您对您的子女有什么期望？希望他（她）成为怎么样的人？您会让您的子女在哪里工作？做什么方面的工作？

答：对我女儿要求不高，开朗、聪明。对我儿子要求高一点，年收入要在50万、100万以上，我只能给他投资一次，后面靠他自己。说白了，人如果不聪明，也就只有像我这样过安逸的生活，赚个几千块钱一个月，日子也能过。别人赚两三万，也是这样过日子。但是教育小孩有一个前提，就是让他们往上看，往好的看。比你差的人很多，比你好的人更多，你肯定要往好的方向发展。如果懂得向好的人看齐，就会进步，如果向差的人看齐，就只能原地踏步，这是我教育小孩的态度。对于小孩的工作，不管在哪里，他们喜欢干吗就干吗。这个暑期，我给女儿报了小主播，让她练练口才。这个星期准备再给她试听一下舞蹈，学学中国舞，如果她有兴趣，我就给她报名。前几年我也让她学过创意美术，各方面都让她接触一下，她喜欢什么，到时候就重点让她学什么。如果不让小孩子接触英语，他可能一辈子都不懂英语，但是你都让他接触过了，他自己就会有一个方向、选择。每个小孩都有自己的特点，不能强压着他，太应试教育不好，要让他脑子活络起来，自由发展，我们只能给他指路。

7. 问：您觉得现在农民的社会地位怎么样？未来农民的社会地位应该怎么样？

答：我们村村民的社会地位跟其他村比确实高很多，包括生活质量、家庭收入，确实比别的地方好。但是社会地位可能还有一些不足的地方，毕竟社会还在进步，我们现在还是社会主义初级阶段，还在起步阶段，还有很多地方需要改进。比如腐败问题，就是需要解决的。还有我自己感觉村里选举这块做得不够好，很多老百姓在选的时候实际上并不了解候选人，不知道他有没有这个能力来当选，这是个比较大的问题。

8. 问：您是否愿意凤凰村变成城市社区？您是否愿意放弃农村户口变成城市居民？如果凤凰村城市化，您的主要顾虑是什么？您是否愿意让外来务工人员加入凤凰村，或者有条件地变成凤凰村村民？外来人员可否有条件地持有凤凰村集体股份？

答：这个我觉得没有关系，我倒是希望这样。可能老一辈不情愿，但是走城市化道路反而对后一代的教育之类都有好处，包括赚钱渠道也会更多。我觉得外来务工人员除了移民的，一般是不能加入的。如果他们加入，肯定是要享受福利，我们这个福利是整个凤凰村这么多年来这么多老百姓辛苦取得的，包括领导辛苦努力的成果，别人不能平白无故地享受。如果他有这么多钱可以借给我们凤凰村，我们倒是愿意拿这笔钱去投资，村里也有很多搞基建的地方需要投资，包括加油站、集体工厂。但是我觉得享受福利这是没有底的，我们村里有个别可能生病严重的，到我们村里报销，最多的时候要几十万，我们村就是这样的福利。如果有三五个这样的人进来，那就几百万没了，我们村一年的收入也才这么点钱。

9. 问：您理想的生活方式是怎么样的？您觉得未来什么时候能达到您理想中的生活方式？请简单谈谈您所期望的10年后的生活。

答：我理想的生活方式在50岁以后，现在还是奋斗的年纪。现在先把基础打好，20年以后小孩也培养好，上大学了，也都有自己的路要走了，他们自己也有思想了，那个时候我们自己就可以好好地活了。10年后的生活就是希望不为钱发愁。

访谈记录9：

姓名：傅关潮　　性别：男　　年龄：58岁
政治面貌：群众　　职业：泥工

1. 问：您喜欢网络吗？您通过网络主要用来干什么？

答：因为我们原来书读得不好，对网络是没有一点兴趣的。用手机主要是打电话，没有用到网络。

2. 问：您喜欢把钱放在银行里，还是喜欢放在支付宝等现代互联网金融理财里？以后您会不会用支付宝来付钱？把钱放在互联网金融机构里您放心吗？

答：现在有钱都是放在银行里的，不放在支付宝里的，但放在支付宝里也是放心的，因为我的小孩都把钱放在支付宝里的。我问女儿，你这么多钱放在支付宝里，手机丢了怎么办，这么多钱都丢了。她说可以放心，出去用支付宝很方便的，而且都是用指纹的。但是我也来不及学了，年纪太大学不会了。

3. 问：您觉得人活着为了什么？对未来的五到十年，您有什么样的打算安排？

答：人活着只要家里房子造好了，小孩的事也做好了，小孩也会干活了，那么我也放心了。以后的话，因为现在我也有老保费了，国家这么好的待遇给我们，只要小孩好好干活，对工作负责就可以了。

4. 问：您知道传统文化吗？您会让您的子女学习传统文化吗？您觉得孩子们学习传统文化有什么意义？

答：我们从小书读得很少，对这方面了解很少。心里觉得传统文化很好，但是书读得少，所以兴趣不高的。我的成绩很差，我的子女读书也不太好的。但我也同我的孩子讲，让他再去读点书，读得进也好，读不进也好，学一点也是好的，以后在社会上可以慢慢跟上去，如果像我这样，在社会上买火车票、飞机票都会遇到困难。

5. 问：您觉得现在社会公平、公正、公开程度怎么样？您有什么看法？您身边有没有这样一些例子？

答：就凤凰村来说，还是公平公正的，我们书记也当得很好，一般都是向社会公开过的，对家家户户都是安排好的。有困难跟村里说，都会得到妥当解决。有事跟他们说，大家就开个会议，该通过就通过，不该通过就不通过，不是一个人说话可以算数的。村里有一点点事情我们都是知道的，他们都向社会公开的。比如年纪大的老保费，都是你有多少我也有多少。就算有人多一点也会公开告诉我们，他是在什么情况下会高一点，那我们心里也会很清楚明白的。

6. 问：您对您的子女有什么期望？希望他（她）成为怎么样的人？您会让您的子女在哪里工作？做什么方面的工作？

答：今天他去上班，我说你要好好工作，做事情、做工作一定要好好干，以后一定有希望。首先不能乱讲话。其次不能说谎，还要实事求是，这样工作肯定能做好。我做泥水工，没有文化，做体力劳动，但是到现在还做泥水工，我做到什么地方都要把它做好。我对儿子说，你现在做电工，一定要把这个工作做好，你对工作负责，下次肯定会有希望，工资肯定会上升，国家肯定不会亏待你。你今天不努力工作，以后也不会有什么希望，大人心里也不舒服。他现在也天天跟我讲，今天做了什么，学了什么，他现在刚上班，我必须这样做，经常提醒他，工作会做得好一些。我不想让他换工作，因为每个工作都是一样的，书读得高的做这个工作，书读得低的做那个工作。我儿子成绩不好，只要把这个工作长期努力做下去就好。我第一次同他们老师谈话的时候，老师也问我，你想让儿子做什么工作，我说现在年纪轻的也不喜欢做体力活，我想让他做电工，也不会很辛苦，但是电这个东西不能开玩笑，影响很大，一定要诚心诚意，多动脑筋。

7. 问：您觉得现在农民的社会地位怎么样？未来农民的社会地位应该怎么样？

答：现在农民地位很高，生活条件都很好。未来农民的地位还会更好，现在一户人家一辆车，以后就是一人一辆车。

8. 问：您是否愿意凤凰村变成城市社区？如果凤凰村城市化，您的主要顾虑是什么？您是否愿意让外来务工人员加入凤凰村，或者有条件地变成凤凰村村民？外来人员可否有条件地持有凤凰村集体股份？

答：城市化好，我们村的书记也很努力，就是想把凤凰村搞好。对城市化没有什么顾虑的。外来务工人员到我们凤凰村也好的，因为人越多，社会越会发展。不过打工的人也有好坏，对我们凤凰村的卫生、文明都是有影响的。好的人居住下来也是好的。

图0901　傅关潮的住宅（2018年6月21日，陈妙荣摄）

外来人员要加入凤凰村还是看以后的形势，要享受我们的股份，肯定是要对我们凤凰村有贡献的。

9. 问：您理想的生活方式是怎么样的？您觉得未来什么时候能达到您理想中的生活方式？请简单谈谈您所期望的10年后的生活。

答：肯定是想达到最高的生活水平。10年以后我们社会的生活会更好，房子、道路都好了，10年以后我年纪更大了，我们就在公园里坐坐，我们老年人心里也会很舒服，没有什么烦恼了。

访谈记录10：

姓名：张立夫　　性别：男　　年龄：62岁

政治面貌：群众　　职业：在家

1. 问：您喜欢网络吗？您通过网络主要用来干什么？您希望将来网络给您带来哪些更多的方便？

答：网络喜欢是喜欢的，但是年纪大了不好学，我有一点懂的，微信懂一点。希望以后用网络办事，可以方便一点。

2. 问：您喜欢把钱放在银行里，还是喜欢放在支付宝等现代互联网金融理财里？以后您会不会用支付宝来付钱？把钱放在互联网金融机构里您放心吗？

答：放银行和支付宝都可以，不拿出来用就放在银行里，要用的话就放在支付宝里好。以后也不想用，把钱放支付宝里，都有密码的，也是放心的。

3. 问：您觉得人活着为了什么？对未来的五到十年，您有什么样的打算安排？

答：就是想多赚点钱，年纪大了也不想创业什么的了，十年里就想再赚个四五十万块钱给儿子就好了。

4. 问：您知道传统文化吗？您会让您的子女学习传统文化吗？您觉得孩子们学习传统文化有什么意义？

答：我也不太了解，子女肯定要学的，可以懂得一些社会历史。

5. 问：您觉得现在社会公平、公正、公开程度怎么样？您有什么看法？

答：在法律上是公平的，但是人做得不好的话也是不公平的，如果有权不按法律办事也是不好的。

6. 问：您对您的子女有什么期望？希望他（她）成为怎么样的人？您会让您的子女在哪里工作？做什么方面的工作？

答：想让子女多赚点钱，我儿子现在做钳工师傅，赚钱也是多的。他干他的事业，我做我的事，我不干涉他。

7. 问：您觉得现在农民的社会地位怎么样？

答：我觉得社会上农民这样的地位是比较好的。

8. 问：您是否愿意凤凰村变成城市社区？您是否愿意放弃农村户口变成城市居民？如果凤凰村城市化，您的主要顾虑是什么？您是否愿意让外来务工人员加入凤凰村，或者有条件地变成凤凰村村民？外来人员可否有条件地持有凤凰村集体股份？

答：我们以后肯定会变成居民户口，现在这样很好了。我62岁以后，也可以在村里拿到2万块钱一年了，别的地方我还赚钱。现在我觉得农村和城市差不多，但还是觉得农村好一些。外来人员可以加入凤凰村，户口可以进来，但是持不了股份。

图0902　张立夫正在修剪绿化树（2018年6月11日，陈妙荣摄）

9. 问：您理想的生活方式是怎么样的？您觉得未来什么时候能达到您理想中的生活方式？请简单谈谈您所期望的10年后的生活。

答：生活是达不到个人要求的，就是想办法多赚点钱，用得好一点。10年后，希望自己身体健康，希望子女发达。年纪大了，可以多去旅游，住房现在也是好的，但是希望重新造过。

访谈记录11：

姓名：汪芬珍　　性别：女　　年龄：52岁

政治面貌：群众　　职业：个体户

1. 问：您喜欢网络吗？您通过网络主要用来干什么？您希望将来网络给您带来哪些更多的

方便？

答：我有点喜欢网络。我们这个年纪都是玩游戏，聊聊微信。网络肯定是方便的，希望将来更方便。

2. 问：您喜欢把钱放在银行里，还是喜欢放在支付宝等现代互联网金融理财里？以后您会不会用支付宝来付钱？把钱放在互联网金融机构里您放心吗？

答：我不会用支付宝，我把钱都放在银行里。我们这个年龄不太会用支付宝，也不放在互联网金融机构里。

3. 问：您觉得人活着为了什么？对未来的五到十年，您有什么样的打算安排？

答：我觉得活着为了家庭和子女，这两者都是一样的。关于未来的打算，我当不了老板，都是去打工的，有时候出去旅游一下。50多岁了，我也没什么打算了，让年纪轻的人去努力。

4. 问：您知道传统文化吗？您会让您的子女学习传统文化吗？您觉得孩子们学习传统文化有什么意义？

答：我女儿不太会传统文化，她有时候肯定会去看一下。我说要她去学习传统文化，她上班也没空。现在年轻人也比较忙，一天到晚要上班，玩手机之类的。我觉得学习传统文化肯定是好的，有空会让他们去学一下。

5. 问：您觉得现在社会公平、公正、公开程度怎么样？您有什么看法？您身边有没有这样一些例子？

答：我觉得这个不好说，说公平也公平，要说不公平也不公平。例子也不好说。

6. 问：您对您的子女有什么期望？希望他（她）成为怎么样的人？您会让您的子女在哪里工作？做什么方面的工作？

答：我们当然希望他们好，希望子女钱多一点，工作好一点，主要还是看她自己。关于成为什么样的人，我女儿大学学会计的，做财务方面的工作，她自己想去哪里工作就去哪里工作。我觉得她以后会赚钱就好了，看她自己努力，工作好一点，钱赚多点，男朋友找得好一点的。

7. 问：您觉得现在社会农民的社会地位怎么样？未来农民的社会地位应该怎么样？

答：我觉得农民现在社会地位还可以，肯定会越来越好。凤凰村在萧山也挺有名气，各方面条件还可以，全国文明村都评上了，我们书记也评上金牛奖。

8. 问：您是否愿意凤凰村变成城市社区？您是否愿意放弃农村户口变成城市居民？如果凤凰村城市化，您的主要顾虑是什么？您是否愿意让外来务工人员加入凤凰村，或者有条件地变成凤凰村村民？外来人员可否有条件地持有凤凰村集体股份？

答：关于凤凰村变成城市社区，我看那天微信上说衙前镇已经开始规划了，城市社区都要登高层楼。我们也要登凤凰村公寓楼，我觉得都一样了。反正现在也没

图0903　汪芬珍正在操作车床（2018年6月21日，陈妙荣摄）

有土地了，他们要规划变成城市居民，我们也没什么办法。我也没有什么顾虑，现在都住公寓楼商品房了。关于外来务工人员有条件加入凤凰村，我觉得不要紧的，反正已经有几个外地的党员加入凤凰村了。外来人员持有凤凰村集体股份这个问题我们讲了也没用的，反正已经有几个人加入我们创业新村了。政府说给他们加入，我们不愿意也得愿意，我们是老百姓，上面怎么说就怎么做，我是实事求是的。

9. 问：您理想的生活方式是怎么样的？您觉得未来什么时候能达到您理想中的生活方式？请简单谈谈您所期望的10年后的生活。

答：我的理想的生活方式是有钱去外面旅游。我工作到老了，估计60岁可以达到理想的生活方式。现在有工夫也出去玩一趟，前几天去了东阳横店影视城，过几天又要去玩。10年后的生活方面，住房方面我们肯定不会到其他地方去了，都住公寓楼里，村里原来地基没了，都买公寓楼，我觉得子女有条件肯定自己买房子。现在村里的企业大多数都是个人开的，凤凰的纺织企业办得还可以。我觉得未来年纪大了还想去旅游，是否去国外旅游要看条件。

访谈记录12：
姓名：沈云海　　性别：男　　年龄：54岁
政治面貌：中共党员　　职业：凤凰村党委委员

1. 问：您喜欢网络吗？您通过网络主要用来干什么？您希望将来网络给您带来哪些更多的方便？

答：我网络用得不多，主要用来看看新闻、信息方面的东西，用下微信。我们年纪大了手机操作有点问题，希望今后买什么东西都可以手机网络使用，生活各方面都可以使用。

2. 问：您喜欢把钱放在银行里，还是喜欢放在支付宝等现代互联网金融理财里？以后您会不会用支付宝来付钱？把钱放在互联网金融机构里您放心吗？

答：我有一部分钱放在支付宝理财，挣的多余的钱会考虑投资理财。我不喜欢互联网投资，第一是诈骗多，第二是我们这个年纪操作不方便。我不会用支付宝付钱，都是用现金。现在小青年都放钱在支付宝，像我们这个年纪都不喜欢放在支付宝里，我感觉不安全，也不习惯。放在银行里安全。

3. 问：您觉得人活着为了什么？对未来的五到十年，您有什么样的打算安排？

答：我觉得活着第一个为了组建一个祥和的家庭，第二要活得有价值。比如干点事，就是像中国传统文化一样给小孩做一个榜样。关于未来五到十年打算，第一我自己在单位想好好工作，第二是希望家庭和谐，子女有些方面要指导一下。

4. 问：您知道传统文化吗？您会让您的子女学习传统文化吗？您觉得孩子们学习传统文化有什么意义？

答：我文化程度不高，但是我喜欢传统文化，我给儿子说传统文化不能丢。我觉得中国的传统文化一代接一代传下去，学习传统文化也是为了下一代。因为我们下一辈的素质和道德各方面都会提高。

5. 问：您觉得现在社会公平、公正、公开程度怎么样？您有什么看法？您身边有没有这样一些例子？

答：我觉得现在社会公开公平公正应该还可以。但是一定要公平公正也是很难的。比如我们农村以前遗留下来的东西，比如我们农村老百姓房子的大小，肯定会有人不满的，会到政府说不公平。我觉得现实一定要做到绝对公平是不可能的。关于公平的例子比如政府建设工程，肯定都经过招标的，都是公平公正的，很规范的。但村里的某些历史遗留问题，要做得很公平就有难度了。

6. 问：您对您的子女有什么期望？希望他（她）成为怎么样的人？您会让您的子女在哪里工作？做什么方面的工作？

答：我希望子女工作上有成就，家庭方面逐渐变好，把中国传统文化传承下去。我希望他有自己的事业，把公司发扬光大。我觉得有一定成就后，有些方面也要做一定贡献。

7. 问：您觉得现在农民的社会地位怎么样？未来农民的社会地位应该怎么样？

答：我觉得现在农民地位高了，政府对农民有相当好的政策，把农民放在第一位。未来，我觉得老百姓会安居乐业，有稳定收入，有稳定的居住。地位越来越高。

8. 问：您是否愿意凤凰村变成城市社区？您是否愿意放弃农村户口变成城市居民？如果凤凰村城市化，您的主要顾虑是什么？您是否愿意让外来务工人员加入凤凰村，或者有条件地变成凤凰村村民？外来人员可否有条件地持有凤凰村集体股份？

答：我希望凤凰村有变成城市社区的趋向，毕竟农村正在开始城镇化了。变成城市居民是大势所趋，相应的政策还是农民的好点。现在我们基本没有土地了，居民和农民一样了。主要顾虑是，凤凰村生活已经这么好了，今后能否还保持现在的待遇，不知道能否进入一个新的台阶。关于让外来务工人员加入凤凰村，我觉得我们凤凰村资源太少等各方面因素，地方太小了，如果外来务工人员进来太多，会不适合我们进行城镇化的居住环境。有条件地加入可以，如果对凤凰村有突出贡献的可以加入凤凰村。我觉得外来人员不可以持有凤凰村集体股份，我们的股份原来都是有章程规定的，第几年到第几年都规定了的，村规原来都有写明的。能否有条件加入股份，有待今后村委商量。

图0904　沈云海家的客厅（2018年4月19日，陈妙荣摄）

9. 问：您理想的生活方式是怎么样的？您觉得未来什么时候能达到您理想中的生活方式？请简单谈谈您所期望的10年后的生活。

答：我理想的生活方式就是高水平的小康生活。我想现在已经过上小康生活了，尤其是我们凤凰村。随着经济发展今后会越加好点，现在也知足了。比如我们年纪不大，老年人他们基本都很知足了，我们村里都有保障的。我希望10年后的生活不愁住房，生活方面更人性化，旅游各方面更便捷，用什么都很方便。希望子女们做出好的成绩，生活水平提高了我想去看看外面的世界。

图0905　沈云海家的厨房（2018年7月2日，陈妙荣摄）

访谈记录13：

姓名：卫永江　　性别：男　　年龄：27岁
政治面貌：群众　　职业：凤凰村村务人员

1. 问：您喜欢网络吗？您通过网络主要用来干什么？您希望将来网络给您带来哪些更多的方便？

答：我有用网络的，我平时用来玩游戏查资料，微信网购也有的。我希望未来网络消费更方便，因为现在网络价格也比较透明。我觉得其他方面都挺方便的。

2. 问：您喜欢把钱放在银行里，还是喜欢放在支付宝等现代互联网金融理财里？以后您会不会用支付宝来付钱？把钱放在互联网金融机构里您放心吗？

答：我在银行和支付宝都有放钱。现在银行卡绑定了支付宝，和支付宝一样的，我会用支付宝付钱。我觉得放在互联网金融机构挺放心的，也没听说过把钱放在支付宝里出过什么问题。

3. 问：您觉得人活着为了什么？对未来的五到十年，您有什么样的打算安排？

答：我觉得人活着为了生活，下一代，还有家庭。我没想到发家致富，我觉得现在生活也可以了，中等水平以上就可以了。我现在在这边上班想升职，不想当老板。

4. 问：您知道传统文化吗？您会让您的子女学习传统文化吗？您觉得孩子们学习传统文化有什么意义？

答：我传统文化知道是知道，但是不太了解，也就听别人说说。我也不太懂传统文化是什么，有机会肯定会让子女学。关于意义就是身为我们国家的人，学习以前的传统文化肯定是好的。

5. 问：您觉得现在社会公平、公正、公开程度怎么样？您有什么看法？您身边有没有这样一些例子？

答：我觉得这个问题仁者见仁吧，现在社会没有绝对的公正。我觉得公正是建立在一定基础上的。例子我也说不上，关键看站在什么角度上看这个问题了。

6. 问：您对您的子女有什么期望？希望他（她）成为怎么样的人？您会让您的子女在哪里工作？做什么方面的工作？

答：我对子女也没什么期望，希望他们健康快乐就好了。关于成为什么样的人也没什么要求。在哪里工作就看他们自己了，我也没有要求。

7. 问：您觉得现在农民的社会地位怎么样？未来农民的社会地位应该怎么样？

答：我觉得现在农民地位应该挺好的，现在有的居民想转回农民户口，说明农民待遇挺好的。我觉得未来农民的地位应该会更好，这个问题不好说。反正现在比以前好，以后社会怎么发展大家都不好说。

8. 问：您是否愿意凤凰村变成城市社区？您是否愿意放弃农村户口变成城市居民？如果凤凰村城市化，您的主要顾虑是什么？您是否愿意让外来务工人员加入凤凰村，或者有条件地变成凤凰村村民？外来人员可否有条件地持有凤凰村集体股份？

答：我想发展肯定向城市社区发展更好，变成城市社区都行吧。以后变成城市居民要了解利和弊，有什么区别才能决定。区别不大是无所谓的，如果大势在改变，你也决定不了什么。关于顾虑目前还没有，城市化肯定是在发展，感觉会更好。关于外来务工人员加入凤凰村我觉得可以的，他们加入凤凰村也是为了凤凰村的建设。这个无所谓的，他们在凤凰村工作也有贡献，要有一定制度和考核，才能让他们加入凤凰村。关于外来人员加入凤凰村集体股份我觉得是比较困难的，比如我们当地的男孩子结婚娶老婆如果不是我们凤凰村的，都还没有股份，那外来人员更不可以了。如果要有条件持有凤凰村集体股份，要看以后凤凰村发展得怎么样，我觉得现在还比较困难。

9. 问：您理想的生活方式是怎么样的？您觉得未来什么时候能达到您理想中的生活方式？请简单谈谈您所期望的10年后的生活。

答：关于我的理想的生活方式，比如工作的时候上上班，休息的时候休息，有时候去旅游，带带孩子。现在年纪轻，还没考虑什么时候到达理想的生活方式。现在发展这么快，十年以后的生活怎么样我也说不准。我心里想孩子健康点，读读书，别发生什么事情就行了。我们有个稳定工作稳定收入，可以支出家庭平常开销，有一定存款，偶尔出去旅游一下就可以了。关于10年后的生活，住房方面我们这边差不多，没有住得很差的，住得很好也就那样。因为反正白天也不在家，人们在外面上班，在厂里工作，晚上就回去睡个觉，我觉得都差不多。

访谈记录14：
姓名：鲁小珍　　性别：女　　年龄：55岁
政治面貌：中共党员　　职业：凤凰村村务人员

1. 问：您喜欢网络吗？您通过网络主要用来干什么？您希望将来网络给您带来哪些更多的方便？

答：网络也用的，我一般发票都用电脑登的，微信在手机里用，不太用网购了。基本都是刷刷，看看网页。我孩子他们都用阿里巴巴这种网站，网络现在感觉很方便，我银行卡还没绑定支付宝，要是绑定了更加方便，我儿子、儿媳妇都这样做的。

2. 问：您喜欢把钱放在银行里，还是喜欢放在支付宝等现代互联网金融理财里？以后您会不会用支付宝来付钱？把钱放在互联网金融机构里您放心吗？

答：我一般放在银行，付钱我会用支付宝，但是一般都刷卡，我支付宝钱不够，够的话我会用。我觉得钱还是放在卡里更放心，银行卡就像放在我们袋子里一样。

3. 问：您觉得人活着为了什么？对未来的五到十年，您有什么样的打算安排？

答：我觉得活着当然为了家庭和睦，为了子女，都是这样的。未来几年我准备退休了，打算在家里带带孙子，买买菜，去旅游。

4. 问：您知道传统文化吗？您会让您的子女学习传统文化吗？您觉得孩子们学习传统文化有什么意义？

答：我知道传统文化，肯定会让他们学习的。我儿子媳妇他们读书都很好。就像老一辈说的，要多看看书，我儿子媳妇他们很少出去，都在厂里，不出去玩，应该去学学传统文化。

5. 问：您觉得现在社会公平、公正、公开程度怎么样？您有什么看法？您身边有没有这样一些例子？

答：我觉得应该是很好的，也没什么看法，现在国家政策真的好，我们过着富裕的生活，老百姓现在基本都有钱了，本来我们农村想变成居民户，现在我们还是要农村户口，我们凤凰村多好，每个季度都发米，还有油，这样的生活多好。基本是公平的，在我们胡书记领导下基本上是公平的，不公平很少的。

6. 问：您对您的子女有什么期望？希望他（她）成为怎么样的人？您会让您的子女在哪里工作？做什么方面的工作？

答：我儿子自己在厂里想他发展好一点，差不多就好了，不需要很好。他们两夫妻家庭和睦就行了。我们是家里开厂的，我儿子自己在创业，加弹厂，还挺好的，现在国家政策也好了。

7. 问：您觉得现在农民的社会地位怎么样？未来农民的社会地位应该怎么样？

答：现在农民地位很高了。我想我们凤凰村，一般五十多岁的人自己不种菜都有很好的吃了，不像以前，现在生活水平提高，过着这样的生活很满足了，未来社会地位会更好。

8. 问：您是否愿意凤凰村变成城市社区？您是否愿意放弃农村户口变成城市居民？如果凤凰村城市化，您的主要顾虑是什么？您是否愿意让外来务工人员加入凤凰村，或者有条件地变成凤凰村村民？外来人员可否有条件地持有凤凰村集体股份？

答：我肯定赞成变成城市社区。国家怎么办就怎么办，我们老百姓不去想，现在凤凰村生活已经过得很满足了，他们怎么搞都一样的。我愿意放弃农村户口变成城市居民，现在农村户口和城市居民都一样的。城市化也是好的，假如我们小孩出去外面读书，城市化后农民和居民就一样了，户口还在农村，不用再迁出去了。假如去萧山买房，居民户口的话就不用迁出去也可以买了。我不同意外来人员加入凤凰村，有条件也不行。因为我们凤凰村人多起来不好，要给他们吃的，现在基本都是稳定的。外来人员有条件持有凤凰村集体股份也不行的，他们有自己的地方，我们凤凰村股份肯定要在我们凤凰村老百姓手里。

9. 问：您理想的生活方式是怎么样的？您觉得未来什么时候能达到您理想中的生活方式？请简单谈谈您所期望的10年后的生活。

答：我的理想的生活方式是退休后带带小孩，出去旅游，去玩。我们现在凤凰村的水平都达到理想的生活方式了。我是发钱的，老年人每个月发1000多元，他们经常去旅游，生活水平这样已经很满意了，已经很好了。我觉得10年后生活肯定越来越好，企业规模差不多就好了，钱够用就好了，太多也不好。关于子女希望他们成才，多教育教育他们。有钱的话想去外面买一套房子，家里房子也造好了。我想去萧山买一套房子，住在萧山区，周末回老家，这样的生活已经很好了，不去想其他的了。

访谈记录15：

姓名：舒阿牛　性别：男　年龄：69岁
政治面貌：群众　职业：个体户

1. 问：您喜欢网络吗？

答：我不上网，微信也不用，我不懂。

2. 问：您喜欢把钱放在银行里，还是喜欢放在支付宝等现代互联网金融理财里？以后您会不会用支付宝来付钱？把钱放在互联网金融机构里您放心吗？

答：我喜欢把钱放在银行。不太会用支付宝，用法也不会。我觉得以后会用支付宝，因为大家都用了。我觉得把钱放在互联网是放心的，我把钱放在互联网理财产品十多年了。

3. 问：您觉得人活着为了什么？对未来的五到十年，您有什么样的打算安排？

答：我觉得活着为了把子女养大，自己幸福点，快乐点，没想到发家致富，我主要为了子女。我今年已经69了，是送水的。关于未来安排是老了享享清福。子女对我们好点，身体健康一点就行了。

4. 问：您知道传统文化吗？您会让您的子女学习传统文化吗？您觉得孩子们学习传统文化有什么意义？

答：我觉得要学习传统文化的，以前我们没钱，只念了几年书，我肯定会让子女学传统文化的。我觉得意义多了，写字好，画画好，都可以赚钱吃饭的。

5. 问：您觉得现在社会公平、公正、公开程度怎么样？您有什么看法？您身边有没有这样一些例子？

答：我觉得也不怎么公平，例子讲不出来，反正我自己也不吃亏，别人的事情我管不着。我觉得没有什么很公平的，这是实话，做到公平很难的。

6. 问：您对您的子女有什么期望？希望他（她）成为怎么样的人？您会让您的子女在哪里工作？做什么方面的工作？

答：我有两个子女，一个儿子，他们也自己赚钱，自己养孩子了。我觉得成为赚钱养家糊口的人就可以了。他们最好能自己开个小厂，自己赚钱，稳定一点。

7. 问：您觉得现在农民的社会地位怎么样？未来农民的社会地位应该怎么样？

答：我觉得凤凰村地位是很高的，医疗保险有了，粮食也有，自己赚钱放在自己口袋里，生活挺好的，我觉得可以了。我现在年纪大起来了，身体某些地方不舒服也是一个问题，希望以后办个敬老院。关于农民的地位，我觉得年纪轻的靠自己创业，年纪大的靠社会帮助，我想未来社会地位会更好。

8. 问：您是否愿意凤凰村变成城市社区？您是否愿意放弃农村户口变成城市居民？如果凤凰村城市化，您的主要顾虑是什么？您是否愿意让外来务工人员加入凤凰村，或者有条件地变成凤凰村村民？外来人员可否有条件地持有凤凰村集体股份？

答：我觉得变成城市社区不太好，人太多。像我们这个年纪在农村种种菜挺好的。不愿意放弃农村户口变成城市居民。女婿他们叫我去城市定居也不愿意。关于顾虑倒没有什么，我快七十岁了，也没什么担心。关于外来人员加入凤凰村，我不太愿意让外来人员加入凤凰村，这是我自己的看法，如果人家想要凤凰村有外地人来我也没办法，这么多企业都要外地人来生产，本地人不多。我个人不喜欢，外地人有的好有的差，外地人住的出租房都不爱卫生，乱扔垃

图0906　舒阿牛的住宅（2018年6月26日，陈妙荣摄）

圾。我们书记也和他们讲外地人出租房也要管一下。不过没有他们社会也发展不好，我觉得这个不好讲的。关于外来务工人员持有凤凰村集体股份，我觉得凤凰村的股份是我们自家省吃俭用搞起来的，不想让他们外地人有凤凰村股份。有条件倒是可以的，最好还是凤凰村人自己持有股份。

9. 问：您理想的生活方式是怎么样的？您觉得未来什么时候能达到您理想中的生活方式？请简单谈谈您所期望的10年后的生活。

答：我觉得理想生活方式是自己生活健康一点，子女好一点，孝顺一点。以后的生活希望村里办个老年食堂、老年活动中心。我希望子女有自己的工作，孝顺一点。旅游我也想去的。

访谈记录16：

姓名：沈海军　　性别：男　　年龄：60岁

政治面貌：中共党员　　职业：凤凰村巡防队员

1. 问：您喜欢网络吗？您通过网络主要用来干什么？

答：我一般用一点，大概30%的时间。第一个是看新闻，第二个是娱乐一下。网购有的，微信不太用。我们这个年龄来讲，操作不太会，反正网络还是很方便的。

2. 问：您喜欢把钱放在银行里，还是喜欢放在支付宝等现代互联网金融理财里？以后您会不会用支付宝来付钱？把钱放在互联网金融机构里您放心吗？

答：我一般把钱放在银行。我现在不会用支付宝，用起来也麻烦，不太适应。我觉得现在把钱放在哪里都一样的，互联网也差不多，P2P也差不多，银行也差不多，都没什么保障，银行也不保障，自己家里也不保障。我认为把钱放互联网还是放心的。但如果说不放心也没办法，因为放哪里都一样。

3. 问：您觉得人活着为了什么？对未来的五到十年，您有什么样的打算安排？

答：我觉得活着为了生活水平提高，房子住得好点，我们现在年龄大了，想多出去玩玩，也为了子女。我们也没什么打算了，差不多60岁了，再工作10年也差不多了，只要子女有工作岗位就好了，我觉得普通生活就够了。

4. 问：您知道传统文化吗？您会让您的子女学习传统文化吗？您觉得孩子们学习传统文化有什么意义？

答：对我们来讲子女肯定要学习文化方面的东西，有条件能学多少就学多少，取决于孩子们的喜欢程度，我们肯定支持的。意义还是有的，有文化和没文化是不一样的，文化少了什么都不会，也不方便。我觉得未来肯定是有知识更好，现在没知识什么东西都不好做。

5. 问：您觉得现在社会公平、公正、公开程度怎么样？您有什么看法？您身边有没有这样一些例子？

答：我觉得公正这个问题每个人的看法都不一样，当官的说了算，老百姓说了没用。我觉得国家的政策是对的，但是一传到下面就不对了，所以生活上没绝对公平公正的。

6. 问：您对您的子女有什么期望？希望他（她）成为怎么样的人？您会让您的子女在哪里工作？做什么方面的工作？

答：我觉得子女他们自己要创造更好的条件，最大愿望是他们最好自己创业。我希望子女能自己生活，自己有自己事业最好了。我现在对他们工作没有要求，要子女自己去创造，我们就资金和精神上资助一下就好了，我们只要支持他们。

7. 问：您觉得现在农民的社会地位怎么样？未来农民的社会地位应该怎么样？

答：我觉得现在农民社会地位都差不多，按照原来的生活条件还可以了。我想未来农民社会地位还是要靠自己去努力，没有定义的。

8. 问：您是否愿意凤凰村变成城市社区？您是否愿意放弃农村户口变成城市居民？如果凤凰村城市化，您的主要顾虑是什么？您是否愿意让外来务工人员加入凤凰村？或者有条件地变成凤凰村村民？外来人员可否有条件地持有凤凰村集体股份？

答：我们还是希望变成城市社区的，变为城市社区更好点，看国家层面规划，我们没有权利决定。我想现在农村户口和城市居民都一样的，以前也这么认为。因为本身都是靠自己去发展，自己去创造，所以都一样的。关于顾虑也不是没有，对我们村来说村庄弄得好一点，房子住得好一点就行了。希望村里规划好一点，住房搞得好一点，其他都靠自己去努力。关于外来务工人员加入凤凰村，我想根据我们20年情况来看，最好不要让外来人员加入凤凰村。不是说他们不好，就是从他们文明程度、卫生程度来看，总觉得他们比我们落后，比我们发展得晚，我们走得比较快，最好我们村再不要有外来人员。现在社会在进步，但人始终是有差别的。外来人员素质不高，总是违章停车，最好盖一个小区专门给外来人员。关于集体股份，外来人员倒可以有的，这个规定不是死的，有能力为凤凰村经济做出贡献可以给他们股份。人的发展没有限制的，只要你有能力，这个是没问题的。

9. 问：您理想的生活方式是怎么样的？您觉得未来什么时候能达到您理想中的生活方式？请简单谈谈您所期望的10年后的生活。

答：关于理想的生活方式，对我们这一代来说只要生活清爽点，安静点就好了，我觉得村庄干净点，水干净点，空气清爽点，村庄干净一点就好了。我觉得未来要什么时候到达理想的生活方式，要根据国家政策了，如果国家严控点很快的，五年十年就可以了。例如现在整治水，污染都控制了，如果长期治理下去我估计不用十年就可以了。如果国家控制不好，不长期控制下去没用的。关于10年后的生活，我觉得老百姓住房宽敞点，空气质量好点，污染少点，安静点这样就好了。其他子女的发展看他们自己决定，最主要的还是空气好点、安静点就好了。旅游我也想的，现在也经常出去，多出去走走也是好的。

图 0907 沈海军的住宅（2018年6月21日，陈妙荣摄）

访谈记录17：

姓名：周柏夫　性别：男　年龄：68岁

政治面貌：中共党员　职业：凤凰村传达室管理人员

1. 问：您喜欢网络吗？您通过网络主要用来干什么？

答：网络这个我没有的，我不懂的，都没弄。

2. 问：您喜欢把钱放在银行里，还是喜欢放在支付宝等现代互联网金融理财里？以后您会不会用支付宝来付钱？把钱放在互联网金融机构里您放心吗？

答：我把钱放在支付宝不放心，我都不懂的，当然不放心了。

3. 问：您觉得人活着为了什么？对未来的五到十年，您有什么样的打算安排？

答：我觉得人活着主要为了子女。我旅游比较多，今年去了两次旅游，去了河南和宁波那边，去了五天。关于未来打算，我再上一两年班就够了，不做事了。

4. 问：您会让您的子女学习传统文化吗？您觉得孩子们学习传统文化有什么意义？

答：我孙女还在读初二，我支持她读传统文化。我觉得《三字经》这些古代文化应该都是有用的。

5. 问：您觉得现在社会公平、公正、公开程度怎么样？您有什么看法？您身边有没有这样一些例子？

答：我觉得公平程度挺好的。像我们村里都是财务公开，账务公开做得很好，对老百姓都做得很好。我觉得不公平也有的，我们村主要是房子问题，有的两间，有的三间，我们原来住的都是两间。我觉得其他方面都差不多。

6. 问：您对您的子女有什么期望？希望他（她）成为怎么样的人？您会让您的子女在哪里工作？做什么方面的工作？

答：我希望孙女以后读书好点，现在成绩还是可以的。我孙子初中刚毕业，工作去了。现在的形势是读书要读得好，读不好就没出路。关于做什么方面的工作，做干部也没实力，做老板也没实力，他们当老师，当工就好了。

7. 问：您觉得现在农民的社会地位怎么样？未来农民的社会地位应该怎么样？

答：农民现在的社会地位还是高的。将来也会好的。全国有好有差，我们这边还是好的。

8. 问：您是否愿意凤凰村变成城市社区？您是否愿意放弃农村户口变成城市居民？如果凤凰村城市化，您的主要顾虑是什么？您是否愿意让外来务工人员加入凤凰村，或者有条件地变成凤凰村村民？外来人员可否有条件地持有凤凰村集体股份？

答：我觉得现在农村户口和居民户口都一样了。现在虽然是叫农民户口，但是都一样了。关于外来人员加入凤凰村，外来户口现在可以迁进来了，但是福利是没有的。招亲进来的外地人可以享受福利。我不同意外地人持有凤凰村股份，不给他们，我们老百姓不同意。

9. 问：您理想的生活方式是怎么样的？您觉得未来什么时候能达到您理想中的生活方式？请简单谈谈您所期望的10年后的生活。

答：我理想的生活方式是玩，吃得好点，有伴一起玩玩。养老院原来有的，现在都在家里养老。老年人都发钱的，没有老保的发600多元。有养老金的更多，我买了15年养老金，社保有2600元，村里发840元，再发（传达室管理人员工资补贴）1300元，还有年终分红，加起来有5000多元，足够了。孙子孙女儿子儿媳妇和我一共5个人，他们平时费用都归我的，只是吃饭在我这里吃。我老伴退休金也有3000元左右。我觉得现在社会很好，很满意，我们两个老人有7000多元一个月，老伴是居民户口我是农民，我觉得这样的生活已经足够了。

访谈记录18：

姓名：王水林　　性别：男　　年龄：65岁

政治面貌：群众　　职业：经营五金纺机配件商店

1. 问：您喜欢网络吗？您通过网络主要用来干什么？您希望将来网络给您带来哪些更多的方便？

答：我不懂网络，不会玩智能手机，我是文盲。网购我也吃不消，但我的儿子女儿都会，他们都是大学毕业。不过我们的东西都不在网上购买的，因为我们要买的东西如果出了问题说不清楚的。家里用品倒也有通过网购购买的，我们有时候也会收几个快递。现在有了网络以后经商的人基本上已经被弄垮。网购被马云弄起来以后下面的店基本上都已被弄垮。网络弄起来以后实体店变得不好开，不过我们店还可以，因为基本上都卖家里用的东西。但如果是企业上要用的东西，这样东西什么时候用坏了是不确定的，它可能突然间就在夜里用坏了需要更换。网上的东西一时间无法到达，那么晚上的时候别人也只能到我们这里来买需要的东西。我一个在萧山五中教书的女儿经常在网上买东西，如衣服、吃的东西。有时候她连锅都在网上买。但买来的东西质量不好，比如她在网上买的阳澄湖螃蟹，200多元一斤，还不如我们这里50多元一斤的螃蟹质量好。这是按分量算的，一箱里有八只螃蟹，有四只重三两，有四只二两半，后来退货了。年轻人都会在网上购物，向我们这样年纪的人就不会。我实事求是地说，网络的发展对年轻人而言是好的，但对经商的人肯定是不好的。

2. 问：您喜欢把钱放在银行里，还是喜欢放在支付宝等现代互联网金融理财里？以后您会不会用支付宝来付钱？把钱放在互联网金融机构里您放心吗？

答：两种都可以。比如说我今天把100万存到手机里，我就能走到哪里带到哪里。又比如我不放心存在手机里，那我就把钱存入银行，但银行破产了又该怎么办？所以其实道理是相同的。存了1000万银行只赔给你50万，存了100万银行也赔你50万。现在的事情都说不好，存在手机上会没有，银行破产了我们也没办法。

3. 问：您觉得人活着为了什么？对未来的五到十年，您有什么样的打算安排？

答：35年前，我们做得很累，没东西吃，没衣服穿。但现在我们的活很轻松，走的路很干净，甚至赤脚都可以走在街上。原来都是石子路，我们挑着担走路石子很硌脚。我们从20多岁干活干到60岁，相比之下，哪怕是乞讨也是现在轻松。实事求是地说，现在共产党富，富在哪里？特别好，好在哪里？我们凤凰村基本上比较平均，不好也不坏。在医疗保险、劳动保险方面，差的地方社保、医保都不买。我们凤凰村的医疗保险福利很好，住院看病要花费10000多元的治疗费我们只需要拿出不到1000元的费用，其他都由村里负担。我们凤凰村就目前的形势已经不错了，差不多了。我们村的条件不算差。我们3个合并的村基本上每个村都有一到两个人得癌症的，每到下半年会有赞助，药费100%报销，还有3000到5000元的补助金，并且村里免费提供大米。煤气、天然气等每人每月有15元的补贴，一年一共180元。按照我的年龄推算，按照现在国家形势而言，个体经营这口饭越来越难吃。不管一个人家中多么富裕，只要能干得动人就要干下去。干活的人与不干活的人心态完全不一样，干活的人能多参加活动，接触面广，多和大家说话。我现在早上6点起床，6点半开店。但如果我不工作，即使我有吃的，有钱用，劳保也可以拿，但我夜里很晚睡，中午12点起床，这样的生活习惯是不好的。老百姓一定要干活，不干活对人没有好处。我现在要开店，到 75 岁也要开。钱赚得多不多是另一回事，能吃，多活动对人的身体也是有好处的，坐着不动才不好。

4. 问：您知道传统文化吗？您会让您的子女学习传统文化吗？

答：传统文化肯定是好的，而且懂得越多越好。我有两个孩子，大女儿在五中教书，她是杭师大数学专业毕业的，儿子高中是萧山中学，去年刚从下沙的大学毕业。

5. 问：您觉得现在社会公平、公正、公开程度怎么样？您有什么看法？您身边有没有这样一些例子？

答：我没什么文化，对于公平公正的问题我只说两句话，要做到一定的公平公正是没有干部能做好的。比如别的村里企业要交款，应该按照多少平方米交多少钱的规定，但有的人缴费有的人不缴费。而我们村是必须每个人都缴费的，哪怕是杭州人到凤凰村来办企业也是如此。还有我们村中的房子，哪怕是外国人来租房经商也要缴费。一间房子 25000 元，村民也是同样的价格，费用都是公平的。选举也是由村民推选的，医疗、养老保险也都是最公平的。衙前有十多个村子，我们凤凰村相比别的村算是比较公平的村子。但有的事情没有绝对的公平。我们村刚合并的时候有些事也挺乱。最近这两年，也是因为村书记做事年份长，所以他自己该交的都会先交掉，不拖欠房租费，情况好多了。我在村里算是脾气比较硬的人，虽然我只是个老百姓，但我也会说一些话，并且讲得还是比较有道理的。而且有的事情公平不公平和人们有没有意见是两回事。比如一户人家穷，但不是村里让他们变穷的，因为同一个村里有人能做好但他们却做不好。当村里有人生病，年底打了报告，这时候村干部给他们 5000 元补助金是合理的。房子方面的问题是有历史原因的。交通村、卫家村和凤凰村这三个村现在只有凤凰村这一片的老百姓比较亏。交通村、卫家村每户人家都有三间房子，凤凰村每户人家有两间房子。后来我们书记想了一个办法，比如说农村住宅房造出来如果缺 30 平方米就按照每平方米 1000 元的成本价算，比市场价每平方米 3000 元便宜 2000 元。或者说买房子本来需要 50 万元，村里就按照 40 万或 38 万元卖出，这就是不公平与公平的体现。

6. 问：您对您的子女有什么期望？希望他（她）成为怎么样的人？您会让您的子女在哪里工作？做什么方面的工作？

答：我们有两个小孩。我认为现在的年轻人没有担当，只要有吃的，有车开就不管以后怎么过，没有自己的打算。萧山有句老话是这样说的："六个月大，六个月小。"近年来问题慢慢显现出来了。衙前有几个大老板的子女一天到晚都在玩手机，吃吃喝喝，由保姆照顾。如果这些年轻人不改变，今后的社会会变成什么样呢？我虽然没有文化，但还看得懂现状，今后年轻人真正能有担当的，十个里能有两三个就不错了。

7. 问：您理想的生活方式是怎么样的？您觉得未来什么时候能达到您理想中的生活方式？请简单谈谈您所期望的 10 年后的生活。

答：生活在凤凰村，我们的基本吃穿住都很好。每户人家的房子都有三楼半，只有两间房的人也基本都去买房了。

图 0908　王水林在家门前留影（2018 年 6 月 11 日，陈妙荣摄）

看病方面我们有农村医疗保险。如果有人突然生病去杭州看病花费1000元或5000元都是没有报销的,需要自费,只有住院费用才可以报销。我们买了社保的人去看病哪怕花费50元、100元都可以报销,这是有区别的。农村医疗保险和我们自己买的社保相比较而言,看病花费的数目越大,有农村医保的人负担反而比较轻,我们花费比较高。因为农村医保除了萧山区能报销,村里还有33%的费用可以报销。目前我们的生活已经差不多了。再过20年,凤凰村能不能维持这个状态,能够有所提升还要看开发的渠道,但下滑的可能性不大。至少就目前形势而言不会有太大的变化,村里情况5年甚至10年之内也不会下滑。现在一户好的家庭应该要有传承。父亲传给孩子,孩子也要学会动脑保持住家业,这就是我最大的希望。有的家庭父亲很有钱但儿子不肯动脑,就无法保持住家业了。

访谈记录19:

姓名:张荣海　　性别:男　　年龄:62岁

政治面貌:群众　　职业:凤凰村巡防队员

1. 问:您喜欢网络吗?

答:我没有文化,名字也不会写,网络这种东西我根本不会去弄。

2. 问:您喜欢把钱放在银行里,还是喜欢放在支付宝等现代互联网金融理财里?以后您会不会用支付宝来付钱?把钱放在互联网金融机构里您放心吗?

答:这个东西我也不会弄,只有我儿子他们会弄,他们手机里肯定有钱的。一般性我们都到银行里存钱,是给我们票子的。把钱放在互联网金融机构里我肯定不放心的。因为我不会弄手机,钱没了也不知道。我没有文化,这么做我不放心,也觉得不好。

3. 问:您觉得人活着为了什么?对未来的五到十年,您有什么样的打算安排?

答:人活着是为了快活,为了家庭、子女。我们买菜少买点,节省一些,省下来的钱都给子女。现在我们有一个儿子,他32岁了,没有赚过一分钱,就靠我这个做爸爸的养他。他读完书后跟着小姨去卖窗帘布,卖了几年都没赚到钱,工资不多只够生活费用。他回来后年纪大了要娶老婆,帮他娶到老婆后他也没去干活。两夫妻去昆明卖布,儿媳妇卖了几天就回来了,因为没钱赚她就逃回来了,不干了。我儿子又卖了一年,还是亏了。两夫妻一个在外地,一个在家里,这样肯定不好,于是我儿子也只能回来了。现在两个人一点活也不干,全靠我们这些老人在赚钱。我老婆本来也在赚钱,但儿媳妇要生孩子了,没办法我老婆只得辞职了,要在家里管小孩,不过她的养老保险倒是有了。未来五到十年里,我这个年龄也没什么打算,但钱肯定要赚的。我儿子也不赚钱,我肯定要去上班赚钱的。我也很想去旅游,到外面的山区,穷的地方去看看,其实我们早几年也去看过。我打算赚钱赚到70岁以上,至少再上十年班。现在我们还挺困难的。

4. 问:您知道传统文化吗?您会让您的子女学习传统文化吗?

答:小孩在读的,古代的书他有很多,也读过许多。

5. 问:您觉得现在社会公平、公正、公开程度怎么样?您有什么看法?您身边有没有这样一些例子?

答:这个很难说,公正的话基本上任何东西都是公正的。村里说什么我们也不会去说,因为村里处理事情基本上都是公正的,说话态度也很好。我去村里时,每个干部态度都很好。不公正是由各方面的事情凑起来的。比如说造房子，这方面就不太公平。有的人不让他们造房子，因为城建办要来说的；有的人房子却可以造得很大。大的房子有一亩多地甚至几亩地，小的房子只有几分地，这不公平。其他基本上还算公平。

6. 问：您觉得现在农民的社会地位怎么样？未来农民的社会地位应该怎么样？

答：农民的地位现在挺好的。原来我们既没有吃的又没有可以做的活，现在我们挺享福的。原来我们做农民没有享福的空闲，要苦到死。现在没有田就不用种地了，轻轻松松就能赚钱，形势很好。我觉得未来农民地位肯定还要再提高。

7. 问：您是否愿意凤凰村变成城市社区？您是否愿意放弃农村户口变成城市居民？如果凤凰村城市化，您的主要顾虑是什么？您是否愿意让外来务工人员加入凤凰村，或者有条件地变成凤凰村村民？外来人员可否有条件地持有凤凰村集体股份？

答：上面一定要变社区的话我们也没办法，肯定要变社区。田没有了我们肯定也要变居民。根本问题就是没有田了。外面的人加入凤凰村我们肯定不同意，不是我们村里的人怎么能叫凤凰村的人。外来人员持有凤凰村集体股份的做法我也不同意，他们没有必要来拿我们的股份，因为我们也有子孙，是要一代代传下去的。

8. 问：您理想的生活方式是怎么样的？您觉得未来什么时候能达到您理想中的生活方式？请简单谈谈您所期望的10年后的生活。

答：最好的生活不太好说。近些年我们的生活也还过得去，还算不错。我们的房子造好了，这样算生活好的。金钱方面我们就这样一般性地生活着。我们是靠干活才有饭吃的，并没有赚大钱。至于比较理想的生活肯定还是要提高生活水平的。我们的家庭钱的方面肯定是困难的，但我们还有房子租掉了，没有房子租金肯定更困难。我们现在是4个人，马上就要有5个人了。我一个月只有1000多元的收入，工资很低。我现在62岁，还要买两年的养老保险。因为需要交养老保险时间延迟了，所以我还要买。我这点钱只够买养老保险。我们的钱还不够多，养老保险要10000多元一年，我赚的钱也只有10000多元一年就只能买养老保险，全靠村里发的1000多元生活。我、儿子、儿媳妇和我老婆4个人房子也有了，我们要是能赚15万元一年就相当满意了。

访谈记录20：
姓名：徐丽芬　性别：女　年龄：46岁
政治面貌：群众　　职业：个体户

1. 问：您喜欢网络吗？您通过网络主要用来干什么？您希望将来网络给您带来哪些更多的方便？

答：网络功能齐全，用起来比较方便，但是我不是很喜欢网络，因为我家里有个孩子还在读书，所以我会尽量少用网络，这样让他也少用网络，不然容易影响到他的学习。平常用到网络的时候，一般是用来查找资料，了解一些国际形势，包括在外时可以了解周边有什么风景。希望将来网络可以带来生活上的便捷，像现在都可以交电费，消费时直接支付宝扫描。

2. 问：您喜欢把钱放在银行里，还是喜欢放在支付宝等现代互联网金融理财里？把钱放在互联网金融机构里您放心吗？

答：我们基本上都是存在卡里，也就是说更倾向于放在银行里。为了大家方便，一些小的金额就直接在支付宝上进行转账。如果把卡绑定了，我认为不好，因为万一手机丢失了，就会产生不必要的麻烦。

3. 问：您觉得人活着为了什么？对未来的五到十年，您有什么样的打算安排？

答：我认为人活着这个问题不好说，它会涉及很多，比如生活上、工作上、子女上，我认为人活着主要是要有仁德，然后就能有人脉，在外都是靠朋友，如果你真心付出，才能得到真心回报。如果再过10年，我就可以过得轻松些了，然后就可以静下来写书、写感受，世界这么大，也想出去看看。

4. 问：您知道传统文化吗？您会让您的子女学习传统文化吗？您觉得孩子们学习传统文化有什么意义？

答：我大致知道一些传统文化。我儿子现在在读大学，他能背很多《中庸》的内容，我觉得应该让孩子从小就学一些。孩子们学习传统文化肯定是有意义的，历史我们必须要谨记，未来也必须要靠我们脚踏实地地去走。

5. 问：您觉得现在社会公平、公正、公开程度怎么样？您有什么看法？您身边有没有这样一些例子？

答：通过网络现在的透明度还是比较大的，比以前好了很多。人都在进步，法制也在不断健全，实现为人民服务。具体的例子比如市长热线、信访办，所以我认为现在的透明度还是可以的，尽管还存在很多的不公平，但是你只要慢慢地走近、了解，多替别人想想，也多为自己争取。

6. 问：您对您的子女有什么期望？希望他（她）成为怎么样的人？您会让您的子女在哪里工作？做什么方面的工作？

答：我有一个女儿、一个儿子，我一直教导他们，要热爱生命、热爱生活、自强不息。我希望他们做人先是本本分分、脚踏实地，然后再是努力去争取，所有的一切都要靠他们自己，需要他们一步一个脚印地去走。关于工作，我女儿现在在上大学，只要她认为她自己可以的、能够胜任的，我们不加干涉，就让她自己去闯，就像大学志愿都是她自己填的；我儿子现在还在读初中，他现在的理想很高，我说让他现实一点。

7. 问：您觉得现在农民的社会地位怎么样？未来农民的社会地位应该怎么样？

答：现在农民和居民基本上是一样的，我自己包括我老公都是农民，我们从来没觉得自己低人一等，有些农民比有些居民还更好，我们可以造高

图0909　徐丽芬的住宅（2018年6月21日，陈妙荣摄）

楼、别墅，居民可能就没有这个机会，他们只能购买，但是现在的房子房价很高，都买不起。现在的农民大多数都已经不是真正的农民了，因为很多都离开土地去城市打工或是自己创业，我认为未来农民都和其他人一样。

8. 问：您是否愿意凤凰村变成城市社区？您是否愿意放弃农村户口变成城市居民？如果凤凰村

城市化，您的主要顾虑是什么？您是否愿意让外来务工人员加入凤凰村，或者有条件地变成凤凰村村民？外来人员可否有条件地持有凤凰村集体股份？

答：总归是要往高处发展，顺应潮流，通过多方面的努力来健全社区的发展。我还是愿意变成城市居民的，因为走在这个浪尖上就必须跟着走。如果凤凰村城市化，肯定是有顾虑的，比如今后对我们子女的保障、配套设施等，因为我们的根在这里，我跟我儿子说不管他飞得多远，根都在这里。关于外来务工人员加入凤凰村，我觉得没关系，就像外国一样把精英人才招进来，因为他们毕竟也在为我们以及我们子孙的发展做贡献，但是还是需要门槛，比如已经在这里工作了很多年，为这里做了贡献，因为他们既然付出了，也理应得到回报，还有就是像女孩嫁到我们这里来，她们选择我们这里，愿意在这里生活，我们也还是欢迎的。关于凤凰村的股份，是我们以前一点一滴打拼下来的，如果外来人员以后也能享受这个股份，也要看村里以后的制度，我们只是可以参与讨论，但是到底怎么实行还是要看具体的政策。

9. 问：您理想的生活方式是怎么样的？您觉得未来什么时候能达到您理想中的生活方式？请简单谈谈您所期望的10年后的生活。

答：钱基本上够花，子女也在好好地工作、愉快地生活，我们自己也是老有所享，做一些自己想做的事情，这就是我的理想生活。要达到这一理想生活，可能需要10年，或者是更长一些，人的思想总在不断改变，一个阶段或许有一个阶段的想法，但是总的目标还是不变的。关于10年以后的生活，还是有所期望的，比如周边设施、环境、空气，一些有污染的厂最好可以搬迁，包括人的素质也要不断提高，子女方面他们肯定比我们更加有所进步，因为所接受的教育和知识都比我们高。理想生活总要靠自己创造，关于理想生活，你的理解和我们的理解有时候是不一样的，因为站在不同的角度，但是总归都是越来越好。

访谈记录21：

姓名：陆惠祥　性别：男　年龄：50岁
政治面貌：中共党员　职业：个体企业

1. 问：您喜欢网络吗？您通过网络主要用来干什么？您希望将来网络给您带来哪些更多的方便？

答：我喜欢网络，一般是用来了解时事政治以及金融经济，毕竟我自己有个企业，所以会比较关注这一方面，同时也比较关注国家政策法规这一类。我希望将来网络可以更加便捷，因为在金融方面，现在基本上可以实现无现金进行交易，包括我们企业也已经基本上在用这一方式进行交易；还有就是让生活更加便利，我现在正在建房装修，也会考虑到在装修上进行智能化，这都需要网络的推进。

2. 问：您喜欢把钱放在银行里，还是喜欢放在支付宝等现代互联网金融理财里？以后您会不会用支付宝来付钱？把钱放在互联网金融机构里您放心吗？

答：一个企业的钱基本上都投入在企业的生产运作上，或者是投资在房产上以及一些个人的生活保障这一方面，不可能有余钱。关于支付宝付钱，我已经在用了，且已经用了好几年。把钱放在支付宝里面，还是比较放心的，因为额度不高，但是如果达到一定的额度时，也会考虑安全性。

3. 问：您觉得人活着为了什么？对未来的五到十年，您有什么样的打算安排？

答：人活着首先是为一个人的名声，也就是人活着要正派，不能让别人说坏话，且人活在社会中最关键的一点是要繁衍后代，所以要考虑到子女的教育问题，还有就是如果一个人活着什么也不管，那么什么事情他都会去做，所以总的来说，人活着一是为了名誉，第二个就是对社会的贡献，如果人人都只考虑自己，那么社会就不会进步了，第三个就是对子女的教育。刚刚开始办企业的时候，规划比较长远，不满足于现在企业的规模，经历了20年的发展，也觉得现在的规模差不多了，因为第一是自己的能力不够，企业如果要扩大规模发展，凭自己的能力肯定已经不行，所以未来的5到10年，我有可能就退休了，因为现在资金积累基本上可以满足我们这一辈和下一辈的吃穿用度，当然我们赚的钱是为了给他们创造一个好的发展环境，而不是直接把钱都给他们用，如果是让他们直接用我们的钱，也等于是害了他们。

4. 问：您知道传统文化吗？您会让您的子女学习传统文化吗？您觉得孩子们学习传统文化有什么意义？

答：我知道传统文化，我也有让他们学一些，但是现在的孩子都不喜欢，甚至还是比较抵触的。我觉得学习传统文化还是有意义的，因为传统文化毕竟还有一个传承的问题，如果每一个人都不去学习和掌握，那么传统文化的传承可能就会断裂。

5. 问：您觉得现在社会公平、公正、公开程度怎么样？您有什么看法？

答：应该说都是在不断地发展，特别是公平、公正，包括法制这一方面，这些都在不断地完善，毕竟什么事都有一个过程，不可能一蹴而就。我出生的时候应该是"文化大革命"的时候，那时候思想比较单纯，80年代末到90年代初过后，因为经历了经济发展的大转化，所以我们小时候老一辈教给我们的很多东西都变了，或者说价值观变了，但是现在整个国家也在慢慢地转变过来，这可以说是一个很好的现象。

6. 问：您对您的子女有什么期望？希望他（她）成为怎么样的人？您会让您的子女在哪里工作？做什么方面的工作？

答：我有一个女儿、一个儿子，我对子女的期望，一是做人正直、诚实，二是有份好的工作，三是成立一个好的家庭，这是最基本的一个愿望。关于孩子成为一个什么样的人，我是很现实的，因为我觉得孩子读书特别拔尖，能够把学到的知识运用到很伟大的事业，比如成为一个科学家，这些都是空谈的。现在所学专业和实际工作匹配的比例可能都不到30%，所以做什么工作就取决于他们自己的选择，我们只会做个指导，如果他愿意听我们的，我们就会配合，如果他不愿意，那我们也会尊重他自己的选择。

7. 问：您觉得现在农民的社会地位怎么样？未来农民的社会地位应该怎么样？

答：现在农民的社会定位很模糊，因为农民如果没土地，他还叫农民吗？像北方那边土地多的农民，经济收入和生活条件尽管有改善，但是依旧有点困难，像我们这边经济发达地区，农民的概念就很模糊，因为没有土地就不能叫农民，但是我们村里这一块做得比较好，虽然我们农民没有土地，但是属于集体经济，这对于农民的生活起到了一个很好的保障作用。关于未来农民的地位，这真的是一个难题，因为社会在发展，无论从事什么行业，知识必不可少，包括农民，不可能再像以前的农耕时代一样，纯粹地进行体力劳动，而是需要在机械化操作、信息变化等方面都有所了解和掌握。

8. 问：您是否愿意凤凰村变成城市社区？您是否愿意放弃农村户口变成城市居民？如果凤凰村城市化，您的主要顾虑是什么？您是否愿意让外来务工人员加入凤凰村，或者有条件地变成凤凰村村民？外来人员可否有条件地持有凤凰村集体股份？

答：我不愿意凤凰村变成城市社区，也不愿意放弃农村户口变成城市居民。如果从农村户口变成城市户口，但是在经济上得不到保障，那么放弃农村户口变成城市居民就没有什么意义，因为我肯定是赞成有利益的一方，所以我会考虑变成城市居民有没有什么实惠，但是天上又不可能掉下馅饼，所以现在我在凤凰村虽然是一个农民，但是我有得到实际的实惠。关于外来务工人员加入凤凰村，我觉得需要考虑两点，一是他加入凤凰村的目的是什么，是不是只是为了享受凤凰村的既得利益，因为他前期没有贡献，如果后期来享受这一既得利益，这肯定是反对的，毕竟凤凰村的资产是靠凤凰村的人自己赚来的；二是如果只是名义上的加入，这肯定是赞成的，因为像我们办企业，如果没有外来务工人员，我们的企业是无法办下去的。如果外来务工人员要成为凤凰村村民，首先他得有凤凰村的住房，其次是有一个稳定的职业，比如在凤凰村的一家企业里工作，最后可能是特殊的情况，就是对凤凰村有特别贡献，这都是可以考虑的。关于外来人员可否有条件地持有凤凰村集体股份，我觉得是不应该持有的。

9. 问：您理想的生活方式是怎么样的？您觉得未来什么时候能达到您理想中的生活方式？请简单谈谈您所期望的10年后的生活。

答：从现阶段来说，希望目前企业能够正常地运行发展，在生活理念上我们还是比较超前的，也比较追求生活质量。我们应该已经算是达到了我们的理想生活，因为拥有理想生活首先需要金钱的支撑，比如要旅游、吃得好、住得好，这些都需要钱，我们在经济上基本具备了条件，现在住房上我还在努力中，因为房子现在正在装修。关于10年以后的生活，我们也有退休的打算，说到子女，他们差不多也都应该成家了，因为儿子现在已经16岁，总之子女的发展是我最为关注的一点，我希望他们有一个好的家庭，有一个好的工作，也有一份好的收入，关于我们自己，就是希望能轻轻松松、好好休息，纯粹地以家庭生活为主，像带带孙子孙女也是可以的。如果从大一点的方面讲，我想科技的发展肯定是无法想象的，10年以前和10年以后肯定完全不一样，我希望科技在关于人的生活、生命健康等方面能够有长足的进步，比如帮助延长寿命，这样我们也能够多享受几年，其次就是希望法治、公平、正义都能够得以加强，这样普通百姓也都能平平安安地过日子。

访谈记录22：
姓名：王建林　性别：男　年龄：47岁
政治面貌：群众　职业：凤凰村巡防队员

1. 问：您喜欢网络吗？您通过网络主要用来干什么？

答：我不喜欢网络，也从来都不用这些。

2. 问：您喜欢把钱放在银行里，还是喜欢放在支付宝等现代互联网金融理财里？以后您会不会用支付宝来付钱？把钱放在互联网金融机构里您放心吗？

答：像我们打工的人也不可能有多余的钱，如果有多余的钱也是更倾向于把钱放在银行。以后会用支付宝来付钱，因为现在也都有在用。如果把钱放在互联网金融机构里我想还是放心的，因为一般都是跟着形势走。

3. 问：您觉得人活着为了什么？对未来的五到十年，您有什么样的打算安排？

答：我只要家庭和睦就可以了。未来的五到十年，就我自己的工作，也不可能有什么晋升的机会，主要是我儿子发展得好一点就好了。

4. 问：您知道传统文化吗？您会让您的子女学习传统文化吗？

答：我不怎么清楚这些。我觉得子女去学习传统文化还是可以的，孩子们多学一些东西对他们总是有好处的。

5. 问：您觉得现在社会公平、公正、公开程度怎么样？您有什么看法？您身边有没有这样一些例子？

答：如果一个人靠自己，还是相对公平的，因为一个人有多少能力就做多少事，关于社会公平、公开程度我不怎么了解。

6. 问：您对您的子女有什么期望？希望他（她）成为怎么样的人？您会让您的子女在哪里工作？做什么方面的工作？

答：最好是有一个稳定的工作，比如在正规的单位里工作，有一定的稳定收入。就我们自己来看，我的儿子还是比较懂事的。

7. 问：您觉得现在农民的社会地位怎么样？

答：说实在的就是收入太低了，像我们这样的家庭，工资就1000多元一个月，不要说养家，这工资也只够养自己，我还不抽烟、不喝酒，如果要抽烟、喝酒的话，自己都养不了，所以现在还要养老婆和孩子的话根本就没有多余的钱，如果每个月工资有三四千的话就差不多了。

8. 问：您是否愿意凤凰村变成城市社区？您是否愿意放弃农村户口变成城市居民？如果凤凰村城市化，您的主要顾虑是什么？您是否愿意让外来务工人员加入凤凰村，或者有条件地变成凤凰村村民？外来人员可否有条件地持有凤凰村集体股份？

答：我愿意凤凰村变成城市社区，我也愿意放弃农村户口变成城市居民。如果凤凰村城市化，我不会有什么顾虑，因为这也不是就我们家有变化，大家都这样，所以我也不会有什么损失。我不喜欢外来务工人员来凤凰村，因为我们家旁边就有外来务工人员居住，他们的垃圾都是乱扔的，晚上也特别吵闹，我们都无法好好休息，一幢楼就住了十几户人家，人员特别混杂，我们要有什么东西放着也都很不放心，所以如果他们要来凤凰村，就单独给他们一处房子用于居住，不要和我们本地居民住在一起，虽然外来人员中总有一些不好的人存在，但是总的来说80%的外来人员还是好的。我觉得外来人员不能持有凤凰村集体股份，因为这些都是祖祖辈辈传下来的，外来人员没有什么理由能够持有这些集体股份。

9. 问：您理想的生活方式是怎么样的？请简单谈谈您所期望的10年后的生活。

图0910 王建林的住宅（2018年6月21日，陈妙荣摄）

答：我对于我现在的生活就已经挺满足了，我觉得一家人平平淡淡、够吃够用、身体健康就可以了。关于10年后的生活，我希望我儿子可以有好的发展，像我们自己的工作也不会有什么改变，所以只要能够平平淡淡地过生活就好了。

访谈记录23：
  姓名：徐建根 性别：男 年龄：56岁
  政治面貌：中共党员 职业：凤凰村市场办主任

1. 问：您喜欢网络吗？您通过网络主要用来干什么？
答：我不太喜欢网络，像智能手机也都只是用来打电话、看信息，关于网络我都不太关心的。
2. 问：您喜欢把钱放在银行里，还是喜欢放在支付宝等现代互联网金融理财里？
答：我还是喜欢把钱放在银行里。
3. 问：您觉得人活着为了什么？对未来的五到十年，您有什么样的打算安排？
答：人活着主要是做好自己的事业，让单位的效益好一点，然后家庭也过得好一点。对于未来的五到十年的打算，因为我现在的工作就在市场办里，所以就是希望可以把市场办的管理工作做好。
4. 问：您知道传统文化吗？您会让您的子女学习传统文化吗？您觉得孩子们学习传统文化有什么意义？
答：国画书法之类的我不太喜欢，我比较喜欢戏剧之类的，孩子对传统文化还是有一点兴趣的。孩子们学习传统文化肯定是有意义的，将来对于他们的素质培养等方面都有很多的好处。
5. 问：您觉得现在社会公平、公正、公开程度怎么样？您有什么看法？您身边有没有这样一些例子？
答：像我们村里，公平、公正、公开等这些工作还是做得蛮好的，比如有什么比较大的事情、有大的项目，都会召开村民代表大会且在通过以后才会实行。
6. 问：您对您的子女有什么期望？希望他（她）成为怎么样的人？您会让您的子女在哪里工作？做什么方面的工作？
答：我大女儿已经大学毕业并参加工作了，她在萧山人民医院当护士，小女儿下半年读大三，她的专业是城市轨道交通运营管理，我希望以后她的工作能够专业对口，不然的话就觉得大学白学了，如果她以后的工作与专业对口，那么就是在地勤工作，我觉得人只要有份工作就好。在做人方面，我觉得做人就是要诚信、老实，不要去做见不得人的事情。
7. 问：您觉得现在农民的社会地位怎么样？未来农民的社会地位应该怎么样？
答：现在农民的社会地位比以前好很多，未来农民的社会地位肯定是越来越高的。
8. 问：您是否愿意凤凰村变成城市社区？您是否愿意放弃农村户口变成城市居民？如果凤凰村城市化，您的主要顾虑是什么？您是否愿意让外来务工人员加入凤凰村，或者有条件地变成凤凰村村民？外来人员可否有条件地持有凤凰村集体股份？
答：关于凤凰村变成城市社区，我肯定是愿意的，而且我也愿意放弃农村户口变成城市居民。现在我们的农村户口享受村里一定的待遇，但是如果变成城市居民以后却不再享有这种待遇，老百姓肯定会有想法。关于外来务工人员加入凤凰村，如果是女孩嫁到这里，或者是男孩以上门女婿的身份进来，这是可以成为凤凰村村民的。因为我们现在凤凰村的村民都有在享受一定的待遇，如果外来人员也想享受这一待遇，我们村里肯定是不同意的，以后的事情就不好说了。关于外来人员持有凤凰村集体股份的事情，我觉得是不可以的。

9. 问：您理想的生活方式是怎么样的？您觉得未来什么时候能达到您理想中的生活方式？请简单谈谈您所期望的10年后的生活。

答：我觉得生活过得平淡一点、安静一点就好，身体健康一点、家庭和睦一点，邻里关系和睦一点，村里经济等各方面都发展得好一点，差不多现在就已经算是达到了理想生活的样式，一切都还是蛮好的。10年以后的生活肯定比现在好，那时我们肯定已经退休了，然后也可以带着孩子去外面旅游。

访谈记录24：

姓名：张秋梅　性别：女　　年龄：40岁
政治面貌：群众　职业：凤凰村村务人员

1. 问：您喜欢网络吗？您通过网络主要用来干什么？您希望将来网络给您带来哪些更多的方便？

答：我还是蛮喜欢网络的，主要用于查资料、了解新闻。因为我老公做生意，所以需要通过网络了解更多的信息，所以希望将来网络在销售上、财务上能提供更多的方便。

2. 问：您喜欢把钱放在银行里，还是喜欢放在支付宝等现代互联网金融理财里？

答：我基本上都是把钱放在支付宝和微信里，也经常用支付宝来付钱，因为操作比较方便。之所以把钱放在支付宝里主要是因为方便，因为我们接触的客户绝大多数都是通过支付宝和微信进行转账，而不会直接把钱打到我的银行卡里。

3. 问：您觉得人活着为了什么？对未来的五到十年，您有什么样的打算安排？

答：我觉得人活一辈子不容易，都是为了家庭幸福美满，这是最基础的一点，因为如果家庭不幸福，其他的想都不要想，所以一是家庭幸福，然后子女平平安安，老人身体健康就可以了。对于未来的5到10年，还真没有什么打算，现在就是我自己好好上班，然后供应子女好好读书。

4. 问：您知道传统文化吗？您会让您的子女学习传统文化吗？您觉得孩子们学习传统文化有什么意义？

答：我知道一些传统文化。关于子女学习传统文化，主要还是看他自己的兴趣，其实我也给他报过这样的兴趣班，他有兴趣的话我是愿意让他学的，但是他没有兴趣我也没有办法。我觉得孩子们学习传统文化还是比较有意义的，因为中华文明几千年的文化一直得以流传，这些文化总归需要有人去继承，所以关于子女学习传统文化，我觉得如果他们能够坚持学下去是最好的，但是最终还是要看他们自己的兴趣。

图0911　张秋梅住的公寓楼（2018年6月29日，陈妙荣摄）

5. 问：您觉得现在社会公平、公正、公开程度怎么样？您有什么看法？

答：政府现在各方面还是比较透明的，但是经济越发达，各种不公平的事也就越多。

6. 问：您对您的子女有什么期望？希望他（她）成为怎么样的人？您会让您的子女在哪里工作？做什么方面的工作？

答：我不会去安排子女的工作，但是在做人做事方面，我希望他正直、有修养、有素质、有品位，总的来说我的要求是不高的。

7. 问：您觉得现在农民的社会地位怎么样？未来农民的社会地位应该怎么样？

答：我觉得在我们村里，农民的社会地位还是比较高的，但是农民中还存在一个农民工群体，我觉得他们的地位并不高。关于未来农民的社会地位，因为现在国家也都在逐步统一农村户口变成城市居民，所以也就不存在农民了，总归一切都在一步步地提高。

8. 问：您是否愿意凤凰村变成城市社区？您是否愿意放弃农村户口变成城市居民？如果凤凰村城市化，您的主要顾虑是什么？您是否愿意让外来务工人员加入凤凰村，或者有条件地变成凤凰村村民？外来人员可否有条件地持有凤凰村集体股份？

答：我愿意凤凰村变成城市社区，但是我不愿意放弃农村户口。如果凤凰村城市化，我的顾虑主要是在待遇分配这一问题上，这也不只是我一个人的担心，我相信绝大多数的老百姓都会有这个顾虑。随着社会的发展，我觉得让外来务工人员加入凤凰村还是比较好的，因为有竞争才有发展，但是肯定需要一些条件，比如他们是高素质、高文化、高水平的人，这是最基本的条件，这就跟杭州引进人才一样，这样我们村村民的整体素质就提高了。我觉得外来人员也可以持有凤凰村集体股份，但是需要一定条件，就是他们必须是人才。

图0912　张秋梅驾车上班（2018年6月26日，陈妙荣摄）

9. 问：您理想的生活方式是怎么样的？您觉得未来什么时候能达到您理想中的生活方式？请简单谈谈您所期望的10年后的生活。

答：我觉得首先是安居乐业，像我们家就希望可以解决住房问题，因为我们家是老房子，一直在漏水，所以希望可以把我们的房子重新改造一下，给我们重新批个地基，其他方面我觉得我们凤凰村还是很有发展前景的，给我们的待遇也都挺好。关于10年以后的生活，我希望子女有安稳的工作，我们的身体健健康康，每年能够有两到三次的旅游，而且我们还愿意去参与一些公益慈善来帮助别人。

访谈记录25：

姓名：陈国民　性别：男　年龄：55岁

政治面貌：群众　职业：凤凰村巡防队员

1. 问：您喜欢网络吗？您通过网络主要用来干什么？

答：我有时候会用网络，主要用于看新闻。

2. 问：您喜欢把钱放在银行里，还是喜欢放在支付宝等现代互联网金融理财里？以后您会不会用支付宝来付钱？把钱放在互联网金融机构里您放心吗？

答：我现在基本工资比较少，所以不需要放到银行或是支付宝中，只要放在自己的口袋里就可以了。我以后会用支付宝来付钱的。关于把钱放到支付宝等网络中，还是放心的。

3. 问：对未来的五到十年，您有什么样的打算安排？

答：关于未来的五到十年，因为我们的年纪已经50多岁了，所以只要生活过得去就可以了。

4. 问：您知道传统文化吗？您会让您的子女学习传统文化吗？您觉得孩子们学习传统文化有什么意义？

答：我不太清楚。关于子女学习传统文化，主要看他自己的喜好，喜欢的话就可以去学，我觉得孩子们学习传统文化是有意义的。

5. 问：您觉得现在社会公平、公正、公开程度怎么样？您有什么看法？

答：关于社会公平、公正等，政策都是好的，有些是因为他们自己没有做好。

6. 问：您对您的子女有什么期望？希望他（她）成为怎么样的人？您会让您的子女在哪里工作？做什么方面的工作？

答：子女的成长以及工作都要看他自己的想法，他想做什么事都让他自己做主，我只希望他越来越好。

7. 问：您觉得现在农民的社会地位怎么样？未来农民的社会地位应该怎么样？

答：农民的社会地位就一般，未来的话，不管是农民还是居民，大家都要一起好。

8. 问：您是否愿意凤凰村变成城市社区？您是否愿意放弃农村户口变成城市居民？如果凤凰村城市化，您的主要顾虑是什么？您是否愿意让外来务工人员加入凤凰村，或者有条件地变成凤凰村村民？外来人员可否有条件地持有凤凰村集体股份？

答：我觉得不管是农民还是居民，都是好的。关于放弃农村户口变成城市居民的事，我觉得是国家的发展，社会的需要，所以没关系的。如果凤凰村城市化，我不会有什么顾虑，因为大家都一起在变。我还是愿意让外来务工人员加入凤凰村的，关于需要什么条件才能变成凤凰村村民，这都是领导的事。关于外来人员可否有条件地持有凤凰村集体股份，我也说不好，这都是领导的事。

9. 问：您理想的生活方式是怎么样的？请简单谈谈您所期望的10年后的生活。

图0913　陈国民在保安岗亭（2018年6月21日，陈妙荣摄）

答：我觉得今天过了就好了，明天的事明天再说，像我们在村里做个保安也就1000多元的工资。关于10年以后的生活，我没有什么想法，有钱的话就可以去外面玩一玩，没有钱的话就不用玩了。

访谈记录 26：

姓名：胡和法　　性别：男　　年龄：77 岁

政治面貌：中共党员　　职业：原凤凰村会计

1. 问：您喜欢网络吗？

答：网络我不会弄，智能手机和微信也不会。

2. 问：您喜欢把钱放在银行里，还是喜欢放在支付宝等现代互联网金融理财里？以后您会不会用支付宝来付钱？把钱放在互联网金融机构里您放心吗？

答：我没把钱放进过手机里。我放也不会放，现在钱都放在银行里。

3. 问：您觉得人活着为了什么？对未来的五到十年，您有什么样的打算安排？

答：人活在社会中主要是为了一代一代传下去。同时也是为了村里的发展和自己的后代能够一代比一代更美好，生活质量提高而活着。现在年纪大了，我会在附近的活动室活动活动，看看电视。如果集体的事情需要我帮忙我也会参加，比如平常我会参加党员活动。

4. 问：您知道传统文化吗？您会让您的子女学习传统文化吗？

答：我很支持他们学习传统文化。我这几个后代都在国外，孙女 21 岁在英国读书，孙子 21 岁在加拿大读法律系，都是靠自己努力考进去的。

5. 问：您觉得现在社会公平、公正、公开程度怎么样？您有什么看法？您身边有没有这样一些例子？

答：社会公正公平的标准目前是不怎么达到的。真正的公正公平是很难达到的，肯定有片面性的存在。我们说是在说公正公平，但真正要达到很难。我们村里做得比较公平公正的事情是老年人的福利待遇比较公平。老年人的享受、治病这方面做得比较好。村里在粮食发放、抚养金发放这些方面也做得比较好。不太公平的地方就是建房方面，有些人造两间房，有些人造三间房，住起来条件就不一样了。还有违章建筑问题，有的管理严格，有的管理不严。比如村民中有些比较凶的就管得不严，比较老实的就管得严格些，能拆就拆了。还有就是村干部换届都是村民选的。如果村干部当得好，或者做得公平公正，那么下面的村民一定对他意见大，下一届选举的时候就会碰到问题。因为村民素质不高，村干部当得好的确实应该做得公正公平的他们反而不能理解。如果某个问题你对他很严格，他肯定反对你的，下次肯定不会选你的。所以造成了干部们不敢放大胆子管理，就变得不健康了。还想长期当下去的干部，如果要通过民主选举那也要碰到问题。你既要拆这里又要拆那里，对某些村民不利了，那他肯定反对你。这是老百姓和干部之间的问题，有时候干部和干部之间也会碰到这样的问题。在上级干部和下级干部之间，你表扬他，他可以接受，但你批评他，他不能接受。当干部的造房子倒也不能造得很大，不过如果他造得大一点也没有人敢去反映，别人是没有办法的。你如果反映了这个问题，他会产生报复心理，毕竟有许多事情都是由他做主的。你对他有意见他肯定会对你不满意。像现在许多上层干部所反映的受贿问题正是如此，你不送他东西他就不给你办事情。上层干部有时候是很重要的干部，你不去给他点好处，他就不给你写批准也不给你办事情。他会利用权威。其他不公平的地方如工程建设，工程利益的问题就很难做到公平。现在的招标只是一个形式。招标的主体项目是公正的，后面的那些附加项目就不同了。主体方面不能变，附加方面就可以有所调节，如图纸调整等。

6. 问：您对您的子女有什么期望？希望他（她）成为怎么样的人？您会让您的子女在哪里工

作？做什么方面的工作？

答：我们希望下一代能成为人才，作风要正派，不要犯错误和弄虚作假。一个家庭的后代好或不好，素质是关键。假若年轻人又嫖又赌还要吸毒，那么这个家庭一定过得不好，他们没有走到正规的道路上。长辈的言传身教对年轻人的素质培养有关键作用。有时候让他们去读书，培养他们长大成人，但他们的素质变了，会变得人品不好。用一句话概括就是他们会变得不务正业，比如他们会去舞厅、去赌博，严重的还会去吸毒、盗窃。后代的质量不好这个家庭便也过不好。至于工作方面，我们年纪大的人总是希望他们能回来工作。不过在国外工作也没差别，有任何重大的事情都可以联系他们。像我们这些老年人也没有什么疾病，他们来来回回也不方便，但是这样就导致关系不怎么热情。我希望他们日后能从事比较热门的行业，比如说收入比较多，待遇好的工作。他们国外留学回来地位和经济收入应该比较好。根据目前国内形势而言，最能赚钱的工作是自己办企业，但这有风险，为别人打工的工作就不太有风险，但赚的钱却不多。比如公务员这一工作，有一定收入，工作也稳定，但不可能发财。如果能当上比较热门、有权威的官，那么要想收入多就必然要接受他人行贿，毕竟官员工资是国家规定的。过年过节吃饭都轮不到和我们一起吃，这里叫他去，那里也叫他去吃饭，很忙的。一顿饭会有好多人叫他去吃，有的请他去喝上梁酒，有的是订婚酒，有的是开业酒……要去参加许多酒席，应酬多到忙不过来。年轻人如果只靠打工的工资以后要结婚、买房、买车是很困难的，现在的房价太高买不起房。我们村早几年前有一个村指导员是杭州师范大学毕业的，他24岁毕业留校到农村来当指导员。当时他工资只有三四千元，他说他一年不吃不喝也买不起一个平方米。对象他们是能找到的，但是要拥有一套房子是很难的。年轻人到了结婚的年龄没有父母亲帮忙办人生大事是很困难的。

7. 问：您觉得现在农民的社会地位怎么样？

答：我们农民地位实际上比工人高，现在要成为农村户口反而难度比较大。条件好的村里，非农业户口的人无法享受任何待遇。以前的居民可以拿油票和粮票等，农民没有，但现在还是农民条件比较好。

8. 问：您是否愿意凤凰村变成城市社区？您是否愿意放弃农村户口变成城市居民？您是否愿意让外来务工人员加入凤凰村，或者有条件地变成凤凰村村民？外来人员可否有条件地持有凤凰村集体股份？

答：凤凰村现在取消农业户口变为居民户口，我们变成社区了。但变成居民户口还有两点没变。一是经济联合的股东股民不变，原来在凤凰村是农业户口的人就是股东，非农业户口的无法成为股东或股民，这点上是有界限的。二是之前的村民可以享受村级经济来源，后来者不可以享受，外来者可以拥有凤凰村的户口但也无法享受该待遇且不能当股东。因为我们的股份经济是有章程的，后来者没有股份投入，所以无法成为股东。

9. 问：您理想的生活方式是怎么样的？请简单谈谈您所期望的10年后的生活。

答：对这个问题我说两点。第一，我们的住房条件变好了，住房令人满意。家庭关系好的住户对房子是没有问题的，家庭关系不好的住户家中的老人就会住得不好。现在是一户一处房，老人必须和子女住一起，不管老人户口与子女户口分开与否都只能有一处住房，有户口不等同于可以造房子。第二，我们村的老人享受的经济收入还是不错的。有的家庭孩子收入不高，甚至要依靠老人的收入来维持生活，养老保险我们都是自己购买的。关于村里对老年人的服务方面，由于我们这些老人都要照顾自己家，村里的老年活动室很少有人去。我们没有时间去活动，有的老人还在工作，有的老人在照顾家庭。年纪大了生活不能自理这也是现在的一个问题。

附录四

萧山区衙前镇凤凰村党委书记胡岳法访谈录

采访时间：2016 年 11 月 14 日
采访地点：凤凰村村委会

图0914　胡岳法（2016 年 11 月 14 日）

问：胡书记，您好！感谢您在百忙之中抽出时间接受我们的采访，在采访开始之前，您能为我们做一个简单的自我介绍吗？如自己的职业生涯、所获得的荣誉、取得的业绩等。

答：我 15 岁开始工作，在村生产队担任会计；1985 年担任加油站会计；25 岁之后担任了 3 年的生产队队长；27 岁起担任大队长、村主任长达 16 年，也曾兼任加油站副站长、业务员 15 年；最后从 43 岁开始任村党支部书记，至今已经有 24 年了。回想这么多年的工作经历，我将我的成功总结为四句话。第一，读书期间，父母和老师的教诲使我懂得了什么叫做人。第二，在担任会计的过程中，我懂得了什么是算账。第三，在加油站当副站长和业务员的历程中，我学会了如何做生意。第四，1979 年入党后，我懂得了什么叫尽责任，什么叫造福百姓。

在这么多年里，我本人也的确获得了很多荣誉，比如省级优秀共产党员、省级劳动模范、杭州市劳动模范等。特别是 2011 年，我还获得了第二届萧山区的"美德标兵"称号。当然，我们村也是很优秀的，凤凰村现在是全国文明村、全国敬老模范村、浙江省五星级民主法治村，我们的班子也得到了浙江省模范集体等荣誉称号。

问：书记，您刚才说到，凤凰村在 2011 年获得了"全国文明村"的荣誉称号，是萧山区历史上第一个获得这一殊荣的村子，这是史无前例的。那么您觉得凤凰村能够获此殊荣的原因主要有哪些呢？您能简单地介绍一下村里的大致情况吗？

答：我觉得我们能够得到这项荣誉，主要源于四个方面。第一，我们村的经济的确得到了快速、全面的发展。现在，我们村的集体可用资金是 4221 万元，位于全区第一位。第二，环境得到了全面的整治与提升。第三，村民生活得到了保障，村里的三大保障政策深得民心。第四，文明程度、村民生活水平不断提升。得益于这四点，我们村才会得到这项荣誉。

问：凤凰村以前是一个落后的小村、穷村，现在却成了衙前文明的大村、富村，从一只穷凤凰变成了一只金凤凰。那么，您在刚刚上任的时候是怎样带领村民致富的呢？凤凰村经济发展的窍门又是什么呢？

答：第一，也是最重要的，就是我们的班子要有一个正确的理念，一个发展经济、造福百姓的理念。第二，要思路领先，要有一个懂得如何发展、懂得如何让决策项目获得成功的思路。第三，要创新发展，要勇于改革，让我们的每一个决策都快一步、先一步。第四，我们的班子要树立一个良好的形象，成为一个让百姓拥护的好班子。以上这些就是我们成功的基础。

问：我们都听过一句话，"要想富，先修路"。交通对于任何一个村子的发展而言都是十分重要的，那么您是如何带领您的班子改善凤凰村的交通条件的呢？

答：我觉得"要想富，先修路"这句话是事实，但是我们凤凰村的交通建设又不同于其他地区，这主要体现在两个方面。第一个方面，用长远的眼光制定道路建设的标准。我对此深有体会，现在凤凰村的几条路还是我十多年前造的，但是道路的宽度到现在还是够用的，说明这些路直到现在也没有落后，这就是因为我当初考虑到了交通长期使用的情况。第二个方面，我们造路始终根据村子的产业发展进行安排，围绕村子的配套设施制定一个明确的规划。所以，我们就是从一个远景、一个规划这两个方面入手来建设我们村的交通的。我觉得我们村是走在前列的，老百姓对此也是十分满意的。

问：凤凰村在2014年实行了股份制改革，首次在全区明确了股东股金的终生持有和继承权利。那么相对于凤凰村之前的发展模式，这项政策有什么进步的地方和好处呢？

答：股份制改革首先在我们衙前开始实行，我觉得股份制改革现在对于村子的发展是非常重要的，我将它概括为三个"进一步"。第一，股份制改革可以进一步稳定民心。民心稳定是经济发展的前提，如果民心不稳，经济就无法进一步发展，所以股份制改革最大的好处就是稳定老百姓的心。第二，可以进一步得到村民群众对我们工作的大力支持。因为股份制改革将短期变长期，使得财富可以传代，所以老百姓对此很满意、很安心，因而就加大了村民建设我们村子的积极性，从而促进了村子的发展。第三，进一步加强了村级资产、资金、工程项目的民主化管理，从而产生更大的民主，激发村民管理村子的积极性与热情。

问：衙前镇在2015年底基本实现了村村通天然气，但是我们得知凤凰村早在2010年就引进天然气了，可以说走在了政策的前面。那么您觉得天然气的引进对于凤凰村的发展有哪些好处呢？

答：我认为天然气真的是老百姓的"福气"，我们整个凤凰村在五年前就基本建好了天然气。天然气，它最大的特点，就是绿色环保。第二个特点是安全，因为我们都使用管道燃气，而且工作人员每年还会上门为用户进行安全检查，因此村民们更加放心。第三就是使我们的老百姓得到了很大的实惠，相比于煤气，天然气非常便宜，老百姓也十分满意。我认为引进天然气这条路，我是走对了，天然气"进村入户"绝对是一项民心工程。

问：我们知道，不仅要守住金山银山，也要守住绿水青山。经济的发展必然会和生态环境产生一定的冲突，咱们凤凰村也有个工业园区，那么您是怎么处理经济发展与环境之间的矛盾的呢？

答：我认为环境在21世纪是非常重要的，它关系到我们人类的生存和发展。现在，我们凤凰村主要紧抓"美丽"与"文明"这两个方面，"美丽"指的就是环境。对于要进入我们凤凰村工业园的产品，第一个要求就是要环保，达到环保标准的才能进入生产，不环保的产品一概不准进入。其次，工业园厂区内已经全面建设了污水管道网，并实施了纳管处理，做到了污水不外流、不污染河道。而且凤凰村的工业园区建设了绿色工程，已经做到了全面绿色覆盖。我们将竭尽全力将工业园区的污染降到最低，在保护环境的前提下发展经济。

问：基层党支部书记不仅要让村民口袋鼓起来，也要让我们村民的脑袋富起来。那么，在凤凰村的精神文明建设方面，您都采取了哪些措施呢？

答：我现在在很多会议上都提到了这个问题，我们凤凰村现在到底缺什么？我们村已经有了非常好的物质生活保障，我认为目前最缺的、最需要抓的就是四个字，即"美丽"与"文明"。其实，我们早在3年前就开始采取各种措施紧抓这两个方面的建设了。"美丽"在之前已经提到过，就是指环境的建设。至于"文明"这个方面的建设，我们也采取了很多手段与措施。第一，我们举办家家户户评选文明户的活动，鼓励村民创建文明家庭。同时配套相应的奖励，在年底进行"最美家庭"的表彰，每年评选10户。今后，我们致力于将家家户户都变成"最美家庭"，这样才能体现我们凤凰村的文明进步。第二，我们还组织了对成年村民的培训，每人每年不少于3节课，使他们能够懂得更多的礼仪礼节。第三，在娱乐方面组织开展各项活动，比方说利用我们的凤凰广场组织广场舞，让村民跳起来；组建凤凰腰鼓队，让村民舞起来；开展演唱会，让村民唱起来。这些活动都营造了一种很浓的精神文明极大丰富的气息与氛围。当然，我们接下来还会更加重视这方面的工作。

问：常言道："孩子是祖国的未来"，凤凰村基本上每年都会表彰、奖励优秀的学子。那么您是怎么看待这些工作的呢？您觉得这对凤凰村未来的发展有什么好处？

答：我认为，有文化是一个人立身于这个社会最基本的要求。从发达国家来看，比如美国，现在他的四项主要产业是芯片、武器、生物、金融。不管是哪一项，都需要文化的支撑。我们国家要实现复兴的梦想，文化是不可或缺的因素。那么对于我们这个村而言，想要建成高水平的全面小康社会，文化是最关键的，我们所有人都必须重视文化。截至目前，凤凰已经表彰了31届优秀学生。我们现在任用的村务员，也有很多是从大学生之中选拔出来的。所谓文化育人、知识使人成长，我们会继续抓好文化的培育工作。

问：凤凰村不仅是一只金色的凤凰，也是一只红色的凤凰，衙前农民运动的领导人李成虎便是咱们凤凰人。那么为了保留这些红色遗迹，为了让我们的后代铭记红色历史，凤凰采取了哪些措施呢？

答：首先，我们凤凰准备用3年时间，花费100万元来写一部凤凰村史，重点记录我们凤凰村的农民运动。其次，我们已经投入了2000万元，对李成虎故居、沈定一故居、农村小学校、东岳庙等省级文物保护单位以及记载了农民运动的红色遗迹进行修复。同时，我们还准备建设一个主题为"凤凰过去"的陈列馆，我们要将这些红色的历史传承下去，让后人铭记，让后人看到我们凤凰光辉的一页。在优秀学生表彰大会上，我们也努力传播着凤凰的红色历史，让他们铭记我们的祖先为了新中国的成立所付出的巨大努力与牺牲。

问：俗话说："老有所养"，凤凰村是有名的敬老模范村，十分重视养老问题。那么您是怎么做到让凤凰村的老人个个享清福，从而安度晚年的呢？

答：目前，我们凤凰村共有465名60周岁以上的老人。现在每位老人每月都在享受着村级三大保障，不但享受免费供粮、供油的惠民政策，而且拥有医疗保障，养老金同样也有保障。从今年开始，养老金发放每月最低1660元，最高3200元，并且还在不断提高，而这些都有利于提高老人们的生活品质。老人们对这些措施也都十分满意，他们一直说着这么一句话："村是我们的大儿子，共产党真好。"我认为，凤凰村的老人都是过去对凤凰村的发展有过贡献的人，对他们尊重也就是对自己尊重，对他们爱护也就是对自己爱护。孝敬老人是中华民族的优良传统、社会的美德，我们每代干部都会致力于让老人们过上幸福的生活。

问：除了改善居民生活环境，凤凰村也在其他方面不断努力着，以改善民生。医疗一直是老百姓十分关心的问题，那么咱们村医疗保障覆盖率如何？在村民就医过程中有什么难题？对此，您又采取了哪些措施呢？

答：我们凤凰的医疗非常得民心，村民就医享有72%的门诊报销和95%的住院报销。今年，我们凤凰村有5位村民的医疗费用在5万元到10万元，但他们自己只需承担几千元的费用。这是完全可以接受的，也就是说他们完全可以承受大病带来的医疗负担。这几年来，凤凰村还没有出现一户因病致贫的家庭，这是事实。而且凤凰村的村民能够在生病的时候马上到医院接受检查与治疗，保障了身体的健康。这与我们的医疗保障有着直接的关系，所以才会这么得民心。

问：这几年，越来越多的外来务工人员来到萧山，来到咱们凤凰村，为我们村、我们区的发展做出了很大的贡献。那么对于这些流动人口，您是怎么管理的呢？

答：现在凤凰的本地村民有2118人，而外来务工人员是12000多人，是本地村民数量的近6倍。本地村民的生活水平上去了，那么怎么让外来人员的生活水平也得到保障呢？这成为摆在我们干部面前的一个重大难题。针对这个问题，第一，我们建立了一个可以容纳3500多名外来员工居住的创业新村，实行社区化管理、小区化服务。来到我们创业新村的外地民工都感到很温馨，说这里就是他们温暖的家，这是我们努力的一个方面。第二，提供健身设施和娱乐场所，从而提升外地民工的生活品质。第三，很多外来职工都租住在我们村民的房子中，我们给他们提供了各种消防设备，以防范事故的发生。这是我们现在做到的三点。今后我们还会想出更多的措施来关心爱护外来务工人员，向"同一片土地，同一个家园"的方向进军。

问：衙前各个村庄基本都采取了"网格化管理、组团式服务"的工作组织形式，那么您是怎么评价这种组织形式的呢？在管理自己的工作团队时，您认为最大的难处在哪里？又应该如何解决这种困难呢？

答：我认为落实"网格化管理、组团式服务"的工作形式已经成为当务之急，这是管理上的改革。改革有成功也有失败，但是只有改革才会成功，这是一个基本的道理。现在，衙前的方方面面都在进行着网格化管理。环境卫生，在用网格化管理；河道管理，也在用网格化管理。那么像我们这个村，网格化管理班子人员及工作的模式已经实行了15年。面对那么多的事情，如果不采用网格化管理，我们管不好，也管不过来。只有采用网格化管理，才能把事情管好。通过这种管理模式，在明确每个人的分工之后，无论是我们的工作效率还是精神氛围，都能不断提升，所以我们是离不开网格化管理模式的。还是那句话，与时俱进。我认为，一个书记管不好他的村，就是因为没有做到与时俱进，而我们凤凰村管理得好，就是因为做到了与时俱进。

问：村干部的存在是要维护村民的利益，所以村务、财务的公开透明是十分重要的。而且一个村干部如果想要树立威信，他不仅要做出成绩，也要放宽言路，做到民主、公开、公平。请问您是怎么做到让老百姓信任咱们村干部的呢？

答：我们凤凰村现在做到了三个公开，分别是党务公开、村务公开、财务公开。我认为，只有这样才能让村民了解村里发生的一切。另外，我们的班子也要适应民主化管理的这套模式，创造民主化管理的氛围。作为"班长"，要有思路、会管理、能奉献、德才兼备，这样才能带领班子一起努力，让老百姓看得到、享受得到民主化管理的成果，从而得到老百姓的信任。比如招投标，首先，我提出了书记、村长不参与招投标的要求。因为在一些事情上，领导干部必须要以身作则，从自己做起，让老百姓相信是他们自己在管理村务。得益于合理的管理模式，凤凰才会有今天这么辉煌的一天，我们才会得到老百姓的信任与支持。而这些支持来自多年的积累，时间鉴定标准，工作鉴定标准；你对老百姓多好，老百姓就会对你多好；你树立一个什么样的形象，老百姓就会效仿出同样的形象。正所谓"言传不如身教"，我们村干部一定要发挥自身的带头作用，为百姓树立一个好榜样。去年杭州市萧山区组织了暗地测访，其中我们凤凰村的满意度是最高的，说明老百姓很信任我们的班子，也很信任我。对此，我总结了几点原因。首先，我做到了平易近人、不骄不躁、办事务实、帮人助人、敢于担当、自律在先，因此与群众打成一片，做到了用心与之交流。其次，踏踏实实工作，把老百姓放在首位。如果老百姓有难处，我们就要及时帮助解决，不能因为我是村干部就觉得了不起。我永远是村民的一分子，也永远是农民的一员，要同老百姓聚在一起。这样，老百姓才会信任我。现在，我年纪很大了，老百姓还一直问我："你什么时候来？"这足以说明我在这个位子上令他们感到很放心。

凤凰村的三大保障离不开经济支撑，可经济从哪里来呢？我用办法创，用创出来的钱造福百姓，实行三大保障。于是，老百姓得到了实惠，我们得到了民心。老百姓想什么，我们做什么；老百姓要什么，我们给什么。做到这种地步，老百姓哪有不信任的道理？我们的工作自然而然也就好做了。比如拆迁，即使拆迁户数量庞大，只要有了老百姓的支持，我们就能拆迁成功；即使有那么多的坟墓要搬迁，只要有了老百姓的支持，我们就能搬迁成功。因为我们的工作符合老百姓的利益，所以才会如此顺利。

问：据悉，今年5月份，凤凰村召开了关于新农村建设观光项目的研讨会，凤凰村即将将农村建设定位在旅游观光上。那么您认为咱们凤凰村作为衙前的金名片，优势在哪里呢？您将准备怎样更好地建设这个农村观光项目？

答：今年4月，我组织我们的三套班子去参观了天台后岸村。这个村是新农村省级的一个点，尤其在民宿方面，发展得风生水起。参观了后岸村之后，我受到了很大启发。我认为我们凤凰村拥有多方面优势，主要有以下几点：一是衙前农民运动就发生在我们凤凰，我们村红色文化深厚，这是一张金名片；二，我们凤凰有着大好山水，已经开设了很多经典的景点，如东岳庙、创业新村、新农居；三，我们凤凰有着强大的经济实力，有能力也有把握发展旅游观光业；四，我们还有这么好的班子、团队，何乐而不发展呢？现在，国家提倡绿色经济，所以我们顺应时代发展，提出了"红色衙前，绿色发展"的口号与目标。那么，绿色经济发展什么呢？我认为就是要开发旅游，虽然无法在短时间内完成开发任务，但是随着景点网络日益密化，村内游客自然就多起来了，这也是我们现在工作的重点。另外，衙前镇在审批国家级的爱国主义教育基地。如果这些都能通过审批，那么才能算得上真正完成了绿色发展，开创了绿色产业。

问：萧山区政府很重视农村的基础党建工作，那么凤凰村在这方面是如何做的呢？

答：关于党建工作，我认为"村看村，户看户，村民看干部，特别是看我们党员"。我们共产党是执政党，发挥党员的作用是十分重要的。第一，要让党员们了解自己应该做什么。每年的清明节，我们都会组织全体共产党员来到李成虎烈士的公墓，一是纪念瞻仰李成虎烈士，二是重温入党宣誓，让党员时刻牢记自己入党时的誓言、入党时的初心。第二，树立一个优秀的干部形象。从事企业工作的共产党员要带领老百姓致富，担任干部的共产党员要尽到责任，努力为人民服务。此外，严肃党纪也是不可缺少的一步。如果党员连自己都无法管理，又谈何管理村民呢！所以，我认为做党员的要求是很高的。第三，我们凤凰村现在有145名党员，全村有581户农户。我村实行党群联系制度，将每家每户分配给每位党员。农户有任何事情都可以向负责的党员寻求帮助，也可以通过党员向上反映。通过这种方式，党员的思想得到了一定的提升，令他们深刻意识到自己应该承担的责任。

问：胡书记，我听说前几年您任期满了之后是准备退休的，但是在村民的极力挽留之下又留下来参与了选举，继续担任村书记一职。那么您觉得作为一个合格的、优秀的村干部应该具备什么品德呢？

答：我当了14年的村长、24年的书记，我把我的切身感受总结成了五句话。第一句，要有一个正确的理念。当什么样的干部？为谁当？这些问题十分值得我们深思。我认为最基本的理念为"造福一方百姓是我们的责任"，只有从这个理念出发，才能做好工作。第二句，要有一个发展的思路。作为三套班子中党委班子的班长，我认为建设小康社会的关键是要有一个发展的思路，要会办事。我任村书记以来做了许多决策，基本可以说都是成功的决策，而这一个个决策不在于我的智慧，而是来自班子和群众的反映，我仅仅做了一个选择和归纳，所以我认为思路很重要。第三句是要创新发展。只有创新，才能成功，例如我们创业新村、三园两区的建设。此外，我们1985年就开始建加油站，1992年土地全部集有化，1997年老百姓盖房不占土地，1996年建设大市场，这些全都是创新发展的结果。第四，要勇于改革。老办法在当今时代已经不再适用，所以必须要进行改革。比方说管理模式改革、投资方向改革、工作方式改革。第五点，自律在先。干部一定要自律，一方面靠教育，另一方面干部自己要有纪律性。我在党员大会上曾表态："当好班长领好路，廉政自律从我做起。"当然，我说到做到，38年来，我年年被评为先进党员。我想，正是因为我真真正正做到了这五点，所以才有了现在的成绩。

问：作为凤凰村的领头人与领路人，您对凤凰村未来的发展有什么规划吗？您觉得凤凰接下来的工作重心应该放在哪里呢？

答：第一，凤凰目前要保持长远的发展。为了实现这一目标，我们村子一定要稳定，要一心一意搞发展，这就得靠我们班子的自律，要求我们撑好船、把好舵。第二，凤凰还要搞绿色经济，推进旅游业，建好三园。三园具体指文化园、工业园及商贸园。我们在开发凤凰山的同时实施商贸园提升改造和成虎桥至毕公桥一河六景建设，力争到2020年实现"四个一"经济，即私营资产达到十亿美元、集体资产达到一亿美元、村级可用资金达到一千万美元、老百姓个人收入达到一万美元。

问：我们的访谈已接近尾声了，书记，对尚在学校、即将步入社会的大学生，您最后还有什么想说的吗？

答：因为文化的关系，我们这一代人做到这样已经算很努力了。但是现在是文化的时代，是知识经济的时代，发展感和责任感并存。大学生和年轻人是祖国的未来，更加需要认真学习知识。虽然知识不等于成功，但是有了知识就多了一种选择。因此，我们年青一代要珍惜时间、珍惜生活，多学一点文化知识。这样，走出校园的时候才能为国家挑起重担，做出贡献。习书记提出了国家的伟大复兴梦，我相信我们的未来一定会更加美好，更加光辉。

图0915　凤凰村全景（2018年4月30日，傅展学摄）